社会学 2.0
像社会学家一样思考

THE SOCIOLOGY PROJECT 2.0
INTRODUCING THE SOCIOLOGICAL
IMAGINATION

［美］　杰夫·曼扎　　理查德·阿鲁姆　　林恩·哈尼　　等　著
　　　（Jeff Manza）　（Richard Arum）　（Lynne Haney）

解玉喜　译

电子工业出版社·
Publishing House of Electronics Industry
北京·BEIJING

版权贸易合同登记号　图字：01-2016-5563

图书在版编目（CIP）数据

社会学2.0：像社会学家一样思考/（美）杰夫·曼扎（Jeff Manza）等著；解玉喜译. —北京：电子工业出版社，2020.9
书名原文：THE SOCIOLOGY PROJECT 2.0: INTRODUCING THE SOCIOLOGICAL IMAGINATION

ISBN 978-7-121-39240-5

Ⅰ.①社⋯　Ⅱ.①杰⋯　②解⋯　Ⅲ.①社会学—通俗读物　Ⅳ.① C91-49

中国版本图书馆 CIP 数据核字（2020）第 122392 号

审图号：GS（2020）4717号
书中地图系原文插附地图。

策划编辑：郭景瑶　张　昭
责任编辑：张　昭
印　　刷：天津画中画印刷有限公司
装　　订：天津画中画印刷有限公司
出版发行：电子工业出版社
　　　　　北京市海淀区万寿路 173 信箱　邮编：100036
开　　本：820×980　1/16　印张：33.75　字数：1134千字
版　　次：2020 年 9 月第 1 版
印　　次：2020 年 9 月第 1 次印刷
定　　价：198.00 元

凡所购买电子工业出版社图书有缺损问题，请向购买书店调换。若书店售缺，请与本社发行部联系，联系及邮购电话：（010）88254888，88258888。
质量投诉请发邮件至zlts@phei.com.cn，盗版侵权举报请发邮件至dbqq@phei.com.cn。
本书咨询联系方式：（010）88254210，influence@phei.com.cn，微信号：yingxianglibook。

关于本书

　　《社会学2.0：像社会学家一样思考》由纽约大学社会学系的成员合作完成，本书利用专家教师的集体智慧来揭示个人是如何被他们生活和行动所处的环境塑造和影响的。本书围绕社会学学科每个子领域的大问题，展示了社会学家如何分析我们的世界，并引导学生开启自己的社会学探究之路。《社会学2.0：像社会学家一样思考》的核心是激发每位学生的社会学想象力，并向每个读者传递一种质疑我们周围世界的新精神。

　　REVEL是一个完全数字化和高度参与的平台，提供了一种身临其境的学习体验，专为当今学生的阅读、思考和学习方式而设计。通过媒体互动和评估使课程内容鲜活起来，REVEL使教育者能够加强对课程的参与度，并更好地与学生交流。

　　《社会学2.0：像社会学家一样思考》的视频可以在REVEL网站上找到，视频与全书讲述的内容有机整合，描述了每一章作者所论及的核心内容，鼓励和吸引学生参与进来。"社会探索者"（Social Explorer）的交互性使学生得以通过使用来自他们自己所在城市、郡或州的特定数据来应用刚刚被解释的概念，从而提高课程材料的相关性和启发性。

　　本书展现了社会学想象力的力量，让我们能够参与到这个世界的问题、谜团和挑战中来。为了激发学生的社会学想象力，本书提供了一种互动式的学习方法，通过各位作者的研究、教学与学习经历展现出来。

关于作者

　　纽约大学社会学系成员共同撰写了本书，作者包括：杰夫·曼扎、理查德·阿鲁姆、林恩·哈尼、维维克·基伯、特洛伊·达斯特、保拉·英格兰、托马斯·厄特曼、凯瑟琳·格尔森、杰夫·古德温、露丝·霍洛维茨、格勒米那·亚瑟、詹妮弗·詹宁斯、柯林·杰罗尔麦克、艾瑞克·克兰纳伯格、史蒂文·卢克斯、德克·维特芬、哈维·摩洛斯、安·莫宁、卡罗琳·H.佩塞尔、帕特里克·沙奇、弗洛伦西亚·托奇、劳伦斯·L.吴、欧文·乌利。

前 言

《科学革命的结构》(*The Structure of Scientific Revolutions*) 是托马斯·库恩 (Thomas Kuhn) 对科学史的著名研究。在该书中，他认为教科书不可避免地成为任何科学领域里最落后的部分。他指出，因为这些教科书试图迎合大众口味以最大化其受众，所以教材重复生产着远离知识前沿的过时的想法和发现。更糟糕的是，库恩认为，这些教材强化了流行但已经过时的教条，并阻碍着科学的进步。最糟糕的是，它们给入门的学生提供了有关这门学科完全误导的观点。当谈到社会学教科书时，库恩的观点再次得到了印证；原因很简单，社会学是一门涉及面很广的学科，有很丰富的分支学科，而且这些分支学科都有自己的学术体系和知识体系。没有一个作者（或一小部分作者），能够掌握整个学科并向学生充分传达相关知识，无论这些作者有多么大的善意和决心。

我们创作这本教科书是希望能够解决库恩已经认识到的这个突出的问题。我们的目标无非是，重塑我们撰写社会学教科书的方式。我们设想了一种全新的介绍该学科的方式，这种方式借助成绩卓著的社会学系及其教师的集体智慧，把社会学主要分支学科真正激动人心之处带给我们的学生和读者。本书各章节并没有像通常那样去复制现有教科书中的内容，而是由纽约大学社会学系的一名或多名在这一领域从事写作和教学工作的教师进行撰写。通过这种方式，我们把社会学作为一门学科的最好的内容整合起来，以迎接学生的挑战。

这本书是一套用来学习如何对我们周围的世界提出尖锐问题的工具。跟随C.赖特·米尔斯 (C. Wright Mills) 的脚步，我们将这些工具称为"社会学想象力"。在每一章中，我们都参考了当代的研究成果，包括我们同事的研究成果，有时甚至是我们自己的研究成果，以此来探究个体如何被他们生活和行动所处的环境塑造。我们将社会规范、组织、机构和全球动态视为一组相互关联并亟待探索的谜题。我们不是简单地给出答案，而是找出社会学研究者探寻的问题，并介绍一些如何回答这些问题的思考方式。我们并不是暗示所有的答案唾手可得，但我们展示了社会学家和其他社会科学家如何以及以何种方式努力回答这些问题。撇开其他不谈，我们希望读者能从这本书中学到一种质疑事物的全新的精神。

我们将这本书命名为《社会学2.0：像社会学家一样思考》，是想反映出我们对自身领域里集体的投入和努力，这些领域是一项不断发展的工程，还反映出我们在印刷方面和完全数字化方面把本教材推进到了2.0版本。我们想向读者表明，我们打算随着社会学本身的发展在未来的版本中继续发展这本书，因为新发现、新理论和新思想正不断得到发展。随着研究向新的方向发展，我们的书也将继续发展；我们将重新审视我们的想法和问题，我们也期待着这样去做。但也许最重要的是，我们认为这个新版本——《社会学2.0：像社会学家一样思考》——是与读者的对话，包括我们全国的学生和同事。我们邀请你们参与进来并挑战我们的不足，告诉我们有什么地方做错了，并分享你对社会学这个领域的看法。

杰夫·曼扎　纽约大学社会学系

纽约市

2014年10月

v

本版新修订

- 第2章是新的一章，涵盖了社会学理论。《社会学2.0：像社会学家一样思考》超越了以往涉猎经典社会理论的标准化表述，还展现了这些理论在当代的创新并介绍了新一代的社会理论和理论家。
- 第15章是新的一章，这一章与健康和医学有关，探索了健康和疾病的社会背景，并为理解美国医疗保健制度提供了社会学视角。
- 第18章是独有的一章，拓展了对人口相关内容的介绍，关注人口在老龄化和死亡率方面的变化和发展趋势。
- 新的学习架构将核心内容与学习目标和评估结合起来，有助于更好地追踪、测量和报告学生的表现。
- 更新了全部研究和数据，包括有关经济不平等、美国医疗保健、同性婚姻和家庭的新研究。

本书在 REVEL 平台上的新改进

- 图像、视频和交互式资料的可视化形式与核心内容高度整合在一起。
- 社会探索者（Social Explorer）活动使学生可以探索作为核心叙述的一部分被整合进来的资料。
- 整合为一体的写作机会促使学生发挥社会学想象力，对呈现给他们的研究和理论进行批判性思考。
- 每章的"大问题"和每章末尾的"大问题再览"部分能帮助学生在继续向下学习之前评估自己对核心概念的理解。

REVEL™

为当今学生的阅读、思考和学习方式而开发的教育技术。

当学生深度参与时，他们在课程中会学得更有效率、表现得更好。这个简单的事实激发了REVEL的开发：专为当今学生的阅读、思考和学习方式而设计开发的一种身临其境的学习体验。REVEL在与美国各地的教育工作者和学生合作的平台中，是最新的、完全数字化的培生（Pearson）教育内容发布方式。

了解更多关于 REVEL 的信息

http://www.pearsonhighered.com/revel/

目 录

脸书因具备使持有不同信念的人找到彼此的能力而在世界的某些地方引起争议。为什么社交媒体会具有如此强大的影响力呢？

第 1 章
社会学想象力

作者：杰夫·曼扎（Jeff Manza）、林恩·哈尼（Lynne Haney）、理查德·阿鲁姆（Richard Arum）

我们是谁？当有人让我们描述自己时，我们往往会从个人特征来思考这个问题：自己的好恶，兴趣和技能，经历，朋友和同事。但对我们每个人而言，这个问题的答案远不止如此。我们所处的时空是怎样的？"我是一个生活在21世纪的美国人"。诸如这样的回答并不真正合适。但显然，我们是谁至少部分是我们在何时、何地出生并过活的结果。实际上，我们是多种情境的综合产物，如我们成长的家庭、生活的邻里和社区、学习的学校、拥有的工作经历、所属的群体和组织等。没错，我们是个体，拥有自己的欲望、品味、天赋和梦想。但我们也是社会存在物，以极为广泛多样的方式与他人相互联系。在很大程度上，成为人的含义被这样的一个简单事实界定着：我们不断地与他人相互作用。

近些年来，我们生活所处社会的本质日益清晰起来。2004年，一个叫马克·扎克伯格（Mark Zuckerberg）的哈佛大学本科生创建了一个网站，初衷是使哈佛大学的学生彼此间建立社会联系。这种理念如野火燎原般席卷开来，社交网站脸书（Facebook）就这样诞生了。现在脸书已经成为一种世界现象，拥有亿万个注册用户。个体通过该网站可以和"朋友"（现实的或虚拟的）彼此联系、交流、创建或加入用户群。通过这些网站，个体开始联系在一起。脸书的始创者也许并没有意识到他们开发该项目的原初理念是借鉴了一些基本的有关社会网络如何运作的社会学思想。社会网络是指人、群体以及组织之间的联系。脸书及其许多衍生产品都汲取了一种

我的社会学想象力

作者：杰夫·曼扎

我在加利福尼亚州伯克利镇的一所大学里长大。我的家庭既不属于精英阶层（我父母在当地的大学工作，但都不是教授），也不处于社会的最底层。我体验过这些世界的差异，尤其是这些世界所代表的不平等，这是一个永远让人沉醉的谜题。我也总是对政治充满兴趣，偶尔会参与政治抗议和政治运动。在我还是本科生时，我对社会学的学术兴趣就开始发展起来了，因为社会学为我提供了一种把不平等和不公正的旨趣用同一套理论和研究方法联系起来的方式。从那时起，我就已经开始探索社会不平等如何影响政治生活。近来我又开始对下面的议题感兴趣，一个议题是公众意见会如何影响（或无法影响）政府政策，另一个议题是公众态度会怎样以及会在何时被政治精英操纵或误用。我希望自己的工作能以某种微小的方式为促进美国民主变得比现在更有代表性和更平等而有所贡献。

本书的每一章都会提出一些阐明该主题研究和教学谜题的问题。这些问题把每一章组织起来，并提供探索该主题的社会学思维的透镜。从问题而不是从答案出发，寻找那些谜题的答案，你将学会社会学式的思考方式。在第一章，我们将探索下列问题：

1. **社会学想象力是什么？这个问题为什么值得探询？** 在这个部分，我们将介绍社会学想象力的概念，并解释这个概念如何有助于我们学会向难题发问。

2. **社会情境是什么？它为什么如此重要？** 社会学非常关注我们自身如何被社会所影响。我们每个人都嵌入在一系列的社会情境中。这些社会情境会如何影响我们以及我们的行为呢？

3. **社会学从哪里来？社会学同其他学科的区别是什么？** 在这里我们将检视社会学开始发展的背景，并探索社会学是如何与其他社会科学相互联系并"融合"起来的。

基本的社会学洞见，即人类不仅仅是拥有一些亲密朋友和家庭成员的个体，这些朋友和家庭成员也不仅仅是在其日常生活中随机遇到的陌生人。相反，我们都是常常隐而不显的社会网络的一部分。在这个网络中，我们认识一些人，而这些人又知道一些我们不认识但与我们有许多共性的人（如共同的兴趣、背景或专业领域）。脸书和其他社交网络项目使用的运算法使这些人之间隐而不显的联系突然显现出来。领英（LinkedIn）是另一个极佳的社交网络项目的例子，它是一个旨在通过工作将人们联系起来的社交网站。

脸书成功地把志趣相投的人用网络联系起来，它在这方面如此高效和强力，以至于世界各地的一些政府和公民试图限制它的应用，担心脸书会有助于某些人编造或传播反政府思想，或者动员公民群体上街游行抗议。比如，在过去几年里，脸书网站在叙利亚、巴基斯坦和伊朗等国家遭到了屏蔽。从另外一个威胁不大但又重要的方面来看，脸书看起来改变了关系的本质，使得发展新联系容易很多，同时也更容易与老朋友保持联系，甚至当人们在地理空间上分开了也是如此。

整个社会网络现象凸显出学习一些社会学思想是帮助我们更好地理解我们周围世界的方式，脸书仅仅是整个社会网络中的一例。社会网络和社交媒体显示出所有社会存在的一种共同特征：我们的存在总是同我们与他人的关系联系在一起。社会学——对个体寄居其中的社会和社会世界的研究——面临着一种特定的挑战，即努力揭示和分析这些个体生活所在的社会世界表面下潜藏的模式。换句话说，社会学不是对人类的研究，而是对作为人的含义的研究。

脸书和其他数字技术已发展了二十年左右，这揭示出另一个关键的层面：社会总是在演进和变化着，在这个过程中，这些变化对理解人类体验提出了新的挑战和难题。社会学家就社会变迁（比如社交媒体的出现）如何改变个体和社会之间的联系方式提出了很多值得思考的问题。其中一些典型的问题如下：新技术如何改变了友谊和群体的形式、内容以及特征？网上约会怎样改变了亲密关系的本质？技术如何改变了工作的组织形式？人们是怎样找到工作的？将来可能会出现何种类型的工作？新技术正帮助政府以比以往更严密的方式监控居民，这对民主权利意味着什么？而且并不仅仅只有政府在这样做。大学和雇主正日益关注有前景的学生或者求职者发布的社交媒体状态，以这种与传统方式不同的方式对其进行评估。今天，我们的"数字足迹"以多个世纪前根本无法想象的方式构成了"我们是谁"这个问题的一部分。所有这些发展都关系到个体与其社会世界的关系——这恰恰是社会学的核心主题。

1.1　社会学想象力是什么？这个问题为什么值得探索？

社会学想象力

　　自肇始以来，社会学就一直苦苦思考我们彼此之间以及我们与所生活的更广阔的社会之间是怎样联系在一起的。社会学想象力是对我们所经历的作为个体问题的事件（如学生借贷的债务问题、离异父母相互冲突的诉求问题，或者是建立回报式浪漫关系能力不足的问题）实际上是社会议题的一种系统性思考，即其他生活在与我们类似的时间和社会位置上的人都广泛存在的问题。

　　社会学家赖特·米尔斯（C. Wright Mills，1916—1962）在1959年发明了这个术语，他写道"社会学想象力使得我们能够把握历史和个人经历之间以及二者在社会中的关系"（Mills 1959：6）。要理解我们周遭的世界并深入思考这个世界如何运作、我们该如何完善这个世界就要认识到，我们个体的生活在一定程度上是被我们出生

社会学家赖特·米尔斯发明了"社会学想象力"这个术语。

的地方、时间、生养我们的家庭，以及从孩子、青少年到后来成年后所拥有的广泛经历深刻塑造出来的。在每个阶段，我们既是个体又是社会世界的成员。我们的机遇和潜能总是受到自身所遭遇的不平等和不公正的影响。要理解这一切需要我们进行社会学式的思考。总之，社会学想象力帮助我们就自己所生活的社会世界提出深刻的问题并去寻找答案。在追求我们自身的目标时，明智地使用社会学想象力还能够提供更有效地调查这些世界的工具。

通过社会学透镜来思考

1.1.1　讨论社会学想象力如何有助于挑战刻板印象。

　　社会学想象力会挑战我们每个人都有的一些本能的冲动。要把复杂的世界简单化，我们常常会想当然地认为自己周围的事物是必然如此或自然而然的。如果我们成长所处的社会宣扬婚姻是男人和女人之间的终生承诺，那我们也许就会很快得出婚姻这样的安排就是亲密关系该有的样子。但是，如果观察不同的社会和历史变迁，我们很快就会看到婚姻有时仅仅是男人和女人之间的终生承诺。在这种结论其他的情境中，如我们现在的

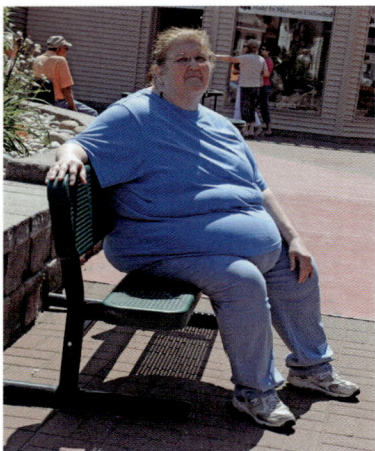

有些人认为体重超标的人是因为贪食和缺少锻炼才导致肥胖。但社会学家研究美国的肥胖症后指出，许多美国人体重超标也受到社会因素的影响。这些因素包括：日益普遍的久坐不动的生活方式，这主要与办公室工作和休闲活动（如看电视或玩电脑）有关；不断增加的速食品工厂；加工食品在美国人日常饮食中的比例日益增加；郊区城市化；以及闲逛时依赖汽车出行而不是走路。

社会，亲密关系也可能存在于两个男人或两个女人之间，或者不同的浪漫伴侣之间。

社会学想象力使我们理解多样化的亲密关系变为可能，并开始质疑自己这样的假定，即认为某种特定婚姻形式天然如此而不是有着社会起源。

同样，我们常常也很容易把人类群体之间的差异——男人与女人、富人与穷人、白种人和其他人种、信仰不同宗教的人——看成是这些群体成员的内在特征。但这种假定某"群体"特征适用于该群体所有成员或任何一个个体是不正确的。基于我们所认为的对个体所属的某个群体的认识并对个体做出错误的概括就是我们熟知的刻板印象。举例来说，有人认为年纪大的员工不如年轻员工，很明显许多雇主就这么认为，在某种程度上，这种看法是正确的，如果我们活得足够长久，由于年纪太大我们将无法胜任自己做了很多年的工作。但这并不意味着一个特定的人由于年纪就不能做好一项工作，无论他（她）的年纪有多大。

通过思考刻板印象从何处来、形成的根源、有谁受益以及它们为什么有害，社会学想象力对刻板印象提出了挑战。社会学赋予我们能批判性地、创造性地理解和思考他人所持的日常假定（比如刻板印象）的工具。它向我们展示那些我们习以为常、想当然的事情要比表面看起来的样子复杂得多。理解更加复杂的世界是一种挑战，而拥有社会学想象力能使我们在所做的每件事情中成为更积极、更有效的参与者。

发挥我们的社会学想象力：从个人困扰到社会学问题

1.1.2　解释社会学问题形成的过程。

每个人都拥有某些社会学想象力的潜能。每当我们试图去理解周遭的世界时，就已经在进行社会学思考了。但仅仅能以更为批判的方式观察周遭的世界并没有充分发挥我们的社会学想象力。社会学想象力需要我们开始就周遭世界的日常生活提出更深刻、更有意义的问题。社会学想象力不允许我们在理解人类及其所栖息的社会时停留在简单的答案上。提出深刻问题而不是仅仅接受容易得到的答案（或刻板印象）的能力是具有良好社会学想象力的标志。

社会学问题从何处来？大多数职业社会学家，包括本书的一些作者，在其开始做社会学研究之前就拥有了激发其社会学想象力的生活经历。对有些人而言，激发其社会学想象力的是某一特定事件，而对另一些人来说，社会学想象力的发展要更缓慢些——是多个促使其寻找这种思维方式的事件相叠加的结果。每章开头作者的简短自传能让你对这类时刻有所认识。但是，发展自己的社会学想象力并不需要你必须成为一个职业社会学家。当我们发觉某种被我们广泛地看作理所当然的假设是错误的时候，那个引发我们社会学想象力的情境就出现了。这确实能在任何一个时刻发生，而当这一时刻来临、我们开始以一种新的方式质疑之前持有的假定时，我们就踏出了发展社会学想象力的第一步。

当然，我们也能积极地运用社会学想象力而不是去等待一些让人压抑的谜题自然地出现。一种办法是对"常识"进行批判性思考。常识常常是非常有用的。在常识性格言警句里存在着不可胜数的珍贵智慧。格言警句是阐述一种真理或观点的精炼短句。"三思而后行""水涨船高""物以类聚，人以群分"等都是类似这种格言警句的例子。我们都听说过某些这样的短句，在很多情况下遵从这些格言警句的建议是很有价值的。身处繁忙的交通中转站，我们的确应该在进入车流前左顾右盼。存在共同利益，你才更容易和别人成为朋友。在这些情况下，常识就给人提供了有益的指导。

但如果我们仔细想想，就会很快察觉到这里面的问题。几乎每一个常识性的格言警句都只有在特定的情境下才有道理（Watts 2011）。实际上，大多数常识性格言警句都存在意思完全相反但同样有道理的格言警句。比如，"三思而后行"和"当断不断必有后患"这两句格言警句就是如此。有些情况下，在机会稍纵即逝前抓住它很重要；但在别的情况下，则要小心谨慎。那么哪个才是正确的呢？两个格言警句不可能在什么情况下都是正确的。答案是要根据情境来判断二者的正确性。一旦认识到这一点，我们就开始像社会学家那样开始思考了。如果我们要成为更有能力的人，那我们就要知道何种常识惯例适用于何种社会情境。

一旦我们学会不把刻板印象和常识性知识当作理所当然的东西，我们就能开始提出问题了。一旦开始学会质疑，我们就已经走在发展社会学想象力的道路上了。但是这些问题都是什么？阅读完本书将开启许多供研究的议题和问题（参见第4页）。但现在仅仅提供一些例子。设想在饭馆或学校餐厅吃饭，你会注意到既有白人又有黑人的群体比较少，甚至没有。或者，你去一些教堂走走，你会发现很少会有众多的白人和黑人一起做礼拜。在重要的民权立法从法律上终结了种族歧视之后这么久，为什么友谊关系网和礼拜仪式还都很少能超越种族区隔呢？或者看看美国的贫困问题。在这个世界上最富有的国家里，为什么还会有那么多人生活在贫困之中呢？图1.1显示出美国各地有多少家庭生活贫困并符合接受食物券的条件。

那么为什么有这么多人生活贫困呢？是因为他们懒惰不愿工作吗（这是对贫穷的人常有的一种刻板印象）？正如我们在本书后面详细分析的那样，许多穷人工作时间长但收入很少，根本无法让他们和自己的孩子脱离贫困。富裕的国家存在贫困是一个谜题，从对穷人的刻板印象出发是没办法解开这个谜题的。思考下这个问题或许多其他问题，我们就会开始注意到常识和刻板印象是没有用处的。深入理解这些问题需要质疑我们的假设。

就我们以前习以为常的现象提出问题是一项令人激动和具有创造性的活动，但也可能会让周围的人感到不安。在晚餐时挑战家庭成员关于他们自己的刻板印象问题也许会招致他们异样的目光，甚至是恶语相向。绝大多数人都不喜欢这种方式的挑战。同样，大公司或其他组织也不喜欢下属员工或者工人提出问题，而是喜欢他们就简单地按照听到的去做或相信听到的东西。学校管理者也总是不喜欢学生、父母或者校外观察者就学生学习或者学校老师教学的特征和质量提出质疑。政府则特别不希望公民盘问那些官员更想保守秘密的问题，比如军队运作或者腐败问题。

每个州接受食物券的人口比例：2009年6月

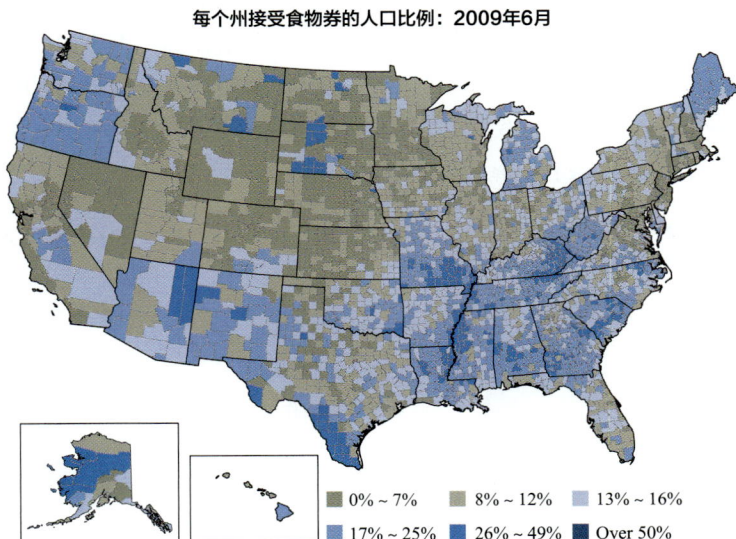

| 0% ~ 7% | 8% ~ 12% | 13% ~ 16% |
| 17% ~ 25% | 26% ~ 49% | Over 50% |

资料来源：http://www.nytimes.com/interactive/2009/11/28/us/20091128-foodstamps.html?_r=0

图1.1　美国食物券使用图

社会学问题：一个详细的案例

1.1.3 区分社会学家特别擅长研究的问题类型。

为了更好地理解社会学家如何运用问题设计研究计划，我们更为仔细地分析下近来由理查德·阿鲁姆进行的一项研究。作为本书的作者之一，他这项研究的主题会引起本书读者的兴趣。阿鲁姆曾在美国的几所大学里教书。他对自己在这些大学中所察觉到的相对少见、但的确存在的学习现象感到困惑。通常，我们会想当然地认为大学是教学和学习具有优先权的地方，而阿鲁姆对这个假设提出了质疑。为了调查在高等教育中是否（以及为什么）存在比人们所认为的多得多的非典型性学习现象，他和另一个合作者一直在进行一项相关研究。他们对2000多个年轻人在24所不同大学和学院学习、毕业工作、与朋友合住、同居或返家与父母同住的过程进行了追踪研究（Arum and Roksa 2011，2014）。这些参与研究的学生有着非常不同的大学生活体验，而且在学习结果方面也非常不同。一些学生就读的大学环境让他们面对具有挑战性的课程作业，结果他们毕业后立即就成功地获得了高报酬的工作。但很多学生却无缘这种好运。实际上，参与研究的大学生中有24%的人在毕业后的两年里依旧会返家与父母或亲戚共同生活。

让我们分析一下该项研究关注的两个学生：玛利亚（Maria）和罗伯特（Robert）。玛利亚在美国中西部一个小镇上的理学院读书，该校竞争激烈、实行寄宿制度。她入学时的SAT（学能测验）分数很高，而且获得了三门大学预修课程的学分。在大学期间，她在参加了一个由研究城市青年文化的社会学家主持的小型新生研讨班之后，很快决定要选择社会科学专业。大学二年级时她在欧洲待了一个学期。大学期间，她不断与自己的课外指导老师讨论自己的工作，该校的老师对像她这样的学生都有很高的期望。她还报告说自己的同学——因为学校把她的学术项目与她舍友的项目整合了起来，所以她后来很了解这些同学——同样鼓励她关注自己的学术工作。因为许多社会科学专业的课程都有精读和写作要求，平均而言，她估计自己每星期会花20小时的时间准备课业。从大一到大二，许多学习任务都需要批判性思维、复杂的推理和书面沟通，当她在这类学习任务上的表现得到评估时，她的成绩提高很快。毕业后两年，她与大学时认识的一个朋友住在一起，并开始工作，她的年收入为3.8万多美元。尽管还要还一大笔学生贷款，但她正走在成功的路上。图1.2可以让我们了解玛利亚毕业后的就业状况。

近来大学生都找了什么样的工作？56%的大学毕业生在需要大学学历的领域工作，22%的大学毕业生所工作的领域不需要大学学历，很显然这些工作是大材小用了。而且更糟的是还有22%的大学毕业生没有工作。

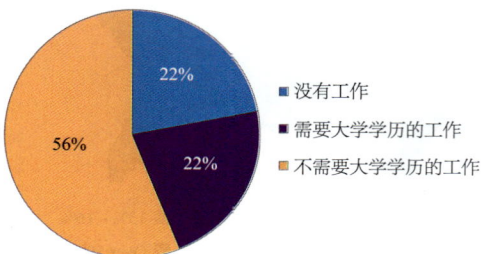

资料来源：罗格斯大学的约翰·J.海德里希劳动力发展中心2011年数据（John J. Heldrich Center for Workforce Development at Rutgers 2011）。

图1.2 近来大学毕业生就业状况

罗伯特的大学经历与玛利亚的大学经历形成了鲜明的对比。在考上一所竞争不激烈、规模比较大的公立大学之前，罗伯特在一所以非白人为主的高中里读书。这所大学以"派对学校"知名。同许多同学一样，罗伯特进入大学时没有完成任何大学预修课程，SAT考试成绩也不是特别好。他说大学期间自己很少在课外与他的指导老师见面。当询问到他学校的老师是否对他这样的学生具有很高的期望时，他说对大部分学生都没有。罗伯特以及格的成绩磕磕绊绊地完成了课业，但他既没觉得课业有趣，也没觉得课业有挑战性。他发现自己日益关注同朋友的社交活动，还关心如何赚钱来支撑他的课外活动。就像其他同学一样，他每周只学习8个小时。当他真要为课业做准备时，他常常是和朋友一起准备，结果总是会分心、无法真正关注自己的课业。在大学二年级时，我们测验了他要完成与玛利亚同样的任务时的表现，发现即使上了四年大学他也没有任何进步。但他不是特例。阿鲁姆和罗克萨（Roksa）发现，略多于1/3的学生在通用技能测试上没有实质性的进步。正因为如此，2009年毕业的罗伯特没有在劳动力市场上获得回报。毕业两年后，罗伯特有差不多3万美元的债务，没有工作，并返家和父母同住。他与玛利亚的唯一共同点就是巨额债务和大学学历。看图1.3可以了解到更多的学生负债上涨的情况。

我们该如何理解这两个学生有如此不同的大学经历和毕业后的命运呢？有很多途径可以获得答案。社会学家的思想和研究为我们提供了理解玛利亚和罗伯特的生活如何以现有方式展开的工具。最显而易见的常见答案是玛利亚要比罗伯特更努力。这个答案看起来有点道理。但这不可能是全部答案。社会学视角下的大学生在校经历问题是就个体（如玛利亚和罗伯特）同制度之间如何进行复杂性互动提出的一系列问题。社会学也许会问这样一些问题：玛利亚的社会背景如何对她的大学经历起到帮助作用？罗伯特的社会背景又如何对他的大学经历起到阻碍作用？为什么罗伯特（还有其他类似的学生）用在学习上的时间比一个世纪前的学生少却还能获得及格的分数？为什么某些学校比其他学校更关注学生在学术方面的学习？为什么一些学校被称为"派对学校"？在这样的学校学习会对学生产生什么样的影响？在过去几十年里，校园生活的本质发生了怎样的变化？相比其他的生命节点，学生在大学阶段更可能加入群体或彼此进行集体性互动吗？随着大学校园男女比例的变化，约会和求爱模式发生了怎样的变化？高等教育中发生的这些变化是美国独有的，还是改变大学生活和经历意义的跨越国家的全球性变化？

正如本书案例所显示的那样，社会学问题与现代世界的宽广画面有关。社会学问题包罗万象，从人类生活的基本单位——如个体与他人的关系——到我们是其中一部分的群体和组织，乃至现在正影响我们社会关系的急剧变迁的全球经济都包括在内。

随着本书的展开，我们将介绍目前与社会学家正在研究的许多重要议题有关的问题。但我们的第一个要点是：学习如何提出重要的问题，并深入思考如何探寻答案，而这正是社会学想象力的核心。

根据学生债务项目的研究，2009年有学贷的大学毕业生的平均负债水平达到2.4万美元，比1996年翻了一倍。

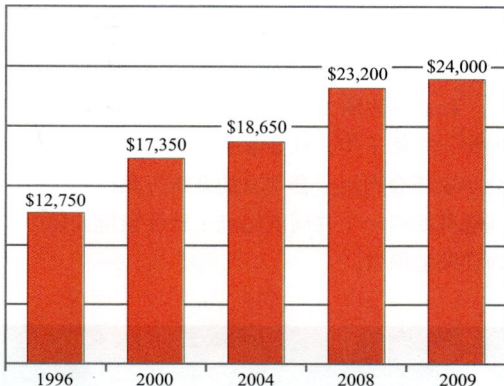

资料来源：基于约翰•波普高等教育政策中心2011年的数据（The John Pope Center for Higher Education Policy 2011）。

图1.3 学生债务上涨

无穷的社会学想象力

1.1.4 讨论社会学家研究的广泛主题和生活领域。

只有非常少的生活领域不能按照社会学的方式来研究。来看一看本书所涉及的某些社会学家在其自身研究中所关注的一些不同领域。

- 哈维•摩洛斯（Harvey Molotch）写了一本厕所社会学的书，还写了一本有关其他常用的居家用品如何被发明的书。
- 柯林•杰罗尔麦克（Colin Jerolmack）则写了一本有关世界各地的人们与鸽子关系的书。
- 艾瑞克•克兰纳伯格（Eric Klinenberg）的书探讨了在1995年的一波高温热浪袭击中为什么芝加哥的某些街区会有那么多人死亡。

- 凯瑟琳·格尔森（Kathleen Gerson）写的书探讨了关于21世纪年轻男性和女性对两性关系的矛盾期待。
- 杰夫·古德温（Jeff Goodwin）写的书探讨了改革如何以及为什么会在某些地方、而不是其他地方发生。
- 史蒂文·卢克斯（Steven Lukes）写了一本有关社会学思想如何能更好地帮助理解复杂的道德争议的书。

社会学想象力可以用来探索人类生存条件的许多方面，但这并不意味着它可以用来研究任何东西。在上述的每一个例子中，社会学家都采用某种提出问题的特定方式和一套特定的有关从哪里开始寻找答案的理论。社会学家还会利用一套共有的系统工具研究那些问题。而这些背后存在着一个统一的主线。社会学家提出的所有问题都始自一个共同的起点：社会情境如何以及会以怎样的方式发挥作用？我们将在下一部分对这一点进行更为详细地探讨。

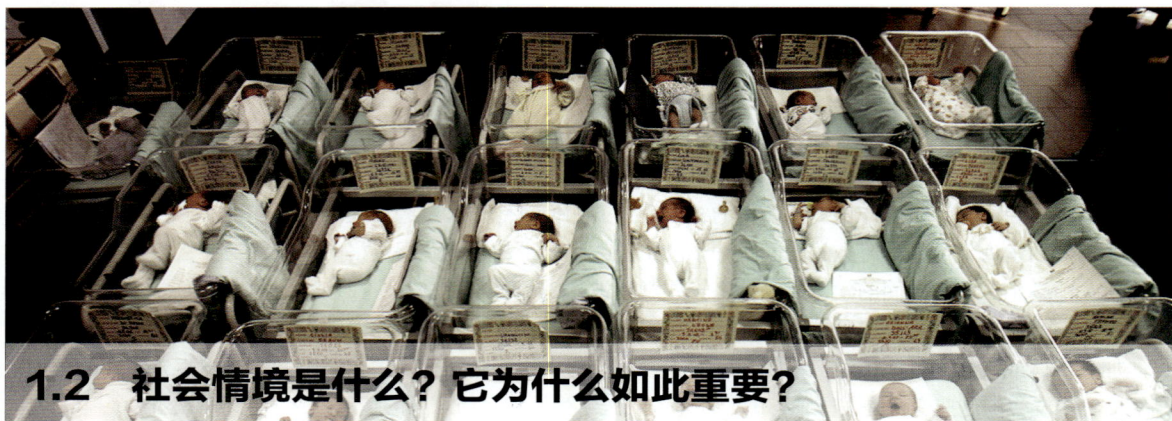

1.2　社会情境是什么？它为什么如此重要？

社会情境：从个体到社会

社会学非常关注个体如何参与其所生活的社会以及如何受到社会的影响。大学生玛利亚和罗伯特的故事就提供了这样的例子。我们把社会对个体的影响力看作社会情境。这种情境是指什么？我们提出这个概念又有什么样的含义呢？

思考个体所面对的多样化的情境的一种方式就是通过下面的思考实验。设想你在一家大型医院的产房，正看着一群刚出生的婴儿。他们都很无助、可爱，充实的生活正等着他们。在完美世界里，他们都拥有平等的机会去发展自己的诸多天赋和能力并在生活中获得成功。实际上，我们也许会看着那些小生命，心里想"有一天这里的任何一个婴儿都可能成为美国的总统"。但我们也知道发生这种结果的概率千差万别。为什么会这样？

社会学想象力的核心思想认为，个体是在情境中展开生活的——在上面这个例子中，情境是指社会环境，包括经济和文化条件，这是每个婴儿生活和成长的环境。不同婴儿要面对的那些情境会非常不同。看着婴儿床上的这些幼儿，我们不知道哪个婴儿的成长会获得家庭的大力支持和鼓励、能上好的学校，或者在成人后找到好的就业机会。当然，如果我们了解每个婴儿将来成长的情境，我们就能够更好地猜测将来谁的前景更好。那么这些情境是指什么呢？我们马上能够确认影响每个婴儿生活的是以下几种情境。

- 婴儿（过去和现在）的直系亲属，最重要的是父母的教育水平、财富和收入。
- 婴儿成长（以及成人后居住）的邻里和社区。
- 婴儿获得的教育机会（包括就读学校的质量）。
- 婴儿将参加或有机会加入的重要组织类型（如教堂、俱乐部或群体）。
- 婴儿未来的就业类型。

还存在其他重要的、需要牢记的更为广泛的这些婴儿生来所处的情境。比如：

- 婴儿出生的国家（富裕的国家、贫穷的国家，或者快速发展中的国家）；
- 婴儿出生的历史时期。

实际上，每一个可爱的婴儿都会进入一个将对其最终所处的位置产生巨大影响的社会世界。让我们更为详细地回顾一下这些情境。

家庭与社区

1.2.1 分析家庭与社区怎样影响儿童的社会发展。

我们出生于家庭。不同时代的社会学研究都强调家庭和家庭环境的重要性，把这当作理解个体如何发展的关键要素。我们的家庭通过多种多样的方式来塑造我们，包括：形成我们的种族、族群和宗教认同；教导我们社会的基本规则以及在社会或特定的社会环境中如何表现；把我们与某种人际网络联系起来；通过父母在我们教育和发展上投入的财力资源影响我们；通过毕生的相互影响发展我们的情感和认知能力；家庭还可能在一定程度上愿意为我们成年后的生活提供帮助，甚至还设法帮助我们抚养下一代（比如资助买车、买房，或者支付婚礼开销）。

家庭让第二个重要情境走入我们的视野：我们成长所处的邻里和社区。一个生活在有好学校并安全的邻里中、被鼓励孩子努力、进取和自信的家人包围的孩子同生活在贫穷、没有好学校且犯罪率高的邻里中的孩子相比会走上不同的人生路径。后者的环境会产生许多消极后果，既包括诸如长期存在的成为犯罪受害人的风险和缺少提供积极社会网络的人这样显而易见的消极后果，也包括如日益提高的会导致睡眠不足和学校表现变差的压力水平这样隐而不显的消极后果。

比如，在近期的一项突破性研究中，纽约大学社会学家帕特·萨基（Pat Sharkey）发现邻里犯罪与儿童的学校表现之间存在联系（Sharkey 2010）。他发现在邻里发生谋杀案的一周内，芝加哥的儿童在阅读和词汇测验上的分数明显比他们在谋杀案发生前的测试分数低。此外，萨基的研究还让我们知晓暴力如何通过邻里环境被传递和吸收，还让我们知晓面对暴力最容易受到伤害的儿童在学校和家里会如何受到暴力事件的影响。萨基的研究除了让我们关注如何减少暴力犯罪，还启发我们去思考邻里暴力对天真无邪孩子的影响。

身份和群体

1.2.2 解释身份怎样影响我们生活中的机遇。

我们的身份——指我们和他人所持有的有关我们是谁以及我们是何种群体或派别成员的观念——是另一种

重要的个体展开生活的社会情境。我们生来就带有某种生理属性——最值得注意的是肤色和性别（尽管这两个概念都模糊不清）以及可能的残疾或者不寻常的身体特征（如身高或体重）。在我们足够成熟能自我选择角色去扮演前，我们的家庭和社会就已经在我们身上刻下了其他身份，比如赋予我们宗教、民族或族群身份。随着生活的延展，我们也能改变一些身份，并且常常会获取新身份。无论我们获得的身份是什么以及这些身份将我们归属到何种群体，它们都是预测我们未来生活的最终走向、我们能有何种机遇，以及世界其他地方的人会如何看待我们的重要因素。一些身份是善意或中性的，也有一些身份是积极或有益的。但是有些身份是有害的。比如，实际上，在被研究过的所有社会中，男性都比女性更有地位和权力。历史上，拥有"男性"或"男人"身份会获得很多益处。同样，在当今世界，居于统治地位的种族或族群会比其他群体拥有更多的机会、能获得更多的回报！

学校与组织

1.2.3　讨论我们加入的学校与组织如何影响我们的生活和身份认同。

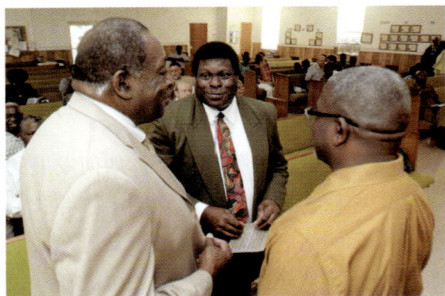

我们成人后归属的组织在塑造我们身份认同方面发挥着一定的作用。

从养育我们的家庭到我们成长的邻里，再到我们拥有或采用的身份，个体生活所处的社会情境向外扩展到我们就读的学校和加入的组织。教育是我们个体发展的如此重要的因素，以至于我们对这样一个事实——我们就读学校的质量和类型会对我们的生活产生巨大影响——并不会感到惊讶。我们将在本书中重新分析教育的重要性。但我们建立的其他并不如此明显的组织关系也同样重要：我们加入的教会、犹太教堂、清真寺；我们选择加入的俱乐部或政治群体。所有的这些组织都是我们可能获得重要体验、洞见或碰到机遇的情境。通向特别机会的大门向我们打开或关闭，部分依赖于我们所属群体的类型以及在多样的情境中所塑造的关系类型。

社会与历史情境

1.2.4　分析我们出生所处的社会与经济环境如何影响我们获得机会的方式。

赖特·米尔斯强调社会学想象力将个体经历与历史联系起来。这究竟有什么含义？首先，我们生来所处的社会、经济和历史情境对我们能做什么以及能获得怎样的成就具有重大影响。举例来说，出生在1900年[在吉姆·克劳法（种族歧视）时代，美国南部的法律和机遇的安排都明确赋予白人以特权]美国南部的美国黑人如果出生在今天会面临着非常不同的环境和机会，仅仅就是因为他们出生的时间和地点不同。在20世纪40年代的底特律，汽车工业蓬勃发展，城市里存在大量收入不错的蓝领工作。同在当代的底特律成长经历相比，在那个时代的工人阶层家庭中成长起来的孩子会拥有不同的经济机遇（近年来，该地区受到制造业岗位大衰退的重创，在没有大学学历的人群中，失业率非常高）。与在20世纪50年代成年的女性相比，在20世纪70年代社会性别革命以后成年的女性面临着非常不同的一系列人生选择和文化期待。在这个时代，历史上面向女性封闭的职业和机会重新向女性开放，理想的（虽然现实不一定总是这样）平等婚姻制度也得到了发展。与这个年代相比，在20世纪50年代女性成年后会面对一系列不同的选择和文化期待。所有这些情境都受到全球环境的影响。我们正生活在世界各个地区和国家会深深影响美国人生活的时代，反之亦然。特别来说，其他国家的许多工人正从事着曾经在美国出现过的许多类型的工作。随着工作、思想以及技术以前所未有的规模在世界上流动，我们与远方的人们和遥远地域的联系正日益紧密。

再思考一下失业和贫困问题。在美国导致人贫困的原因是什么？如果我们运用社会学想象力把一个失业的人看作社会的一部分而不是单纯的个体，我们就会把贫困看作社会问题而不是个人的问题。这样做会使我们重新思考这个问题，而且我们不再仅仅是问这个人为什么会处于这样的境地，而是思考为什么这么多的人都处于这样的境地。要这样做，社会学想象力就会要求我们考虑情境因素。这个问题发生在哪里？在目前的经济形势下，哪种行业或地区的失业情况特别严峻？

研究社会情境的社会学

1.2.5　解释社会互动与社会结构之间的区别。

我们已经探讨了研究社会情境的核心思想，现在就来更充分、清晰地界定我们所说的社会学的含义：社会学是研究个体生活得以展开、社会世界得以创生的多样化情境的学科。人类创造的社会世界有两个核心要素：社会互动与社会结构。社会互动指人们一起行动的方式，包括人们针对他人在场如何修正和改变自己的行为。社会互动受到一套规范的支配。规范是有助于我们了解在任一场合下什么合适或不合适的社会基本规则。动摇行为规范将会给我们带来各种问题。当我们与他人互动时，我们就处于这些规则和规范发挥作用的过程中，试图给他人展现一种让人愉悦的形象。这样的例子包括：脸书和专业网站的基本资料、名片以及在我们认识新人或向群体介绍自己这样的社会情境中标识自己的不同方式。比如，本章的作者有时是社会学家，有时是教授，有时是父母，有时又是政治激进的公民，有时还是因情形不同而不同的其他多样的角色。在这些身份中进行选择时，我们就开始接触社会世界。我们拥有的身体虽然一样，但我们究竟是谁（或我们如何标识自己）取决于社会情境。

在我们破坏规定适当行为的社会规则时（或者设想当我们破坏这些规则会随后而至的社会惩罚时），社会互动中"社会"部分的重要性就会变得更为明显。看看这个例子：如果一个大学生在课堂上突然从座位上站起来向老师或后面的学生骂脏话将会发生什么？甚至即使我们有人偶尔想这样做，都会感受到有力约束而取消这一行为。不用被人告知，我们知道如果这样做了，同学可能会躲开，而老师可能会给我们低分，也可能会叫校园保安来将我们带离教室。所以，即使当我们在课堂上感到厌烦、沮丧或者无聊，抑或在看起来冗长的会议或排队时有同样的感受，我们通常都知道要掩藏自身的真实情绪。

即使你认为不会产生严重后果，你还是会知道某种行为是不对的。怎么会这样呢？社会学家认为我们检讨自身是因为我们关注自身行动的社会后果。我们通过与重要他人（如父母、朋友、老师、牧师或导师）的社会互动来学习和内化社会规范。我们要避免尴尬或在不同情境中举止得体，就要了解任何情形的规则和规范。因为大多数时候我们都想"融入"自身所在的地方。

这些控制社会互动的规则和规范来自何处？为什么能够长久存在？部分原因是人们仅仅去做被期待的行为，并在这个过程中强化和再生产了那些规则（或者，有时开始微妙地改变着这些规则）。但还有更多的原因。社会学家用社会结构这个概念来描述日常生活的规则和规范成为塑造和管理社会互动长久模式的多样化方式。在

社会学想象力驱使我们在思考任何失业或贫困问题时要把情境因素考虑进去。

结识他人包括一套复杂的社会规范，这套社会规范因文化惯例、情形类型以及其他因素而不同。握手是人们彼此问候的常见方式，但是存在多种不同的握手方式。我们根据社会线索来了解哪种握手方式是适当的。

某种意义上，社会结构存在于每一次社会互动的背景之中。社会结构是混乱但又重要的概念，在本书中我们会更为详尽地探索这一概念。社会结构包含从长久存在的习俗和传统到政府建立的正式法律和规则的所有事物。

我们能鉴别出社会结构的两个关键层面。首先，每个社会都有一套复杂的角色和社会等级制度，社会等级制度是一套重要且长久存在的社会位置，这套社会位置总是赋予某些个体和群体比他人更高的地位和更多的权力。不管我们在互动中占据什么角色和位置——学生、子女、父母、群体领导、群体成员等——我们的行动，实际上是我们行动的选择范围都会受到与角色和位置联系在一起的规则和权力的影响。比如，人们认为孩子要听父母的话，工人要服从企业主的领导，患者要听从医生的安排。

社会结构的第二个层面是社会规范和制度。制度指长期存在而且重要的实践（比如婚姻、家庭、教育和经济市场）以及调控那些实践的组织（比如政府、法律制度、军队、学校以及宗教群体）。制度是难懂又重要的概念，在本书中将会经常遇到这个概念。制度涵盖范围广泛的不同类型和形式的社会组织，它们的共同点是为发生的社会互动提供框架，并经常把现存的规范嵌入到长久的行为模式中。比如，两个人之间需要达成的简单合同或协议，每个人都要对另外一个人做出承诺（比如，"我将每个月付给你一定数额的钱让你来给我的草坪除草"）。甚至如此简单的一个约定都包含着许多制度性要素。关于合同的社会规范长久以来就存在了：别人期望我们能遵守我们同意的条款（我们是"一个守信的男人（或女人）吗？"）。幸运的是，大多数时候人们会按自己承诺的那样去做。但是当有人不遵守约定，甚至在被礼貌地提醒后还不遵守约定时会发生什么呢？在这看起来简单的合同的背后存在着法律制度和国家政策，二者在有人不履行其承诺的时候有助于强制执行合同。让我们假设我已经预付给你钱帮我除草，但不管出于什么原因你没有这样去做。在像如美国这样的现代社会里，我不需要暴力威胁或者雇暴徒去揍你来讨回预付给你的钱。相反，我可以向其他制度求助——比如法律制度——来要回我的钱。我能诉诸法律要求你履行合同或者还钱，存在了几个世纪的法律给我了某种保证，如果你没有做到你承诺的事，我将有某种追索权来减少我的损失（而不需要依靠暴力）。实际上，每一种法律的存在都是强有力的刺激，敦促你严格履行我们的约定。仅仅一个简单的合同就是这样，设想一下涉及两个大公司和数十亿美元的大合同又会是怎样！正是因为制度发挥作用，人们才能充满信心地缔结大大小小的合同。

社会结构的这两个层面——角色/社会等级制度以及规范/制度——为我们每天几乎所有的日常活动提供了重要的框架。最重要的是，它们彼此渗透——通过社会互动我们强化了规范和制度，而那些制度塑造和指导着我们与他人的互动。尽管这两个层面都很重要，但社会结构对我们而言不是显而易见的。因为社会结构存在于我们的经历背景中，所以直到开始研究社会结构并试图理解它们的存在时，我们才会注意到社会结构。在许多情况下，当社会结构以某种方式限制我们的自由时它才显现出来。有时，社会规则、习俗、法律和规定能防止我们去做如果我们完全摆脱社会结构限制时可能会去做的事。比如，如果没有反对欺骗的法律或规则，很显然将会出现比今天多很多的欺骗行为（甚至即便存在广泛多样的限制，许多人仍然会以各种形式进行欺骗）。

社会科学的社会学

我们将社会学想象力应用于研究多种主题，包括社会学自身！要这样做，我们需要提出以下问题：社会学一开始发展的背景是怎样的？社会学是如何与其他社会科学相互联系、融为一体的？（它们之间的争论是什么？）社会学家所做的研究与其他社会科学的研究有何不同？

社会学的诞生

1.3.1 讨论社会学作为一门学科的起源。

总的来说，当越来越多的人开始从抽象观念或争论（如"民主是好的"或者"种族主义是不好的"）转向思考真实世界的事物如何运作时，社会学和其他社会科学就开始发展起来。但社会学想象力并不是一蹴而就的。实际上，社会学思维的踪迹在人们讨论或思考其社区或制度的地方随处可见，但那些古往今来就有的对话自身并没有促进对问题深刻的反思，而这种反思是现代社会科学兴起的一部分。渴望用别的东西而不是纯粹的猜想来回答人类体验的难题是现代社会学事业发展的关键。

一种对现代世界问题和议题进行提问以及寻求答案的新方式在19世纪时断时续地展现开来，但是运用严格、科学的方法去研究社会世界的思想在19世纪80年代前就开始扎根，这种严格、科学的方法与那些已被用于研究自然世界的方法类似。

社会学这个术语最早是由法国哲学家奥古斯特·孔德（August Comte，1798—1859）最先使用的。孔德认为社会学最后将成为社会生活的最终科学，其他学科做出了部分贡献，而社会学将把这些分散的部分贡献整合成一门内在一致的有关社会的科学。孔德所说的社会学科学包括他所称的"社会静力学"（social statics，研究社会之所是）和"社会动力学"（Social Dynamics，研究社会变迁过程）两部分［Comte（1839—1853）2009］。

随着19世纪慢慢过去，研究社会世界的多种多样的新方法开始出现，正如孔德预测的那样。但一开始，新出现的社会科学学科之间的界限非常模糊。早期重要的思想家为社会学和社会理论发展贡献出了非常有影响力的思想——如孔德自己、亚当·斯密（Adam Smith，1723—1790）、卡尔·马克思（Karl Marx，1818—1883）和海丽叶特·马蒂诺（Harriet Martineau，1802—1876）——但并不称自己或不认为自己是社会学家。

芝加哥学派基于对芝加哥市的详细研究发展出许多有关社会的重要思想。

但在1880年和1910年之间，社会科学开始稳固成知识的组织化体系，并发展出独特的学科特征。对社会学而言，这种学科的稳固化最先出现在欧洲——法国和德国。"社会学之父"，埃米尔·迪尔凯姆（Emile Durkheim，1858—1917）于1895年在波尔多大学成立了欧洲第一个社会学系，并在1898年创立了第一个重要的欧洲社会学期刊（*L'Anne Sociologique*，即《社会学年鉴》）。在德国，一个早期社会学家群体——马克斯·韦伯（Max Webber，1864—1920）就是其成员之一——创立了一份非常有影响力的期刊《社会科学与社会福利档案》（*Archives for Social Science and Social Welfare*），社会学的学科身份在这个国家建立起来。

在大西洋的另一端，社会学具有鲜明特色的美国传统也在同一时间开始出现，芝加哥大学社会学系是该传统的中心，该系成立于1895年，是美国第一个社会学系。芝加哥学派经常以芝加哥市作为自己的实验室，对城市问题以及生活在城市里的人群进行了深入研究，其发展出的知识体系在今天仍然保持着影响力。从19世纪20年代晚期之后，伴随着一种理解社会生活的颇具特色的新方式的出现，社会学成为一个流行又被广泛承认的研究领域。到了1959年赖特·米尔斯撰写《社会学想象力》的时候，社会学已经是五种主要的社会科学之一（其他为经济学、政治学、心理学和文化人类学）。今天，正如我们在本章早些地方提到的那样，社会学家参与到许多重要社会议题和争议问题的研究当中来，工作领域涉及大学、政府机构、非营利和非政府组织以及政策和政治倡导群体。

社会学与工业革命

1.3.2 解释工业化和城市化在社会学发展过程中所扮演的角色。

尽管像马克思、迪尔凯姆以及韦伯等一些重要的思想家对创生一种新知识体系起到了助力作用，但是伟大的思想家和学派自身无法解释是什么力量推动多样化的思想汇集起来并促生了学科化的知识体系。正如个体生活一样，社会学也存在一个塑造其成长和发展的"社会情境"。是怎样的社会情境使得人们对这种新知识产生兴趣呢？有两个重要的进程总体上促进了社会科学的发展，也对社会学的发展产生了特别的影响，即在19世纪美国、欧洲和其他地方出现的迅猛发展的工业化（Industrialization）——工厂和商品生产大规模的增长——和城市化（Urbanization）（城市的增加）。在这个时期，新技术和新发明使得商品生产大规模的增长成为可能——将主要依赖农业的经济形式转换成以商品生产为基础的经济形式。在工业化的这个时期，工厂劳动推广开来，产生了集中在城市地区的职业。通常把人口密度每平方公里至少1000人、所有周边地区人口密度整体上每平方公里至少500人的地区称为城市地区。在城市化的这个时期最显著的特征是居住在城市地区和城市里的人口比重增长——从1850年至1920年，该比重在欧洲和美国增长迅速。图1.4揭示了在这个时期美国城市和大都市周边地区城市人口的增长情况。

驱动这个增长过程的新兴职业使人们离开农场和农村地区，并为一波又一波的来自其他国家的移民提供了工作机会。自19世纪70年代开始一直到20世纪20年代早期，这些移民的人数增长到一个稳定的数量，在进入20世纪60年代后又开始继续增长。

工业化带来了剧烈的社会变迁。个体生活和整个社区环境都发生了巨大变化。很显然，自然科学和生物科学看起来无法充分解释正在发生的这一切。而化学和物理学为新工业进程发挥了巨大的基础性作用，也能够用来解释来自新建工业地区污染对自然造成的影响，但它们几乎无法解释在工厂里拿工资如何改变了人类关系和群体认同。从19世纪中叶以来美国和欧洲城市激增，与之相伴的深层问题丛生，这些问题与20世纪来自农业经济的问题有显著不同。首先，这些城市普遍贫穷水平高。早期的工厂工资低，在不断扩张的城市里生活成本常常很高，因为房屋供给难以跟上需要。城市卫生差——在公共健康和公共卫生系统措施广泛实施之前——成为疾病、婴儿死亡以及夭折的温床。相比农村社区，城市的犯罪和暴力行为更常见。最后，城市也是人们组织起来抗议不良生活条件的聚集地。同在自己的农场上独自忍受悲惨命运不同，城市里的人们现在得以能与邻近的数十个人或成百上千的人聚集在一起讨论问题。

图1.4 美国城市人口增长一览表

面对这些新形势和新挑战，作为更广泛地理解这些社会挑战产生源头的努力的一部分，社会学找到了自己的位置。当然，社会学不是在这个社会变迁时期出现的唯一专业学科，还有其他社会科学也是在这个时期——19世纪末20世纪初出现的。这些学科的成长是和另一个社会背景——现代研究型大学——的兴起同时并存的。

社会学的姐妹学科

1.3.3　比较和区分社会学和其他社会科学。

尽管所有社会科学产生的驱动力是相似的，即理解工业化和城市化蔓延的社会世界，但是就从这个共同的起点之后往何处去产生了大量的分歧。因此社会学是如何同其他社会科学区别开来的呢？这些学科之间手足之争的本质是什么？我们将指出两个重要区别。

1. 社会学概念和理论涵盖的范围要比其他学科广泛——社会学家研究的内容很庞杂。
2. 社会学对外在世界如何塑造个体行为和社会后果的解释要比其他学科的解释更广泛，还包含了不同的分析单位。社会学的分析单位包括个体、群体、制度乃至全球社会。社会学是一门最关注社会不同部分如何相互联系、相互作用的社会科学学科。

当然，社会学研究主题谱系如此广泛带来的危险在于难以界定社会学的边界。作为专业社会学家，本章学者常常被问到的一个问题是：社会学究竟是什么？有时甚至专业社会学家也很难给出一个短小精悍的答案。与其他社会科学家不同，社会学家不是根据社会生活的具体领域来界定自身。对于其他大多数社会科学家而言，他们就是这么界定自己的。政治科学家主要关心的主题涉及政府及其制定的政策。经济学家主要关注个体的经济行为（微观经济）和国家（或全球）经济（宏观经济）的表现。心理学家对理解人类精神的运作机制感兴趣。文化人类学家则声称其专长在于研究人类文化的多样化实践以及这些实践在时空中的变化。

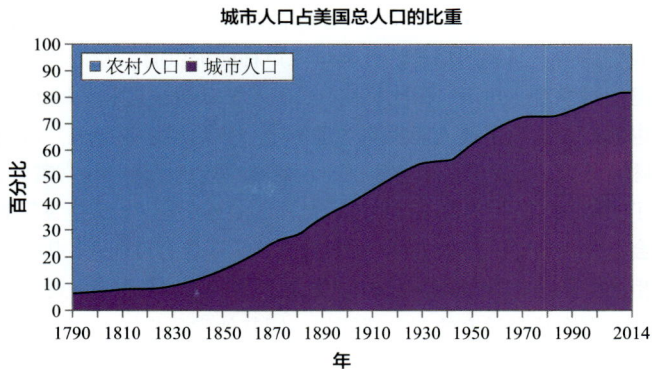

社会学不能像其他社会科学常做的那样去分类。社会学家能够也的确涉及了其他社会科学的"地盘"。正如我们的名字显示的那样，社会学家声称能提供有关我们称之为"社会的"生活部分以及具有社会重要意义的主题的科学专业知识。相比其他社会科学的研究主题和领域，"社会的"是一个更复杂一点儿的专业主题和领域。也就是说，大多数人能粗略地理解一个政治科学家研究"政府"意味着什么——或者经济学家研究"经济"意味着什么。但是当社会学家说自己研究"社会世界"时常常会看到别人复杂的目光。我们其中一个作者的祖母用了20年的时间才不再告诉她的朋友自己的孙女是"社会主义"教授（而不是社会学教授）。对她而言，这是理解社会学并将其变得有意义的一种具体方式（这也有点吓人，因为她是一个坚定的共和党人！）。因此，尽管社会学家拒绝将世界分割成狭小领域并宣称在这样的领域具有专业性的确会让人迷惑不清，但他们没有其他办法。

那么社会学家的广泛议题如何同其他学科相区分呢？思考一下社会学与心理学的差别。心理学以研究人的精神、心理和物质大脑为核心。社会学需要从心理学发现中学习良多，我们在本章已经提及了一些。同时，社会学家也与许多传统的心理学家一样坚持认为个体（及其精神和心理）必然总是处于更大的社会背景之中，这种社会背景要比单纯的家庭宽广得多。对社会学家而言，仅仅通过理解对所有人普遍存在的精神或认知过程的错综复杂性来解释人的行为是不够的。因为个体嵌入在家庭、社区以及经济、文化和政治环境中，社会学家认为人类行为不仅仅是个体大脑告诉我们做什么才发生的，还有其他原因。换句话说，要解释个体之所为就必须考虑社会背景。

类似的差异将社会学同经济学区别开来。经济学家使用清晰、简单的关于人类本质的假设（如一切是平等的，我们总是以自己所认为的能提高自身利益和经济收益的方式来行动）来建立和验证经济行为的模型，并以此为豪。他们发展的人类行为思想和数学模型总是很精巧，并能从中推导出明确的能被研究者证实的预言。相反，社会学家倾向于认为，对于经济学所取得的所有这些让人印象深刻的进步而言，经济学家有时会忽略重要的结果，因为他们没有把影响人类行为的相当广泛的要素和力量考虑进来。社会学家认为驱动个体行动的事物很多——利他主义和自我利益、声誉、社会地位以及金钱。尽管同许多经济学理论相比，社会学理论更加复杂、也更难以验证，但是同样能产生出范围较为广泛的可能解释，当这种可能的解释成功时就能生产出真正的创新性认识。

把学科间的竞争搁置一边，今天大多数的社会学家会从其他领域和学科借鉴思想和洞见，也会在自己的学科及领域内这样去做。经过一个多世纪的学科建设和专业体系的建设之后，近些年来模糊学科边界的行动再一次出现。正如大家知道的那样，这被称为跨学科研究（Interdisciplinary Research），是研究社会学或其他社会科学任何主题的日渐重要的一部分。任何社会科学里都很少有学生或学者愚蠢到不去从相近社会科学中借鉴他人的思想和研究。社会学也许是最有可能这么去做的学科——它是所有传统社会科学学科中最具跨学科性的学科。依赖于正要研究的问题，社会学家也许需要了解由经济学家、政治学家、心理学家或文化人类学家所做的研究和提出的理论。我们也常常需要借鉴历史学家的研究——这个学科在传统的意义上包括在人文科学内，但它是与社会科学，尤其是与社会学具有紧密联系的学科。尽管我们这本书的主要旨趣是向你介绍社会学的洞见和方法，但我们当然也不想留给你这样的印象，即社会学靠自己就能找到社会学家提出的所有问题的答案。它的确做不到。

社会学的衍生学科

1.3.4 识别肇始于社会学的一些新兴研究领域。

社会学与其他社会科学之间关系的一个有趣方面是，社会学是有助于孕育许多新领域的研究方式。今天，在大多数大学里都存在大量的新兴专业和研究项目，而其中大部分都始于社会学。犯罪学、性别研究、美国黑人研究、拉丁裔美国人研究、男同性恋/女同性恋研究、城市/乡村研究、组织或管理研究、工业关系或劳工研究、人口统计学、通信/媒介研究以及其他研究都赫然在列。有段时间，这些主题的许多研究和学术成果都是在社会学中获得的。但是由于多种原因，这些衍生出的研究领域最终从社会学中分离出去，成为独立的研究领域（并发展出其自身独有的知识基础和专业体系）。实际上，仅仅有那么多新兴学科肇始于社会学（至少部分肇始于此）就够引人瞩目了，创新和智力多元化的赫赫成果让社会学家引以为豪。

很显然，社会学长久以来就是新兴调查研究领域的重要孵化器。甚至今天，社会学里依然存在有可能发展成独立学科的新兴领域。但本质上，社会学仍将保持自身对这些社会科学交叉学科而言的基础学科地位。从这种意义上来说，学习社会学的基本知识对于任何一个此类交叉学科的新兴领域都很重要。

结论：展望未来

本书的目的是提供有关社会研究重要领域和发现的翔实背景，并提供使读者发展自身社会学想象力的基础。通过理解个体生活如何嵌入到具体的、常常并非是个体能够选择的社会情境中，我们希望读者学会将个体常常面对的个人议题能够从社会面对的更大的社会问题方面来理解。

本书每一章作者撰写的内容都是其研究或教学的内容。我们相信以群体合作方法呈现社会学学科的方式是挖掘和激发读者社会学想象力的更好方式。在思考（和教）我们所撰写主题的过程中，我们就深深领略了各自主题的复杂性和让人兴奋之处，我们希望在后续章节中将此种复杂性和兴奋之处传递下去。

为了使文本统一，我们采取了一系列步骤确保我们的读者能较为容易地在各章之间进行转换。每一章开篇都是一个能突出一个或多个关键社会学问题的谜题或故事，这些社会学问题将在该章中得到解答。之后，每一章会提出一系列明确该领域研究和教学谜题的大问题。这些大问题是按照作者探究每个问题的社会学思维如何发展的顺序来组织内容的。在各方面，各章会提供一些基本的有益的事实和资料，但同时我们也希望读者能通过学习如何提出难题和到哪里去寻找答案来学会社会学思维。

总之，我们想强调本书——而且实际上社会学这门学科——真正是一个工程：即我们集体参与建设的事业，是相对缺少完整、确定和既定答案的事业。社会学家面对的问题是艰难的，因为有许多事物影响着个体和群体生活。这使得社会学永远不会缺少趣味性，也使得社会学想象力非常值得探究。

▬ 大问题再览 1

1.1 社会学想象力是什么？这个问题为什么值得探询？ 在这个部分介绍了社会学想象力这个概念，并解释这个概念如何有助于我们学会提出难题。

通过社会学透镜来思考

学习目标1.1.1： 讨论社会学想象力如何有助于挑战刻板印象。

发挥我们的社会学想象力： 从个人困扰到社会学问题

学习目标1.1.2： 解释社会学问题形成的过程。

社会学问题： 一个详细的案例

学习目标1.1.3： 区分社会学家特别擅长研究的问题类型。

无穷的社会学想象力

学习目标1.1.4： 讨论社会学家研究的广泛主题和生活领域。

核心术语

社会网络　社会　社会学　社会学想象力
刻板印象

1.2 **社会情境是什么？它为什么如此重要？** 社会学主要关注社会如何影响我们。我们每个人都处于一系列的社会情境中。这个部分探讨了这些情境如何影响我们和我们的行为。

家庭与社区

学习目标1.2.1： 分析家庭与社区怎样影响儿童的社会发展。

身份和群体

学习目标1.2.2： 解释身份怎样影响我们生活中的机遇。

学校与组织

学习目标1.2.3： 讨论我们加入的学校与组织如何影响我们的生活和身份认同。

社会与历史情境

学习目标1.2.4： 分析我们出生所处的社会与经济环境影响我们获得机会的方式。

研究社会情境的社会学

学习目标1.2.5： 解释社会互动与社会结构之间的区别。

核心术语

社会情境　身份认同　社会互动　规范　社会结构
社会等级制度　制度

1.3 **社会学从哪里来？社会学同其他社会科学的区别是什么？** 这个部分分析了社会学开始发展的社会背景，并探索了社会学如何与其他社会科学相互融合和相互联系的问题。

社会学的诞生

学习目标1.3.1： 讨论社会学作为一门学科的起源。

社会学与工业革命

学习目标1.3.2： 解释工业化和城市化在社会学发展过程中所扮演的角色。

社会学的姐妹学科

学习目标1.3.3： 比较和区分社会学和其他社会科学。

社会学的衍生学科

学习目标1.3.4： 识别肇始于社会学的一些新兴研究领域。

核心术语

工业化　城市化　城市地区　跨学科研究

所有主要社会学理论都试图以某种方式来
解决三个普遍的主题。其中之一是理解社会变
迁的环境或条件。

第 2 章
社会理论

作者：杰夫·曼扎、托马斯·厄特曼（Thomas Ertman）、林恩·哈尼、史蒂文·卢克斯（Steven Lukes）①

社会学想象力的核心是有关社会的理论，这是我们寻求理解社会世界时知道去寻找什么和思考什么的工具。刺激一个人将思想发展成社会理论的灵感来源非常广泛多样。本章的一位作者，史蒂文·卢克斯回忆了自己如何被激发去思考社会学理论的经典问题。

那是在布宜诺斯艾利斯的一次晚餐谈话中，我深受触动，开始去思考道德和权利。当时的布宜诺斯艾利斯正处在20世纪70年代中期阿根廷"脏脏战争"（Dirty War）的高峰。在这个时期，成千上万的人——其中包括工会会员、记者和学生——因为阿根廷军政府的命令而"消失了"；也就是说，这些人受到严刑拷打并被杀害了，这通常发生在秘密的拘留中心，或者在某些情况下就是把人从飞机上扔到海里。数百年来，强大的统治者和政府将严刑拷打和杀害自己的对手作为维护自身权力的一种手段。当我对当时的情况表示担忧时，和我一起吃晚餐的人——世界上一家最主要的新闻机构的地方负责人——的回答让我很吃惊。他向我解释，让我明白，在阿根廷，生命的价值要比英国低。英国是我来的地方。

我的这种震惊让我想到了几个问题，这些问题具有从社会学视角来理解问题的含义。在我对他断言的单纯怀疑中，我首先想知道他的依据是什么？我的第二个问题是：是什么促使他做出这种鲁莽的断言？作为一名记者，其任务是面向世界公正地描述当地的场景，而他似乎在把个人偏见和刻板印象作为依据。他看起来确实是

我的社会学想象力

作者：托马斯·厄特曼

作为一名本科生，我对历史和哲学都充满热情，但随着毕业临近，我不确定如何调和这些兴趣。一位历史学教授建议我考虑研究社会学，因为这个领域涵盖了社会理论和历史社会学。我接受了他的建议，并很快发现几乎所有的过去或现在的生活领域都能充分运用社会学想象力。我自己就下列内容进行写作和教学：西方国家的出现、19世纪和20世纪欧洲的民主和独裁、歌剧和芭蕾艺术形式的发展、法国和德国的音乐与文学。研究的共同主线是我从经典社会理论家，尤其是马克斯·韦伯那里所得到的灵感。尽管他在近一个世纪前就去世了，但他的著作仍然和以往一样对我们的世界具有重要意义。

---

① 这一章的早期版本是和哈雷尔·沙皮拉（Harel Shapira）共同完成的。

想要向一个过于兴奋的不知情的来访者提供一个公正和比较的视角。

我迫切想说的是，尽管这并不是一个优秀的新闻记者的做法，但这个故事确实提出了一个问题，即与从事新闻业的人不同的是，讲究正确程序的社会学能为克服偏见和在证据整理过程中保持客观态度带来些什么。这是个一般性的问题。但特别让人好奇的是，价值观所处的情境是问题所在，因为我们知道人们认为什么是有价值的观念是由社会环境决定的，并且可以随着从一个环境到另一个环境或者从一种文化到另一种文化的变化而不同。

阿根廷人肯定有许多独特的态度和习俗，但很难想象其中之一是阿根廷人不大关心自己的生命。社会学在哪些方面有助于评估哪些价值观是可变的、哪些价值观在不同的环境和文化中保持不变呢？当然，我们知道，自杀式炸弹袭击者确实牺牲了自己的生命；但要注意的是，这引发出更大的关于意识形态力量的问题和识别出在何种条件下驱使个体做出这种极端行为的社会学任务。

此外，让人震惊的是我的记者同伴避免提及任何权力关系——这是可以理解的，因为我们在一家餐馆里吃饭，谈话可能会被人听到。当时，阿根廷的情况肯定是极端的：一种恐怖和高压并存、审查制度和自我审查共存的环境，记者和其他人缄默不语，继续维持现状。我们如何知道当权者在塑造我们的价值观、信仰和偏好的过程中扮演了什么角色？有时候，极端的东西可以揭示出正常和常规的状态是什么。在阿根廷，那些当权者对普通人生活的影响是显而易见的，即便在晚餐时没有提及也无法无视这种影响。但是，社会学家如何研究存在于一般化的时间和地点中、不那么明显、更隐蔽的权力的运作呢？

有关这次让人震惊的谈话的记忆一直伴着我，并在将我的注意力转向社会道德理论以及道德与权力关系的理论方面发挥了重要作用。

埃贝·德·博纳菲尼（Hebe de Bonafini）是阿根廷五月广场母亲群体（Argentina's Mothers of Plaza de Mayo group）的负责人，领导了于1979年12月在布宜诺斯艾利斯五月广场举行的一场游行。该群体组织成员的孩子们在20世纪70年代的"肮脏战争"中失踪了。

卢克斯思考社会学如何理解道德思想的灵感充分体现出社会理论家们在试图为理解这些问题提供分析框架时所面临的挑战。在这一章中，我们将探讨在过去150年里发展起来的最具影响力的一些理论。

大问题

在这一章中，我们通过研究四个核心问题来探讨社会理论：

1. **社会理论是什么？** 社会理论使我们能够以不同的方式看待社会世界，我们确定了所有主要社会学理论都试图解决的三个共同主题。

2. **早期社会理论家是如何理解世界的？** 现代社会学的基础，以及我们今天所知的社会理论，可以追溯到19世纪后半叶和20世纪早期的一些重要思想家的著作。在这一部分中，我们介绍了卡尔·马克思、埃米尔·迪尔凯姆、马克斯·韦伯、格奥尔格·齐美尔（Georg Simmel）和威廉·爱德华·伯格哈特·杜波伊斯（W. E. B. Du Bois）的经典社会理论。

3. **社会理论在20世纪中期出现了怎样的创新？** 在第二次世界大战后，社会理论家的兴趣开始朝新的和意想不到的方向上变化，而且社会理论和社会学发展的领导地位从主要在欧洲转移到了美国。在这部分，我们介绍了社会理论中由功能主义、冲突理论和符号互动论所代表的新方向。

4. **新一代社会理论是如何演变的？** 最后，我们提供了自20世纪60年代以来发展起来的一些重要新理论的简介。当代理论家如何在经典社会理论和二十世纪中叶社会理论的基础上建构自己的理论？又如何改造了这些理论？

2.1　社会理论是什么？

通过社会理论来认识社会世界

学习社会理论有点像戴上一副3D眼镜或夜视镜：理论就像特制的眼镜，使我们能够以不同的方式看待事物。理论能起指导作用，也能刺激我们去思考；理论可能会鼓励我们更多地去关注那些我们所忽略的事物；理论也可能激励我们就通常不会想到的东西提出一些新的或不寻常的问题，或者会让我们得出一个自己强烈反对的论点，以至于我们不得不想出一个更好的办法去研究它。我们并不一定需要社会理论才能观察我们周围的世界，但理论会帮助我们了解要寻找的东西是什么。

社会理论家雄心勃勃，经常向我们提供一种理解社会如何团结在一起以及社会如何组织并影响生活于其中的个人的方法。最杰出的和最悠久的社会理论已经改变了我们理解社会的方式，还从根本上改变了我们理解社会中个体之间关系的方式。从这个意义上说，社会理论是社会学想象力的核心。

社会理论的多样性

2.1.1　定义社会理论并描述不同社会理论的范围。

社会理论是关于个体与社会关系的系统思想。换句话说，社会理论是理解社会世界的分析框架。不幸的是，这个定义并不是很有用，因为存在很多不同类型的社会理论。一些理论非常宏大——试图去解释所有社会的普遍特征——而另一些理论要具体得多，只适用于社会学家所研究的单一主题，例如有关种族、性别或宗教的理论。

社会学在社会科学中也显得有些与众不同，它具有多种多样而且经常相互矛盾的社会理论和理论传统。相比之下，例如经济学，长期以来一直有一个单一的主导理论体系，所有经济学家（和经济学专业的学生）都必须掌握它。社会学理论传统的多样性起初可能会让人感到困惑。虽然我们需要一些努力来理清这些相互矛盾的思想以及它们之间的关系，但在这一章中我们希望表明这样的努力将会获得回报。除了存在大量的理论传统，理论家和理论传统之间还存在大量的对话，大多数当代社会学家在他们的研究中都会吸收不止一种理论传统的养分。本章在介绍过去150年里出现的最具影响力的社会理论的时候，我们将强调这些社会理论之间的关键区别和重要联系。

三个普通的主题

2.1.2 辨析所有主要社会学理论试图解决三个普遍的主题。

虽然社会理论具有多样性，但所有主要的社会学理论都试图以这样或那样的方式解决三个普遍的主题，如图2.1所示（Joas and Knobl，2009，p.18）。

尽管我们在这一章中探讨的主要理论传统对这些主题给出了不同的答案，但这三个主题定义了所有社会理论（和理论家）所面临的核心挑战。

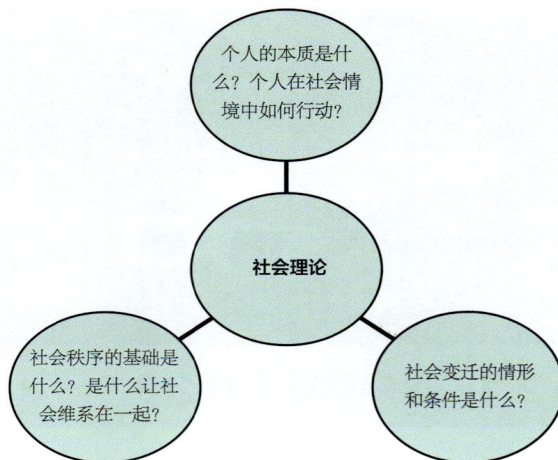

图2.1 三个普遍的主题

（图中文字：个人的本质是什么？个人在社会情境中如何行动？ / 社会理论 / 社会秩序的基础是什么？是什么让社会维系在一起？ / 社会变迁的情形和条件是什么？）

2.2　早期社会理论家是如何理解世界的？

19世纪晚期和20世纪早期的古典社会理论

现代社会学以及我们今天所知的社会理论的基础，可以追溯到19世纪后半叶和20世纪早期一些重要思想家的著作。这是一个社会处于巨大变革的时期，其特征体现为四个重要的转变：

1. 从一种扎根农耕和农业的经济转变为基于工业和工厂工作的经济（即所谓的工业革命）。
2. 人口从农村向城市流动。
3. 政府的主要形式从君主政体向民主国家转变，组织形成独立的民族国家（Sovereign Nation-State）（许多欧洲国家在这一时期建立起了多少具有永久性的边界）。
4. 宗教在社会中作用的变化，随着非宗教思想变得越来越重要，宗教对公共生活的影响减小了。

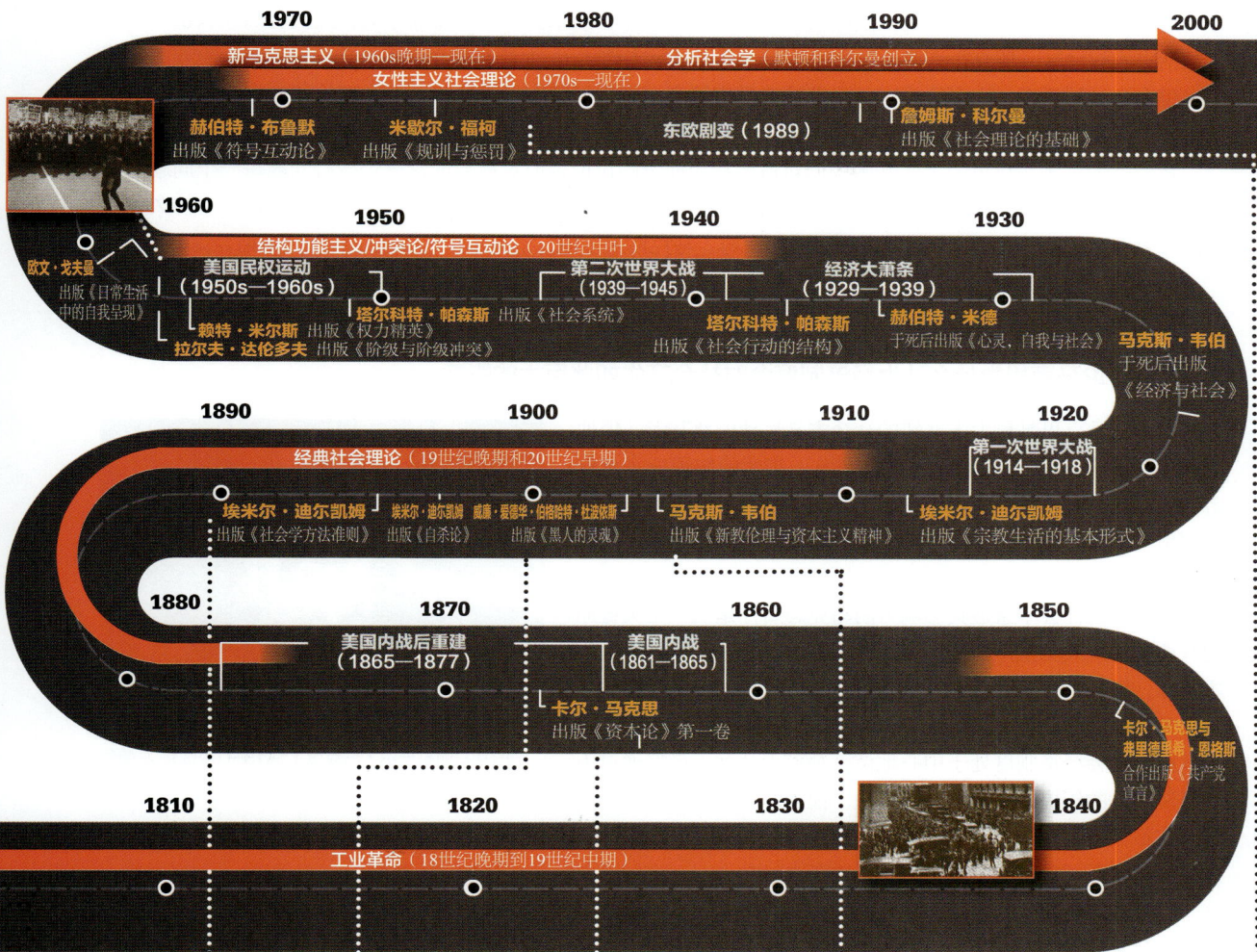

1970 | **1980** | **1990** | **2000**

新马克思主义（1960s晚期—现在）　　分析社会学（默顿和科尔曼创立）

女性主义社会理论（1970s—现在）

赫伯特·布鲁默
出版《符号互动论》

米歇尔·福柯
出版《规训与惩罚》

东欧剧变（1989）

詹姆斯·科尔曼
出版《社会理论的基础》

1960 | **1950** | **1940** | **1930**

结构功能主义/冲突论/符号互动论（20世纪中叶）

欧文·戈夫曼
出版《日常生活中的自我呈现》

美国民权运动
（1950s—1960s）

第二次世界大战
（1939—1945）

经济大萧条
（1929—1939）

赖特·米尔斯 出版《权力精英》

塔尔科特·帕森斯 出版《社会系统》

塔尔科特·帕森斯
出版《社会行动的结构》

赫伯特·米德
于死后出版《心灵，自我与社会》

马克斯·韦伯
于死后出版
《经济与社会》

拉尔夫·达伦多夫 出版《阶级与阶级冲突》

1890 | **1900** | **1910** | **1920**

经典社会理论（19世纪晚期和20世纪早期）

第一次世界大战
（1914—1918）

埃米尔·迪尔凯姆
出版《社会学方法准则》

埃米尔·迪尔凯姆
出版《自杀论》

威廉·爱德华·伯格哈特·杜波依斯
出版《黑人的灵魂》

马克斯·韦伯
出版《新教伦理与资本主义精神》

埃米尔·迪尔凯姆
出版《宗教生活的基本形式》

1880 | **1870** | **1860** | **1850**

美国内战后重建
（1865—1877）

美国内战
（1861—1865）

卡尔·马克思
出版《资本论》第一卷

卡尔·马克思与
弗里德里希·恩格斯
合作出版《共产党宣言》

1810 | **1820** | **1830** | **1840**

工业革命（18世纪晚期到19世纪中期）

埃米尔·迪尔凯姆

威廉·爱德华·伯格哈特·杜波依斯

卡尔·马克思

马克斯·韦伯

米歇尔·福柯

主要社会理论家

卡尔·马克思 （1818—1883）	格奥尔格·齐美尔 （1858—1918）	拉尔夫·达伦多夫 （1929—2009）	欧文·戈夫曼 （1922—1982）	詹姆斯·科尔曼 （1926—1995）
埃米尔·迪尔凯姆 （1858—1917）	威廉·爱德华·伯格哈特·杜波依斯 （1868—1963）	赫伯特·米德 （1863—1931）	米歇尔·福柯 （1926—1984）	
马克斯·韦伯 （1864—1920）	塔尔科特·帕森斯 （1902—1979）	赫伯特·布鲁默 （1900—1987）	罗伯特·默顿 （1910—2002）	

这些转变是逐渐展开的，而且这些转变一直都在进行中、从未完成。即使在今天，人们仍然在农耕，很多人生活在农村地区，还存在许多不民主的政府（甚至是君主政体），而且宗教在许多社会中仍然具有重要的影响力。但在19世纪后期，许多思想家和早期社会学家都意识到世界正在发生变化，社会理论和社会学这种新学科的出现就是回应这些变革以及由此所唤起的危机意识。

我们以卡尔·马克思的著作开始我们对古典社会理论的讨论，他对社会理论三个核心问题每一个问题的探询方式都被后来的许多理论家所讨论和阐述。然后我们转向其他四位早期思想家的著作，他们以具有持久重要性的方式探索了这些中心主题：埃米尔·迪尔凯姆、马克斯·韦伯，格奥尔格·齐美尔和杜波依斯。

卡尔·马克思（1818—1883）

2.2.1 讨论马克思为什么认为经济制度会对社会产生如此巨大的影响。

卡尔·马克思是最为人熟知的社会主义运动的奠基者。但他的理论和社会学著作[通常是与他的朋友、毕生的知识分子合作者弗里德里希·恩格斯（1820—1895）合著的]也在社会学学科内部引发了激烈争论，许多早期的社会学家和理论家们都是在对马克思著作的批判性回应中发展自己的思想。

对后来的社会学家最具影响力的马克思著作是从一个关键原则开始的：即人类生产自己生活所需之物的方式是任何社会的根本基础。因此，一个社会的经济制度及其所产生的个人和群体之间的关系，是这个社会如何运作的决定性特征。

由于社会经济制度处于中心地位，马克思认为，最好通过不同经济制度的历史来理解人类的历史。他认为，一个社会的经济

图片右侧是卡尔·马克思（1818—1883），左侧是弗里德里希·恩格斯（1820—1895）。

制度在很大程度上决定着在政治和文化领域什么是可能的，所以如果我们想要了解为什么会出现特殊的社会观念或文化观念，我们就应该关注社会的经济制度。

为什么马克思认为社会是由其经济制度所塑造的呢？他的论点源于观察到的这样一种情况，即除了最简单的狩猎和采集社会，所有的社会都产生了经济盈余。也就是说，如果这些商品是平等共享的，那么这些社会共同生产的商品数量超过了满足自身最低需求所需的数量。但是，因为从来没有一个社会能真正地平等地分享所有的商品，所以马克思认为，对任何社会进行分析的起点应该是两个关于不平等的问题：首先，谁占有了这种盈余？第二，这些人是用什么样的方法实现这一点呢？因为对盈余的控制给了一些成员不被其他人所共有的额外回报，所以马克思认为，在任何社会的经济制度中，群体之间都存在着紧张关系，从而导致冲突，在极端情况下，甚至会带来社会革命。他把这些群体中最重要的一群人称为阶级，这个概念用来指那些有着相似经济利益的群体。

《共产党宣言》是马克思和恩格斯最著名的著作，于1848年第一次出版。在这本书中，马克思和恩格斯将从古代到他们自己所处时代的所有社会的历史划分为三种不同的生产方式（Modes of Production）。生产方式标志着社会的主导经济制度以及由经济制度所产生的阶级：基于奴隶制的古代社会；封建社会，指广大的农业社会，这样的社会只存在一小部分土地所有者；资产阶级社会，其经济是围绕基于市场的交换而组织起来的。

每一种生产方式都由两部分组成——马克思所说的生产力（Forces of Production），或任何社会在特定时间点上的技术和生产能力；生产的社会关系（Social Relations of Production），即经济内部不同人之间的关系和不平

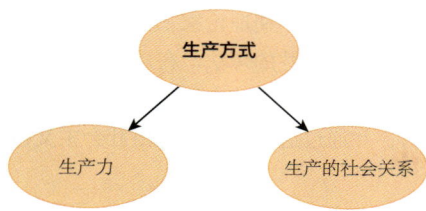

图2.2 马克思的社会模式：生产方式的要素

等。生产力可以被认为是人们用来制造东西所用的不同的工具，而生产的社会关系是指人们如何被组织起来完成生产这些所需物品的任务（参见图2.2）。

由于社会经济的整体重要性，马克思认为，生产方式将影响甚至决定一个社会会存在什么样的法律和政府体制，还可能会影响和决定人们对政治和社会的看法[Marx（1859）1978]。

马克思在他的杰作《资本论》[Max（1867）1976]中对资本主义生产方式的分析是他分析现代社会的起点，因为马克思正确地预见到资本主义将很快成为世界上主要的经济制度。马克思认为，资本主义社会的核心是两种阶级成员之间的核心冲突。资产阶级（Bourgeoisie），占有着被称为资本（Capital）的特殊资源——货币或其他可以用于商业投资的资产——以及其他所有人。占有资本是资产阶级与工人阶级或无产阶级（Proletariat）之间的关键分界线，资产阶级可以用自己的资本雇用其他人为自己工作。马克思指出，因为无产阶级成员没有资本，所以他们必须寻求有偿的就业机会以满足自己的基本需求。马克思还认为其他社会群体（如小商店店主、手工匠和农民）占据着精英资本家和工人之间的位置。可是，因为大企业会比小企业生产出更多、更廉价的商品，所以马克思预言，随着小生产商被迫破产或加入无产阶级行列，这些中间群体将萎缩。他认为，现代资本主义社会将越来越两极化为一个规模非常小的资产阶级和规模日益壮大的工人阶级。

虽然任何生产方式都能自己维系很长一段时间，甚至长达数百年，但马克思认为，最终所有的生产方式都将变得停滞不前、陷入危机，而当这一切发生的时候就可能会出现一场社会革命，导致一种新的生产方式出现。马克思认为，资本主义要崛起，所有的地主世袭特权（包括使他们得以控制农业工人生活的规则）必须被摧毁。根据马克思的理论，这种革命性的变化是由越来越壮大的资产阶级带来的，资产阶级要求拥有在封建制度下并不存在的经济自由。最终，就像资本家推翻封建制度并创造一个全新、充满活力的经济制度一样，马克思认为无产阶级将会创造另一场革命，推翻资本主义、建立社会主义社会，在这样的社会里社会生产力是被每个人拥有的（而不是由个别企业主所拥有）。马克思认为，无产阶级会有动力这样做，因为随着时间的推移，资本家为了维持或增加自己的利润会去压低工人工资，直到这些工人最终起来反抗。这一理论被称为阶级斗争理论（the Theory of Class Struggle），这种理论的基础是在经济制度中地位如此不同的阶级不可避免地会彼此发生冲突的思想。

我们今天生活的世界似乎与马克思所设想的世界越来越远了。如果说有什么区别的话，那就是资本主义似乎比以往任何时候都更加根深蒂固。但是资本主义也发生了马克思（和恩格斯）在他们十九世纪的著作中所没有预期到的变化。资本主义社会，尤其是世界上比较富裕的地区，已经发展出由政府资助和运作的社会项目，比如社会保障、失业保险、免费或低成本的医疗保险和教育制度，旨在减少甚至在繁荣资本主义经济背景下也存在着的贫困和不平等。这些经济制度已经变得更加多样化了，而且被证明要比马克思预想的还要多样化。马克思也低估了资本家向工人支付体面工资的意愿，特别是当他们需要招募有价值技能的工人或者为了保持工作人员满意度的时候。从19世纪以来，工人们的生活水平稳步提高，而不是变得越来越糟。

然而，马克思的社会模式和社会变革模式有两个方面在

图为进入市场经济时期中国浙江的一个工厂。

今天看来仍然非常有意义。首先，这位德国思想家是我们现在所称的"全球化"的早期理论家：他和恩格斯在19世纪40年代晚期预测了资本主义经济制度会传播到全世界；这在当时是一个革命性的想法，在后来的发展中被证明这是非常有洞察力的思想，而且他的社会理论分析工具向我们提供了一种理解经济交换促进全球化的方法。其次，马克思最基本的主张之一是，资本主义能发展出巨大的生产力，并通过这种方式创造出社会主义得以可能实现的社会条件。

埃米尔·迪尔凯姆（1858—1917）

2.2.2　分析埃米尔·迪尔凯姆关于社会如何团结在一起的解释。

法国社会学家埃米尔·迪尔凯姆被认为是社会学学科的奠基人之一。在19世纪晚期和20世纪早期社会处在显著增长和变迁的时期，和马克思一样，迪尔凯姆试图去理解发生在自己身边的变迁。迪尔凯姆想知道，面对这些变化，社会如何能继续发挥作用。迪尔凯姆认为社会学家有责任去回答这些问题，这几乎就像医生治疗病人一样——社会学家的病人是社会，需要治愈的疾病是快速工业化带来的各种形式的社会混乱。迪尔凯姆做出了很多贡献，但我们将重点关注三个方面：他对社会事实概念的发展、对社会团结根源的分析以及对宗教作为现代生活一种力量的分析。

在《社会学方法的准则》（Durkheim 1895）一书中，迪尔凯姆通过将社会学与生物科学和物理科学进行比较，解释了发展社会学的必要性。他认为，就像生物科学或物理科学一样，社会学考察的是世界上一种客观存在并独立于我们控制能力之外的力量。例如，就像重力是一种存在于我们外部而且不是由我们自己创造的力量一样，社会力量客观存在于世界之中。我们不能违背地心引力（至少不容易），但我们同样也不能违背迪尔凯姆所说的社会事实——每个人类社会所拥有的、和日常生活有关的规律和规则。

埃米尔·迪尔凯姆（1858—1917）

在迪尔凯姆对社会事实进行界定后不久，社会学家和其他社会科学家开始将之称为社会力量而不是社会事实。社会力量这个词所包含的内容要比迪尔凯姆最初由社会事实所指涉的内容要宽泛，但这两个术语大致上是可以互换的。社会事实或社会力量是源自在过去某个时刻的人类行动，从这个意义上说它们是"社会的"；而且我们出生于一个存在许多规则和习俗（有时是成文的形式，但通常不是）的世界里，从这个意义上来说它们是"事实"或"力量"。如果我们要融入社群并能成功地与他人互动，我们就有义务去遵守那些规则和习俗。

这些社会力量是如何运作的？在提出这个问题的时候，迪尔凯姆触及了几乎所有社会理论基础的观点：人类行为不是天生的而是习得的；换言之，我们是通过训练或社会化才习得我们现在的行为方式。对迪尔凯姆来说，这所涉及的关键问题之一是社会化过程，即我们学习在社会（和我们遭遇的所有不同情境）中如何表现的方式。在对我们发挥作用的所有社会力量中，最重要的是规范。规范就像物质性的墙壁一样约束着我们的行动。我们可能想做点什么（比如多拿一块馅饼），但是一种不要像猪一样吃东西的规范可能会防止我们这样去做。我们知道规范存在的一种方式是当我们违背它们时会发生什么事。想想当你打破了一种社会规范——比如看电影时用手机打电话——会发生什么。其他看电影的观众可能会有消极的反应，很可能是向你嘘一声的形式，或者如果没有奏效，会把一些爆米花扔在你脸上，甚至让一名保安过来警告你。不管什么形式，外部压力

各种各样的日常行为在我们看来是完全自然而然的，但它们是社会力量作用的结果。例如，在大多数社会中，人们都期待婚姻，并认为婚姻是有价值的。

会阻止我们的（不良）行为（在这个例子中，是引导我们关掉电话、安静观影）。

社会力量的重要性在于它会影响个人的行为，这种思想在迪尔凯姆的下一部著作《自杀论》[Durkheim（1897）1997]中得到了验证。这本书不仅对社会学分析的社会力量做了经典展示，而且还是社会理论和经验研究相结合的具有里程碑意义的著作。乍一看，结束自己生命的行为似乎是我们可以想象得到的最私人化的行为，它是根植于个人生活或心灵的独特细节。然而，后退一步并仔细分析谁会自杀的统计数据——诸如各国自杀率的差异或同一个国家年度和地区自杀率的波动——迪尔凯姆得出结论说，一定数量的人在既定的时间和地点上自杀的可能性实际上在很大程度上会受到社会因素的影响（如宗教信仰、婚姻状况、生活的国家、是否发生了战争，以及一个人的教育水平）。

迪尔凯姆关于社会力量会影响自杀可能性的见解并不能帮助我们解释、更不用说去接受一个朋友或家庭成员的自杀。但他确实以一种惊人的形式强调了这样一个更广泛的事实，即我们作为个体是嵌入到一个更广大的社会世界中去的，我们自杀的可能性并不完全是随机的。

有关社会力量影响的问题是占据迪尔凯姆职业生涯的关键问题之一：是什么使社会团结在一起？这就是迪尔凯姆所说的社会团结问题[Durkheim（1890）1997]。特别是，他想知道个人之间共享的道德和联系从何而来。迪尔凯姆对两种截然不同的社会团结形式进行了对比——机械团结和有机团结——每一种形式都与不同种类的共享道德相联系，这些共享道德产生于不同类型的社会。在迪尔凯姆所称的"原始"社会中，机械团结是社会团结的主要形式，它建立在大家族或与部落相关的部族的基础上，比如伊洛魁族人（Iroquois）或阿帕切人（Apache）。他们的特征是只有最低程度的劳动分工（或任务的专业化），其经济基础主要由狩猎和采集或简单的农业组成。相比之下，现代社会是由有机团结所塑造的社会，在现代社会中，劳动分工非常广泛，人们相互依赖。

根据迪尔凯姆的看法，我们是如何从一个简单"机械的"社会世界（在迪尔凯姆那里部落社群代表着这种社会，大家共同分担完成任务的责任）向今天的那些社会转变的？今天社会的特征是的劳动分工的存在，包括很多人从事不同的工作，并且可能没有什么共同之处。迪尔凯姆认为，前现代社会的社会关系之所以能维系在一起，是因为人们参与许多相同或相似的活动，因而共享着一种世界观。迪尔凯姆写到，现代社会与生物体运作的方式相似，各个专门的器官一起协作把整体维系在一起。随着简单社会的人口向外扩张、越过自然或人类的阻碍获得发展，城市的人口密度会越来越大，成员之间的竞争也越来越激烈。应对这种情况的一个相当成功的方法被证明是专业化：个人可以获得木匠、石匠或铁匠的技能，并以此为生。

那么，到底是什么让现代社会团结在一起呢？迪尔凯姆最终提出了

埃米尔·迪尔凯姆关于原始或部落社会的观点（他认为这种社会没有为个体性保留多少空间）与现代社会形成了对比，在现代社会中多样性是普遍存在的。这两种社会都面临着建立社会团结的问题，但却以不同的方式解决了这个问题。

这样一种观点，即现代社会的特点是多样性和复杂性日益增加，但仍然需要一些广泛共享的、神圣的信仰来维系人们的团结。什么样的信仰才会被人们接纳到这种程度？迪尔凯姆提出了一个令人惊讶的答案：他认为，在现代社会中，社会团结形式的关键在于，现代社会为个人提供了一种原始社会所没有的某种程度的自由。他甚至将其描述为"个体崇拜"（Cult of the Individual）。借此，迪尔凯姆指出，在现代社会，我们拥有更多的自由去表达个人品位、偏好和利益，因为社会并不试图让每个人都遵守一套与道德有关的相同信仰，而且我们把这些个人权利看得如此重要以至于它们具有了神圣性（并嵌入到社会制度和法律中去）。

当他继续思考社会团结的本质时，迪尔凯姆提出了一种深刻的原创理论，这种理论与宗教在原始社会和现代社会中所扮演的角色有关。从他的研究中，迪尔凯姆发展出一种特别的宗教定义，其核心是神圣性——那些从日常生活被分离出来的、能引起敬畏和尊敬并依靠神话和仪式得以维系的物品、地点和符号。迪尔凯姆所说的神圣性并不需要提及超自然力量。虽然许多神圣的物品或实践都涉及上帝，但还有许多其他的东西是神圣的却没有涉及上帝。例如，对许多美国人来说，焚烧或亵渎美国国旗就是毁坏了神圣的（但不是宗教意义上的神圣）物品。迪尔凯姆的观点是，正是社会力量创造了我们对什么是神圣的认识，开启了一种全新的理解自我的方式。如果宗教不是上帝或其他超自然力量创造出来的，那么它必然是人类创造出来的。但是为什么宗教在所有社会中如此普遍？人类如何、何时、为什么会去创造和重建这些神圣的实践呢？迪尔凯姆的回答与他对社会团结的普遍兴趣有关：宗教有助于将社会或群体团结在一起。它为个人提供了一套共同的信念，使个人和社会都变得更加强大。

马克斯·韦伯（1864—1920）

2.2.3 讨论马克斯·韦伯对我们理解行为动机、合法性和权威以及地位群体和社会封闭所做的贡献。

德国社会学家马克斯·韦伯为我们发展对现代社会的理解做出了多样的、综合的和重要的贡献，社会学家不断重新发现着这些贡献。他的知识范围如此广博——在他的著作中，韦伯探索了世界上许多重要文明的历史和社会以及世界的宗教传统，还探析了诸如普鲁士农业生产和价格这样的技术主题——以至于他能对社会理论的几个重要问题做出持久贡献就并不令人惊讶了。我们将重点关注三个方面：他关于个人行为动机的著作；合法权威的形式；他的地位群体概念以及看似普遍的群体如何寻求为其成员垄断机会的过程。

韦伯的重要贡献之一是对作为社会秩序基础的个人行动和行为方式进行了思考。马克思关注物质条件，迪尔凯姆关注道德和社会力量，而韦伯则认为，当我们研究社会时还需要考虑一些其他东西：引导个体行为的动机——换言之，我们按照所习得的行为方式去行动的原因。这对于理解人类社会尤其重要，因为韦伯相信这些动机随着时间的推移已经发生了改变。

韦伯对动机的分析与迪尔凯姆对社会事实的强调形成了鲜明的对比，后者以客观性和外在的个体性为特征。韦伯认为，为了理解行为的动机，我们需要关注的不仅仅是社会环境，还需要深入人们的头脑，弄明白人们如何诠释并赋予自己周围的世界以意义。通过这种方式，韦伯给社会学家的研究引入了一个全新的维度：诠释个体的行动。在他死后不久出版的《经济与社会》一书中，韦伯写到，"社会学是一门关于解释性理解社会行为的科学"［Weber（1922），p. 4］。这种方法被称为理解社会学（Interpretative Sociology），是德语单词verstehen的一种翻译形式，意思是理解。

马克斯·韦伯（1864—1920）

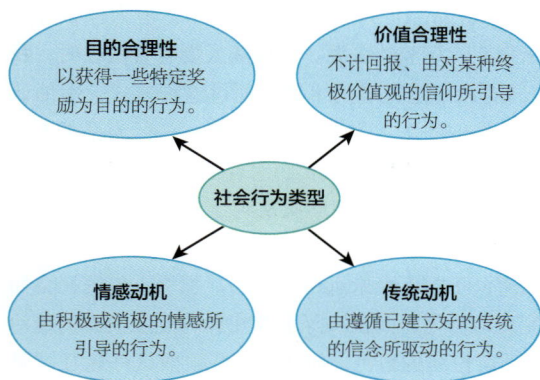

图2.3 韦伯的行为动机类型

(图中内容：)

目的合理性
以获得一些特定奖励为目的的行为。

价值合理性
不计回报、由对某种终极价值观的信仰所引导的行为。

社会行为类型

情感动机
由积极或消极的情感所引导的行为。

传统动机
由遵循已建立好的传统的信念所驱动的行为。

韦伯接着发展出一种不同类型社会行为的类型学，每一种行为都是由引导它们的动机（或理性）而彼此区分的，正如图2.3所显示的那样。

我们可以通过一个具体的例子来理解韦伯关于行为不同动机的思想。让我们考虑一下一个学生大学期间选择去上课的不同原因。工具目的合理性理由是非常直接的：一个学生去上课是因为她的目的是从大学毕业，也许是希望找到一份好职业，赚到更多的钱。去上课会增加她取得好成绩的机会，而这将使她以优异的成绩毕业，这又将使她能够找到一份好工作，进而可能使她能获得可观的收入。相比之下，另一个学生可以是在价值合理性原则的指导下去上课，在这种情况下，他去上课是因为他相信教育本身的价值，而不是去考虑上课可能会给自己带来的任何工具或利己的结果。另一个学生可能是受到情感的驱动而去上课。例如，即使在没要求出勤的情况下，出于缺席一堂课是失礼的或担心会受到老师的惩罚而去上课。在这种情况下，我们会说他的行为表现出了一种情感的定向。最后，另一个学生去上课是因为她的父母和祖父母就是这么做的，上学是她从上幼儿园开始就一直做的事情。换句话说，这是一种她不怎么了解的传统。

在他最著名的理解社会学著作《新教伦理和资本主义精神》[Weber（1904）2008]中，韦伯运用他对行为个体动机的关注，提出了一个关于为什么资本主义似乎在世界上某些地方会发展得更快的惊人理论。他认为，某些宗教运动的影响——尤其是新教——似乎与那些资本主义经济体发展最早和最成功的地方密切相关。特别是，他认为严格的新教形式的出现从根本上改变了一些地方的市场行为，在这些地方大量存在着市场行为（最早是在英国、美国、荷兰、德国和瑞士的部分地区，以及后来的其他地方），因为这些早期的严格的新教徒认为，如果你在经济上取得成功，这是一个表明你身处上帝恩宠之中的迹象。这会鼓励新教徒以一种高度自律、有条理的方式工作赚钱，然后储蓄和再投资到他们能挣到钱的地方（而不是去消费）。韦伯认为，这使严格的新教徒获得了比来自欧洲其他宗教团体（最明显的就是天主教徒）的市场参与者更多的优势。最终，严格的新教徒的成功鼓励其他人采用同样的工作习惯和投资实践，如果他们要在市场上生存下去的话就要这么做。到18世纪，一套全新的现代行为规范（"现代资本主义的精神"）就从少数群体的宗教态度（"新教伦理"）中萌发出来了。

在韦伯的研究中，对社会学的另一项主要贡献与人们如何以及为什么会尊重等级制度和服从命令有关。韦伯在权力和权威之间做了一个著名的区分。他把权力定义为一个人即使在其他人想要阻止的情况下还能达到他（她）的目标的能力。一个权力的例子就是统治者通过武力或武力的威胁强迫人们服从其意志、遵循其命令。然而，韦伯认为这是一个特例；你不能总是通过使用武力来得到你想要的。在更多的情况下，政府（甚至是我们的上级）运用的是韦伯所说的权威：因为人们认为自己应该遵循位于其上的人的命令而去做事情的能力。

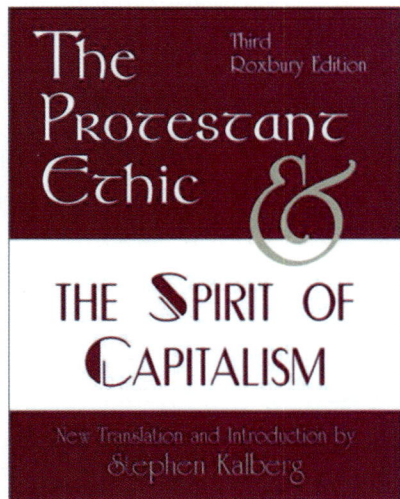

在他颇有影响力的著作《新教伦理与资本主义精神》一书中，马克斯·韦伯观察到，新教似乎与最成功的资本主义经济紧密联系在一起。韦伯认为，虔诚的新教徒相信努力工作和经济上获得成功意味着自己处于上帝的恩宠之中。他的理论认为，这就是资本主义在世界某些地方要比在其他地方发展得更快的原因。

权威从何而来？大部分时候人们往往自愿服从命令——也就是说，人们接受权威的规则。但为什么会这样？韦伯通过发展一种领导者如何获得他所称的合法性的理论来探索权威的来源。当权威人物有合法性时，我们服从他们不是因为武力的威胁，而是因为我们相信服从他们的命令是正确的事情。通过这种方式，韦伯认为，最成功的政治政权是那些能够使其统治合法化的政权。正如韦伯的基本主张所说的那样——行为是由人们如何解读世界并赋予它意义来指导的，他认为，自愿服从权威是由于人们认为统治者有合法性而产生的结果。

韦伯区分了不同类型的合法统治，每一种类型都与解释一个人为什么应该自愿服从统治者有关。图2.4展示了这三种截然不同的合法统治类型，韦伯称之为传统型权威、魅力型权威、法理型权威。

传统型权威看起来是不受时间影响的，但我们从历史上知道，王国不会永远持续下去。那么，传统社会如何会发生改变？比如那些围绕着大家庭和僵化的地位等级制度而结构化，而且实际上存在拥有无限权力的统治者的社会是如何发生改变的？韦伯特别注意到了关键的个人领袖所扮演的角色，他认为这些领袖具有魅力。"魅力"（Charisma）这个术语源于希腊语，意指"恩典的礼物"。韦伯则将其引入社会变迁的社会学研究中。在韦伯看来，在传统社会和更现代的社会中都一次又一次地出现了独特的个体，其追随者相信这个体具有其声称的特殊能力或天赋。最著名的是一些宗教人物——希伯来先知、耶稣、穆罕默德、佛祖——但这种思想也能运用于现代的社会领袖和政治领袖（例如，甘地、马丁·路德·金、阿道夫·希特勒都可以说是魅力型领导人）。如果这样的人物要吸引追随者（而不是被视为疯子），他们必须通过卓越的事迹（如奇迹）来展示自己的特殊能力。对领袖魅力的信仰反过来会激励人们离开他们的家庭和地位群体，转而加入一个新的、混合的门徒群体。韦伯认为，通过这种方式，一个有魅力的人物就拥有了权力，得以去打破传统权威的束缚并创造以个人魅力为基础的新形式的合法性统治。这个权威具有潜在的革命性，因为有魅力的领袖人物会质疑传统的规范和规则，提出用与领袖人物所揭示的新道德准则有关的更高的（也许是神圣的）权力来取而代之。以韦伯的观点来看，在西方，越来越多的耶稣信徒质疑传统的罗马家庭关系和地位等级，创造了一个面向所有人的——包括妇女和奴隶在内——社群，社群内所有人都是平等的。在西方中世纪，基督教群体在现实中远远谈不上平等，但上帝面前人人平等的理念仍然是强有力、激进的理想，在基督教中，各种各样的魅力型领导人都用这些思想去创造新运动或者改变整个社会。

最后，韦伯对社会理论和社会学的第三个主要贡献是被他称为地位群体的重要的、有影响的理论。地位群体是指由具有相似类型的属性或身份的人所构成的群体，例如那些基于宗教、种族或族群的特征而形成的群体。回想一下，卡尔·马克思曾经说过，由社会经济制度引起的阶级和阶级冲突是该社会产生紧张局势（最终是革命）的核心根源。韦伯承认以经济为基础的阶级冲突有时是重要的，但是宗教团体或种族群体之间的冲突往往同样重要，有时甚至更重要。与以经济为基础的阶级不同的是，韦伯强调说，地位群体是建立在拥有共同身份的社群成员基础上的，这些身份可以有许多不同的来源。我们可以找到各种各样的潜在群体；例如，依赖于我们所处的家庭（以及家庭赋予我们的宗教、种族或族群），或者我们随着年龄增长而发展出来的身份（比如我们的职业、教育、性取向或者我们可能自愿加入的像邻里协会或女性主义行动团体这样的社群）而产生的地位群体。但是，这些地位中哪一种地位会成为我们有意识的思想和行动的源泉，在某种程度上取决于何种地位会被组织进由类似成员构成的群体。一个人可能是天主教徒、同性恋、女

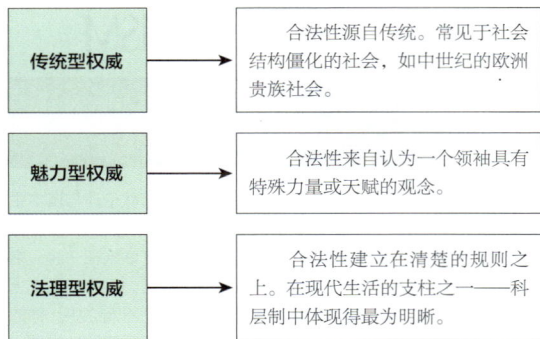

传统型权威	→	合法性源自传统。常见于社会结构僵化的社会，如中世纪的欧洲贵族社会。
魅力型权威	→	合法性来自认为一个领袖具有特殊力量或天赋的观念。
法理型权威	→	合法性建立在清楚的规则之上。在现代生活的支柱之一——科层制中体现得最为明晰。

图2.4 合法统治的三种类型

性、体魄健全、来自加利福尼亚，父母出生在墨西哥；她可能渴望成为一名女演员，一名球员，或者是Lady Gaga的粉丝。这些可能的身份中哪些身份会成为地位群体成员资格的来源，部分取决于哪些身份具有独特的社群或组织，能够影响人们积极认同这些身份。

Lady Gaga的例子也指出了那些成为群体冲突基础的地位之间的重要区别。Lady Gaga的粉丝们很可能会认为自己是一个团体的成员（Lady Gaga公开把她的歌迷称为"小怪兽"），但这些粉丝不会基于对Lady Gaga音乐的共同兴趣而参与有组织的活动，并要求获得有意义的奖励或机会。相比之下，一个人的宗教信仰、性取向、性别、种族、族群和残疾状况是影响工作机会或其他机会获得的重要因素；限制着

参加Lady Gaga演唱会的粉丝也许有相同的爱好，但不会被视作马克斯·韦伯术语所说的地位群体。

你可以追求什么样的工作、你可以和谁结婚以及你可以生活在什么地方；还限制着你是否能获得想要的社交俱乐部或团体的会员资格。韦伯认为，地位群体的斗争是每个社会分层制度的一个重要方面。分层制度是指随时间流逝而持续存在的群体之间的不平等。韦伯并不否认阶级冲突的重要性，例如当工会要求其雇主给予更高工资时的情况，但他认为，马克思强调阶级斗争是历史的原动力忽略了许多其他影响历史进程的群体竞争和冲突方式。

韦伯不仅发展出更广泛的群体冲突和斗争概念，他还引入了一个理解群体如何寻求获得与其他群体竞争时的优势的一个重要概念：通过努力把非群体成员排除在机会获得途径之外（或者换句话说，组织试图为自己的成员垄断机会）。他把这个过程称为"社会封闭"（Social Closure），这一术语描述了群体试图关闭其他群体获得机会途径的各种方式。简而言之，封闭就是群体寻求垄断机会或报偿的过程。社会封闭可以通过法律正式化（如在内战后的美国南部或者南非存在的种族隔离制度，法律经常禁止黑人和白人上同样的学校读书、使用特定的公共设施、与白人结婚或与白人生活在同一社区）。但封闭不一定非要写入法律，它还可以通过不太正式的方式进行。例如，甚至在民权法已经给予每个人平等的机会之后，大公司中妇女和少数族群进入高级管理阶层的机会被封闭的现象也依然存在。这是如何做到的呢？一种方法是，公司可以用微妙的方式改变招聘和升职政策，使其有利于白人男性；或者可能长期存在着将妇女或少数族群排除在高级管理层之外的某种企业文化（Kantor 1977；Dobbin 2011）。

格奥尔格·齐美尔（1858—1918）

2.2.4 解释格奥尔格·齐美尔对社会圈子和社会距离的见解如何有助于我们理解个人和群体之间的关系。

德国社会学家格奥尔格·齐美尔和马克斯·韦伯是同一个时代的人，还是他的同事。他和韦伯都对群体研究感兴趣。然而，他开创的社会理论偏离开了韦伯的思想，建立了一套关于社会秩序本质的重要见解：任何个人都站在叠加的社会圈子的交汇点上，社会建立在这些社会圈子之上（Simmel 1964）。

这一见解或许并不令人意外：我们的群体身份在很多方面都定义着我们生活的特征。例如，我们属于一个特定的家庭；在学校或工作场所拥有朋友群体或同事群体；也有可能属于某个宗教团体、邻里协会、体育俱乐部或政治团体；因为有共同的兴趣爱好而拥有一群朋友或熟人。对齐美尔来说，现代社会从早期人类社群兴起

格奥尔格·齐美尔（1858—1918）。

的一个关键方面是，我们可以成为其成员的社会圈子在扩大。尽管在更早的时候，在一个社会圈子中的身份——以天主教教区为核心的社会圈子——可能已经控制或支配了个人生活的许多方面，但到了19世纪初，人们拥有了更多的自由。人们可以跨越彼此独立的不同生活领域来选择自己的朋友和熟人，形成了错综复杂的关系网，就像他所说的那样。当然，如果齐美尔现在还活着，他会对可能的社会圈子范围通过社交媒体扩张的方式（几乎可以提供给我们无数的可能性）感到惊讶。

在发展个人如何融入社会圈子的理论中，齐美尔为社会学提供了一个重要的概念——社会距离，这是一种描述群体中个体之间距离或群体之间距离远近的重要方式。众所周知，齐美尔将"陌生人"（Stranger）界定为是某个群体的一员但却从未被群体完全接受的人[我们将陌生人与"圈外人"（Outsider）和"圈内人"（Insider）进行一下对比，"圈外人"是指那些从来就不是群体一部分的人，而"圈内人"完全是群体的一部分、是在"圈子内部"的人][Simmel（1908）1971]。我们都熟悉自己圈子里的陌生人——这些人是群体的一部分，但经常受到排斥或不会被邀请参加集体活动。事实上，我们所有人都曾有过这样的经历，即自己在一个我们渴望成为圈内人的群体中是一个陌生人，这无疑是一种令人尴尬又艰难的处境（但这是一个需要理解的具有重要社会学意义的问题）。齐美尔关于社会距离的见解提出了一个更宏大的问题，即群体内部个人之间或群体之间关系的本质。社会距离描述了人与人之间关系的质量，后来社会学家会发展出衡量个人和个人之间、群体和群体之间亲密程度或距离远近的方法。

这些见解具有怎样的含义？一方面，这意味着，作为成年人，我们在根据共同利益、观点和偏好来塑造我们的社会关系方面享有着前所未有的自由度。而就在几十年前，许多种族和宗教团体的成员承受着来自家庭和社区的巨大压力，避免与群体以外的人建立亲密关系，今天这样的情况要少得多了（正如跨种族、宗教、甚至跨越北美和西欧国家界限的通婚率上升所证明的那样）。另一方面，我们社会圈子的数量和多样性使我们具有了更多的选择自由，这既使我们产生了归属感，也导致了冲突，这些冲突不仅与如何更好地利用时间有关，还与价值观和行为规范有关，特定圈子的价值观和行为规范可能与别的圈子的价值观和行为规范并不兼容。例如，公司的年轻律师可能不得不决定是每天晚上都像其他同事一样在办公室里熬夜加班，还是违反这个不成文的加班时间提前离开，以便花更多的时间陪伴自己的伴侣或家人（而且有时间和家人在一起也是一种重要的价值观）。或者我们会发现同事或同事使用的语言或表达的态度冒犯了我们的宗教或政治信仰，因此我们必须选择是暂时漠视这些信仰，还是冒着与那些同我们每天朝夕相处的人相疏远的风险大声疾呼、坚决反对。在任何一个时点上，这样的冲突都可能会引起社会距离感，或者把一个潜在的圈内人变成一个"陌生人"。

齐美尔指出，我们看待自己的方式以及我们最看重哪个社会群体，并不一定与别人看待我们的方式相同。尽管我们的家人和最亲密的朋友可能知道我们所归属的叠加在一起的所有社会群体，甚至知道哪些群体成员对我们来说是最重要的人，但圈外人或偶然结识的人经常会关注的只是我们多个身份中一个身份——国籍、种族、族群背景、宗教、来源地或居住地（根据他们对具有那些特征人的"一般"或"共同"特征所持有的认识得出我们的结论）。

齐美尔的研究也开始将来自数学的洞见引入到社会世界的研究中来，利用源自几何学（和几何空间）的思想去概括个人之间关系的特征。齐美尔关于群体的形式属性的观点为网络分析的兴起提供了基础。网络分析研究个人与其他个体之间的联系以及这些联系的后果。尽管这些洞见的全部价值对齐美尔同时代的人没有立即清楚地展现出来，但后来的社会学家将它们视为一种发展理解社会新方法的有用基础。例如，新观念如何变得流行起来？这通常是通过社交网络，把人们（包括陌生人）以其通常不会注意到的方式联系在一起。图2.5就是一个社交网络的简单示例。图中的那些线条显示了个体之间的联系，佐伊（Zoe）通过她的关系间接地将几个不同的群体联系在了一起。

要更生动地了解网络是如何工作的，就思考一下谣言是如何传播的吧：某个人可能会告诉一个好朋友一个秘密，如果这个朋友把秘密告诉了另外一个人（这个人可能完全不认识第一个人），一个广泛传播秘密的引人注目的行动链可能就开始了（也许这对于第一个人而言完全是一件尴尬的事）。虽然许多谣言可能是无害的，但同样的连锁反应可以传播有关抗议的信息，也可以传播一部电影的信息，不管这部电影是好还是坏，或者传播如何在税收上作弊并逃脱惩罚的信息。通过使用数学工具，社会网络分析人员能够将齐美尔的见解推广到广泛的不同应用领域，从健康行为到时尚，再到住房隔离的模式。这对分析社会如何运作做出了奠基性的贡献。

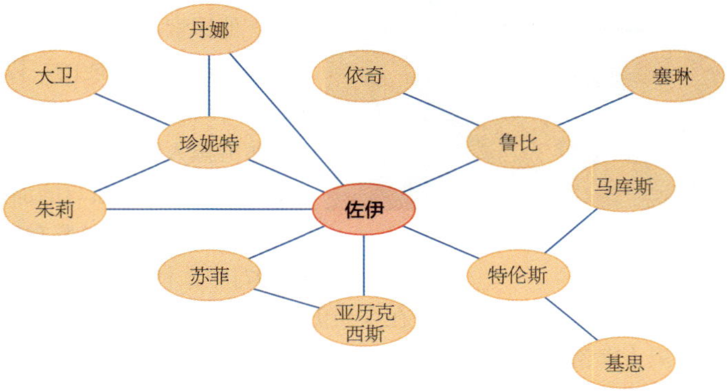

图2.5　社交网络的一个例子

W. E. B. 杜波依斯（1868—1963）

2.2.5　解释杜波依斯有关种族主义以多样化的方式影响美国黑人生活的观点，并解释种族主义如何产生出双重意识。

作为社会科学工作者、历史学家、记者、散文家和政治活动家（在其他许多活动中，他还是全国有色人种促进会的创始人之一）（National Association for the Advancement of Colored People ，简称NAACP），杜波依斯在许多方面的表现都是非凡卓越的。然而，杜波依斯的种族使他无法获得与其颇具穿透力的学术成就相匹配的学术职位。作为社会学家和社会理论家，尽管杜波依斯的理论著作包含了与所有弱势群体相关的强有力的见解、对群体冲突研究也具有重要含义，但他最主要的关注点是美国社会的种族和种族不平等问题。

杜波依斯理论著作所包含的强有力的洞见，既揭露了美国种族和种族不平等的真相，也与对任何弱势群体的偏见和成见有关。

在杜波依斯时代，关于种族的主流理论声称，欧洲的白人和黑人在生理上有不同的天赋，特别是在智力、勤奋工作能力和成为好公民的能力方面。这些理论强调，欧洲白人优越于黑人的原因有深刻的生物逻辑原因，而美国黑人在北方和南方所经历的贫穷和不平等是这些先天差异的结果。如果种族差异根植于生理差异，那么美国社会是否给予美国黑人机会均等就几乎无关紧要了，因为他们根本无法利用这些机会。

杜波依斯否认了这些论断，并在他六十年的职业生涯中提出了这样一个观点，社会不平等的根源不是生物差异，而是由美国社会制造出来的。他提出了一个关于种族主义——一个种族群体的成员天生优越于其他种族的假设——如何阻止黑人达到与白人相同水平成就的理论。在他职业生涯的每一个转折点上，杜波依斯都要挑战根深蒂固的白人优越论，这种论调否认种族主义问题。

在杜波依斯看来，种族主义是如何扮演这个角色的呢？杜波依斯的第一本主要著作是他在19世纪90年代末

W. E. B. 杜波依斯（1868—1963）

对费城黑人社区所做的研究。在这本书中，杜波依斯指出，美国黑人生活的方方面面都受到他们所能得到的有限机会的影响[Du Bois（1899）1995]。杜波依斯进行了大量的数据收集工作，在研究中采用了多种多样而且常常是创新的方法。这其中就包括对费城黑人居住社区、他们所从事的工作种类以及他们如何按照经济状况相隔离的统计数据的使用。杜波依斯还用基于挨家挨户访谈收集到的资料对这种统计描述做了补充，通过访谈他对统计数据所无法揭示的黑人社区生活的社会条件进行了研究。例如，他探索了贫穷的黑人如何靠低收入维系生存、婚姻和家庭是如何被组织起来和发挥功能的，以及相对处于优势地位的黑人如何看待贫穷的黑人。对后者的分析引起人们对杜波依斯所认为的黑人"精英阶层"未能帮助贫穷黑人和"提升种族"（Uplift the Race）的担忧，正如杜波依斯在后来的一篇文章中所写的那样[Du Bois（1903）2008]。

在其最著名和最有影响力的著作《黑人的灵魂》[Du Bois（1903）1997]中，杜波依斯以不同的方式剖析了种族主义在美国生活中的作用以及它对美国黑人的影响。在今天仍广为流传的文章和研究的合集中，杜波依斯更充分地阐述了他的观点，他认为黑人懒惰、不聪明或容易犯罪实际上是他们在美国社会所处位置的结果。在该书较为具有社会学特色的部分，杜波依斯认为，是教育机会匮乏而不是天生智力不足生产出黑人智商低的表象。相比之下，由于缺乏经济机会使得黑人似乎不会像白人一样努力工作（在美国南方许多黑人从事农业生产或家务劳动的背景下，这更是一个荒谬的神话）。他还指出，由于贫困和种族隔离，美国黑人往往集中在犯罪率可能更高的地区居住。总之，杜波依斯认为，美国社会的社会结构是黑人群体劣根性表象的罪魁祸首和原因。

然而，杜波依斯最著名的灵魂概念是关于种族主义和社会结构如何影响个体黑人的理论，在黑人群体身上产生出一种他称之为"双重意识"的东西。杜波依斯认为，由于游离在美国人生活的主流之外，所以黑人与美国白人不同，黑人必须过着多重生活，一个是黑人，一个是美国人。此外，由于美国黑人认为在美国白人眼中自己的价值被贬低，因而他们不得不通过以别人的目光这样的方式来看待自己，并由此备受折磨。在一个著名的段落中，杜波依斯将这种双重意识定义为：

一个没有真正自我意识，而仅仅是通过另一个世界的尺度来看待自己的世界。它是种奇特的知觉，一种双重意识。这种感觉总是通过别人的眼睛来认识自己，将一个充满可笑的蔑视和同情的世界当成尺子，来度量自我的灵魂。黑人总感到自己的存在是双重的——是一个美国人，又是一个黑人；两个交战的灵魂，两种思想，两种不能调和的斗争；两种并存于一个黑色的躯体内的敌对意识，这个躯体只是靠他百折不挠的毅力，才没有分裂[Du Bois（1903）1997, p. 6]。

杜波依斯有关美国黑人的"双重意识"的观点不断被种族隔离的做法所强化，尤其是在美国南部更为明显，这使得黑人无法参与到美国生活的主流中来。

多重自我的思想指出了社会结构给黑人造成心理创伤的一种新颖方式，这成为后来社会学家将之适用于许多其他弱势群体的一种思想。

杜波依斯关于社会结构的著作还考察了美国政治和种族关系的更大背景。他在这个方面的最重要著作是他对南方在内战后重建的悲剧的研究（Du Bois 1935）。当时的标准历史记述声称由美国黑人管理的重建政府是腐败无能的。与这种观点相反，杜波依斯认为，重建政府要与恶毒的白人暴力做斗争，还要与在每一个转折点所遇到的阻挠做斗争，努力在美国南部建立一个美国黑人和贫穷白人都能够参与的新政治体制。这种观点在当时受到抨击，但后来关于重建的学术研究证实了杜波依斯当年著作中的许多见解是正确的。

2.3　社会理论在 20 世纪中期出现了怎样的创新？

社会理论的新方向：1937年—1965年

虽然社会理论中的古典传统可以被看作以马克思、迪尔凯姆、韦伯、齐美尔和杜波依斯的著作为代表的，但从20世纪30年代末开始，社会理论家的兴趣开始朝着新的、意想不到的方向变化。在社会理论和社会学的发展过程中，领导者主要是在欧洲（甚至美国人杜波依斯也是在德国接受的教育，并受到欧洲社会理论家的影响），后来转移到美国。在这些新方向的中心，是哈佛社会学家塔尔科特·帕森斯（1907—1979）受到广泛争议的巨著。帕森斯努力发展了一种社会的功能主义理论，试图提供一种普遍的社会理论，这种理论是围绕着社会的不同要素如何有助于维系社会和维护秩序的分析而建立起来的。帕森斯的工作在某些方面受到了热情的拥护，但也引发了巨大的争议。就像古典时期的马克思一样，他的理论成为这个时代其他理论家批判性反思和理论争议的主要来源。这个时期我们可以追溯到大约1937年﹛当时帕森斯发表了社会学理论史上最重要的著作之一、被大多数欧洲社会理论家称为《社会行动的结构》的两卷本研究[帕森斯（1937）1967]﹜到20世纪60年代中期。在这个时期，不仅出现了社会的功能主义模型的精妙成果，还出现了替代帕森斯的功能主义理论的几种关键理论——最重要的是冲突论和符号互动论。在这个部分，我们将简要讨论一下这些新的理论传统及其主要洞见。

结构功能主义

2.3.1　根据结构功能主义理论，探讨规范、价值观和制度在社会中的作用。

帕森斯的社会功能主义理论试图通过考察社会生活的关键层面对整个社会所发挥的功能来对其进行解释。它代表了为社会学所有内容提供统一理论的宏大尝试。帕森斯认为，任何社会的关键要素都是围绕着整个社会更广泛的（通常是隐藏的）需求而组织起来的（e.g. Parsons 1951；Parsons and Smelser 1956）。例如，所有的社会都有某种宗教信仰，功能主义者认为这是因为宗教能满足许多有用的目的：宗教思想和教义为社会提供了一个可以去遵循的共同道德准则，它们能帮助人们解释无法解释的事物，并能促进人们之间的社会团结。帕森斯最终将这种社会理论描述为结构功能主义，即任何社会的个人、群体和机构都会受到一个重要的社会系统影响的社会理论。

根据结构功能主义，社会系统包含了强大的规范、价值观和制度——社会持久存在的实践和管理那些实践的组织。在社会系统中，个体要在一生中扮演某些角色，比如"学生""老师""工人"或"老板"，而在这些角色中人们往往会按照某种方式去行动（就像演员一样，遵循着适当的脚本）。结构功能主义理论强调，规范、价值观以及制度的崛起和长久存在是因为它们往往是维护社会秩序的良好方式。

尽管帕森斯花了大量的时间在他的后期作品中阐述这个框架，分析具体的规范、价值观、角色和制度，但关于结构功能主义还有三个关键的思想需要记住：（1）社会的持久性特征最终可以根据这些特征的"功能性"目的加以解释——例如，社会发展宗教是把它作为创造共同价值观的一种方式，或者用来解释不诉诸一种超自然存在就无法解释的事情；（2）个人受到自己生活所处的社会制度的严重影响和制约；（3）当个人学会（或"知道"）并且或多或少接受自己的"位置"时，冲突就能通过社会制度而被最小化。

社会变迁又该如何理解呢？社会随着时间如何变化？在结构功能主义的观点看来，社会变迁是逐渐发生的，随着规范和制度适应了新挑战或者最终被完全取而代之，社会变迁就发生了。与卡尔·马克思所设想的通过革命和阶级斗争产生社会变迁的方式不同，帕森斯和他的合作者认为社会变迁的发生与生物学中的进化理论非常相似。进化生物学指出，动物物种随着时间的推移通过自然选择的过程来适应环境。在自然选择的过程中，有利于适应环境的属性会被选择并代代传递留存下来，不利于适应环境的属性则不会被选择留存下来代代相传。帕森斯认为这个比喻对理解作为一个整体的社会（及其组成部分）是如何进化的也是有用的。任何一个社会中会导致社会功能失调的特征都会逐渐地被淘汰掉，取而代之的是那些有助于社会功能发挥的特征。

结构功能主义似乎提供了一种将任何社会的各种要素整合进一种单一、合乎逻辑的理论的方法。但是，正如许多批评家指出的那样，它只是通过忽略那些似乎不符合该理论的当代社会的许多重要方面才做到了这一点。在接下来的两个部分中，我们将会思考在20世纪中期对帕森斯及其结构功能主义进行批判的两个最重要的思想流派。

冲突论

2.3.2　讨论冲突论试图如何解释社会不平等。

反对结构功能主义社会理论的一种主要声音是，这种理论似乎暗示社会基本上是没有冲突的地方，社会的所有不同部分都服务于重要的功能，并且多多少少是和谐地吻合在一起的。结构功能主义理论以其最极端的形式确实表明，使社会产生秩序的要素（如宗教）远远要比那些使社会产生冲突的要素强大得多，比如那些引起冲突的群体间的不平等，而这些被马克思、韦伯和杜波依斯看作所有社会的核心要素。相比之下，帕森斯和其他功能主义者认为，这些古典社会理论家倾向于夸大冲突的作用，尤其是在涉及社会变迁的时候更是如此。

在20世纪50年代末和60年代，一些社会理论家强烈反对帕森斯，并提出了一种替代结构功能主义的理论，这一理论被称为冲突论。冲突论源自马克思和韦伯的思想，它试图将每个思想家研究的要素综合进一种新的社会理论。冲突论的奠基人之一、德国社会学家拉尔夫·达伦多夫（1929—2009）认为，尽管马克思基于阶级斗争的社会变迁观点在西方不流行了，但仍然正确的是，在现代世界仍然存在着各种类型的经济冲突，而且它们是社会生活的重要因素（Dahrendorf 1959）。例如，这些冲突已经进入到工会和雇主之间的关系中，而另外一些冲突则体现在政府政策上——比如公司和富人需要缴纳的税收政策，或帮助贫困或低收入个人和家庭生活得更好的政策。达伦多夫还认为，这样的非经济冲突（比如谁有权在组织内部做出决定）经常是隐而不显的，但却又是很重要的冲突类型。对于达尔多夫和其他冲突理论家来说，帕森斯的功能主义方法的问题是，它忽略了社会中冲突的重要性，从而提出了一个不切实际的社会影像，夸大了共识和社会和谐。

冲突论中最受欢迎和最具影响力的研究是C·赖特·米尔斯（1918—1962）所做的研究，他写了一系列有关阶级和权力的著作，认为20世纪50年代的美国处于"权力精英"的掌控之下，权力精英努力维护其特权并控制政府政策的制定（Mills 1956）。（正是米尔斯发明了"社会学想象力"这个概念，把它作为描述社会学学科使命的一种方式，正如我们在第1章中所讨论的那样。）对米尔斯来说，权力精英是由美国社会政治、经济和军事制度中的最高层组成。这些权力精英能够使普通公民无法对政府政策施加影响力。米尔斯认为，在由那些处于高层的人行使权力的背景之下，民主的传统观念——人民的统治——就是一个神话。

在20世纪60年代，冲突论成为那些寻求以新的方式思考不平等和社会不公正的社会学家的主要理论家园。冲突论的流行在很大程度上源于一种日益强烈的意识，即功能主义理论似乎并没有提供一个很好的方式去解释社会为什么会存在不平等，甚至极端来看它似乎通过说明那些不平等对社会的功能来为不平等辩护。例如，在最早发表于1945年的一篇著名的文章中，功能主义社会理论家认为，经济上的不平等是社会不可或缺的要素，借此社会才能激励最有才华的个人追求对作为一个整体的社会最有用的事业（Davis and Moore 1945）。这篇论文的作者认为，除非医生能得到更多的工资，否则没有人会接受必要的长期训练成为一名医生；因为社会需要高水平的医生，所以提供财政激励确保在医疗领域存在足够的此类人员是必要的。

相比之下，冲突论把这些社会和经济不平等置于微观视角之下，指出财富和权力不平等不是自然的结果，而是特权长期存在的结果，因为有权力的个体和群体竭尽全力保护自己的特权。举个例子来说，一些雇主对待员工不好，或可能会使用合法或非法的手段防止工人组织工会。宣称服务于公共利益的职业开发出很多方法来增加自己的收入，并防止他们的客户挑战自己。医生（一种我们通常不会认为是剥削他人的职业）成立了如美国医疗协会（American Medical Association）这样的组织，极力确保医生的来源按照法律且只能限于那些完成了获得认可的医疗学习的人。通过压制竞争，医生们能够获得比他们本来可能获得的收费更高的收费。

冲突理论家认为，不平等不可避免地会围绕谁得到什么而在群体和个人之间产生出紧张。那些感到受压迫的人（无论是通过性别歧视、种族歧视、经济财富还是其他形式的不平等）最终将开始与那些利用他们的人进行斗争。有时，这些斗争是非正式的（比如工人们可能拒绝为老板卖命地工作），而有时候斗争的形式会更加公开化（比如工会宣布罢工）。为了强调不平等作为社会冲突和斗争形式的重要性，冲突论试图重新唤起对马克思和韦伯一些经典观点的关注，特别是他们关于阶级和地位群体不平等的反思性著作中的观点。但是冲突论从来没有成为一个完整的社会思想体系，尽管一些早期思想家原本认为它应该是这样的。冲突论提醒社会学家，社会并不总是平稳运转、没有冲突的，冲突论下一步将走向何方并不总是明确的。尽管冲突无疑是社会生活的一个重要组成部分，但冲突论被证明太模糊，以至于不能成为新社会理论的基础。

符号互动论

2.3.3　根据符号互动论来分析日常社会互动如何处于理解社会的核心。

在这个时代出现的另一种批判功能主义的理论是符号互动论，它是一种关注人与人之间的互动以及符号在这些互动中所扮演的角色的社会理论。当塔尔科特·帕森斯和他的追随者们看到个人和个人的行动受到社会及其组成部分的巨大影响时，符号互动论则把这个想法转向了另外一面，认为社会秩序是从个体及其赋予客体、事件以及与他人关系的意义开始的。它的理论创始人是两位在芝加哥大学任教的学者——哲学家乔治·赫伯特·米德（1863—1931）和赫伯特·布鲁默（1900—1987），前者是一位社会学家，后者是米德的学生（see Mead 1934；Blumer 1969）。

为什么这个蛋糕具有特殊的意义？符号互动论者强调我们对客体、手势和对话赋予象征意义的重要性，而这些可能看起来就像是普通的事件。

符号互动论者认为，理解日常社会互动——包括像一起吃饭、在教室里一起上课或在街上互相问候这样的基本行为——是理解社会的核心，因为正是通过这样的互动，个人身份认同和社会才得以形成。通过这种方式，在大多数社会学理论（包括到目前为止我们已经讨论过的所有理论）关注像经济、宗教、政治或更一般意义上的社会这样的宏大主题时，符号互动论聚焦于日常的人类行为以及我们与他人互动的方式，这些构成了社会的基石。

为什么要研究人类的日常行为？像人们一起吃饭这样的日常琐事可能会告诉我们些什么？根据符号互动论，答案是人类与其他物种的区别，在我们的日常互动中，我们会以其他物种没有的方式对客体、行动以及人进行解释并赋予其意义。米德将人类与动物相区别以及定义什么是一种社会存在的著名论断是，我们既是在世界中行动的主体，又是存在于世界之中的客体，并被他人诠释和定义着。为了解释这一点，米德将自我分为两部分，他称之为"主我"（I）和"客我"（me）。客我代表的是自我的客观维度——这是受他人诠释影响的部分——而主我代表的是自我的主观维度——换言之，也就是我们自我理解的那一部分，诠释着别人如何看待我们，并根据我们的行为如何呈现在他人面前而决定采取怎样的行动。通过这些方式，符号互动者认为我们的自我意识直接来自他人的评价。

米德的学生布鲁默在他后来关于符号互动的著作中，区分了能成为解释对象的三种类型的客体：物理客体（一张桌子、一棵树）、社会客体（人）和抽象客体（思想）。

符号互动论者对社会理论家提出了挑战，他们更加关注日常行为在创造社会秩序条件方面的中心地位。但是，这个时代的冲突理论家可能会问，作为社会特征的不平等和独特的社会角色是如何影响互动的呢？符号互动论者非常清楚这个问题，指出有些人的评价和意见要比其他人更重要，这依赖于彼此的关系。但在每一种情况下，我们的行为都是由别人对我们的看法决定的，当我们决定如何表现时，我们会考虑这些人的价值观。通过这种方式，不平等弥散在我们日常的互动中。

如果我们的自我意识是由他人对我们的观点决定的，而且我们都希望别人对我们有好感，那么合情合理的是，我们将试图以一种能让他人以积极的方式来诠释我们的方式去行为。这种思想构成了欧文·戈夫曼经典之作的基础，在将符号互动论通俗化这方面，他比20世纪50年代到60年代的其他任何社会学家都走得更远。在《日常生活中的自我呈现》（Goffman 1959）一书中，戈夫曼引用莎士比亚的名言——"整个世界是一个舞台"——将社会生活与戏剧进行了比较，认为我们的行为类似于演员的表演——像演员一样，我们扮演角色，按照脚本表演，由观众评价我们的表演（在这种情况下，观众是指在日常生活中与我们相互作用的其他人）。在这种理解社会生活的"戏剧论"视角中，戈夫曼认为，我们不断寻求去影响人们如何诠释我们的行为，通过以某种方式进行的策略性行为去获得一种来自他人的我们所期待的解释。比如，设想一下参加求职面试的情形。我们希望面试我们的人认为自己是有条理、勤奋、有抱负的人。我们怎样才能让对方产生这样的印象呢？一方面，我们可以就自己谈一些情况，我们还可以发出一些非语言的暗示出去，我们自己行走的方式都可能透露出这些品质。所以我们可能会穿西装而不穿让我们更舒适的牛仔裤，我们笔直地坐在椅子上而不是无精打采，我们会用一种保守的方式打理头发而不是让它变得狂放不羁，等等。戈夫曼说，在这种情况下，我们就在进行着"印象管理"（Impression Management）——策略性地安排我们的行为，以传达有关我们是谁的某种想法。

我们如何把自己"呈现"给别人是日常生活如何进行的一个重要方面。欧文·戈夫曼认为准备好到这个世界中去闯荡与演员们准备好登上舞台相似。

2.4　新一代的社会理论是如何演变的？

20世纪60年代以来的社会理论

社会学和主要的社会理论从20世纪60年代到70年代初经历了巨大的转变，因为世界各地的社会运动要求发生某些重要类型的社会变革，有时也赢得了胜利（Sica and Turner 2006）。毕竟，这是一个民权运动、女性运动、环境保护运动、反越战运动以及同性恋权利运动兴起的时代。在这个风潮涌动的时代，理解社会的传统方式被抛到了一边，包括那些最近才流行起来的方式。例如，功能主义的主导地位在20世纪60年代末开始没落，功能主义作为一种为现有社会秩序的不平等提供证明的理论被广泛抛弃掉（尽管这并不总是准确的）。冲突理论也消失了，取而代之的是在这一时期出现或重新出现的其他不平等理论。与20世纪中叶的其他传统理论形成鲜明对比的是，符号互动论仍然充满活力，其中的一些重要洞见被整合进当代社会理论之中。但是，甚至这个理论传统也退却到了社会学的一个小角落里。

随着20世纪60年代社会变革的到来，新一代社会理论和研究人员出现了。一些理论明确地渴望与时代的社会运动联系在一起，而另一些理论则以不同的方式寻求在经典理论传统和20世纪中叶理论传统的基础上发展有关个体与社会关系、社会秩序的本质以及社会变迁条件的新洞见。在这个部分，我们只能对其中一些最重要的理论提供一个简短的节选，但我们希望能指明当代社会理论发展的一些主要线索。

马克思主义在西方的发展

2.4.1 讨论新马克思主义关于资本主义国家、社会阶级和全球化的思想。

马克思主义的早期理论传统在20世纪60年代经历了一次重大的复兴。考虑到历史并没有——至少到那时——按照马克思和恩格斯曾预言的方式发展这一事实，新一代的马克思主义社会理论家试图革新马克思主义来适应20世纪后期的社会现实。被称为新马克思主义（Neo-Marxism）的一个中心思想是，扩大马克思关于政治的最初观点来发展一种资本主义国家理论——资本主义国家是指资本主义社会的政府机构。新马克思主义学者延伸了对下面这个问题的新理解，即资本主义社会的政府如何以及为什么最终能做出有利于资产阶级利益的政策。但与此同时，这些理论家们也开始研究政府和强大的经济组织不得不向工人阶级做出让步的条件。例如，资本主义国家能够发展如养老金（在美国被称为社会保障）、失业保险、医疗保险、免费或低成本的公共教育以及向穷人和工人阶级提供福利的社会项目，同时还能确保资本主义公司保持盈利、资本主义经济能够增长。

在19世纪晚期到20世纪的这段时间，这些项目计划和阶级妥协方案的出台极大地改善了普通人的生活，甚至有助于将资本主义从恶化的趋势中拯救出来（至少在新马克思主义者看来是这样）。新马克思主义者坚持认为这样的妥协让步不会永远持续下去；在某种程度上，妥协让步的成本对于资本主义经济或政府来说变得越来越大并难以承受。这和"财政危机"最终会打开通往新社会主义革命可能性的大门（至少这是其他选择中的一个可能的结果）（O'Connor 1973）。

新马克思主义学者除了重新思考马克思主义的国家理论，还对资本主义社会中社会阶级性质和阶级结构的性质提出了更详尽的认识。马克思的两个阶级模型——一个占统治地位的统治阶级和一个庞大的被统治阶级——显然不能很好地贴合现代资本主义社会的情况。到了20世纪中期，很明显的是中产阶级日益壮大，中产阶级是由专业人士（如医生、律师、工程师和教师）、技术人员和业务经理以及销售管理人员（为大公司工作，但并不拥有这些公司）组成的，这与马克思所设想的传统无产阶级没有什么相似之处。正如新马克思主义理论家埃里克·奥林·赖特（Erik Olin Wright 1985）所言，"中产阶级的尴尬"（Embarrassment of the Middle Classes）需要一个新的理论体系来解释现代社会是如何分化的。赖特努力解决这个问题，他认为，就像企业的所有权是一种"资产"、可以用之产生更大的经济回报（比如当你雇用别人为你工作时）一样，学历证书（比如法律学位）和（在一个组织中的）管理职位同样也可以如此（Wright 1985，1997）。赖特认为，这些资产中的任何一种都将产生盈余收入，从而模糊了基于资本所有权的传统二维阶级分类法，正如图2.6所示的那样。

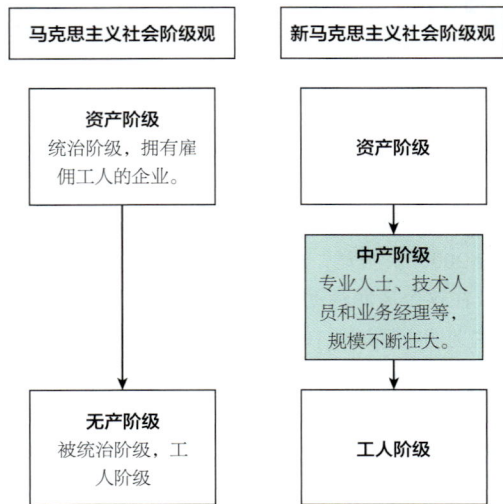

新马克思主义社会理论家也是第一批对全球资本主义经济秩序重新进行研究的人。伊曼纽尔·沃勒斯坦（Immanuel

马克思主义社会阶级观

资产阶级
统治阶级，拥有雇佣工人的企业。

↓

无产阶级
被统治阶级，工人阶级

新马克思主义社会阶级观

资产阶级

↓

中产阶级
专业人士、技术人员和业务经理等，规模不断壮大。

↓

工人阶级

图2.6 对社会阶级的新认识

Wallerstein 1974，2011）有关资本主义世界体系的著作就代表着这样一个广受争议的例子，而罗伯特·布伦纳（Robert Brenner 2006）对资本主义全球危机的分析则提供了另一种分析的视野。对于沃勒斯坦来说，资本主义是一种不仅存在于国家内部，而且还存在于国家之间经济关系中的经济体系（富裕的国家能够剥削贫穷的国家，就像富裕的资本家剥削工人一样）。沃勒斯坦和其他新马克思主义学者预见到了全球化的崛起——跨越国界的商品和服务的流动日益增加——很久以前其他传统理论的社会科学家就开始注意到日益明显的全球化世界，并开始关注国家间的经济不平等如何随着时间被再生产出来。其他新马克思主义学者的贡献强调由全球资本主义的不稳定特征所引发的固有的危机倾向，这些特征

资本主义经济容易产生周期性且往往很严重的危机，比如2008年的金融危机和随后的经济衰退。许多新马克思主义学者认为这种情况在后资本主义时代必然会再次发生。

在金融部门中表现得尤为明显（Brenner 2006）。2007—2008年的金融危机就与新马克思主义学者的预测一致，这次危机最终依靠美国和其他国家地方政府的一个相当庞大的金融救助计划才得以解决（尽管目前尚不清楚资本主义是否会再次设法从自己这个最难对付的敌人手里拯救自身）。

女性主义社会理论

2.4.2　分析交叉性在性别不平等理论中的作用。

　　西方新马克思主义理论的一个重要的局限性是，它注重阶级关系和阶级权力，但往往忽视了其他类型的不平等。正如韦伯和杜波依斯通过强调地位群体冲突和种族主义的重要性对社会学所做出的重要贡献一样，新一代的社会理论家也对西方马克思主义的发展做出了回应，试图激活对阶级以外的不平等的社会学理解。其中一个就是女性主义社会理论的出现。可以肯定的是，社会学家长期以来就一直关注有关性别的议题（例如，有关家庭的研究），而且早期的女性社会学家如珍妮·亚当斯（Jane Addams 1860—1935）将激进主义社会工作与有关性别议题的学术著作整合了起来（例如，亚当斯写了很多有关卖淫的文章）。然而，在20世纪70年代，女性主义社会理论的兴起——将性别和性别不平等置于其理论视角的中心——对许多传统社会理论以男性为中心的假设提出了挑战。

　　法国哲学家、作家西蒙娜·德·波伏娃（Simone de Beauvoir 1908—1986）是女性主义社会理论发展早期颇有影响的思想家。尽管波伏娃写作的范围广泛，从伦理学、哲学到政治学都有所涉猎，但她对性和社会性别的研究对社会理论做出了最直接的贡献。在她的经典之作《第二性》（The Second Sex）（de Beauvoir 1952）中，她分析了所谓的父权制——社会是按照确保女性被系统地控制（和贬低）的方式建立起来的思想。对波伏娃来说，女人不是天生就处于从属地位的，而是被塑造成看起来与男性不同并且等级低于男性。用波伏娃自己的话说，"女人不是天生的，而是被塑造成的"（One is not Born but Becomes a Woman）。这一观点对后来的女性主义者在性别（Sex）与社会性别（Gender）之间所做的区分至关重要，前者是一种生物学特征，而后者指作为"男人"或"女人"被赋予的社会意义。波伏娃是第一个坚持认为性别和女性是一种社会建构的理论家——社会创造了性别类型，它不是生物差异产生的自然结果，这些性别化的分类被转化成男女之间持久的不平等。

　　当代女性主义理论在20世纪70年代发展起来，它以波伏娃的早期洞见为基础建立起来，并以各种方式扩展了波伏娃的早期思想。女性主义理论家们的共同使命是理解社会世界如何以及为什么会被设计成男性世界和女性世界。然而，我们还是可以区分出建构这种社会理论的三种关键方法。第一个方法是早期的女性主义学者开

始从女性的角度看待社会世界，引导他们将性别差异或者世界对待男性和女性的不同方式理论化。这些早期的作品常常是以这样的观点作为开端，即大多数社会理论都忽略了女性，因此这些理论是建立在男性体验基础上的。因此，女性主义社会理论家开始将女性包含进理论分析的主题。其结果往往具有非常大的变革性。例如，社会学家多萝茜·史密斯（Dorothy Smith b.1926）展示了，当女性被置于分析的中心时，社会学的基础会发生怎样的变化——女性的视角揭示出社会科学在历史上是如何因其以男性为中心的偏见而忽略了女性体验的重要层面（Smith 1974）。与此相呼应的是，其他女性主义理论家们分析了，如果女性被认真对待，社会学探究将发生怎样的变化——从对个体观念的反思扩展到对私人领域（比如权力在家庭中扮演的角色）的探究。

早期的女性主义理论家不仅对特定的学术领域重新进行思考，还修订了跨学科的理论传统。其中最重要的理论传统是精神分析（研究个体心理的有意识和无意识层面及其对个体行为影响的理论）。精神分析对一些早期的女性主义理论家非常重要，他们想要了解男人和女人是如何形成自我意识的。在心理学和精神分析理论中，有关个体的大多数传统理论毫无例外都是建立在男性经验的基础之上。然而，当女性得到关注时，这些模型或做法就必须被改变。有人认为，由于女性倾向于在与他人的关系中发展自我，通过自己的依恋和照顾能力来发展自己与他人的关系，所以她们不可避免地会有不同的自我认同来源。社会学家南希·乔多罗（Nancy Chodorow b.1944）对这一见解的阐释是最著名的。她从家庭结构中去追溯性别差异的心理学基础。凭借精神分析，乔多罗（1978）对家庭中劳动的性别分工进行了理论化，即在家庭中女性主要肩负抚养孩子的责任，这为男孩和女孩创造了截然不同的发展道路。因此，性别差异深深植根于我们的头脑中，植根于我们无意识的欲望和情感的依恋中。

在20世纪70年代和80年代，大多数女性主义理论家都在寻找性别不平等的原因。然而，通常这使得他们的理论看起来来得有些简单化——就好像性别不平等来自社会或者个人（或个人之间的关系）的单一固定层面。同样，这些理论家经常把所有的女人放在一起考虑，忽略了女性群体内部之间存在的关键差异。在这一过程中，他们往往倾向于强调关注与具有特权的女性有关的议题——比如中产阶层家庭主妇的社会隔离，或者一些女性被排斥在有偿工作之外。但这并不是所有女性都关心的问题。后来的女性主义理论家特别关注不同的女性对性别的不同体验方式（Collins 1990）。这些理论家中最著名的是帕特里夏·希尔·柯林斯（Patricia Hill Collins b. 1948）。

从这些批评中，第二种女性主义方法出现了，这种方法从解释一般意义上的性别不平等转向使社会性别的存在成为需要被检验和挑战的东西。这种女性主义的方法探索了男性和女性的类别是如何形成和影响到社会生活的。例如，女性主义者探索了不同制度（如家庭、学校、工作场所、教堂）中的性别动力机制。其他人则研究在这些社会情境中性别是"如何被表现出来的"。所以尽管性别社会学家可能会研究家庭或工作场所中的劳动分工，但性别理论家也许想要解释的是，为什么在不同的公共领域和私人领域里的劳动会以性别化的方式进行分工，以及为什么我们会以男性和女性所特有的方式去互动（Connell 1987；West and Zimmerman 1987）。

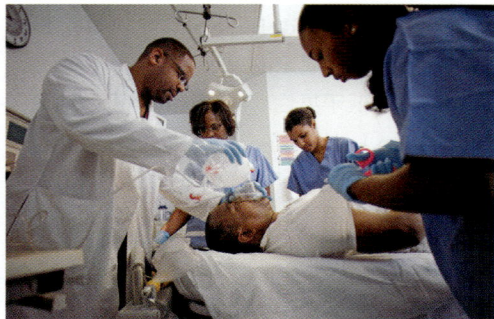

男性和女性不断被隔离在不同类型的工作中表明，性别在社会中持续发挥着作用。

就在最近，建构女性主义的独特的第三种方法出现了，持这种方法的女性主义理论家已经不再关注性别本身的问题，而是结合其他社会等级制度来考虑性别问题。这种女性主义理论的建构方法使我们可以从更加流动、相互联系和多样化的视角来理解社会生活。在这方面最有影响力的社会理论家一直都是帕特里夏·希尔·柯林斯（Collins 1990）。她认为黑人女性在历史上所经历的压迫需要更广泛的社会理论才能得到解释，即种族、阶层和性别如何相互交叉产生了形式复杂的不平等和不公正。其重点是，男性和女性之间的关系是如何在与不同类型的社会不平等——比如种族、阶层、性别和宗教——的联系中形成的。社会世界在这所有方面都存在分层。因此，当性别被建构或被实践时，它是与其他类别的不平等联系在一起的。例如，家庭中性别不平等对中上阶层女性的影响和它对贫困女性的影响非常不同；中上阶层女性能负担得起高质量的儿童保育服务和请家政人员打扫卫生的费用，而对贫困女性来说，她们所拥有的此类选择就少得多。因而，这一理论方法突出了不平等交互联系的本质，也就是所谓的"交叉性"（Intersectionality）——侧重于不同弱势群体之间的联系。其关键的创新点是这种观察各种不平等被经历的方式。换句话说，性别体验对于贫困或富有的女性、对白人女性或少数族群女性以及其他诸如此类的女性来说是不同的（Crenshaw 1991；McCall 2005；Choo and Ferree 2010）。

米歇尔·福柯与权力问题

2.4.3 解释福柯有关权力在社会中如何运作的理论。

如果说新近的女性主义社会理论家们把我们的注意力集中在多种多样和相互重叠的压迫形式上的话，那么法国社会理论家米歇尔·福柯（1926—1984）的著作则试图揭示权力在其许多表现形式中是如何运作的。我们无法把福柯归类到任何一个一般的学科边界中去：尽管他的著作对社会理论产生了众多影响，但他是一个哲学家和一个历史学家。他著作的主题涉及监狱和精神病院、疯癫的历史以及多卷本关于性史的研究。把权力看作被一些人（例如，那些在政府或军队任职的人、统治阶层、重要机构里的权威人物）所拥有、而其他人（如工人阶层、穷人、少数族群）所没有的东西这是思考权力的标准化方式。与这种思考方式不同，福柯说权力无处不在，并以隐匿以及公开的形式运作着。

福柯对"纪律"在社会中的作用尤为感兴趣——我们试图如何规训自己以及他人和制度试图如何规训我们。福柯对像学校、监狱、精神病院、运动队这样的机构以及其他机构训练（或重新训练）我们服从（既包括精神上的服从还包括身体上的服从）的某些方式感兴趣。福柯在他的《规训与惩罚》（Foucault 1977）一书中指出，我们生活在"纪律社会"中，并用社会哲学家杰里米·边沁（Jeremy Bentham）所设计的、被称为全景监狱（Panopticon）的典型监狱做了比喻。在全景监狱的中心，是一个瞭望塔，可以持续监视所有的囚犯，目标是"让犯人感觉自己始终处于一种被监视的状态之中，确保权力能自动地发挥作用"。福柯认为，整个社会都是以相似的方式构建起来的。他说，我们都身处在一种我们看不到但却存在于我们周围的规训力量之中。

福柯进而认为，在现代社会中，规训既是权力的主要特征又是它的主要功能。然而，正如权力不应该被认为是自上而下强加于我们身上的某些东西一样，福柯认为每一个人都在规训着别人——从朋友之间因其特殊的行为方式而取笑对方，到我们通过内化的社会规范来规训我们自己行为的方式都是如此。在美国几乎所有人要么在节食，要么认为自己应该减肥，或者担心如果他们不改变自己的饮食习惯，体重将会增加。正如我们大多数人对待食物的态度一样，当我们对某些事情感到内疚并监督我们自己的行为时，我们就正在做着福柯所说的标志着现代权力力量的事情：我们成为自己的警察，监督着我们自己的行为。

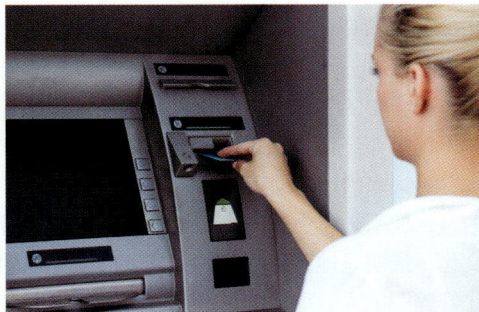

福柯强调建筑学有使特定的监视和控制成为可能的作用。现代技术推动了收集人类行为统计信息的手段的发展。信息收集在西方社会中是常见的现象：你的踪迹被学校、银行（正像图片所示的那样）信用卡公司、当然还有政府机构追踪着。

皮埃尔·布迪厄：对社会不平等进行理论化的一种新方法

2.4.4 讨论布迪厄如何重新定义阶级和阶级差异的性质。

研究权力和写作是米歇尔·福柯工作的核心，但他的法国同事皮埃尔·布迪厄（1930—2002）则关注重新思考我们如何理解社会不平等的运作机制。布迪厄的洞见和理论观点直接源自他生活中的经历，从出身卑微到在法国社会出人头地。他的社会理论试图将个体的行为方式与阶级背景的差异整合起来，而个体基本上都没有意识到这种阶级差异的存在。从许多方面来看，布迪厄对阶级的关注传承着其他社会理论家的工作；特别是马克思的研究，他认为理解阶级和阶级冲突是理解社会的关键。然而，布迪厄却与马克思主义以及后来的新马克思主义阶级理论决裂了，他对社会学家如何看待阶级和阶级差异的本质进行了重要的再概念化。因为马克思和其他社会学家通常将阶级界定为在经济结构中享有相同位置的人群（要么是工人或生产资料的所有者，要么是根据如收入这样的量化指标进行划分的群体），而布迪厄将阶级的定义扩展到多个维度，包括人们在世界中如何思考和行动，以及所展现出来的知识类型和文化修养。通过这种方式，布迪厄将符号互动论者对个体间如何互动的洞见与有关经济资源不平等如何影响我们作为个体的所有选择和机会的理论（比如马克思的理论）整合了起来。

布迪厄分析社会的核心是日常行动或他自己所称的人们进行的实践。从与人交谈的方式，到喜欢的不同种类的音乐或食物，再到与权威人物互动的不同方式，布迪厄认为世界上人们行为的差异取决于其阶级位置。布迪厄说，这些差异源于这样一个事实，即每个人都有他所说的习惯（Habitus）。我们的习惯使我们在某些情境下以某种方式去行动。不同的人有不同的习惯，有何种习惯取决于他们的成长环境和受教育程度。在这种情况下，我们的习惯并不是与生俱来的，而是深深根植于我们成长经历之中的一套习惯。布迪厄认为，因为成长环境不同，所以不同阶级的成员往往具有不同的习惯，这是不同阶级成员之间的关键差异之一。

为了说明和记录这些基于阶级所产生的品味和禀性差异，布迪厄转而研究文化，特别是不同阶级成员的消费模式。在他最著名的著作之一《区隔：一种品位的社会批判》（*Distinction：A Social Critique of Taste*）[Bourdieu（1979）1984]一书中，布迪厄对法国社会的品位和偏好进行了横断面的研究，这些品味和偏好与一系列文化产品有关，包括从音乐到文学再到艺术的文化产品。布迪厄发现来自不同经济阶层的人会表现出不同的文化品位，而属于一个或另一个阶级的标志之一就是阶级会精确地影响着属于这些阶级的个体成员对文化客体的品位和偏好。重要的是，布迪厄认为，当我们表达对一个或另一个文化对象的偏好时，比如更偏好某一种音乐类型，我们马上就表明自己属于一个群体，而不是用相对的另一个群体来定义自己。

社会中的人们会竞相将自己的品位和偏好定义成比他人更好并从这种观点出发，布迪厄认为，社会中的群体不仅争夺经济资源，同时还争夺文化资源。布迪厄拓展了马克思的"资本"概念（回想一下，马克思用"资本"一词来描述任何可以用于投资产生货币回报的资源），不仅包括经济资本，还包括其他类型的资本。最有名的是，他引入了文化资本的概念。在布迪厄看来，文化资本是指知道什么会被人们认为是"高雅"或受尊重的文化，最明显地体现在某些人能够颇有见地的谈论艺术或文学；拥有文化资本的人是那些被我们认为"具有文化修养"的人。重要的是，尽管拥有很多经济资本的人往往拥有很高的文化资本，但两者并不是直接重叠在一起。因而，布迪厄认为，一个人在社会等级中的地位不能被简单地约等为他（她）的经济资本拥有量，而是必须把经济资本和文化资本整合起来加以考虑。

布迪厄发现，资本的拓展概念如此有用，以至于他认为要充分理解一个人的社会地位也需要考察其他类型的资本的作用，其中最著名的是他所谓的社会资本（由你认识的人以及在你需要的时候可以求助的人为基础所构成的资源）和符号资本（你的声望）（也译作象征资本——译者注）。群体的成员资格是实际或潜在的资源。持久的朋友网络在人的一生中始终是有价值的。例如，一个人可以从大学里一个朋友的工作推荐中受益。符号资本指一个人或一个群体如何被一个特定的群体评判，而这通常指一个人的成就。例如，退伍军人通常会受到社会褒奖。

简而言之，布迪厄把不同形式的资本看成是理解等级制度的不同途径。拥有大量经济资本的人可能就不会受到符号资本匮乏的影响（如果你有钱，声誉不佳可能就没那么重要），而拥有很多文化资本和社会资本的人即使不是特别富有，也可能会上升到等级制度中比较高的位置。

与马克思类似，布迪厄认识到货币和物质资本在社会等级制度中的重要性。然而，布迪厄认为，其他形式的资本（比如你的文化修养程度或者你认识谁）也决定着一个人的社会等级。

分析社会学

2.4.5　讨论分析社会学家对个人与社会关系的认识。

皮埃尔·布迪厄丰富的关于不平等的理论强调了社会理论如何通过重新关注个人行为和互动来提供有用的见解。他的洞见影响了新一代的社会理论家，这些理论家试图发展所谓的中层理论（Middle-Range Theory）——就社会的特定方面提出具体的、可研究命题的理论，这些命题有意识地将社会结构与个人行为联系起来。处于分析社会学（Analytical Sociology）这一宽泛理论传统下的社会学家和社会理论家认为，现有的许多古典和中世纪社会理论视角存在的问题是，未能充分关注个人行为和动机构成社会如何运作以及如何变化的基本方式。分析社会学的核心思想是，社会学家必须研究社会的"宏观"层面（如机构、组织、经济）和"微观"层面（个人如何选择和为什么做出选择）的关系。分析社会学家将其视角界定为把微观和宏观联系起来的结构性个体主义（Structural Individualism），这一理论始于这样一种思想，即社会依赖于个体单独或一起做出的选择和行动，即使这些选择和行动总是被随之而来的社会整体所限制。

罗伯特·默顿（1910—2002）和詹姆斯·科尔曼（1926—1995）被看作分析社会学的两位创始人（Hedstrom and Udehn 2009）。默顿是一名美国社会学家，曾在哈佛大学获得过奖学金，他的老师是塔尔科特·帕森斯。但是，尽管有这样的血统，默顿在很大程度上还是拒绝了结构功能主义的核心思想，转而建构中层理论（Merton 1957）。默顿发明了一些在所有社会学中都非常有名的概念。比如自我实现的预言（如果你开始认为或预测什么事情将会发生，那么相比你没有这样认为或预测，这种事情就变得更有可能会真的发生）和社会行动的非预期后果（Unanticipated Consequences of Social Action）（我们采取任何行动的结果都是无法预料的，就像当我们得到一只狗来陪伴自己，但很快就在狗狗的公园里认识了新朋友这种情况一样）。在默顿的职业生涯中，他是一位非常受人尊敬的社会学家。而且，新一代的社会学家试图阐述他的一些核心思想，他的洞见近年来重新受到了重视。

默顿认为，理论既不应该关注抽象的普遍性以至于遗漏了重要的细节（作为例子，他特别指向了马克思基于阶级斗争的

体育赛事之后双方握手的规范来自何处？

一个国家或地区信奉新　　　　　　　？　　　　　　早期资本主义的
教的人的百分比　　　　　　　　　　　　　　　　发展资本主义的兴起

基于新教伦理的个　　　　　　　　受新教伦理影响的
人的价值观和信仰　　　　　　　　个体进行经济活动

资料来源：基于科尔曼（1990）。

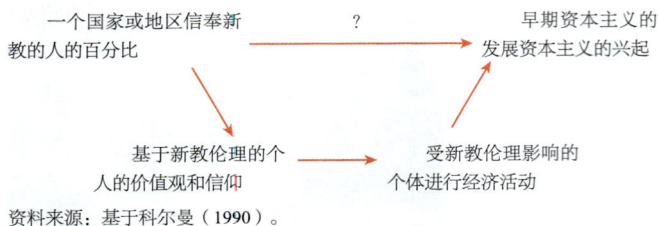

图2.7　科尔曼之船

找一般性并在某种程度上总是以个人的行动为基础。这在实践中意味着什么？思考一下这个例子：在一场体育比赛之后与你的对手握手这个仪式显示的是你对对手的尊重，宣告成功（或承认失败），并标志着在比赛结束后你和对手不再是敌人。但是，仅仅注意到这些是比赛之后握手的规范的功能是无法解释最初的规范是从何而来的。一些运动员在某个地方开始觉得不怕麻烦地与自己的对手握手是值得的，而且这种做法还必须要引起其他运动员的回应，等等。换句话说，仅仅认为以这种方式握手对社会秩序做出了（微不足道的）贡献是不够的；我们还需要理解为什么每个运动员都认为这么做是有价值的，并且还要理解为什么甚至在与你的对手握手成为一种规范之前运动员就有动机开始这样去做。

詹姆斯·科尔曼对分析社会学的贡献来自这些和其他类型的问题。科尔曼在他职业生涯大部分时间里都在发展有关社会生活的数学模型，从经济学的角度来研究个人是如何激励自己去行动的，他们的兴趣和目标是什么。在科尔曼（1990）主要的理论研究中，力挺在任何社会学研究项目中依赖微观（或个人）解释的重要性。为了阐明自己的观点，科尔曼以韦伯的《新教伦理与资本主义精神》为例，说明了个人层面的解释是如何发挥作用的。回想一下韦伯的著名观点——资本主义是在那些新教最强大的国家和地区中发展起来的——可以简单地图解为

新教论理主义的力量 ⟶ 早期资本主义的发展

这就意味着我们所要知道的是，新教强大的地方，资本主义发展得就比较早。但科尔曼认为，韦伯实际上所做的以及使《新教伦理与资本主义精神》成为如此伟大著作的远不仅限于此，正如图2.7所示的那样（Coleman 1990）。图2.7被称为"科尔曼之船"（Coleman Boat）（有时又被称为"科尔曼浴盆"，英文为Coleman Bathtub——译者注）。该图的逻辑是，与韦伯理论类似的理论要能发挥作用，就必须明确宏观层面（在这个例子中是指新教的崛起）如何影响微观层面（在这个例子中是指个人的价值观和行为），进而产生出一种新的宏观结果（资本主义的崛起）。

科尔曼观点的结论是，我们需要从最基础的地方开始建立社会理论，并且要总是关注个体。从这个关注点来说，这些思想与我们讨论过的一些理论家的想法具有某种相似性。例如，与符号互动论者一样，都关注个体与他人互动的重要性。但分析社会学在不同的方面超越了这些早期的理论。其中也许最重要的是，分析社会学做了大量的努力去吸收和传播心理学的思想，以理解个人为什么会按照其所做、所思的方式去思考和行动。有关在社会情境中心理是如何运作的思想是分析社会学的标志之一。但社会学家并没有就此止步。这种关系总是存在两个维度：个人及其动机和行为；社会结构对个人的选择施加限制。最重要的是，这种关系是动态变化的（在一个无尽的循环中彼此影响），正如图2.8所揭示的那样。

这个动态循环是如何运作的？分析社会学家热衷于识别使个体和社会结构

历史理论和帕森斯关于社会的结构功能主义理论），也不应该如此具体关注于某一个特定的情况而失去了普遍意义。举个例子，我有一个关于为什么在我们社区一个公园很受家庭欢迎，而另一个公园是贩卖毒品热门场地的理论，但这个理论可能无法告诉我们很多社区以外的公园、毒品和社区的情况。中层理论选取了介于两者之间的立场，即在特定的环境中寻

个体及其动机
和行为

对个体选择施
加限制的社会
结构

图2.8　结构性个人主义

联系起来的关键机制（如，一起事件引起另一起事件的过程）。用两位重要的分析社会学理论家的话来说，这些机制是社会生活的"齿轮"（Cogs and Wheels）（Bearman and Hedstrom 2009）。

这些齿轮是什么呢？微观和宏观之间最重要的联系机制之一是社会网络（建基于20世纪早期由格奥尔格·齐美尔最早提出的思想）。分析社会学家认为，网络之所以重要有很多原因；我们经常通过社会网络发现教育或就业机会、找到伴侣或产生新想法。网络也提供了不那么有益的动力支柱——例如，通过网络传播疾病。有关社交网络力量的基本概念已经随着社交媒体的发展而被证明了，而且"人际关系网"现在广泛被认为是发展职业生涯或过上好生活的重要策略。实际上，上大学最重要却又隐而不显的好处是，你会认识将来会成为你社交网络一部分的朋友和熟人！

分析社会学还处于发展之中，对其理论贡献的全面评价必须等待理论的进一步发展和应用。分析社会学家还没有严肃对待的最重要的问题之一是，相比有关权力、阶级、国家和全球化的经典社会学思想，他们强调个人行动的意义。换而言之，分析社会学对社会生活微观层面（激发个人信念和行动的因素）所做的研究远远要比它对微观层面向上与宏观层面的连接所做的研究更有效。因此，建构充分的社会理论来提供将个体和社会连接起来的合适方式，这一挑战仍有待解决。

结论：社会理论与社会学想象力

我们从在过去150年里激发社会理论家的三个普遍主题开始了本章内容：

1. 个体的本质是什么（我们是谁）？个体在社会情境中如何行动？
2. 社会秩序的基础是什么？
3. 社会在什么样的条件下会发生变迁？

现在我们知道没有一种单一的方法可以一劳永逸地回答这些问题。这可能会被视为挫败感的根源——谁会不想"知道"这些问题的答案呢？——但它也可能是丰富的思想和谜题的来源。换句话说，个体、社会和社会变迁会因为你选择的理论视角不同而呈现出不同的样态，这一事实突出了社会世界无穷无尽的复杂性。

这就意味着我们不能对理论进行选择吗？一个人——比如一个年轻的社会学家——如何判定一个理论比另一个理论更好？为了回答这个问题，很重要的一点是要理解社会学理论的历史与其他学科理论历史的不同，特别是与那些自然学科理论历史的不同。在科学领域，随着"新"理论的崛起，"旧"理论会被摒弃。而社会学理论的历史恰恰相反，正如我们所看到的那样，古老的、经典的理论思想会不断为社会理论的新发展提供滋养。结果，随着时间的推移，越来越多的理论逐渐积累起来，因为新理论建立在旧理论之上。那么一个新手要怎么去做呢？

解决这个问题的方法之一是，思考我们在本章中描述的每一种主要理论视角回答上述三个普遍主题的方式。在这里，显然存在着重要的差别，但这些不同的出发点仍然留下了一些在社会理论中进行选择的可能性。一方面，根据我们关注的问题，不同的理论可能都是有用的。这样，我们就可以把不同的社会理论看作不同类型地图的东西。想想在谷歌（Google）地图中"地图视图""地球视图"和"卫星视图"之间的差异。每种视图都提供了一种观察某个地址或位置的不同方式。对古老的印刷地图而言，相同的类比也是适用的：我们使用一种地图来帮助自己定位一个城市的街道或开车从一个地方到另一个地方，在山里徒步旅行时使用一种不同的地图，试图确定一个国家的位置时会使用世界地图。每一种地图都为某些目的提供有用的定向。

但是，对于我们想要分析的每一个问题，所有的社会理论并不是同样有效的。本章试图指出各种理论的一些不足之处。在两种理论关注的某些关键点完全不相容的情况下，社会学家必须思考如何权衡它们的优缺点。在这种比较中，一些可能会出现的问题是：哪一种理论与我们所相信的和所知道的东西更加一致？或者换句话说，哪一种理论与"事实"更加一致？哪一种理论会帮助我们提出更有趣或更重要的问题？哪一种理论更符合我们自己的政治观点（或者更好，哪种理论会迫使我们挑战那些观点）？在某些情况下，利用不同理论的最好方法是对它们进行综合，从不同的理论那里汲取思想，并看看它们如何（或无法）整合在一起。

无论我们怎样选择自己所要研究的理论或最为认同的理论，这一章探讨的所有的主要社会理论都提供了认识社会世界及其构成部分的洞见。在很大程度上，社会理论正是社会学想象力很重要的一部分：理解社会理论家怎样以及为什么对自己面对的问题苦苦进行思考凸显了为什么会存在社会学。随着社会理论在21世纪早期的演化和发展，我们可以确信新的理论（或复兴的旧理论）将会进一步对社会学想象力形成挑战。

大问题再览 2

2.1 社会理论是什么? 社会理论使我们能够以不同的方式看待社会。在这个部分，我们确定了所有主要社会学理论试图解释的三个普遍主题。

社会理论的多样性
学习目标2.1.1：定义社会理论并描述不同社会理论的范围。

三个共同的主题
学习目标2.1.2：辨析所有主要社会学理论试图解决的三个普遍主题。

核心术语

社会理论

2.2 早期社会理论家是如何理解世界的? 现代社会学以及今天我们所知道的社会理论的基础可以追溯到19世纪后半叶和20世纪早期的一些重要思想家的著作。在这一部分，我们介绍了卡尔·马克思、埃米尔·迪尔凯姆、马克斯·韦伯、格奥尔格·齐美尔和W. E. B. 杜波依斯的思想观点。

卡尔·马克思
学习目标2.2.1：讨论马克思为什么认为经济制度会对社会产生如此巨大的影响。

埃米尔·迪尔凯姆
学习目标2.2.2：分析埃米尔·迪尔凯姆关于社会如何团结在一起的解释。

马克斯·韦伯
学习目标2.2.3：讨论马克斯·韦伯对我们理解行为动机、合法性和权威以及地位群体和社会封闭所做的贡献。

格奥尔格·齐美尔
学习目标2.2.4：解释格奥尔格·齐美尔对社会圈子和社会距离的见解如何有助于我们理解个人和群体之间的关系。

W. E. B. 杜波依斯
学习目标2.2.5：解释杜波依斯有关种族主义以多样化的方式影响美国黑人生活的观点，并解释种族主义如何产生出双重意识。

阶级　生产方式　生产力　生产的社会关系
资产阶级　资本　无产阶级　社会主义社会
阶级斗争　社会事实　社会力量　社会化
社会团结　机械团结　劳动分工　有机团结
神圣的　理解社会学　权力　权威　合法性
魅力　地位群体　分层制度　社会封闭
社会距离　网络分析　社会网络　种族主义

2.3　社会理论在20世纪中期出现了怎样的创新？ 在第二次世界大战以后，社会理论家的兴趣开始向全新的、意料之外的方向发展，而且社会理论和社会学发展的领导中心从主要分布在欧洲转移到了美国。在这一部分，我们探讨了以结构功能主义、冲突论和符号互动论为代表的社会理论新方向。

结构功能主义

学习目标2.3.1： 根据结构功能主义理论，探讨规范、价值观和制度在社会中的作用。

冲突论

学习目标2.3.2： 讨论冲突论试图如何解释社会不平等。

符号互动论

学习目标 2.3.3： 根据符号互动论来分析日常社会互动如何处于理解社会的核心。

核心术语

结构功能主义　自然选择　冲突论　符号互动论

2.4　新一代社会理论是如何演变的？ 这一部分总结了自20世纪60年代以来发展起来的一些重要理论，并分析了一种被称为分析社会学的新兴理论。

马克思主义在西方的发展

学习目标2.4.1： 讨论新马克思主义关于资本主义国家、社会阶级和全球化的思想。

女性主义社会理论

学习目标2.4.2： 分析交叉性在性别不平等理论中的作用。

米歇尔·福柯与权力问题

学习目标2.4.3： 解释福柯有关权力在社会中如何运作的理论。

皮埃尔·布迪厄：对社会不平等进行理论化的一种新方法

学习目标2.4.4： 讨论布迪厄如何重新定义阶级和阶级差异的性质。

分析社会学

学习目标2.4.5： 讨论分析社会学家对个人与社会关系的认识。

核心术语

新马克思主义　资本主义国家　资本主义世界体系
全球化　女性主义社会理论　父权制　性　性别
社会性别　社会建构　性别差异　精神分析　交叉性
习惯　文化资本　社会资本　符号资本　中层理论
分析社会学　结构性个人主义　自我实现的预言
社会行动的非预期后果　机制

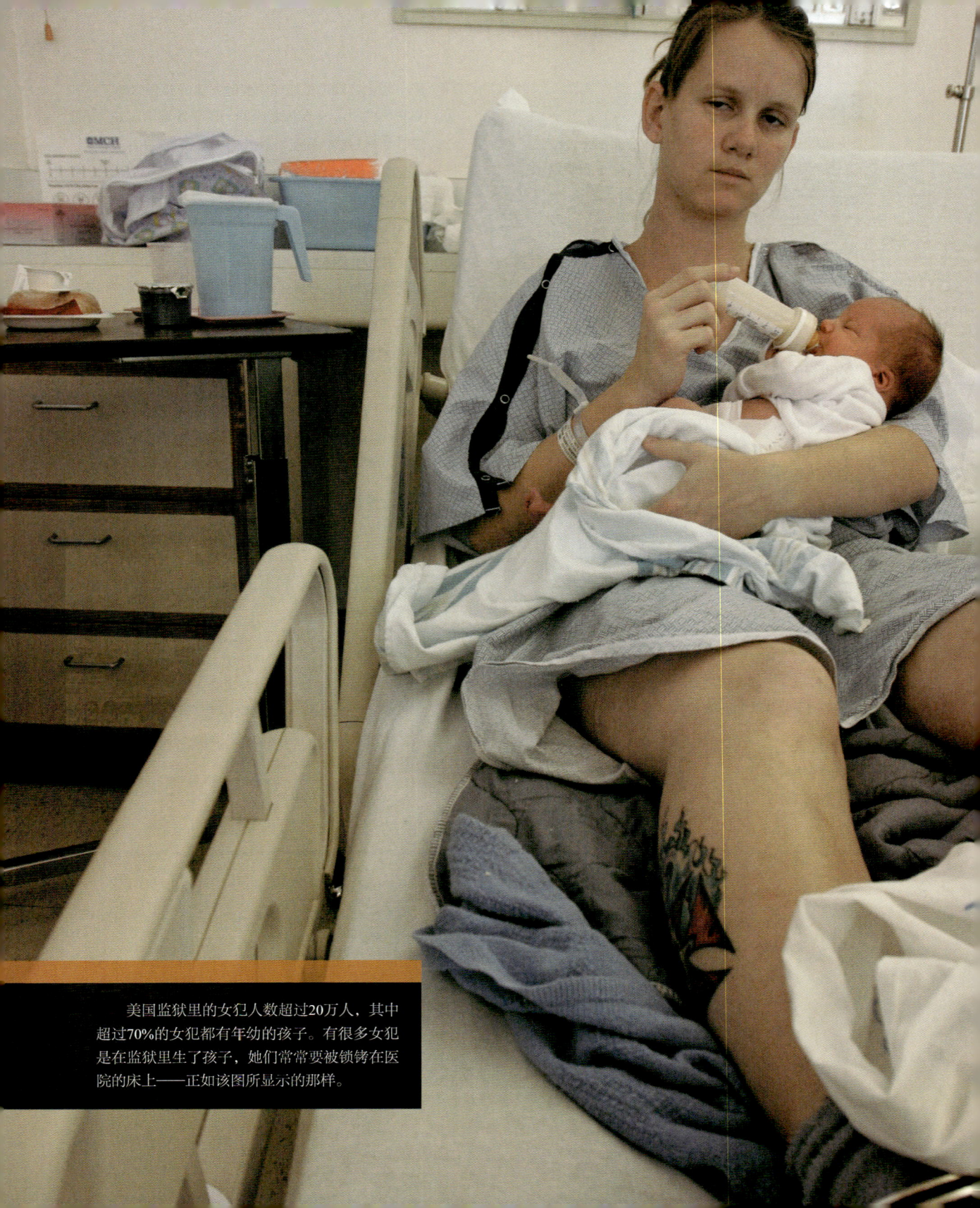

美国监狱里的女犯人数超过20万人，其中超过70%的女犯都有年幼的孩子。有很多女犯是在监狱里生了孩子，她们常常要被锁铐在医院的床上——正如该图所显示的那样。

第 3 章
研究社会世界

作者：林恩·哈尼

我们大多数人都会对监狱的样子有着清晰的认识：位于荒郊野外，四周被铁丝网和水泥制成的警戒塔围起来，长相吓人的犯人在狭小的牢房里度过一天又一天。当我第一次接触到监狱时，我看到了非常不同的景象。那是1992年，作为青年研究人员，我想了解女性是如何被司法系统"社会化"的。我接触的监狱位于北加利福尼亚州城市中心街道上一处巨大的、被荒废的大厦里。来自加利福尼亚州所有行政区的"囚犯"都是年轻的女性，他们被送到这里带着孩子服刑。狭小、黑暗的牢房被装饰得不错的卧室取代；杂乱不堪的监狱大厅被设备齐全的开放式厨房取而代之；空荡荡的监狱娱乐室则变成了温馨舒适的客厅。牢房里的人不是大块头、粗鲁的男性，而是四处乱跑、身后妈妈在追的小孩。在这里，我曾见过的唯一一次争吵发生在又饿又困的小孩和精疲力竭的妈妈之间。争吵的原因与小孩子该吃什么以及何时睡觉有关。这与电影和电视剧展现的场景几乎完全不同，如《越狱》（*Prison Break*）、《监狱风云》（*OZ*）和《女子监狱》（*Orange is the New Black*）。

青年研究者最大的通病是会假定我们的研究洞见会与他人一致。在这次对监狱的研究中我就犯了这样的错

我的社会学想象力

作者：林恩·哈尼

有时我认为自己生来就有社会学想象力——尽管说来那完全是非社会学上的我。我出生于20世纪70年代加利福尼亚州的海湾地区（Bay Area）。在那个时期，女性主义、民权运动、同性恋权利运动达到顶峰——各种身份和关系都受到人们的质疑。结果，社会学式的思维似乎喧嚣尘上，每个人都在问诸如世界为什么是这个样子的大问题。但接着社会情境就改变了，进入了罗纳德·里根（Ronald Reagan）和社会保守主义（以及糟糕的发型和糟糕的时尚）的20世纪80年代。随着有关社会世界以及我们在社会中的位置的更严格和更有限制性的假定日渐被人们接受，伴我成长的有关社会和文化的许多质疑开始被削弱。这种转变使我开始思考人们如何

认同和拒绝已经被接受的至理名言：这仅仅事关谁有权力和资源将现实的观点强加给他人吗？或者有什么方法能将真实与虚幻、神话与现实分开吗？就是在这个时期我遇到了社会科学研究。作为一名年轻的大学生，社会学吸引我的原因是它看起来能够为我提供解决许多政治和社会冲突的经验性工具。社会学提供了一种可能性，即并不是所有的事情都是相对的，或者仁者见仁智者见智，抑或是属于意识形态的争论。尽管我很早就有社会学想象力了，但直到我学会如何进行社会研究，我才能够建设性地使用社会学想象力——作为教育我自己和他人如何从社会世界中学习并被其震撼的方法。

误。当我被这种"妈咪-孩子"式的监狱深深震惊时，其他社会学家都已经对此研究了好多年。尽管我甚至都没想过小孩子在监狱里被抚养长大，但看起来其他研究者对这样的实践举措持乐观态度。这些研究者常常坚持结束监禁痛苦和终结家庭特有的周期性监禁的一种方式就是让孩子和女性待在一起，即使这意味着要把孩子带到监狱里去。在这所有研究中，加利福尼亚州管教部（California Department of Corrections）所做的统计研究看起来最具有权威性。这项研究追踪了上万名在这样的监狱中服过刑的女性被重新逮捕的记录，发现她们的重复被捕率要比在传统监狱中服刑的女性略低一些。尽管效果甚微，但研究者们认为"妈咪-孩子"式的监狱是一种成功，是传统监禁方式的真正替代者。

所有的一切使我思考：也许在监狱里抚养孩子并不是一个很糟糕的想法。因此我再次来到监狱进行更详细的研究。这次我谨慎地选择样本——我在州示范监狱里进行工作并参与到监狱生活中去。就像民族志学者——指那些为了理解人们如何体验以及赋予世界以意义而进入研究对象日常生活的学者——所做的那样。在三年多的时间里，我对成百上千的进出监狱铁门的女犯及其孩子进行了观察。我参与小组活动，去听育儿课程，教女犯们创意写作，还去参加管理层会议。到研究的最后，我融入其中如此之深，以至于我都有了监狱的钥匙。

然而，我越融入监狱生活，就越认为这里是残忍的、惩罚人的地方——与别人预期的结论不大一样。孩子们看起来还好，但在我看来他们最大的痛苦来自自由的丧失。这些孩子们的生活相当不错，一日三餐有保障，儿童保育、教育和卫生保健条件良好，而且还有可以一起玩耍的伙伴。感到痛苦的是这些孩子的母亲。让她们痛苦不堪的是剥夺了她们全部教养权力的监狱环境——当她们被命令来命令去、被告知去哪里以及做什么的时候，她们如何能获得任何一点为人母的权威？没有隐私也让她们痛苦——当其受到监视，甚至和孩子独处的时间都不被允许的时候，她们如何能扮演好母亲的角色？最后，一些女犯对其母亲的责任变得异常焦虑，另一些女犯则在压力之下就那么崩溃了。没有一个女犯体验过其他研究所呈现出的希望和乐观。

那么是其他研究错了吗？也不尽然。尽管我们都是研究类似的刑事司法机构，但我们彼此提出的研究问题不同，使用的研究方法不同，搜集的资料类型也不同——资料是指研究中使用的事实和信息。其他研究者感兴趣的是，与孩子共处是否会使女犯再次犯罪的可能性变小；因此对这些研究者而言，追踪被再次逮捕的女犯以及访谈那些再次犯罪的女犯就很有价值。如果我也对这一方面感兴趣，我也可能会用类似的方法进行研究。但我感兴趣的并不是这一方面。我研究的问题与女犯及其孩子如何共同服刑有关——监狱里为人母的实践及其对母子关系的影响。就这点而言，民族志式的观察方法最有效，因为它向我提供了收集回答我的研究问题所需资料的途径。所有这一切都使我勾勒出完全不同的监狱图景，就监狱的可能性和局限性也得出了非常不同的结论。

进行社会研究——无论是研究监狱还是你想研究的社会其他方面——会面临许多挑战。在本章，我们将分析这些挑战，并探索研究者如何努力超越这些挑战。

3.1 社会学问题从何处来？

社会学研究的构成要素

社会学和社会科学都是建立在对某一主题进行研究后得出的结论之上的。社会学家如何开始一个研究项目？是什么促使他们认为某事值得研究？我们的社会学想象力以及我们思考个人生活如何受到社会环境影响的方式，是促使我们对世界提出特定问题的原因。所有的社会学研究都有一系列基本的构成要素——来自我们的社会学想象力提出问题的方式和我们研究具体问题的方法，比如收集和分析数据，以及从我们的调查中得出结论。好的研究关注研究过程中各个阶段出现的特殊问题——在一项研究中具体的研究方法是对研究中提出的具体研究问题的反映。这里的顺序是至关重要的：社会学家首先确定他们想要问什么，然后再找出"帮助回答这些问题"的最好的工具和方法来。

从重要主题中提炼好的研究问题

3.1.1 确定社会学家在确定研究问题的优点和可行性时应该询问的六个问题。

我们中很少有人会因为要研究的好主题而不知所措。如果你已经找到了学习社会学课程之路，那么你可能至少对社会中的一件事情具有强烈的兴趣，如果不是对更多的事情感兴趣的话。进行研究的挑战通常不是找到一个有趣的主题，最难的部分是从这个主题中提炼出一个可研究的问题。大多数情况下，这个过程包括缩小范围和聚焦。它通常涉及将主题分解为几个部分，并决定哪些部分可以进行研究。这是要学习的艰难一课，但不是所有我们感兴趣的问题都可以被研究。

不存在把一个有趣的话题变成一个好的研究问题的秘诀。一般来说，好的研究问题是可行性的，也是有价值的。可行性的研究问题是指在我们的时间和资源有限的情况下可以研究的问题。可行性的研究问题也会引导我们更具体地思考一个主题，并将我们的想法转变成一个操作假设，这是我们在开始研究之前所要找到的初步预测。当一个研究问题有可能告诉我们一些我们对这个世界还不知道的内容，它就是有价值的。基于这个原因，在对一个研究问题进行仔细研究之前对特定主题的相关研究进行回顾是必要的。这不仅有助于缩小人们感兴趣的问题的范围，而且有助于了解所要研究的领域是否已经被深入研究过了。没有什么比下面这种情况更糟糕的了，你认为自己有了一个原创性的社会学问题，但在研究过程中发现别人已经提出过这个问题——并且已经发表了大量的关于它的文章和著作。另一方面，仅仅因为别人对你感兴趣的问题或主题已经做了研究，并不意味着你就不能重新审视这个问题，尤其是当你感觉到早期研究存在一些让人不满意的地方时更是如此。

尽管不存在将自己感兴趣的问题变成研究问题的捷径，但社会学家就研究问题的优点和可行性至少应该询问六个问题（见表3.1）。

表3.1　社会学在判断一个研究问题的优点和可行性时应该询问哪六个问题？

问题1	我知道答案吗？	研究的重点是那些我们没有答案的问题。社会研究的重点是思考，然后挖掘信息；并不是要确认我们已知知道的（或者认为我们知道的）内容。
问题1示例	关于离婚我们也许不知道什么呢？	我们从几十年的研究中得知，在美国大约有一半的婚姻会以离婚告终。与其研究已经知道的事情——有多少婚姻破裂——不如关注一些我们知之甚少的方面，比如离婚对孩子的影响，或者离婚和贫困之间的关系。
问题2	我的问题是可研究的吗？	你的问题必须是一个可以真正回答的问题。即使是最优秀的社会研究人员也不能回答"生命的意义是什么"或者世界和平最终会在什么时候实现这样的问题。相反，问一些可以用你能够得到的数据来解决的问题。
问题2示例	X国家与Y国家之间冲突的来源是什么？	虽然我们中的大多数人可能想知道如何停止战争，但能回答如此广泛的普遍问题的那种数据可能是不存在的。社会学家最好研究具体的战争或矛盾，找出矛盾的原因，思考某个现存的冲突如何能帮助我们理解未来的冲突。
问题3	我的问题清晰吗？	一个清晰的研究问题会使用定义明确的概念。陈述问题只是为了确保每个人都能理解它。特别是为了使任何潜藏的假设都明晰化，这些假设可以是定义性的，包括我们在不清楚其含义的情况下所使用的术语或概念。
问题3示例	孩子的职业抱负是由父母的职业决定的吗？	如果你想了解父母的职业如何影响孩子的学术兴趣，你就不能假设父母的职业会自动影响孩子们的兴趣。我们不能接受那种联系，是否有关系以及有怎样的关系正是需要我们去研究的内容。
问题4	我的问题与社会科学研究有关系吗？	在熟悉了别人已经发现的东西之后，就要确定研究什么（以及问什么问题）。这可以帮助你避免重复别人已经做过的研究；有助于你揭示关于这个话题的具体争论；有助于你从其他研究人员所使用的方法和研究路径中学习经验和吸取教训；有助于你发现以前的研究者所忽略的问题或议题。
问题4示例	我对最新的研究有足够的了解吗？	尽管社会学家在形成自己的研究问题之前，并不需要阅读所有的东西，但他们至少需要对所要研究领域的争议以及对那些争议结构化的概念和框架有一个大致的认识。
问题5	我的问题是否在一般和具体之间做到了平衡？	好的研究问题不应该太宽泛，以至于不能用有意义的方式去把握它们。然而，与此同时，好的研究问题也不应该过于狭隘和具体，以至于无论研究做得有多么仔细，研究发现可能只会吸引我们或像我们这样的极少数人。
问题5示例	在从事服务业工作时，新近获得专业学位的移民受到了怎样的影响？	一名学生研究人员对最近从泰国移民到布朗克斯某社区的学生如何理解他们父母在服务业的工作很感兴趣。然而，这个问题太狭窄了，只关注到了学生的个人经验，所以她需要退后一步，对这个问题进行重新形式化。她可能会问，向下的社会流动会如何影响最近的移民？
问题6	我在乎答案吗？	社会学家并不是在制造没有人关注的知识。如果我们不关注自己的研究，其他人很可能也不关注。当然，过分关注我们的研究是有危险的。这可能会使我们失去与一个主题应该有的距离，结果成为一个倡导者而不是科学家。
问题6示例	我在进行当前研究时能够非常投入又保持中立吗？	我们的目标是与我们所研究的内容保持一定的距离，同时保持对所问问题的热情和投入。

我们如何知道研究什么？

3.1.2 确定影响社会学家选择研究对象的关键因素。

如果你问执业的社会学家为什么会研究他们所研究的内容，你可能会得到一个很长的、有关驱动他们去做研究的所有学术辩论的回应。这样的解释肯定是正确的。但如果再深入一点，其他的影响因素也会浮现出来。对于社会学家来说，有很多可供选择的争论和话题去研究。那么，为什么我们会倾向于某些主题或问题而不是其他主题或问题呢？对许多人来说，这种吸引力是个体化的：我们发现自己是在问一些对个人具有重要意义的社会学问题。这种重要意义可能是很直接的——就像当社会学家研究他们亲身经历过的事情时就是如此，比如种族不平等、宗教歧视、离婚或教育分层。事实上，许多社会学家已经通过回顾他们的生平经历来提高自己的社会学想象力，并利用这些想象力来指导他们的研究议程。但个人的影响也可以体现为更间接的形式，比如社会学家通过观察他人的经历来形成研究兴趣。例如，人们经常问我为什么会研究监狱。虽然我自己从来没有进过监狱，但我的其他社会背景影响了我的兴趣，包括我那些在青少年和成年时期就卷入司法制度的朋友们。

对另一些人来说，某些社会学问题对自己产生吸引力可能不是个人化的原因，而是更具有政治性的原因。例如，许多社会学家之所以对权力和特权问题感兴趣，是因为他们对社会不平等的原因有自己的理解，也因为他们认为研究和知识可以帮助他们找到更好的政策来解决不平等问题。另一些人是在剧烈的社会动荡和民权动荡时期长大的，这使他们对集体动员的重要性有了认识，并对集体动员如何产生、何时出现产生了兴趣。有关社会运动的研究在20世纪70年代真正开始腾飞，这不是偶然的，当时反战运动、公民权利运动和女性主义正处于鼎盛时期；或者随着越来越多的政治和媒体关注气候变化和环境种族主义歧视问题，社会学对环境的兴趣急剧上升。

事实上，有很多因素影响着社会学家对研究对象的选择。在这部分，我们将探究三个关键的影响因素，如图3.1所示。

价值观——或者说信仰体系影响着社会学家对自己的看法，也影响着他们对世界的认识——在社会学家形成对社会世界感兴趣的问题方面起着关键作用。然而，说我们的价值观影响着我们的研究问题，并不等于说价值观决定了我们的发现。像所有的科学家一样，社会学家必须对我们的研究问题——尤其是那些我们可能不喜欢的问题——的各种答案保持开放的态度。也就是说，我们给研究带来的价值显然会激励我们去研究特定的主题。例如，如果一位社会学家重视民主进程，她可能会将她的研究聚焦于对某些特定组织或国家中促进（或抑制）民主的因素的研究。或者，如果社会学家高度重视机会平等，那么他们最感兴趣的研究问题可能是那些在不同社会领域推行的、试图平衡竞争并给每个人平等的成功机会的社会政策。

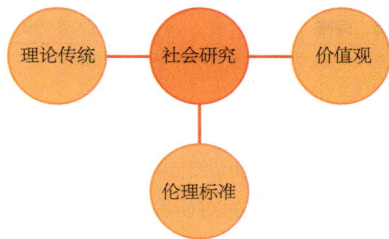

资料来源：培生教育公司。

图3.1 什么会影响社会研究？

其次，社会学家通常基于他们用来理解世界的理论传统来对自己的研究进行聚焦。指导社会学家提出某些问题而不是其他问题的理论各不相同、多种多样——这取决于社会学家认为哪种理论最令人信服。理论是我们观察世界的透镜，指导社会学家研究的理论会对社会学家的某个特定研究产生重要的影响。

例如，许多从事19世纪德国理论家马克斯·韦伯理论传统研究的社会学家认为社会世界是由地位群体组成的；受19世纪社会和政治理论家卡尔·马克思作品影响的那些社会学家，更有可能看到基于社会阶级的划分。

虽然马克思主义社会学家可能会在全世界寻找革命的例子，但从20世纪社会理论家米歇尔·福柯的理论传统中来看，研究人员可能会着手记录日常的抵抗形式。因此，理论传统在形成社会学家对社会世界的兴趣和好奇心的问题上起着至关重要的作用。

这导致最后一个影响社会研究因素的产生：伦理标准——一套概述了什么行为是道德的和可接受的指导方针——所有的科学家都要共同遵守（尽管每个学科都有自己的版本；指导社会学研究的伦理标准参见表3.2）。当调查对象是真实的人时，这一点尤其重要，因为他们通常是社会学家的研究对象。社会学家也许比那些从事自然科学工作的人更应该致力于保护我们的研究对象，并且努力不给他们带来伤害。除此之外，还要求我们披露自己作为研究人员的身份，并通过让研究对象自愿参与并在充分了解参与研究可能存在的风险和益处的基础上获得研究对象的知情同意。我们也要保密，确保我们不会透露研究对象的真实身份。进而这些承诺会影响社会学家可以在我们的研究中提出问题的类型。虽然我们可以设想出各种我们想要研究的问题，但我们必须考虑探究这些问题所涉及的伦理问题。

表3.2　社会学研究的伦理标准

学术组织和机构以及美国社会学协会（ASA）已经建立了伦理标准来指导社会学家的专业和研究的职责和行为。这些标准的主要焦点可以划分成六大类别。

1. 专业和科学标准	美国社会学协会已经制定了一套标准指南，用于指导社会学研究，以减少偏见、不诚实和欺骗。
2. 能力	社会学家需要完成特定的训练以获得在自身研究领域内进行研究的能力。
3. 利益冲突	社会学家不应该对可能成为冲突潜在来源或引起偏见的主题进行研究。
4. 研究计划、实现和传播	社会学研究应该接受同行评议，其他研究者通过这个过程来评价研究的质量。同行评议有助于保持研究的完整性，确保研究的标准得到遵守。
5. 知情同意	学院和大学设有机构审查委员会（Institutional Review Boards，简称IRBs），监督涉及人类主体的研究。委员会审查项目，评估对研究对象的潜在危害，并建议如何修改项目以保护研究对象。标准的机构审查委员会规定研究对象必须接收到有关项目的文字的和/或口头的解释，并且保留在任何时间停止或离开研究项目的权利。
6. 保密	在大多数情况下，从事研究的社会学家必须坚持确保研究对象隐私的原则。

资料来源：基于美国社会学协会（2008）。

所以当社会学家想问人们是如何以及何时获得权威的——正如社会心理学家斯坦利·米尔格拉姆（Stanley Milgram）在20世纪50年代所做的一项经典研究那样，假装让研究对象在接到命令时对他人进行电击疗法——今天这可能被认为对研究对象是有害的。或者，如果一个社会学家想要研究监狱的经历——就像菲利普·津巴多（Philip Zimbardo）和克雷格·哈尼（Craig Haney）在20世纪70年代早期的斯坦福大学监狱实验所做的那样，把年轻学生变成警卫和囚犯——这很可能会被认为是越界的研究，对实验参与者来说是危险的。

当然，研究人员并不总是知道什么时候他们的研究问题会危及研究对象的福祉。当米尔格拉姆和哈尼-津巴多的研究同时进行时，研究人员没有预见自己的研究会对参与者造成多大的伤害。此外，产生"伤害"的东西可能或者已经随着时间的流逝发生了变化——在这两种情况下，研究人员都在大学所认可的规章制度中工作。如今，为了帮助研究人员预见任何潜在的危险，并确保他们工作的伦理标准，机构审查委员会（IRBs）在大多数大学运作起来，并且所有接受联邦政府研究资金的大学都被要求成立机构审查委员会。这些委员会在研究人员开始任何研究工作之前都先审查研究人员的建议，以评估他们的研究对研究参与者的潜在危害和好处。机构审查委员会还会评估研究的伦理程序是否就位以及研究人员是否遵循了该程序。不用说，这样的评议影响着社会学家会提出什么样的研究问题。有意识和无意识地，社会学家最终会远离那些他们知道会在这些委员会中遇到问题的领域，比如被许可的电击疗法和模拟监狱的实验。

3.2　研究不同社会学问题的最佳方法是什么？

社会学研究方法及其面临的挑战

一旦我们解决了以上所有的问题，并且对某个研究问题至少有了进行下一步工作的思路，我们就需要明确回答该问题的最佳方法是什么。这意味着要选择研究方法和进行研究设计。这实际就是研究过程中"谁来做研究？研究什么？到哪里做研究？何时以及如何去做研究？"的各个阶段。这是我们确定研究主体以及研究对象的阶段。也是我们确定在研究项目中要包括多少人、地点以及其他事物的阶段。在我们决定在何地进行自己研究的时候，二者都要根据时间和地点来进行考虑。这是我们确定何时进行研究以及研究要持续多久的阶段。这是我们确定是否要做比较研究的阶段，如果要做，该种比较研究要包括哪些内容。

研究的初始阶段

3.2.1　讨论社会学家如何将自己的研究可操作化并区分自变量和因变量。

回答"谁来做研究？研究什么？到哪里做研究？何时以及如何去做研究？"这些问题将有助于研究者将自己的研究可操作化（Operationalize），即明确分析概念——研究的焦点——所要使用的流程和技术。这是我们确定如何测量变量——那些将要被研究的因素、特征或现象——的阶段。最为普遍的是，研究者试图将因变量（Dependent Variable）同自变量（Independent Variable）区分开来。自变量是那些我们认为会影响或产生特定结果（因变量）的那些要素。如果自变量和因变量之间存在某种关系，我们预期当自变量变化时，结果（因变量）也将发生变化。比如，基于大量的研究，我们认为对大多数人而言，在大多数情况下，读完大学或者接受更多年的学校教育和训练将会增加一个人的收入。或者，正如我们从个人经验以及已有的医学研究中所知道的那样，如果你吸收的卡路里越多，你的体重就会增加得越多。在这些例子中，教育和卡路里吸入量是自变量，收入和体重则是因变量。图3.2显示的是另一个有关犯罪的研究假设的例子。

明确什么因素导致什么结果对于开始任何研究项目以及建立将要被验证的研究假设都非常重要。在大多数情况下，社会学家依靠直觉或回顾前人的研究来思考什么自变量可能产生对他们的研究所感兴趣的结果。不走运的是，对社会学家实际关

资料来源：培生教育公司。

图3.2　有关犯罪的一个研究假设

注的大多数研究假设而言，像上述获得更多教育以及吸收更多卡路里会产生什么影响的例子太简单了，甚至那些看起来简单的例子都可能比你最初的看法要复杂得多。比如，如果职业运动员在大量运动中开始消耗更多的健康卡路里以作为提高自身肌肉量计划的一部分，那么他们的体重实际上可能会降低。在真实的世界中，通常可能存在许多自变量，这些自变量之间可能会相互影响，也会影响因变量。例如，就犯罪而言，我们知道年轻点儿的人（如15到30岁之间的人）更有可能犯罪。这也许是因为"婴儿潮"（Baby Boom），导致这个年龄群体犯罪率更高的原因而不是因为不平等，更可能是因为总人口中年轻人的比例比较高。

经典科学研究方法

3.2.2　了解经典科学研究方法的步骤，并解释社会学家为什么会采取一种更为松散的方式去做研究。

从研究开始到结束，任何研究背后的逻辑都可能发生变化。但社会学家和其他科学家经常努力尽可能地按照科学研究方法的传统步骤去进行研究。表3.3详细阐述了这些步骤。

表3.3　科学研究方法的步骤是怎样的？

步骤	说明
第一步：形成研究假设	基于以前的学术成果形成研究问题和假设。
第二步：预测自变量和因变量之间的关系	明晰对假设而言具有重要意义的变量，并预测这些变量之间的关系（通过一个或多个能影响某个因变量的自变量来预测）。
第三步：寻找现有资料或收集新资料	明确你能够用来验证假设的资料来源。如果找不到现成的资料，你就必须收集与每一个变量相关的属于自己的资料。
第四步：分析资料	资料一旦收集完毕，就要开始分析数据去确定研究者假设的重要变量之间的关系能否成立。
第五步：得出结论	最后，从这些资料当中得出经验性、概念化的一般结论，并将结果呈现出来。

熟悉科学研究方法的步骤很重要，但注意到这一事实也很重要，即在实际的研究世界中有些松散的方法对研究过程也很必要。社会学家会遵循经典科学研究方法的每一步，但有的时候也会轻微地调整顺序，这取决于研究项目本身以及他们如何开展研究。例如，尽管在多数情况下，社会学家会形成研究假设，但有时他们会凭借基于观察和经验的直觉，或者基于认为自己可能会发现什么的大胆猜测来工作，而不是依赖清晰界定的假设来工作。更常见的情况是，只有在处理完资料之后假设才呈现出来。而且，有一些研究问题也无法被恰到好处地组织进一套变量的关系之中。在那种情况下，社会学家也许会选择对其探究的问题保持更多的灵活性，甚至同意他们的观察或访谈对象去界定核心议题和问题。或者他们会在初始阶段就几个议题收集相关资料，直到他们确定自己打算关注哪个议题。所有这些例子提示我们，在真实的研究世界，社会学家和其他社会科学家将会在科学研究方法的步骤中循环往复。研究一旦开始，研究者就会重返研究问题，对问题进行提炼和精细化。了解经典的科学研究方法的步骤很重要，同时，好的研究者也应该不断反思自己的研究，并在感觉有必要的时候改变研究过程。如果研究能像照着菜谱做菜那样来操作固然很好，但实际研究通常要复杂得多。

定量研究方法VS定性研究方法

3.2.3　比较定量研究方法和定性研究方法。

有两种宽泛的研究类型被社会学家所采用：定量研究（Quantitative Research）和定性研究（Qualitative Research）。尽管两种研究类型都遵循类似的研究设计规则，但是二者在很多方面存在差异。两种研究方法的核心差异在于，它们赖以得出研究结论的资料类型不同。定量研究本质上以统计资料作为研究基础，如来源于人口调查或其他政府调查、选举或者其他社会学家的调查所获得的资料，以及任何能够转换成数字化形式的信息类型（诸如，"一个城市里的一个普通的警察会分别拦住白人男性或黑人男性进行检查多少次？"）。定量研究采用以数字化形式存在的原始数据来分析一个或多个自变量如何与一个同样能被量化的因变量相联系。相反，定性研究则依赖于文字、对被调查者的详尽访谈、历史记录，甚至用图片作为研究资料。定性研究通常包括研究者对大量文本材料的分析，但是定量研究则涉及使用统计方法分析研究中使用的数字化资料。更为复杂的是，一些研究者既使用定量的证据又使用定性的证据进行研究。他们使用的这种方法被称为混合研究法（Mixed-Method Research）。在这样的研究中，研究者（或研究团队）希望通过量化和文本证据的混合运用获得对研究问题的不同洞见。

社会学在社会科学领域内是独特的，因为它涵盖广泛的、让人接受的研究方法。在下一部分我们将集中讨论其中最为普遍的三种方法：一种方法（调查和访谈法）既可以用于量化研究也可以用于定性研究，另外两种方法（历史比较法和民族志法）通常被用来进行定性研究。

对于特定的研究，我们如何得知什么方法才是最合适的？首先要思考的是回答我们提出的问题需要何种类型的证据。该问题能通过调查大量的人口并比较不同群体的反应来回答吗？或者最好的解决方式是直接与这些人当中的一部分人进行交谈？后者通常要更为深入，持续的时间也长。抑或最好的回答该问题的方式是观察人群及其互动？还是通过分析其他时空下类似或不同的人群来进行研究？确定应采用何种方法必须基于研究的问题——方法是达到目的的手段，而不是目的本身。

正如对研究问题的选择会带来不同的研究方法一样，选择某种研究方法意味着面临不同的研究挑战。因此尽管所有的研究都有其两难困境，但是不同的研究方法面临的困境并不相同。为了更具体地理解这一点，也为了更好地感知每种主要的社会学研究方法在实践中涉及的内容，在这个部分我们将讨论社会学家使用每种方法时都会面临的一个主要问题，还会讨论他们如何解决该问题的案例。对历史社会学家而言，搜集案例会有多困难？访谈者在选择访谈对象的样本时有多微妙？民族志研究者对研究进行理论化和概括时又有多困难？

调查和访谈法的设计困境

3.2.4　明晰调查和访谈法的主要优势和局限。

访谈是社会学研究的一种基本方法，使用非常广泛。访谈的样式和规模多种多样。最常见的访谈类型是调查表，即由向一大群随机选择的人询问的标准化的问题所构成的问卷。这些问题可以通过面对面、电话、电子邮件或日趋普遍的网络等方式来向人们进行询问[调查表有时也被称为民意调查（Poll），尽管"民意调查"这一术语主要是指由媒体或政治组织通过电话进行的调查，但相比学术或政府组织的调查而言，这种方法不那么严格]。因为调查表可以搜集调查者感兴趣的社会生活任何方面的信息（包括有关工作、家庭和家庭生活、健康、教育、财富和收入、宗教和政治态度及价值观等主题的信息），所以它被广泛用于回答各种研究问题并不让人吃惊。调查表自20世纪30年代开始就得到广泛应用。那时社会学家第一次弄明白如何以合理的成本来设计能提供有关全部人口有效信息的调查表。

在一个典型的调查中，调查对象会被问到同样的问题，他们通常需要在所提供的答案中进行选择。这被称为"封闭性"（Closed Ended Survey）调查表，但是也存在其他类型的调查表，其包含着"开放性"（Open Ended）应答题。在这样的调查表里，调查对象要用自己的话来回答一些问题。甚至在有的调查表里，研究者会故意改变一些问题的表述形式去了解这些改变是否会影响调查对象对问题的反应。

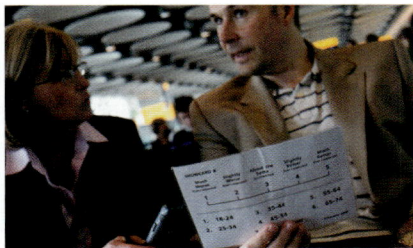

随着手机和在线沟通的普及，研究者正面临着要找到多样化、具有代表性的样本的新困难。

调查非常有利于收集整个人口的信息。最有名的调查是美国人口普查，这是由美国宪法授权的封闭性调查，自1790年开始每10年进行一次。该调查提供了美国人口的综合状况。人口普查和其他政府调查是回答许多社会科学问题的重要研究工具。例如，你想了解平均一个家庭有几个孩子，或者有多少美国人是墨西哥裔的，抑或你家乡拥有大学学历的人口比例是多少，来自人口普查的数据能提供这些问题的答案。人口普查的独特性在于它真正地试图从美国每一个家庭单位中搜集答案（而且，人口普查往往会因此耗资数十亿美元）。因受到法律的约束，人口普查所能收集的信息种类非常有限，它不允许去询问有关政治、宗教或任何与舆论有关的问题。它基本上仅限于搜集每个家庭的基本信息。图3.3是美国人口普查向美国人询问一些问题时使用的版式。

人口调查局每月都会进行一次重要但规模较小的调查（相对于每十年进行一次的人口普查而言）。当前的人口调查（Current Population Survey）包含每个月对5.5万个家庭的访谈，这个调查是就业和失业以及家庭和个人收入变化趋势信息的主要来源。另一个每年进行一次的非常重要的大规模调查是美国社区调查（American Community Survey，简称ACS），该调查也是人口调查局主持的，每年调查300万个家庭（每月大概调查25万个家庭），主要收集社会学家以及政治决策者都要使用的有关家庭、户、工作、收入以及其他重要信息。

这些政府主持的大规模调查对于许多研究问题而言都非常有价值。但政府调查获得的这些信息是相对有限的、比较基本的信息，而社会学家常常想知道要比这更多的信息。比如，许多社会学家想了解更为详尽的人口信息，诸如家庭和工作史、精神健康、政治派别及对大量议题的观点。对于这类信息，就需要更为专业化的调查了。在这些调查里，最有用的是一些由研究者驱动的调查，如两年一次的综合社会调查（General Social Survey）就是由社会学家创始、实地进行的调查，自1972年开始每年一次（近来每两年一次）。另外一个例子就是全国选举调查（National Election Study），自1948年起该调查每两年一次，调查美国人的政治参与、政策以及政治观点。现在这些调查由于其历史性而非常有价值，因为这些调查可供研究者通过比较民众随时间变化对同样问题的回答来研究较长一段历史时期的社会和政治发展趋势。但是这些概括的综合性调查常常对回答更为具体的研究问题是没有用的。基于这个原因，研究者必须设计和开展自己的调查，设计针对其研究的总体的原创性问题。

对许多研究目的而言，调查都具有价值，但也存在一些局限。例如，调查限制了调查对象能给出的答案的类型，也不允许调查对象详细描述或解释自己的答案（因为这样做就会把20多分钟的调查变成一个时间长得多的访谈）。对于许多研究问题而言，这不能算是一种局限。但如果你想了解人们为什么如此思考，或者他们为什么以其做事的方式去行动，或者你的研究问题与人们如何和怎样感受各种情境和事件有关，那么调查这种形式的局限就会变得极为明显了。

与调查有关，但在诸多方面不同的研究方法是深度访谈（In-Depth Interviews），在深度访谈中研究者会就某一主题向研究对象询问问题，但没有使用任何标准化的问题形式。深度访谈的形式使调查者拥有更多的自由去询问研究对象（他或她）感兴趣的任何问题——当了解更多的细节是必要或合理的时候会跟进询问。访谈对象也可以自由、详细地阐释自己的答案。尽管调查和深度访谈都是从研究对象提供的答案中收集资料，但这些方法之间存在重要差异。调查通常用时较短，常常持续20 ~ 25分钟（尽管综合社会调查用时约90分钟）。相反，深度访谈往往用时更长。深度访谈所需的一般时长、把谈话录音转成文字稿以及访谈分析资料的时间和成本意味着大多数基于深度访谈研究所使用的案例要少很多。

作为社会学方法，调查和访谈法具有一些明显的优势和局限。它们的主要优势是其了解有关大量人口事实的能力（尤其是调查）以及了解人们如何理解周遭世界的能力（尤其是深度访谈）。例如，调查能让我们了解有多少年轻大学毕业生就业，多少人是从其他国家移民到美国的，多少人有自己的房子，以及多少人生活在贫困中。没有调查，我们对社会的了解要比现在少很多。调查也可以了解人们对各种主题的信念和态度。而要明确

Use this section to complete information for the rest of the people you counted in Question 1 on the front page. We may call for additional information about them.

Person 7

Last Name

First Name

MI

Sex	Age on April 1, 2010	Date of Birth			Related to Person 1?
☐ Male		Month	Day	Year	☐ Yes
☐ Female					☐ No

Person 8

Last Name

First Name

MI

Sex	Age on April 1, 2010	Date of Birth			Related to Person 1?
☐ Male		Month	Day	Year	☐ Yes
☐ Female					☐ No

Person 9

Last Name

First Name

MI

Sex	Age on April 1, 2010	Date of Birth			Related to Person 1?
☐ Male		Month	Day	Year	☐ Yes
☐ Female					☐ No

Person 10

Last Name

First Name

MI

Sex	Age on April 1, 2010	Date of Birth			Related to Person 1?
☐ Male		Month	Day	Year	☐ Yes
☐ Female					☐ No

Person 11

Last Name

First Name

MI

Sex	Age on April 1, 2010	Date of Birth			Related to Person 1?
☐ Male		Month	Day	Year	☐ Yes
☐ Female					☐ No

Person 12

Last Name

First Name

MI

Sex	Age on April 1, 2010	Date of Birth			Related to Person 1?
☐ Male		Month	Day	Year	☐ Yes
☐ Female					☐ No

Thank you for completing your official 2010 Census form.

FOR OFFICIAL USE ONLY

JIC1　　JIC2

资料来源：http://www.census.gov/history/www/through_the_decades/questionnaires/2010_overview.html.

图3.3　美国人口调查问卷

人们如何理解其生活和经历，没有什么方法比借助用时较长的深度访谈来向他们询问更合适了。深度访谈还使社会学家能给予普通人把个人经历与社会科学研究联系起来的机会。

尽管调查和访谈法在社会学研究中被广泛运用，但与这种方法的优势相伴而生的还有诸多挑战。开展调查常常用资和耗时巨大。设计调查或者进行访谈需要大量的技巧和实践，如果调查或深度访谈一开始设计不好会耗费大量时间和精力（而且有时在你实际开始研究之前很难知道这一点）。深度访谈也面临着一些特殊问题：比如，向你不认识的人进行访谈或者向其询问潜在的敏感性问题常常都非常具有挑战性。而且理解和分析来自访谈的所有资料也很复杂，常常会产生几百页的文字记录和对研究对象的引述。最后，不管是调查还是深度访谈都会面临的潜在问题是，人们对其所说和所做的回答并不总是真实准确的。去揭示研究者所感兴趣的有关研究对象的问题也可能会让调查对象或者深度访谈的对象感到不舒服。研究对象的回答常常不可靠的原因有很多，如他们感到尴尬，他们会对回答问题时出现的一些违反既有社会规范的情况感到担心，或者他们仅仅是对问题本身感到困惑，因而给出不完整或者具有误导性的答案。

民族志方法及其面临的理论挑战

3.2.5　解释为什么民族志方法的主要优点也是其关键不足。

如果人们并不总是按照所说的去做——或者人们不能告诉一个访谈者其真实意思以及在不同情境中真的会如何去做——那么研究者要怎么做呢？解决这个问题是直接观察研究——以民族志（Ethnography）研究最为知名——长久以来为什么一直是被广泛使用的重要的社会学研究方法的一个原因。民族志学者进入要研究的世界，近距离观察甚至直接参与进这个世界。进行民族志研究的关键是确定进行这些观察的地点——也就是说研究者认为在什么"场所"能发现其感兴趣的现象。进而，一旦"进入实地"，民族志学者需要确定观察谁、在哪里观察以及观察什么。民族志学者总是问自己这样的问题，他们是否应该纳入不同类型的观察，是否应该扩展自己关注的研究对象及其互动的类型。因为民族志学者的工作常常集中在某个场所，所以当研究者试图理解资料并搞清楚研究是否可以应用于研究场所之外的背景时，这种方法就会面临一个重要的挑战。

正如访谈一样，民族志研究存在许多类型。民族志研究由文化人类学家开创，文化人类学家常常在异域环境中进行研究以理解不同文化实践和社会规范。相比较而言，社会学的民族志则总是在同时代的环境中进行研究。几乎任何社会情境都可以成为民族志研究的对象。家庭、邻里、学校、公司、政府办公室、华尔街、社会运动以及其他许多地点和组织都曾是著名民族志研究的对象。举例来说，最近的一个民族志研究分析了现代大学的"派对文化"（Party Culture）会如何影响学生的经历及其未来道路（Armstrong and Hamilton 2012）。这些社会学家在中西部一所大学的宿舍里住了一年，认识了居住在这里的53个学生中的每一个人，并追踪了这些学生的大学经历以及大学后的生活。通过浸润在大学生的生活中，研究者能够观察到这些学生各个层面的生活，而这些是调查或深度访谈无法呈现出来的内容。

可以把民族志研究看作一个谱系（Luker 2010）。这个谱系的一端是研究者在相当熟悉的情境中对清晰界定的问题进行描述性观察（Delineated Observation），诸如在费城一家当地理发店中研究男性是如何互动的民族志学者，或者在纽约当地的一家美甲店中研究女性如何就美丽和爱美的动力之间达成一致的民族志学者都属于此种类型。在这个谱系的另一端是长期浸润在另一种文化或亚文化中，比如民族

一些民族志学者浸润在其所研究的文化或亚文化中。另一些民族志学者则观察其所熟悉的情境中的人们，如那些研究美甲店中的人们如何互动的民族志学者。

志学者去卢旺达研究种族灭绝大屠杀之后的社会或者去东欧观察穆斯林女性的宗教实践。社会学中的绝大部分民族志研究处于这个谱系的中间部分，学者对那些他们熟悉或陌生的日常生活模式、过程和实践进行记录。

民族志研究的最大优势是能呈现出社会生活最丰富、最微妙的一些层面。运用得好，民族志能把我们传递到通常我们接触不到的地方或空间中去，从监狱牢房内部到街头帮派交易、到无家可归的瘾君子、再到时尚模特所经历的考验和磨难。它能提供对生活在那些空间中的人们的深描（Thick Description）——从这些人自己的视角对其理解自身生活方式所做的丰富、详细的描述。而且民族志是用来了解"实践"——话语和行动彼此碰撞并经常相背离的交汇点——的理想方法。比起把人们说的话的表面意思当真，民族志学者反而能将人们说的话和做出的行动联系起来，这种联系常常产生出让人着迷的不一致性的范例——而这能向我们讲述社会生活的大量内容。

人们的言语和行动之间存在不一致和民族志研究比调查能提供更准确图景的典型案例是阿琳·霍克希尔德（Arline Hochschild 1989）的研究，可在其著作《第二班》（*The Second Shift*）中看到。霍克希尔德在20世纪80年代晚期完成研究并写就该书，她关注这些夫妻如何处理工作和家庭之间的紧张关系，该书以其结合访谈多对夫妻的观察而显得非常独特。她的发现让人着迷：这些夫妻所说的家里的运作方式几乎总是与霍克希尔德在他们家里看到的运作方式不同。在一些夫妇宣称是"传统"家庭模式的事例中虽说丈夫赚钱养家，妻子居家相夫教子，但在日常生活中，霍克希尔德观察到男性承担了相当多的清洁、购物和家事安排活动。在其他一些事例中，她的发现则相反：有些夫妻宣称在外界工作和家庭内部中都平等分工，然而他们的生活揭示出的却并不是这样。这些夫妻在访谈中所宣称的内容与下列事实相悖，妻子在房间里做饭、打扫卫生以及照顾孩子，四处走动的脚步声清晰可闻，而丈夫则在看电视或者在修理他的车。面对言语与行动的差别，霍克希尔德能够分析夫妇平衡从夫妻关系中希望获得的东西和实际获得的东西的复杂方式，她将之称为"家庭神话"（Family Myths）。现在几十年过去了，这些解释还能够对这些神话的运作提供有洞见的分析，而且还显示了观察人们的所作而不是所说的重要性。

然而，具有反讽意味的是，民族志的主要优势也是其主要劣势。在提供社会生活有趣层面的深描过程中，民族志学者有时会缺少分析焦点或者理论相关性。一些民族志学者看起来不愿意对其资料进行概括化或理论化整理。但霍克希尔德的著作并不是如此——部分原因是因为她有关言语与行动之间的不一致性的经验性发现都被许多其他类型的材料所证实——一些民族志研究深受不能超出其明确、特定的领域进行概括化整理的困扰。实际上，从民族志材料中进行概括化整理是特别棘手的工作。民族志学者发现宣称其研究确实体现着更大的趋势或议题或许是可能的，但确实是困难的。他们也发现在超出其所嵌入的日常生活和场所、并根据与这些日常生活看起来不同的术语进行分析是困难的。他们还发现，从民族志学者要研究的小规模、地方性情境中得出概括性观点是困难的。所有这些使得民族志学者小心谨慎地运用自己的研究去参与社会学更大的理论化争论和概括化争论。

当然，并不是每个人都认为民族志学者提供有关地方情境详细描述的能力也是其弱点。实际上，一些人拥护并倡导民族志研究的这一特色。著名人类学家克利福德·格尔茨（Clifford Geertz，1973）提出了"深描"这个术语来描述文化人类学家的所作所为，他把这一能力看作该方法的优点——对社会学家而言这种方法有助于他所称的"对理解的理解"（Understanding of Understanding）。近来，一些民族志研究的目标就是提供有关社会生活的新颖和不同的描述。一个最典型、最突出的例子就是邓奈尔（Duneier）对纽约市街头无家可归、贩卖书籍和杂志的小商贩所进行的民族志研究，这项研究对这些商贩感受到的和认识到的街头生活提供了精彩绝伦的描述和洞见：他们遭受到的屈辱，他们创造的意义，他们努力保持自我感的方式以及在街头使用的维护"道德秩序"（Moral Order）的策略（Duneier 1999）。尽管没有人能理解这项研究，也不能理解有关这样的一群人如何生活、谋生的大量描述，但在这些描述中没有多少解释或理论。在这项研究中甚至也没

理论宣称

↓

研究问题

↓

民族志观察

↓

修正理论

图3.4 拓展个案法

有多少其他人有关相似主题的研究发现。实际上，邓奈尔总是明确拒绝使用理论，甚至拒绝组织自己的描述，反而选择根据街头男性的不同类型及其从事的不同职业来划分他的故事。因此，类似这些研究传统的民族志非常迷人和具有吸引力，揭示了深描的强大的力量。然而这样的研究也使得读者无法理解这些人的生活所传递的更广泛的社会学概念和理论内容。

对于这种类型的分析，存在另一种民族志传统。有这样的一群民族志学者试图超越对特定场所的描述性解释，他们将自己的民族志洞见与更大的社会学争论和理论问题联系起来。比如，社会学家麦克·布洛维（Michael Burawoy）将自己的职业目标定为挑战民族志无法用于回答理论问题的看法。为了完成这个目标，他发展出了拓展个案法（Extended Case Method），这种民族志研究的方法强调民族志对社会学理论的贡献（Burawoy 2009）。图3.4这个简单的图表展示了这种方法是如何运作的。

正如布洛维指出的那样，民族志的定位不需要去表征大的社会过程来拓展理论范围。民族志也没必要纳入大量的随机样本以便为社会学理论做出贡献。相反，他坚持认为民族志学者从研究一开始就要关注理论：民族志学者进入田野时就应该带着他们想要理解社会世界的概念和理论。因为真实的世界几乎总是比有关世界的理论复杂得多，所以民族志学者的工作是修正社会理论以理解他们在世界中所观察到的东西。因此这些民族志学者不是致力于深描，而是将研究目标指向理论再构。以这种民族志模式写作的论著和文章成果颇丰。从布洛维对美国和东欧工厂里管理者和工人关系的研究到他的学生的包罗万象的研究，涵盖了对艾滋病活动家、看门人、社会福利工作者以及中国生产流水线工人的研究，许多更为宽泛的理论问题都从中呈现了出来（Burawoy 2009；Burawoy et al.1991，2000）。

历史比较法以及比较的复杂性

3.2.6 鉴别最有利于从历史比较视角进行研究的问题类型。

社会学家要研究的一些问题都具有重要的时间维度——这些问题以这样或那样的方式涉及历史或历史过程。在其他情况下，不管是在当今世界社会之间还是在早期社会之间，比较法或许是可以采用的研究方式。历史比较研究（Comparative-Historical Research）是一种定性分析方法，用来检视随时间改变而变迁的社会现象或处于不同空间的社会现象。尽管比较法在绝大多数社会研究中是不言自明的，但是有一些问题特别适合，甚至必须从历史视角进行研究。历史是研究大规模社会变迁过程的庞大的实验室。并不让人感到惊讶的是，社会学家在这个庞大的实验室里发现了验证有关社会、文化以及政治变迁理论和假设的方式。历史研究一直是社会学传统的重要组成部分。

社会学家研究历史的方式与历史学家非常不同。历史学家通常是研究某一特定时空的专家——诸如研究十九世纪的英格兰、沙俄时期、德国纳粹时期等——而且历史学家的研究大部分集中在自己专业领域的议题。通过将自身深深浸润于某个特定背景，历史学家能够以大多数研究历史的社会学家所不能的方式捕捉到其微小差别和细节。相比较而言，社会学家研究历史的常用方式是基于时间和背景的变化进行比较。他们并不一定是某个时期或地域的专家，相反，他们利用时空差异来理解历史研究所关注的更宏大的模式。

尽管社会学家会借助历史学家的发现得出自己的结论，但研究历史的社会学家在建构资料的新来源方面也非常具有创新性，这些资料使得跨越时间变迁的调查和比较得以实现。例如，通过对新闻报道（包括小报、不知名的报纸和地方性报纸）编码，查尔斯·蒂利（Charles Tilly，1929—2008）在其颇具影响力的著作中发展出一种重构法国和不列颠普通市民在很长一段历史时期内抗议运动的历史方法。将这些记录与其他社会和经济资料匹配，蒂利发展出一种随时间变化的抗议周期理论，这表明抗议不是随机或非理性的爆发，而是像食物短缺、战争以及政治风暴时期等特定社会背景的产物。

历史比较研究存在几种不同的类型是有可能的。在单一国家中的研究——如比较美国的邻里、城市或州，或者比较不同历史时期的特定制度——是历史比较研究常见的类型。相反，跨国家比较通常把解释不同国家之间的差异作为自己的目标，比如理解为什么在一个国家观察到的结果在另一个国家却看不到。

为了解释历史比较研究法是如何操作的，让我们稍微细致分析下学者马克斯·韦伯的名著《新教伦理与资本主义精神》[Weber（1904）1976]。该著作是社会科学真正的经典之一。韦伯以一个谜题作为书的开端，即他想知道为什么作为一种经济系统的资本主义只出现在欧洲的某些地方而不是欧洲的其他地方。比如，他指出，在他的祖国德国一些地方的经济要比其他地方更为发达。他会如何研究这一现象、又会为他的谜题给出怎样的答案呢？

查尔斯·蒂利的理论表明抗议不是随机或非理性的爆发，而是如政治风暴时期等特定社会背景下的产物。

韦伯注意到欧洲经济发达的地区与经济落后的地区之间存在一个重要差异：经济发达地区常常是新教盛行的地方。在欧洲悠久的宗教历史中，天主教和新教之间的竞争产生了宗教影响力不平衡的现象。天主教在东欧的很多地方（如西班牙、法国和意大利）保持着历史影响力；而新教则在北欧的大部分地方成为占据统治地位的宗教。而像德国等一些国家的宗教则是按地域区分开来，新教控制一些地方，而天主教则控制别的一些地方。美国是另一个新教占据数量优势的国家（实际上，美国的一些早期居民践行的是新教的一种极端形式，该教在欧洲受到迫害）。

有了这个发现，韦伯接着必须努力解释为什么新教会与资本主义的早期崛起相互联系。这使得他深入挖掘了新教历史核心人物[尤其是马丁·路德（Martin Luther）和约翰·加尔文（John Calvin）]的观点与其较为现代的追随者[包括美国的本杰明·富兰克林（Benjamin Franklin）]之间的关系。韦伯把富兰克林看作一位将经济原则世俗化的伟大人物，他将新教宗教信念与如勤俭节约等个体品质的兴盛联系起来，而勤俭节约的品质有利于资本主义经济制度的发展。韦伯得出结论说，加尔文派新教的关键性特征是：经济上的成功彰显了个体对上帝的价值，而无论消费自己的任何所有物都象征着你不是被上帝选中去往天国的人。

学者一直就韦伯当时提出的观点和证据争议不断。比如，韦伯是在西方学者对伊斯兰世界（该世界存在着零星的早期资本主义）有了深入了解之前写作的，所以他可能没有注意到欧洲一些重要的宗教差异。不管怎样，韦伯通过运用历史比较方法研究宗教重要性的理论，展示了社会学家如何借助历史检验有关社会的重要预设。

研究的终极目标是找到一种方式向他人呈现最为有趣的发现，希望借此能更多了解有关社会世界的知识。这是所有社会研究者孜孜以求的目标，不管其要解答的问题和使用的方法是什么。这部分的很多内容都强调方法之间的差异——不同的问题如何意味着不同的方法以及不同的方法如何蕴藏着不同的挑战和困境。然而社会研究项目的统一性要比其差异性多：所有社会学家都想要就社会世界提出创造性的问题和发展新的谜题。我们想通过收集资料并以让人信服、有吸引力和令人激动的方式写作来解决这些谜题。我们还希望自己的答案能推动他人在自己的研究中提出更好的问题，能为社会学想象力的发展增光添彩。

将问题与方法匹配

3.2.7 解释为什么选择正确的研究方法去研究动机和行为是一个复杂的过程。

到这里，我们已经探索了社会学研究者所使用的最重要的几种研究方法。但是，我们如何才能知道哪种方

法是最好的？有时选择是显而易见的：当一个研究问题是关注大规模人群的行为模式时，调查法通常就是最好的选择。比如，如果你想知道犯罪会如何影响一个社区，你可以用统计方法去描绘生活在高犯罪率邻里社区居民的生活状态，正如社会学家帕特里克·夏基（Patrick Sharkey）所做的那样，他研究生活在以暴力而知名地区里孩子的学校表现（Sharkey 2012）。但是当问题与导致人们形成某种观点或者表现出某种行为的思考过程有关的时候，通常就需要采用深度访谈法去进行研究。比如社会学家凯瑟琳·格尔森（Kathleen Gerson 2011）在其研究中提出的问题就是这样，她研究年轻人在性别角色变迁的世界中如何平衡两性关系的理想模式和社会期待的模式之间的关系。但如果问题更多的是与人们如何互动而不是人们如何表述自己的互动——像我研究的女性和孩子在监狱里如何共度时光的问题就是如此——那么民族志式的观察常常就成为应该采用的研究方式。

在某些情况下，决定采用何种研究方法就没那么显而易见了。实际上，许多研究之所以存在问题就是因为选择了错误的方法去研究问题：研究者基于现有学者的研究提出了一个很棒又清晰的研究问题，但最后收集的资料却不能回答这个问题。例如，无论我在什么时候讲授一门研究方法课程时，不可避免地总会有几个学生想要研究浪漫关系中的性别差异问题。通常，学生想要了解的是男性和女性在二者关系中的行为有何差异——是否男性更疏离和冷淡（男人来自火星）而女性更开放和亲密（女人来自金星）。通常这些学生开始会计划使用访谈的方法，大部分是因为这看起来是他们最为熟悉的方法。

然后他们无法避免地会遇到问题/方法的选择：首要的一点是，向访谈对象询问有关动机的问题很少能了解到其实际行为。人们就自己在两性关系中所作所为的表述可能与其实际所为没有任何关系。例如，研究显示，在访谈中，已婚男性几乎总是夸大自己所做的家务，而已婚女性的回答却反其道行之，即她们声称自己做的家务比她们实际做的要少。而这并不是因为两个群体有意识地进行欺骗。我们都有强有力的脚本来告诉自己如何以及为什么我们会那样做，尤其在涉及如浪漫关系那样满载情感的问题时更是如此。因此，尽管访谈通常是获取那些脚本和观点的有效方式，但它并不是了解男性和女性在两性关系中实际所为的最佳方式。

相反的问题也会浮出水面——当研究者想要研究个体对某种事物的观点，并通过观察行为来实现这一目的时就会碰到这类问题。多年以来，我也有许多学生对年轻人如何看待跨种族约会这样的问题很感兴趣。这些学生通常会假设对待跨种族约会的态度已经发生改变，而他们想要验证自己的这种直觉。他们打算对约会的男性和女性进行观察。我的学生也曾建议在大学聚会、校园群体、俱乐部以及酒吧（当然，学生要满21岁才行）里做民族志研究——所有这些想法的目的都是观察年轻人约会时的互动行为来了解他们是否赞成或反对跨种族的浪漫关系和邂逅。

这些想法有什么问题？非常简单，观察行为并不能使学生了解到多少观念或动机。人是复杂的——他们常常以与其想法和观点不一致的方式来行事。涉及约会和性关系时人们更是如此，因为我们常常对应该做的和不应该做的拥有很强的信念——这种信念能够影响我们会对实际所为承认多少。因此，让我们假设这些学生看到不同种族的人在聊天调情。那这就能告诉我们这些人对待跨种族约会的任何可靠的信息吗？并非如此。正如我们不能假定观念必然导致行为，从行动中引申出动机同样存在危险。如果我们想要研究观念，我们需要向研究对象进行询问；如果我们想要了解动机，我们需要走出去，观察研究对象的实际行为和互动。

因此，选择一种研究方法是一个麻烦又复杂的过程，需要审慎地考量，同时通过试验和教训获得的一些经验同样会有帮助。这需要良好的逻辑和分析技巧去预见回答某个研究问题需要什么类型的证据。同样还需要忠实地评估研究者是何种类型的人。极端害羞的社会学家（这样的人的确存在）最好别去做深度、面对面的访谈。社交技巧不足的社会学家（这样的人也的确存在）可能不会是民族志研究者的最佳人选，因为这种方法需要大量的社会互动并建立良好的关系。而那些对数学不感冒的研究者则会想与大规模调查和数据有关的统计工作撇清关系。

3.3　社会学家在收集资料时会面临怎样的挑战?

收集资料面临的挑战

一旦我们的问题被界定、缩小,而且一旦选定了研究方法,社会学家就要开始收集资料了。在这个阶段研究者必须处理研究的细节。这听起来有些枯燥,但有时也正是社会学家获得有关社会世界的新发现的时候。当然,发现的过程会因为使用的研究方法而呈现出不同。依赖调查数据的社会学家必须去做调查,或者去处理在大数据场(如民意调查、综合社会调查,或能找到的其他研究者的既有调查)里已收集好的资料。那些使用官方收集好的数据和其他大型机构(如学校、刑事司法系统、警察系统、福利机构或其他政府单位等)收集好的信息的研究者也同样如此。这些社会学家必须确保官方数据的完整性、全面性和综合性——主要因为这些数据通常是由政府官员而不是社会学家编制的。其他社会学家则招募研究对象并对其进行深度访谈。还有一些社会学家则停止工作、参与到所研究对象的生活之中。还有一些社会学家则回到档案文件,分析过去的事件并挖掘其与现代的相关性。在这个部分,我们将较为详尽地探索这些研究方法面临的一些挑战。

抽样问题

3.3.1　阐释社会学家在开始研究时遇到的抽样问题。

不管使用的方法是什么,社会学家面对的最严峻的问题之一就是如何抽取适当的样本进行研究。抽样是研究者确定将要研究的对象的过程。为什么不去研究与你研究项目相关的每一个人和所有事物呢?简单地说,这是因为研究者几乎没有足够的时间和资源去研究与我们感兴趣的问题有关的每个人和所有事物。只有每10年就花费数亿美元来进行人口普查的联邦政府才能对所有美国人进行调查——甚至即使付出了极大努力,普查也会漏掉一些人。因此,不可回避的问题是我们必须做出选择:检视什么样的群体?回顾什么样的文献?观察何种情境?将对人群中怎样的一小群人进行深度访谈?

一个有效的抽样是选取的研究对象(或者文献)能代表研究者所感兴趣的整个群体。换句话说,对小规模群体的研究发现应该与下面这种情形下所能预期发现的内容相似,即假如我们神奇地拥有了研究群体中每个人的资源,能研究群体中的每个研究对象。样本是不是能代表总体,研究者感兴趣的这个问题可能是削弱一个精心设计的研究项目价值的关键问题。对于抽样问题不存在任何标准或容易的答案,但幸运的是,如果能遵循一些

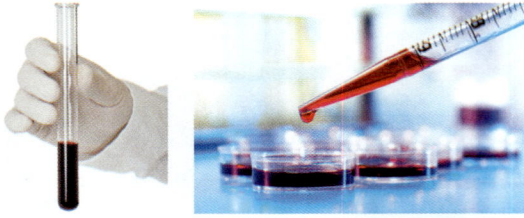

抽样的逻辑与一个医生仅仅用一试管我们的血去分析可能问题的全部范围相类似。

基本的原则，仅仅通过研究总体中一个小很多的子集而了解总体是可能的。抽样逻辑与厨师通过尝一点儿汤（而不是喝一整碗）来了解汤的味道的方式类似。

在抽样阶段犯错误会导致更严重的错误和后果。一个经典的例子发生在1936年，那时《文学文摘》（The Literary Digest）杂志正进行民意调查来预测那年总统大选的结果[那年大选，民主党的富兰克林·罗斯福（Franklin Rossevelt）与共和党候选人、堪萨斯州州长阿尔夫·兰登（Alf Landon）竞选总统]。该杂志把调查选票发给两个群体：有车一族和有电话的人。共寄出1000万张选票，收回240万张。统计结果预测州长兰登会取得大胜。《文学文摘》自信地广而告之说兰登将赢得大选，会获得57%的民众选票和370张选举人票。可是在选举那天，罗斯福碾压兰登，赢得了超过60%民众选票的支持，兰登则只赢得了8张选举人票。这个让人难堪的结果直接导致《文学文摘》破产倒闭。该文摘240万读者的观点为何会错得如此离谱呢？该杂志所使用的样本存在许多问题。首先，1936年美国正处于大萧条中期，平均来说，有私人电话和汽车的美国人要比其他美国人富裕得多。因为兰登是共和党候选人，深受富裕的美国人的欢迎，所以这种抽样无法代表整个美国。收到该杂志选票的穷人和工人阶层的比例要比其在全部美国人口中所占的比例小很多。第二，由于选票一旦邮寄出去就无法跟进，所以只有那些不用提醒和敦促就能积极克服不便寄回选票的人才能参与到调查中来。不管是因为什么原因，兰登的拥护者要比罗斯福的拥护者能更积极主动地寄回《文学文摘》发出的选票。这放大了抽样存在的问题。

今天，现代民意调查专家和社会调查研究者通常通过调查几百人就能预测总统大选的结果，误差在1个或两个百分点之内。他们是如何做到的呢？他们没有从有偏差的名单里抽取调查对象样本（《文学文摘》杂志使用轿车和电话注册记录表进行抽样就是如此），而是小心谨慎地选择代表性样本（Representative Sample），即抽样时总体中的每一个成员都有同等的被选中的机会。结果，这个小的子集能够近似于总体，就如同检测一试管血液那样。实际上，一个好的抽样，只要抽取700到800人就能得出一个非常庞大总体（甚至是美国的全部人口——超过3.2亿人）的合理接近值。如果选中的人一开始联系不上或不同意参与民意调查，研究者还会不止一次地联系选中的人。这有助于减少《文学文摘》民意调查中存在的其他方面的偏见：那些非常乐意参与调查的人可能与那些不愿意参与调查的人不同，但是，这种不愿意参与的情况能够被一个意志坚定的调查员说服。

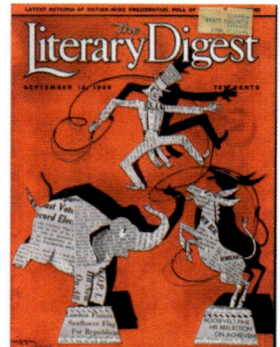

1936年，《文学文摘》发起的一次民意调查预测堪萨斯州州长阿尔夫·兰登会在与富兰克林·罗斯福的总统竞选中赢得压倒性胜利。这本杂志在选择样本时犯了几个致命的错误，而这些尴尬的错误最终让《文学文摘》破产倒闭。

现代民意调查和社会调查涵盖了美国社会非常广泛的议题，回顾历史能够告诉我们他们态度发生了怎样的改变。比如，图3.5显示在跨种族婚姻的议题上公众观点发生了戏剧性的变化。

但是，为了开展一个有效的调查或民意调查，就要考虑步骤的多样性。总的看来，好的抽样的关键是使用被称为真正随机抽样（Random Sampling）的某种类型。随机抽样是指抽样时被研究的每个人或每个事物都有同等的机会被选中去做研究，而且每个研究对象的选择都是完全随机的。比如，如果研究者拥有要用来抽样的全部人口的清单，每隔3个人名就选择一个人（也可以是5个，100个或其他随机选择但又是被系统化抽取的数字）就是完全随机抽样。当然，为了在调查非常大的总体（比如整个美国）、不存在包含所有人的清单列表时又要确保随机性要求，社会学家会使用远远比这更为复杂的方法。一种被广泛使用的方法是用计算机随机拨打电话号码，使每个有电话的人都有平等的机会被联系到。电话毕竟是每个成年美国人都有的东西。

　　甚至当一个随机样本被联系上时，还非常可能出现偏见。回忆一下《文学文摘》出现的第二个问题：支持兰登的选民仅仅是比支持罗斯福的选民更有可能寄回选票。同样的，并不是所有的人都同样有可能对研究者要研究的问题做出积极性回应，他们甚至在被重复询问或受到积极参与的刺激时还是如此。在这个方面，社会科学与自然科学非常不同，自然科学的研究"对象"没有拒绝参与的能力！

　　因为常见的情况是某些类型的人在被邀请时更可能同意去参与访谈，所以社会学家必须常常依赖于加权（Weighting）统计学调整，即他们试图确保样本的特征能反映出其要研究的总体的特征。他们通过给予来自在样本里代表性不够的群体的

　　1936年，乔治·盖洛普（George Gallup），一个来自爱荷华州（Iowa）的不知名的统计员，进行了一项有关即将到来的总统大选的调查，大选在富兰克林·罗斯福和阿尔夫·兰登之间展开竞争。同主流杂志和报纸开展的其他调查不同，盖洛普正确地预测到罗斯福将赢得大选。借助这次调查的成功，盖洛普声名鹊起，而且盖洛普民意调查也很快成为测量美国公众态度使用最为广泛的工具。盖洛普民意调查最为显著的一个特点是它使我们能追踪美国公众观点随时间发生的变化，正如下面这个例子所显示的那样。

"你赞成还是反对黑人和白人结婚？"

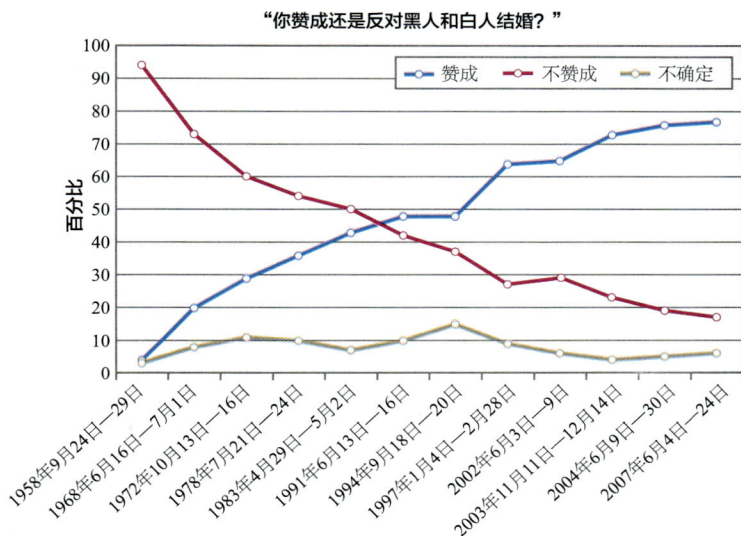

资料来源：盖洛普（2007）。

图3.5　调研美国

个体高一点儿的"权重"——这样一些个体对每个问题的答案会被赋予比那些来自按正确比例抽样的群体的个体答案高一些的值。下面是一个例子：如果社会学家有兴趣去了解大学生的约会实践，而且60%的大学生是女性，那么这种性别差异应该在样本里反映出来，因为性别毫无疑问与约会实践的研究是相关的。然而，如果大学生初始样本的访谈对象的性别是均等分配的，那么这个研究对女性样本的抽样就不够。一种调节方式是对每个做出问题回应的女性的答案赋予高一点儿的权重，使得女性全部观点最终能占到整体的60%。表面上看，这样做似乎并不明智甚至不公平。为什么某个研究对象的回答就要赋予比别人更高的权重呢？但如果我们担心样本对研究总体的代表性（在这个例子中，是指所有大学生），我们运用统计权重来调节样本的做法会让我们能更接近真实的总体。

　　做深度访谈时，抽样的问题就更为复杂了。很显然，一个研究者，甚至一个规模较大的研究团队，都不可能完成对足够多的研究对象的长时间访谈从而使得整个大规模的总体（如美国人）都有被选中的均等可能性。但这并不意味着深度访谈通过与随便任何一个人交流就能获得有效的结论。在深度访谈中，试图近似于一个代表性样本是棘手的，但是接近于此还是可能的。

　　对样本选择和参与研究的决定实际上会影响所有社会学研究，而并不仅仅只会影响调查。特别来说，途径和资源总是特别关键。如果要策划一个原创性的调查，我们有途径获得必要资源以便联系到规模足够大的人群来代表总体吗？或者，如果进行历史比较研究，我们在档案馆里查到的文献是充分完整并能代表真正发生的东西从而使研究者能从中得出结论吗？如果我们要做深度访谈，我们能找到并说服足够多的研究对象参与研究吗？或者，如果我们做民族志研究，我们能获得许可进入存在我们最感兴趣的研究问题并能看到问题全部过程的场所进行研

究吗？社会学家能够设想到可以阐释研究问题的完美的总体、档案馆或者场所，但那样的总体或场所完全有可能是我们无法进入或接触到的东西。这就是为什么有关非常富有和有影响力的人的研究很稀少的原因——接触到这些人并让研究者自由地进入他们的生活是绝无可能的。对这些人的访谈研究同样存在这个问题。甚至有关富人和名人的历史研究也很稀少，因为只要活着，这些人通常有能力保护和控制有关他们的研究内容。

所以社会学家研究那些能接触到的人和物。对从事调查的研究者而言，这可能意味着在收集资料时退而求其次，收集最近似目标总体的资料或者仅仅包含那些在相对短的时间内可以被问到的研究问题（以降低调查成本）。对于历史社会学家，这可能意味着要处理那些与研究的事件或行动者间接相关的文献。而对于民族志学者而言，这也许意味着在一个只有要分析的一些过程而不是全部过程发挥作用的场所里工作。甚至，获得接触社会学资料的途径就是一种极大的挑战，也需要研究者具备某些良好的谈判技巧。这是因为大部分社会研究意味着给别人的生活带来麻烦、让他人容忍我们所造成的干扰，不管花费时间完成调查，还是耗上一下午接受深度访谈，抑或是接受经年累月的观察都会如此。

可靠性和有效性问题

3.3.2　比较可靠性和有效性并解释二者在社会学研究中的重要性。

在收集资料时，不管使用何种具体方法，所有的社会学家都容易受到与其收集信息的可靠性和有效性有关问题的困扰。尽管两个概念相互联系，但社会学家还是倾向于以有区别的方式思考这两个概念。当社会学家在测量结果里提及可靠性（Reliability）时，他们想知道如果自己在其他研究中使用相同的测量技术能否获得相似的结果。如果结果的确是可重复的（Replicated）——不止一个研究者能获得同样的结果——我们就会说这个结果是可靠的。但是，可靠性并不必然意味着测量结果准确地反映了研究者试图要揭示的内容。一个人可能会一次次地获得同样的结果，但是结果的含义与研究者所认为的含义并不一样。比如，大多数美国白人不希望自己看起来是种族主义者，所以可能会就有关送孩子去黑人孩子占很高比例的学校读书的意愿的研究问题一贯地给出赞成答案。但在行动上，他们会选择搬去大部分都是白人居住的社区。在这样的情形中，由调查问题得出的结果是可靠的，但还是有不对劲的地方。这些研究问题无法真正测量出许多美国白人父母的实际做法。有效性这个概念关注的就是这一点——研究者使用的测量结果是否是实际准确的。如果测量结果反映了研究者想要了解的社会世界的真实情况，我们就说结果是有效的。

为了更好地理解这些重要概念，让我们思考这样一个例子。研究种族和种族主义的社会学家在使用调查法或深度访谈法去了解美国白人对美国黑人的看法时，白人总是一贯性地向研究者给出与其实际行为不一致的答案。特别是，白人会不断地告诉研究者，他们认为不管是哪一个种族得到工作的人应该是最有资格的人。这样的结果是可靠的——几乎不管你如何提问，人们都会说他们相信机会均等。但这种结果有效吗？比如，研究者发现，甚至表示支持机会平等的白人雇主面对简历一样的白人求职者和黑人求职者时，也会更倾向于选择前者（Pager and Quillian 2005）。换句话说，有关机会平等的问题也许可靠地体现出调查对象支持机会平等，但那些答案也许并不是有效的。

因果关系的复杂性

3.3.3　解释为什么对社会学家而言因果推断的能力如此重要却又充满挑战性。

社会学最大的关注点之一是发展提高自身因果论证能力的技术，尤其是对那些进行统计分析的社会学家而言更是如此。因果关系是社会学研究的核心概念。社会学家的兴趣点在于理解世界或者了解社会政策，常常不是只想去记录一起出现的两种社会现象——换句话说，就是彼此"共同变化"的社会现象。社会学家将其称为相关（Correlation）。相关的一个显而易见的例子是收入和教育之间的关系——二者相互关联，因为较高的收入与较高的教育水平有关。换种表达方式来说，那些比较有钱的人往往都受到了更好的教育。这些社会特征共同变化，一个社会特征的变化与另一个社会特征的变化有关。但它们如何相互联系的呢？是什么真正导致那些受教育较多的人获得了较高的收入呢？要回答这个问题，社会学家常常需要了解一种事物的变化是否可能是由另一种事物导致的。这就是因果推论（Causal Inference）涉及的内容。这不是一项容易的工作。图3.6能让你更仔细地看到相关关系与因果关系的区别。

要解释建立因果关系面临的挑战，就让我们看看既一直是社会学关注的突出焦点，也是所有21世纪学生都熟悉的一个研究领域：用标准化考试分数来测量的教育成就。社会学家长久以来的一个传统就是试图理解学生考试分数的差异性以及为什么在这些考试上一些学生群体会比另一些学生群体表现得更好。

尽管从20世纪早期开始学校和美国政府就广泛地采用考试分数来评价个体和学校，但社会学家在这方面做出的最重要贡献出现在21世纪后半叶。随着1964年《民权法案》（Civil Rights Act）的出台，国会明确要求政府"开展社会调查并向总统和国会提交报告，在该法案推进的两年里，关注在美国各层次的公共教育制度中，由于种族、肤色、宗教信仰以及民族不同所带来的个体教育机会平等可得性不足"。一位杰出的社会学家詹姆斯·科尔曼（James Coleman）负责该项工作。在1965年秋天，研究者收集并分析了639,650份调查表，而且引人注目的是，到1966年夏天研究者们完成并发布了差不多有1000页的报告，这就是后来众人熟知的《科尔曼报告》（Coleman Report）[Coleman etal.（1966）1974]。

科尔曼及其同事使用的调查表含有考试分数的项目。基于这项信息，他们探究了学生背景和学校与考试成绩表现之间如何相互联系。那时，许多人认为考试分数结果的差异可能是学校资源不平等的产物——也就是说，许多国会成员和民众担心美国黑人学生总是被安置在科学实验室、图书馆以及其他资源不足的学校里，而这妨碍了学生的学术成就表现。如果你只是看资源富足或资源匮乏学校的考试成绩结果，你将发现的也仅仅就是那种模式。资源更多的学校的考试成绩要更高一些。

但是，《科尔曼报告》的分析揭示出，学校资源与学校学生考试成绩之间的关系在很大程度上是虚假关系。两个因素看起来朝着相同方向运动，但二者都受到其他因素的影响（即第三因素），社会学

是世界上国家的数量导致全球变暖吗？自1945年开始，许多新兴国家建立起来并得到联合国的承认。1945年以来，全球平均温度在升高。将两个图标放在一起，看起来日益增加的国家数量与全球变暖之间存在一种相关关系。可是，没有一个科学家认为今天世界所承认的国家要比以前多是全球变暖的一个原因。相反，气候科学家指出排放物增加是全球变暖的原因。

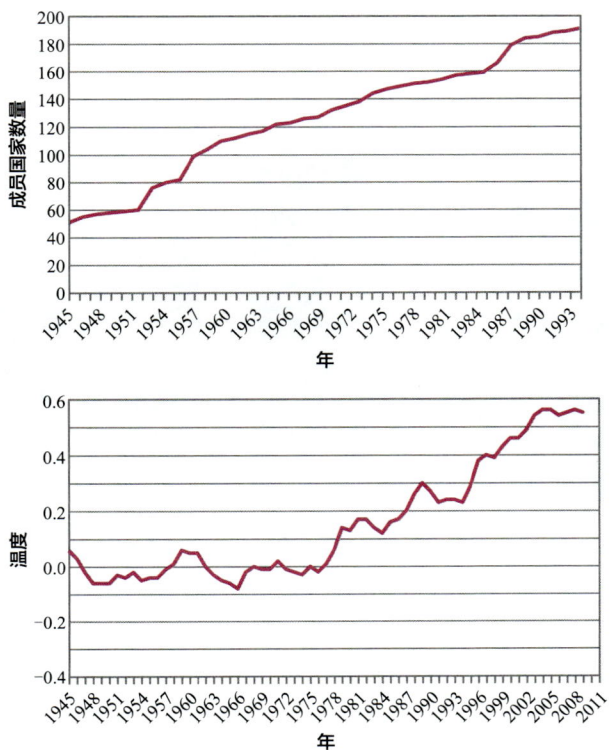

图3.6　相关，但不是因果关系

家把前两个要素之间明显的相关关系称为虚假关系（Spurious Relationship）。科尔曼和他的同事指出虚假关系才是教育资源与学生考试成绩之间关系的真面目。科尔曼还特别指出，尽管看起来像一方导致了另一方的变化，但实际上是其他因素——家庭背景、学校的种族构成——才是二者关系背后的真正原因。如果你想要减少学生考试成绩结果的不平等，财政投入平等化并不能起到多大作用。相反，政府需要着手促进更好的种族融合，使美国黑人学生所在学校的同学与一个普通白人学生所在学校的同学更为相似。

不过，《科尔曼报告》所依赖的资料存在严重缺憾：这些数据是横向的（Cross-Sectional）数据——这些数据是在同一时点被收集起来的。当要分析的事物是同时被测量的时候，一个人又怎么能指望了解是什么导致了什么呢？到1980年，科尔曼和其他社会学家说服政府相信还需要纵向的（Longitudinal）数据，这是指在一段很长的时间段内收集到的数据，对解释上述那些问题更有建设性。一个新的数据组通过下面的方式被收集起来，即研究组对来自十年级学生的随机样本进行访谈，并随着这些学生的成长每两年进行一次。随着在不同时间对学生进行追踪调查，社会学家能够测量个体考试分数在十年级和十二年级以及更高年级之间有了怎样的改善和提高。

方法上的这种变化使得研究者能更为精确地鉴别学校对学生学术成就的影响。没有像《科尔曼报告》那样试图因为社会背景而调整考试分数，社会学家现在能够了解在不同学校考试分数会有怎样的提高。在分析这种新的纵向数据时，科尔曼和他的同事发现天主教学校的学生要比公立学校中类似的学生学到的更多（Coleman and Hoffer 1987）。科尔曼认为这大部分可能要归结为天主教学校的纪律更严格，纪律性则产生这样一个事实——这些学校的父母和学生是联系紧密社群的一部分，社群对何谓学生的适当行为具有共识。因为来自早期《科尔曼报告》的发现被用于支持促进种族融合的校车接送学生制度，而现在的这种新发现则被许多人用于支持教育券制度。教育券是政府发行的凭证，父母可以用教育券把自己的孩子送到私立学校而不是他们被分区归到的公立学校读书。

3.4　社会学家如何理解自己的发现？

分析资料和得出结论

随着我们提出问题、收集完资料，社会学家最后便处于理解自己发现的阶段了。研究过程的这个阶段被称为资料分析——当我们描述自己收集到的资料并寻找其中模式的时候。一些社会学家在这个阶段到来之前，不会从事任何分析工作。比如，那些与调查数据打交道的社会学家很少会在中间停下来去处理研究对象的子样本（Subsample）。相反，他们更倾向于等到所有数据收集齐了再开始分析并从中得出结论。但对于其他方法而言，在收集资料时就进行分析是有必要的。对民族志学者而言——尤其是那些花费多年时间做田野工作的学者而言——等到所有观察结束才开始分析将会是一种灾难。面对成百上千页有待分析的田野笔记会让人，甚至是有经验的研究者崩溃。对于在档案馆里经年累月从事研究的历史社会学家而言同样如此，等到面对成百上千页的档案文献才开始分析也是一种灾难。因此，对某些研究项目而言，在研究过程中就开始分析是至关重要的。

在这个部分，我们将分析一些社会学家在分析其资料时通常会碰到的问题。

如何将拼图组合起来？

3.4.1　区分资料分析的目标并描述社会学家用以描述研究的过程。

无论社会学家使用什么逻辑，资料分析的目标是一样的：了解如何将经验拼图的碎片组合完整，理解完成的经验拼图所告诉我们的有关社会世界的内容。实际上，我们可以把资料看作一个较大的拼图碎片——而研究者的工作就是将这些碎片拼凑成一定的模式并得出研究结论。但是对于任何一个正和成千个碎片打交道的研究者而言，将其组合完整显然是一件非常困难的事。社会学家有许多策略有助于完成这个过程。首先，在大多数项目中，研究者都会进行某种形式的资料编码（Data Coding）——根据重要类型或概念将这些资料组织起来。把原始资料转换成可用的形式是开始分析资料的关键一环。比如，那些从事统计分析的人首先必须把自己的资料转换成计算机可以运行的形式——将数据标准化，通常是赋予其数值，并检查明显的错误，这个过程被称为数据"清理"。

因为大多数的访谈者、民族志学者和历史社会学家收集的是一手资料或者说自己的资料，他们都必须进行编码。过去，这个过程是手动进行的；幸运的是，现在多种多样的软件包使得大多数处理数据的工作变得极其容易。即使有了计算机协助进行数据分析，但还是有大量工作需要研究者去做。一方面，一种具体的资料碎片要用具体的编码。那些编码就成为资料分类、系统化和排列的机制。这就是案例资料分类的方式。找到合适的编码系统是发现在那些数以千计的文献或数千页访谈记录中隐含着什么内容的关键一步。

一旦我们的资料被编码，社会学家通常在得出研究结论之前要做更多的分析工作。这类工作包括理解资料并剖析资料以便理解资料中出现的模式。对那些喜欢形象化思考的人而言，资料呈现（Data Display）是有用的方式。资料呈现是从资料中所发现的模式的具体化影像。这是表现资料的方式，也是研究发现的形象化总结。图表、流程图、分类图、表格和矩阵都是资料呈现的形式。甚至，即使这些视觉资料没能整合进最后的研究成果，但其重要性体现在建构这些视觉资料的过程中，还在于它能描绘出资料之间的联系以及还需要充实的模式。

对那些倾向于运用语言进行思考的人而言，研究备忘录（Research Memos）能达到相似的目的。研究备忘录是研究笔记的拓展化版本，其组织和安排通常是分析性的。研究备忘录使得研究者通过研究发现和支撑发现的证据进行工作，也确保分析不会在浩如烟海的资料中迷失方向。

我们的结论向我们讲述了社会世界的什么内容？

3.4.2　解释社会学家如何运用概括化从他们的研究中得出结论。

最后，所有研究的目标是得出可靠和有效的结论。在任何项目的最后一步，社会学家需要返回自己开始提出的研究问题并弄明白我们所揭示的经验模式如何有助于回答研究问题。换句话说，我们要努力就研究项目提出的问题做出概括性结论。但是在许多社会学家的研究里一般化（Generalization）是一件很微妙的事情。一方面，社会学家不想将结论局限在自己直接研究的人群、场所或事物上；他们也希望从那些样本中形成能对广泛的社会模式做出些整体性认识的结论。但要这样做，我们需要确保自己没有过度扩展结论，我们也必须对从资料中获得的结论的可靠性和有效性保持谨慎。

所以社会学家在开始总结其结果时会万般小心。所有研究者都喜欢能"证实"某个会改变我们思考世界方式的新假设或新发现。一些社会学家进行研究的方式能使得他们宣称研究结论具有经验性一般化（Empirical Generalizability）——他们把从发现中得出的结论运用到更大规模的人群中。因此，如果样本足够大并且是随机选取的，这些社会学家就有自信由部分推论到整体。另一些社会学家不是利用大规模国家数据库进行工作，也不能（或不愿意）进行随机抽样，就不能得出那样的普遍性宣称。他们往往会进行理论性一般化（Theory Generalizability）——他们将其研究发现的结论应用于规模更大的社会过程。用一位社会学家的话来说，这样的社会学家"提升了概括化的层次"，将自己的发现能与更宽泛的概念或理论联系起来（Luker 2010）。不管社会学家决定概括化到什么层次，我们都要努力阐释社会科学中的"大问题"——就是我们在本书中列举和讨论的那些问题。

结论：对研究进行批判性思考

既然我们已经介绍了社会学家在研究中使用的各种方法，这时候你就要对在本书中阅读到的各种研究进行批判性反思，甚至去思考你会怎样设计自己的研究项目。不管研究是关于家庭、文化、种族、民族、宗教、权力和政治，还是关于环境，要理解的指导研究的方法论议题总是不变的：研究问题是什么？要使用的研究方法对要解释的问题合适吗？资料收集是系统化的吗？研究发现是可靠和有价值的吗？从研究中能获得的更宏大的结论是什么？就我们生活的更大的世界来说，研究告诉我们了一些什么内容？

▬ 大问题再览3

3.1 社会学问题从何处来？ 在本章伊始，我们分析了社会学研究的基本阶段，讨论研究者第一次从事社会学研究经常遇到的问题，比如社会学家如何把研究旨趣转化成可行的问题以及我们如何了解要研究什么。

从重要主题中提炼好的研究问题

学习目标3.1.1：确定社会学家在确定研究问题的优点和可行性时应该考虑的六个问题。

我们如何知道研究什么？

学习目标3.1.2：确定影响社会学家选择研究对象的关键因素。

核心术语

民族志学者　资料　社会学想象力　假设　价值观
伦理标准　知情同意　机构审查委员会（IRBs）

3.2 研究不同社会学问题的最佳方法是什么？ 一旦社会学家有了一个与工作有关的研究问题，他们就需要确定回答该问题的最佳方法。这个部分分析了社会学家在自己的研究中所使用的不同类型的方法，还讨论了确定何种方法和设计的最佳过程。

研究的初始阶段

学习目标3.2.1：讨论社会学家如何将自己的研究操作化并区分自变量和因变量。

经典科学研究方法

学习目标3.2.2：了解经典科学方法的步骤，并解释社会学家为什么会采取一种更为松散的方式去做研究。

定量研究方法VS定性研究方法

学习目标3.2.3：比较定量研究方法和定性研究方法。

调查和访谈法的设计困境

学习目标3.2.4：明晰调查和访谈的主要优势和局限。

民族志方法及其面临的理论挑战

学习目标3.2.5：解释为什么民族志方法的主要优点也是其关键不足。

历史比较法以及比较的复杂性

学习目标3.2.6：鉴别最有利于从历史比较视角进行研究的问题类型。

将问题与方法匹配

学习目标3.2.7：解释为什么选择正确的研究方法去研究动机和行为是一个复杂的过程。

> **核心术语**
>
> 操作化　因变量　自变量　科学方法　定量研究
> 定性研究　混合研究法　调查　综合社会调查
> 深度访谈　民族志　深描　拓展个案法
> 跨国家比较　历史比较研究

3.3　社会学家在收集资料时会面临怎样的挑战？ 这个部分探索了在收集资料阶段会出现的一些实际性问题。

抽样议题

学习目标3.3.1：阐释社会学家在开始研究时遇到的抽样问题。

可靠性和有效性问题

学习目标3.3.2：比较可靠性与有效性并解释二者在社会学研究中的重要性。

因果关系的复杂性

学习目标3.3.3：解释为什么对社会学家而言因果推断的能力如此重要却又充满挑战。

> **核心术语**
>
> 抽样　代表性样本　随机抽样　加权　途径　可靠性
> 可重复的　效度　因果关系　相关　因果推论
> 虚假关系　横向的　纵向的

3.4　社会学家如何理解自己的发现？ 这个部分思考了社会学家如何确保自己的发现是可靠的和有价值的，还思考了社会学家如何确定从自己的研究中得出何种普遍结论。

如何将拼图组合起来？

学习目标3.4.1：区分资料分析的目标并描述社会学家用以描述研究的过程。

我们的结论向我们讲述了社会世界的什么内容？

学习目标3.4.2：解释社会学家如何运用概括化从他们的研究中得出结论。

> **核心术语**
>
> 资料分析　资料编码　资料呈现　研究备忘录
> 一般化　经验性一般化　理论性一般化

尽管公共卫生间看起来是进行社会学研究的不同寻常的环境，但是我们能从中学到很多关于社会互动的知识。

第 4 章
社会互动

作者：哈维·摩洛斯（Harvey Molotch）

公共卫生间也许是那个你希望了解人们思考方式以及与他人交流方式的最后一个地方。每天我们都在小心翼翼地管理着我们如何在各种不同的社会环境中展示自己以及与他人互动。但没有其他任何地方能比公共卫生间更能让人意识到他人的存在，这使得这里成为一个了解社会互动的有趣的地方。公共卫生间里发生的一切提供了我们如何实现和保护自己身份的线索，即我们总是以与自身所处情境相适应的方式去行动。公共卫生间显示了正确做事的利害关系，并证明了把它作为一个学术话题进行研究的正当性，甚至激发人们把它作为学术话题提出来。

如厕的特定困境是，我们人类要清除自己身上的废弃物，但这个过程显得有点兽性。它与我们展示自己是文明人的努力相冲突。我们必须去做这件事，但与动物王国其他生物不同的是，我们的文化介入到了塑造执行这个所谓的自然行为意味着什么的过程。我们注意到谁在场，他人所处的位置及他们如何观察他们自己和我们。我们以微妙的、瞬间的方式管理别人看到和听到的东西，在同一时间观察自己也观察别人。就在我们敏锐地选择了姿势、声音和动作的时候，一个偶然的接触或偶然的碰撞就立即会被保存记录下来。

在公共卫生间里互动风险很高，用社会学家欧文·戈夫曼著名的术语来讲，卫生间是我们"后台"的一部分，在那里我们建立自身的"自我呈现"（Goffman 1959）。更为普遍的是，当我们在家里做这些重要的个人活动

我的社会学想象力

作者：哈维·摩洛斯

我进入社会学领域是受到大学一个哲学教授的影响。他认为社会学家赖特·米尔斯的《社会学想象力》包含着深刻的社会和道德告诫。我阅读了米尔斯的著作，并吸收了这样的思想，当某些人拥有的权力比别人少很多的时候，就不会产生有意义的共同体。米尔斯倡导的解决方案是人们要与他人相联系并把他们的问题看成是普遍的、由同类型外力引起的问题。特别是在城市（这成为我研究的关注点），我了解到商业群体（大多是以房地产为根基的商业群体）如何控制着城市议程并推进项目而不顾自己对社会和环境造成的影响；我将之称为"增长机器"（Growth Machine）。我开始好奇为什么这么多人甚至在结果如此违背自身的利益时还奉行不悖。我总是对物质性事物充满兴趣，比如建筑和下水道管线；最近我对用于保全的装置开始感兴趣，比如设在机场门口的装置。这将我对城市以及相关物质设施的兴趣与对日常生活物品——比如面包机和厕所——的迷恋结合起来。

大问题

要了解人类如何通过社会互动发展自我感，下列大问题指导着我们的讨论：

1. **我们如何发展出自我感？** 我们每一个人都拥有独一无二的自我认同。但是这种自我感是一种单一的事物还是社会互动的过程？在这个部分，我们将分析自己如何通过对自身的反思来了解自己，这种反思就是对他人关于我们的观点——他者之镜的反馈。

2. **我们如何理解自己的世界？** 人类有特定的方法来展示自身作为社会成员的相互作用的能力。在这一部分，我们将探讨社会学领域的常人方法论如何去分析人类理解世界的方法。

3. **当我们从一种社会环境转换到另一种社会环境时，我们会面临怎样的挑战？** 个体的社会自我不是固定的，而是总在变化着的，这种变化有时会带来挑战。在这部分，我们将了解当个人经历角色冲突时会发生什么事，也会分析非正式规则和我们的敏锐意识会如何指导我们的行为。我们也会分析人们如何以及为什么会服从，这会对人们在一起生活产生怎样的后果。

时，我们是有隐私的。相比之下，公共卫生间不是私密的。所以除了要避免公共场合常有的尴尬——滑倒、大声叫喊、穿着不匹配的袜子——我们还要担心暴露自己的其他隐私：应该没有可疑的污渍或水溅在我们的衣服上。实际上应该是没有任何证据证明我们曾经去过这样的地方或是我们做了什么。而在公共卫生间里如厕时，我们必须仔细监控我们会显露出什么以及向谁显露。要是搞砸了上述任何一个细节，我们就会面临自我认同被破坏的危险，也许还暗示着我们不够体面或者在其他方面也如此无能。

我们避免被贴上这种标签的一个方法是，借助我们拥有的有关做什么以及什么时候做的具体文化知识。这包括顺利使用周边硬件和设备：水槽、厕具、卫生纸、小隔间的门以及其他社会性方面的文化知识。通常我们不会在一个人排便发出声响时去转动门把手或大喊。我们会遵循男女卫生间分设的原则，尽管没有警察告诉过我们要这样做。如果有其他空着的小便器，一个男的也不会选择紧挨着正被陌生人使用的小便器旁边的位置上厕所。

但想象一下来自世界某个与众不同的国家的游客遇到的问题。在其他国家，人们也许就蹲在开放的空地上上厕所——事实上这种方式在卫生和生理学方面都要比西方世界的座便方式更高级。生活在这样世界的人们不用厕纸而是用水清洁，这些水是通过管子输送到可以冲洗身体脏了的部分的隔间里。女性和男性可以共用如厕设施，即在不同的时间使用这些设施，而不是在不同的设施里如厕。形成更鲜明对比的是罗马帝国时的做法，那时公民如厕时有多达80到90个人坐在相邻的房间的周围，彼此无遮掩地谈论当天的问题。就我自己而言，如果如厕时如此暴露，我将会产生文化迷失且相当不安。

除了担心细菌问题，现代洗手间的使用者还常常担心社会传染病问题。不会进行适当社会互动的人大量存在，这样的一类人会被当作是一种污染物而被规避。在印度，这意味着如厕时要回避最低阶层的人（这些人的角色是清洁厕所，是其他卑微工作之一）。在像美国这样的国家，如厕时如果那些着装凌乱或不整洁的人在附近可能就会让人们很担心。一些人不会进入一个有无家可归者的卫生间，也会避免与任何同自己的社会地位相距太远的人共用卫生间。

我们在公共卫生间的行为会非常明显地受到性别的影响。在各自的公共卫生间里，男人和女人表现不同，这远远超出了生物差异所施加的影响。比如，男性从来不会隔着各自的隔间聊天（女性在这样的场合明显会这么做），男性只在小便时才可能聊几句。男性会努力直视前方，绝不会去看另一个男性身体的敏感部分，并且看起来也不像他们正努力避免这样去做。而女性要表现得更为自在一些。女性说卫生间是她们聊天的地方。她们说有时就在卫生间里学会了如何打扮自己、保持身姿、使用女性用品和整饰着装——小伙伴们在周围乱忙一气，给出建议和帮助（Saurez 2008）。一旦某个男性或者女性选择了"正确"的卫生间进行使用，那么他（她）就会参与进与那个卫生间相符合的实践，使用者就再次强化了其作为特定类型人群（男人或女人）的独特认同；并且学会整饰自己和管理如何在他人面前以某种特定的方式展示自己。

公共卫生间的例子指出，我们的行动受到那些对我们重要的人乃至陌生人的谨慎判断的指导。本章考察了我们如何能成为独特的个体却又受到他人力量的影响。社会学家想知道，个体性认同如何能与服从并存？以及这些又是如何在人类的互动中实现的？

答案在于绝不要把"个人"和"社会"看成互相对立或者彼此分裂的事物。相反，个体和其所处的社会在历史的长河中时时刻刻、持续不断地相互影响着。这一过程——而且这是我们理解人类的重要起点——通过我们如何互动和思考得以发生。下面这一点是关键：我们能够内省（Introspect），而且是通过他人的帮助实践这一点。

4.1 我们如何发展出自我感？

社会自我

我们不仅拥有思考面前客体（比如香蕉或者同伴）的能力，而且还拥有反思我们自身的能力。即使聪明敏感的法国贵宾犬也做不到这一点。像其他非人类的动物一样，聪明的狗是由本能而不是由反思驱动的，这就是为什么即使它们去同一个地方、去一次或两次会得到同样的食物和关爱，但它们还是会跑遍全城寻找食物和关爱。卓越的人类具有自我反思的能力，这成为我们采取行动、解释和评估我们面前一切（包括其他人）的工具。

社会自我是自我唯一的可能存在形式：自我不是物，而是一种互动过程。社会学这种思想的重要流派根植于20世纪早期哲学家乔治·赫伯特·米德的思想中。该理论流派被称为符号互动论或者互动论。这个流派的理论是本章的指导思想，这种思想的核心是，个体的个性、喜好、想法等是通过与他人以及自己的沟通互动被建构和塑造而成的。

镜中我

4.1.1 解析他人的观点和判断会如何影响我们的认同。

自我（Self）的概念——一个人的身份和社会地位，通过互动得以形成和再塑——是如此重要，以至于如果它太难实现，甚至个体的身体也会出现问题。例如，从对孤儿院的研究中我们知道，没有社会刺激婴儿很难存活。在1945年的一项经典研究中，精神分析学家勒内·史毕兹（René Spitz）将一家孤儿院中的婴儿与一家托儿所中的孩子进行了比较研究。这家托儿所专门向母亲被监禁的孩子提供服务。这家孤儿院和托儿所都有充满爱心的专业护理人员。婴儿在这种干净、温暖的环境里都能受到良好的医疗照顾和吃到有营养的食物。但二者之间存在差异。在托儿所（但不是孤儿院），婴儿通过婴儿床栏杆可以看到周围的一切。他们可以看到服务员和访客在周围忙活。在托儿所，最大的医疗问题是普通感冒，除此之外婴儿是健康和快乐的。

与此同时，孤儿院的婴儿在大部分时间同工作人员是分开的，只有在喂食或换尿布时才有人际接触。这些婴儿住在小隔间里，无法看到彼此，而且他们的婴儿床有固定的围边，所以根本也看不远。结果，史毕兹写道，"一个婴儿一直在禁闭的婴儿床里躺着直到他（她）能站起来"（Spitz 1945）。与托儿所不同，孤儿院的婴儿在情感和身体上都受到了伤害。当其长大时，他们变得越来越孤僻，还更容易患上慢性疾病。其中40%的婴儿在史毕兹首次观察后的两年内就死了。他总结说，由于缺乏与他人的社会接触导致孤儿院婴儿的情绪和身体健康状况很差。当孤儿院调整了婴儿床、照顾者开始与婴儿互动时，婴儿的死亡率大幅下降。

在独居的环境中，成年人的表现也不太好。在美国监狱里，把破坏规则的犯人送进禁闭室几个星期、几个月甚至几年是常见的纪律手段。在没有窗户的禁闭室里，犯人的食品通过门上的槽送进去，而且如果允许他们有访客的话也仅限于视频会见。在被心理学家克雷格·哈尼称为重刑监狱的地方，囚犯通常一天会有23小时被关在小间里，而且同他人的接触也被有效地隔绝。没有真正的社会接触，囚犯的心理状态开始崩溃。有些囚犯的心理开始停滞在混乱状态，嗜睡，注意力无法集中。其他的囚犯在头脑中会产生幻觉、妄想症和强烈的焦虑。这就是为什么一些犯人为了寻找基本的社会联系可能会求助于敲击穿过牢房的管道，他们希望别人能知道他们在，并可能回敲回来（Haney 2003）。

那么，这种如此强大、甚至关乎生死的社会交往需求来自哪里？我们真的只有通过其他人的眼睛才能了解自己乃至我们的存在。我们所采取的行动，我们所使用的表达，以及我们做出的手势都会从自己周围的人那里获得评价。那些人告诉我们（不一定是用明确的话）我们是谁。并且我们会用对这些评价的诠释来表征自己的存在。当然，这些人首先是会情不自禁注意到我们早期咿呀学语和呆萌动作的父母或其他照顾者。他们的微笑和皱眉成为我们早期存在感的来源。从那时起，关于我们是什么类型的人的反馈开始了，包括我们有多好或有多坏。

被剥夺社会互动之后，犯人在监狱里表现不佳。

随着我们的玩伴、兄弟姐妹、朋友、老师（有时是医生和警察）出现在我们周围——一系列的评价人和评价补充着我们对自己的认识，这种判断贯穿我们的生活并不断积累。我们聪明吗？漂亮吗？是矮的或高的？是高尚的还是自私的？事实上，我们一直在问这些问题，而另一些人则提供了答案。我们通过他人的"镜子"来了解自身，他人的"镜子"反映着我们所创造的印象。镜中我（Looking-Glass Self）是由社会学家查尔斯·霍顿·库利在1902创造的一个术语，强调我们对自己的了解程度依赖于他人如何看待我们。互动使我们的世界得以运转。

寻找赞同成为真正的激励。如果人类有一个基本的本能，那么就是它。因为我们想要拥有归属感并与他人建立联系，所以我们试图预期我们所做的事将会产生什么结果。用社会学的术语来说，我们具有"扮演他人角色"（Take the Role of Others）的能力。这成为我们满足他人期望的工具，因为我们可以想象别人将会怎样认识我们所做的或所说的。其他人会根据我们将如何接受他们所做和所说的预期来调整自己的行为。这成为一个复杂的相互作用系统，这种相互作用通过人们之间直接和间接的沟通形成广泛、复杂的序列体。从社会学角度讲，这是一个关键的设置，良心和内疚感由此而来。我们不想让别人失望。我们真的很想满足他人对我们的期望，因为这也是创造自身一种积极存在感和社会归属感的方式，并且也是一种积极与他人连接的方式。即使它只是通过我们阅读到的、在电视上看到的或在社交媒体上看到的东西间接联系在一起，我们都会注意到并了解一些我们需要做的事情以符合他人所期望的社会行为。

重要他人、参照群体和概化他人

4.1.2 比较重要他人、参照群体以及概化他人在指导我们行为和塑造我们的自我感时所扮演的角色。

我们知道获得他人认可的需要驱动着自己，但是所有人对我们都一样重要吗？社会学家试图通过社会地位来确定他人对我们如何重要（或不重要）。我们把一些人和一些类型的人看得比其他人更为重要，这在我们对待这些人的方式以及寻求他们的认可方面体现得更明显。例如，街头的无家可归者和那些社会地位较高的人相比，二者并不是同等重要。

在个体层面上，社会学家追随乔治·赫伯特·米德的步伐使用重要他人（Significant Other）来指称那些与我们关系足够亲密、拥有强大能量、能激发我们的行为的人。从社会学的意义上而言，几乎每个人都有不止一个重要他人。

有时候个体的重要程度或多或少具有相似性，因为他们都是一个相关社会类型的共有成员。医生会对其他医生的观点敏感。他们的自我感对这些人观点的依赖性与对其他人（比如说保管员）观点的依赖性并不一样。大学生可能对自己大学同学的观点更感兴趣，而不是那些他们认识的上完高中却没有继续接受更多教育的同学的观点。要明了我们如何做事，我们的行为会参照社会位置和偏好与我们的价值感极为相似的他人。社会学家将这些影响我们行为的群体称为参照群体（Reference Groups）。我们每个人都有属于自己的这样一个群体，而且我们如此紧随自己参照群体的部分原因是，一旦加入这样的群体，我们就会花时间去做与我们类似的人所做的事，并且是与做这事的他人一起去做。我们根据这些人来模式化自己的行为，有时，群体中的特定个人会发挥行为模范（Role Model）的作用。随着我们模仿他们如何行动、穿衣和开展生活，这些人就会对我们产生极其重要的影响。

我们每个人都会与许多参照群体联系着，甚至会同时与这些群体联系。对我们中的一部分人而言，这一点可以通过在线的社交网站栩栩如生地展现出来：我们处于群体网络之中，这些群体围绕着年龄、品味或者地位的共性而聚簇成丛。我们与认识的其他人也享有一些同样的联结；我们的群体名单与这些人的群体名单具有高度的重合性。我们的朋友，也是他们的朋友。我们加入的某个俱乐部，他们也可能是其中的成员。相比一个我们认识但几乎不认识我们的其他人或不做任何我们做的事的其他人而言，这些人对我们的影响特别强大。尽管我们可能与这样的圈外人发展出关系，但研究社会网络的社会学家发现，

概化他人是指由特定时空下什么是适当的共识性理解所施加的社会控制。

相比群体中那些与我们的社会圈子和兴趣有着多样联系的人而言，这样的关系通常数量不多，而且更容易消失（McPherson，SmithLovin，and Cook 2001）。这也就是我们常说的：物以类聚，人以群分；道不同不相为谋。

我们的一些联系远远要比直接的社会网络——不管面对面的联系还是借助电子网络产生的联系——广泛得多。我们每个人都会接触影响范围更大的文化并根植于其中，所以人们都明白每个人都知道的适当的行为该是怎样的。比如，美国人在公共场合做事时不会赤身裸体。穿衣蔽体被人们如此普遍地接受，以至于不需要就此制定某种规则；这一切都被人们当作是理所当然的事情。而且，我们也不吃狗肉或昆虫。我们都了解这些事情，如果我们违背了这些，就会面临给人留下极坏印象的危险。社会学家把这种由特定时空下什么是适当的共识性理解所施加的社会控制称为概化他人（Generalied Other）。我们都有各种各样的不曾言明的什么能做和什么不能做的知识，而且对这些知识的来源了解不多或者觉得没必要去了解。我们仅仅就是这样去做了。实际上所有的重要他人都这样去做，所有的行为模范也会这样去做，所有的参照群体也是如此。

生活就是一场秀

4.1.3　讨论我们向他人呈现自我的方式如何不同。

在某种意义上，我们总是站在舞台上——在别人的目光中呈现自己。我们需要掌声，不只是因为我们把掌声当作是更好生活的某种奖励。我们需要它如此。秀必须进行，秀就是我们的生活。

通过分析自己每天携带的东西，我们可以发现有关每个人会多仔细地考虑自身的哪些部分可以与他人分享的证据。民族志学家克里斯蒂娜·尼伯特-扬（Christina Nippert-Eng 2010）就把我们的钱包和手包比作工具箱，用来管理我们要向他人展现的多样化面孔。名片（如果我们有的话）是打算送给我们可能遇到的人用的。它是我们在大多数公共舞台上的道具。但是，对于同一个钱包中更为私人化的物品（比如处方），我们会对自己最亲密的朋友保密，却会让药店中的任意一个雇员看。尽管我们会通过这些多样化面孔过生活，尼伯特-扬却发现不同的人对其愿意分享的事物的看法不尽相同。一些人对让他人看钱包里的收据感到恐惧，而另一些人则不担心这些纸片可能揭示的含义。面对不同的人，我们对自己愿意展示身份的哪一方面以及如何展示会有不同的考虑。

尽管我们都承认我们像生活在舞台上这样一个事实，但我们并不会完全一模一样。因为遗传学家可能会认为每个人之所以独特在于我们的生物密码不同，而社会学家则认为我们每个人不同是因为没有人会经历同一套社会互动。我们每个人都以不同的状态经历特定的情境，每天与不同类型的个体和期待互动。在这个过程中当然会存在交叉重叠的情况，尤其是对那些性别、阶级或种族同源或相似的人而言更是如此，但永远不会以塑造出完全一样的个体的方式重叠。

因此我们总是处于变化之中。因为互动过程永不止歇，而且我们经历的情境也一直变化，所以我们的身份也经常随时间的变化而改变，即使这只是微小的改变，抑或只是瞬间或短时的改变。有时我们是美国人，有时我们是爱尔兰裔或美国黑人。有时我们通过职业来认同自己（"我是律师"），其他时候则是通过爱好或狂热来认同自己["我是一个活动家"或者"我是电影《巨人传》（Ginats）的粉丝"]。正因为我们在世界中行动，而且世界又对我们的行动做出回应，所以我们才会成为不同的自我——包括我们认为自己多"好"或多"坏"以及以怎样的方式去这样认为。

4.2　我们如何理解自己的世界？

人类的方法论

　　现在我们知道社会互动塑造了个体。但接着会怎样？是什么突出的能力促成了这个过程？在最基本的层面：个体如何展示自身作为能够互动的社会成员的能力呢？我们如何展示出自己在社会生活中是可以安全相处和共同分享的个体呢？一些社会学家通过精确的观察和实验来研究这个问题。这些社会学家受到符号互动论的影响，但又扩展出一些新的方向。结果发现，人类互动时会遵循特定的方法，而且不管文化或历史如何，全世界人类都会使用这些同样的方法。至少颇有影响力的社会学家哈罗德·加芬克尔（Harold Garfinkel）就坚持这样的观点。他创立了被他称为常人方法论（Ethnomethodology）的社会学分支——有关人类方法的研究。

语境，语境，语境

4.2.1　解释语境如何赋予词语和情境以意义。

　　那些方法是什么样子的？其中最主要的一种方法是人们会不断、深入地考虑语境。因此，甚至一个语义看起来明了的词（如杀死），其含义也要考虑语境。当我们听到诸如"我要杀了你"这句话时，语境——是一个孩子胳肢她哥哥，还是一个少年的妹妹毁了他的新毛衣，抑或是在一个秘密监狱里进行的审讯——就很重要。参与"我要杀了你"这句对话的人要在这个特定时刻根据语境弄清楚其真正的含义。情境不仅影响着"杀死"这个词的含义，还能彻底改变其含义。比如，在嘲弄一个大笑着的孩子和威胁一个头号敌人时说这个词的含义就完全不同。词语不存在独立的含义，人们总是借助社会语境重构语义。

　　人们还有其他考虑语境的方法，如不会要求别人对我们提出的问题给出绝对完整的回答。相反，我们会根据语境了解应该回答多少，然后回答那么多就好。否则，答案可能会无穷无尽。所以，当我们向别人说"你好吗？"的时候，通常不是想知道诸如对方的体温这样的信息（当然，如果对方在发烧就另当别论了）。根据语境，我们会排除这个答案，只回答"好"或"不错"就可以了。当然，什么答案合适或不合适会因为谁在提问、情境怎样而有所不同：我们的医生也许确实想知道我们的体温，我们最好的朋友想知道我们和自己的男朋友或女朋友相处得怎么样。这都取决于谁在问问题，谁在回答，二者之间的关系以及特定的场合，而且是以特别精确的方式确定这些。我们都普遍能明白这一点，也会这么去做，这是我们的方法。

对话的精度

4.2.2 阐释对话模式如何能展示社交能力。

我们能从一场对话中看到人类的各种方法在发挥作用。虽然人们没有完全意识到自己在这么做，但人们能以一种精确的方式使每一次说话都能契合正在进行的对话。研究日常说话的社会学家准确地知道轮流说话——对话的重要基础——如何发生以及人们如何使用谨慎的策略使之得以发生。

我们注意到最轻微的前倾点头是某个人想要说话的信号，所以常常会停止说话来配合对方。我们需要熟悉沉默。一个健谈的人只需要3/10秒就能注意到无事发生，以及对话中出现了一个插话的机会，就像一个爵士乐表演者可以"感觉"到根据节拍进入表演的信号；一个健谈的人也可以凭借3/10秒的沉默就能注意到有什么事情发生了。加州大学洛杉矶分校的社会学家伊曼纽尔·谢格洛夫（Emanuel Schegloff）发现，甚至非常短暂的沉默实际上都在传递某种信息（Schegloff 1996）。因此如果你邀请某人与你约会，假如这个人的答案会是"好啊"的话，那么"好啊"这个回答会即刻出现，会在询问的一瞬间发生，甚至话音未落时就发生了。但是，如果答案要是"不"的话，答案就会有延迟，实际上是在延迟中说出了答案。很微小的沉默就是坏消息要来了的先兆。或者"不"的回答可以从某种耗费时间的短词或表达中被察觉到，比如"嗯"或"哦"或"哎呀"这样的词，甚至会是一连串这样的词。拒绝的意思就体现在这样的对话过程中。

下面有一个真实的例子（如果能和别人一起大声读出来会有所助益）（Davidson 1984）：

埃德娜（Edna）：想下来和我一起吃午饭吗？我有一些啤酒和吃的东西。

南茜（Nancy）：哦，你真好，亲爱的。嗯，让我……我要……

埃德娜（在南茜说到"让我"时接过话来）：或者你有其他的事情要去……

南茜（在埃德娜说到"其他"时插话进来）：不是，我要……嗯打电话……给鲍勃的妈妈。

以婉转的方式说"不"的一个优点是问者能重构自己的问题，可以新增如"或者你有其他的事情要做……"的内容（正如埃德娜所做的那样）。以迂回的方式说常常能减少拒绝带来的不快。我们彼此一直都这样做着。这种方法和其他类似的方法一起有助于我们建立起一种安全感与和谐感，甚至当我们不同意彼此的想法时也能发挥这种作用。正如人们有时所说的那样，我们给彼此"留面子"，并对自身维系一种更积极的自我感。我们共同创造了这样的举动，正因为我们拥有感知这些非常细微举动的能力，这才得以能够发生。即使与别人有争议时，我们也倾向于维护这些类型的"实践伦理"（Practical Ethics）。甚至在我们之间存在重大分歧时，这也能让人类彼此间建立安全感与和谐感。

人们之所以轮流说话是因为同时说话几乎是不可能维持下去的（和你的朋友试试就明白了）。这时就需要有人礼貌地停下来，而且几乎在对话重叠时的刹那间就停下来。社会学家把这种谈话中断的反应看作一种修复（Repair），这是谈话者采取的一种维系互动的有益举动（Schegloff 2000）。事实上我们所有人都会积极地去做这种修复，但某些人要比其他人准备得更充分。

社会学家已经发现了在这种时候做出让步的人们所体现出的一些模式。除了一些常见的意外情况，与对男性的"强壮、沉默"的刻板印象不同，男性更容易打断女性的谈话，反过来则不是这样。在男性和女性同时说话的情况下，常常是女性会做出让步。医生打断病人说话的情况要比病人打断医生说话的情况多——医生是女性的情况除外；医生要是女性，则这个模式就变得比较均衡了（West 1984）。说话时，大人打断孩子的时候要比孩子打断大人的时候多，有些情形下情况会与普遍的假设相悖（常见的是与父母说话的时候）（West and Zimmerman 1977）。

所以谈话过程并不必然是民主的。除了性别和年龄的差异，发现下面这一点也并不让人意外，即老板在谈话中体现出的自身的权力，雇员对此并不陌生，他们能感觉到雇主和自己说话时"高人一等"的态度。谈话中的不平等具有隐秘性，有时参与谈话的人很难感觉到或很少提及这一点。但是提及上述这些的重要性不仅仅因为在谈话过程中被打断是一种侮辱。如果一个人缺少话语权，就丧失了让自己的观点受到重视的机会。他们也就缺少有助于创造自身和他人所依赖的现实的能力。

在朝鲜领导人金正日（Kim Jong-il）的葬礼上，人们号啕大哭、悲痛欲绝。不同社会的个体在表达情感的方式上有何不同？具体的某个场合会如何引发个体控制情绪的特殊方式？

情感

4.2.3 分析个体如何在社会互动中调控情感。

人们在社会互动中运用的另一种方法是情感。情感并不是像刻板印象所暗示的那样会完全超出我们的控制。有时我们会把情感说成是某种"爆发"——与人的意愿相悖的突然发生的笑或哭。但对于社会学家而言，情感也是我们针对具体目的安排的表演，尽管展现的具体内容会因为情境的不同而变化。

在不同的社会谁应该哭泣是不一样的。在一些文化和情境中，不哭会被认为不合适，他们"应该"在一个所爱的人死去时哭泣，不应该在这样的场合笑出来。不过在世界上的某些地方（如新奥尔良或巴厘岛）可以这样做，当然在葬礼上跳舞也是适宜的。在欧洲和北美的足球（美国人称为橄榄球）赛上，会以某种频率出现无序的混乱和人际斗争；在美国，出现这种行为的频率要低得多。但是美国的暴力犯罪率要比世界上其他大多数国家高，包括"激情犯罪"（Crimes of Passion）。在某种程度上，人们在表现对他人的攻击和情感破裂时存在着时空限制。

在更为宏观的水平上，研究打架和冲突的社会学家注意到竞赛者会如何小心地把自己的威胁和手势嵌入到所有参与方都了解的相互叫喊的脚本中去（"是吗"，"说谁呢"）。宾夕法尼亚大学的社会学家兰德尔·柯林斯（Randall Collins）称这种一连串的事件为"互动仪式链"（Interaction Ritual Chains）。通过系统地观察街头和其他场景中人们之间的对立紧张现象，柯林斯发现个体很少会打起来。这是因为，在大多数情况下，参与方知道自己以及对手的咆哮大喊是一种夸张。此外，大多数人都不知道如何打架，我们彼此间心存忌惮。因此我们会努力寻找结束争议的方法而不是诉诸武力。我们每个人都有这种社交能力，因而能找到这些方法。人们只是看起来像失控一样（Collins 2008）。

正如加利福尼亚大学洛杉矶分校的民族志学者杰克·卡茨（Jack Katz）所指出的那样，跟着别人一起大笑也展现出情境对情感以及情感表露的影响。通过研究在游乐园里的哈哈镜中彼此互看的家庭，卡茨发现每个家庭成员都会一起大笑，这与谈话不同，轮流说话是谈话要遵循的规则。其他人也许会用咯咯笑引我们发笑，但当我们一起大笑时，彼此也是在集体共识（Collective Agreement）下大笑，这种集体共识证明了不再压抑潜藏的情感的正当性。在一起，我们的笑声肯定了彼此的情感，肯定了感受到的那种情感的亲密无间，还肯定了用大声叫喊和非常规的身体动作表达那种情感的安全性（Katz 1999）。与谈话的轮流说话规则不同，人们认为在别人笑完之前憋住不笑是奇怪的，甚至具有破坏性。

理解情感的社会本质的一种方法是研究观众如何与在舞台上进行表演的人互动。我们让彼此兴奋。与其他在思想和精神方面类似的人一起欣赏音乐会让人血脉偾张。听完演唱会，有时我们不仅会对表演者进行评论，还会对观众进行评论。事实上，表演者承认他们会从观众那里汲取滋养，就像观众从表演者那里汲取滋养一样。这是一个相互强化的过程。

同样，人们的反应要与当时的情境相适应。一个人不会在天主教堂的人群中大喊大叫，一个人也不会在摇滚音乐会上忧郁安静。如果这样去做，那么被冒犯的不仅有那些在舞台上表演的人，还有观众中的同胞。我们需要彼此去创造共同的体验，彼此越是欣赏，表演就越成功。有人知道如何调动我们时，我们就会喜欢这个表演。如果没有这样的人，表演就会让人失望。正如埃米尔·迪尔凯姆[Emile Durkheim（1912）1995]在1912年所提出的著名断言那样，当观众彼此鼓动时就会出现"集体欢腾"（Collective Effervescence）。因为处在一种常见的社会学动力之中，人们改变着影响他们的情境。

英国社会学家马克斯·阿特金森（Max Atkinson 1984）用一种非常精确的方法研究了所有这些现象的一种变体。阿特金森录下了英国政治家在政党集会上的演讲，每分每秒地去仔细关注演讲者的表现以及听众如何回应。他用分贝仪测量观众掌声的音量以及每一轮鼓掌的时长，包括掌声打断演讲过程的时长。阿特金森发现掌声突然爆发后会在一秒钟里很快强烈起来，然后慢慢变弱（看图4.1）。

我们都知道独自鼓掌的尴尬。比如，交响乐由一系列乐章组成，一个人不知道应该等上一乐章结束时再鼓掌若先鼓了掌就很尴尬。通常交响乐爱好者会知道这些窍门，免得丢面子。但在其他情境下，比如在政治演讲中，知道何时去鼓掌就不那么确定了。

因此阿特金森认识到有能力的演讲者会向听众提供何时去鼓掌的线索——他们推测到其他人会和自己一起鼓掌的时刻。举例来说，阿特金森发现优秀的演讲家都会不时提及"人民的，被人民，为人民"。当这些词语配合上正确的语调，听众就会适时地回应并在正确的时刻一起鼓掌。有时我们认为能创造这种回应的人具有超凡魅力。我们认为在这些人身上存在能让其他人服从或热烈回应的特质，好像他们拥有某种魔力或某种普通人没有的精神能力。实际上，阿特金森认为，优秀的演讲家仅仅是掌握了知道听众需要什么刺激来一起行动的技术的人。调动人群（Working the Crowd）的技术是一种社会技能，能在聚会、回忆或者任何互动发生的场合产生效果。我们每个人都有这样或那样的成功调动人群的经历，人群也的确需要这种调动。

借助分贝仪和录音器，社会学家马克斯·阿特金森发现掌声开始时很迅速（大概在一秒钟达到高潮），在快销声匿迹前保持这种强度5.5秒。这意味着人们有多努力地去让自己的掌声与别人的掌声协调一致，又有多小心翼翼地在"正确的"时间鼓掌以及在其他人停下来的时候自己也停下来。

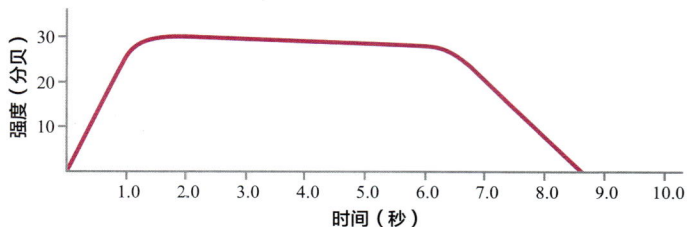

资料来源：阿特金森（Atkinson 1984）。

图 4.1 一起鼓掌

数字时代的自我呈现

4.2.4　分析数字化互动技术以及社交媒体对我们自我呈现方式的影响。

我们努力将沟通举动中的相同技术运用到其他媒介中去。社交媒体虽然会改变某些沟通模式的细节，但是这些模式仍具有许多共同的特征。当我们为自己脸书上的状态担心、一而再再而三地更新状态时，我们就正以戈夫曼会立刻识别出的方式调控着自我呈现。基于他人的回应情况，我们会相应地改变自己页面上的内容。在这种网络环境中，我们能够再一次看到人们多么希望获得别人的认同，又多么努力地调动社交媒体来实现它。

甚至当我们找到弥补面对面互动方式缺乏的基本方法时还会继续这样做。社会学家在研究一个主要通过电子邮件沟通的研究人员群体时发现，实际上参与沟通的人经常会对别人的意思感到困惑（Menchik and Tian 2008）。

他们无法捕捉到彼此的意思，花费大量的时间确认他们希望自己的话被如何理解。当参与方看起来暗示另一个人有抄袭行为（对这些做研究的人而言是一种很严重的指控）、涉嫌犯罪时，电子邮件的交流就变得尤其紧张。发那封电子邮件的人给所有的收件人写道：

我写的是"我认为它看起来像是剽窃的"（尽管我没有像我本来真正想的那样把"剽窃"一词加上引号）。经过一番仔细阅读，我相信自己不能百分之百确定这一点，而且我不是像维克多（Victor）看起来所暗示的那样称他是剽窃者……

其他借助社交媒体的交流方式也存在类似的问题。比如，晒照片和视频也会让人产生误解，而文字信息以及推特上140个字符的限制推动着简短但有时会产生误解的交流形式。

为了避免这种可能的误解，人们常常运用细微符号澄清自己希望别人如何理解自己的文字。有时，将文字全部大写以示强调或用引号表示某种限制；还有的时候，就是使用笑脸（":-)"）或其他类型的情感符号来表明含义。人们也许会通过说明自己现在所在的城市而停止发布信息作为自己正在旅行的标志（信号可能不好），因为处于不同时区，在忙一些特别的事，或者正要登机。因此社交媒体的使用者颇具创造性地寻找适应技术的新方式，以此提高自己信息的精确性并减少被人误解的可能性（Menchik and Tian 2008）。正如我们看到的那样，我们在怎样沟通方面的变化促生了传递社会信息的新方法。但它们无法完全取代真实的面对面的人际沟通；实际上，从这种转向依赖于媒体技术的沟通方式昭示出我们正在失去什么。的确，许多电子邮件都涉及面对面的互动安排，尤其是涉及的事件在情感和逻辑方面变得复杂时更是如此。

公共空间中的互动

4.2.5　明晰我们在公共空间互动时使用的一些方法。

当我们在公共空间中与人群中的陌生人而不是认识的人进行互动时，另一种特别的情境就出现了。这在一定程度上改变了我们的互动策略：我们小心翼翼地同那些自己以前与之缺少互动经验、其意图我们又不能如惯常般了解的人打交道。在公共卫生间里这种持续的小心调控达到了极致，但在公共空间的绝大多数地方我们运用同样的基本技巧。例如，几乎在面对所有地方的陌生人时，我们会朝人家的脸看一眼，时间很短暂。不这样做就意味着我们和他们有着特殊的往来或者被其所吸引。忽视某人并不总是粗鲁的行为。如果碰见一个朋友，

无视别人并不总是一种粗鲁的行为。如果你看到一个朋友没有问好，这可能是粗鲁的。但随意同一个陌生人说话也可能是粗鲁的行为。通过礼貌性无视，我们能够在公共场合礼貌地忽略他人的存在。

你没有打招呼可能是粗鲁的。但是，随意同一个陌生人说话也是粗鲁的。通过礼貌性忽视，我们能在公共空间中有礼貌地无视他人。如果这不够真实，别人就可能会认为我们是一种威胁，很奇怪或疯了。用戈夫曼的话来说，当人们相遇时，双方通过相互的"调暗灯光"来解决这个问题。人们这时就运用了礼貌性忽视，即尽管知道他人此时存在，却在一种适当的程度上彼此无视。通过这种方式，几十、甚至几百个人在城市街道上和拥挤的校园里漫步，看见和听见彼此却不会对别人造成不必要的干扰或者引起他人的焦虑。根据伟大的社会思想家之一、德国理论家格奥尔格·齐美尔的看法，尤其是在人口稠密的地方，正是忽视使得大城市的社会生活得以可能（Simmel 1950）。

下一次你在登上一辆空荡荡的公交车或者去一家空无一人的电影院，抑或与其他陌生人坐在一起的地方时，你就极有可能看到忽视正在发挥作用。找座位时，人们会去看空座位而不是去看已经坐下的别人的脸。每个人都会被吸引到空间中某个特定区域，比如剧院的中间一排。但是，在一定的时间内随着更多的人进来，他们会选择不与陌生人直接挨着的座位。如果有人不这样做，就会被认为很奇怪——就像一个男人在其他小便池可用的情况下选择与他人临近的小便池那样糟糕。刚进来的人坐在一个人旁边会引起这个人的警惕。所以没有表现出任何注意到周围人的迹象，我们就会挪到与其他人有些距离的位置上，避开这些人。但没有这么多空位置时，坐在陌生人旁边就是合理的举动了。然而，即使是那样，我们通常也不会明显地注意旁边的陌生人。

有时我们在公共场合的表现并不完美，但是我们能够补救。一种众所周知的简单方法就是说"哎呦"（oops）。戈夫曼认为"哎呦"大有文章。通过脱口而出的这个音节（甚至这实际上都不是一个词），我能示意一切都还好，世界还在以差不多适当的方式运作着，我没有脱离自己的角色，也没失去理智（Goffman 1978）。

但是，正如存在粗鲁的插嘴行为一样，有时人们并不能很好地调度自己的行为，原因并不是自己笨拙或缺少社会技能。个体可能会故意盯着人看。校园恶霸就会从上往下盯着被欺负的受害者，把这作为驯服别人的一种形式。在空荡的公交车上，如果一个陌生人坐在我旁边还一直盯着我不放，我所有正常运作的防卫警报就会突然大作，因为事情非常不对劲了。

民族志学者米切尔·邓奈尔（Mitchell Duneier）和我分析了发生在街头流浪汉与过路人之间发生的麻烦事，流浪汉因为想讨要零钱或其他原因而叫住了这些过路人。大多数人都有过被陌生人叫住要钱的经历。那些要钱的人常常没有观察到开始谈话的适切点。他们甚至在我们没有给出想说话的信号时就接近我们。就这一点而言，他们没有考虑我们的感受。他们会突然提出请求，而且看起来也没注意到我们对此没显示出任何兴趣的事实。流浪汉也不会调整自己的请求避免我们很直白地说"不"。他们敦促我们立即做决定，逼着我们粗鲁起来。而这些是人们不愿对别人做的事。我们一定会难过，因为自己被逼着表现出不文明的行为。

邓奈尔和我特别注意到流浪汉与女性过路人之间出现的问题。街头男性流浪者通常会对女性过路人的身材以及长相打扮进行评论，并试图通过提很多问题来纠缠她们。邓奈尔录下了在1999年发生于纽约的与此类似的一段互动。这段互动发生在一个叫莫德里克（Mudrick）的男性与一个女性过路者之间：

莫德里克：你好，美女。（8/10秒过去了）

女性路人（语气平淡）：你好，你怎么样。

莫德里克（在"样"那里接上话）：你还好吧？（时间过去2.2秒）

莫德里克：知道吧，你看起来很漂亮。我喜欢你盘头发的方式。（8/10秒过去了）

莫德里克：你结婚了吗？

女性路人：是。

莫德里克（插话）：那婚戒在哪里啊？

女性路人：我放家里了。

莫德里克：你放家里了？

女性路人：是的。

莫德里克：能告诉我名字吗？

莫德里克：我叫莫德里克。你呢？

在这里我们能看到一些起作用的手段，许多人很难发现这些手段。时机就是一切。这个女性是在——用谈话术语来说——接近一秒钟长的沉默之后回应了莫德里克的问候。而且她那句"你怎么样"是在陈述，而不是在询问。这两点讯号都表明她不想再交谈。莫德里克无视这些讯号，因为他试图进一步推进对话（看对话第三行），甚至不等这个女性回应完。这个女性在超过两秒的时间后才回应莫德里——两秒钟在对话中要算很久的时间了。莫德里克通过另一个赞美再一次努力，接着又问了另一堆问题。这个女性做出了一些回应，但每次回应都表达出她想结束谈话的想法。莫德里克在这个女性走开时还在问问题。

当人们赞美别人或者问问题时，几乎常常都会得到回应；如果谈话的另一方有对话的意愿，他们就会得到更快的回应。但人们会通过停顿和不回应来传递自己不想说话的讯号，对话分析将之称为疏远姿态（Disaffiliative Gestures）。莫德里克不仅无视这个女性给出的讯号，甚至用更多冒犯性问题提更多的要求。这个女性的疏远姿态逐步升级，直到她有些粗鲁地根本不回应重复的问题，正如她一开始就有些粗鲁一样，表现在她没有真正地接纳莫德里克开始谈话的努力。

莫德里克无视这个女性想结束对话的讯号迫使她真的粗鲁起来，邓奈尔和我将之称为蓄意破坏互动（Interactional Vandalism）（Duneier and Molotch 1999）。冒犯发生了，但是非常隐晦。当这样的冒犯发生在自己身上时，我们就知道出问题了，但是没有邓奈尔所做的那种辛苦的社会学观察，就很难明晰这一点。我们可以看到，从一开始莫德里克对这个女性而言就不是那么至关重要，这使得整个对话从一开始就没有一个好的立足点。如果问话的是纽约市长或一个影星，而且还以同样的方式突然和她说话，她也许就会附和下去。这告诉我们除了谈话技巧错综复杂外，人们在谈话中容忍别人的程度还取决于谈话对象的地位类型以及个体认同的社会分类，而街头流浪汉是低人一等的。

4.3 从一种社会情境转换到另一种社会情境时，我们会面临怎样的挑战？

转换和困境

当我们从一种社会情境变动到另一种社会情境时，我们的社会自我已经为可能的变迁做好准备。而且当我们在这些社会情境中变动时，有时会遭遇决定如何行动的困难。

地位和角色变迁

4.3.1 分析角色冲突产生的原因。

当我们变老或者仅仅改变了生活环境时，这种进入不同生命阶段的事实就会带来一种挑战。社会地位是一种独特的同他人相区别的社会类别，涉及一套个体被期待和要承担的行为和角色。地位变迁会涉及不同类型的群体以及群体对我们的期待的变化。就教育地位而言，我们经历了小学生、中学生以及后来的大学生的变化；在个人方面，我们成为男朋友或女朋友、丈夫或妻子、父母、业务经理、专业人士或者雇员（当然，这些地位当中很多是重叠的）。社会学家感兴趣的是这些不同的地位都包含着一套他人期待我们扮演的角色。可以设想存在着社会地位清单，每一种社会地位都伴随着社会期待。

有时我们的学生角色会与朋友的期望相冲突。作为一个学生，我们想满足老师要求我们跟上课业进度、好好准备考试的期望。但是我们的好友面临危机需要帮助。我们应该完成哪种角色呢？

这本书的读者是学生，而且人们期待学生完成某种期待，即角色或角色集（Role Sets）期待，这包括：尊敬老师，出席讲座，在教室里坐着时手不要乱动，完成安排的论文以及参加考试。因为学生通常会顺从这些期待，所以大学课堂相当稳定，看起来同（摇滚音乐会舞台前观众的）狂舞区里的生活有很大的不同。所以，适合殡仪员和律师的行为不同，适合青少年和丈夫的行为不同，适合餐厅厨师和医生的行为也不同。如果医生真给我们做了鸡汤让我们喝，我们会觉得这很诡异。

有时我们会经历角色冲突（Role Conflict），即在完成一种角色期待时与需要满足的另一种角色期待所发生的冲突。大多数人都经历过这种不大舒服的情况，比如作为子女的角色期待同作为一个朋友的角色期待相冲突的情形。作为子女，我们要满足父母希望我们回家给祖母过生日的期待，但是最好的朋友需要我们帮忙搬去新公寓。不管怎么做我们都会觉得不对、纠结不已。

由于对我们施加影响的参照群体多种多样，在许多不同的情境就会产生不一致的要求。比如，对某些工人阶层的青年而言，满足同辈群体的期待是很重要的，但这可能与学校老师的期待相冲突。研究青少年犯罪的社会学家已经确切地发现了这种顺从困境（Conformity Dilemma）。青少年的同伴所鼓励的行为却可能被成年人反对，这就使得他陷入完成两种不同角色的复杂情境中。如果青少年选择犯罪行为，这并不意味着他们是叛逆者，相反，他们顺从了那些权威人士所贬低的群体的期待。当警察或其他行政官员对青少年试图施加控制时，这种类型的冲突就会加剧，但问题是一样的。

贴标签

4.3.2　解释自我实现预言如何影响标签的形成。

无论人们在顺从这一事实上多么相似，他们还是会被塑造成不同的人，这依赖于其所认同群体中其他人的观点。社会学家一直关注被主流社会成员认为有问题的社会成员，他们常常被那些制定规则的人以及认为他们的行为有问题的人称为越轨者。根据标签理论，之所以会产生越轨者，是因为某个个体或群体成为"越轨"标签的客体，而且别的个体或机构能给该个体或群体贴上标签并使之固化。人们认为罪犯或大多数人所称的疯子与其他人有着本质不同。很久之前，社会学家就不再相信这种做法是有用的。实际上，离异的女性、男女同性恋曾经普遍被看作越轨者，同性恋甚至会被看作犯罪或一种疾病。今天我们不再这样认为，至少在美国是这样。我们理解这些标签是一定时空下的社会习俗，但是不会认为这反映出相关个体的本质。

标签理论中的某些观点认为，被贴上标签的一个结果（无论这个标签有无意义）是，被如此认定的个体会改变自身的行为而接受当初使其被归入越轨类型的那种行为。那些被告知他们不怎么样的孩子会和其他被如此告知的孩子联系在一起。不管他们早前的共同联系如何，现在他们至少共享同一个标签——然后就像变戏法一样，成为一个帮派。他们的联系会开始重叠，尤其是在他们被关在同一个拘留中心或者同处一个改造计划（Detention Programs）中更是如此。男孩们彼此提供社会支持，明晰了被反对的行为方式，甚至是价值观。就像好孩子会成为事实上的圣人般的人一样，其他被看成罪犯、反叛者或者坏孩子也会成为事实上的罪犯、反叛者或坏孩子。这就是社会学家罗伯特·默顿所说的自我实现的预言（Merton 1968）。有些事情会因为说它是真的而成为真的。

美国加州大学圣塔芭芭拉分校（University of California-Santa Barbara ）的教授托马斯·舍夫（Thomas Scheff）研究了该预言在精神病院会如何发挥作用。一些人反对"疯子"这个标签，但却会面对一场艰苦的斗争，因为周围的人会迫使他们接受这个标签（Scheff 1999）。毕竟，他们的诊断结果建立在一整套贴标签的机制上，大部分拥有这种权力的人是具有合法性的医生、护士和机构。在舍夫看来，病人经常学到的避免被治疗的最佳途径就是承认他人说自己疯了的判断正确。

但是与贴标签机制的结论非常不同的是，精神病院里的病人实际上有可能像其他人一样正常。为了验证这个想法，心理学家大卫·罗森汉（David Rosenhan）让自己没有任何精神健康问题史的研究助理来到不同的精神医院并撒同一个谎：即他们听到自己的脑袋里有声音。当班的医生将所有这些人诊断为精神失常并让其入院。一旦进了医院，这些卧底助理告诉包括医生和护士在内的所有人说自己没有更多的症状出现并行动如常。这些研究人员有一些被留院好几个月（这是对研究的奉献！），没有一个人得以离院，直到他们承认自己的确患有某种精神疾病（Rosenhan 1973）。有时我们的自由建立在接受贴在我们身上的标签的基础之上。

罗森汉的研究结果——后来以《精神病院里的正常人》（"*Being Sane in Insane Places*"）标题发表——的确引发了一些变革，许多人开始认识精神病院（及其他机构）里贴标签权力的危险性。在社会研究如何带来政策变迁的案例中，这项研究（与舍夫和戈夫曼的一些著作一起）成为去制度化运动的一部分，使得许多精神病医院关门并被以社区为基础的治疗设施所取代（唉，常常没有实现！）。

规则使用

4.3.3　确定非正式规则在社会互动中的角色。

其至对我们中那些没有在精神病院里的人而言，我们也都处于对其负有义务的组织之中，这些组织都有自己的规则。这些规则常常是明确的（比如法律或规章制度），但也可能是非正式的，包括调控个人行为的规范和期待。我们在商业、政府机构以及学校当中必须承担各种各样的身份和角色，借此我们才能生活、购买东西以及找到住处。在这个过程中，我们也有一些微妙的策略在运用。

比如，思考一下我们理解和处理那些决定我们彼此如何联系的规则的方式。让我们回到杀生/杀人这个问题上来。圣经的答案很明确：不要这么做。法律也这样讲。但是只有蠢人才会谴责某个拍死蚊子或打死要咬孩子的响尾蛇的人。我们也许需要杀死在剧院里准备扔炸弹的人。如果我们是军队的现役军人，那么去谴责已经准备好去杀人的某人（至少立场和你一致的某个人）是无法被接受的。因此，这种最重要的规则也需要人类的诠释。这就是在日常生活和大规模组织中正发生的事：诠释，诠释，再诠释。

这有一个在日常生活中非常常见的例子，我们在诸如餐馆或机动车辆管理处（the Department of Motor Vehicles）这样的地方总能看到的例子："先到者，先服务"。但是如果一个如Lady Gaga或希拉里·克林顿（Hilary Clinton）这样的名人需要一些服务，任何一个会办事的接待员都不会让她们排队等候。并不仅限于名人才会存在这种修正。社会学家唐·齐默尔曼（Don Zimmerman）对福利机构中的办事员如何接待客人进行了研究，发现他们会不断修正"先到者，先服务"的原则以保障所有运作能顺畅进行（Zimmerman 1970）。如果有吵闹的孩子，那么这样的孩子和其父母就能先于他人得到服务，以减少这震耳欲聋、让人无法工作的吵闹声。如果来的人看起来明显生病、失常或者受了伤，也会优先得到关注，即使要寻求外力的帮助（如警察或者救护车）也会如此。

同样地，尽管可能没有官方规则指导在忙碌的急诊室工作的医生让喝醉了的人在得到护理前等待更长的时间（甚至这些人可能有生命危险），但他们可能会优先选择照顾更无辜的个体，也许是一个被车撞了的老人或正遭受痛苦的孩子（Sudnow 1967）。我们每个人会对情境进行判断，并使用神奇的人类能力对组织和个人的需要进行审视，以便通过变通规则做出适当的行为。

有时我们援引社会学家所谓的非正式规则，这些规则与官方规则并存，比如"尊重儿童的需要"这样的观点。我们可能会使用一些非正式规则来向别人（甚至对自己）解释我们"真的"没有违反规则，只是遵循了一个不同的规则。例如，正如我在研究纽约地铁时了解到的那样，地铁列车员和其他工作人员解释了为什么他们很少按照要求的那样向上级报告可疑的包裹，因为那样做会减慢地铁系统的运转速度；继而会破坏更为非正式的规则，即他们的工作是保障地铁按时运转。

真正使我们成为有能力的社会成员的，与其说是了解所有的规则（正式的或非正式的），还不如说是我们知道在特定的场合下应该做什么。与其说我们遵守规则，不如说我们用规则来让自己和他人都觉得我们的行为是理性和恰当的。我们这样做是为了维护世界的正常运转，以便我们能共同前进。这有点像说"哎哟"来使人们知道一切都很好一样。

有些人似乎不能以这种方式发挥自己的作用；他们在考虑情境方面存在困难。他们坚持"照章办事"（Going by the Book）。当我们在现实生活中遇到这样的人时，他们给我们的印象是愚蠢或极端无能。我们都遇到过像这样非常让人抓狂的人。他们似乎缺乏适当的判断力。加芬克尔将这些人称为"判断愚人"（Judgmental Dopes）（Garfinkel 1967，Chapter 2）。这使得同事、邻居，甚至朋友都很难与他们相处。他们可能真的生活在社群中，但他们更像生活在蚁丘里的蚂蚁，而不是像我们常说的能进行诠释和知道"视情况而定"的人类。

有时，当人们确实按照字面意思遵守规则时，很容易搞砸一切。例如，为了制造混乱，工会有时会号召普通员工"按规则工作"（Work to Rule）。这是号召员工一丝不苟地照章办事。这意味着不要走让工作真正完成的捷径。这是一个很好的工会策略，因为雇主唯一的反应就只能是坚持让工人们回到不那么严格遵守程序的老路上，这对管理层来说是一种尴尬的局面。在最近对爱达荷州一家锯木厂的一项研究中，一名采取按规则工作行动的员工让一部昂贵的机器在火中燃烧着就离开了，以便能准时参加一个"强制性的"安全会议（Richardson 2009）。抗议结束后，工人们又恢复了完成工作惯常的工作方式，一场火灾使"强制性的"要求允许有例外。

从众实验

4.3.4 解释人们服从的原因以及服从如何影响我们怎样一起生活。

人们如何适应自己周遭的社会环境会对人们如何在一起生活产生根本性的影响。社会学家有时会通过研究实验来观察人们在某种条件下如何互动，特别是他们如何顺从（或不顺从）社会压力。这几乎就像研究老鼠的实验一样，除了实验者是要观察人而不是其他动物。与观察其他动物不同的是，我们看到了人类特殊的社会意识能力是如何使操纵、服从和反抗成为可能。付出的代价可能很高。

一个实验者问，怎样才能让人们对一个简单而真实的问题给出一个明显错误的答案？结果显示，需要做的并不多。在20世纪中叶的一项经典研究中，一位名叫所罗门·阿什（Solomon Asch）的社会学家向被试展示了在一张卡片上画的一条线，并让他们从另一张卡片上画的三条线中选择长度最接近的那条（见图4.2）。这很简单，因为其中一条线明显非常匹配。阿什组织了5到7个人的小组来进行选择。但在每一个组中，除了一个参与者，其他人实际上都是在配合实验者的工作。每组中只有一个人是对此一无所知。在几次热身里，每个人都给出了相同的正确答案；在此之后，知道内情的参与者一致地给出错误答案。这种一致性开始出现时，有37个不知内情的被试（共有127名男性被试）也给出了错误的答案。3/4的人至少有一次顺从了别人的错误答案，5%的人每次都同意了其他知情的被试给出的答案，而大约25%的人从未顺从过其他人的错误选择（Asch 1955）。这就是我们所知道的结果：在很多情况下，群体压力可以改变人们的行为或思想——但不是在所有的情况下都会如此。

在这个实验的不同版本中［即由其他研究者追随着阿什（1955）脚步的实验］，我们可以改变特定的条件来观察是什么导致了服从程度的上升或下降。一个惊人的发现是，单一的联盟会也会对结果产生强烈影响。如果这个实验允许一个人和这个对内情一无所知的实验对象一起报告一个准确的答案，那么多数人意见的影响就失去了大部分的力量。这意味着即使只有一个人支持也很重要。如果你有一个伙伴，无论

所罗门·阿什给一组研究对象看了两张这样的卡片。他让他们把第一张卡片上的线段与第二张卡片上长短相同的线段匹配起来。阿什的研究合作者秘密地和研究对象混在一起，有时他们会认为第二张卡片中错误的线段与第一张卡片中的线段相匹配。阿什发现，对内情一无所知的被试中大约有1/3的人会同意研究合作者的错误选择，大约75%的被试至少有一次顺从了研究合作者的错误答案。

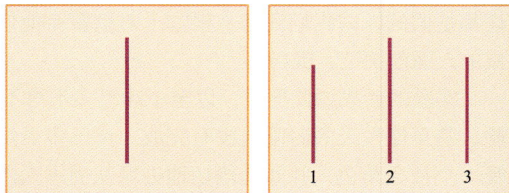

资料来源：阿什（Asch 1955）。

图4.2 阿什服从性实验

是恋爱中的伴侣、犯罪的同伙、还是真理的同路人，那么"对抗全世界"就变得容易很多。

这种实验也受到了批评。怀疑论者说，现实生活可能会有所不同。我们不知道那些参与实验的人是否真的相信这个群体的答案是对的，只知道其他被试向实验者报告了错误的答案。即便如此，说一些你不相信的东西也会有一定的说服力并产生一定的影响：如果没有人说皇帝没穿衣服，即使皇帝赤身裸体，他也很容易继续统治下去——或者使用一个更戏剧性的例子，如果独裁者决定使用警察和军事力量来杀死大量居民，人们却对此一言不发，杀戮就将继续下去。可以这样说，研究对象除了迫于压力而没有什么其他好的理由去撒谎时，实验结果会尤其令人印象深刻。在现实生活中，我们真的是试图赢得他人的赞同。我们不想与重要他人或参照群体的成员发生冲突，因为他们可能会解雇我们，让我们的课程不及格，或者把我们关进监狱。当没有任何利害关系的时候，人们会赞成和睦相处，这也解释了为什么人们在有充分理由的情况下会违背原则。

从社会科学实验得到的一个更深刻的教训是，当条件具备的时候，人们——普通人——会伤害其他普通人，甚至可能会杀死他们。出于对现实生活中主要情形的关注，耶鲁大学社会心理学家斯坦利·米尔格拉姆（Stanley Milgram 1963）想要了解那些可能会导致让人尊敬的人伤害他人的情形，仅仅是因为他们被要求那样去做。米尔格拉姆在二战后的那段时期进行了他的实验，当时大屠杀还在人们的脑海中挥之不去。一些人猜测，德国人盲目追随希特勒的原因可能在于德国人人格的某些特殊属性，或者至少是因为德国文化的某些不同模式。除了耶鲁大学的最早版本，该实验在各种情境下进行了重复研究。米尔格拉姆所谓的服从研究揭示出，在二战中按命令行事的德国人在这些方面并没有什么特别之处。

在他的实验口，米尔格拉姆（Milgram 1963）诱导他的实验对象（有时是大学生）对陌生人施加让人痛苦，甚至是致命的电击，只要这个陌生人在某种学习训练中给出了错误答案时就这么去做。事实上，并没有进行这种学习训练；整件事只是一个共谋，目的是看被试在被要求这么做时会给陌生人施加多大的伤害。即使"学习者"（实际上是教授的雇员）发出痛苦的尖叫，而且实验者表明学习者患有心脏病时，还是有超过60%的被试最终连续三次发出450伏的最高阶段的电击。学习者没了声音，暗示这种电击的电压实际上是致命的，但在所有这些情况中被试仍然会在那个临界点之后继续进行电击（Blass 1999）。

当然，在现实生活中，很多暴力事件都是间接发生的。立法者说，轰炸另一个国家、暗杀另一个人或者关闭一个健康诊所都是可以的——在没有接近尸体或在场的情况下。这些情形就如纳粹的那种极端情况一样，都不涉及直接侵略，而只是间接的官僚行动。许多人从米尔格拉姆的研究结果中得出结论，这种情况也可能会发生在这里，也可能会发生在我们这个时代。

在几年之后，另一项著名的研究也对服从问题进行了研究。菲利普·津巴多（Philip Zimbardo）教授招募了24名斯坦福大学本科生，让他们住在模拟的监狱里。他们被随机分配获得囚犯或看守的角色。心理学家从75名志愿者中挑选了他们，因为他们心理最稳定、最健康。在很多情况下，狱警会变成残忍的施虐者，羞辱囚犯、强迫他们裸体、限制他们小便或排便的行为能力。在早些时候，囚犯们会反抗，但在反抗失败后，他们会在粗暴的虐待之下屈服。有几个人情绪崩溃了，而且大约有1/3的囚犯被判断受到了强烈的负面心理影响。尽管这一切都是假的，囚犯们还是从根本上对狱警待他们的态度产生了依赖性。有些人成了恳求者，在他们自己授予权威的人面前哭泣、颤抖。

实验的后果如此严重，以至于津巴多不得不在第六天就关闭了本应持续两周的实验。有5名学生退出了该实验，甚至连六天的时间也没有完成。津巴多显然是在拿他人的心理健康和长期福祉冒险。人们会如此轻易地接受一个社会角色，并如此热切地去顺从周围人的期望，这一事实提供了如下让人警醒的信息，即人们将会在多大程度上遵从他们的角色集，而这可能会带来灾难性的后果。

我们开始理解面对面的内部交流系统如何建立起成员的群体忠诚感，这可以基于种族、族群或民族界线建立起来。与斯坦福大学的学生不同的是，这些分界线并不是随机分配的；例如，就像种族问题一样，个人在如何开始这个过程上几乎没有选择权。人真的是天生就属于特定的群体，并且必须处理其他人对这些身份的反应。

我这样做是为了让我的参照群体满意，而这可能会让我与你的参照群体对立起来。人们互相联系，并以一种不那么危险的方式把另一些离经叛道者或与众不同的人排斥在外。但是，就像鱼生活在同一个鱼群，甚至从来没有离开水一样，有时人们并不知道可能存在另一个世界——在那里，人们有不同的信仰和判断，这一切在他们的背景下是有意义的。我们的越轨行为却是他们的正常行为，反之亦然。如果根本不了解的话，别人的生活方式看起来是低劣的，甚至是邪恶的——一部分原因只是因为他们与众不同。那些处于社会结构顶层群体的人拥有特殊的能力，能贬低和惩罚那些处于社会结构底层的人，不管是在同一社区或是在社会的其他地区都是如此。

津巴多后来将自己的实验同美国警卫残忍地对待阿布格莱布（Abu Ghraib）监狱的伊拉克囚犯进行了联系，指出他的实验也只是与现实生活特别相关，而且如果人们得到角色期待和适当的（即错误的）社会背景的支持，正常的普通人会变得多么极端（Zimbardo 2007）。

结论：我们知道的东西和不知道的东西

符号互动论为我们提供了理解社会自我的工具。要理解个体就要引入他人的存在。对我们每个人而言，那些相关他人是不同的，而这有助于创造出独特性。同时，这些独特的个体必须至少要获得某些他人和群体的认同，这样才能形成积极的自我感并在这个世界中发挥作用。要实现这些目标，人们使用各种高明的手段去了解在怎样的条件下如何正确地行动。我们分析语境，在对话时以严格的精度加以运用，而且我们还会调节自己的情感来适应当下的情境。我们不是简单地遵守规则，而是创造性地打破规则，使之能为我们自身和我们要服务的组织（不管好坏）所用。

这不仅产生了个体的独特性还促生了从众行为。在个体层面上，我们要面对顺应来自立场相反各方的不同要求的挑战。因为相关他人和参照群体影响着人们的自我认同和命运，所以这对被贴上越轨者标签的整个群体而言是个麻烦。在宏观层面上，当人们以制造伤害和大规模破坏的方式进行服从时，就会出现可怕的危险（因为米尔格拉姆和津巴多的实验生动地证明了恶魔的存在）。建立一个既能让人们感受到自我的尊严感，同时又能对他人造成最少伤害的社会是一个巨大的挑战。世界历史上的许多重大事件都揭示出一些我们做得不对的例子。

社会学还有一些解释工作要做；尽管我们有一些概念可以解释整体的秩序，但是我们难以解释那些例外的情况。因此，尽管大多数人遵守社会的法律和公认的准则，但仍有些人是叛逆者。在阿什的实验中，有1/4的被试没有发生从众行为；津巴多的实验中有5人中途放弃了。在米尔格拉姆的实验中，不仅有一些人会克制自己、拒绝给他人施加致命的电击（约占被试的1/3），而且还有几个人在实验早期就离开了。考虑到人们通常会多么顺从于在即的社会环境，我们对那些不随波逐流的人缺少强有力的解释。我们不了解一些德国人为什么会冒着生命危险从纳粹手里隐藏犹太人，也不知道在道德谱系的不同部分，什么样的社会因素的混合会生产出在商场里杀害陌生人或在学校里杀害学生的杀手。

我们也没有充分理解，为什么有些个体不管背景和情境如何，在互动中看起来要比其他人更具创造性。以优势碾压处于相似社会位置中他人的方式，他们能调动一个房间的人、一个观众和他自己的生活。标签，尤其是负面标签，也许会被贴在他们身上，但他们不会任由这样发展。

也许拥有这样的优势能使人在社会和政治运动中处于有利地位，也能使自己的生活更让人满意。如果我们能找到"控制这一点"的方法，也许在和那些具有类似想法的来自心理学领域的学者一起工作中，我们就能通过抚养和教育儿童的过程来培育和推动更多这样的人出现。

━ 大问题再览4 ━

4.1 我们如何发展出自我感？ 每个人都拥有独一无二的自我认同。但这种自我感是一种单一的事物还是一种互动的过程？在本部分，我们探索了我们如何通过对来自他人观点反馈——他人的"镜子"——的反思了解我们自己。

镜中我

学习目标4.1.1： 解析他人的观点和判断会如何影响我们的认同。

重要他人、参照群体和概化他人

学习目标4.1.2： 比较和对比重要他人、参照群体以及概化他人在指导我们行为以及塑造我们的自我感时所扮演的角色。

生活就是一场秀

学习目标4.1.3： 讨论我们向他人呈现自我的方式如何不同。

> **核心术语**
>
> 自我感　镜中我　重要他人　参照群体
> 行为模范　概化他人

4.2 我们如何理解自己的世界？ 我们都有特定的方法来展示自己作为社会互动成员的能力。在本部分，我们分析了社会学领域的常人方法论怎样研究人类互动的这些方法。

语境，语境，语境

学习目标4.2.1： 解释语境如何赋予词语和情境以意义。

对话的精度

学习目标4.2.2： 阐释对话模式如何能展示社交能力。

情感

学习目标4.2.3： 分析个体如何在社会互动中调控情感。

数字时代的自我呈现

学习目标 4.2.4： 分析数字化互动技术以及社交媒体对我们自我呈现方式的影响。

公共空间中的互动

学习目标 4.2.5： 明晰我们在公共空间互动时使用的一些方法。

> **核心术语**
>
> 常人方法论　礼貌性忽视

4.3 从一种社会情境转换到另一种社会情境时，我们会面临怎样的挑战？ 社会自我不是固定的，而是常常变化的，这有时会带来挑战。 这部分分析了当我们经历角色冲突时会发生什么，以及非正式规则和我们的敏锐意识会如何指导自身的行为。我们还分析了人们为什么会顺从、怎样去顺从以及顺从会对人们如何一起生活产生的影响。

地位和角色变迁

学习目标 4.3.1： 分析角色冲突产生的原因。

贴标签

学习目标 4.3.2： 解释自我实现预言如何影响标签的形成。

规则使用

学习目标 4.3.3： 确定非正式规则在社会互动中的角色。

从众实验

学习目标 4.3.4： 解释人们服从的原因以及服从如何
影响我们怎样一起生活。

核心术语

地位　角色　角色冲突　越轨　自我实现的预言

在1942年，犹太儿童正在波兰罗兹市的贫民窟等待午餐。因为德国政府在二战期间试图消灭欧洲的所有犹太人，所以后来这些儿童中有许多人死在了集中营。

第 5 章
社会结构

作者：杰夫·曼扎

英奇·多伊奇科洛（Inge Deutschkron）生于1922年，在德国首都柏林北面一个社会关系混杂的邻里环境中长大。她父亲马丁·多伊奇科洛（Maritin Deutschkron）属于德国高等社会地位群体，因为他拥有博士学位并在一所精英中学里教书。英奇的父亲不仅社会地位高，而且他还是一个社会主义者，认为现代社会应该比资本主义通常所具有的状况更加平等。马丁和他的妻子同情工会，并不知疲倦地支持马克思主义指导下的德国社会民主党，有时会带英奇一起去参加集会和游行。

1933年1月，阿尔道夫·希特勒（Adolf Hitler）的纳粹党开始在德国掌权。不久之后，英奇的父亲因为自己的政治观点而被当作纳粹政权的敌人解除了教职。更糟糕的事情也开始降临这个家庭。1933年3月31日，英奇的母亲让十岁的她坐下，向她讲述了一件她几乎不能理解的事：国家的新掌权者认为她是犹太人，她将要因此受到迫害。对这个小女孩而言，这个消息让人惊讶，因为宗教在其成长过程中没发生过什么作用。由于生活的时空不同，她的犹太出身可能对她的生活几乎没有或很少发挥过作用。但对于纳粹政府而言，犹太血统事关一个人与生俱来无法逃脱的"种族"身份。因为英奇的祖母是犹太人，她也就被看作犹太人。这与她作为个体的自我感无关；尽管她在一个非宗教的家庭中长大，但纳粹政府把她看作与德国"雅利安人"不断冲突的异己群体中的一员。她的父亲在1939年逃亡到英国，但她与母亲则被困在了柏林，1941年后——就像被划分为犹太人的其他人一样——她们要被驱逐到集中营、面临死亡的威胁（总计有6000万犹太人死在了集中营）。在一个颇具同情心的市民帮助下，她和母亲奇迹般地在柏林地下——希特勒第三帝国的心脏——幸存下来，直到战争结束。

我的社会学想象力
作者：杰夫·曼扎

我在加利福尼亚州的伯克利大学城长大，我家既不是精英（我父母在当地大学里工作，但不是教授）也不是社会的最底层。我经历过这些不同的多样化世界，尤其是不同世界所代表的不平等，这是一个让人一直着迷的谜题。我还总是对政治感兴趣，有时会参与政治抗议和运动。我在社会学上的学术兴趣是在我读研究生的时候发展起来的。在我看来，社会学提供了一种将我对不平等以及不公正的关注与一套研究这些不平等如何存在的理论和方法结合起来的方式。从那时起，我一直在探索社会不平等影响政治生活的各种各样的方式。近来，我开始感兴趣的是，政治观点会如何影响政府政策以及公众态度如何和何时会被政治精英控制和误用。我希望我的工作从某种微小的程度上能在使美国民主比现在更具代表性和平等性方面做出贡献。

在本章我们将通过审视下面五个核心问题来探索社会结构的概念及其重要性。

1. **何谓社会结构?** 为什么社会学家拒斥世界仅仅是由个体集合构成的观点?在本章,我们将介绍社会结构这个概念。尽管社会结构通常是隐而不显的,但它是社会生活得以可能的重要一环。我们也会对社会结构的核心要素(角色和社会等级、规范和制度)进行介绍。

2. **角色和社会等级如何影响我们的生活际遇?** 任何社会的社会结构都是由范围广泛的不同角色以及群体间的社会区分或者说等级制度构成的。在本章,我们将分析多样化的角色和社会等级从何而来以及为何重要。

3. **规范和制度如何影响社会生活?** 社会结构是由一套复杂的规范和制度构成。本章我们将分析规范和制度的某些关键层面,还将分析规范和制度为什么会影响我们的行为。

4. **社会结构如何影响我们的日常生活和社会互动?** 对社会互动如此重要的身份和角色从何而来?社会结构如何影响社会互动?承认社会结构的存在意味着我们只拥有有限的自由意志吗?

5. **社会结构为何变迁缓慢?** 使社会结构长久存在的力量是什么?为什么这种变迁是一个如此缓慢的过程?

在1945年2月,她们利用德国许多城市被毁坏和占领的时机作为难民逃了出来,但丢失了证明自己身份的文件。然而,即使寻回"合法"的德国身份证明对她们母女而言也几乎是致命的——当苏联士兵在1945年4月抵达柏林时,她和她母亲被看作让人憎恨的国家(德国)的一员。在她们提供了一直保存的逮捕她们的纳粹文件时,她们"法西斯主义受害者"的身份才得以被认定(Deutschkron 1989)。

英奇·多伊奇科洛出生于1922年,她和自己有犹太血统的母亲在希特勒第三帝国中心——柏林的地下奇迹般地幸存下来,直到战争结束。

英奇·多伊奇科洛在其回忆录(Deutschkron 1989)中描述的故事以一种特别生动的方式展现了外在于个体的社会力量会怎样以戏剧化的方式影响人的生活和命运。英奇家人被迫改变看待自己的方式,其他人也遭遇到过,这是由超出其控制范围的政治和社会因素决定的(在这个例子中,纳粹政府所强加的种族区分制度将普通的多伊奇科洛一家人变成了犹太人)。对于生活在1940年的数百万的欧洲人而言,这种社会阶层化行动是有关生死的。当然,大多数人没有像德国纳粹主义的受害者那样受到专横的种族法律迫害或者独裁国家随性和不公正的对待。但是,任何社会的社会结构会以其他许多日常的方式对个体以及社会互动施加有力的影响:它们对我们的选择和机会设限,使我们能够或激发我们去做某些事而不去做其他的事,它们还使某些结果相比其他结果更容易发生。社会结构常常是神秘的,而且不容易被看到,但它们的确非常强大有力、影响深远而且不易变迁。正如我们将在本章分析的那样,理解人类所栖居的社会世界要求我们思考社会结构对个体生活的影响。

5.1 何谓社会结构？

作为人类行动情境的社会结构

社会结构是社会学家用来理解社会生活所有方式的重要术语。但并不是每一个人都认为社会结构是一种实际的存在。英国前首相玛格丽特·撒切尔（Margaret Thatcher）曾有一句著名的话说，"并不存在社会这样的东西"。通过这句话，她想指出日常对话中用到的"社会"以及社会学家和其他社会科学家研究和著作中提到的"社会结构"都是一个谜，是一种模糊的观念，是用来为个体不良行为以及让人沮丧的结果找借口。比如，说一个罪犯是"造就的"（Made），而不是"天生的"（Born），意味着是社会而不是罪犯个体要为犯罪行为负责。撒切尔偏爱这样的观点，即个人要为自己的行为及其生活的成败负全责。尽管社会学家同意个体有空间去塑造自己的命运，但他们强烈反对撒切尔认为个体与他人的互动以及进行日常活动的个体不会受到社会结构强烈影响的观点。

界定社会结构

5.1.1 解释社会结构为何与一栋高楼大厦的结构是相似的。

让我们以一个非常直接的例子来开始。如果你出生在一个贫苦的家庭，那么同出生在一个富裕的家庭相比，你成年后贫穷的可能性更大。为什么会这样？玛格丽特·撒切尔的答案是将之归结到每个个体的个性和行动：和贫穷的成年人相比，富裕的成年人拥有较好的工作伦理，工作更努力或者更能把握住机会。可对社会学家而言，答案要复杂得多。外在的影响力为个体和群体的行动提供了情境，也有助于富人家的孩子成年后成为一个富人，而使穷人家的孩子成年后更难成为富人。富人家的孩子获得发展智力的机会要远远比穷人家的孩子多得多（比如到国外去旅行，去非常好的私立学校上学，或者一路都有辅导老师或其他形式的专业助力伴随其成长）。相反，穷人家的孩子通常只拥有少量这样的资源，甚至一点资源都没有。

社会结构究竟是什么？正如我们在第一章看到的那样，社会学家用社会结构这个概念来描述日常生活的规则和规范转变为塑造和调控社会互动模式长期存在的多样化方式。社会结构的社会学式界定试图把握社会影响我们的多种不同要素，这些要素与个体相分离并独立于个体，但对个体的行动、本性以及个体与群体之间社会互动的结果发挥着作用。在上面的例子中，富人家的孩子从其在社会结构中的位置上受益良多，而穷人家的孩子却从中受苦颇多。因为这些社会结构，富人家的孩子成年后成功的概率特别高。

当社会结构解体时，社会秩序也就崩溃了。一个有力的例证发生在卡特里娜飓风（Hurricane Katrina）来临之时，当时在新奥尔良市抢劫和犯罪频频发生。你曾经经历过社会结构弱化或者四分五裂的情况吗？

社会结构的范围颇广，从调控朋友或恋人间互动的规范，到全球所有国家和政府做出有关战争与和平决策的各种方式都属于社会结构。社会结构是指由社会提供的我们在日常生活以及所参与的群体和组织中所能依赖或期待的一般模式的所有要素。我们并不总是在任何时候都去思考，在我们可能采取的所有类型的行动中，为何只有一些行动具有现实可能性的所有原因。社会结构如何影响穿过街道这种简单的行为呢？

当信号灯变绿的时候，我们过马路就会感到舒服和安全，因为我们相信汽车会停下来而不会撞到我们。可一旦我们停下来思考我们为什么会有这种自信的时候，就会发现有许多隐藏的因素在发挥作用。最重要的原因可能是法律会严惩那些闯红灯的司机，不但那些法律和惩戒需要一整套复杂的司法制度才能得以执行，还需要司机能严肃地对待这些制度才行。社会还存在有助于这些规则和礼貌举止，尤其是在情境没这么清晰明确的时候（比如，当汽车在没有信号灯的地方转弯、你走在街中央的时候）。的确，每年都有成千上万的人死于交通事故，但如果没有指导行人和司机行为的法律、规则和规范，那么这个数字会显著增加。总之，社会结构为各种各样的行动提供指南，它存在于社会生活的背景之中并对个体、群体和组织施加强有力的影响。

正像那些通常隐而不显的事物一样，社会结构常常只有在其缺席时才会显现出它的重要性。我们在电影、电视节目或小说中都碰到过社会结构完全崩溃的情形——比如，核战争之后、重大疫情、毁掉一切的自然灾难，甚至是类似僵尸之类的生物控制世界的恐怖电影。在诸如此类的虚构描述中，个体或角色需要在没有社会结构所提供的常规秩序情况下决定如何去做。像这样戏剧化、虚构的表演体现了这样一个非常真实的思想：潜藏在日常社会生活之下的社会结构是使社会秩序得以执行的基础。

任何物质或社会结构的最重要的一点是其跨越时间的长存性，甚至在与其有关的其他事物发生变化时它还是如此。一座大楼是展现物质结构如何发挥作用的极佳例子，这也有助于我们思考社会结构。一栋又高又旧的楼房经年累月下来会有许多不同的居民，每个人做的事情也不同（过着非常不一样的生活）。但是，除非这栋楼受到落锤破碎机的击打，否则这栋楼会一直存在，甚至在所有住户都已经改变或者其内外翻修时仍然存在着。社会结构也是如此。社会结构随着时间的流逝会赋予社会生活一种其他事物无法赋予的规则性。人出生、过活、死亡并被新人取代，但调控这些生活的社会结构始终井然有序。历史变迁的确会发生，有时甚至会带来导致社会结构产生重大变迁的革命，但大多数时候社会结构的变迁都是缓慢平和的。社会结构的这种留存性——和持久性——是其影响力来源的重要组成部分。我们将在本章后面进行更为详尽的讨论。

社会结构的关键要素

5.1.2　区分社会结构的两个关键要素。

尽管界定社会结构的概念有点儿挑战性，一旦我们开始思考社会结构，就会知道社会结构以这样或那样的方式存在着。穷人"知道"世界不利于自己，富人"知道"自己具有很多优势（即使有时他们认为并不如此）。大学生"知道"自己完成学业要比退学更可能获得好的生活机会。我们都"知道"社会期待我们尊敬老师、医生、法官、总理和总统。而且我们至少都有点适了社会结构缓慢变迁的方式——去想想未来将出现的工作和职业种类以及50或100年前常见的工作和职业种类就知道了。你对经济领域正发生的变化茫然无知以至于不知道就业市场正快速变迁着，现代社会经济结构发生的变迁将会对每一个人产生相当大的影响。

社会结构包括许多要素，社会当中什么是"结构性的"、什么不是，社会学家对这一点的看法有时并不相同。但作为一个普遍的出发点，区分社会结构两个相互联系、又彼此不同的关键要素的做法还是有帮助的，正如图5.1展示的那样。

这两个关键要素构成了社会学家指涉社会结构时所意味的核心内容。为了更好地理解它们，在分析这两个要素如何结合起来共同作用于日常生活和社会互动之前，我们将在后面两个部分分别讨论每一个要素。

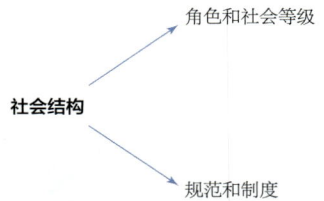

角色和社会等级

社会结构

规范和制度

图5.1 社会结构的关键要素

5.2　角色和社会等级如何影响我们的生活际遇？

社会结构的第一个维度：角色和社会等级

角色和社会等级是社会结构的关键要素。让我们看看这个要素如何影响我们的生活。

角色

5.2.1　区分我们为自己选择的角色和社会等级。

任何现代社会都包含着一套复杂的社会位置，甚至最早的一些人类社会也包含着许多不同的位置（比如"酋长""萨满"或者"药师"）。我们用角色这个术语来描述与不同位置联系在一起的规则和期待。我们能想到的每一种角色——孩子/父母、导演、导演助理、牧师、咨询师、舍友、转包商、主席、粉丝、地铁乘客、队友，等等——都有一套明确的期待和规则与之相关联。当我们承担某种角色时，就像演员演戏，人们期待我们能按照一定的方式去扮演这种角色。在如何精确地扮演角色方面我们常常都有一些灵活性（就像不同的演员扮演同一个角色也会有某种程度的不同），但由于存在角色脚本，我们扮演这种角色时也会受到来自我们能（和必须）做什么的大量限制。

一旦达到一定的年纪，我们都要开始扮演多重角色。在一天里，我们甚至会从一个角色转换成其他多个角

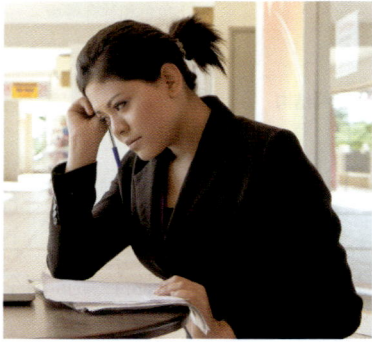
当我们成年时，我们将承担许多具有重要责任的新角色——不仅我们自己是这样，其他人也是如此（如雇主和孩子）。

色。比如当我们醒来时，我们可能是"父母"或"孩子"。当离开家时，如果我们开车走，那我们就在扮演"司机"的角色；如果使用公共交通，我们就是"乘客"；如果骑自行车，我们就是"骑行者"。当我们到达目的地时，让我们假设是学校或工作的地方，我们就开始扮演其他角色（"学生""教师""老板""工人"，等等）。我们所占据的特定角色会随着生活过程改变我们的行为，通过这种方式也许最容易看出来这些角色的重要性。当我们从社会学家所说的生命历程的一个阶段转向另一个阶段时，我们也要随着生活历程转变角色。换句话说，社会期待我们能"长大"（如果一个成年人被别人称为"孩子"就会非常尴尬）。在从一个生命阶段转向另一个生命阶段的过程中，社会期待我们能改变自身行为、适应新角色。

承担任何一个角色的关键特征是我们的行为会因此而改变。当我们在蹒跚学步的小孩、幼儿园学童、高中生、大学生和研究生之间转换时，社会期望我们能有不同的表现，在每个阶段变得更加独立和成熟。我们扮演的某些角色会在一天里发生变化——一个简单的例子是，我们下车开始走路，因而从司机变成了一个行人。在像这样的简单例子中，适用于每个人（不管是谁）的普遍规则和期待调控着该角色（如有行人在路上时，不要驾车通过人行横道，或者不要跳到马路中央站在行驶过来的车面前）。但更持久的角色常常需要一个人在行为上发生颇具挑战性的转变，这个过程是很困难的。一个工厂的工人升职成为同一个工作场所的管理者需要换一个不同的"面具"，即从一个工友变成一个有时需要做出艰难、不受欢迎的决定的人，此决定涉及他（她）现在监管的前工友。

在我们结束对角色的讨论之前，对我们被赋予的角色（如"孩子"）和我们通过主动行动或成就获得的角色（如"老板""父母""NBA球员""药剂师"）做出区分是重要的。许多重要的角色来自社会中长久存在的不平等（或者等级制），例如基于种族或族群（如"白人""黑人""拉丁人"，等等）、性别、国籍（如"美国人""阿根廷人""中国人"）和宗教所获得的角色，我们（通常）生来就具有了这样的角色。

尽管某些角色——如"司机"或"路人"——也许没有清晰的地位差别在里面，但许多其他角色就存在这样的差别。伴有不同权力和特权的角色被称为社会等级，这是重要且持久的社会位置，从高到低井然有序。社会等级赋予某些个体和群体比其他个体和群体更高的地位和更多的权力，这取决于个体和群体在那个等级中的位置。现在我们就转而分析这些社会等级。

社会等级

5.2.2 解释社会等级是如何形成和持续下去的。

这个世界中的每个社会都存在许多类型的社会等级。几乎任何一种将人们划分成群体或类别的方式都是社会等级形成的基础，而且某个群体或类别的成员会比其他群体或类别的成员拥有更多的地位、机会、权力或者权威。让我们回顾一下本章开头介绍的英奇·多伊奇科洛的例子：一旦年轻的英奇和她的家人被宣布为犹太人，他们突然就被置于一个社会等级的底层。一些社会等级要比其他的社会等级更重要（大多数社会等级不会导致大屠杀这样的结果），但总的看来社会等级是社会结构含义的一个关键来源。

社会等级会在这样的情形中产生和持续下去，即一个群体的成员能够运用其拥有的某种财物或特征作为基础，宣称自己对那些没有这种财物和特征的他人享有特别的优势和权利。一个例子就是个体生来就有的特征，比如肤色或性别。有些特征是个体生来就有、但在成年后可以改变的，比如某个特定宗教教派的成员资格。还可以是个体后天所获得的特征，比如教育程度或者经商和雇用他人所需要的资源。

不管个体还是作为整体的社会，都会受到社会等级的影响。作为一个个体，你在社会等级中处于什么位置，那么你从生活中希望获得欲求之物的机会就会随之增加或者减少（它甚至会限制你的欲求）。对于整个社会而言，等级最为重要，因为它会使占优势的群体和处于劣势的群体之间产生紧张和冲突，而冲突在某些情况下会演变成暴力。要顺从或尊敬处于较高社会地位的人（有时可能会是厌恶）是我们都熟悉的普遍性要求，而这很容易促生紧张。实际上，优势群体无论何时都会获得比处于劣势的群体更多的有价值之物，因而发现处于劣势的群体会向这种情况提出挑战就不会让人惊讶了。在这样的情况下，更有权力的群体会努力抗拒变革的要求，常常也会如愿以偿。例子比比皆是。例如，一直以来女性都没有在劳动市场上与男性公平竞争的机会，还包括获得大公司最高管理职位的机会，而性别等级是这一切的基础。尽管女性运动轰轰烈烈、向女性提供平等机会的努力持续了几十年，但涉及最瞩目的权力和权威位置时，"玻璃天花板"看起来仍然存在。

所谓的"玻璃天花板"是一种比喻，用来描述女性升入高层管理职位的过程相对缓慢。现在的公司愿意雇用女性从事较低等级的管理工作，一旦到了升职时，女性就会处于劣势。目前（2015年早期），只有25%的财富500强公司是由女性管理的，而这距离1964年通过民权法案、在法律上充分肯定性别平等原则的时代已经过去了差不多50年。男性管理者和公司董事会不断找到限制大公司里的女性向上流动机会的方式。

现在我们转向与社会等级有关的两个核心议题——权力和群体规模——二者影响着社会等级如何作用于个体和社会。

男性仍然控制着最为瞩目的位置的事实是工作场所性别冲突的一种来源，这影响着试图进入高层管理位置的所有女性的生活。

社会等级中的权力和特权

5.2.3　讨论权力和特权在社会等级中的作用。

"玻璃天花板"的例子昭示了社会等级卷入权力和特权的方式——权力指影响他人行为的能力，特权指拥有获得特殊机会途径和享有报偿的能力和权利——通过二者，占据优势地位的群体试图垄断机会、控制报酬，或至少要防止自己的既得特权消失。相反，处于劣势的群体则受制于劣势地位和有限的机会。维系特权的最常见的机制是区隔（Discrimination），即处于优势地位的群体使用法律或非正式的手段控制机会，并减少或平息来自处于劣势地位群体的挑战。排斥（Exclusion）的法律手段——利用法律限制一个群体获得某种有价值的位置——直接而有力。当社会等级对每个人而言具体明确、每个人对违反它会受到的制裁也极为清楚时，社会等级的作用就变得极为清晰可见并发挥出最大影响力。思考一下这个例子。想象现在是20世纪50年代，你身处美国南部，比如亚拉巴马州，并假设你是美国黑人。如果你要上厕所或者找个餐馆吃饭，那你的选择是有限的。因为社会结构的某些特征——在这个例子中是指种族和种族歧视——正发挥着作用。其他南部各州的常见法律限制着你择校上学、选择结婚对象的权利，也限制着你与白人工作者在工作上公平竞争的权利。

但这样的法律和规则明显违背了现代民主社会平等的重要理念。毫不奇怪，正因为这个原因，这些法律会遭到来自处于劣势地位群体的强力挑战。这些挑战包括社会运动——旨在带来某种变迁的集体行动，比如民权运动和女性运动——以及这类群体和个人对法律和政治发起的挑战。这些挑战常常都成功消除了一个群体运用法律使另一个群体臣服的法律基础。然而，对劣势群体的具体法律限制的消失并不意味着与其关联的社会等级和不平等会突然不存在了。商业中存在"玻璃天花板"只是众多例子中的一个而已。优势群体还能通过多种多

历史上充斥着社会结构中权力不平等的例子。这可以从有权者影响他人行为的强力能力看出来，这种能力包括建立法律排斥从属群体并生产出权力不平等。

样、不依赖于正式法律的非正式手段来维护自己的权力。其中最重要的一种手段是发展和采用消极的刻板印象，即应用于某个劣势群体所有成员的对该群体的错误或夸大的概括。消极刻板印象的典型例子包括：一些群体懒惰、不聪明还容易犯罪；一些群体要比高薪的专业人士更适合做护理工作；一些群体态度不好或缺少上进心。如果这些刻板印象中的任何一个获得了社会中优势群体成员和其他人的广泛认同，那么就会使社会对该群体的歧视持续正当化，甚至在正式的法律平等已经建立起来时还是如此。比如，国家能够通过要求雇主平等对待所有求职申请者的法律，但是，如果雇主对劣势群体持有消极的刻板印象，研究显示他们在决定雇用谁来工作的时候还会一致地偏向录用优势群体的成员。检视这一点的一种方式是观察就职于同样岗位的不同群体成员在结果上的不同，比如收入差异。当我们这样做时，就能够理解歧视劣势群体的非正式手段是如何存留下来的。表5.1展示了男性和女性在收入上的差别，以及白人和黑人的收入差距，这些人都在同一种职业上从事全职工作。

表5.1　相同职业中由性别和种族导致的收入不平等

职　业	男性年薪中位数（美元）	女性年薪中位数（美元）	性别带来的收入差距（美元）	职　业	白人年薪中位数（美元）	黑人年薪中位数（美元）	种族带来的收入差距（美元）
律师	106,860	85,072	21,788	律师	109,990.5	84,536.77	25,363.73
计算机系统分析师	76,804	65,208	11,596	计算机系统分析师	70,722.40	61,599.46	9,122.94
行政主管	118,300	89,960	28,340	行政主管	112,174.50	79,174.80	32,999.70
物理科学家	79,114	60,892	18,408	物理科学家	69,095.76	58,605.43	10,490.34
会计师	70,200	51,792	18,252	会计师	55,912.38	38,751.00	17,161.38
社会工作	44,512	43,940	572	社会工作	39,034.18	38,437.77	596.41
公共关系专家	70,252	51,428	18,824	公共关系专家	52,433.21	48,255.77	4,177.44
设计师	53,456	44,460	8,996	设计师	38,842.32	36,137.33	2,704.99
巡警	42,380	42,380	10,452	巡警	57,929.12	52,862.93	5,066.19
厨师	30,264	24,024	6,240	厨师	30,155.32	26,147.67	4,007.65
门卫	26,572	21,216	5,356	门卫	20,284.18	18,892.71	1,391.47
广告销售代理	49,140	43,784	5,356	广告销售代理	48,282.54	38,228.10	10,054.44
护士	56,416	53,140	3,276	护士	54,138.83	42,194.18	11,944.65

资料来源：美国人口调查局（2012）。

通过观察人们在同一种职业上存在的收入差异，我们能够了解即使女性和黑人同男性和白人获得相同的工作，各自又是如何被排斥在该职业对工作者最有吸引力和收入最高的工作机会之外的。

群体规模和社会等级

5.2.4　解释人口规模对社会等级内部群体相互关联方式的作用。

任何一个社会的社会等级最为重要但又经常被忽视的一个方面是，围绕期望的位置或机会相互竞争的各种群体的相对规模如何影响着这些群体之间的关系。要讨论的最重要的期望位置包括工作和经济机会，也包括在教育制度中的机会。因为竞争这些期望位置的核心群体——比如，基于种族、族群、宗教或国家所形成的群体——必然会随时间在规模上发生改变，所以群体之间的竞争和冲突会加剧。例如，当一个劣势群体规模扩大，优势群体的成员就会感受到比以前大的威胁。通过这种方式，人口因素——特别是群体规模发生改变时——是社会等级为何以及何时会产生冲突的关键要素。

社会群体规模随时间发生变化的最常见方式是移民——指个体及其家庭搬迁到一个新国家并定居下来。世界上的大多数国家允许出生在其他国家的人们迁入并定居在本国，美国常常是这方面的世界引领者，它欢迎来自其他地方的人。当移民刚开始时，从世界一个特定国家或地区到一个新地方的移民流动是缓慢的，所以几乎没有人注意到这些移民。但是随着移民定居在新国家之后，他们常常鼓励其他家庭成员和朋友加入相同的社区。随着时间的流逝，来自这些新地方的人口数量可能会越来越多，并在同一地区聚集起来，那么就可能对以前生活在这里的人形成威胁。当这种现象出现时，人们对工作、住房和学校中不同位置的竞争就开始了。突然之间，本地群体成员开始感到移民对他们的生活方式产生了威胁。于是他们就可能开始通过刻板印象和其他主动的歧视形式，或者推动政府通过限制移民流动到该地区的法律试图将移民排除在各种机会之外。

美国历史上另一个导致许多冲突的重要人口变迁——这些冲突中有些是致命的——是大迁徙（the Great Migration），即在20世纪10年代到20世纪60年代期间发生的美国黑人从南部城市迁移到北部城市的国内人口迁徙。大迁徙涉及数百万的黑人家庭，这些家庭为了寻找更好的就业机会、让孩子接受更好的教育而搬迁到了北部。在这个过程中，他们改变了其迁入城市的种族构成：如芝加哥、底特律、纽约、华盛顿、匹兹堡、克利夫兰和其他许多城市。随着这些城市人口构成的变化，由种族问题带来的冲突和紧张也开始出现，这常常导致暴力案件数量激增。表5.2列举了20世纪所发生的一些最重要的骚乱。

随着经济发展、工作类型总体上开始变迁，人口变化影响个体生活机会的另一种特别重要的方式出现了。经济发展并不总是稳定的，尤其是在工业革命早期。由于新技术、消费者新需求的出现以及生产商品所需新型原材料的发明，经济始终处于变化之中。工作的创生和泯灭过程代表着导致社会结构变迁的一种强力来源。这种影响非常不平衡：尽管总体上这些变迁通常会让一些个体和社会受益，但这些变迁也会伤害到许多人。

三种重要的长期经济趋势已经深刻改变了世界上的各个社会，包括19世纪晚期的美国。第一种趋势是——农业生产和就业的长期衰退以及制造业岗位的兴起——众所周知的工业革命。在19世纪晚期和20世纪早期的美国和欧洲，工业革命以非常迅猛的速度产生，之后在世界的其他国家发展起来（在有些国家才刚刚开始）。从19世纪中叶到20世纪中叶，美国社会结构发生的最重要变迁是农业在经济中的核心地位下降。在19世纪的大部分时间里，大多数美国人在自己或他人所有的小农场里工作（包括美国内战前的大部分奴隶人口）。还有许多人从事与农业有关的工作——向农民提供供给或运输，在城市里贩卖农产品。但到了21世纪早期的时候，只有大约3%的美国人在农场里工作，正如图5.2显示的那样。

那么所有这些消失的农民去哪里了呢？简单来说就是工厂的

表5.2　1917—1970年发生种族/族群骚乱的美国北部城市*

| 1917年：东圣路易斯（芝加哥地区） |
| 1919年：华盛顿 |
| 1919年：芝加哥 |
| 1919年：奥马哈 |
| 1921年：塔尔萨市（俄克拉荷马州） |
| 1935年：哈勒姆（纽约） |
| 1943年：底特律 |
| 1943年：哈勒姆（纽约） |
| 1943年：洛杉矶 |
| 1951年：西塞罗（芝加哥地区） |
| 1964年：费城 |
| 1965年：沃茨骚乱（洛杉矶） |
| 1967年：底特律 |
| 1967年：布法罗 |
| 1967年：纽瓦克（新泽西州） |
| 1968年：由马丁·路德·金被刺杀导致的全国性骚乱 |
| 1968年：巴尔的摩 |
| 1968年：华盛顿 |
| 1969年：约克，宾夕法尼亚州 |

* 在这里我们将发生在前州联盟之外的主要骚乱限定在"北部"。

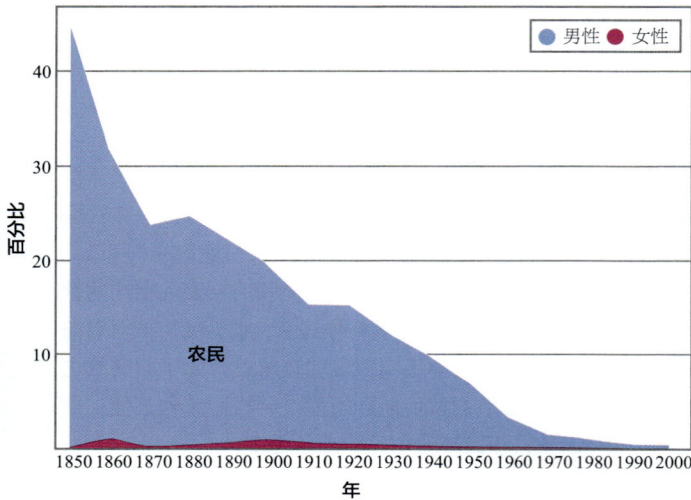

资料来源：马洛（Marron 2009）。

图5.2 美国农业就业的衰退

大量崛起给20世纪早期生活在美国城市里的当地人和移民提供了新机会，这是美国历史上第二种主要的经济变迁。在内战末期到20世纪60年代期间，制造业岗位是美国经济就业增长的主要来源。如果说在1850年美国常见的工作是农民的话，那么在1950年他（在那个时候从事全职工作的人大部分都是男性）就会在工厂里工作了。制造业岗位在20世纪早期快速增加，社区总体上是围绕着大工厂、有时甚至是围绕着单一的占优势的制造业建立起来的。美国快速增长的制造业所创造的就业机会是二战前吸引欧洲人和其他地方的人迁居美国的重要因素。在制造业居于统治地位的工业中心中，最著名的是汽车制造业中心底特律市，但也存在许多其他的工业中心（如宾夕法尼亚州的匹兹堡市、印第安纳州的盖瑞市是钢铁业中心，芝加哥地区是肉类加工业中心，俄亥俄州的阿克伦市是橡胶业中心，纽约地区的布法罗是面粉加工业中心，以及为制造业公司服务的交通中心，比如路易斯安那州的新奥尔良市）。所有这些城市和地区随着美国和世界对工业产品需求的增加而繁荣起来。

但在20世纪70年代伊始，制造业岗位开始出现急剧且看起来不可逆的衰退，正如图5.3显示的那样。尽管大家对近几十年来制造业岗位衰退的原因争议不断，但所有分析家都认同的一个关键原因是重大的科技进步，这不仅取代了人工，还使得制造业得以在薪资水平远低于美国的国家进行更有效率的生产。我们每天购买的大部分消费品都是在美国之外生产和组装起来的。那是什么取代了那些制造业岗位呢？

第三个重要且改变了美国和世界其他许多社会经济长期发展趋势的是，白领工作、以知识为基础的岗位显著崛起。作为一种动力，这种趋势在20世纪后半期加速发展，直到今天还在继续发展。自20世纪70年代以来，创造的新岗位主要是在人们所称的"服务业"（Service Sector）之中，这是一个用来描述一种范围广泛的行业的术语，包括各种各样的金融、不动产、专业和个人服务（从要价较高的律师到医生，乃至儿童和老人看护员都包括在内）、各种销售岗位以及计算机和信息技术领域内出现的以知识为基础的岗位（包括IT专业人士，修理技师和软件及硬件设计师）。这些变化拓展了理想工作的数量，但是工作岗位的整个集群还包括不断增加的大量"不理想的"（Bad）岗位，比如服务和维修工作、呼叫中心的工作、清洁服务工作、个人及家政服务、快餐店的工作，这些工作收入低还缺少发展机会（Wright and Dwyer 2003）。

这些人口变化对个体及其家庭产生了巨大的影响，整个社区也可能会受到这些变化的影响。例如，1940年出生在一个工人阶层社区里的某个人，成长过程中期望在工厂里工作，那他（她）能够预期自己在二十岁时

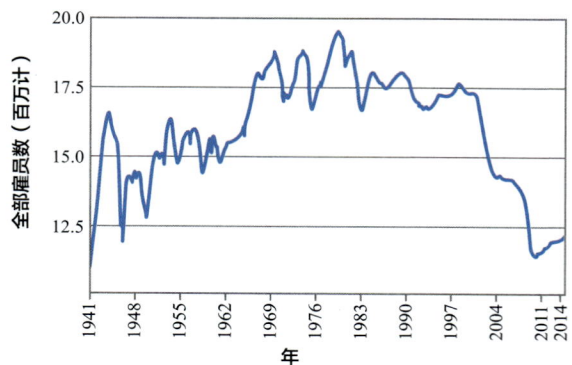

资料来源：美国劳动统计局。

图5.3 美国的制造业岗位

（大概1960年前后）会找到一份体面的工作。但在20～25年之后，也就是中年的时候，这些工厂里的岗位就迅速消失了。在这个时期，千百万的工厂工人失业并挣扎着寻找类似薪酬的工作，而学历不高的年轻人进入劳动市场时竭力寻找与父辈工作类似的岗位。不难看出这些变迁有多么痛苦。如果你四五十岁并穷尽一生获取知识成为熟练的工厂工人，突然之间适合你这样的人的岗位没有了，你能做什么？

依赖于制造业岗位的城市和社区一直饱受打击。没有比密歇根州的底特律市这个曾经的汽车制造业发源地更艰难的地方了。今天，底特律市只剩下少量的汽车制造业岗位。尽管基于服务业的新兴经济开始成长，但就业岗位的数量与以前比还是非常少，而且许多人的生活是建立在汽车工厂的工作之上，这些人实在无法转行到需要不同技能的其他工作上去。底特律市曾经是经济优势的象征，现在则成为经济体系变迁的象征。

底特律市及其他地方制造业岗位的衰退意味着较高的教育水平是体面的就业和收入日益重要的基础。当制造业岗位充足时，高中学历常常就足够找到收入不错的工作。今天，只有高中学历的个体在竞争服务业中收入较高的工作时就会处于劣势，知识和学历变得日益重要。就是在农业向制造业转变的过程中，经济变迁使得一种技能的价值比其他技能的价值低；在这种情况下，通过教育所获得的知识变得越来越重要（Glodin and Katz 2008）。

5.3　规范和制度如何影响社会生活？

社会结构的第二个维度：规范和制度的力量

社会结构的第二个重要维度根植于影响社会生活的规范和制度之中。社会规范通过提供一套我们应该遵守的制度和复杂的规则塑造着我们与他人互动的方式——换句话说，它们是日常行动的脚本。规范还指导着群体和整个组织的行为。通过创造如学校、教堂和政府这样的正式组织，制度把规范转变成持久的社会生活惯例。这些正式组织调控和促进着人类活动特定领域的规范和惯例。不管我们根据持久的惯例还是根据由这些惯例形成的具体组织来讨论制度，制度都是社会世界如何被组织起来的关键。

规范和规则

5.3.1　区分社会规范和行为的正式规则。

让我们从基本的知识说起。作为不成文的社会规则，规范告诉我们在任何情形中什么是合适的、什么是不合适的，并对行动的选择过程提供指导。通过这种方式，将规范与行为的正式规则联系起来，比如法律和成文的准则，尽管规范通常并不是以成文的形式体现出来。规则要更正式，是行为的具体准则。相反，规范在某种程度上要模糊一些（尽管成文的规则也常常模模糊糊）。规范是我们正好知道的事物，而规则则是我们需要参照规则说明、手册或法律条例来认识的事物。有时二者之间的区分含糊不清。比如，驾驶员需要停下来等在人行道上的行人穿过马路。但是，如果行人不在人行道上走，这个正式的规则就有些不确定了（驾驶员有责任避免交通事故，但是行人也有责任不要在车辆前穿过马路）。社会规范这时就发挥作用了——驾驶员挥手让行人穿过马路就是很有礼貌的表现。

规范和正式规则以及法律很重要，但它们常常会被人们违背（甚至刑罚也是如此）。我们当中有谁没有实施过不合适或者可能是犯罪的行为（或在考虑某种情形的情况下做出这样的行为）？大多数时候我们能逃脱轻微违反规则和规范的惩罚，但是当权威部门决定加强规范或规则时，我们的这种行为就会付出巨大代价。当规则成为正式的法律时，违背它们会带来具体的制裁（包括进监狱）。有时即使打破日常规范也会产生严重的后果。那些不按基本规范行为的人可能会被他人看作"奇怪的"或不正常的人，而且人们在某种程度上会避开这些人。要了解这一点就去试试做一些打破基本规范的小事就好，比如和人说话时挨得很近，或者和别人握手时一直不放手，抑或在影院里大声喧哗，看看会发生什么。因为违背社会规范都会产生一定的不良后果，所以我们会有强烈的动机去遵循这些基本的规则和规范。

规范和规则是社会结构控制我们个体的重要方式。在大多数情况下，看起来我们能自由地做自己想做的事，但在社会当中总是存在指导或告诉我们应该做什么（以及我们应该如何去做）的清晰规范和规则。通常我们不知道这些规范或规则从何而来，它们就存在于那里。伟大的法国社会学家埃米尔·迪尔凯姆称之为"社会事实"，即社会中那些独立于个体却又对个体施加影响的部分。在一定程度上我们是无力的，因为没有一个人能快速地改变规范和规则，甚至对那些非理性的或有害的规范和规则也是如此。就算真的有改变，规范和规则的变化也总是非常缓慢。

制度和社会生活模式

5.3.2 解释制度化过程并分析常见实践被制度化的例子。

尽管规范和规则强而有力，但只有当它们被整合进社会的某种重要制度里时才变得真正重要起来。当人们开始试图将个体已经非正式地在做着的事——某种重要的规范、规则或社会中的惯常实践——正式化时，制度就出现了。制度化的过程是复杂的，通常是慢慢形成的，常常需要花费几十年甚至几个世纪的时间才能成型。人类建构制度的理由很多，最重要的是想确保人们能按某种方式去做事并保持时间上的连续性。制度化常常会涉及建立用以加强或执行现在已经正式化的规则和规范的组织，管理规则和规范的角色也会在这些组织内部被确定下来。

这听起来有些抽象，所以让我们来看一个具体的例子：宗教。在人类广袤的历史长河里，人们总会凝望天空并思考这意味着什么。但是，在不同的时刻和地点，一些人开始发展出更为系统化的方式来思考自然界的奇迹和人类在世界中的位置。这些人开始发展世界如何开始以及有关更高级的存在创造了世界的可能性的思想和理论。最后，人们开始创造有关上帝的恒久思想，并选择特定的人来教给别人那些有关上帝的思想。在某个时点上，人们开始创造出宗教以及实施宗教仪式的圣地（包括寺庙、清真寺和教堂）。作为正式的角色，规则和规范被引入进来，代代相传或从一个群体传递到另一个群体（有时是通过战争实现的），宗教就慢慢地制度化，宗教组织也开始产生。随着时间的流逝，宗教文本开始出现，固定的仪式和规则也开始形成，教众被期望去遵循这些仪式和规则。

制度化的另一个例子是学校以及教育制度的发展。教育和学习从人类文明发端就以某种形式存在了。父母竭尽所能地教孩子去做生存所需的任何事，比如教孩子如何打猎、采集安全可吃的食物，或者学习如何种植粮食作物（即农业）。甚至小规模的游牧部落或者非常早期的人类聚居群都发展出将知识代代相传的方法；没有知识的传递就不可能去经营人类的生活。但是许多这种类型的教育和学习与我们今天讨论教育时所想到的东西并不同。在某一时刻，这些文明产生了将孩子们组织成群体会有助于学习的想法。最终，最早的学校出现了，并开始建立具体的课程表，即构成学校或学校系统学习项目的课程作业结构和一系列课程的内容。正是从这个时候学习才真正开始制度化。有趣的是，最早期的许多学校是由宗教团体建立起来的，这些宗教团体想要借此训练未来的宗教领导人。只有在晚些时候，精英家庭的成员才开始将学校看作可以有效教自己孩子学习艺术和上层阶级生活知识的地方，而且在更晚一些时候，伴随着大众普及教育的兴起，正式的教育才覆盖到所有孩子身上。

随着早期学校的出现和正式课程表的建立，教育就开始制度化了。

任何一个社会的制度系统包括的远不止宗教和教育。本书每一章详细探究的都是一种或多种重要的制度：家庭制度、城市制度、政治制度、法律和刑罚制度、医疗制度、政府制度、经济制度以及全球制度等。但即使在篇幅很长的书里，我们也不能讨论社会当中所有的制度。实际上像当今美国这样的社会全部制度清单就会非常长！

尽管制度在为社会世界提供组织框架方面非常强大，但牢记制度终归是人类的创造物是很重要的。制度可以是现今这副模样，有时又会随着时间发生变革或被再创造。目前围绕婚姻制度展开的斗争就是一个好例子。随着男同性恋和女同性恋被赋予了与美国许多州及世界其他国家的异性恋一样的婚姻权利，婚姻制度对我们有关婚姻和亲密关系的全部概念的作用——更概括的说是家庭制度——正慢慢变化着。婚姻不再总是一个男人和一个女人之间的事，至少在某些地方是这样。因为制度多多少少能被设计并用来促进社会等级中不同群体间平等的发展，正如同性婚姻的例子所显示的那样，所以制度性的不平等是冲突的一种恒久来源。例如，设计教育制度时直接歧视女孩——有些国家还是这样，歧视种族、族群和宗教少数群体。质疑制度的实践是劣势群体试图赢得更多平等机会的重要途径。让我们重新回到婚姻的例子中来，对人类历史的许多时段而言，婚姻的法律和实践常常使男性获得一定的优势。直到19世纪后期之前，美国大多数州的已婚女性都不能在自己的名下拥有财产。针对女性的性暴力，尤其是发生在婚内的性暴力，很少、也很难被法庭认定为强奸罪。今天的婚姻法和离婚法在性别之间已经平等得多了，尽管并不是世界上所有的国家都是如此。

作为制度的大型组织和政府

5.3.3 解释为什么大型正式组织对于一个社会的整体结构特别重要。

大型正式组织——由共同行动、追求某个共同目标的人们构成的群体——是任何社会全部制度性背景的重要因素。我们环顾四周，大型、强大的组织处处可见，看起来根深蒂固并永远存在。这些组织中最重要的是社会的经济制度（及其各种各样的全部要素，如大公司及其运营的市场）、政府（及其众多的官僚和机构，包括军队）、宗教组织（包括全部重要的宗教教派，比如天主教会、各种各样的新教教派、摩门教会、伊斯兰教等）、教育组织、诸如医院一类的医疗组织，以及其他许多组织。大型组织的权力和范围总是深不可测，以多种方式影响着个体的生活。

特别来说，政府制度是社会全部社会结构的重要组成部分。因为从许多方面来说，政府都凌驾于其他社会制度之上，当政府采取行动时，它拥有其他任何制度都不享有的巨大权力。在这个意义上，社会学家将政府等同于国家，即各级政府和法律部门，包括政府机构和办公室、立法机构（如州议会）、法律制度、军队，甚至包括宪法本身。国家宪法不仅是政府权力及其界限的基础，还是所有社会行动的终极法律基础。当我们思考如20世纪30年代到20世纪40年代期间的德国希特勒纳粹政府时，很容易看到国家制度的权力对个体生活的改变。残酷的专制制度常常随意决定谁生谁死。但并不只有独裁政府认为自己有权杀害自己的公民：奥巴马政府在2010年签发并执行了针对生活在也门的美国教士安瓦尔·奥拉基（Anwar al-Awlaki）的死刑令，他被指控组织了恐怖活动（Savage and Baker 2013）。

这些例子都很极端，但是所有现代国家都拥有大量的重要权力。政府能制定决定个体间财富和收入差距、能容忍多少人生活贫穷、可以承受多少对自然环境的损害，以及其他许多类似事情的政策。

5.4　社会结构如何影响我们的日常生活和社会互动？

社会互动的情境

有关社会结构要思考的一个重要问题是，社会结构究竟如何深入到我们的思想、行动和与他人之间的互动之中的呢？社会结构为何、何时以及如何影响我们的日常生活？社会结构都很强大吗？在这个部分我们将讨论这些问题。

社会化

5.4.1　讨论社会化如何有助于角色和规范的产生。

如果角色、社会等级、规范和制度在塑造我们的身份以及社会互动方面如此重要，那么我们是如何习得这些的呢？简而言之，通过在各种各样制度环境中的参与、借由体验不同的角色、面对贯穿我们生活的社会等级的力量，我们认识了社会结构并（常常）被迫去适应我们所处社会的基本规范和规则。

服从对我们参与社会生活具有重要意义，传播这种思想的核心机制就是众所周知的社会化。社会化是我们接受训练并学习在社会或特定社会情境中我们被期待如何行为的过程。这是我们如何开始理解群体期待和规范的过程。社会化贯穿一生，我们不断地被教化以一定的方式行为（或者不能以某些方式行为）。这个过程开始于家庭，在这里父母试图教给孩子范围广泛的不同规则和规范，以及如何更广泛地应用这些规则和规范。我们还通过实践来学习；我们第一次尝试以"正确的"方式做什么事时可能会搞砸，但最终我们应该能掌握它。我们的父母是早期教导我们应该如何做事的关键角色，从我们一出生就开始了。当一个婴儿坐在高脚椅子里拿起自己的食物扔在地上、看到来自父母"不能这样"的回应时，她就接收到了整洁和合理对待食物的重要早期讯息。

在生命的每个阶段社会化过程都持续不断地向不同的人、群体和组织学习。小孩玩游戏，而这些游戏有时包含了各种角色扮演，在游戏中小孩子进行着成为成年人的"实践"（Corsaro and Eder 1990）。发展心理学家发现这些游戏是重要的，因为这些游戏教育孩子承担既定角色的重要性，即使就为了要玩游戏本身这个目的也是如此。随着成长，这些孩子就从玩耍嬉戏进入到结构化的学习环境中去。在这里，除了其他一些事情，小孩子学习规则，并学习在如日托、学校这样的地方以及在参与各种各样的活动时（包括运动）遵循规则的必要性。随着孩子成长并开始安排自身与别的孩子的关系，他们就必须学习诸如怎样与别人互动以及和睦相处。当他们开始去上学时，就要学习如何去做一些能获得报偿的事情——比如如何考试或者如何写文章——成功地掌握这些活动会对他（们）的生活表现产生深远影响。

了解和适应新情境是每个人一生都要去做的事，社会化是一个永无止境的过程。有了新工作，参加新活动或有了新爱好，交了新朋友，进入一个新的人际圈子，或者加入一个新类型的组织，都需要学得新技巧和对待自身的新方式。当我们扮演新角色时，我们需要学习新规范和规则。俗语说"老狗学不了新把戏"（You can't teach an old dog new tricks.）；然而，对狗而言这可能是对的，但它并不能很好地适用在人的身上。我们学习和适应新情境的过程会一直持续到生命的终点。比如，住进老年人照顾机构的老者能相当快地学会遵守机构的规则，尽管他们成人之后一直独自生活。

在很大程度上，社会化能得以实现是因为人类智力能够学习和记忆大量的复杂规则。个体如何适应新情境的一个简单又普遍的例子是我们学习开车。驾驶根本不是许多人所认为的那样简单的过程——认知心理学家已经指出学习驾驶在许多方面向智力提出了挑战——而是一种几乎每个人必须通过足够的实践才能掌握的技能。驾驶需要我们学习一大套规则并将其运用在犯错误就会酿成大事故这种情形下的紧急决策之中。我们学习那些规则并能正确运用它们（至少大部分时候正确）的能力对驾车出行尽可能地（相对）安全而言很关键。学习如何约会是另一个几乎每个人都必须通过的常见新考验。如果说学习如何驾驶是几乎每个人都必须掌握的技能，那么约会就是一个更加复杂的技能并具有许多微妙和不好掌握的机制，以至于有许多人永远都不能做得很好。

为人父母是特别复杂的一种角色。阅读育儿书籍，或者掌握了医院护士所提供的如何给孩子喂奶和换尿布的指导，也只能帮助父母这么多。通过实践以及与其他父母、老师、咨询师、也许还有自己的父母进行交谈，父母学习如何关心孩子。尽管成为"好"父母意味着什么还存在很多争议，但是几乎所有的父母都为自己的孩子付出许多的关心并做了许多有爱的事，并试图在自己有限的资源里做到最好。

社会结构与社会互动

5.4.2 讨论社会结构如何对我们与他人的互动施加影响。

现在我们要在这里分析社会结构影响我们与他人互动的多种方式。通过社会化和日常实践，我们习得了与社会结构有关的规则和规范。当我们承担新角色时，就要适应与这些角色有关的期待。我们学习了等级制度，也了解了要对处在权威位置上的人保持适当的尊敬。我们还学习了有关不同群体的偏见和刻板印象，如果我们不注意（也不运用我们的社会学想象力），就会采用那些刻板印象，进而会用这些刻板印象（以隐晦或明显的方式）指导我们对他人的行为。我们在互动中顺应社会结构强加的规则和规范时，对社会结构的再生产也做出了一点儿贡献。在第4章，我们就规范和社会规则如何影响我们日常与他人的互动，讨论了许多不同的例子。但社会结构的影响不止如此。当我们考虑组织内部以及组织

橄榄球是社会结构如何指导我们与他人互动的一个范例。在场上和场下，每个球队成员和教练都有要扮演的特定角色，所有这些都受到运动规则的调控。

之间的互动时又会发生什么呢？大多数组织化的群体活动都是由各种内部和外部规则调控的，这些规则影响着组织的所作所为。思考一下美国的职业橄榄球，它存在一套管理该运动的规则，这些规则是由运动管理机构制定的[在这个例子中是全国橄榄球联盟（the National Football League），简称NFL]，这可以看作与一个社会的政府类似的角色。在NFL建立和推行的规则之内，球队（是一个组织）选择球员和教练，而教练（相当于领导）设计出数量不多的不同方式来组织比赛。在场上，橄榄球队是由不同的球员组成，这些球员基于场上的位置以及教练制订的计划承担不同的责任。这些位置有四分卫、外场接球手、跑卫、后卫以及侧卫等。每一个球员都有明确的角色，这是由其场上位置及效力球队决定的。也就说，每一个球员都被期待去做某种事情：如果你是四分卫你最好准确地将球抛出去（不要抛到对手的球队里去！）；如果你是外场接球手，你最好接到抛来你这里的球。可以肯定的是，球员拥有不同的方式去完成自己的工作，他们完成工作的程度差异决定着哪些球员是"伟大传奇"、哪些球员"暗淡无光"，但他们都是按照与特定角色相连的较为广泛的规则去完成所承担的工作和任务。

社会结构和个人的自由意志

5.4.3 讨论社会结构的相对作用和个体选择。

我们已经看到社会结构是强大的。实际上，当社会学家写到结构的力量时，它们看起来好像都太强大了，个体几乎变成了根据拿到的脚本完成角色和行为的机器人。每个人都在社会中占据一定的位置，但又能被其他人完全取代，对自己生活的世界没有什么控制力。这看起来好像个体几乎没有自己的自由意志，也没有选择如何行动的能力。如果真是这样，社会就只能不断重复生产着同样的社会形态，不会存在创造性，也不会有任何改变。但根据经验我们知道这并不正确。对自己能做的、如何做以及行动过程，我们当然会有些选择的余地。而且，作为人类行动的结果，事物肯定会发生变化。只要去想想民权运动或者更近来发生在中东地区支持民主

的浪潮就能知道这一点；革命发生了，新的法律通过，旧法规消亡，社会等级的形态也改变了。

　　大量来自我们生活的常见例子都证实了这一点。比如，我们轻而易举地就能观察到，即使两个人身处同样的情境，他们的表现也总是非常不同。即使他们生活在同一个社会、面对相同的调控其行为的规则和规范，这一结论同样正确。假设有两个人听到有人在大声求助：一个人可能会出手相助，而另一个就可能会视而不见。再假设两个投资银行家都面对着大规模投资资金不足的情形：一个可能会向其他投资者募集更多的资金，而另一个可能会从其他账户里非法挪用资金弥补不足。大量研究一次次证实了这一点：人们不是机器人。人们会以不同、偶尔还以无法预测的方式做事，这依赖于他们所面对的选择和机会。来自实验的这类例子和证据显示，人们的确会对个体选择进行某种重要的衡量。社会结构的社会学解释并不认为所有的个体选择都是无关紧要的！

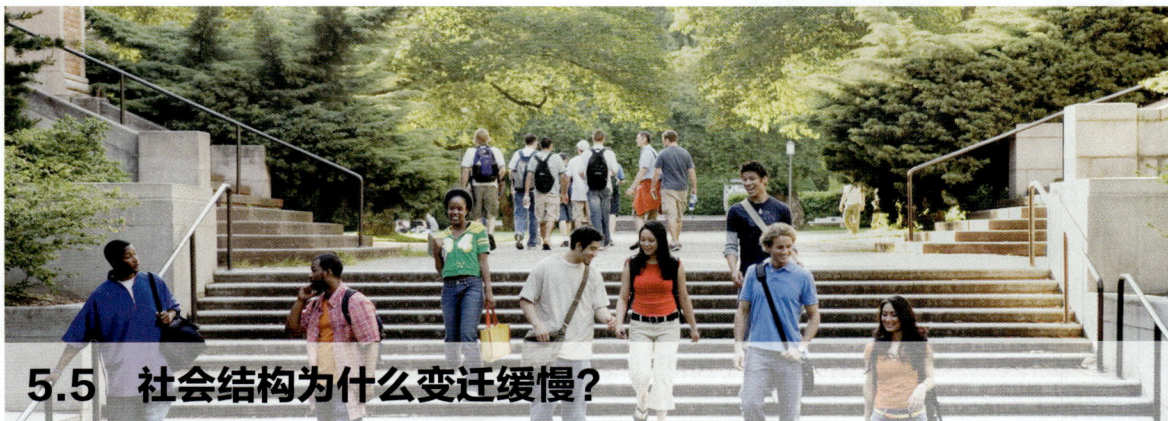

5.5　社会结构为什么变迁缓慢？

社会结构的持久性

　　社会结构的一个标志性特征是持久性。人们来来去去，但社会结构多多少少会以其常有的方式持续运作着。这形成了一个重要问题：这些社会结构为什么会如此延续不断？或者更直接地说，为什么社会结构中那些被许多人认为不公平的部分会一直存在？这些问题有许多答案，我们将在这部分进行分析，就从被称为路径依赖的过程开始吧。

路径依赖

5.5.1　解释过去的结果如何影响当前的选择。

　　社会结构持久不变部分是因为较早时期的发展和制度化使得个体在社会结构中工作要比试图打碎这些社会结构更容易。这个过程通常被称作路径依赖（Path Dependency），或者更具体地是指过去的结果对当前的行动者以及组织的作用方式，使得一些选择或结果是符合逻辑的而另一些则是不符合逻辑的。路径依赖的一个经典例子是QWERTY键盘。今天思维正常的人没有人会去发明主要字母键如现在这样排列的英语语言键盘，即将最常用的字母放在不好触碰的位置。但是取代QWERTY键盘的尝试总是失败。为什么？一个回答就是要使用任何设

改变是困难的，正如奥古斯特·德沃夏克在1936年发明了DVORAK键盘时认识到的那样。尽管这种键盘的排列要比标准的QWERTY键盘更有效率和更容易使用，但今天只有很少的人在使用这种键盘。

备的键盘，每个人或多或少都要学会驾驭QWERTY的排列方式。转用设计更好和更有效率的键盘排列方式[比如由奥古斯特·德沃夏克（August Dvorak）在1936年设计的系统]（见左下图），开始时都要耗费时间和成本；而且即使你愿意掌握另一种键盘，但每次你用朋友的电脑或任何如智能手机这样使用QWERTY键盘排列的设备时，你就不得不放弃你新学的按键方式转而回归QWERTY键盘。而且，如果你在新式键盘上进行了足够的练习，你的手指就会发展出不同类型的肌肉记忆，这将使在新旧两种键盘方式之间的转换变得困难。因此我们不是转而采用新键盘，而是使用我们习惯的键盘。

正如QWERTY的例子所指出的那样，路径依赖基于这样的思想，即任何路径一旦被采用，就极难被反转（Pierson 2000）。换句话说，过去所发生的事对今天或未来可能发生的事设定了限制。路径依赖是一个历史过程，这个过程与特定的规则和制度如何以及为何建立起来、一旦建立起来又如何和为何难以改变紧密相关。许多制度在很长历史时期内的发展过程呈现为一个粗略的模型，见图5.4。在很长的一段时间内可能会存在许多做事的不同方式，没有一种方式是占据统治地位的。实际上，在社会结构任何要素发展的早期阶段，可能存在着一种无组织和看似随机的人类互动过程。几乎任何事情都是这样。规则和制度需要时间来扎根和发展。但在某个关键点上，事情开始发生变化，常常在应对建立新规范、新规则或做事的新方式这样的单一关键事件时出现，制度也会开始组织化并会保持这种状态。这个阶段有时被称为“关键转折点”（Critical Juncture），这时行动的可能范围开始缩小。最后，随着越来越多的人和群体习惯于以某种方式行动，第三个阶段就出现了，被称为“锁定”（Lock in）。从那时起，变化就会受到现已稳固且很难消除的规则、规范以及制度的强烈限制。图5.4提供了一个路径依赖如何发展的假想的直观图像，在第一个阶段可能性的范围很广，然后逐渐减少，最后某一可能性在第三个阶段被“锁定”。

美国宪法是路径依赖如何发挥作用的突出例证。而且美国宪法在影响（和持续影响）美国社会方面具有非常重要的作用，因此值得对此进行详细探究。在殖民地历史上，殖民地小镇里的人们试验了不同的方式来组织民主并为政府建立规则。早期的殖民者只能借鉴来自其他地方的少数例子，因此他们只能边做边制定规则，起初这个过程相当混乱（I阶段）。在成功赢得了抗击英国的独立战争（the Revolutionary War）之后，北美殖民地试图建立全国宪法[《邦联条例》（the Articles of Confederation）]的尝试失败了，来自各殖民地的领导人群体开始起草新宪法，在1787年完成并在1789年被13个殖民地批准（Dahl 2003）。这个“关键转折点”（II阶段）确立了后来成为“国法”（Law of the Land）的宪法的地位。最初拟定的宪法在很多方面都是一份让人注目的文件，它勾画出一种全新的民主政府形式，与以前世界上存在的任何政府形式都完全不同。但它也多次被修改，将民主的概念覆盖到最初被排除在宪法之外的群体上。近几十年来，

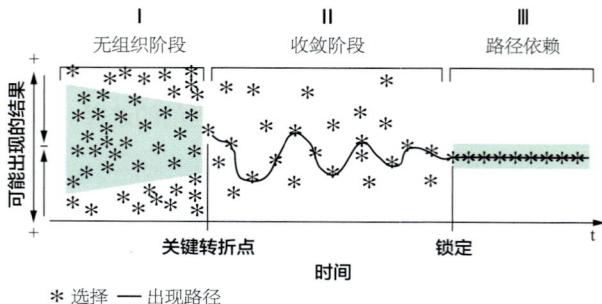

图5.4 路径依赖

正式的修正案就很少见了（自1971年之后就一直没有通过新的宪法修正案）。但作为宪法的最终仲裁者，美国最高法院随着新案件和挑战的出现不断适用和调整着宪法，但总是在宪法早期版本的框架之内进行的（Ⅲ阶段）。围绕宪法所产生的法律和政治争议意味着总是存在诠释宪法的空间，但同时宪法又防止修宪的行动或者使这样的行动难以推进。例如，宪法建立了民主制度，使得两个以上的政党很难能够赢得国会选举。与后来选举制度的创新——各党派的席位是根据每个党派在每次选举中所获得的选票比例来分配的——不同，美国国会选举既在选区进行[众议院选举（House Election）]又在各州进行[参议院选举（State Election）]。每个选区或州选出得票最多的人。这使得一个小党派很难通过获得很小比例的选票和席位来赢得支持，并随着时间的推移赢得更多的支持。而这在大多数按比例分配席位的民主国家是可能的。实际上，自内战以来许多第三党派试图打破两大主要政党（民主党和共和党）的压制，但都以失败而告终（Rosenstone，Behr，and Lazeras 1996）。溯源于1789年宪法最早开始建立的路径，认为我们现在被锁定在两党体制之内是没有争议的。以这种和其他多种方式，宪法所确定的制度性路径是美国呈现为今天这个样子的原因。

社会结构如何持续存在？

5.5.2 分析路径依赖过程的力量。

路径依赖的思想是重要的，但我们需要理解它为什么如此强大。路径依赖的过程和机制是怎样的？社会结构随着时间会持续存在有很多具体的理由。首先重要的一点与个体有关：通过我们与既有规范、期待和制度规则相符合的日常行动，社会结构得以实现再生产，我们在这方面都发挥着一定的作用。当我们不加质疑地顺从等级制度的需要时，就默认社会结构为现实，无意中帮助维系着社会结构。我们不思考就不会意识到这一点。通过遵从社会结构为日常行动和互动所提供的脚本和规则，我们一直帮助社会结构再生产。当我们称某人为"史密斯博士"而不是"史密斯女士"时，我们就确认了"史密斯博士"的特殊地位以及赋予她头衔及地位的制度。当我们按秩序排队、不插队时，我们就巩固着"有序等候"的规范。

社会结构持续存在的另一个原因是政治。一旦社会结构的某一个特别要素（这可能是角色/等级制或规范/制度）被建立起来时，就可能会产生自身的利益群体（Interest Group），也就是说为促进对一个群体或商业公司的关注而建立的组织是与一套特定的规则或政策联系在一起的。这些利益群体将努力保护和扩大其成员所认为的对自己有利的既有社会安排。共和党和民主党都在努力阻止将宪法变革为有利于小党派与自己进行竞争的不同的选举制度，这一事实就是这样的一个例子。我们已经讨论了规范和规则如何在维系社会等级制方面发挥作用，在社会等级制度里属于优势群体的成员拥有将自身组织起来去维护特权的强烈动机。

同样的动力机制也存在于社会制度中。例如，制度创造了工作岗位，因而在这些工作岗位上工作的人就有动机去维护该制度。削减制度领域中任何一个组织（比如学校、军队、监狱等）预算的提议，通常都会遭遇到在这些组织中工作的人的反对，这些人目前正从该制度中获得收入。同样，即使一个人不为一种制度工作但能以某种方式从中获益，那么在某种程度上他（她）常常就会抵制任何制度变革。不仅警察会反对削减警力，对日益增加的犯罪感到恐惧的居民也常常会动员起来反对削减警务预算。当

当我们通过美国运输安全管理局在机场设立的安保设施时就遵循着社会期待。

本地的一个教堂面临被关闭的威胁时，教众、而不只是教士能被算作可以被动员起来的支持力量。

最后，也许最为重要的是，社会结构之所以能持续存在，常常就是因为民众广泛支持既有的角色/社会等级以及规范/制度，或者对急剧变迁的后果充满恐惧。我们总是在自己熟悉的世界里感觉更舒服，并努力在小的方面进行改善而不会选择全新的改变，但无论改变多少都会让我们不满和抱怨。"和知道的魔鬼待在一起要比和不知道的魔鬼待在一起更好"这句话就是这种思想的通俗版，反映出一种被社会心理学家称为"风险趋避"（Risk Aversion）的强大现实（Kahneman 2011）。当然不是每个人都会一直完全厌恶改变，在极端或不寻常的条件下，许多人有时会选择打碎社会结构而不是改革它。但大多数时候，无论怎么抱怨，我们都倾向于接受现状，或者试图对不发挥作用的部分进行微小的变革而不是打碎它。

结论

社会结构环绕着我们，无处不在，影响深远。就19世纪中叶法国的社会和政治巨变，卡尔·马克思写了一本著名的书，题目为《路易·波拿巴的雾月十八日》（Eighteenth Brumaire），提出"人类创造了自身的历史，但不是在其自身选择的条件下"。除此书之外，我们很少能找到对社会结构重要性更为清晰的表述。

当马克思写出那句话时，他考虑的是19世纪的法国，但他的思想可以运用到我们每个人身上。我们行动的能力以及所做的选择总是被我们所处的环境限制着。我们在本章介绍过，若不是阿道夫·希特勒和纳粹政府种族法律的出现，英奇·多伊奇科洛就不会被看作犹太人。她不会因为突然发现了自己的宗教联系就成为犹太人。相反，她是因为一项由外力施加的随意决定才被迫彻底改变自己的生活、自我认知和身份。一旦我们理解了社会结构的逻辑，我们就能开始注意到周围许多类似的例子。在我们的一生中，我们不断做出决定，这些决定一方面被既有的角色和社会等级影响着，另一方面又被既有的规范和制度影响着。

幸运的是，与出现的社会现实和普通人的需要相冲突的社会结构是能够改变的，即使速度缓慢。如果我们追根溯源并对社会结构进行历史性研究，我们就会发现社会等级和制度如何随时间剧烈变迁的众多例子。通过本书的余下部分，我们将思考社会生活不同领域的社会结构所发生的重要变迁。例如，我们将在第11章详细讨论种族等级制度如何四处渗透并随时间而改变。在第12章，我们将分析性别和性欲随时间而改变的多样化方式，男女两性之间正变得更平等。而且在这个正在进行的过程中，男同性恋、女同性恋以及性和社会亲密关系的非传统化形式得到了更多的接纳。在其他各章中，我们将分析市场经济如何以许多剧烈的方式改变着（第8章）和学校（第14章）、移民（第19章）、医疗（第15章）以及刑罚制度（第16章）如何随时间的推移以重要的方式演化着。

但就现在而言，我们可以提出一个非常重要的普遍观点。即，在社会结构所发生的许多最重要的变迁背后是政治：面对社会其他领域发生的变迁，劣势群体要求得到更公平和更平等的对待，而制度要回应这些群体成员的要求。优势群体通常能保护自己的利益并维持现状，但有的时候劣势群体会赢得改变。特别是当劣势群体将自身组织起来进行社会运动的时候更是如此，这是挑战社会等级的各种方式中比较有效的方式。

理解社会结构对于更大的社会学想象力工程而言很关键。社会学家特别关注去理解社会结构的不同要素，也特别注重去理解社会结构在何种领域以及为什么会限制改善人类境遇的可能性，只有借助这种只能通过理解潜藏的社会结构才能获得的认识，我们才能在解释紧迫的社会问题时发展出适当的认识并获得有意义的进步。

5.1 何谓社会结构? 为什么社会学家会拒斥世界只是一种个体的集合的观点? 在这个部分, 我们介绍了社会结构的概念, 并探讨了这个概念为何与高楼大厦的结构非常相似——通常它隐而不显, 但对能够建设什么而言至关重要。还对社会结构的关键因素 (角色和社会等级、规范和制度) 进行了介绍。

界定社会结构

学习目标5.1.1: 解释社会结构为何与一栋高楼大厦的结构是相似的。

社会结构的核心要素

学习目标5.1.2: 区分社会结构的两个关键要素。

> **核心术语**
>
> 社会结构

5.2 角色和社会等级如何影响我们的生活际遇? 任何社会的结构都是由一系列广泛的不同角色和群体间的社会区隔或社会等级构成的。在这个部分, 我们分析了这些不同的角色和社会等级来自何处以及二者为什么至关重要。

角色

学习目标5.2.1: 区分我们为自己选择的角色和社会等级。

社会等级

学习目标5.2.2: 解释社会等级是如何形成和持续下去的。

社会等级中的权力和特权

学习目标5.2.3: 讨论权力和特权在社会等级中的作用。

群体规模和社会等级

学习目标5.2.4: 解释人口规模对社会等级内部群体相互关联方式的作用。

> **核心术语**
>
> 角色　生命历程　社会等级　权力　特权　歧视
> 社会运动

5.3 规范和制度如何影响社会生活? 一个社会的社会结构还包含一套精细的规范和制度。这个部分探析了规范和制度的一些核心层面, 还探析了二者为什么会影响我们的行为。

规范和规则

学习目标5.3.1: 区分社会规范和行为的正式规则。

制度和社会生活模式

学习目标5.3.2: 解释制度化过程并分析常见实践被制度化的例子。

作为制度的大型组织和政府

学习目标5.3.3: 解释为什么大型正式组织对于一个社会的整体结构特别重要。

> **核心术语**
>
> 制度化　课程表

5.4 社会结构如何影响我们的日常生活和社会互动? 对社会互动如此重要的身份和角色来自何处? 社会结构的变化会如何影响社会互动? 承认社会结构的存在意味着我们拥有的是有限的自由意志吗?

社会化

学习目标5.4.1: 讨论社会化如何有助于角色和规范的产生。

社会结构与社会互动

学习目标5.4.2: 讨论社会结构如何对我们与他人的互动施加影响。

社会结构和个人的自由意志

学习目标5.4.3: 讨论社会结构的相对作用和个体选择。

> **核心术语**
>
> 社会化

5.5 社会结构为什么变迁缓慢? 社会结构为什么以及会如何变迁? 在这个部分, 我们探讨了将社会和社会结构聚为一体的力量以及社会结构的变迁为什么会相对缓慢的原因。

路径依赖

学习目标5.5.1: 解释过去的结果如何影响当前的选择。

社会结构如何持续存在?

学习目标5.5.2: 分析路径依赖过程的力量。

> **核心术语**
>
> 路径依赖　利益群体

尽管存在独居是一种疏离体验的刻板印象，但越来越多的美国人选择独自生活。

第6章
文化、媒介与沟通

作者：艾瑞克·克兰纳伯格（Eric Klinenberg）[1]

现在独自生活的人比历史上任何时候都要多。在富裕的美国城市——亚特兰大、丹佛、西雅图、旧金山和明尼阿波利斯——有40%甚至更多的家庭都有独居的人。在曼哈顿和华盛顿几乎每两户家庭就有一户只有一个人。在巴黎这座爱之城，超过一半的家庭都是独居人士，在瑞典的斯德哥尔摩这个比例达到了60%。在多元文化里，一个人在经济上可以独立时决定独自生活正成为越来越普遍的现象。

曾经一提到独自生活，人们想到的就是焦虑、死亡以及孤独的场景。但这些想法已经过时了。现在世界上大部分有钱有势的人会运用自己的资源与他人分离开来，换取隐私和个人空间。

这一切是如何发生的？乍一看，选择独自生活似乎与根深蒂固的文化价值观相冲突——这是指由群体和核心家庭很早就确立起来的价值观。但在差不多十年研究期间中对超过300个"独居人士"（Singletons）（我用来描

我的社会学想象力
作者：艾瑞克·克兰纳伯格

我是在芝加哥市中心长大的，我对文化社会学和城市社会学的兴趣来自我在那里的经历。我生活在一个被称为老城区（Old Town）的社区里，这是一个具有波希米亚风格但正快速中产阶层化的社区。这个地方以生机勃勃的街道生活、蓝调俱乐部、爵士酒吧、咖啡馆和反文化场景著称。芝加哥是一个隔离化的城市，老城区楔在城市里两个最富裕的地区——黄金海岸、林肯公园和卡布里尼格林（Cabrini Green）（最近这个项目被拆毁了）——之间，后者是一个公共住房项目，住在里面的居民大部分是美国黑人和穷人。这样的设置安排常常让我困惑不已，在我还是一个孩子时就试图去理解它，这是我社会学职业的发端。

我的研究分析城市、文化、气候和沟通。我的第一本著作是《热浪：芝加哥灾难的社会剖析》（*Heat Wave：Autopsy of Disaster In Chicago*），该书分析了两个问题：为什么这么多人会死于1995年的短期高温天气？为什么这个灾难性事件会这么容易被否认、忽视和遗忘？我的第二本书，《为天空而战：控制美国媒介的战斗》（*Fight for Air：Battle to Control America's Media*），分析了媒介集中化如何影响着报纸、广播站、电视新闻和互联网，并追溯了全球媒介改革运动的兴起。我最新的著作是《独来独往：独居的非凡崛起和惊人吸引力》（*Going Solo：Extraodinary Rise and Surprising Appeal of Living Alone*），分析了始于20世纪50年代的让人难以置信的独居生活的社会体验，现在这已经成为全世界发达国家普遍存在的现象。

---

[1] 本文的早期版本是与大卫·沃奇斯姆斯（David Wachsmuth）合作完成。

述独自生活者的术语)访谈之后,看起来独居很符合现代价值观(Klinenberg 2012)。独居促进了自由、个人控制和自我实现——所有这些都是当代生活让人骄傲的层面。独居也不再像以前那样那么让人恐惧,关键是因为独居不再意味着孤立或社会生活缺失。

我们人类能开始独自生活的经历是因为全球化社会变得如此相互依赖。动态的市场、繁荣的城市和开放的通信系统使得现代自主性更有吸引力;这一切使我们能独自生活,又能使我们根据自己的方式决定我们想何时以及怎样与他人建立关系。实际上,独自生活使社交更为容易,因为独自一个人拥有更多自由的时间去参与社会和文化活动,而不必担负家庭责任。

与同代已婚人士相比,单身者更可能花时间在朋友和邻居身上,更可能去餐馆、学习艺术课程和听演讲。由研究客户行为以便开发产品和服务的市场研究公司所做的研究也表明,有孩子的已婚人士要比单身的人更容易蜗居在家里。那些生活在郊区大房子里的人常常会相互分离,在私密房间里独自居住。现代家庭那种在一处居所里共同生活、每个人又忙各自不同事情的情形——比如玩手机、打电脑游戏,或者看电视——已成为一种过时的文化。新通信技术使得独居成为一种社会体验,在家里独自一人也不会感到不情愿或觉得是单独监禁。一人独自在家也能通过互联网了解人、信息和思想的世界。互联网的应用看起来并没有将人们与现实生活中的友谊和联系割裂开来。

所有这些迹象昭示着未来独居将会变得更普遍,人们在成人的任何阶段以及能负担起自己居住空间的任何时候都可能会如此去做。现代文化已经在多个方面发生了变迁,这使得我们生活方式发生这种戏剧性变化成为可能。在本章,我们将探索文化社会学,并会更仔细地分析文化和通信方式上发生的这些变化正如何改变着人们生活的方式。文化社会学的一个重要部分是研究人的日常活动和实践,另一个部分则是检视价值观、社会规范和集体信仰,正是这些使人接受某些行为而质疑其他一些行为。幸运的是,寻找这类信息和发现这类信息具有同样的回报,这正是文化社会学成为今天社会学发展最快的领域的原因。

6.1 文化是什么？

文化的多重含义

碧昂丝（Beyoncé）的最新歌曲、戏剧表演、我们对一夫一妻制的预设、推特上的系列广告、报纸标题、有人睡过头而有人醒得早的原因：这些全都是文化的表现。人们是用文化一词来指称各种各样的事物，从艺术到传统、再到个体习得的行为都是文化。在日常语言中，文化常常是艺术或艺术活动的同义词，正如"学点文化"这句话所表示的那样；或者是高雅品位的同义词，正如当我们说一个人"有文化"时所指的意思。这是社会学家使用文化一词的两种常见方式，但还有许多其他方式。实际上，正如一个作家所说的那样，"文化是英语语言当中最复杂的两三个词语之一"（Williams 1976：87）。

文化概念上的现代西方历史是从18世纪和19世纪世界旅行兴起之时发展起来的，那时欧洲商人第一次开始与非欧洲人有了联系。这些欧洲商人不仅被彼此间的外表差异震惊到了，还被彼此间不同的行为表现震惊到了。这种差别涵盖了从如何穿衣打扮到家庭组织方式的所有的一切。在理解这些差异的尝试中，19世纪的科学家将外表差异与行为差异联系起来，认为人的生物性——特别是人的种族特征——决定着社会如何被组织起来。

在19世纪末，文化人类学家开始批判这种思想，转而认为这些差别不是源自种族而是源自其他东西——是一些习得而不是基因遗传来的东西，这些东西不是天生的也不是生物性的，恰恰相反，这些东西是社会生产出来的。这种东西就是文化。今天，认为人类群体之间的差别不仅来源于生物性、还来源于我们如何习得行为的观点看起来一目了然。但在那个时代，这是一项重要的发现。

从早期的这类研究中我们可以得出一些有关文化的基本结论。首先，文化不是个体而是群体的一种属性。其次，文化是理解群体间差异和群体内部相似性的一种方式。最后，文化是社会生活的一个特征，它与自然或生物性不同。实际上，一种社会现象能被称为文化就在于它的非天然性。尽管在实践中，我们难以在自然和文化之间划出界线，但今天的社会学家认识到有关人类的某种生物属性会相对稳定地存在于历史之中（比如每个人都会感到饥饿），而文化属性却不会这样（比如食物的种类及其食用方式）。

界定文化

6.1.1 从社会学视角界定文化。

在20世纪早期，社会学家和文化人类学家通常将文化界定为一个民族的全部生活方式。如果穿越到古罗马时代，你需要适应哪些方面的东西？你将肯定需要语言和有关艺术、习俗和传统的信息。但是你也需要各种各样的物用品，包括衣服、工具和住房。这些都被看作一个社会文化的构成部分：物质层面和非物质层面。今天，当社会学家讨论文化时，他们通常是指三个要素：共享的信仰和知识体系，更常见的说法是意义和符号系统；一套价值观、信仰和实践；共享的沟通形式（Sewell 2005）。我们将在后面三个部分分别探讨文化的这三个要素。

作为意义和符号系统的文化

6.1.2　解释一个群体的符号如何会被认为是该群体的文化，并列举当代美国文化中集体符号的例子。

每个社会都充满了符号（Symbols），符号被用来传递思想，但又与思想本身不同。有些符号的含义很明了：比如，在今天的美国社会，红色心形图案代表着爱，而绿色交通信号灯则表示你的汽车可以通过。另一些符号就不是这么显而易见了：当汽车广告展现的是一辆在公路上高速行驶的汽车时，有可能是广告商试图使你联想到自由、兴奋，并把这些想法和汽车联系起来。国旗对不同的人也许具有不同的含义。不管是简单还是复杂，符号是用来交流某种观念的明确意义的事物。总之，一个群体的符号是其文化的重要组成部分。

要了解特定的文化，我们就要分析和解释集体符号。通过分析20世纪50年代印度尼西亚巴厘人的斗鸡现象，文化人类学家克利福德·吉尔茨（Clifford Geertz）提出了文化是一个集体意义系统的思想（Geertz 1972）。斗鸡——两只公鸡间的格斗比赛——被本国政府认为是违法的行为，但却仍是当地社区的重要活动。许多对斗鸡会啄咬一下午，成百上千的居民在观看、欢呼和下注。吉尔茨用一个文学专业学生研究小说的方式研究斗鸡现象，即将斗鸡看作充满符号意义、需要被解释的客体。比如，吉尔茨发现参与斗鸡的人通常会花很多钱去下注，远远要比从经济学视角看起来理性的投注额要多得多。他认为下注不仅事关输赢，还是地位等级的象征和再现方式（在其他参与者眼中，那些投注大方并赢了的人同时维护和展现了自己较高的社会地位）。斗鸡使巴厘人得以能集体解释其自身的地位等级："这是一个他们给自己讲述的关于自己的故事。"（Geertz 1972：26）

符号总是存在于具体的社会情境中——例如，对于一个在没有汽车的社会里长大的人而言，绿色的交通信号灯就显得神秘莫测，而我们中的大多数人会觉得巴厘人的斗鸡仪式同样神秘莫测。正因为这一点，研究符号有助于我们理解社会中没有被经常讨论的事物，诸如荣誉、不平等和竞争的特性。举例来说，如果吉尔茨直接询问巴厘人，这些斗鸡者不会告诉他斗鸡下注不仅是一个财富问题，还是一个地位问题。他只有通过对自己移居的地方以及非常了解的人群进行仔细观察才能意识到这些。这种研究方法基于对一个群体的长期密切观察，被称作民族志。

我们怎样使用吉尔茨的洞见去解释当代美国的集体符号呢？对应斗鸡所处的文化位置而言，我们可以去研究"超级碗"——这是美国这个国家观众人数最多的文化事件，它有着类似的仪式和

我们在文化事件中展示的集体仪式能够揭示共享的价值观念，比如现今印度尼西亚的斗鸡。怎样的文化事件能够揭示美国共享的价值观念呢？

符号意义，比如对比赛结果进行下注。"超级碗"是朋友和家人参加的盛会，中场休息时是精心制作的表演和大量的电视广告。集体符号不必是极为壮观的景象才有意义。现在我们要关注不同的文化事件，比如"油管"（YouTube）上的热门视频剪辑，那里呈现出的是一个不一样的美国。从音乐视频到人们拍摄的猫视频，再到政治或技术争论的一来一往式的视频，诸如"油管"这样的网站通过使人们得以一起共享和诠释文化展现了我们新的集体符号（Burgess and Green 2009）。

作为一套价值观、信仰和实践的文化

6.1.3　描述我们的价值观和信仰怎样影响我们如何生活。

再分析一下"超级碗"。我们在前面提到的仪式不仅是文化符号，它们也是普遍的价值观——价值观是对本质上什么是重要的或有意义的判断——比如爱国主义、竞争和消费主义。但是这样的意义和表述如何有助于塑造我们的社会行为？文化仅仅就是一套价值观和信仰吗？或者文化的确影响着我们怎样过活吗？换句话说，文化实际上是如何被实践的？答案是，文化影响着我们生活中所做的各种决定，不管我们有没有意识到这一点。

法国社会学家皮埃尔·布迪厄颇具影响力的著作就对文化如何以这样的方式发挥作用进行了分析。布迪厄认为，我们都会对世界以及我们在世界中的位置形成一定的假设集合：我们的品位、偏好和技巧。我们也会发展出布迪厄所称的习惯（Habitus）——习惯在我们成长以及与他人交往的过程中变得如此常见，以至于我们在遵循着这些习惯时甚至都意识不到它们的存在（Bourdieu 1992）。

布迪厄的习惯概念能帮助我们解释，我们未来的选择和观点如何经常被过往的经验所塑造。在曼哈顿上西城区富人家庭长大的人会在一个盛大晚宴上如鱼得水，但可能会对农场生活难以适应；而在农场长大的人则会对这两种情景有着完全不同的感受。但不管怎么说，人们总是处于各种不同的文化系统和意义形式之中。那么你如何在某个时刻选择某种方式去行为而在别的时刻选择其他行为方式呢？回答这个问题的一种方式是把文化看作一个工具包（Tool Kit）——从我们所生活的文化环境中习得并应用于自身生活实践情境的思想和技巧集合（Swidler 1986）。

如果一个朋友介绍某个人给你认识，你会如何表现？如果你单身并想搭讪对方，你就会利用自己已经确立起来的一套文化工具；如果你只是想向对方表示礼貌，那么你就会利用一套不同的文化工具。正如一个汽车技师会在其后备厢放一个工具包以解决各种问题一样，人们也有一种行为和观念的工具包，将之运用于自己所处的不同情境之中。一些人的工具更适合某些情境，而另一些人的工具则更适合其他情境。而且，尽管浸润在同一种文化环境中的人往往会在自己的工具包中拥有相似的文化工具，但是他们对工具的熟悉程度和专业知识水平会非常不同。因此两个经常在相似社交圈子里流连的人也许会在他们的文化工具包里拥有一套相同的、基本的谈话工具；但与一个外向的人相比，内向的那个人在使用这些工具时就会感觉没那么自在。

一位研究当代美国爱情的研究人员发现两种最重要的文化工具：爱情是一种自主选择的观念和爱情，是对他人的

我们吃饭的方式就是我们形成某种习惯的例子。尤其是思考一下你如何拿刀叉吧。一些人左手持叉，叉齿向下。另一些人则右手拿叉，像用勺子那样来用叉。人们经常将这些行为贴上阶层差异的标签。

一系列基于承诺的观念（Swidler 2003）。大部分美国人都能获得这两种工具或者理解爱情的方式。但是个体的生活背景会影响他们倾向于依赖哪种工具或方式，以及更擅长哪种工具或方式。你自己过往的爱情经历可能会使你怀疑"基于承诺"的观念，这又将改变你会怎样认识未来的浪漫邂逅。或者你可能没有多少做出承诺的经历，以至于当你使用这种文化工具时你也做不好。从这个视角来看，文化不仅会在我们如何解释世界和赋予世界意义方面造成差异，而且还会影响我们实际上可以利用的策略和行动类型。

作为一种沟通形式的文化

6.1.4 解释文化作为一种沟通的方式。

作为意义和符号系统的文化和作为价值观、信仰和实践的文化都可以看作沟通的形式，沟通是有意义的信息在人与人之间的分享。沟通的一种重要方式就是通过语言。语言是指由表征概念的词语或符号构成的任何综合系统。语言并不是必须要说出来，世界上有成百上千种手语在被人们使用就说明了这一点。文化和语言关系密切。据称，古希腊人把自己碰到的未受教育的人称为"野蛮人"（Barbarian），照字面上的意思来说是指口齿不清的人——也就是没有语言能力的人。

研究人员多年以来就语言对文化的重要性争论不休。从最基本的层次上来说，语言是一种文化普遍性，即所有人类共有的文化特征：就我们所知，历史上所有人类社会都会使用语言进行彼此间的交流。一些语言学家甚至认为语言是思维的重要基石——也就是说如果你不能用一个词语来表达某事物，你几乎就不能认识它。这个观点的含义是，群体的语言直接影响着该群体的符号和实践。一个简单的例子是法语中表示"你"的两个不同的词之间的差异：一个是非正式的你（Tu）和另一个要正式一些、表示尊称的您（Vous）。过去英语中也存在着具有类似差别的两个词（Thou 和You，即你和您），但二者的差异随着时间消失了。结果，说英语的人在彼此的交流中不会那么拘泥于礼节，进而在群体文化中也是如此。但也不是说仅仅因为他们的语言相同就意味着他们共享同样的文化。加拿大人和美国人都说英语，但毫无疑问这两个国家之间（以及国家内部）存在许多文化差异。现在大多数语言学家和文化社会学家都认为语言影响着文化而不是完全决定着文化。因此尽管英语当中不再存在一个非正式的你和一个正式的你这样的称呼区分，但这并不意味着我们所有的对话都是非正式的。相反，我们发展出交流这些概念的不同方式，比如在美国南部与年长的人谈话时会频繁使用"女士"（Ma'am）和"先生"（Sir）这样的称呼。

沟通不仅发生在人与人之间，也会在社会的公众之间发生——通常将之称为大众传播（Mass Communication）。近些年来，大众传播主要借助大众媒介来进行：电视、广播和报纸。在大众媒介最鼎盛时期，数千万美国人观看同样的晚间新闻电视节目，在大城市里数百万人阅读同样的日报。更确切地说，甚至在大众媒介产生之前，意义也会被大规模地沟通传递，只是规模和速度不能与现在相提并论。比如，巴厘人的斗鸡可以被看作较小规模上的大众传播的一种形式，就像牧师向一大群教众布道一样。

今天互联网已经成为大众传播主要媒介。越来越多的人开始通过报纸网站或如Hulu和YouTube这样的视频网站使用在线传统媒介资源。在这样的过程中，人们也正将以前的消极媒体消费（制作好的报纸和电视新闻就是其代表）转变成自己可以参与的媒介消费过程，通过发表评论、转载故事和自己创造的混搭形式来参与其中。现在，旧媒介和新媒介混融在一起了（Jenkins 2006）。但是互联网也创造出全新的沟通可能性，仅仅与以前的大众传播形式有着松散的联系，其最为突出的特征是借助社会网络和即时通信来实现沟通。

社交媒介已经改变了孩子、成年人和（越来越多的）老年人彼此间的交往方式，线上交流和面对面交流共存，距离远近也不再是问题。社交媒体也已改变了公司和反公司活动人士的运作方式，改变了慈善组织募集资金的方式（尤其是在大灾难之后），也改变了政客竞选和管理的方式，还改变了社会运动的组织方式。社交媒介影响着我们获得新闻和娱乐的方式，甚至有时还会影响我们制作新闻和娱乐的方式。文化社会学家对社交媒介如何以及在何种程度上改造着不同年龄、不同地方人们的日常生活充满好奇，也很好奇社交媒介日益广泛的使用会怎样影响我们对其他类型媒介——从报纸、电话、广播到书籍——的兴趣。

社会理论家曼纽尔·卡斯特尔（Manuel Castells）认为我们正参与着一种以互联网为核心的沟通新形式，他称之为大众自我传播（Mass Self Communication），这种传播形式具有接触到全球观众的潜在可能，但是其传播内容常常是自我生产、自我定向的（Castells 2009：58）。换句话说，互联网不仅体现了大众传播规模大和无处不在的本质，还体现出人际沟通的个体化内容。正如图6.1显示的那样，在过去几十年里，社交媒介的使用者呈爆炸式增长，以至于可以与传统媒介相抗衡。

这张图片显示的是，从2005年到2013年，每个年龄群体的互联网用户使用社交网站的比例。

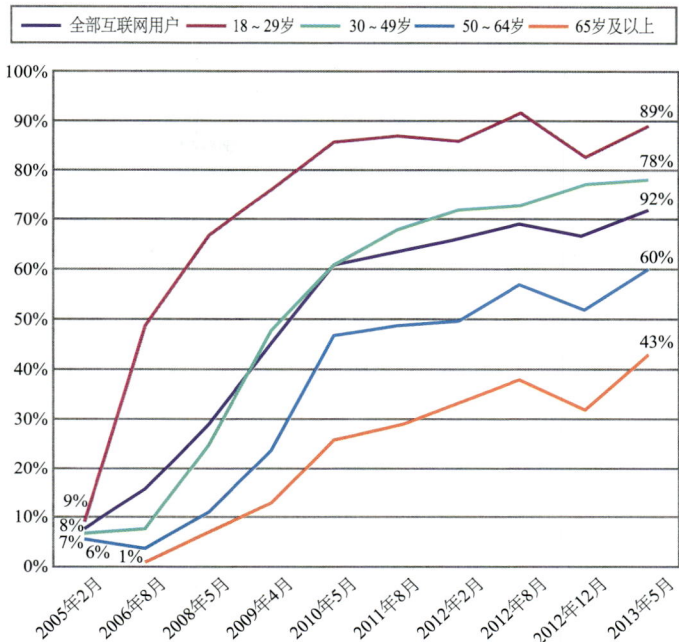

资料来源：基于丹·弗洛默（Dan Frommer Feb 3，2012）的数据，http://www.readwriteweb.com/archives/facebook_ipo_filing_charts.php

图6.1　社交媒介爆炸式增长

互联网和大众自我传播正如何改变着文化系统和实践呢？如果在线的沟通、信息和娱乐让我们很难集中注意力，那么这是否意味着我们的工作和联系也会受到这样的影响？我们脸书上面朋友的增加会伴随着深厚友谊的丧失吗？或者借助社交媒介产生的联系会使我们更可能花时间在线下与他人相处吗？因为缺少发展思想所需的注意力持续时间，我们的思想会变得更肤浅吗？我们会失去对某种文化——传统的新闻报道、文学小说和纪实书籍——的兴趣、转而喜欢其他形式的文化——新闻简报、低俗小说、电子游戏——吗？后面这种文化类型要么缺少思想深度，要么传递的是更直接的刺激。

这些问题很难有确定的答案：在信息和通信方面，过去几十年可能是历史上变迁最为剧烈的时期。技术正导致富人和穷人之间出现新区隔，即那些拥有便捷有效接触信息技术途径的人和缺少这些资源的人之间所存在的社会、经济和文化代沟，这就是众所周知的数字化区隔（Digital Divide）（见图6.2）。这是那些能接触到互联网的人和那些不能接触到互联网的人之间的区隔；是那些拥有高速访问互联网资源的人和那些只有访问互联网慢车道资源的人之间的区隔；是那些具有畅游更具独创性和独立性网站所需教育水平和媒介素养的人和那些主要访问大型商业化网站的人之间的区隔（Klinenberg 2007）；也是那些生而就活在互联网时代的"数字原住民"（Digital Natives）与努力赶上这种互联网变迁的"数字移民"（Digital Immigrants）之间的区隔（Plafrey and Gasser 2008）。

随着计算机和互联网在全世界所有地方的日常生活中变得越来越重要，理解数字化区隔（Norris 2001）的因果关系将成为研究文化和传播的社会学家的最重要的任务之一。

看一看像性别、种族、年龄、收入、教育程度、城市型（Urbanity）以及语言偏好这样的变量对那些家里就能上网的人有着怎样的影响。

家里有宽带

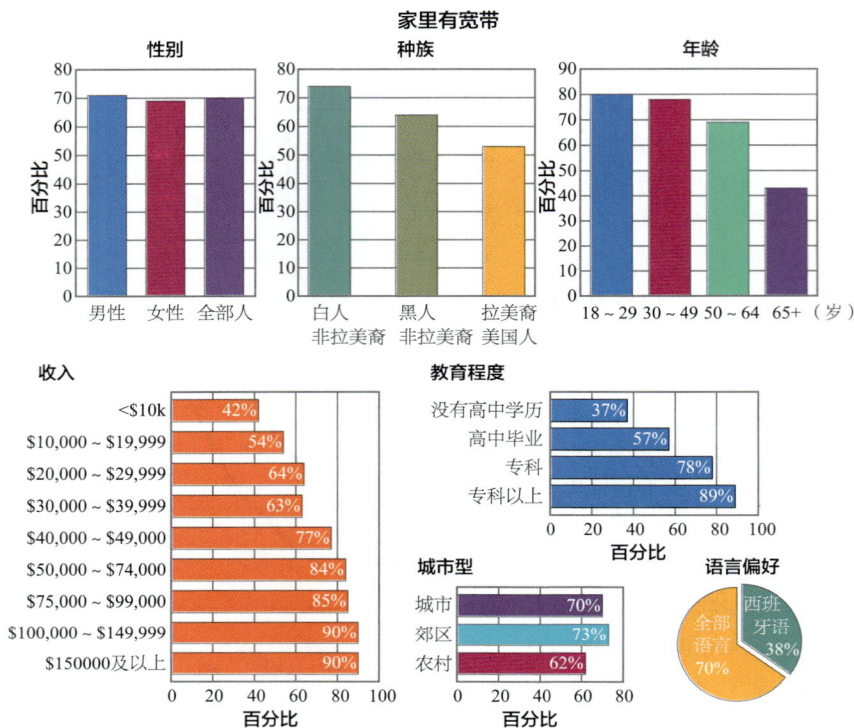

资料来源：Rainie，Lee.（2013）. The State of Digital Divides (PowerPoint slides). Retrieved from http://www.pewinternet.org/2013/11/05/the-state-of-digital-divides-video-slides/

图6.2 数字化区隔

6.2 文化如何塑造我们的集体认同？

文化和群体认同

我们都将自己看作归属于许多不同群体的人。其中一些群体是相对容易界定的——比如国籍和宗教——但另外一些群体就不那么清晰可辨了。足球迷是群体吗？大学生呢？如果是这样的话，你又是如何区分的呢？更为重要的是，群体认同是由什么构成的？社会学家又是怎样研究它的？事实上，文化对于群体认同是很关键的——无论在界定群体方面还是在维系群体方面都是如此。一些学者甚至认为，我们应该就用文化一词来指代构成群体团结一致或分崩离析基础的差异性和相似性（Appadurai 1996：13）。

主流文化、亚文化和反文化

6.2.1 讨论文化在形成群体风格方面所发挥的作用，并解释是什么将亚文化与主流文化区分开来。

由于缺少界定一个群体的清晰方式，我们需要从共同的行为中寻找线索。根据文化术语来思考认同的一种方式是通过群体风格这个概念，或是一套将一个群体同另一个群体区别开来的规范和实践（Eliasoph and Lichterman 2003）。群体不同，其规范也不同，或者说是对正确行为的共享性假设不同。而且因为大多数人归属于许多群体（比如学校、国籍和性别），所以我们要学会在正确的场合采用正确的风格。然而，采用正确的风格并不总是一件容易的事——想想如果你突然穿越到不同的时空中，要去适应那里的一切有多困难就知道了。因此群体风格是人们沟通是否归属于某个群体的方式。根据这种对认同形成的解释，文化是一种沟通实践。

主流文化（Mainstream Culture）是指在一个社会中被人们广泛认同的价值观和文化工具包系统，它体现在许多群体的活动和规范中。商会、宗教群体、校友会、运动队、民间组织和其他许多群体都在自身活动的某个层面接受和反映着主流文化。但也有一些群体会有意识地将自己与主流文化偏离开来。在美国，这类知名的群体有20世纪60年代的嬉皮士和21世纪的互联网电脑游戏玩家。当代的社会学家将这样的群体称为亚文化（Subcultures），或者说是基于存在于主流文化之下（喻称为亚文化）但又与主流文化拥有不同的共同信念、偏好和实践而相互联系起来的人们所构成的规模较小的群体。另一些例子包括攀岩者、狩猎者、交际舞爱好者和棋手。社会学家克劳德·费彻（Claude Fischer 1975）指出亚文化最可能出现在城市里，因为这里——与小镇和传统村落不一样——有大规模人口聚集，使得许多这类群体得以蓬勃发展。一些亚文化群体可能会有清晰的共同目标感或界限感，尽管另一些亚文化群体可能只是由共同的兴趣爱好将成员松散地联系在一起。

尽管亚文化常常能与主流文化和睦共生——比如，攀岩者就不会给社会带来任何威胁——但英国的文化研究学者认为，有一些亚文化体现出政治和经济权力上的差别，而且将自身同主流文化区别开来常常是一种"仪式性抵抗"（Resistance of Rituals）行为（Hall and Jefferson 1975）。这种亚文化通常被称为反文化（Counterculture）——由观念、态度和行为与主流文化直接冲突并积极与自己所在社会的主流文化相竞争的成员所构成的群体。一些较近或当前的反文化群体包括反政府武装、茶党（Tea Party）和占领运动（Occupy Movement）。社会学家认为文化是一个竞技场，在这里不同主流文化、亚文化和反文化的地位并不平等，它们往往相互对立，彼此争夺最高权力来确定什么才是文化，并从中寻求获得回报（Clarke et al. 1975：11）。

像朋克一样的反文化群体通过自己的外表和行为有意识地将自身同主流文化区分开来。当代"仪式性抵抗"的其他一些例子有哪些？

当今美国存在占支配地位的文化吗？

6.2.2 讨论"文化战争"概念并解释在多元化的美国践行文化相对主义的重要意义。

只有存在能被挑战的占支配地位的主流文化时提及亚文化和反文化才有意义。在21世纪的美国存在一种单一的主流文化吗？

安东尼奥·葛兰西（Antonio Gramsci）在20世纪30年代提出了这样一个著名观点，即任何一个社会中占支配地位的经济阶层都会试图通过鼓励某种有利于自身道德和文化的认知来维护自身的权力。有权力的群体基于建立或强化广泛认同的有关何为对错、合适与不合适以及有价值与没价值的信念来实现合法化和掌握权力的过程被称为文化霸权（Hegemony）。当这些观点开始被当作理所应当的东西的时候，就有助于加强统治群体的权威。比如，今天的美国存在这样一种常识性观点，认为人要想有足够的钱来过活就应该去工作，那些工作努力、表现更好的人会获得成功，而那些选择不工作的人只能获得最低的财政支援。但这种"常识性观点"会很容易被用来为富裕的企业老板的利益服务，这些人要想自己的企业成功就需要找到工作努力的工人。葛兰西认为寻求社会快速变革的运动不仅要赢得政治权力，还需要打碎文化霸权——用判断力（Good Sense）（也有译为健全的常识或识见——译者）来与常识作战。换句话说，文化不仅是娱乐活动，它还是一个永久冲突的舞台。

现今，这样的文化冲突通常围绕家庭以及宗教价值观在国家政策某些问题上的适当作用而展开：堕胎的权利、移民的权利和同性恋的权利是争议最大的三个问题。社会学家詹姆斯·戴维森·亨特（James Davision Hunter）在20世纪90年代早期指出，人们在许多这样的问题上会倾向于选边站队——他将之分为"进步派"（Progressive Position）和"保守派"（Orthodox Position）——这种区分与社会阶层或政治联盟并没有什么必然的对应关系。他下结论说，美国选举政治的主要战线正从经济问题转向道德问题，他甚至还宣称，围绕家庭和宗教价值观念的冲突像战争一样如此紧张以至于构成了**文化战争**（Hunter 1991）。记者托马斯·弗兰克（Thomas Frank）在其研究白领阶层选民背弃民主党的著作《堪萨斯州怎么了》（*What's the matter with Kansas*）中提出了一个与此相关的论点。基于日益明显的从经济问题到道德问题的转向，这些选民开始认同共和党人并把民主党人看作一个精英党派，尽管共和党的经济政策明显要比民主党的经济政策更偏向于精英阶层的利益（Frank 2004）。

尽管文化战争的观点看起来是理解常常变得白热化的冲突的有用方式，但是这种观点假定存在两种彼此争夺支配地位的文化：自由主义文化和保守主义文化。这同另一种描绘美国当代群体认同图景的重要方式相悖：多元文化主义（Multiculturalism）。多元文化主义指在一个社会中促进不同种族或文化群体平等相处的信念或政策。存在大量移民的国家，比如美国，拥有不同文化背景的人口，产生着比文化战争理论所讲的还要更为多样化的新型冲突。实际上，在美国这样一个40%的人口不是白人、30%的人口在家里不说英语的国家里，要界定今天"美国人"究竟意味着什么变得日益复杂起来。由于这个原因，要确切地区分什么是主流文化也变得日益艰难起来。图6.3分析了美国是一个文化多么多元化的国家。

对于一些观察家来说，目前移民文化以及多元文化主义的挑战最终会随着移民群体融入主流文化而消失殆尽。历史上，对这个过程的标准比喻是"大熔炉"，这种观点认为尽管移民有各种各样的文化背景，但最终都将被美国社会所同化，直到他们在某个时候成为真正的美国人。19世纪晚期和20世纪早期来自欧洲的白人移民群体的历史看起来就证实了这个观点。但是大熔炉这种观点在今天是颇具争议的，它常常被看作种族中心主义的一个例子——种族中心主义（Ethnocentrism）是指不能理解或接受的与自身不同的文化实践。每个移民群体必须成为"美国人"这样的观点已不再被人们广泛接受了。

种族中心主义的问题是，它会使我们根据自己的经历对他人做出不正确的预设。如果克劳福德·吉尔茨是从种族中心主义的视角去观察巴厘人的斗鸡现象，他就会直接得出许多巴厘人在下注时既冒险又不负责任的结论。或者想象这样一种场景，如果你去一家中餐馆就餐并认为店主从没听说过刀叉，因为他们给你拿来的是筷子。尽管我们都是在特定的文化背景中长大成人的，而这种文化背景以一种不易被人察觉的方式影响着我们的思维——所以我们永远不能完全逃脱种族中心主义的影响——但这类预设会使得对他派文化的任何深度理解都变得困难起来。我们会误读他者共享的意义或者在某个既定的情境里无法把握那些重要的内容。出于这个理由，**文化相对主义**——从其自身的社会背景出发来评价文化意义和实践——对于社会学想象力而言是很关键的。比如，吉尔茨没有试图去发现巴厘人斗鸡在一般意义上的文化重要性，而是挖掘斗鸡对于巴厘人自身的重要性。当我们去国外旅行时，如果我们不是试图将其与自己的世界进行比较，而是根据该世界自己的标准来理解我们观察到的东西，我们将会拥有一段丰富多彩的体验。

美国一直都是一个拥有多语言历史的国家，伴随着每一次移民浪潮，美国的语言多样性就不断增加。这张地图显示出在家不说英语的美国人在各州比例上的巨大差异。

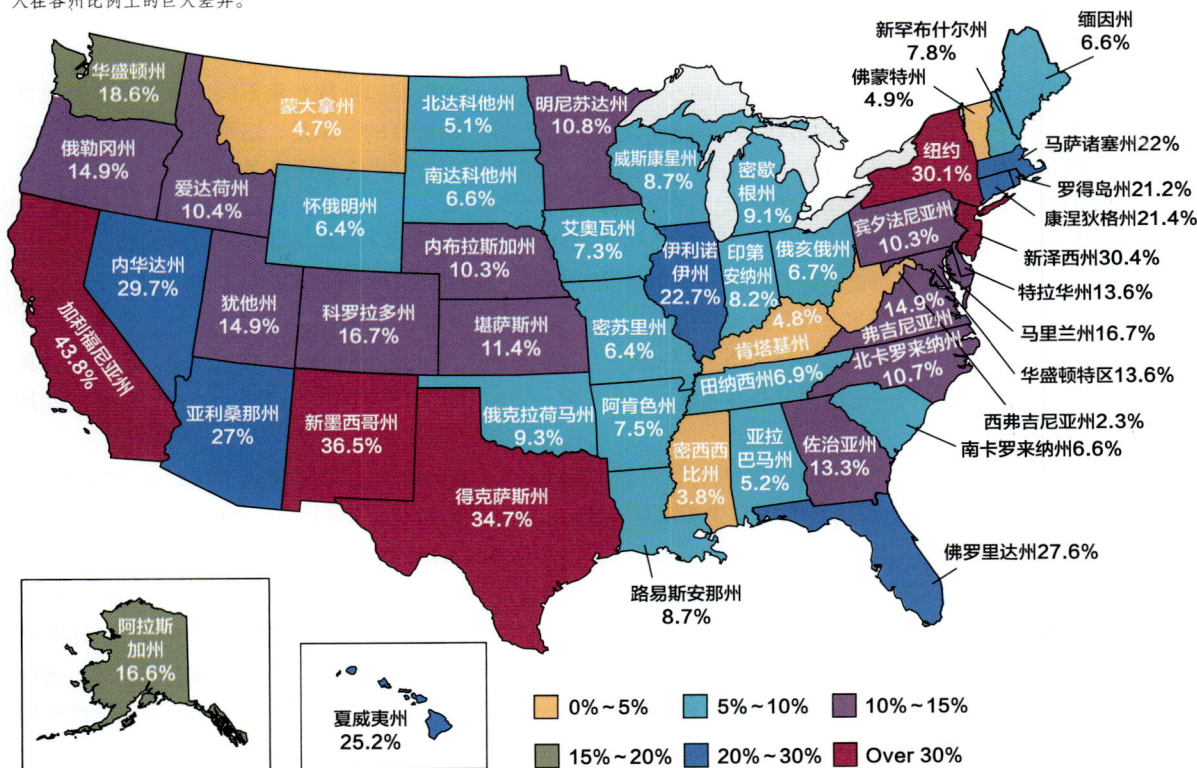

图6.3 多语言的美国

资料来源：美国统计局（2012）。网址：http://www.census.gov/prod/2013pubs/acs-22.pdf.

民族文化

6.2.3　解释是什么生产和再生产着民族文化以及民族文化有什么作用。

甚至在全球化时代的今天，现代世界最重要的群体身份毫无疑问还是民族。整个世界被划分成许多民族国家，而且大多数人是其中某一个民族国家的公民或者主体。因此民族文化——一个特定民族国家所共享的一套文化实践和信念——是社会学的一项重要原理，也就不足为奇了。不同民族的文化规范、预设以及认同存在差异吗？如果存在，这种差异是什么？又是什么产生或再生着这些差异呢？这些差异又产生了什么影响？这些是社会学家试图去解答的有关民族文化的问题。

今天，好像是世界应该按民族划分，而且人应该根据民族来思考自身是显而易见的现象：我是美国人、你是加拿大人，她是英国人，他是中国人。但并不总是如此。**民族主义**（Nationalism）的兴起——人们将自己看作一个民族的天生成员并常常为此种身份感到自豪的现象——是世界历史相对晚近的现象。民族社区只有在印刷资本主义（Print Capitalism）产生之后才成为可能——印刷资本主义是指大量生产书籍和以当地语言印刷的报纸，以供受过教育的大众同时消费（Anderson 1991）。当法国人阅读法文报纸、德国人读德文报纸时，他们不仅能了解到在各自国家正在发生什么事，而且还确认了自身在一种共同民族文化中的成员身份。甚至在今天，当报纸读者减少的时候，其他形式的共享媒介消费也遵循着同样的模式。比如，一项推特地理分布图研究发现，人们的社会网络通常具有民族性和单一语言性——尽管理论上推特给人的感觉是真正全球化的，但在实践中推特可能强化了你对某个民族的归属感（Takhteyev，Gruzd，and Wellman 2012）。

一个国家的成员都共同拥有着彼此相似的一种假设，即使他们的阶层和种族背景不同时也是如此，而且大多数人永远不会相遇。像在英国这样拥有一个强大政府和一种共同语言的国家里，这种假设很合情合理。但是在印度尼西亚这样一个拥有1.3万座岛屿、当地语言超过700种的国家里，情况又是如何呢？除了一些在国家边缘的独立地区有这样的特例，印度尼西亚人通常也认为自己属于一个单一的民族共同体。而且重要的是，印度尼西亚人将自己的共同体看作有边界的，是众多共同体中的一个。民族共同体与宗教共同体不同，后者的实践者希望整个世界都能皈依其信仰。但印度尼西亚人并不想将所有意大利人变成印度尼西亚人。

在当代生活中，文化社会学家通常把民族当作是想当然的事，正如我们每个人都会做的那样，许多文化社会学家研究民族文化之间的差异：是什么使一种民族文化同另一种民族文化区别开来？民族文化之间的差异具有怎样的含义？在我们转向讨论这些复杂性之前，先去检视一下图6.4，该图展示的是不同民族的人们在一些基本文化态度上所存在的巨大差异。

让我们以其中一个被广泛接受的差异为例，即认为美国人要比其他国家的人更个人化。同其他富裕国家相比，美国人更有可能认为个体应该为自己负责而不是寻求政府的支持（Brooks and Manza 2007）。但是个人主义的重要性是复杂的。回顾一下我们在本章之初提及的文化变迁——人们选择独自生活现象的崛起。尽管这是显而易见的个人主义，但同其他个人主义明显低的国家（如瑞典、挪威、芬兰和丹麦）相比，实际上美国人独居的可能性要小得多（Klinenberg 2012）。为什么会这样呢？这不可能是因为基因或不同类型的人类天性：这些国家的人们并没有什么根本不同。其实这是多种因素混合作用的结果——包括经济前景、女性地位的提升、通信革命、大规模城市化以及长寿革命（Longevity Revolution）——所有这些都影响着人们是否想要以及是否能够独自生活，而不只是受到人们个人主义观念的影响。

实际上，许多重要的社会、政治、经济和文化制度都是按照国家建构起来的，而且这些制度对人们生活的方式以及所形成的态度类型和世界观都有着系统性影响。这些不同的世界观反过来也会对民族生活的其他特征产生巨大影响。在日本，公司CEO的收入平均比自己的员工高出16倍；在美国，则高出400倍还要多。如果研究者只是基于经济因素来思考这个问题，就很难解释这两个国家之间存在的这种巨大又持续的差异，这表明可能还有文化要素在发挥作用（比如日本和美国公民接受薪酬差距的意愿）。

儿童早期是一个重要研究领域，因为就是在这个时期我们的许多文化假设被塑造起来。一项关于日本、中国以及美国学前教育的研究揭示出，这三个国家的学前教育在塑造文化认同方面扮演着非常不同的角色

正如图表所示，不同国家的人们在一些基本文化的态度上存在着显著差异

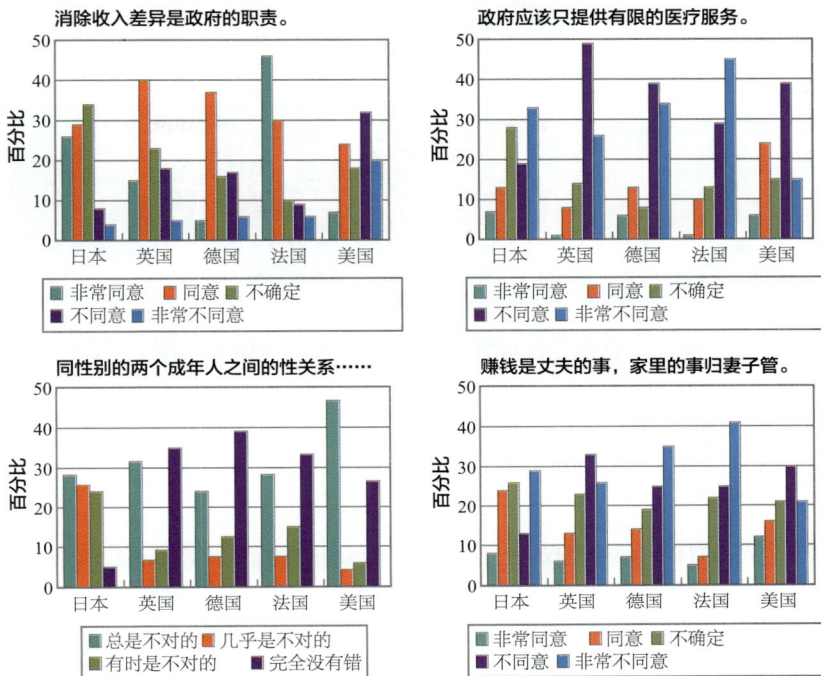

消除收入差异是政府的职责。

	非常同意	同意	不确定
	不同意	非常不同意	

政府应该只提供有限的医疗服务。

	非常同意	同意	不确定
	不同意	非常不同意	

同性别的两个成年人之间的性关系……

	总是不对的	几乎是不对的	
	有时是不对的	完全没有错	

赚钱是丈夫的事，家里的事归妻子管。

	非常同意	同意	不确定
	不同意	非常不同意	

资料来源：基于尼尔森（Nielsen 2011）的数据。电视观众报告 2010-2011。http://researcherticker. com/wp-content/uploads/2011/12/2010-2011-nielsen-television-audience-report.pdf.

表6.4 民族差异测量

（Tobin，Wu，and Davidson 1989）。通过记录教室活动并与老师和家长讨论这些录像，研究者发现美国学前教育特别强调创造性以及尊重孩子的个体性。中国则强调要给孩子灌输秩序以及纪律观念，在中国的文化背景下这是一个可以理解的教育目标，因为许多中国家庭只有一个孩子，这些孩子常常被看作深受父母和祖父母溺爱的"小皇帝"。而在日本，教育者对孩子的管控程度比其他两个国家要高得多，他们迫使孩子们学习尊敬他人。

这些看起来像是刻板印象，但这正是问题的关键所在。如果不同国家的文化规范之间长久以来就存在差异，我们可以预期在学前教育这样的制度中就能找到这些差异长期存在的证据。正如学前教育

在不同国家，学前教育采用的方法非常不同。学前班为什么是研究民族文化差异的一个重要场所？

研究者指出的那样，学前教育不仅反映出一个国家的民族文化（因为教师和父母都受到某种观念的影响并试图传递这些观念），还会有助于民族文化的再生产（因为孩子们会传承相同的观念）。

6.3　我们的文化实践如何与阶层和地位相互联系？

阶层，地位和文化

你是如何知道一个人是有钱人还是有权人？你不能查看他们的银行账户，也不知道他们手机通讯录里都有谁。但你有机会根据人的文化表征做出一个明智的猜测：穿着打扮的方式、谈话方式、爱好的运动、喜欢的音乐、喜欢做什么事，用一个词来说，就是他们的品位（Taste）——**文化偏好**。尽管我们通常会认为社会阶层主要基于经济意义，但是品位——更宽泛的说是文化——在设置和维护阶层区隔方面扮演着重要角色。

文化资本

6.3.1　界定文化资本并讨论美国精英成为文化杂学者的方式。

与认为美国是"机会天堂"的流行假设不同，美国是一个阶层壁垒森严的社会。一个出生在工薪阶层的人极有可能一生都留在这个阶层中，而对那些出生在上层阶级的人而言也同样如此。理解为什么会如此的一种方式是思考人们生活中可以使用的资源种类。一种资源是金钱和其他经济资产；另一种资源是社会关系、朋友和熟人网络。布迪厄将之分别称为经济资本和社会资本。他指出还存在决定阶层位置的第三种资源类型：除了你拥有的金钱和认识的人，你生活的成功还会受到文化资本的影响。这是指你的教育程度、品位、文化知识以及你在言谈举止和其他日常行为中展现出的教养。布迪厄认为，一个人的文化资本同他（她）占有的财富或者关系一样重要，它在他人眼中塑造着自己的社会地位（Bourdieu 1984）。

在与他人互动的过程中，我们一直在使用自己的文化资本，而且常常都意识不到自己正这样做。从我们张嘴说话、对我们周遭的世界发表观点或看法的那一刻开始，他人就将我们区别开来。布迪厄并不认为那些以公开或夸张的方式展示出来的地位符号是文化资本的重要形式；相反，他强调人们的日常生活是展示品位多样化的舞台。比如，和别人讨论你为什么很享受西班牙导演佩德罗·阿尔莫多瓦（Pedo Almodóvar）的最新电影，这传递给他人的讯号是你有很好的电影品位。品位也意味着厌恶，如果和你聊天的人不知道阿尔莫多瓦是谁，你就有可能对他（她）的品位和地位做出消极评价。即使你不是有意根据别人的品位去判断他人，品位还是可能会影响到你想要花时间交往或想要避开的人的类型。因此，品位有助于维系不同群体之间的地位边界（Holt 1997）。

文化资本以稀缺性作为前提：每个人都有的文化体验无法成为地位区隔的基础。在瑞典家居产品公司宜家（Ikea）销售便宜的家具之前，其践行的北欧极简主义（Minimalist Scandinavian Modernism）审美，被人们看作高等社会地位的象征。但因为中产阶层能广泛消费得起宜家家具，这种审美就不再是重要的文化资本象征了。问题的关键不在于金钱而在于难度：为了提供昭示区隔的基础，高等地位的文化消费必须不能那么容易地参与进来，而且如果这变得容易时，它也就不再是高等社会地位的象征了。

如何将文化资本的观点应用于美国的当代生活呢？在布迪厄对法国文化资本的研究中，强调高社会阶层群体倾向于以工人阶层无法理解的方式去欣赏高雅文化和艺术。但美国的大众文化要比许多其他国家流行得多，在这个国家来自许多不同阶层的人会听相似的音乐或享受类型相似的音乐节目或电视节目。最近的研究认为，同其他国家的精英相比，美国精英没那么自傲，而且其行为越来

越像文化杂食者（Cultural Omnivore），即那些通过范围广泛的文化消费（包括低社会阶层文化）来展现自己高等社会地位的人。今天受教育水平高的美国人不仅比一般人更有可能消费高雅文化，也更有可能去消费通俗文化。品位范围广泛是区隔的一种标志，比如喜欢运动、现代舞蹈、嘻哈音乐和古典音乐等（Peterson and Kern 1996；Kahn 2009）。然而我们不能高估精英品味的包容性本质。比如，尽管一些文化精英表现出对乡村音乐的喜爱（一种低阶层的音乐形式，更多的是与工人阶层联系在一起），精英阶层通常喜爱的乡村音乐类型并不是加斯·布鲁克斯（Garth Brooks）或者蒂姆·麦格罗（Tim McGraw）商业化的乡村音乐类型，而是像照办乐队（Wilco）或者蓝山（Blue Mountain）这类更另类的乡村音乐作品（Holt 1997）。

文化资本只有当其稀少或难以获得时才有价值。既然中产阶层能容易地在宜家购买现代家具，那么这种家具就不再是重要地位的象征。我们现在又面临着新的区隔，品牌带来的区隔。宜家被看作普通的现代家具，而在赫曼·米勒（Herman Miller）公司销售的另类得多的家具则被看作高端的现代家具。

文化如何复制阶层

6.3.2 分析金钱和文化如何长期复制地位。

社会学家关注权力和不平等的一个重要主题是，导致阶层边界以及区隔得以跨时间维系的过程，这被称为阶层复制（Class Reproduction）。为什么一些人富裕、另一些人贫穷存在许多原因，但是这些边界在短期内以及长期内是如何得以维持下去的呢？布迪厄的文化资本理论分析了在无数的日常互动中，我们如何提醒自己和他人注意彼此的相对地位，以及这又如何确保我们的地位差异持续存在。但是该怎么解释长时期以及跨代的阶层和地位复制呢？比如，为什么中产阶层的孩子长大后可能还是中产阶层、而工人阶层的孩子长大后可能还是工人阶层？

一个显而易见的答案是金钱。比如，富裕的家庭更容易负担起私立学校、美国高考（ACT或SAT）备考课程、大学学费以及私教，而且他们也可能会给自己的孩子留下可观的遗产。但金钱只能部分地解释该问题：社会学家也已指出，人们在如何生活上做出有意义的选择会受到经济条件的限制，但不完全取决于经济条件。文化有助于解释我们如何以及为何做出这种选择。

例如，在社会学家和民族志学者保罗·威利斯（Paul Willis 1977）的一项著名研究中，他在20世纪70年代追踪了英国一个工业镇上工人家庭里一些男孩的发展状况。他们在学校表现不好，还叛逆，而且看起来也不关心自己的未来。在那个时代对这种表现的一种常见观点是，出现这种情况就是因为人们没有做出正确的选择来获

得生活上的成功。但威利斯发现实际情况却完全相反。这些男孩子在学校表现出明显没有收获的行为实际上是他们适应课堂环境的方式。这样的态度让他们在老师那里陷入麻烦，但同样的态度却能在几年后让他们在工厂里受益良多。因为在工厂里挑战权威、不根据要求努力工作能帮助工人赢得反抗老板的集体优势。这些叛逆的孩子正学习着如何成为工人阶层里的人。

在一个最近的研究中，社会学家安妮特·拉鲁（Annette Lareau）通过比较美国中产阶层和工人阶层家庭来了解，不同的阶层位置会如何影响父母抚养孩子的方式，以及这种阶层位置的差异对孩子的未来意味着什么。在研究过程中，两种非常不同的抚养方式逐渐清晰地显现出来。中产阶层父母遵循协作培养（Concerted Cultivation）方式，积极培养孩子的天赋，并从孩子的利益出发主动介入，从而给孩子灌输了一种权利感。相反，工人阶层父母采用成就自然成长（Accomplishment of Natural Growth）方式抚养孩子，（在生活上）照顾孩子，但在社交方面放任孩子自我成长，结果让孩子养成了一种约束感（Lareau 2003）。中产阶层孩子的权利感更可能使他们在年纪大时获得经济和社会（声望）方面的成功，然而工人阶层孩子的约束感会带来相反的结果，使得他们长大后还是停留在自己出生时所在的阶层里。

这两个经典研究的启示在于，阶层复制不仅通过你（或你家）拥有的金钱得以实现，还通过你成长过程中习得和实践着的文化来实现。

6.4　是谁生产出文化？目的何在？

文化生产的条件

在1845年，卡尔·马克思和弗里德里希·恩格斯，认为社会中那些财富最多、权力最大的人通常也拥有生产和分配自身观念和文化的最大能力[Marx and Engels（1845）1972]。在19世纪的欧洲，这些人是资本家，如工厂主和银行家，他们珍视自己的私人财产权以及看到商机开展业务的自由。通过自身对报社所有者、政治家和一些知识分子的影响，资本家能够使得解放和自由成为这个时代的主流观念。

马克思和恩格斯的观点说明文化生产是一种历史现象。观念和时尚并不是随着时间而随机改变，而是与一个社会的政治经济形势的其他变化相互呼应。同时，在19世纪传播观念要比今天更加困难。今天，随着互联网和社交媒体的兴起，有权力的人和阶层还控制着文化生产吗？葛兰西的文化霸权概念还能充分表征出21世纪的文化环境吗？文化社会学家对文化生产条件的关注日益审慎起来：谁控制着一个社会的观念生产？其目的又是什么？

公共领域

6.4.1 分析公共领域的概念如何解释社会的文化生产。

在像美国这样的社会里，公共生活的一个基本前提是，每个人都能参与决定谁应该成为管理者的讨论、论辩和选举过程。理论上，每个18岁以上的公民都能去竞选公共职位（通常要25岁以上，竞选总统要35岁以上），或者也能建立一个政治组织来说服其他人相信自己的观点。这种平等参与政治生活的观念是强力的，而其核心是要存在德国社会学家约尔根·哈贝马斯（Jurgen Habermas）所称的公共领域（Public sphere）[Harbermas（1962）1989]。在哈贝马斯看来，当普通公民聚集在一起（无论是在哪里）探讨事关公共利益的议题时，他们就在从事着面向民主生活的批判性活动。在一个理想化的公共领域中，公民将自身利益、财富和地位搁置一边，平等地聚集在一起共同讨论并形成有关如何集体管理的思想。个体的影响力只在于他们思想的力量和价值。

在18世纪的欧洲，当公共领域开始出现时，它主要集中在如报社、酒馆、社交俱乐部和咖啡馆这样一系列的场所——简而言之，就是人们能聚集起来讨论当天新闻的任何地方。公共领域同国家不同，它为公民提供了一种批判和影响政府的途径，这在君主专制时代是一种新观念。在美国这样的现代福利国家，公共领域是不同的社会群体组织起来成为政治主体并去竞争影响力的地方。像茶党和占领运动这样的激进主义团体以及如国家步枪协会（National Rifle Association）或者美国退休人员协会（AARP）都是今天公共领域重要的群体类型。这些群体竞争的一种重要方式就是通过观念的生产（比如报纸、电视和广告）去努力塑造公共舆论。在当代像美国这样的社会里，公共领域在网络上正日益变得组织化，特别是可以借助社交媒体得以实现。

无论公共领域的理想化影像有多么吸引人，在实践中公共参与却非常不平等。许多人对政治不感兴趣，也不愿去参加选举投票。而且，如果没有大量的金钱支撑自己，你也很难让观众被你的观念所吸引。例如，茶党运动从少量富裕的保守人士那里收到数千万美元，但占领运动能依赖的财力基础就薄弱得多了，通常是来自小额捐助。结果，茶党能够花更多的钱去做广告宣传、给自己偏好的政治候选人给予财力支持，并可以从事其他能让自己成员在公共领域的活动上发挥影响力，而占领运动组织就很快销声匿迹。总的来看，社会学家认为那些在私人领域让一些人更有权力的事物——如种族、性别、阶层和教育——同样使一些人在公共领域中更有影响力（Fraser 1992）。

公共领域理想化影像的另一个问题是，不存在一个主要的公共领域；相反，各种社会组织——和亚文化——经常会形成自己的对抗性公共领域（Counterpublics），这是替代性的公共领域；通过这样的公共领域，这些群体生产和传播着自己的价值观、信仰和理念。在20世纪上半叶工厂和工会产生出一种对抗性公共领域，而黑人教堂网络成为民权运动的支柱，酒吧和俱乐部是同性恋解放运动开始的地方，所有这些都是美国多年来所出现的对抗性公共领域的例子。

碎片化的公共领域并未想当然地处于从属地位：这个概念能运用于任何亚文化。一个研究者认为如脸书这种社交网站的用户正构成了一个互联网化的公共领域，或者说是在线公共领域。互联网化的公共领域由于提供了面对面公共场所不能提供的东西而特别能吸引青少年参与其中。社交网络使得持久性（经过最初朋友的请求和交谈后你就能浏览朋友多年的情况和信息）、可检索性（你可以寻找其他具有相似兴趣的人，也可以与在线的朋友联系而不用考虑地理空间是否临近）、可复制性（当复制/粘贴无处不在时，区分"原版"和"仿品"就变得困难起来）以及观众的隐匿性（我们在社交网络上的许多活动都可能正被我们不知道的人注视着，而且可能是在完全不同的时间被注视着）成为可能，这些特征使得互联网化的公共领域与其他公共领域区别开来（Boyd 2008）。不管是存在一个还是许多个公共领域，互联网化的公共领域迫使我们广泛地思考，理念和文化是如何被生产出来的以及人们是如何参与这种生产过程的。

文化产业与文化民主

6.4.2　比较文化产业和文化民主视角。

今天是谁控制着流行文化？又是谁从流行文化中获益？是获利公司生产了它？还是消费、分享和欣赏文化的大众生产了它？如果唱片公司、电影工作室和广告机构大力向我们推荐最新的电影和歌曲，当我们欣赏这些东西的时候，我们是受流行文化操控的傀儡还是具有文化意志的主体？在这些问题上，社会学家主要分化成两种视角：将流行文化看作一种产业的视角和将流行文化看成是一种竞技场——一种文化公共领域的视角。

在第二次世界大战之后，德国社会学家和哲学家西奥多·阿多诺（Theodor Adorno）认为控制公共领域的流行文化促生了消极、保守的公众。他将流行音乐、电影以及其他类型的大众文化所有这一切称为文化产业（Cultural Industry）[Horkheimer and Adorno（1947）2002]。他主要批评流行文化引导观众消极地消费他们所听、所看或所读的内容，而不是激励观众积极投入或参与到作品中去。文化产业生产出的是标准化、商品化的文化，也不会激励人们去挑战现实；最后，这种文化是广告而不是艺术。

其他社会学家认为阿多诺对流行文化的批评（也有一些社会学家喜欢这种观点）过于悲观。相反，他们认为流行文化提供了一个竞技场，借助这个竞技场，我们所有人可以争论好生活的意义以及获得好生活的条件——这显然是哈贝马斯公共领域观的文化版。例如，阿多诺认为大多数人是消极地接受提供给他们的文化，对此观点的一种回应认为流行文化是受使用者驱动的。文化生产者想要吸引观众，所以他们制作的艺术就要反映大众偏好（Gans 1999）。如果人们不喜欢，电影工作室不会一直制作同样类型的电影，而且当人们用时间和金钱表明，自己选择不去看某种类型电影时，工作室可能就会停止制作那种类型的电影。根据这样的视角，流行文化是文化民主化的一个要素。在文化市场上，大量的不同品味——包括精英不赞赏的亚文化的那些品味，比如嬉皮士——都包括其中。不同文化风格的存在"是因为它们满足了一些人的需要和愿望，哪怕它们不能让其他一些人的需要和愿望得到满足"（Gans 1999：91）。

媒介即讯息

6.4.3　讨论传播形式或媒介改变的方式。

围绕流行文化是一种产业还是一种民主化选择或是其他什么的争论，不仅仅聚焦在流行文化的内容上，还常常聚焦在流行文化的形式上。如果同样的内容在移动电视上播出和在推特上播出，其传播的东西是一样的吗？来自传播学理论的答案是否定的。因为媒介理论家马歇尔·麦克卢汉（Marshall McLuhan）提出了一个著名论断，媒介即讯息（McLuhan 1964）。通过这个论断，麦克卢汉认为不同的媒介促生不同的传播方式、不同的权力组织方式和不同的社会活动中心化和去中心化方式。

让我们比较一下收听广播中的新闻快报和阅读网站上同样的新闻快报的差别。二者之间存在许多显而易见的差异：例如，当你从广播中收听新闻时，你听到的仅仅是播音员所说的话，但在网站上你就有机会追随超级链接并在维基百科上查找不熟悉的内容。在这个方面，互联网提供了一种要比广播更丰富的体验。但还有些差异就没那么明显了。在广播里你没法追踪超链接，但在一个网站上，你要像在广播里那样略读材料也会变得比较难。广播占用了你的一种感官——听觉——并促使你将大多数的注意力放在接收和处理自己听到的信息。相反，网站提供给你的是一种更为多样化的感官体验。网页上也许有视频还有声音，但也可能只有文本。你也许正在听背景音乐，或者你正同时开着一个接收即时消息的窗口。阅读网页上的新闻比收听广播中的新闻需要更多的直接参与。因此不同的传播形式能提供非常不同的体验，甚至在传播完全一样的信息时也是如此。

美国的文化生产越来越网络化。但一个颇具争议、更加巨大的变迁发生在印刷时代向电视时代转变的时期（Postman 1985）。从16世纪到20世纪中叶，西方公共议题的讨论主要建立在书写文字的基础上，在这个意义上，争论也更倾向于谨慎周详的思考。比如，大部分人际传播都是通过信件进行，写信和寄信都要花费大量时间，促使人们会认真思考自己想要表达的内容。同样，大规模传播要借助书籍和小册子来实现，这也会促使人们深思熟虑。但从20世纪50年代开始，大众传播日益向电视转变。电视成为人们获得有关世界新闻的主要途径。在一些传播学者看来，电视时代使得公共话语的质量下降。从能影响我们做出不同决定的意义上而言，我们在新闻中看到的内容里有多少与我们的生活真正相关？比如，无休止地报道与我们的日常生活无关的远方自然灾难，这会助生一种"失能循环"，因为我们会习惯于消极地接收信息却不期望能对此以一种有意义的方式进行行动。而且，我们通过电视接收的信息往往都是一系列不连续、没有联系的原声摘要，这使得我们很难把它们放进任何连贯的背景中去。最后，作为一种媒介，电视偏向刺激性和娱乐性，这可能会让我们付出失去理解性的代价。

我们仍然处于电视时代吗？自从20世纪80年代之后事情发生了变化，那时互联网还只是存在于一些实验室里，也没人有手机。我们的媒介消费习惯也发生了变化。今天，没有一个传播媒像电视在20世纪后半叶的大部分时间里那样具有控制性的影响力。媒介消费发生的一个特别引人注目的变化是，文化的多任务性日益增加——例如，当你看电视的时候，有多少次你也在查看即拍即分享软件（Instagram）、浏览互联网或者与朋友发短信？当代的媒介环境是种"洪流"：即永不止歇的信息之流，即使我们有过与之相脱离的时候，但那种情况很少见。这种洪流并没有引起我们多大的积极关注，因为它只是为我们生活提供了感官背景（Gitlin 2007）。因为我们所有人都日益以一种在线并互相关联的方式去生活，未来的文化生产会继续发生怎样的变迁将成为一个对社会学家和大部分公众都非常重要的问题。

6.5 媒介与民主之间是什么关系？

媒介与民主：一个不断变化的图景

长久以来，显而易见的是，新闻如何呈现对公民如何发展自己的社会和政治观点至关重要。在这个意义上，新闻媒介是文化在社会中产生大规模影响的核心要素之一。在差不多100年以前，著名新闻记者沃尔特·李普曼（Walt Lippmann）就批评媒介不能向公众提供民主所必需的信息。他认为："新闻和真相并不是同一回事。"民主需要真相，但新闻只能日复一日地描述和讨论事件。李普曼相信民主需要一种集体智慧，这只能经由大规模的社会组织才能实现，新闻业虽然也是其中必要的一部分，但它只发挥着一小部分作用（Lippmann 1922：358）。媒介被认为是我们社会文化生产最重要的形式，而且如果我们想要理解社会文化的广泛作用，去思考媒介与民主有着怎样的联系非常重要（这个主题我们在前面介绍公共领域时涉及过）。在这个部分，我们将思考二者的关系。

制造新闻：作为文化系统的媒介

6.5.1 解释媒介在新闻制造中所扮演的角色。

新闻业——公共利益信息的生产和传播——除以上含义外还是一种文化传播形式。但是媒介社会学家普遍达成的共识是，新闻所发挥的功能远远不是只将事实传递给公众。通过决定传播什么和如何传播，新闻记者不仅是报道新闻，实际上他们还有助于创造和改变新闻（Schdson 2003：11）。

新闻如何拥有了这样的力量？这是件好事吗？媒介力量受到了大量关注。常见的自由主义批评认为大众媒介为公司权力、军国主义和最富有群体的利益提供了支持。常见的保守主义批评者认为，媒介使得文化更自由，并传播女性主义、环境保护论和接纳同性恋的思想。各方的政治洞见都认为媒介会施加一种议程设置的影响，这种影响力能改变政治事件的过程。

这些争议存在的问题在于，很难证明媒介的确有这样的影响力。例如，有关媒介显见作用力的一个有名例子发生在越南战争中。直到1968年，电视新闻报道都支持该战争，美化暴力，尤其是美国士兵的伤亡。在1968年这种情况发生了变化，最著名的是哥伦比亚广播公司（CBS）的新闻主播沃尔特·克朗凯特（Walt Cronkite）二月份的社论，呼吁与越南和谈，关于此有种流行的说法是媒介对战争的批评成为激生反战论的转折点。另一个情形相反的例子出现在"9·11"恐怖袭击之后，那时对袭击不间断的新闻报道导致民众强烈支持向察觉到的入侵者发动战争，先是在阿富汗发动战争，后来又在伊拉克发动战争（甚至是在没有确切证据表明伊拉克政府参与了恐怖袭击的情况下）。这些例子表明，当涉及政府最重要的决定时——那些有关战争的决定——媒介也能对此产生了相当大的影响。

但这些戏剧化的例子可能夸大了事实。人们并不只是从媒介听到的新闻那里获得有关世界的信息，还会从同其他人的交谈获得信息，也会从他们所属的某个群体所表达的观点里获得信息，还可能会从学校或个人经验中所学得的思想里获得信息。因为媒介是如此显而易见和可听可闻，它们就被认为是社会中的重要力量。但如果公众不是消极地接受媒介传播的内容，那么媒介的影响力又如何体现出来呢？根据媒介学家麦克尔·舒德森（Michael Schudson）的看法，媒介是作为文化系统发挥作用的：媒介为理解世界上发生的事件设定了情境。媒介通过帮助建构社区言论和公众言论来实现这一点。不管你对某个既定议题的看法是什么，当你在新闻里听到该议题时，你就很有可能把它当作一个重要事件。这就是公共关系专家为什么会说出下面这句话的原因，"世上不存在坏的新闻媒介"。新闻放大了某些议题，并使这些议题获得了公共合法性。

公司媒介集中化

6.5.2 辨析为新闻业带来商业压力的美国媒介产业的三种发展趋势。

在民主社会中，新闻自由的一个前提是，公民要想有意义地参与公共生活中来就要置身于各种各样的信息视角和来源当中。但美国大部分的媒介被六家公司所拥有。美国的媒介消费者实际上又能有多少选择呢？

美国媒介产业发展的三种趋势给新闻业带来了商业压力。第一种趋势是合并（Consolidation）：越来越少的公司在一个给定的市场里拥有越来越多的媒介报道。合并限制了消费者的选择——在一个极端的例子里，美国的清晰频道（Clear Channel）公司曾经拥有北达科他州迈诺特市（Minot，North Dakota）所有的无线商业电台。这是一种垄断，相对来说依然比较罕见。但寡头垄断（市场被少数公司控制着）在如今的媒介行业里却很普遍。合并也使得新加入的公司难以打入市场，这增加了媒介市场继续由同样的公司掌控的可能性。

超级重商业主义的一个例子是赞助各种活动，如几乎所有的职业运动会场都有公司的命名。

第二种趋势是集团化（Cong Lomeration），指一家公司控制了多种多样的媒介功能。例如，迪士尼公司（Walt Disney Company）是美国最大的六个媒介公司之一，拥有美国广播公司（ABC）、娱乐与运动节目电视网（ESPN），以及其他数以百计的无线电台和多种印刷出版物公司。当迪士尼要放映新片时，它可以依靠自己的分公司在电台和电视节目上进行宣传并能确保新闻报道都是正面的。这被称为协同效应，而迪士尼公司则是该效应的掌控者。

最后一种趋势是超级重商主义（Hypercommercialism）。长久以来，电影插入某种植入式广告已经成为一种"常规操作"——植入式广告就是指某种产品的镜头或表述被整合进电影自身、与独立广告不同。但是近些年来，植入式广告数量激增到一个新高度，而且没有减少的迹象。例如，2010年的浪漫喜剧《情人节》（Valentine's Day）植入了60种不同产品的广告——每隔125秒1个。这是超级重商主义的一个例子，也是今天媒介公司的一个本质特征——广告和报纸社论内容之间的界限模糊化；户外广告无处不在；媒介公司广泛渗入到零售业，如娱乐与运动节目电视网商店；赞助各种活动，几乎所有的职业运动会场都有公司的命名。

这些趋势给新闻业带来了巨大的商业压力（McChesney 1999）。在盈利和公司能容忍的界限之内，媒介生产出范围广泛的内容；而在这些界限之外，就不太可能出现媒介公司的身影了。

媒介、民主与互联网

6.5.3 讨论互联网为自由媒介和民主创造新机会和带来危险的方式。

新闻业对民主至关重要算不上是一种新颖的观点。许多第一修正案学者相信媒介在以下几个方面是不可或缺的，即提供争论的公共场所（换句话说，有助于形成公共领域）、传达大众声音、在政治上成为公民的眼睛和耳朵、作为公共监督人监督政府和商业（Graber 2003）。

但在公司媒介合并和数字技术时代，媒介和民主之间的关系看起来是不同的。公司合并不可避免地意味着媒介对自己服务的当地社区响应力变弱，民主政治和文化生活的品质降低这样的结果（Klinenberg 2007：26）。当地媒介工作人员配备较少、对当地新闻采集较少，以及与地方社区互动较少意味着，媒介扮演民主角色的能力变弱，而许多观察家希望看到媒介能扮演好这种角色。

同时，人们开始反击，并且越来越多的人在互联网上进行反击。在20世纪，公民新闻（Citizen Journalism）风起云涌，很大程度上是因为入行的门槛太低。在20世纪90年代中期，一个名为无线电反叛（Radio Mutiny）的组织在费城建立了一个未经审查的私人无线电台来挑战公司媒介，而这么做要付出9个月的艰苦工作去建立信号发射器（Klinenberg 2007）。相反，创建一个博客仅仅需要大概一分钟。互联网降低了进入公共领域的门槛，使得以前被称为观众的人能够发出自己的声音，即便他们远不如清晰频道、迪士尼和谷歌这样的集团那么强大有力。

近些年来互联网激进主义者在各个地区，抗议自己的政府，最为显见的形式是人们大规模地聚集在公共广场上。在几个月里，四个国家的政府被驱赶下台，还有的政府只是险险避开了这样的命运。在这些事件中，社会网络尤其是推特这个社交平台常常被认为是激进分子的助力者，因为正是借助了社媒网络才使人们能协调抗议行动并获得其他地方所发生事件的即时消息。

尽管草根和公民引导的媒介激进运动持续发展，但把互联网看成是对当代媒介领域问题的补救也是一种错误的观点。尽管互联网给人们赋权，使彼此间能更容易地发表和分享内容，然而建立一个博客当然不能确保任何一个人都会去浏览它。有证据显示，在线的读者群遵循着和离线读者群几乎同样的模式——大部分人是从一小部分网站上获悉新闻，尽管大部分网站实际上根本不存在网络拥堵的情况（Hindman 2008）。而且，互联网并不会使监督有权者的活动变得容易——这是新闻业一个重要的传统角色。而且通过雇用水军发表和调整网络内容，是媒介公司日渐找到的破坏社交媒介的方法。最后，在线激进主义行动的实际功效还有待证实。毫无疑问，激进主义者使用推特作为传播和动员的重要工具，但是我们仍不清楚这是否会真正影响到实际结果。更为实际的说法应该是，互联网既为自由媒介和民主创造了新机会，但同时也带来了新的危险。

结论

文化的本质会随时间和空间的变化而产生剧烈变迁。50年前巴厘岛斗鸡的集体意义和共享的仪式可能极少会被当代的印度尼西亚人辨识出来；毫无疑问，对50或100年前的美国人而言，美国21世纪早期的文化看起来同样是奇奇怪怪的。如果文化始终不变才会真正让人震惊。

但与不间断的文化变迁基准相比，下面这样的一种认识也是合情合理的，即随着互联网和全球文化交流的崛起，美国和全世界在近几十年发生了引人注目的文化变迁。对文化社会学研究而言，未来许多最紧迫的问题可能将与互联网和人们相互联系的其他新形式的含义有关，各种形式的社交媒介已开始传递这种新的相互关联的方式。

然而，我们不应该错误地认为，互联网在社会中日趋重要意味着我们所有的文化问题都将是在线网络问题。在一个网络世界里，社会生活线下形式长期存在——街头生活、公开演出、印刷出版物、比较贫困的社区缺少获得必要技术的便捷途径，以及其他更多的形式——将成为研究和公共政策越来越迫切的关注点。未来数字化区隔会越来越大还是会越来越小？而这对文化生产、沟通和民主又意味着什么？

▬ 大问题再览6

6.1 文化是什么？ 这个部分探索了社会学家如何谈论文化，即作为一种符号和意义共享系统的文化；作为一套价值观、信仰和实践的文化；作为共享的沟通形式的文化。

界定文化
学习目标6.1.1： 从社会学视角界定文化。

作为意义和符号系统的文化
学习目标6.1.2： 解释一个群体的符号如何会被认为是该群体的文化，并列举当代美国文化中集体符号的例子。

作为一套价值观、信仰和实践的文化
学习目标6.1.3： 描述我们的价值观和信仰怎样影响我们如何生活。

作为一种沟通形式的文化
学习目标6.1.4： 解释文化体现为一种沟通的方式。

> **核心术语**
>
> 文化　符号　价值观　习惯　工具包　语言
> 文化普遍性　大众传播　数字化区隔

6.2 文化如何塑造我们的集体认同？ 这个部分探索了文化实践是如何反映和界定着群体认同，不管这个群体是亚文化群体还是一个国家。

主流文化、亚文化和反文化
学习目标6.2.1： 讨论文化在形成群体风格方面所发挥的作用，并解释是什么将亚文化与主流文化区分开来。

当今美国存在占支配地位的文化吗？
学习目标6.2.2： 讨论"文化战争"概念并解释在多元化的美国践行文化相对主义的重要意义。

民族文化
学习目标6.2.3： 解释是什么生产和再生产着民族文化以及民族文化有什么作用。

> **核心术语**
>
> 群体风格　主流文化　亚文化　反文化
> 文化霸权　文化战争　多元文化主义　种族中心主义
> 文化相对主义　民族文化　民族主义

6.3 我们的文化实践如何与阶层和地位相互联系？ 在这个部分，我们讨论了人们的文化习惯如何有助于界定和再生产出高等社会地位和低等社会地位、上层阶级和下层阶级之间的边界。

文化资本
学习目标6.3.1： 界定文化资本并讨论美国精英成为文化杂学者的方式。

文化如何再生产出阶层
学习目标6.3.2： 分析金钱和文化如何长期再生产出地位。

> **核心术语**
>
> 品位　文化资本　文化杂学者　阶层复制

6.4 是谁生产出文化？目的何在？ 文化领域是创造和生产意义的地方。但这也是一个斗争的领域。在这个部分，我们探析了谁在控制着媒介、流行文化以及它们在传播怎样的信息。

公共领域
学习目标6.4.1： 分析公共领域的概念如何解释社会的文化生产。

文化产业与文化民主
学习目标6.4.2： 比较文化产业和文化民主视角。

媒介即讯息
学习目标6.4.3： 讨论传播形式或媒介改变的方式。

> **核心术语**
>
> 公共领域　对抗性公共领域　互联网化的公共领域
> 文化领域

6.5 媒介与民主之间是什么关系？ 在我们的社会，媒介毫无疑问是最重要的文化生产形式。这个部分检视了媒介与民主的关系以及媒介改变民主如何运作的新方式。

制造新闻：作为文化系统的媒介
学习目标6.5.1： 解释媒介在新闻制造中所扮演的角色。

公司媒介集中化
学习目标6.5.2： 辨析为新闻业带来商业压力的美国媒介产业的三种发展趋势。

媒介、民主与互联网
学习目标6.5.3： 讨论互联网为自由媒介和民主创造新机会和带来危险的方式。

> **核心术语**
>
> 新闻业

在伦敦的议会广场，学生举行示威活动，抗议大学学费涨三倍的提议。在示威过程中，警察与学生发生了冲突，一个学生被逮捕了。为什么像这种类似的抗议行为会如此与众不同呢？

第7章
权力与政治

作者：史蒂文·卢克斯、杰夫·曼扎

20世纪60年代作为席卷世界的抗议和骚乱时期而在今天被众所周知。在美国，反对越南战争的抗议达到顶峰，其他形式的社会运动也如雨后春笋般破土而出，在大学校园里更是如此。一系列特别引人注目的抗议活动于1968年4月发生在纽约市的哥伦比亚大学。学生抗议者要求受传统束缚的"常春藤联盟学校"做出多方面的改变，并占领了该大学校长格雷森·柯克（Grayson Kirk）的办公室。在占领校长办公室几天后，警察猛攻校长柯克的办公室并驱离了学生。下面是一个目击者所描述的情形：

> 将游行示威的学生从校长办公室驱离出去之后的一个半小时，格雷森·柯克站在自己私人办公室的中央、看着地毯，地毯上满是雪茄烟头和橙子皮。他转向《纽约时报》的艾比·罗森塔尔（A. M. Rosenthal）和其他几个同他一起进入办公室的记者，喃喃道，"我的上帝，人怎么能做这样的事呢？"这是唯一一次，杜鲁门（Truman）（柯克的副手）后来回忆说，他看到校长崩溃了。柯克办公室的窗户粘着纵横交错的胶带，其中的一扇窗户上还贴着写有"加入我们"的大幅标语。他办公室的灯罩被打碎了，地毯也被弄脏了，家具也被四处乱放。但这个场景中最突出和最令人不安的并不是学生造成的轻微损害，而是柯克所习惯的一切事物的布局现在乱了套——这是在过去六天里办公室被改造成150名学生起居室的结果（Goffman 1971：288）。

我的社会学想象力
作者：史蒂文·卢克斯

我的第一本书研究的是埃米尔·迪尔凯姆的生平和思想，他是社会学传统的创建者之一。他的经典之作就如何理解"社会的"含义以及为什么经济学家和心理学家对个体及其互动层次的一般解释总是不够充分提出了大问题。然而，这些著作也遗留下来其他一些有待阐释的问题：他们在很大程度上都忽视了社会中的权力关系、阶级以及其他社会冲突等问题。我后来的研究都在阐释这两类问题，并且我的著作都与个人主义（Individualism）、权力和马克思主义有关。在还是一个研究生的时候，我就开始对道德进行社会学式的思考：道德如果不是来自我们所处的社会情境，那么我们的道德判断来自何处？为什么道德判断应该超越社会情境加以运用？这些就是我一直在求知探索的问题。而且阅读迪尔凯姆有关宗教的巨著使我开始思索，在何种程度上我们的宗教思想、科学思想乃至逻辑思维都是被社会塑造的。

著名社会学家欧文·戈夫曼对这篇报道进行了评论，他写道：

社会学的问题，当然不是人类怎么会做这样的事的问题，而应该是人类怎么会很少做这样的事？当权的人怎么会如此成功地指挥手下的人将这些类似的胡闹隔离在办公室之外？（Goffman 1971：288，cited in Lemert 1977：133～34）

戈夫曼敏锐的观察突显出一个对研究权力与政治的社会学家而言的关键问题：为什么在大多数时候和地方，人们会接受不公正并学会适应它？为什么数量上特别庞大的穷人和中产阶级不会要求获得更大份额的社会财富？

在本章，我们将通过检视权力及其政治基础来探析这些问题。权力是一个复杂的观念。我们常常没有充分意识到权力对我们的作用，而且有时候也根本不了解权力的运作。有时我们会在分析自己遭受磨难的原因上犯错，我们可能会在权力没有发挥作用时看成权力在运作，把我们的不幸归结为这样或那样的阴谋。社会学家研究权力的一个艰巨的任务就是，明晰权力的运作。典型的权力运作机制或运作模式是怎样的？为什么我们有时会适应或支持背离我们自身利益的政府政策？权力会影响我们的顺从程度吗？如果会，我们的顺从又是如何被确保实现的？权力存在于何处？谁拥有权力？我们在寻找个体、群体或非个人化的制度吗？诸如上述问题的答案都是显而易见的吗？正如我们将看到的那样，当权力对参与者或观察者而言是最不可察觉的时候，权力才最为有效。如果是这样，那么研究权力的社会学家要面对的任务就更加让人望而生畏了。

1968年4月24日，学生抗议者相互协助攀爬进纽约市的哥伦比亚大学校长格雷森·柯克大学校园里的办公室里。

7.1　权力的具体形式是怎样的？

权力的三个维度

在最普遍的意义上，权力意味着带来某种结果的能力；换句话说，或者是指影响变化的能力，或者是指防止发生变化的能力。在社会和政治语境中，权力效应体现在那些对人们的生活具有重要意义的事物上。当权力的这些效应对某人的利益产生负面影响时，我们就可以说权力正被占有着或正被施加到某些人身上。在这样的情形中，社会学家试图努力揭示这个过程包含着什么内容。也存在其他区分社会和政治权力的方法：比如，达到共同目标的集体权力（人们合作推动某项事业或运动时产生的权力）或者积极权力，这种权力服务于他人的利益（典型的例子是，父母、老师、医生、慈善家和社会工作者都被认为要这样去做）。

在这一章，我们首先关注拥有权力和向他人行使权力包含的内容，然后转而分析左右他人的权力如何能被拓展成通过政治制度达到目标的能力。

从三个不同的维度去思考权力是有用的，正如表7.1所揭示的那样。权力第一个层面——第一维度——涉及当冲突中的一方处于优势时我们所看到的权力运作的情形。权力的第二个维度涉及有权力的人从一开始就防止或转移对其权威形成的挑战。最后，权力的第三个维度是指这样的情况，那些有权力的人能说服那些没有权力的人相信有权力的人的观点是正确的，并且应该接受或假定这些观点是正确的。在这种情形下，权力可能看起来是完全隐而不显的。

表7.1　权力的三个维度

	第一维度	第二维度	第三维度
有权力的A对B	A拥有更好的资源并在公开的冲突中获得胜利。	A建构起防止B挑战的A位置，甚至从一开始就建立起防止B发起挑战的屏障，或者A从这样的屏障中受益。	A影响B去支持A或采取A的方式去思考，甚至当这么做不符合B的利益时还会如此去做。
无权力的B对A	B拥有较少的能赢得公开冲突的资源。	B无法让A严肃地对待自己发起的挑战，或者B由于无权力导致的挫败感如此之强，以至于B无法向A发起挑战。	B开始相信A的思想，甚至这样做并不符合B的利益时也是如此。

资料来源：加文达（1980）.

权力的第一维度视角

7.1.1　在第一维度中区分谁拥有权力。

我们能看见权力运作的最直接的情形是两个或更多的个体或群体之间存在冲突。让我们称呼更有权力的个体或群体为"A"，而称呼权力较少的个人或群体为"B"。以这种可见的方式发挥作用的权力运作存在数不清的例子，包括参与的各方围绕存在利益冲突的一个或多个议题所发生的冲突。这种冲突可以是人际的——恋人之间或家庭内部——也可以是组织之间的，甚至可能是国家之间的。

校园欺凌、街头抢劫、房东和房客、雇主和工会围绕工资展开的斗争、一个群体开始反抗独裁、一个国家陷入内战或与别国开战——所有这些例子都涉及权力直接可见的形式。有时，权力的平衡会发生变化，而且通常是无权力的主体可能会赢得权力，有时还可以行使权力。在有些情况下，有权者的权力是非法的（比如欺凌和抢劫），有时有权者的权力是合法的（房东的租金就是合法的、合情合理的），而有时（比如国家内部或国家之间的战争）何谓正确和错误本身就是权力冲突的核心（也就是说，赢得战争的一方就能得到书写历史的权力）。

权力实施常常要遵循"游戏规则"。例如，当公司针对销售某种商品或服务的市场份额展开竞争时，这些公司要遵守经济游戏的规则。当立法者群体赢得一场选举时，他们是在使用政治游戏里的规则展开竞争。但在另一些情形中，那些在竞争中赢得胜利的一方并没有遵守游戏规则，而是在某种程度上操控着这些规则。使用威胁或贿赂手段达到想要的目的是某个人或某个群体通过破坏规则获得权力的例子。

但是，通过破坏游戏规则来行使权力是一种结果不确定的竞争方式。例如，当暴力威胁升级成实际的武力冲突时，这就意味着单纯的威胁失败了。武力使用常常代表着无力感。再如，当由独裁者掌管的政府面对社会反叛时，他们通常会使用军事暴力去阻止抗议和游行，这种做法也许会阻止或延缓抗议，但在很多情况下如果抗议行为不断扩张、暴力又不足以震慑人们去结束抗议，这样的政府最终会垮台。实际上，一再重复地使用暴力很少能长治久安。如果有更多权力的A必须使用暴力来对抗无权力的B，A并没有成功地使B顺从，而只是让其在短期内屈服。

权力的第二维度视角

7.1.2　揭示议程设置在权力第二个维度中的角色。

将权力视作一个发生冲突时只关注结果的单维度过程的看法忽视了一个让人着迷的谜题，即在决策领域为什么一些重要的议题或思想从没有被提出来讨论或辩论过。从这个视角出发，我们能界定权力的第二个维度，即权力的拥有者（A）阻止处于劣势的群体或个人（B）提出将会对A的权力形成挑战的议题。第二维度视角中的权力是指，某些行动者从一开始就阻止其他人获得提出或考虑替代性思想的能力。正如第一个维度的权力一样，这个维度的权力存在于社会生活的各个层次，从人际关系到国家之间的国际关系都存在这种权力的形态。这是确定讨论什么和决定什么的权力。但与第一个维度的权力明显表现出公开冲突的特征相比，这个维度的权力没有那么显而易见。

权力第二个维度的核心是议程设置（Agenda Setting）的过程——指有意识或无意识地防止对潜在问题进行讨论，而这些潜在的问题是更有权力的一方更愿意规避的问题。控制或设置议程的能力是有权者的重要资源，不管讨论夫妻或家庭关系、国会内部关系，还是讨论国家内部关系时都是如此。当权力通过议程设置来实际运作时，被排斥的群体或边缘群体的不满都不会得到倾听。实现议程设置存在多种多样的方式，最常见的方式是

该图片展现了权力的第一个维度，叙利亚街道上的反政府抗议者要求总统巴夏尔·阿萨德（Bashar al-Assad）下台。

通过控制流程来具体操纵议程，进而影响什么将会被讨论和决定。例如，如果市议会不想回应一个市民抱怨街道积雪清理不及时的问题，议会可能就会试图避免举行听证会来了解更多的相关信息。

权力的第二个维度需要我们拓展对这个方面的理解，即权力在决定什么议题是重要的这个问题上至关重要：重要的议题不仅是那些公开冲突的议题，还包括那些防止成为人们讨论和挑战对象的议题。小孩子可能愿意家庭更多的预算花在糖果而不是蔬菜上，或者希望父母在亲戚身上花更多（或更少）的时间，但父母通常并不会让小孩子在家庭食物种类选择以及亲戚探访时间上拥有更多的发言权。通过这样的方式，父母控制了讨论的议程，而小孩子甚至不会意识到这一点。同样的控制机制也会出现在政治上。研究者一直对这样一个问题百思不得其解，即为什么一些问题会成为被频繁讨论和争论的焦点，而另一些同样的，甚至更重要的问题却会被忽略。为什么一些议题会变成被广泛讨论的社会问题，而另一些同样紧迫的问题会被搁置呢？

从社会学的视角看来，这方面最典型的例子是，社会上对长期存在的贫困、种族主义和不断增加的不平等相对缺乏关注，却大量关注大企业、银行、华尔街以及公司利润的好坏。例如，美国每家纸质报纸都有商业版块，会报道各种本地和跨国公司高管的更迭以及公司利润的增减（或缺少这一部分内容），也会对股票市场每天的起起伏伏进行广泛报道。却没有同样大小的版面去报道穷人的日常生活，没有同样大小的版面去报道美国数百万家庭所面临的不安全感，也没有同样大小的版面去报道代表穷人利益的群体所遭受的磨难和考验。

有关议程设置的研究特别关注作为第二维度权力运作场所的大众媒体（如电视、报纸、谈话电台以及在线新闻网站）。当媒体对某个特定的问题给予大量关注时，该问题就更可能受到政客和政策制定者的关注。一旦我们看到最重要的媒体自身是被公司实体或联合大企业所拥有，那么大企业在报纸上的版面如此突出这个事实也许就并不让人感到惊讶了。新闻媒体对利润的追求也是我们需要观察或了解的一个重要因素。今天媒体的许多焦点受到编辑对什么内容畅销"知觉"的驱动——也就是公民最感兴趣的内容。例如，有句谚语说"只要能见红，就能上头条"（If it bleeds，it leads.）：关于谋杀和其他暴力犯罪（通常越血腥效果越好）等具有感官刺激的故事总是会引起社会广泛的关注。名人以及名人的流言蜚语也具有极大的吸引力。陷入法律纠纷的名人，或者名人的配偶陷入热恋或失恋、结婚或离婚一定会占据特别多的版面，只是年年变换名人的名字而已。相反，媒体通常较少关注对现状的质疑，也很少给这些质疑者提供机会，使其能与其他具有类似想法的人相互连接起来。

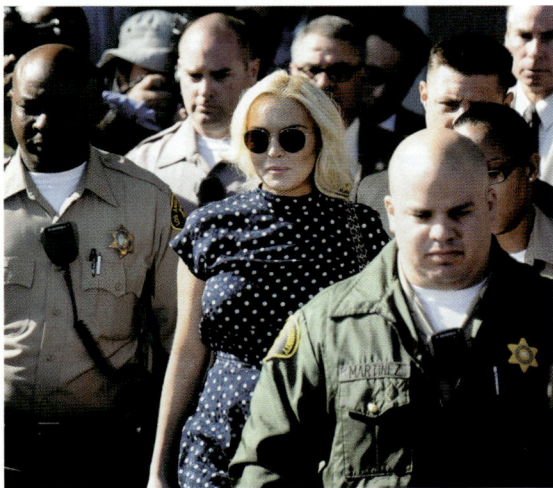

关于名人的新闻故事，比如琳赛·洛翰（Linsday Lohan）（图片中的这个人），总是会引起媒体极大的兴趣。为什么这种类型的新闻报道会比有关战争和贫困的报道获得更多的关注呢？

权力的第三维度视角

7.1.3　讨论运作着的权力得以藏匿的各种形式。

权力的第一个维度和第二个维度都很重要，但这些维度并没有分析权力的所有可能性。权力的第三个维度涉及理解权力运作在受权力制约者的视域中，甚至在那些权力拥有者的视域中隐而不显的各种方式。第三维度的权力是，在一个强大的行动者说服一个较弱的行动者采用服务于有权者利益的信念或行为时才发挥作用。在某些情况下，权力产生于他人相信如果自己不依从于有权者的利益时这些有权者会做什么的预期。

对权力的研究表明，在许多情境中人们将遵从有权力的人或者被那些有权力的人所吸引。财富、特权和地位——指个体以及重要社会或经济角色所具有的声望——的影响力通常不需要有权者动下手指就能发挥作用，甚至都不需要有权力的人意识到权力的作用和范围。我们中的许多人在权贵名流前的表现会与在其他人面前的表现不同。当老板来到办公室或者一个名人走进饭馆，我们可能会做出额外的努力试图确保这些人愉悦。通过这样的方式，这些有权者甚至不需要宣称他们的权威就能确保他人对自己尊敬、顺从。

权力的第三个维度视角质疑这样的观点，即无论何时只要没有冲突，人们就会满意。最有效的——也可能会是最诡谲的——权力的运用是，A从一开始就通过说服B相信无论A想要什么都会让B的利益最大化来防止冲突的发生。有权者可能会通过塑造无权者的知觉和信念来试图获得无权者对自己权力的承认。这种视角下，有权者忙于维持和保护现状，这种权力的作用是鼓励人们接受自己在现存事物秩序中的角色——也可能是因为他们无法想象出任何其他的选择，或者认为改变这种权力是不可能的，抑或将这种权力的任命看作神圣的或对自己有益的。所有这些理由都会被用来鼓励普通人接受国王或独裁者的统治。但是，仅仅因为人们没有积极地反抗一个独裁者或国王，并不能证明他们表面上对权力的默认就不是权力的结果。假定人们没有抱怨与真正的同意是一回事，就把人们思考如何会被操纵的可能性排除掉了。

有权者总是处在要防止变迁的位置上，通过利用自己的权力，有权者试图影响人们的知觉并使人们把各种有关现实的虚构和简单化观点当作真理接受下来。那些有权者不仅通过愚弄追随者的恐惧、偏见和有限的知识达到自己的目的，还通过许多方式让人们受到偏见或错误推理的影响来达到这样的目的。在最极端的情况下，对无权者进行说服的努力是公开而直接的。但说服也可以是更微妙的形式，而且不需要主动参与，这种维度的权力可以与第一维度和第二维度的权力共存。比如，威胁进行惩罚和提供奖赏可以混合使用。老板既可以通过向员工提供可观的收入或增加其他好处来努力说服员工不要罢工，也可以通过要将企业迁走或者如果他们继续罢工就会失业这样的威胁来达到同样的目的，同时有权者还会同化员工的领导者、利用能激发员工对公司忠诚或爱国的"象征性权力"（Symbolic Power）的方式说服员工不要罢工，或者双管齐下。

权力的三个维度视角使我们能够看到，拥有对他人的权力并不总是简单地意味着，在出现利益冲突时相比他人处于优势的地位或者能去设置有关冲突内容的议题。权力也可以是确保他人对自己的依赖、忠诚和顺从的能力。顺从也许不需要有权者去行动，而且当有权者能以背离无权者利益的方式来塑造他人的偏好时，没有冲突权力也能够存在。换句话说，第三维度的权力是在无权者把有权者的利益当作自己的利益的时候才露出其真实面目。设想一下查尔

查尔斯·威尔逊（Charles Wilson），曾任通用汽车公司总裁，在1953年的参议院听证会上声称"对通用汽车公司有利的事情就会对美国有利"。但是所有美国人都会从使通用汽车公司获得更多利润的政策中获益吗？

斯·威尔逊曾公开提出的著名言论。查尔斯·威尔逊曾任通用汽车公司总裁，他在1953年的参议院听证会上声称"对通用汽车公司有利的事情就会对美国有利"。换句话说，所有美国人都会从使通用汽车公司获利的政策中受益。在做出这样的论断时，威尔逊脑海里想到的是，当通用汽车公司获利时，他将雇用更多的工人并会给向通用汽车公司提供汽车制造所需要零件的承包商带来更多的生意。但通用汽车公司——或者任何一个大公司——不仅向美国公民提供工作，它还会努力最大化自己的利润并支付股东所应得的红利。为了利润的最大化，通用汽车公司致力于付给工人尽可能低的工资、尽可能减少对其产品的限制、尽可能减少缴税、尽量不花费大笔资金减少公司造成的污染，等等。这些做法中没有一项符合所有美国人的普遍利益，甚至也不符合公司高层之外所有工人的普遍利益。

到这里，我们已经指出，对权力的社会学理解驱使我们不仅要分析权力表达最清晰可见的形式，还要去分析权力中隐而不显的形式。权力会在公开的冲突中显露自己，但权力也反映出较为有权者从一开始抑制挑战的能力，甚至或许会反映出较为有权者使从属群体按照有权者的利益支持现存秩序的能力。

7.2　国家是什么？它如何在社会中分配权力？

权力制度

各种形式的权力可以在任何一种情境中以多样化的方式表现出来。父母、老师、小型企业主以及宗教领导人都拥有某种形式的权力，但涉及政府时，规模宏大的权力就重要起来。政府要制定法律，在许多领域里支出大量资金，向个人和公司收税，并为战争做准备（有时参与战争）。大规模的政府官僚体制确定政策、流程和议题，并管理其他人要遵循的规则。法庭或立法机构对法律和政府政策进行解释和实施（有些背离了宪法精神的政策）。总体看来，这些制度理应让我们的生活变得更好，但它们也会对任何一个社会中的总体权力的分配产生巨大影响。现在我们就转而分析这些制度以及不同的人从政府那里分配到些什么的问题。

国家是什么？

7.2.1　界定国家并解释国家如何调控经济。

社会学家使用国家（The State）这个术语来指涉任何一个社会全部的正式政治制度。在美国，这些政治制度包括政府的三个机枢（行政机构、立法机构和司法机构）以及支撑这每一个部门运作的所有官僚体制。其他处于管理较低层级的政府制度——比如地方政府或中间区域性政府（像加利福尼亚或得克萨斯"州政府"，或者像加拿大各省这样的区域性政府）——也可以被看作国家的组成部分，但在本章我们将关注国家政府制度。

国家不仅是指一个选举出来的政府，比如奥巴马政府或者奥巴马政府及其国会，指出这一点是重要的。尽管选举出来的官员在其执政期间肯定是国家的关键组成部分，但国家还包括法律制度（以及推动法律实施的法庭），也包括军队以及那些长存的官僚体制，不管目前政府的领导人是谁，这些国家的组成部分都将各司其职。例如，在美国，新任总统会任命几千名高级管理者和其他各级管理人员进行管理，但整个联邦政府雇员人数就有300多万人。不管总统是谁，这些雇员中的大部分人都会留在自己的岗位上。相似地，法官常常是被长期或终身任职的，而不依赖于谁是总统。当总统离职、新总统和新国会被选举出来，这些常设的官僚体制会继续从事在被选举的政府发生变动之前自己所做的事。这就是为什么国家政治变革——不管哪一个政党掌权——总是难以实现的原因之一。

国家的作用是什么呢？亚当·斯密（Adam Smith 1723—1790）是18世纪资本主义制度浮现时期的伟大理论家。他将资本主义描绘成被自由市场这个"看不见的手"所调控的经济制度，成功的企业家和效率高的生产者将获得回报，而那些没有好想法和好产品的人则会在竞争中出局。尽管这个比喻根本无法代表斯密复杂得多的思想，但在斯密的名著《国富论》（*The Wealth of Nation*）于1776年初次发表后接近250年的时间里，这个比喻产生了巨大影响力。不过，这个比喻在几个关键的层面上会让人产生重要的误解，斯密在其著作中提到过。例如，要让市场适当地发挥功能，国家就需要制定范围广泛的法律担保和规则，还要有在这些规则和担保被违背时强制实施那些规则的能力。例如，市场交换有赖于合同。当一个人同意以一定的价格提供某种商品、另一个人同意按此价支付时合同才存在。只有双方按照承诺去做，合同的条款才能被履行，每一方才能或多或少都会感到满意。但是当一方不能履行其承诺时会怎样呢？最终通常是国家制度——有时是法庭，有时是政府机构——来提供必要的担保，如果一方不能履行其合同承诺，就将受到惩罚（当然，对像黑手党这样的非法组织就不一定这样做了，

法律和法规的存在是为了防止公司虚假宣传自己的产品，比如将非有机食品标成有机食品。

黑手党这样的组织有自己的办法去处理违反规定的行为，而不是依赖国家）。然而，对大多数个人和商业组织而言，国家提供的关键担保才使合同性交换行为成为可能。

国家的角色随着时间的流逝发生了很多变化，现在涵盖了大量的其他支持性角色，使经济和社会得以正常运行。国家众多最重要的职能之一就是规范经济，使其能向各方参与者提供一个平稳的游戏场域，防止经济参与者伤害无辜的第三方。为了保护公民免受经济参与者的侵害，国家会制定一些重要的规范性政策。下面就是一些这样的例子。所有的现代国家都有以下政策的某个版本：

- 防止大公司利用其规模优势取消与供应方的特殊交易或将竞争者驱逐出市场并形成无竞争和垄断的法律和政策（比如，在20世纪90年代微软公司向新电脑用户提供价格低廉的操作软件，使用户难以运行非微软公司的程序）。

- 防止股票交易员利用内部消息不公平地获利的法律（比如，如果一个公司的雇员知道一种新产品将提升公司股票的价值，那么法律不允许他们利用那个消息在新产品上市前就买进该公司的股票，然后卖掉获利）。

- 防止公司对自己的产品进行不实宣传的法律和规范（比如，不允许食品生产者称非有机食物为有机食品）。

- 要求公司满足员工和消费者安全条款最低标准的法律和规范（比如，法律禁止服装制造商生产易燃的衣物）。
- 当公司和个体的行动对第三方造成损害时要补偿无辜第三方的法律和规范（比如，一个公司的生产工厂产生了污染，并对居住在附近家庭居民的健康造成了损害）。

这些例子仅仅是现代国家试图解决经济问题和市场局限而采取的诸多举措中的一部分。在每一个例子中，都可以看到规则旨在保障广大公众的普遍利益——确保公司之间存在竞争、保护消费者和无辜的第三方。这些政策也给那些想要创业的个人以合理的期望，即如果他们提供的商品或者服务质量足够高，他们就能与现有的企业公平竞争。

国家还提供许多经济运行所需要的基础设施。大多数学校都是由国家提供经费和管理的，未来的从业者就是在学校里学习阅读、写作和思考的。国家建设和维护道路、桥梁和铁路，企业才得以将商品运输到各地市场。国家还运营机场、管理航空运输，以免飞机撞在一起。国家还管理着军队和警察。国家还向残疾人和老年工作者提供保障，当这些人不再能工作以至于雇主觉得没义务继续雇用他们时。实际上，"大政府"所做的使其他许多有益行为得以可能的事情清单如此之长，以至于根本无法想象一个没有国家管理的现代经济——或社会。

为什么国家在权力的分配中至关重要？

7.2.2　解释国家如何影响谁能得到政府的何种服务。

国家采用并维持的政策和项目在许多不同的方面都具有重大意义。但是，这些政策和项目也能以对一些人更有益的方式设计出来。比如，设计的政策可以确保贫穷家庭获得经济蛋糕中更大的份额；相反，政策也可以被设计成允许富人维持，甚至增加自己的财富份额的形式。这些政策，以税收和转移支付政策（Tax and Transfer Policy）而知名，对于财富和收入分配特别重要。所有政府都必须向公民征税以支付政府服务，但富人是否应支付比穷人更高份额的税收会随着国家和时间的不同而存在巨大差异。

总的看来，谁得到什么至少部分是由政府机构的政策决定的。在任何社会里，国家如何影响谁得到什么的具体例子都有很多。我们在这里列举出了一些：

- 国家设定或改变个人和群体为了权力而彼此竞争的游戏规则——政策可以向大企业、小企业、农民或者工人以及工会倾斜，但不可能同时向各方倾斜。例如，国家决定雇主是否需要采取特别的预防措施来确保其工作场所的安全性，或者决定降雨不多的地区里的水是流向农村还是城市地区，以及大量的类似决定。
- 国家通过各种各样的项目开支计划对大量的资源和收入进行再分配，这些项目全部合起来被称为国家福利。这些项目包括老年养老金（在美国被称为社会保障）、许多人只靠自己不能获得的健康保险、失业保险、针对穷人家庭的福利项目以及许多其他类似的社会项目。
- 国家决定哪些人要担负起支付政府所有公共开支项目的重担，主要是通过税收政策来进行（例如，税负应该人人平等吗？或者有钱人应该多缴税吗？抑或应该根据公司获得的利润向其征税吗？）
- 国家有权决定一些生死攸关的事情，比如国家是否参与战争（和哪些人必须参战），或死刑是否合法（以及是否允许政府杀人）。其他一些生死攸关的公共政策包括食物以及健康照顾是否应该提供给那些没有支付能力的人？那些真正的穷人是否应该获得生存的手段？

在每一个领域里的政策，国家所做的选择都会影响到整个社会的权力分配。通过许多方式，国家为市场经济的运行提供制度性支持，直接或间接地确保投资能获得利润。有时国家会基于有权者的利益直接进行干预，尤其是在政治冲突和紧张时期更是如此。但国家不只是社会统治阶级的工具。正如我们看到的那样，国家也会制定政策赋权给穷人，并帮助弱势人群从经济增长中获得更大份额的收益。

国家会促进有权者的利益吗?

7.2.3 讨论国家如何和为什么倾向于以支持强大的商业利益为目标来调整政策，并分析例外的情况。

在这个部分，我们将分析国家为什么往往会采用符合有权者利益政策的一些常见原因。或者更明确地讲，国家的政策调整如何以及为什么倾向于支持强大的商业利益目标而不是普通人的利益目标?

研究这个问题的社会学家提出了两种宽泛的观点。第一种观点我们可以称之为国家的商业信心理论（Business Confidence Theory）（Block 1987）。这种观点认为，无论政府官员的偏好如何（比如，不管总统是民主党人还是共和党人），国家整体上都有一种强烈的倾向去确保大企业投资时所需要的信心和安全感，这些投资能促进国家就业和经济增长。当企业主和商业管理者认为商业条件并不适宜时，其投资的动机就会降低。因为经济的整体健康非常重要，驱动着国家采用那些能使商业领袖相信经济在未来仍将保持健康的政策。在经济全球化的时代，维系国内健康的商业环境非常重要，这能打消企业迁址国外的念头，或者反过来能刺激国外公司到本国来投资。一个新当选的政府必须要考虑这些问题。

国家为什么会促进有权者利益的第二种观点聚焦在民主政治制度里不同群体所拥有的相对政治权力上，这种相对的政治权力会随着时间发生改变，但它常常为比较有钱的个体和公司提供了接触政府官员的"特权路径"（Domhoff 2006；Hacker and Pierson 2010）。大公司和有钱的个体比其他代表工薪阶层和中产阶级的群体拥有更多影响政治生活的资源。例如，有经济实力的个体和公司会通过向其偏爱的候选人捐助大量的金钱来试图影响选举和选举结果，他们从一开始就与需要这些资金赢得职位的候选人以及官员建立了密切的联系。结果，公司运营者和有钱的个人就比穷人和中产阶级更有可能拥有接触政要的机会。他们很容易进入一些相同的圈子和俱乐部，当需要争论和讨论一些重要事情时，其捐款就会成为他们参与进去的敲门砖。这种不成比例的影响力产生的结果就是，政策常常会有利于有权者和组织化强的公司的利益和偏好。正如我们将在下一部分看到的那样，有大量的证据支持这种观点。

综合看来，这两种理论都倾向于指出，政策总是有利于有权者。但的确存在例外的情况，有时无权者反而会得到自己想要的东西（Piven and Cloward 1997）。在20世纪30年代，国家采用了涉及范围极广的新政府项目，包括社会保障制度（最终为所有65岁以上的美国人提供养老金）、失业保险、庞大的创造就业机会项目、增加商业规范以及向富人征收更多的税。这些富兰克林·罗斯福推行的新政府项目（New Deal Program）遭到大多数美国富人以及许多商业利益团体的强烈抵制。类似的情况在20世纪60年代也出现了，那时联邦政府创立了老年医疗保险（面向每一个65岁以上老人的健康保险）和医疗救助（面向穷人的健康保险）；颁布了民权法案，赋予女性和少数族群新的权利和机会，使其能在更为平等的条件下与白人男性竞争；还大幅度增加福利开支项目。这些例子显示，总是有权者赢的情形并不存在。特别是当穷人组织起来发起社会运动时更是如此，穷人有时也能影响政策的方向。如果发生在20

20世纪60年代的民权运动推动了学校的整合，并推动了政治权力环境的改变。

世纪30年代和20世纪60年代的这些例子存在共同点的话，那就是在这两个时期穷人的大量参与，社会运动（20世纪30年代的大部分工会和失业者的示威游行以及20世纪60年代的民权运动）改变了政治权力环境。

　　但是穷人和工人阶级的大规模社会运动相对比较少见。在更为一般的情况中权力是如何分配的？国家在其中扮演着怎样的角色？我们将在本章的下一部分对这个问题进行更加具体的社会学分析。

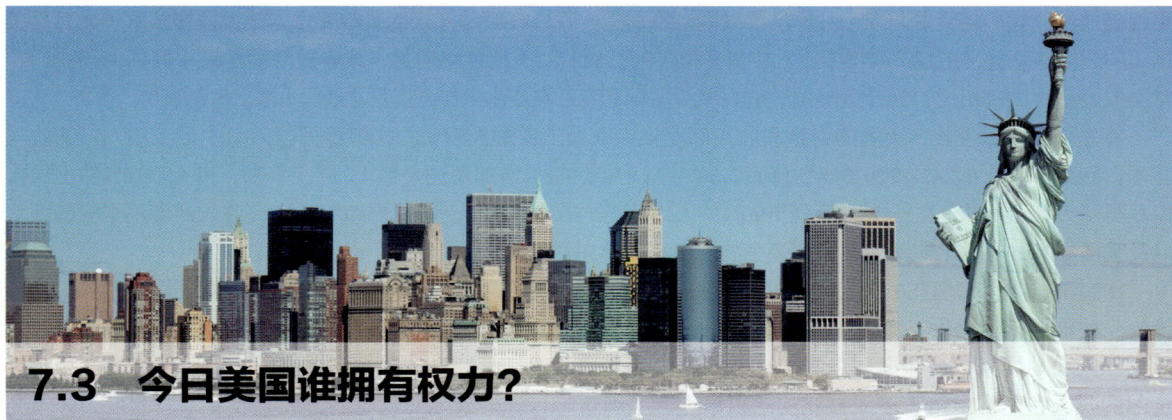

7.3　今日美国谁拥有权力？

权力之于美国

　　对权力的社会学分析为理解美国政治提供了一个与新闻媒体通常所报道的内容不同的视角。一般来说，我们思考或听闻的只是第一维度的权力：谁赢得选举（或者谁在竞选的民意测验中领先）；是否通过国会和总统提出的特别重要的法案和政府项目进行辩论的结果；或者围绕美国外交和军事政策发生的冲突。我们所了解的大部分国际政治——从国会、总统以及最高法院获知的信息——都涵盖了这种围绕公共政策决定所展开的公开辩论。这是任何一种民主制度的一个重要方面。民主是指所有公民平等享有参与政治生活权利的政治制度。但当我们更近距离地审视美国民主制度时，我们也会发现权力的其他维度，这些维度的权力以复杂的方式影响着权力结果，而这些方式并不总是能反映出民主运作应该遵循的政治平等模式。在这个部分，我们将通过分析权力三个维度的每一个维度来讨论政府是如何运作的。

谁胜利了？第一维度中的政策和政治

7.3.1　讨论从税收政策和反贫困项目中可以了解到的美国权力如何分配的内容。

　　在美国政治中，权力的第一个维度涉及出现公开冲突时谁能获得胜利的问题（或者更特别一点，谁能实现自己的目标）。在许多情况下，至少是在近年来，这些冲突有时会将大多数或全部共和党人置于冲突的一方，而将大多数或全部民主党人置于冲突的另一方。其他一些议题则比较复杂，党派之间并不总是会在这些议题上产生清晰的界限。当对议题的讨论变得特别激烈时——例如，2008年秋，乔治·布什总统和国会决定紧急援助国家的主要银行，希望借此能防止金融灾难——在国会以及媒体中进行的辩论在短期内赢得了每一个人的关注。可是，在大部分时候，大多数美国人对在华盛顿特区被讨论和辩论的议题是毫不知情的。对于大多数议题，只有专业的政策分析家和国会知情人士才会了解政策动议的全部细节，才会知悉什么内容正处于成败关头。许多重要决策的出台大部分是在公众的视野之外进行的。

当关系到国际政治领域里的权力第一维度时，关于权力和政治的社会学视角认为我们要从关注日常冲突的狭隘视角中走出来并追问：在这些冲突结果中潜藏的一般模式是怎样的？在本章我们没有足够的篇幅去分析公开的政治冲突所带来的涉及各个领域的结果，但是我们能够关注最重要的一系列政策：那些影响权力和财富分配的政策。更准确地说，我们将聚焦两点：（1）税收政策，特别是一些税收缴付方式的政治变化，使得富裕国家（尤其是美国）的超级富豪能带走经济蛋糕中比其应得多得多的份额；（2）反贫困项目，或者更明确地说，同任何与我们非常类似的富裕国家相比，为什么美国政府在减少贫困和帮助家庭生活在可接受的最低水准上做得最少。

首先来看一看税收，美国的财富和收入高度集中在最上层的人手中，2007年美国人口中最上层人口的收入几乎占到全部收入的24%（2013年微降到22%，从1970年的8%增加到这个数）；近些年来，占人口10%的上层人口获得了大约全部收入的一半，而剩下90%的人口获得的收入只是全部收入的50%（有关收入高度不平等的细节以及美国的不平等水平比其他国家高多少的内容可见第10章）。

比如说，为什么现在的美国要比40年前的美国更富有？或者为什么美国要比德国更富裕？简要的答案是，因为一些重要政策发生了变化，而这些政策变化改变了收入和财富的分配方式和消费方式。上层阶级的政治组织已经成功地说服国会和多届总统能让他们比较容易地保留其大部分的收入和财富，并能在自己死后将几乎全部的收入和财富留给孩子或喜欢的慈善事业。实现这一目标的最显而易见的方式是改变税收制度，即不同收入阶层的公民需要缴纳多少税。超出一定收入水平的收入税率是有钱人能否获得比别人多，甚至多很多收入的关键要素。正如所有富裕国家一样，美国很长时间以来就建立了累进所得税制度（Progressive Income Tax System），在这个制度里，上层阶级被要求缴纳比中产阶级更多的收入税额。累进所得税制度背后的逻辑是，收入较高的人能负担得起更多的收入税额来支持让所有人受益的政府项目；多出来一美元的价值对于亿万富翁当然要比对贫困家庭的价值要小。这种逻辑在所有的民主社会都很常见，公开的民意测验显示，美国人支持要求让富人比其他人缴纳更多税的做法（McCall 2013）。

尽管存在累进所得税制度，但高收入者的税负在过去30年里显著下降。图7.1讲述了美国高收入者税率历史的引人注目的故事。在第二次世界大战末期（尤其是在采用高税收用以支付战争支出的时候），收入超过最高限值（在1944年，最高限值是20万美元）者的最高缴税税率超过90%。在20世纪60年代早期，收入超过最高限值（在1964年，这一数额是40万美元）者的最高缴税税率减少到70%左右。这个税率大约是20世纪80年代中期以来的2倍。20世纪80年代早期，在罗纳德·里根（Ronald Reagan）总统在任时期发生了削减高收入者税负的两次大浪潮，有钱人的税率降到30%。在20世纪90代乔治·布什和比尔·克林顿（Bill Clinton）任总统时期，税率等级上升了一点，今天那些收入在40万美元（或者夫妻收入45万美元）以上者的缴税税率稳定在39.6%。高收入者的缴税税率也显著比其他富裕国家的税率低。

近些年来，美国税收法规上的其他变化对超级富豪有益，其上缴的税率要比官方税率低很多。例如，有钱人不仅收入高，还常常可以从投资中得到可观的收入。许多投资收入的税率处理方式与其他种类的收入是不同的，税率会低至15%（被称之为资本收益税）。有钱人还能对其他收入避税，这减少了富有家庭总体缴税税率。俗称法律规避，这些税项减免对于绝大多数美国家庭而言没有什么用处，但对非常有钱的人特别有价值。例如，许多非常有钱的美国人常常使用离岸避税，即在像开曼群岛这样没有收入税的小国家创造投资项目，通过这种方式规避或大幅度减少上交给美国政府的税。富有的家庭和个人能雇得起律师和税务会计，这些人精于操纵这些规则以寻找减少税率的可能方式，而普通美国人做不到这些（Winters 2011）。

近来，亿万富翁、投资人沃伦·巴菲特（Warren Buffett）强调税收的法律规避以及某些种类收入税率的下降是如何让美国最有钱的人受益（Buffett 2011）。他指出自己缴纳的联邦收入税处于较低的水平——大约是自己2011年收入的18%——这要比自己的秘书和伯克希尔·哈撒韦公司（Berkshire Hathaway）其他低层雇员的缴税比率低。2012年共和党总统候选人米特·罗姆尼（Mitt Romney）非常富有，他在总统竞选期间公开的纳税申报单同样显示他要缴纳的联邦收入税低于自己收入的15%。

就像富有的个人和家庭从税法过去发生的许多变化中受益一样，公司也同样从这些变化中受益。现在私营企业缴纳的税要比过去少很多。图7.2显示，自20世纪60年代以来，作为公司总体经济收入一部分、需上缴的税收财政发生了显著变化。上方的表格显示作为联邦税收财政一部分的公司所得税在下降；但是下方的表格显示公司缴纳的实际平均税（Average Tax）要比官方税率低很多。不仅公司税负的总体税率在下降，而且许多企业享有特殊的减税协议，使得这些企业缴纳的税率比较低。例如，石油公司通常会享有特别税减免和规避，这么做表面上是为了鼓励公司多开采石油，甚至在油价飙升、石油公司获利率创新高的情况下仍然如此。

甚至如今公司纳税的税率低也不是故事的全部真相。实际上，仍然存在许多税收漏洞，使得一些公司要缴纳的所得税几乎降为零。在所有时期规避公司应缴税额的常胜将军看起来是通用电气（GE）公司，该公司以生产冰箱、电灯这类的家用电器知名，更近来是凭借其绿色环保产品和金融部门——通用电气的金融子公司（GE Capital）而声名在外。在20世纪80年代，通用电气在避税方面如此成功以至于当时的总统罗纳德·里根（里根早年是通用电气花钱请的代言人，基本上是政府高税收的主要反对者）命令他的属下试图堵上被通用电气利用的一些规避税收的漏洞。但这个公司是华盛顿特区的一个强大集团，一直想方设法坚持减少缴税。《纽约时报》的报道指出，2010年通用电气设法不缴纳任何公司所得税，尽管该公司在世界各地的利润高达140亿美元。通用电气的确上缴了销售税和社会保险税。在通用电气的税务律师和会计师队

美国高收入者边际税率（征税对象数额的增量中税额所占的比率）

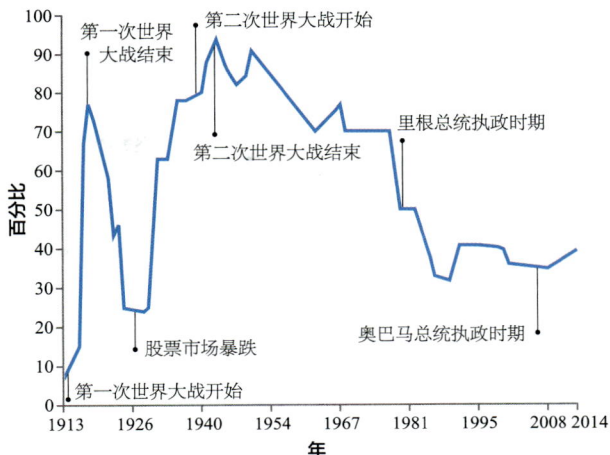

资料来源：公民税收正义组织（Citizen for Tax Justice，2011）。

图7.1 美国高收入居民的税率

公司所得税占联邦税收收入的比例

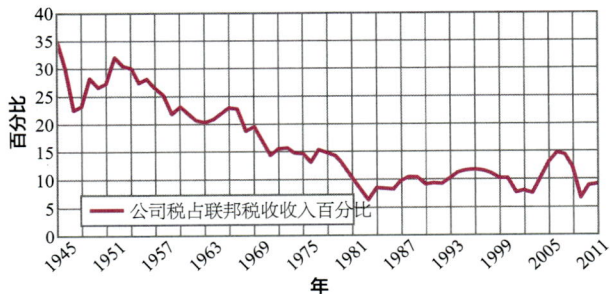

实际公司税率：从艾森豪威尔时期到奥巴马时期，1952—2010年

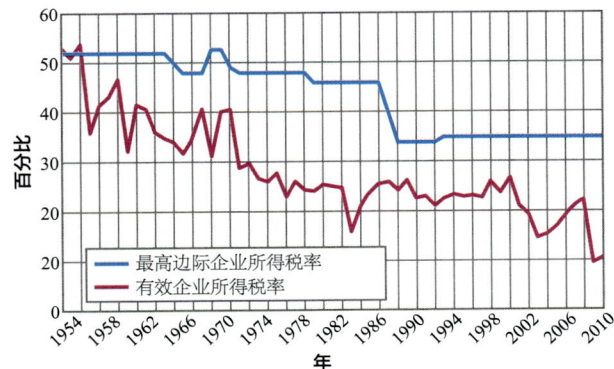

资料来源：2012总统财政预算（The President's Budget for Fiscal）；行政管理和预算局（Office of Management and Budget），表2.1；经济分析局（Bureau of Economic Analysis），国民收入和生产账户（National Income and Products Account）表1.12。

图7.2 透视第二次世界大战以来公司税率的两种视角

伍中，有许多人以前是为国会税收委员会（Congressional Tax Committee）工作的，这些人积极使用各种各样的避税手段上报利润，而且公司每年会游说国会来获取特别税减免，这常常会被写入法律，并被公众和媒体所忽视。通用电气成功规避全部企业所得税也许是很极端的例子，但任何一个公司都能使用同样的策略来减少自己的税额（Kocieniewski 2011）。

减少税负使得公司得以保留更多的收入，近年来这些公司会给公司的高层管理者滥发薪资和其他额外的津贴（包括大量的股票期权）。我们对公司CEO的补偿金（Compensation）所知甚多，是因为公司有义务上报其CEO的年收入。这个要求提供了非常清晰的相关趋势变化的信息。正如图7.3显示的那样，从20世纪60年代到70年代，CEO的补偿金平均每年100万美元（按2010年的美元计算，根据通货膨胀进行了调整）。在那时这是一大笔钱，而在20世纪80年代和90年代补偿金的数额激增。到1991年，CEO相比职员的补偿金比率增长到120∶1以上，到2005年，最高补偿金达920万美元（比过去增加了900%）；在2007年和2008年经济衰退期之后，CEO的补偿金也只是轻微下降，仍然高达850万美元（Mischel，Bernstein，and Shierhoz 2009）。近些年来，CEO的补偿金大概是一般雇员收入的250倍，这个比值自20世纪60年代以来增加了10倍多。

总的看来，我们认为个人和公司所得税的显著变化显示，近几十年来在有关经济增长的收益如何分配的斗争中，富裕的个人和家庭以及大公司和高层管理者取得了胜利。围绕谁应该交什么样税的斗争还会持续，将来或许有可能再次增加最高收入者的税率。但就现在而言，为重要的政府项目买单的重担没有像以前那样放在高收入者身上。

税收的另一面——使用政府资源减少贫困的状况又如何呢？美国公共政策（政府采纳或实施的那些政策）的一个明显特征是，美国一直不能将贫困水平降低到同世界其他富裕国家一样的水平。现代的每届政府都努力建立确保贫困家庭的一些基本需要（如食物和住所）得以满足的计划。整体看来，这些计划和政策的设计是去帮助处理许多重要的社会问题。社会问题是一个用来描述广泛范围内被认为会产生有害后果的议题的术语（比如贫困、犯罪、毒品、无家可归、不平等、种族歧视以及性别歧视）。例如，资本主义经济从来没有为每一个有需要的人提供一份薪水体面的工作，最终无法避免地会使一些个人和家庭陷入贫困。反贫困计划是作为一种应对灾难的保险项目来运作的。成年人（及其子女）可能会因为下面一些原因陷入贫困：由于身体或智力残障、长期疾病或事故导致无法工作，经济处于衰退期以及失业率高，或者仅仅就是因为运气太差了。由于我们事先无法知道哪些人会无家可归或陷入贫困，所以我们为那些陷入这种境地的人都提供一点保障。反贫困计划还试图为贫困儿童提供和出身中产阶级的孩子一样的获得人生成功的机会。这背后的逻辑是，贫困儿童不是因为自身的错误陷入贫困，所以不应该阻碍他们获得成功；向他们提供成功的机会，也就是提供了让他们自己以及后代过上好生活所需的资源。

尽管每个国家都设计有消除贫困的福利计划，但一些国家做得要比另一些国家好得多。现在我们知道，如果政府承诺了去努力，那么富裕国家大幅度减少贫困儿童和贫困家庭的数量是有可能的。我们如何才能知道这一切呢？许多人研究了这个问题，他们非常谨慎地使用已发布出来的有关家庭收入和生活水平的数据，从而使跨国比较得以实现。使用贫困的

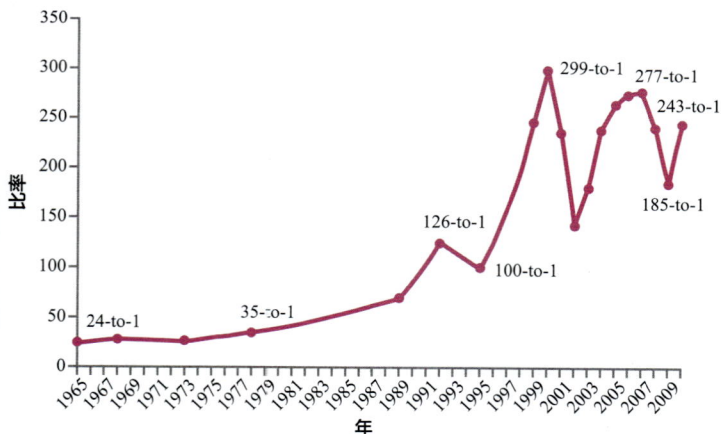

资料来源：改编自米舍里和毕文斯的研究（Mishel and Bivens 2011）。

图7.3 CEO年均补偿金与工人年均补偿金的比较

标准化定义并将美国的情况同其他富裕国家进行比较，我们能从数据中看到，同其他与我们非常相似的发达国家相比，美国在这方面实际上做得非常差（Smeeding et al. 2009）。

图7.4展示了原始数据：美国的贫困率比任何一个相似国家的同类比较群体都高，然而有趣的是在把政府的反贫困计划考虑进来之后这一事实最为清晰。借助跨国家家庭收入比较数据，研究者能够估计出在没有解决贫困问题的政府政策情况下每个国家的（假设）贫困率（第一个柱形图）会是多少；第二个柱形图估计的是，政府干预被考虑进去后的实际贫困率（比如向贫困家庭提供福利的计划）。这张图表基于每个国家和所有收入来源的真实可比数据之上，这一点很重要，使之成为理解美国所处位置的独特方式。两种结果具有特别的重要性。第一，在考虑政府行动之前，许多国家仅仅基于市场收入假设贫困率高。在某些情况下，这一指标和美国差不多。第二，在消除贫困方面没有国家比美国做得差；可以注意到图中美国的两组数据之间只是略有差别，然而其他国家的这两组数据之间存在显著差别。换句话说，相比其他国家，美国公共政策在消除贫困方面发挥的作用较小。将美国与英国相比具有特别的启示。如果英国人只依靠自己的收入过活，也不从任何公共计划那里获得帮助，那么英国的贫困率甚至比美国还要高。但英国通过各种反贫困计划大幅度降低了本国的贫困率。

总体上说，在第一维度的权力中谁获得了胜利的问题上，我们能说些什么呢？换句话说，谁能够行使自己的意志以便在国际政治中占据优势呢？我们不可能检视已经发生的所有政策争议和结果。在任何一年里，有数以百计的重要议题会被提出来加以讨论、辩论，并由国会、总统、行政部门以及最高法院决定下来。但是通过我们对两个重要的公共政策领域——贫困和不平等——较为有限的调查显示，将美国与其他在财富、经济发展、长期存在民主政府等方面最为相似的国家相比，我们可以得出这样的结论，即同其他国家的有权力的行动者相比，美国有权力的行动者看起来会更经常取得胜利，并会借此获得多得多的回报，但穷人得到的帮助却要少很多。总之，在美国成为富人要比在其他国家成为富人更有优势，在美国变成穷人要比在其他国家成为穷人糟得多。

谁设置了议程？第二维度的权力和政治

7.3.2 解释议程设置是如何在美国的两党政治制度中发生的。

到现在我们已经看到了一些重要例子，展示了有关美国政治制度如何生产出有益于有权者的具体结果。为什么其他方法、思想以及政策就不会被严肃对待呢？正如本章初始欧文·戈夫曼煽动性地提出的那样，为什么不存在更多针对有权者的挑战？权力的第二维度唤醒我们对有权力的行动者如何通过从一开始就防止一定的议题或挑战出现的方式来维系自身权力（或现状）的关注。正如我们将看到的那样，美国的政治制度和经济制度的几个特征一起参与了议程设置。特别地，我们将突出两点：（1）美国独特的两党政治制度；（2）捐赠给美国政治中某些政治职位候选人的巨额资金。

美国的政治制度非常不寻常，只有两个重要的党派参与竞选——民主党和共和党。世界上大多数民主国家至少都有三个党派在国会（National Legislature）中占有席位，在一些国家里这样的党派有四个甚至更多。在这些国家中，选择的范围要广泛得多，而且在每次选举中也会把这些选择提供给选民，国会中会有更广泛的意见和更多党派的代表。例如，在大多数国家总

经济合作与发展组织（OECD）成员国税前和税后的贫困率及其改变

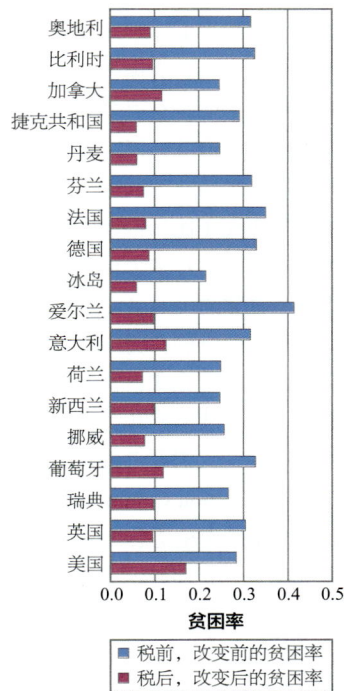

资料来源：Smeeding，Timothy，Karen Robson，Coady Wing，and Jonathan Gershuny 2009年。

图7.4 税前和税后转移贫困率

存在一个比美国民主党派更为自由的党派，或者用欧洲术语来说，就是"社会民主"党派。大多数国家也都存在一个占据政治中心的政党，处于左翼和右翼之间。许多国家还有绿党，在州议会中也占有席位。

美国为什么只有两个党派呢？宪法建立的选举体系——在一个地区赢得最多选票的候选人（和党派）赢得席位——使得第三党派实际上不可能赢得选民的追捧。形成对比的是，在其他大多数民主国家存在的选举体系是某种形式的比例当选制（Proportional Representation，简称PR），这种体系使得少数党派得以可能基于自己赢得的选票份额获得代表权。

在比例当选制体系里，选民选择一个党派，而不是一个候选人。每个党派获得的选票比例转化成国会里的席位。在许多情况下，一个至少有5%选票的党派都能在州议会中获得席位，并能在政治制度中占得一席之地。美国的情况相反，只有候选人在国会选举区或选举州中赢得大多数选票才能在众议院或参议院中分别获得一个席位。结果，一个正试图建立威信的新政治党派不可能通过这种方式选出一些代表并在选民中逐渐树立起声誉（正如在比例当选制体系可以做到的那样）。地区性第三党派的努力——最知名的是19世纪晚期在美国南部一些地区活跃的平民党（The Populist）以及20世纪美国中西部的进步党（The Progressive）——偶尔能在一定时期取得发展，并在国会中赢得一些席位。但主要党派能比较轻易地消除这些努力，其选民也会转向主要党派中的某一个政党。美国的两党制自1840年形成后就很稳定，自那时起第三党派进入政治体系并取代某个主要党派而逆袭成功的案例只有一个——共和党在19世纪50年代到1860年的美国内战时期的激烈冲突中脱颖而出（那时亚伯拉罕·林肯以共和党人的身份当选了总统）。在其他情况中，第三党派都失败了。

在其他民主国家里，一些自主发展的政党对议程设置以及哪些议题会在媒体和国会中进行讨论有着重要的影响。设想一下，如果自由党（Libetarian Party）、社会党（Socialist Party）、绿党（Green Party）、民主党和共和党都在国会中占有席位的话，今天的国会将会有怎样的不同啊！在像这样的情况下——许多欧洲国家的情形与此类似——就会有更多政治立场的代表参与讨论。没有一个党派拥有大部分席位的情形也成为可能，获胜的政党要进行统治就必须建立多党派联合政府（因此需要比两党制所要求的范围更为广泛的讨论和妥协）。多党制也改变了选举活动的本质，公民拥有较为广泛的选择（范围更广的备选方案也能得以表达出来）。媒体中政治生活的日常版面（比如电视中的政治脱口秀）也会非常不同。当只存在两个重要的政治党派时，实现政治平衡的努力反而要容易得多：你只需要从两个不同的党派里听取两种不同的观点。一种更为复杂的政治环境能防止在只有两个政党的美国出现"他说/她说"这样的政治话语形式。

除了两党制，美国政治机构的候选人必须拥有或募集到巨额资金。毫不让人惊奇的是，用来支持候选人竞选的大部分资金来自富有的个人、大公司和商业群体。在近几十年来，政治候选人募集的资金发生了戏剧性的剧增。政治战略家和竞选经纪人已达成的一个共识是，高花费的媒体竞选是接触选民最有效的途径，而且重要的竞选候选人需要募集资金。这庞大的政治资金来自哪里呢？要么来自个人捐助者，要么来自政治行动委员会（Political Action Committees，简称PACs），政治行动委员会是由大量、各种各样的个体企业、商业社团、协会和诸如全国步枪协会（National Rifle Association）或者艾米丽的名单（Emily' List）（一个致力于选举尊重女性选择的民主党女性群体）这样的意识形态群体构成。政治行动委员会的捐助者可以划分成三种类型：与商业有关的捐助者（包括商业政治行动委员会和为大公司工作的个人行政官）、工会，以及意识形态化的政治行动委员会（从极左到极右）。因为自身有着巨额利润而且还在不断增加，所以来自商业的捐助额大大超越了来自协会的捐助额，在2012年的选举中两者的比例达到了19∶1。

为什么捐助给竞选候选人的资金数量会增加这么多呢？一种答案是上层阶级财富的巨幅激增使有钱人投资到政治系统的资金剧增。家庭财富的增加也产生了相似的动力机制。富人出于各种目的的捐助——公民责任、慈善、宗教以及政治目的——在这个日益不平等的时代增加了。尽管许多这样的赠予会产生良好的政治后果，但涉及政治资金时结论就没这么简单了。要了解捐助者居于何处和捐助资金最多的地区的更多信息，请看图7.5中的地图，这张图展示的是大多数个人助助者捐款在200美元以上的50个大都市地区。

尽管大量、不断增加的助选资金带来的结果要比寻常所认识到的结果隐蔽得多，但人们很难想象捐款人捐了一大笔钱却一无所得。政客们很少"售卖"自己的投票权，比竞争对手拥有更多的资金并不代表着确保胜利。然而，对政治资金三个世纪的研究表明，要成为竞争选举职位的重要候选人，尤其是竞选国会的席位，就必须从大公司或有钱的个人那里募得资金。这就会把那些对捐助者不具有吸引力的可能候选人过滤掉，而这毫无疑问地就会限制谁能去竞选。最后，尽管大额捐款者不能确保特定的结果，但他们的确有机会接触到当选的官员，而普通公民一般都做不到这一点。这种接触和联系就能转换成虽然不大但非常重要的好处，比如藏匿在立法当中的减税优惠，而且也很少会受到公众的监督（Clawson，et al. 1998；Manza et al. 2004）。

在2008年的大选中，一小部分美国人捐了钱，甚至最小的份额都超过了200美元。大部分个人竞选捐助者来自一些规模大、财富又不平等的大都市地区。

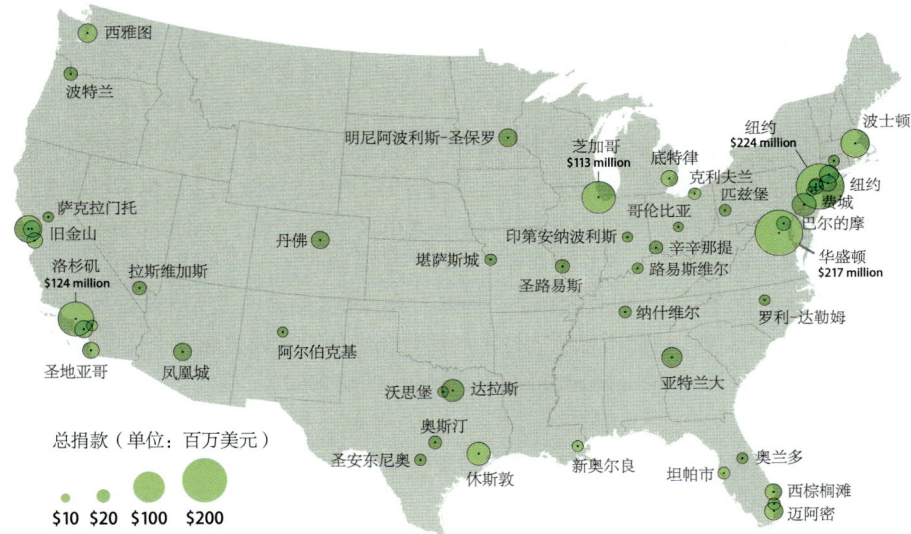

资料来源：基于政治响应中心（Center for Responsive Politics）；美国大选项目（U.S. Election Project）；美国国家选举研究（American National Election Studies）的数据。

图7.5 金钱与政治

第三维度：美国人相信有益于有权者的政策吗？

7.3.3 分析美国人对收入不平等分配政策的相互冲突的观点。

过去三十年里，政府政策使得非常有钱的人能挣得并保留自己的大部分收入，这些人的收入特别高而且还在不断增加；而穷人和中产阶级群体则很少能分享到经济增长的益处，从表面上看来这些政策很少有利于穷人和中产阶级群体的利益。一些人还指出，向有钱人和大公司征税失败更多地意味着政府在帮助贫穷儿童和家庭脱离贫困线方面做得不够，建立的学校和大学也不够好，警察和消防员数量不足，在修缮和维护街道、桥梁和公园方面也不如我们应该做到的那样好。最富有的美国人不需要去担心这些事情——他们可以送自己的孩子读最好的私立学校，也能负担起在商业小区居住的费用，这样的小区能提供给他们远离污染和犯罪源的更强的安全感。但其他人怎么样呢？为什么这些人并不总是会坚持认为自己应该享有同富人一样的机会去相同质量的学校读书、居住在安全的社区以及享有医疗保健呢？

当我们分析权力的第三维度时，这种矛盾就变得显而易见了。问题进而成为：美国人会赞成对最富有的美国人有利的公共政策吗？正如我们提到的那样，这是权力研究中最具有挑战性的一部分，而且当我们思考究竟什么才符合某一个体或群体的最佳利益时，该问题必然会引起争议。研究权力第三维度面临的挑战也许是要了解不可能了解到的事情（就像了解如果某个人能全部了解政府政策的影响会想些什么那样）。

但是，社会科学对公众如何认识政府和公共政策进行了几十年的研究，为我们回答这个问题提供了一种方法。学者对美国居民中的代表性样本进行民意调查或测验，为研究人们如何认识自己潜藏的信念或偏好提供了一种证据。而舆论（Public Opinion）这个术语用来描述有关政治和社会议题的民意调查结果。尽管这些方法对分析第三维度的权力而言并不完美——对人们如何思考更为细致的研究而言，大多数调查能提供的机会有限——但它们至少提供了对这些问题的初步认识。

让我们思考一下这些与美国人对待不平等和减少不平等与贫困的公共政策的态度有关的问题。我们能从这些领域对舆论的多年研究中了解到什么呢？美国人对有关收入分配不平等和国家福利的公共政策会认同什么观念的这个问题来说，最重要的和很可靠的研究发现了一套非常矛盾的观念体系：

- 大多数美国人相信政治制度对有权者的偏好有利，相信富人应该缴纳比穷人更多的税，相信在理论上政府应该在社会项目上投入更多，而且应该为那些没有为工作做好准备的人提供更多的帮助。美国人本质上是平等主义者（他们喜欢比我们今天所拥有的平等更多平等的状态）（McCall 2013）。
- 但是大多数美国人也开始接受下面的观点：总体上政府的规模太庞大了；理论上而言，市场在解决社会问题方面要比政府出色；税收太高了。美国人赞成个人主动性、市场自由，反对"大政府"（Big Government）。换句话说，他们不愿意支持扩展那些在别的国家证明能减少贫困和不平等的政府计划（尽管期望更多的平等）（Hetherington 2006；Jacobs and Page 2009）。

美国人对这些问题的看法相互矛盾也许没那么奇怪；作为个体，我们中的大多数人对许多事物都会持有某种相互矛盾的看法。尽管知道吃太多的冰激凌不利于健康，但我们还是会想要一大份冰激凌。在对待不平等和贫困的态度上，同样的原理在发挥作用：我们想要更多的平等，但却不想向富人征收更多的税（或者扩展政府计划），而这些是实现平等目标的必要条件。我们的个人选择常常让人困惑，有一部分原因是我们不是总在思考这些问题，因此当被问及这些问题时，我们会给出前后不一致的答案。但是，当我们来看所有美国人的平均回答时，态度就很清晰了。正如近来两位政治科学家指出的那样，美国人是"保守的平等主义者"（Conservative Egalitarians）（Page and Jacobs 2009），即美国人对平等的观念与对政府计划应有的支持态度并不一致，这些政府计划会向着有利于无权者的方向积极地推动权力平衡。

这样的具体例子可以从下面这样一个事实中看到，美国人对社会支出计划的支持度明显要比其他发展水平类似国家的公民低。来自国际调查（在许多国家调查同样的问题）的数据，图7.6显示美国人对政府帮助失业者、减少收入不平等的支持度非常低，在帮助老年人方面的支持度更低。其他国家（法国、德国、荷兰、瑞典和英国）的公民对每个事项都展现出更高一些的支持度。有趣的是，美国人捐给私人慈善事业的钱要比其他大多数国家的公民都多——美国在2012年调查的135个国家里排名第5，在2013年的调查里排名第13（Charities Aid Foundation 2013）。

这些态度研究的结果表明，尽管美国人会对那些需要帮助的人进行私人捐助，但他们不会像其他国家的公民那样倾向于把减少贫困和不平等的工作看作政府的应有职能。围绕联邦政府是否应该采纳覆盖全部美国人的

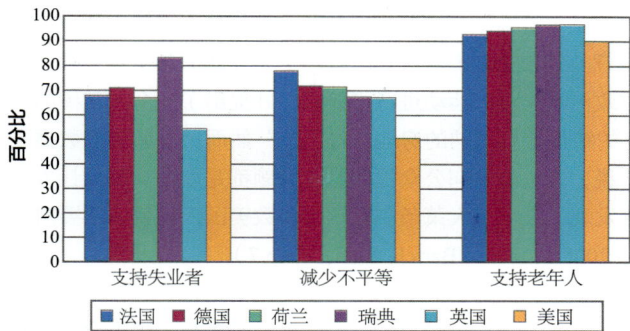

注：调查对象被询问以下问题是否应该是政府的责任：保障失业者能有一个体面的生活水准、减少富人和穷人之间的收入差距、保障老年人有一个体面的生活水准。

资料来源：基于作者2007年国际社会调查项目（International Social Survey）、政府角色模型部分的表格。

图7.6 美国人在帮助穷人和老年人方面的支持度比较低

人支持政府的国家健康保险计划。该指标在2006年到2008年期间出现了轻微的上扬波动，之后下降至50%以下。换句话说，理论上支持更好的医疗保险的美国人比例和期望政府运作该项目的比例之间存在20%的差距。后面的数据在近50年里相当稳定，说明反对国家医疗保险的人能轻易地提醒公民，当提及国家医疗保险时，他们有多么不赞成政府的所作所为。在过去的这个世纪，推动通过国家医疗保险政策的不懈努力就一直存在。直到2010年，奥巴马政府推动国会勉强通过了《平价医疗法案》，该案将覆盖几乎所有美国人，而之前所有的努力都没有成功（Quadagno 2006）。而且，甚至在2014年《平价医疗法案》全面实施之后，奥巴马政府医疗改革的最终命运仍然不大明朗，许多共和党的政客对此表明了他们一贯坚定的反对立场。

因为历史表明让一个国家更平等、贫困更少的唯一方法是扩展国家在社会中的角色，所以对"大政府"的愤怒与反对是重要的态度，正如我们在本章早些时候提到的那样。尽管慈善组织的意图很好、也有帮助，但是它永远没有强大到能够让大量的人们脱离贫困。自由市场对很多事情而言是好的，但是没有调节机制和适当的纳税形式，自由市场将使经济不平等的程度变得更高（过去30年对银行监管的松懈过程提醒我们监管有多么重要）。只有政府才具备创造更多平等、减少贫困的资源和能力。只要美国人相信"大政府"是一件坏事情，减少收入不平等的可能性就更加虚无缥缈。

为了更详细地了解这些观念有多么重要，让我们来看另外一个例子：人们对取消房地产税（也被称为遗产税，或者"死亡"税，反对者试图这样来称呼它）的态度。房地产税是指当一个人死亡并把钱留给配偶以外的人时需要缴纳的税。对房地产征税是常见的政府提高用于社会计划开支的财政收入的方式，这也限制了（财富）优势被代代相传的程度。到20世纪90年代晚期，美国总体上逐渐减少或取消了房地产税，但是特别庞大的房地产除外

国家健康保险计划——正是《平价医疗法案》（*Affordable Care Act*）要努力实现的目标——的争论就是一个极佳的例子。世界上每一个富裕国家的政府都会采取措施确保所有公民都有健康保险。唯一的例外就是美国，直到最近美国大概还有5000万人口（差不多每6个人中就有1个人）没有保险，或者只有有限的健康保险（正如奥巴马医改计划补充完善的那样，这样的人开始减少）。同我们在这里提出的观点一致，近些年来越来越多的美国人支持政府增加在全民健康保险方面的开支（见图7.7的上端曲线）。近些年来美国人对增加开支的支持率达到70%，尽管在2010年和2012年下降到20世纪80年代比较一般的水平。

可图7.7下端的曲线表明，只有约50%的美国

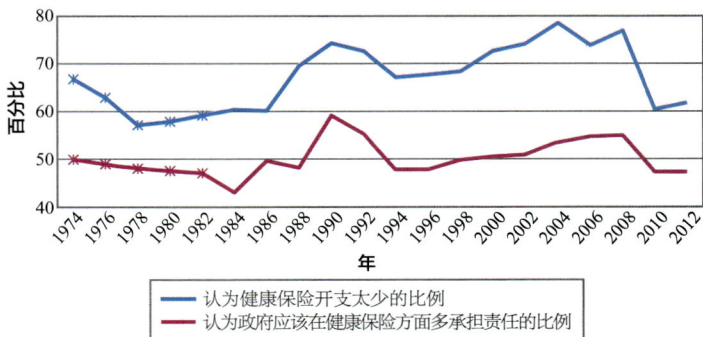

注：1992年的数据来自1991年和1993年的平均值。
资料来源：基于作者对综合社会调查（General Social Survey）的分析。

图7.7 美国人对增加健康保险开支和政府介入的支持率：1974—2012年

（财富属于前2%的美国人拥有的房地产）。但只有最富有的家庭缴纳房地产税无法让反对房地产税的人满意，也不能让最富有美国人的税务顾问和税务咨询师团队满意。旨在完全消除房地产税的运动在2003年达到顶峰，美国连最后还保留着的部分房地产税也被取消了。两位政治学家对该运动进行了研究，并提出了一个非常棒的问题："为什么公众会支持取消占美国人口2%的最富有的纳税者要缴纳的房地产税呢？"然而民意调查的数据毫无二致的显示，大部分美国人赞成取消所有的房地产税，无论怎样向公众提问这个问题都是如此。甚至让人更注目的是，在1935年由《财富》杂志组织的民意调查发现，甚至在大萧条中期，大多数美国人也赞成不要对一个人能继承多少遗产设置任何限制（Graez and Shapiro 2005；see also Bartels 2008，chap.7）。

因为在取消房地产税的时候，除了最富有的前2%的美国人之外，几乎每个人要缴纳的房地产税很少或一点儿也不用交，所以成功取消了全部房地产税是近来美国政治的主要谜题之一。为什么绝大多数美国人会支持看起来明显对他们没有什么实际影响的政策？人们提出几种答案来解释公众为什么会支持取消房地产税。一种答案是乐观的想法：美国人也许仅仅只是对自己一日暴富抱有不切实际的乐观态度。第二个答案是美国人对房地产税一无所知，尽管这与对房地产税有更多了解的美国人是否更有可能反对房地产税的有关证据是相互矛盾的。无论如何，到该议题在国会上被提出来进行表决的时候，尽管取消房地产税意味着资金可以零税负地转移到最富有美国人的孩子手中，公众对取消房地产税的广泛支持以及强大的取消房地产税的运动一起推动该政策通过了国会表决。

我们的结论是，尽管一般的美国人在大多数时候不会相信有权者希望他们相信的事情，但对"大政府"的广泛反对使得不平等在近些年的增加没有受到抑制。拒绝美国政府扮演更多的角色将产生重大结果，因为减少不平等的唯一现实方法是——基于社会学家和政策制定者在过去100年里学习到的所有一切——通过联邦政府增加税收和社会开支。但是，当政治家和政治活动家提出为减少不平等或为穷人提供更多的社会利益做些什么的时候，特权捍卫者就会动员大多数美国人发出强而有力、立场坚定的反对声音。

结论

对权力和政治的社会学研究分析了实施和维系权力的各种方式，从清晰可辨的权力到隐而不显的权力都得到了分析。社会学不仅去研究公共争议、投票和选举以及政府的公共政策，它还关注政治后果的深层根源以及有权力的行动者如何更可能经常达到自己的目的。这需要进行一些深入挖掘和调查，就像一个好侦探需要深入挖掘表象来探索凶杀背后的隐情，政治社会学家也必须在分析权力时超越对政治生活中可见冲突的分析，去理解权力运作的深层方式。我们认为权力的三个维度是核心，但媒体通常只关注最清晰可辨的维度（存在公开冲突情形）。一旦我们学会思考权力和政治的所有三个维度，我们就学会了思考政治生活的一种不同方式。简而言之，这就是把社会学想象力运用到权力研究的过程。因为权力和权力关系在社会生活中无处不在，所以权力研究必须被看作所有社会学（和所有公民）的核心任务。我们从民意测验和调查中了解到，绝大多数美国人对自己的政府和民主体制并不满意。掌握了我们在前面列举的方法，展现在我们每个人（学生、公民、工人、父母、退休的人）面前的许多问题、挑战乃至机遇和机会，会促使我们去思考做些什么才能使民主在美国和其他地方更好地运作。我们主要关注了美国的国家政治，但这种分析视角也常常适合在社会更微观的层次上研究权力，这个层次上的权力也更容易受到挑战。在我们的集镇和城市、工作场所和其他组织，甚至家庭里，我们都可以从这三个维度研究权力，并研究这三个维度如何相互强化。分析常常是有效变革的前兆。

7.1 **权力的具体形式是怎样的?** 在这个部分，我们检视了权力的三个维度，运用社会透镜，我们不仅分析了权力表达最清晰可见的形式，还分析了权力更加隐而不显的形式。

权力的第一维度视角
学习目标7.1.1: 在第一维度中区分谁拥有权力。

权力的第二维度视角
学习目标7.1.2: 揭示议程设置在权力第二个维度中扮演的角色。

权力的第三维度视角
学习目标7.1.3: 讨论运作着的权力得以藏匿的各种形式。

> **核心术语**
>
> 权力　议程设置　地位

7.2 **国家是什么? 它如何在社会中分配权力?** 在这个部分，我们检视了权力机构（国家）实际在做什么。我们也探索了国家为什么在权力分配中至关重要，以及为什么国家往往促进了有权者的利益。

国家是什么?
学习目标7.2.1: 界定国家并解释国家如何调控经济。

为什么国家在权力的分配中至关重要?
学习目标7.2.2: 解释国家如何影响谁能得到政府的何种服务。

国家会促进有权者的利益吗?
学习目标7.2.3: 讨论国家如何和为什么倾向于以支持强大的商业利益为目标来调整政策，并分析例外的情况。

> **核心术语**
>
> 国家　科层制　国家福利

7.3 **今日美国谁拥有权力?** 最终，我们对权力各个维度以及政治机构的讨论将我们引向对美国政治制度的分析。这个部分讨论了美国国家政策中的权力分布方式与世界其他国家如何不同。

谁胜利了? 第一维度中的政策和政治
学习目标7.3.1: 讨论从税收政策和反贫困项目中可以了解到的美国权力如何分配的内容。

谁设置了议程? 第二维度的权力和政治
学习目标7.3.2: 解释议程设置是如何在美国的两党政治制度中发生的。

第三维度: 美国人相信有益于有权者的政策吗?
学习目标7.3.3: 分析美国人对收入不平等和分配政策的相互冲突的观点。

> **核心术语**
>
> 民主　累进所得税制度　公共政策　社会问题
> 比例当选制（PR）　政治行动委员会（PACs）
> 舆论

粉红浆果（Pinkberry）是由商业合伙人雪莉·黄（Shelly Hwang）和杨·李（Young Lee）共同创办的，它是一个企业发展壮大的例子。粉红浆果售卖高档冷冻甜品，自2005年开业以来，它从加利福尼亚州西好莱坞的一家店面发展成拥有全国超过100家店面的特许经营连锁店。

第 8 章
市场、组织与工作

作者：理查德·阿鲁姆、杰夫·曼扎①

    当我们思考美国的公司时，像沃尔玛（Walmart）、谷歌（Google）、苹果（Apple）或者雪佛兰（Chevron）这样的名字就会浮现在脑海里。但是，在接近600万家雇有员工的公司里，超过500万家公司是小型公司，雇员不足20人。企业家身份吸引很多人的理由有许多种。小型企业为经济做出了重要贡献。我们大多数人都知道自己的家庭成员或朋友在为这样的企业工作。企业家和自主就业（Self-Employment）与许多美国人的希望和梦想是一致的：告诉雇员做某项工作然后离职、成为自己的老板、白手起家。然而，尽管许多人的确会在某个时点上开始创业或给自己打工，但大多数人不会保持太久这样的状态。大多数初创的企业通常会在开始的几年里就失败了。

    在2009年，作为一个大型研究项目的一部分，我们向高年级大学生询问其创业愿望，然后在这些大学生群体代表毕业后继续跟进。在高年级的时候，5%的大学生回答说他们计划在完成大学学业后的两年内拥有自己的企业，而足足有36%的调查对象回答说他们期望自己在生命中的某个时点成为企业家。

    尽管在毕业一两年后，我们所研究的大学毕业生中只有2%的人会真正全身心地投入创业中，但大学生对自

我的社会学想象力
作者：理查德·阿鲁姆

    尽管我在纽约郊区长大，但是我有着不同寻常的成长背景，因为我的父亲是一名体育推广人，像穆罕默德·阿里（Muhammad Ali）这样的文化偶像和民权英雄都在我家共度过一些时光。这种早期的个人经历塑造了我将成为什么样的人，也影响了我成年后的选择。在随后的岁月里，我从哈佛大学获得了教师资格，接着在加利福尼亚州奥克兰市一所实行种族隔离的公立高中里教书。在那种制度环境里，为了理解学校作为一种组织的功能失常以及学校对学生生活的影响不断驱动着我去询问有关世界的社会学问题。为了能不只是提出这些问题，我在加利福尼亚州的伯克利大学注册学习，目标是开发社会学工具和技能以更好地理解美国学校的问题。对我而言，发展一种社会学想象力就是去尝试发展一套分析能力，以便积极参与能从实质上改善年轻人出路的公共政策。

---

① 本章的早期版本是和艾比·拉尔森（Abby Larson）、米歇尔·麦卡锡（Michael·McCarthy）和克莉丝汀·贝克斯密斯（Chrisine Baker-Smith）共同合作完成的。

己在生活的某个时点自主就业的估计与我们从全国数据中获得的结果相差不远。到30岁出头的时候，大约20%的男性和女性实现了自主就业；到50岁出头的时候，超过30%的人实现了自主就业。

我们的研究也探索了近些年来自主就业的特征发生了怎样的显著变化。尽管20世纪最发达国家里的自主就业率一直在下降，面对市场日益被大公司控制的局面，许多社会学家相信自主就业会全部消失；但在20世纪后半叶自主就业再次出现并开始成长，这让许多社会学家惊讶不已。当我们进行更为仔细地观察时，还会更加惊讶。传统的自主就业——以小店店主、饭馆老板和手艺人为主的活动——仍然在削弱。但是新形式的自主就业开始出现，并取代了传统的自主就业。特别是，有两种类型的自主就业正在成长：专业化的自由职业者（包括咨询师、艺术家、设计师和作家，这些人珍视独立性和灵活的工作时间）和低收入、边缘化的、非正式的自主就业形式，比如居家儿童看护或者散工。尽管在大多数情况下，男性和女性专业型的和非技能型的自主就业形式都在增加，但有趣的是，你会看到富裕国家传统的自主就业形式在普遍程度上存在多么大的差异，正如你在图8.1中看到的那样。

为什么会出现这种社会现象？自主就业形式的增加与美国经济的大规模重构有关系，在这个过程中，大公司日益把一些工作外包给自主就业的人，不管是职业人士还是技能相对较少的人。在20世纪中期，组织和组织内部个人职业生涯都很稳定是非常普遍的现象，但现

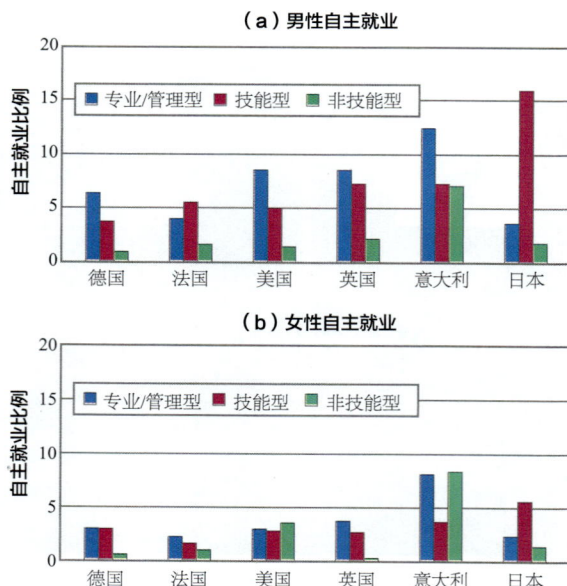

（a）男性自主就业

（b）女性自主就业

资料来源：阿鲁姆和米勒（Arum and Müller 2004）。

图8.1 所选国家的自主就业状况

在这一切正经历着剧烈的变革，变得越来越不稳定了。自主就业增长反映出美国正经历着大规模变迁。在这一章，我们将探索经济生活中的这些变迁是如何发生的以及为什么会发生，介绍有关市场、组织和工作的社会学思想。

8.1 社会因素如何影响市场？

市场的创造力和功能

我们生活的时代有时被称为"市场时代"。市场——买家、卖家以及生产者进行商品和服务交换的场所——是经济生活的基础。社会学家日趋意识到市场处于社会结构的核心，而社会结构提供了现代社会的架构。

无处不在的市场

8.1.1 区分市场资本主义的替代选择并讨论市场在现代社会的普遍性。

在20世纪的大部分时间里，市场的中心地位遭到了一些国家替代经济体制的挑战，出现了一种替代市场资本主义的国家经济组织方式，政府控制着几乎所有形式的经济活动。20世纪苏联、东欧以及其他地方的社会主义经济的驱动力来自中央计划（Central Planning），即政府决定生产何种商品和服务，并决定价格是多少。在一段时期内，中央计划经济看起来运行得相当好；在20世纪60年代和70年代，经济学家和观察家就资本主义和社会主义谁比较优越产生了争论。

今天，中央计划经济是市场资本主义可行替代选择的思想实际上已经消失了。几乎在社会生活的每一个领域市场都如影相随。人们可以按照一定的价格购买到所有生活必需品。一些买家甚至可以付费将自己的身体冷冻起来，直到将来的某个时候（希望如此）自己能得以重生。企业家（Entrepreneurs）——创业或投资企业的人——不断创造新产品，还不断创造出将商品及服务卖给潜在消费者的新方法。

许多研究市场的经济学家指出市场日渐渗透进社会生活领域，该领域曾被认为存在于市场边界之外。今天，甚至在最亲密的个人生活空间也能找到市场的印记。几个世纪以来都是家庭成员照顾自己的孩子。然而近来这一切发生了改变。富裕的家庭常常雇人来照顾自己的孩子、准备一日三餐（在家里或在餐馆）、打扫房间、料理庭院以及提供家庭安保服务。最近，社会学家阿莉·霍赫希尔德（Arlie Hochschild 2012）分析了我们生活外包的更为戏剧化的例子。一些专家帮助人们寻找爱人，"取名大师"（Nameologists）帮父母给孩子取名字，"梦想大师"（Wantologists）则帮助人们弄明白自己想从生活中获得什么。在我们的日常生活中市场无处不在，这件事是板上钉钉的。想想在基本的日常生活中你与市场的相遇。你租公寓住还是有自己的房子？你早餐吃了什么？你听音乐或在线看新闻吗？你看自己的电子邮箱吗？你发短信吗？你穿什么？你怎么去上学或工作？所有这些都涉及市场。

市场的普遍性还可以通过其他一些方式看到。想想政府的职能多么重要，以前只能由政府职员来承担，现在正日渐外包给私人企业。例如，近些年来，美国联邦政府在战争中雇用私人军事承包商加入美国的地面部队，作战任务也外包给了市场。地方政府常常雇用私人公司来处理以前由政府职员解决的问题，借此减少成本。佐治亚州桑蒂斯普林斯市——一座拥有9.4万人口的城市——的市政府把这种做法推到极致，几乎把政府的全部传统职能外包给私人企业，包括地方法庭系统，法官在任期间每小时可获得100美元的报酬。在2012年，这个城市仅仅直接雇用了7个全日制工作人员（Segal 2012）。作为组织社会行为的工具，市场在我们的社会中非常普遍，但我们并没有对此做出更多的思考：它们是我们如何生活的想当然的组成部分。但正是出于这个原因，我们需要用社会学想象力这个工具去认识市场。

界定市场

8.1.2　解释社会学家对市场的界定与经济学家的界定有何不同。

市场是什么？看起来答案也许是直觉性的——指那些"当你看到它就会知道它"这样的一类事情，但如果仔细审视就会发现这是一个有点儿复杂的问题。股票市场是我们都听过很多的一种市场类型。展现华尔街股票交易员为了获利急匆匆买进卖出公司份额时狂热大喊的电影代表了金融市场的一种类型，而且有关股票起起伏伏的每日（甚至每小时）新闻报道意味着这种特别的市场实际上很重要。但还存在许多看起来比较模糊不清的市场。思考一下免费在线约会网站这个例子。那也是个市场吗？那里当然存在"买家"（对广告做出回应的人）和"卖家"（那些张贴个人信息寻求约会的人），但是没有金钱易手。提供换屋旅行（指房主与另一个人进行房子或公寓的"交易"，使双方都有免费的度假屋可以住）的服务又该怎样认识呢？这里还有另一个可以思考的例子。想想在内华达州沙漠每年举办一次的火人（Burning Man）文化节。一旦你买票来到了文化节，就会发现这里存在反对任何货币交换的正式和非正式的规则，所有的商品和服务只能通过物物交换的经济形式进行。市场在这里也发挥作用吗？

这些例子充分说明界定"市场"的含义非常复杂。在传统的经济学理论中，市场意味着商品和服务在买者和卖者之间的交换。在这种定义中，交易能够发生在眨眼之间（当我们递钱过去或点击计算机屏幕时），需要决定了正被交换的商品或服务的价格。买家和卖家都假定自己了解被交易的商品和服务。经济学家把这种看待市场的视角称为理性选择视角（Rational-Choice Perspective），这种视角颇有影响力，因为它依赖于一套有关个体和组织进入市场交换时受到什么力量驱动的假设：每个人就是想要多获益。

可是，标准的经济学家的界定对许多社会力量缺少关注和思考，社会学家认为社会力量对理解市场中的社会互动如何进行也很重要。社会学家还特别提出拓展经典经济学家对市场的界定以涵盖其他驱动力因素：这些交换发生的必要条件是什么？买家和卖家是如何找到彼此的？人们如何得知自己不会被欺骗，或者换种表达方式，是什么使得市场中互不相识的参与方相互信任？最后，市场交换在什么时候会受到拥有不同权力的市场参与方的影响？

社会学视角认为市场不是买家和卖家之间一次性的随机交易，而是人们根据正式和非正式规则进行的重复性互动的一部分。市场要存在，就必须就何种商品将被交易、谁参与交易以及如何交易达成共识。要想实现这一点，重要的社会制度——比如政府和法律——和适当的行为规范都要发挥作用。实际上，没有这些社会力量，市场交换常常是不可能的或者是非常有限的。为了使我们对市场的社会学理解更为具体，我们将集中关注影响市场如何运作的三种关键社会因素：（1）社会网络；（2）权力；（3）文化。

甚至在另类的反文化情境中，社会力量也支持市场交换，比如在内华达州沙漠里举办的每年一度的火人文化节。

社会网络

8.1.3 解释社会网络如何影响市场。

今天，社会网络这个术语被广泛地与技术平台联系在一起，这些技术平台将个体联结起来，并且有助于信息交换，也日渐有利于商品和服务的交换（如脸书、推特和无数的社交媒体网站）。可是，当社会学家讨论社会网络时，他们也对更为宽泛的社会关系群感兴趣：人际纽带，不管是通过家庭/亲属关系还是通过朋友、同事、同学或者朋友的朋友建立的联系。尽管经典经济学理论将市场看成是一个冷酷、客观的过程，但社会学家认为，人际联系是市场交换如何发生的重要组成部分。

在自己最畅销的著作《引爆点》（*The Tipping Point*）中，马尔科姆·格拉德威尔（Malcolm Gladwell 2000）通过保罗·列维尔（Paul Revere）的故事揭示了为什么社会网络很重要。在1775年4月的一个晚上，两位著名人士骑马出发去警告波士顿居民英国军队正在来的路上，美国独立战争（*The Revolutionary War*）就要开始了。威廉·道斯（William Dawes）骑马去南部地区报信，他在那里认识的人非常少，他的英雄行径没产生什么效果。另一边，列维尔赶去北部地区，他在那里很出名。他能让自己的朋友和同事警惕起来，这些人又去提醒其他人，然后在很短的时间内就组织起一支小规模军队来抗击英军。如果道斯能像列维尔那样利用自己的社会网络，那他能成为被铭记的英雄吗？

通过社会网络视角研究市场的人往往会以一种相似的方式认为，经济活动（包括市场活动）常常是以亲属关系和朋友关系以及相互认识的人之间的信任和信誉为基础建立起来的。市场总是需要这些社会联系来建立经济交换所必需的信任度。将这些思想理论化的最突出的工作是由社会学家卡尔·波兰尼[Karl Polanyi（1944）1957]完成的，他认为经济行动嵌入在社会互动之中——经济交换发生在社会化了的生活背景之中。人们总是同他们已经认识的人进行买卖。

思考一下这个例子：研究银行和贷款的社会学家发现，尽管大公司可以向许多银行申请有抵押贷款，但以前有过业务往来的情况常常会影响其选择偏好（Uzzi 1999）。尽管一个人也许会认为一家企业要发现另一家银行的利息率比较低将会马上改换银行申请贷款，但实际上许多企业还是更喜欢留在自己认识的那家银行，并向该银行提出降低利息的请求。和一家银行长久以来发展起来的关系对双方都有利。例如，当就贷款进行协商时，拥有信任历史能为企业提供一定讨价还价的空间，而银行对企业的诚信放贷也会有一定的了解。

社会网络已经被证明它们对市场信息的传播方式特别重要。但社会联系对经济结果有怎样重要的影响呢？我们可以从20世纪70年代马克·格兰诺维特（Mark Granovetter）的一系列著作中找到。他的研究表明一个人找到工作的机会深受自己认识的人影响（Granovetter 1974）。格兰诺维特在20世纪70年代早期研究了波士顿地区的人们是如何找到工作的，他饶有兴趣地发现，对找到新工作最有帮助的不是一个人的强关系（直接认识的人）

而是弱关系——朋友的朋友。虽然后来有关这个观点的具体研究结果各不相同，但格兰诺维特所得出的一般观点——招聘并不只是雇主从最好的候选人当中进行选择的过程，来自朋友和熟人的介绍和推荐也发挥着非常重要的作用——对我们如何理解招聘过程仍然非常重要。

社会网络潜在地对个人职业生涯的发展至关重要，不管在一个公司内部还是在换工作的时候都是如此。公司的经理会提拔职员中"最好的"人，但他如何知道这个人是谁呢？在某种程度上，他们常常把认为是自己朋友的人或者待在一起感觉愉悦的人看作最有资格获得提拔的人。或者更可能的是，他们将雇用或提升被自己信任的人所推荐的人。而且，当你换工作或寻找就业机会时，你在当前工作中认识的人往往会对你起到帮助作用。当人们去新公司或要被聘用时，他们通常会把前同事和认识的人当作潜在的雇用对象。在许多专业和管理岗位上，以"猎头"（Head Hunter）或者猎头公司而知名的有偿中介人则帮助公司从其他公司里甄别和招募高级人才（或者帮助寻找这样岗位的个人找到这些岗位），但是来自社会网络的直接或间接信息常常也同样管用。通过这种方式，猎头公司创造了公司（或个人）靠自身无法找到的网络。

一位著名的社会网络研究学者以个人的社会网络作为例子展示了职业生涯怎样借助社会网络发展起来以及如何绘制自己的社会网络图（Uzzi and Dunlop 2005）。在你的网络中有一些人是"超级联系人"，也就是说，把你介绍给两个或更多的重要人士的人。在表8.1中，乌济揭示出斯蒂夫·奥塔普（Steve Alltop）是自己的一个超级联系人。奥塔普把乌济介绍给了格雷格·邓肯（Greg Duncan）和亨利·毕也能（Henry Bienen），这两个人对乌济的职业发展很重要。因为超级联系人对他人具有重要价值，所以他们常常受到尊敬。这张表还揭示出乌济的社会网络其他的什么信息呢？

认识下自己的社会网络并思考迄今为止谁对你的生活产生了最大的影响（并思考你对这个人有没有过什么帮助）是一个非常有益处的练习。

表8.1　西北大学布莱恩·乌济教授的社会网络图

联系人的名字	谁介绍你加入了这种联系？	你把谁介绍进了这种联系？
马克·格兰诺维特	我	
格雷格·邓肯	斯蒂夫·奥塔普	
黛比·格林菲尔德	我	
亨利·毕也能	斯蒂夫·奥塔普	
约翰·沃尔肯	米奇·彼得森	

资料来源：乌济、邓拉普（Uzzi and Dunlop 2005）。

市场与权力

8.1.4　揭示权力如何影响市场。

从经典经济学的视角看市场，买家和卖家是谁不是至关重要的。买家只是想以自己能负担得起的最低成本买到质量最好的产品，并不关心谁在向他们销售产品；而卖家只是想向他们能找到的任何一个买家销售尽可能多的产品。基于这一点，一些经济学家认为市场是最大的均衡器。诺贝尔奖获得者加里·贝克尔（Gary Becker）通过市场的视角研究人类行为，他曾提出一个著名的观点——因为市场对每个人一视同仁，所以像种族歧视和性别歧视这种类型的歧视最终会消失（Becker 1976）。但是当社会学家研究市场实际上如何运作的时候，发现与理论上市场该

记者迈克尔·刘易斯将电子金融市场看作"被操纵的"市场，这种市场有利于能负担起技术购买费和高技能计算机程序员薪酬的极少数公司。

如何运作的观点不同，人们的偏见往往会影响他们在市场中如何行动。在多年研究的基础上，社会学家彻底认证了这样的事实，即雇主并不是单纯地根据价值来对待所有的求职者，他们还会倾向于考虑求职者的人口统计学特征，比如年龄、性别以及种族。购买同样的产品，白人从黑人手中购买的可能性要比从白人那里购买的可能性要小（Doleac and Stein 2010）。对于一个黑人乘客和一个白人乘客，白人出租车司机拉载前者的可能性要小（Gambetta and Hamill 2005）。总之，很多证据显示市场完全有可能会对一些群体存在歧视。

权力通过许多种方式影响市场。思考一下在同一个市场中运作的公司之间的权力关系的重要性。比如，众所周知，同样的产品大公司常常会获得比小公司更多的交易——沃尔玛将之运用到了极致。通过在供应商那里获得更多的交易，大公司能以低于小公司这样的竞争对手的价格出售同样的产品（Lichtenstein 2009）。另一个例子是这样的：在2008年的金融危机期间，审计行业（Auditing Industry）向其最佳客户提供特别保护。审计公司行使被称为尽职调查（Due Diligence）的职责，即宣称对公司财务进行客观评估的调查，而这些审计报告用于向潜在投资者提供公司健康状况的信息。近些年来，许多会计丑闻见诸报端，许多都与金融行业有关。在受到这次金融危机的重创之后，能清晰地看到大规模、有权力的公司常常能操纵来自宣称自己是独立审计公司的报告，甚至在投资陷入困境时还能获得有利于自己的报告。为什么审计师会这么做？因为事关数百万美元的费用，所以大型投资银行获得与小公司非常不同的特殊对待也就不奇怪了。

这里还有另外一个权力在金融市场中如何运作的例子：金融市场——尤其是电子金融市场——经常会被描述成完美的市场，因为这种市场是匿名化的。在完美的市场里，供需双方都不会受到交易者个体特征的影响（比如财富、种族、性别），而且权力也无法影响市场的运作。同许多其他人一样，记者迈克尔·刘易斯（Michael Lewis）就对这种观点提出了质疑。他认为股票市场是"被操纵的"（Rigged），指出高频交易经纪人（High-Frequency Traders，HFTs）在今天金融市场里处于强势的位置。在毫秒（千分之一秒）之间，光缆将超高速计算机与股票经纪人联结起来，这些股票经纪人能够从那些不占有同样技术的市场参与者那里拦截和购买指令。股票经纪人把股票以较高的价格和落袋利润（Pocket Margin）又卖回给其他参与者。只有金融市场中的极少数组织才能使用这种交易策略，也就是说那些能负担起购买技术费用以及支付高技能计算机程序员工资的组织才能做到。因此，在刘易斯看来，是金融市场基于参与者拥有的资源将其区别开来（Lewis 2014）。

文化

8.1.5 解释文化知识如何影响市场。

市场还有其他一些通常不为参与者所熟知的重要层面。特别是，管理人们在市场中如何行为的正式规则是市场如何运作的关键。如果没有就市场互动应该如何进行达成共识，就很难使交易成功。在研究市场如何运作的过程中，社会学家发现仔细审视市场参与者必须知道（或学习）的潜藏规则非常重要。

当我们思考市场规则和规范时，很容易就会想到政府制定的正式规则和法律。例如，一个普遍的规则是禁止内幕交易。换句话说，如果一个公司的成员了解公司的策略，或者知道如公司不久将被出售的消息，从法律上就不允许他们利用只有少数人知道的"内幕消息"进行公司股

绝大部分时间里，我们是从知道的商店或公司里买东西，明码标价，能很容易地与其他相似的产品或商店进行比较。但是当我们在跳蚤市场、农夫市场和旧货市场买东西时会是怎样的情形呢？在土耳其的大巴扎市场（Grand Bazaar market），当我们作为买家和卖家就我们想要的东西进行讨价还价时，许多复杂的仪式通常会出现在互动之中。

票交易。这项规则是为了在不知道这种内幕消息的市场参与者之间创造一种公平竞争的环境。政府制定了许多游戏的规则，这些规则对于创造和维持市场很重要。

但政府管理市场的大部分规则都不是正式的，甚至也不明确；相反，很多规则是非正式的，但市场参与者将之看作理所当然的。这些非正式的规则和市场的正式规则都是市场的一部分，市场参与者需要了解这两类规则。比如，我们都熟悉约会市场，这里有一些不成文的规则必须要掌握。这些规则包括，如何以及何时表达出对他人的兴趣和展现出适度的热情。知道如何能在市场情境中与他人讨价还价进而达成最有利的交易（让我们假设你与雇主协商薪水）是一种重要的、通常隐而不显却又至关重要的文化知识。在你的职业生涯中，如果你掌握了谈判的艺术，就会比没掌握这种谈判艺术的人获得更多的收入。

8.2　为什么组织对社会生活和经济生活是重要的？

现代世界中的组织

当我们说自己生活在市场时代的时候，我们还需要增加一个重要的附带说明：这些市场通常都不仅仅由一些向他人销售商品的个人组成。相反，当代市场自身包含着各种各样的组织，这些组织或大或小，塑造着大部分市场的边界。我们几乎在做所有事的时候都会碰到某个组织，这一系列组织几乎无时无刻不在影响着我们的日常生活——医院、日托中心、学校、教堂、企业和政府。几乎每一个市场都有一系列重要的组织以竞争或非竞争的形式在其内部运作着。要更深入地理解现代经济和市场如何运转——社会力量最终会如何影响整体的经济——社会学家认为分析组织如何运作相当重要。组织在你的日常生活中扮演着怎样的角色？

组织究竟是什么？可以将之界定为参与具有明确目的或目标的特定活动、拥有某种在任何时候都独立于其内部个体的持久联系形式的群体。换言之，组织不只是做着同样事情的个体的集合；一起去钓鱼的一群朋友并不是组织，但是一个养鱼并向超市卖鱼的公司就是组织。

根据这个被认可的宽泛定义，我们会毫不奇怪地发现存在许多不同类型的组织。组织的规模可以很庞大（比如美国军队、沃尔玛公司），也可以小至三四个人（只要这几个人已建立起即使一个或多个成员被取代还能让事情正常运作的程序就可以）。尽管组织化程度和组织规模存在如此巨大的差异，社会学研究发现组织通常都具备一些共性。在本章的这个部分我们将讨论组织业已被确定的几个普遍特征。

组织的存续性

8.2.1 解释组织如何随时间形成、改变和存在。

有关组织的一个普遍的发现是，一旦组织建立起来它往往就会持续存在下去，这也是理解组织如何运作的重要线索，甚至在其存在受到重要挑战时也是如此。一个著名的组织是募集零钱基金会（March of Dimes），1938年由富兰克林·罗斯福和其他人一起成立的对抗小儿麻痹症的慈善组织。小儿麻痹症是种会让人跛足的医学病情（罗斯福自己就是小儿麻痹症的受害者）。该组织始于一个简单的请求：为帮助对抗小儿麻痹症捐一角钱。在1955年，一种新疫苗（以沙克疫苗知名，即脊髓灰质炎灭活疫苗）被批准使用，经过证实此疫苗取得很大的成功以至于它基本消除了小儿麻痹症。这个组织实现了自己的目标。那么募集零钱基金会倒闭了吗？没有。经过长期的内部讨论，1958年该组织的领导者决定通过从公众那里募集资金寻求抗击新的病情，最终将组织的使命转变为抗击新生儿缺陷及其他儿童疾病。自那时起该组织拓展成一个健康研究组织（Rose 2003）。

为什么像募集零钱基金会这样的一个组织会在其最初使命已经完成时持续存在呢？一个理由是和组织有关的人对组织的存续问题特别感兴趣。例如，为组织工作的人希望组织存续下来以保留自己的工作。一个组织也会拥有认可度高的名称和声誉。品牌通常是有价值的，不会完全退出历史舞台，一个组织会通过被另一个组织吸纳（或购买）的形式存在下去。

最重要的是，组织（尤其是当其成长时）往往会发展成科层制组织。在科层制组织里有成文的规则，而且组织成员的角色也被清晰界定下来。一旦科层制形式出现了，一个组织就走上了长期存在的路上。在一个科层制化的组织里，个人可以加入和离开组织，但组织自身会存在下去，因为组织已经建立起不依赖于特定个人也能维系下去的规则和程序。在这些情况下，组织已成为超越组织内所有个体总和的存在。

苹果公司提供了科层制如何随组织成长而发展的极佳例子。尽管苹果公司的故事往往被报道为有关CEO史蒂夫·乔布斯（Steve Jobs）（将时尚与技术、设计以及探索新产品的意愿整合在一起的梦想家）无与伦比的商业头脑的故事，但是苹果公司的经历是从一个由几个人创立的小规模组织随时间（在这个例子中成功地）演化成大规模组织的故事，这是一个相当典型的组织故事。苹果公司是1977年由两个年轻的计算机爱好者乔布斯和斯蒂夫·沃兹尼克（Steve Wozniak）在帕罗奥图市的一个车库里成立的，苹果公司成功生产了第一代商业个人台式电脑（苹果II），并在1984年发布了后来成为公司主要产品之一的麦金托什（Macintosh）电脑。但这不是一个接二连三获得成功的故事。苹果公司一路走来做了许多错误的转型（包括一度解雇了公司创始人乔布斯，引进失败的产品，认为个人电脑市场份额会下降）。在20世纪90年代晚期和21世纪引入如iPod、iPhone和iPad等突破性产品之前，苹果公司能在20世纪80年代和90年代商业的起起伏伏中幸存下来很大程度上取决于组织结构的创新，这使得组织有了缓冲商业起伏的资源和稳定性。如果乔布斯没有重回苹果公司，也许该公司会继续是一个规模较小的公司，甚至倒闭。但不管是哪种情况，苹果公司演化到今天都会成为与乔布斯和沃兹尼克创立之初极为不同的组织类型。

有关一种疾病的教育能驱使慈善组织给自身赋予新的使命。

科层制的弊端

8.2.2　分析科层制过程和规则的优点和弊端。

尽管组织的科层制化过程能使组织具备一定的优势和稳定性，但这也会为如何决策带来复杂的新问题。我们对这些问题都有许多简略的表达方式：正如我们所知道的那样，科层制以"官僚习气"（Red Tape）、"低效率"、机构"臃肿"和成效低而出名。称呼某人"官僚主义者"常常是一种侮辱。让我们更深入一点儿探讨这些议题。

要确保稳定性和可控性，组织会对规则和规范产生强烈的依赖。社会学家马克斯·韦伯观察了20世纪早期德国公务员部门，对科层制组织做了最有影响力的描述和分析[Weber（1922）1978]。韦伯认为，任何组织向科层制形式的变迁都是组织对现代大规模市场和大政府复杂性的必要适应。信奉科层制的组织试图找到更为有效率的分配资源和做决策的方法。在韦伯看来，科层制的特征是正式程序和规则的存在，这一特征被认为能够确保一致性（每次都以同样的方式阐释同样的问题或任务）和责任制（科层制中的个人对其上级负责）。

韦伯认为科层制是现代世界的必然性特征。然而韦伯看到了科层制的许多消极方面。尽管把效率作为根本目的，但组织的科层制形式也促生了让人窒息的繁文缛节和了无生趣的工作，科层制组织中的个体也很难具有创造性和灵活性，而且组织的科层制化也使得整个组织难以应对自身运作所处的环境发生的变化。

韦伯的科层制理论强调三个核心特征。首先，科层制建立了等级化的权威职位——你在科层制中的位置上升得越高，你所处的职位就具有越高的权威。科层制是等级化的组织，存在一条命令链，每个在科层制组织中的人都要对自己职位之上的人负责（甚至一个组织的主席或CEO通常也要对外在的某种委员会负责）。其次，成文的规则界定了科层制组织中每个职位的责任和范围。每个职员都要扮演好职位所要求的那些角色（仅仅需要扮演好这些角色）。第三，尽管组织也可能会有志愿者，但只有当组织的决策者是全职、拿薪水的人时，将这些组织看作科层制组织才是合适的。

韦伯的经典理论抓住了在19世纪末、20世纪初迅猛扩张的科层制组织的核心特征。但韦伯也遗漏了一些东西。特别是，他关注科层制组织正式层面，但并没有分析科层制非正式层面实际是如何运作的。后来的批评家和研究者对营利性和非营利性的许多组织进行了研究，指出科层制组织的正式规则会经常与实际发生偏离。规则常常会被打破或无视，而且常常只能以模糊不清的方式规定一个人在实际工作中应该做什么。老板也只是在一些时候才能有效地监管自己的下属。科层制化的官员也是以韦伯模型中没有预期到的方式自我中心化的（Self-Interested）。例如，官僚主义者常常寻求增加本部门可用资源的总量，不管这是不是组织资源最明智的使用方式。他们还控制更多的财政预算，即使这些钱花在组织的其他地方会更好。

在真实的世界里，科层制常常是个一团乱麻般的地方，组织的规则和规范难以得到界定和完善。组织决策很少会遵循一条清晰的路径。松散耦合（Loose Coupling）是许多科层制组织管理者使用的一种方法，用以将他们自己和所属部门从非理性的规则和规范中解脱出来，或者以一种更有意义和创造性的方式来执行那些规则。用社会学术语来说，松散耦合将决策去中心化，使得多样化的方式能出现在同样的科层制组织里。松散耦合在许多不同的组织环境中都明显存在。它既有积极效用也有消极效用。松散耦合的价值在于向组织提供应对挑战来临时所需要的灵活性。例如，几年前纽约市教育局命令学校对在校园使用手机的学生采取零容忍政策。这个地区性政策要求将所有学生的手机没收和保管起来，直到家长得到通知来到学校将被定义为违禁品的手机拿走。然而，许多学校的管理人员和教师认为这项政策的初衷是值得赞扬的，但实践这项政策将会是一个大笑话。在许多学校，许多学生的父母完全支持自己的孩子拥有手机，学生用手机与父母保持联系。搜遍学生全身没收手机以及招来一群盛怒的父母都不会是有效的做法。

松散耦合也有消极作用。例如，我们不能允许校长和学校松散到无视联邦政府所要求的标准化考试以及违反不能将联邦资金置于险境的规定。更普遍的是，组织内过多的松散耦合意味着整体目标永远无法得到正确实施，或者意味着个体单位容易陷入彼此冲突和竞争的境地。但是大型科层制组织需要一定程度的松散耦合来避免科层制的低效率，或者避免在某些情况下并不适用的片面规则所带来的最坏结果。事情的关键是要找到正确的平衡，做到这一点并不容易，而且这种平衡在很短的时间里就会发生变化。

8.3　组织与其外在的环境之间是什么关系？

组织与其环境

正如我们在全书所讨论的那样，社会学想象力促使我们观察个体和群体——现在是组织——互动所处的情境。像个体和群体一样，组织在一个较大的环境中运作，是一个由其他相互竞争的公司、政府政策、法律规定、有时还有工会所组成的环境。在日益全球化的世界，组织也要面对压力（但也可能是机遇），这些压力可能来自公司总部。就像个体会受到环境的影响一样，组织也是如此。

要更好地理解这一点，用生态比喻作为开始是颇有益处的。每个动物、每种植物或者其他生物有机体都生活在特定的自然环境中。进化理论告诉我们，环境不仅会影响任何有机体的生死，还会影响有机体代际变化的方式。像有机体一样，组织依赖于环境以获得生存所必需的资源。在自然界，动物要依赖于环境来获得食物和水，而一个组织要依赖于环境以获得经济、社会和政治资源。生态比喻对理解组织如何运作是有帮助的。在本章的这个部分，我们要考虑一些有关组织及其环境的经典思想，而这些思想是从这个比喻中发展起来的。

组织结构

8.3.1　讨论组织结构和生态区位如何对组织的成败产生影响。

理解组织结构的生态学方法提出了这些问题：成功的组织要不断地适应其运作所处的环境吗？或者组织能存续下来是因为它们从一开始就与环境相当契合吗？不论哪种情况，组织要继续存在和发展就必须要具备与环境相适应的特征。大规模的组织有时候的确会倒闭、萎缩或者发生剧烈变迁。通常，能生存下来并随时间不断推进的组织会产生出与环境契合得很好的内部文化，这使得组织能够随着外部环境的演变而变化（Hannan and Freeman 1989）。但是许多组织发展出来的是抵制变迁的文化，这也许是因为组织的科层制规则太僵化了。强烈抵制变迁被称为结构惰性（Structural Inertia），如果组织的环境发生剧烈变迁，结构惰性将是致命的，缺少适应性会使组织走向解体。

要了解为什么会出现结构惰性并不困难。在自身历史早期获得成功的组织几乎没有什么需要改变的理由。正如俗话所说，"为什么要修理本没坏的东西？"但结构惰性也许会在某个时刻阻碍组织的生存。尽管结构惰性是必要的，但它一旦产生就难以改变。想想泰坦尼克号（Titanic）吧，一艘豪华游轮，1912年4月在大西洋上发生海难沉没了。这艘船被建造出来的时候，巨大的体积使它显得宏大无比，但这也促生了惰性，因此使得泰坦尼克号不可避免地撞上冰山。随着组织的成功，组织也可能变得像泰坦尼克号一样——正是那些使组织成功的东西实际上最终导致了组织的失败。早期成功、现如今破产倒闭的公司在商业组织的历史中处处可见，因为尽管这些公司在早期获得了成功，却不能适应接踵而至的挑战。

面对竞争，组织如何才能生存下来？尽管所处的情形都是独特的，但组织参与竞争的最普遍方式是成功区分和满足生态区位（Niche）（市场或社会过程的一个特定部分）的需求，组织的服务和商品就是为了满足这一生态区位的需求。一个生态区位可能是向愿意花极高价格购买"最好的"产品或服务的人提供高端产品和服务，或者是向规模大些的群体提供廉价商品和服务，也可能是提供目前没有人提供的产品和服务。尽管将会存在来自类似组织的竞争，但是能有效区分并服务于某一独特生态区位的组织通常都会表现良好，至少只要该生态区位存在组织就会存续发展。

在追求利润的组织里，我们会很容易想象到存在争取控制某个生态区位的竞争，而且如果我们去观察非营利性组织也会看到类似的情形。让我们以高等教育为例来分析一下。所有高等教育的组织（比如纽约大学、加利福尼亚大学伯克利分校、迈阿密戴德社区学院或者是以营利为目的的凤凰城大学）都试图为自己创造一个对某种类型的学生有吸引力的生态区位。通过区分出本机构能服务的特定学生市场，学校就限制住了在环境中生存下来自己所要面对的大量竞争。例如，去看看州立大学和精英私立大学之间的差异吧。尽管州立大学同其他形式的州立大学之间存在制度性竞争，但作为州政府提供资助的公立机构的身份被赋予一种使命（教育州未来的领导者）和拥有"州立"大学的特殊生态区位。州立大学不需要同私立大学竞争生源；对私立大学感兴趣或能负担起学费的学生同那些在申请大学时只在州立大学中进行选择的学生之间是可能存在某种不同的。比如，一个规模比较大的州立大学设立的专业要比私立大学多，或者会设有小规模私立大学不大可能开设的特别专业（如兽医）。

组织相似性

8.3.2 解释组织的同构性并区分三种组织类型之间的差异：强制性同构、规范性同构和模仿性同构。

尽管组织之间相互竞争，但大家公认的有关组织的社会学发现之一是，随着时间的推移，相同领域内的成功组织彼此之间会越来越趋同。尽管现代世界的组织类型丰富多样，但是组织存在许多普遍的特征，使得这些组织容易被人们区分和了解。例如，让我们思考一下高中。公立高中和私立高中之间、富裕的郊区高中和贫困的城市高中之间、移民学生比例很高的高中与移民学生比例很低的高中之间存在明显的差别。尽管存在这些差别，但几乎所有这些高中都是以一种类似的方式组织起来的。这些高中都有管理学校的校长，开设同样的核心课程，拥有差不多相同类型的运动队以及体育教育系统，并将一天进行时段划分，在不同的时段学生游走于教室之间并跟随不同的老师学习，等等。实验学校在这些方面会有变化，但很少会出现很大偏差。为什么组织（比如高中）的运作方式会存在这么多的相似性呢？

让我们从一个具体的例子开始分析。1990年发布的《美国残疾人法案》（ADA）是立法的一个标志性事件，该法案宣称所有身心有残障的公民应该同没有残障的公民一样都能进入特定的物理空间，如楼房和浴室。《美国残疾人法案》包括一套有关物理建筑物中无障碍设施的规定。这些规定和规范要求每一个商业建筑和公共服务建筑中存在某些设施要让所有人都能方便进入，包括那些移动有困难的人。因而组织需要调整物理结构来遵循这些规定。为建筑增加额外的用于轮椅行动的坡道、电梯和无障碍浴室等设施非常昂贵和耗时，虽然不遵循法规被逮住的可能性很低，但是研究者发现绝大多数大规模组织都会认真努力地去执行该规定。为什么？

组织遵守增加无障碍设施要求的理由有几个，都与组织同构这个社会学概念有关。同构（Isomorphism）是指相同领域内的组织随时间彼此趋于相似的过程（DiMaggio and Powell 1983）。同构是一个复杂的术语和概念——发音也同样复杂（读音类似Eye-so-more-fizzum）——但这是一个重要又有价值的概念，要努力理解和掌握。在大量的组织和工业研究中，人们不断发现同构现象。那么，为什么相同领域、市场和工业中的组织会随时间变得更加相似呢？发生这种现象最直接的原因是，企业迫于压力去遵循一定的法律规范或要求（比如《美国残疾人法案》要求所有建筑物必须提供无障碍通道）。当这些规范和要求被运用到某领域中所有组织身上时，强制性同构（Coercive Isomorphism）就出现了。在这种情况下，这些组织被驱使采取同样的行动来避免被顾客起诉或被政府机构罚款的后果。

但强制并不是同构现象发生的唯一方式。组织采取相似行为和政策还有另外两个理由。设想一个组织为了回应《美国残疾人法案》的要求必须在完善建筑物设施方面进行大量投资。尽管这样做可能耗资巨大，但不遵循规定对组织合法性造成的损害可能更大。设想一下下面的情形就知道了：坐在轮椅里的抗议者在组织总部前面抗议示威，因为该组织拒绝为残障人士提供无障碍通道。这对组织的声誉而言显然不是一件好事。

相反，如果一个组织能快速采取行动推进平等通行权，那么这个组织就能把自己宣传成非常公平、有人情味和负责任的形象（并且这甚至可能会暗示自己的竞争对手就不是这样的组织）。近些年来，许多公司志愿采用"绿色"实践，并宣称自己是积极环保的组织。组织里的雇员常常对组织应如何行为有这样的期待——这是从学校或职业协会中学到的。为了回应对组织的这种期待（积极的或消极的），规范性同构（Normative Isomorphism）就应时而生了，即组织合法性面临压力时组织所做出的反应。规范性这个词是指组织服务对象（比如，雇员和顾客或客户）的普遍需要和期待。如果不能满足服务对象的这些期待和需要，组织就无法处理好自己所处的规范性环境问题，因而就可能失去在这个环境中的合法性。

现在让我们假定组织感受到了法律的压力和期待残疾人士能自由进入建筑物（或避免看起来让人觉得无动于衷）的压力。那又怎么样呢？组织如何能知道某种对建筑物的修缮是适当的呢？面对这种不确定性，组织也许会看看其他组织是怎

要求提供残疾人服务设施的压力表现为很多种形式。

做的，然后自己也这么做。通过这种方式，公司就产生了模仿性同构（Mimetic Isomorphism），这是指几乎照搬或模仿其他组织的实践。通过让自己与其他组织相类似，组织就不会招致让其合法性陷入质疑的负面关注。在组织内部，注意竞争对手如何行动的实践——研究一家企业中的"最佳实践"——是模仿性同构的一个例子。

8.4 组织内部的工作是如何被结构化的？

现代社会的劳动分工

市场和组织最重要的一项职能是为个体提供工作和经济机会。大多数不到退休年龄的人要么从雇主那里挣得工资，要么通过自主就业获得收入。在1970年，西欧和美国的人均工作时数是相似的。可在今天，美国全职工作者每年平均要比其他国家工作者的平均工作时数多大约150个小时，大概多一个月的工作时间（详见表8.2）。如果一个普通的美国工作者一晚睡八个小时，一年有两周假期，那么他（她）用于工作的时间只占其醒着时间的30%。

考虑到每个成年人平均的工作时间，认识到工作对我们的自我认识有多么重要就不奇怪了。整个社会的总体（或者说整体）工作分配明显影响着经济制度和社会类型的确定。所有的社会都存在劳动分工，即一些人做这些事，另一些人做另外一些事。想象一下你被丢在一个陌生地方并要求你弄明白你正观察什么样的社会类型这样的情形。也许你会想知道两件事情：这里的人们都做什么工作？这个社会的劳动分工是怎样的？古今的狩猎采集社会或农业社会都是根据大多数社会成员所从事的那些活动来界定的。这些

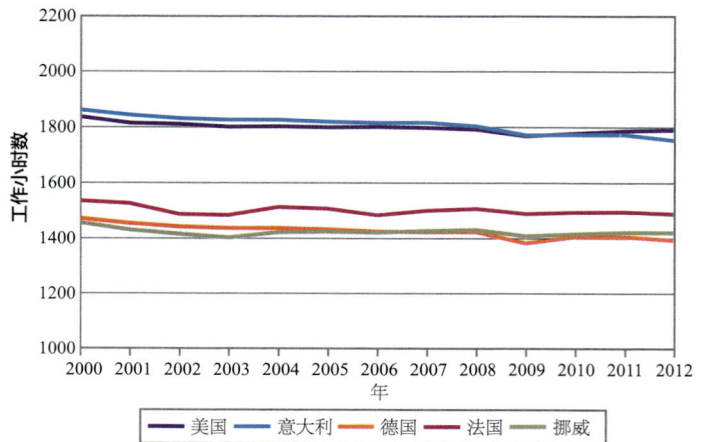

资料来源："每个工人实际平均年工作小时数"，经济合作与发展组织统计数据摘录（2014）

图8.2 历年平均工作小时数

社会的劳动分工相对简单。相反，像美国这样的当代发达社会是根据复杂的劳动分工来界定的，在这样的社会里，成百上千种不同的工作分布在一系列让人眼花缭乱的组织环境中。

劳动分工日益专业化

8.4.1 解释工作场所和人们所从事工作的类型如何随时间而改变。

在现代的工作场所工作是如何组织化的？它随着时间又发生了怎样的变化？组织内部和组织之间以及在组织内部埋头苦干的工作者之间的任务专业化，为理解当代和早期社会的工作提供了一个有用的思考起点。

19世纪中叶以来，人们能做的工作类型出现了爆炸式增加。工业革命——大众市场的商品和服务的大规模生产兴起——改变了工作的本质，因为它促使了日趋集中的、经济活动发生地——工厂的出现。最初的工厂使用相对简单的技术，许多工作需要熟练工匠来完成，这些工匠差不多靠自己来生产。随着技术的提高以及更为复杂的管理和监管形式的出现，工作被划分成不同的专业领域。在19世纪晚期和20世纪早期的美国和欧洲，工厂越来越被流水线生产所占据，流水线上的工作者从事一种或少量的几种工作。

伴随着工厂内部日益专业化，新旧专业化工作和管理工作（这些工作需要接受系统的训练，而且个体可能在整个职业生涯都做这种工作）快速发展起来。工业革命创造的财富不断增加，也能支撑起向制造业提供服务和支持的大量新生工作。大学和学院曾经主要服务于有钱人或宗教，但在19世纪晚期经历了一个快速扩张的时期，并开始转型帮助人们为那些开放的新职业和新管理工作做好准备。而且特有的职业迅速扩张开来，包括企业主管和经理（这些人是企业的员工而不是所有者）、律师、会计师、教授和教师等。

职业专业化的持续发展一直延续到现在。美国人口调查局有一个详尽的职业分类系统，区分出1.2万种不同的职业名称。浏览这个职业名称清单，我们发现了一些非常精细的区分，这些区分在门外汉看来没多少意义，但对在这些领域工作的人来说则完全是可以理解的。例如，调查区别了"磨料分类员"（Abrasive Grader）（这不是指给学生打低分的教授，而是操作"砾磨机来进行磨料研磨、上色并根据精细度将其分离开来"的人）。调查局还区分出来一种被称为"研磨机操作员"的工作（Abrasive Grinder）（是指"管理用来研磨特定半径研磨料机器的人"）。像这样的例子很容易让人们得出现代经济看起来存在无限多样的工作的结论。要理解人们所从事的专业化工作，你可以查阅美国人口调查局网站（www.census.gov）上的职业指标体系。

劳动过程

8.4.2 讨论组织如何发展和管理劳动过程及工作者。

大量的工作看起来似乎只有专家才能做。但大多数职业是在组织内部被成员承担起来的，而且管理者和经理以各种各样的方式监管和控制着个体工作者。劳动过程（Labor Process）是社会学家发展出来用来描述职业如何被上层管理者结构化和控制的术语。劳动过程研究试图通过分析工作者实际上如何从事自己的工作、经理和管理者如何试图控制和指导工作者以及这两个层面的关系来认识工作场所。它代表了另一种经济社会学进入传统经济学关注相对较少的领域来解密工作过程的方式。对传统经济学家而言，让工作者进行团队合作或者防止他们工作时不务正业并不是一个核心关注点，而是组织每时每刻都要面对的问题。

对劳动过程的早期研究试图解释为什么一些工作场所的生产效率会比另一些工作场所的生产效率更高。在20世纪20年代到30年代期间进行的有名的霍桑实验中，哈佛大学社会学家埃尔顿·梅奥（Elton Mayo）和他的同事对不同的工作者团队进行了多种多样的实验。该研究旨在揭示在相同的时间内哪些因素会减少工作者的产

正如研究者从霍桑实验中了解到的那样，尽管会遇到抵制，但对工作进行监督提升了生产力。该实验是在20世纪20年代到30年代期间进行的。

能。除了其他因素，研究者发现工作者之间的竞争对提升生产力特别重要。而且，仅仅是系统观察参与研究的工作者也会带来生产力的提高。

然而，自20世纪60年代以来，如何更快提高工作效率的问题就趋向落在工程师和企业管理者的身上。工作与劳动过程社会学转而关注有关组织劳动过程非常不同的问题。一个重要转折的标志是，哈里·布雷弗曼（Harry Braverman 1974）的著作《劳动与垄断资本》（Labor and Monopoly Capital）面世。这项广受讨论的研究认为，为了利润最大化，资本主义公司和管理者会不断被驱动着去减少雇员对其所做工作的控制力。布雷弗曼指出科学管理的兴起对现代管理策略至关重要。科学管理是在19世纪晚期和20世纪早期兴起的一项运动。该运动深受一位早期工业工程师弗雷德里克·W. 泰勒（Frederic W. Taylor）著作的影响。科学管理是以这样一种思想为前提，即管理者需要弄清楚如何理解和控制自己下属所做的工作。不是工作者决定工作应该如何去做或者以何种不同的方式去做，而是管理者应该控制这些决策，并使工作者把精力集中在如何精确地工作上。科学管理的原则是建立完善的流水线生产系统，即每个工作者要完成的任务都像脚本一样完全规定好了。福特汽车公司的创立者亨利·福特（Henry Ford）是20世纪早期彻底推行这种设计的人士之一，而且他的流水线被世界各地广泛复制。

布雷弗曼描述了一个工作场所里的工人正面临一个稳定的去技能化过程，即工作越来越简单，工作者之间的互换度更高了。通过这种方式，管理层试图阻止或预防工作者在工作中占据上风，因为是工作者而不是管理者知道"如何把工作完成"。

以做鞋的工匠为例。布雷弗曼指出，在资本主义发展之前，鞋通常是作为一个整体由被称为皮匠（就是鞋匠）的人制作出来。一个人从开始到结束都要参与制鞋的过程。为了能以一种有效率的方式大规模生产鞋子，鞋业公司及其管理者需要研究并把制鞋过程的每一步分解，然后把每一步工作分配给工厂流水线上的不同个体。这些现代工厂里的工人也许不知道整体上如何制造鞋子（包括不知道如何制造原材料，也不知道如何组合整个鞋子）。个体的工作任务高度常规化了，而且相当容易学习。这种工厂里的工作者很容易被取代，因而在抗衡管理层的要求方面处于下风。

布雷弗曼有关现代工作场所里去技能化的程度和深度的观点引起了广泛争议。一些社会学家认为工业化的模式更为复杂。尽管一些工作明显是在去技能化，但也有一些取代了旧工作类型的新型工作需要更多的技能。而且，在许多情况下现代技术增

流水线上的工人（比如像图中鞋厂里的工人）是很容易被取代的，因为他们的任务是常规化的工作，而且容易学习。

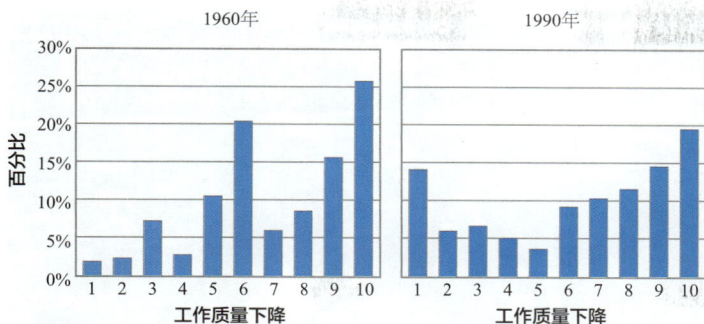

图8.3 1960年和1990年高质量和低质量工作的增长情况

注：基于相对质量分析，工作被分组成10个类型；1＝最低；10＝最高。

资料来源：赖特、奥林、德怀尔（Wright, Olin and Dyer 2000）。

加了某些特定工作所需要的技能（比如，操作机器人需要计算机知识）。实际上，如果我们观察一下随时间不断增加的全部工作类型，看起来很明显的一个长期变迁趋势是：需要更多技能和更多教育的工作类型在不断增加，而不是变得越来越少——这也是近些年来大学毕业生和那些没有大学学历的人之间的工资差别一直在增加的一个原因（Goldin and Katz 2010）。两位对这个命题进行验证的社会学家得出了完全一致的结论。两位社会学家将所有职位分成十大类别，按照所需技能最少到所需技能最多的顺序排列，然后了解哪些类别的工作比例发生了增长。他们发现，在20世纪60年代，增长最快的工作类别是需要技能最多的工作（8～10），增长最慢的类别是需要技能最少的工作（Wright and Dwyer 2003）。

观察一下图8.3中几十年来工作质量下降之间存在的差异。20世纪60年代是美国实体经济增长的时代，一个重要的特征是需要更多技能的工作比例大幅度增长。20世纪90年代是另一个实体经济增长（甚至是高速增长）的时代，情况又怎么样呢？在这个时代，作者发现了更为混杂的增长模式，增长最快的工作是那些处于顶层的工作（10），但增长第二快的工作是在十大类别中处于最底层的工作（1），排在它后面的是需要中等或较高技能的工作类别（6～9）。然而，总的说来，很少有证据显示工作者正被推入所需技能最少（或者去技能化程度最高的）的工作中去。

其他研究既研究了特定工作又研究了工作场所，对工作者的技能与管理层尽可能将工作者去技能化的努力之间的关系做了更清楚的分析（Vallas，Finlay，and Wharton 2009）。例如，工作者在工作中发展出来的许多技能不太容易测量，但却非常重要。一个能事先预期老板需要的助理，一个在某种原料短缺时知道如何将菜肴中的一种原料替换成另一种又不会毁掉菜肴风味的餐馆厨师，一个能解决自己没有预见到的新问题的汽车技师，或者一个在学生不理解某些要点时就会感知到的老师——所有这些人都拥有解决问题所需要的重要技能，甚至科学管理最精妙的计划也无法预期和控制这些问题。尽管许多工作不要求或不会去激励一个工作者成为一个真正的匠人，但这并不意味着能应用于日常劳动的技能和知识不重要。

工作组织和劳动过程的不断变化在21世纪的新型工作场所就能反映出来。正如我们早先讨论组织时提到的那样，工作者从事单一任务（或一组任务）的大型流水线工厂正日益被鼓励工作者合作、工作互换性和互赖性更强的工作场所取代。这种变化仍在持续，这是自福特时代的现代流水线诞生以来工作性质发生的最重要变化之一。

更多的关注已经从那些从事职业化工作的人——尤其是从事计算机、商业、法律、医疗和行政管理的人——转向设计强调合作和互动的"替代性"工作场所。最前沿的此种工作场所是由许多高科技公司创建的产业园（work campuses）。

8.5　我们如何测量工作满意度？

坏工作、好工作、没工作：美国的工作

让人满意的工作是怎样的问题看似简单，但我们就如何区分"坏"工作、"好"工作和"很棒的"工作却没有达成明确的共识。当然，一个相当普遍的衡量标准是薪资的高低（至少对大多数人来说，工作收入越高，工作就越好）。然而，除此之外就没有多少一致的观点了。思考一下这两个问题：如果薪水不是一个问题，你喜欢做行政管理、开卡车、处理保险索赔、安装电缆还是网络服务呢？你愿意一辈子都做一名公司经理、律师或者牙医吗？很显然，一个人眼中的好工作在另一个人看来并没有那么棒。即便如此，工作还是存在一些特征使得它对从事该职业的人或多或少有些吸引力。而且我们能确定一件事：几乎在所有的情况下，有工作远胜于没工作。在这个部分我们将思考这些问题中的一部分问题，并将美国同其他相似国家的工作条件进行比较。

工作满意度

8.5.1　揭示影响大部分工作场所工作满意度的关键因素。

尽管任何工作都可能是重复性的、困难的和有压力的，或者在某些情况下存在危及身心的危险，但几乎所有组织环境中的工作都有积极的一面。工作是一个你可能会遇到新朋友、学得新技能、更了解自己、知道自己擅长（或者不擅长）什么，或者发展有助于你在未来某个时刻高升所需要的人际关系的场所。有时工作并不让人满意，但认为闲暇时间总是好玩和有趣的想法也可能有些夸张。对许多人而言，闲暇时间太多也很无聊。失业的人反映说，没工作不仅仅让自己缺少了一张支票，还使自己丧失了工作所提供的日常结构和纪律性。

那么一份让人满意的"好"工作是由什么决定的呢？研究这个问题的社会学家发现，除了薪水，还有几个因素也很重要：自主权（这份工作允许我对自己的活动进行多少控制？或者我总是被安排去做什么吗？）；地位（人们会因为我从事的工作而羡慕或尊敬我吗？或者别人会因为我的工作看轻我吗？）；信任（雇主有多相信我？）；该项工作所需要的技能水平和学历的重要性（我的技能会在工作中得到应用并不断提高吗？还是我的工作不能让我人尽所能？）；最后是工作的稳定性（我在这里保有工作的可能性有多大？）。

一项工作的自主权和自由裁量权（或者信任度）的水平是工作之间产生差别的重要因素。雇员将雇主的信任（帮助处理私事，没被人严密监控和监督）与承担更大的职责和更高的薪水联系在一起。相反，在信任度非常低的工作场所，行动被严格控制和监管着，雇员的满意度就会比较低。摄像头可能监控着工作者的一举一动，监督者决定着工作者何时休息和上厕所。那些在信任度低的办公环境中工作的人通常上网都被严密监控着，或者会被严格限制，甚至完全禁止。而从事信任度高的职业（像管理岗位或者那些需要高学历和资格证书的工作），人们工作时没有那么多监管，有时没有任何直接的监督。他们通常能控制自己投入工作的节奏。他们可以上网，浏览新闻或者体育栏目，计划晚上的活动。对数量日益增加但仍不算很多的工作者来说，拥有"弹性工作时间"是一种普遍的现象。一些组织对雇员何时、何地工作实行弹性管理（比如，部分时间甚至全部时间都可以居家办公）。

一项工作需要的技能水平以及拥有的监督权力是工作之间产生差别的另一个关键要素。例如，监督一个或更多个下属常常使得该工作更有吸引力，虽然并不总是这样。监督他人通常意味着更高的工资。在许多情形下，监督者可以将选择好的任务授权给其他工作者来做，这样他们就能专注于更值得做或更有挑战性的工作任务。从事一项工作所需要的技能是那些能提供稳定或更高收入工作的重要组成部分。一些工作几小时或几天就能学会，使用收银机或者在快餐店做汉堡包是许多人能轻松、快速掌握的技能。结果，从事这种工作的员工就容易被取代。相反，需要长学徒期或学历的工作——如水管工、会计师或者医生——做起来就难得多，这为工作的稳定性和加薪要求提供了强有力的保障。当然，尽管一些工作类别的确意味着高薪，但根据工作情况也会存在差距。例如，将华尔街一家律师事务所的合伙人同一个大部分时间是为低收入，甚至无收入的客户辩护的自雇律师比较一下。这两类律师都一样拥有法律学位，但他们的薪水可能会非常不同。

最后，当不知道自己的工作在六个月或一年后是否还在的时候，一个人很难安心工作。稳定性特别高的工作相对比较稀少；这样的工作往往是政府部门的工作、教育工作（大学教授甚至可能会拥有终身职位，这会保护被授予终身职位的人免于因各种理由被解雇）。但是，大部分工作提供的安全感都相当少。小型企业常常倒闭，或者当业务减少时，大量的工作者就会被解雇。有证据显示近些年来工作的不稳定性在增加；相比30年或50年前，美国人在不同年份之间的收入更可能不平衡（Hacker 2006）。

比较美国与其他相似国家的工作

8.5.2 解释像工会、精益生产以及非工资福利这些变量如何影响美国和其他国家的工作者。

同其他国家的工作者相比，美国的工作者过得怎么样？我们在早些时候提过，美国的工作者平均要比其他国家工作者的工作时间更长、带薪假期更少。为什么会这样？总体上来说，美国的工作与其他国家相比又怎么样呢？

就像在美国一样，资本主义市场经济以多种多样的方式组织工作，但有两个因素尤为重要：工会的角色以及有多少（和哪些种类）的政府法律和规范保护工作者。一些国家往往会制定更为强力的政府法规，并使员工能比较容易地建立起被称为工会（Unions）（代表工作者群体与雇主协商谈判）的劳工组织，但其他国家尊重公司以及市场的安排，让它们决定如何组织工作。工会承担的众多职责之一是，向工作者提供与雇主协商谈判更为有效的方式，工会有助于监督工作条件，确保雇主遵守与工作者或政府规定达成的协议。工会与雇主协商契约，使双方——雇员与雇主——形成一套共同遵守的管理工作场所的原则。

近些年来，美国工会的数量急剧下降。工会化率（Unionization Rate）是测量劳动力被组织进工会的比例的指标，该指标在20世纪50年代达到峰值，当时35%的劳动力都加入了工会。到2010年，仅仅有20%多一点儿的劳动力进入了工会。今天，在任一发达经济体中，美国工会的力量可能都是最薄弱的。

工会为工作者做的一些事情同样也可以由政府法规来实现，比如可以规定工作者工作多少小时；超时工作时工作者可以得到多少报酬；在什么样的情况下工作者可以被解雇；是否可以迫使工作者从事额外的加班工作；以及制定许多其他影响工作者生活的重要规则。一些工会力量比较薄弱的国家——比如法国和日本——通过强力的政府法规也达到了同工会力量强大的国家（如瑞典或德国）一样的效果。同其他大多数国家相比，美国的政府法规相对比较少（Pontusson 2005）。美国的确设有最低工资，也有加班费的规定，还有在雇用和解雇过程中公平对待每一个员工的规定（而且美国的确拥有相当突出的在工作场所反对种族歧视或性别歧视的规定，这个领域的规定与其他国家比起来相当严苛；Dobbin 2011）。但总体上同其他大多数国家的工作者相比，美国工作者所要面对的工作场所的规定要少得多，甚至那些确实存在的法规也常常会被许多工作者忽视（Kalleberg 2011）。

理解工会与工作场所的政府法规如何互相补充的一种方式是思考下面的图表，图8.4有两个维度：工会和工作场所政府法规。在任何一个国家，工会可能强大，也可能弱小，政府法规也同样如此。工作者可能会得到工会的保护，也可能会得到政府法规的保护，或者二者兼得。同其他与自己最相似的国家相比，美国最独特的地方是工会力量薄弱同有关工作场所的政府法规较少这两种现象并存。图8.4提供的是不同国家一个大概的分组情况。加拿大同美国一样，有关工作场所的政府法规相对有限，但加拿大的工会要比美国的工会强大很多。瑞典和其他北欧国家正向较少的工作场所政府法规和极为强大的工会相结合的方向迈进。法国的工会和美国的工会一样都比较弱，但相较而言，前者工作场所政府法规则严格得多。德国则是中等强力的工会同非常严格的工作场所政府法规相结合的范例。

美国工会力量薄弱、工作场所政府法规有限产生了什么后果呢？在近几十年来，通过发展以精益生产（Lean Production）而知名的公司政策，许多大型美国公司一直在自由地执行能在全球市场竞争的策略（Harrison 1998）。从管理者的角度看，精益生产的主要目标是不断分析并降低生产成本和工资，从每一个工作者身上挖掘出更大的潜力是达到这一目标的最佳方式。一些做法是引进新技术；一些做法是减少生产过程中的浪费。不管哪一种做法都必然会不利于（或有利于）工作者。例如，有时候技术能减少工作的辛苦，有时却会导致工作者被取代。但是精益生产的另一方面一直都对工作者不利：消除了工作者曾经认为是理所应当的工作福利和安全感。最为常见的是，这意味着废止曾经提供的福利（包括近年来的健康保险和养老保险），但在更极端的情况下，这甚至还包括定期休息、固定的工作日程以及工作稳定性。雇主常常发现可以通过改变20世纪常见的早九晚五的传统工作模式来减少成本，还可以通过用非全日制工作者取代全日制工作者来减少成本，非全日制工作者会接受低工资和无福利（或少福利）的条件。大部分的雇员是非全日制工作者对雇主是有利的，这能减少工资和额外福利的成本，因为这样的工作者常常不够资格享受如健康保险和养老保险这样的福利（Kalleberg 2011）。对美国向非自愿的非全日制工作转变的分析见8.5。

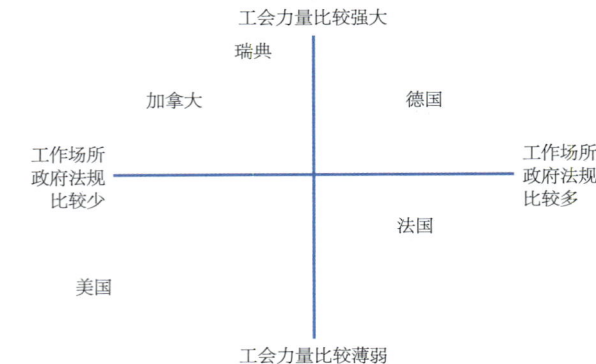

到2000年，在美国几乎每5个工作者中就有1个在从事非全日制工作，这一数字自2007年经济衰退以来就一直在上扬。出现这种变化是因为越来越多的工作者想要从事非全日制工作吗？可得的最佳证据显示显然不是这么一回事；大部分增长的非全日制工作都发生在宁愿从事全日制工作的雇员身上。尽管雇主降低成本的目标能够对非全日制工作的增长做出很多解释，但更依赖于非全日制工作的行业的扩张也能对此做出一定解释。从20世纪70年代以来，随着制造业的衰退，服务业、零售业和金融业吸纳了更多份额的劳动力。越来越多的工作没有稳定性，支付的薪水非常低，还没有任何福利，甚至安排给工作者的日程表也不稳定，工作者必须随叫

图8.4 工作场所政府法规和工会力量的跨国比较（粗略比较）

资料来源：培生教育公司。

资料来源：美国劳动局（U.S.Department of Labor 2008，2012，2014）。

图8.5 美国非自愿的非全日制工作日益增加

工作的依赖性要高得多。存在这种差异是因为美国人通过工作来确保医疗保健和退休养老的相关福利。不幸的是，这也意味着许多没有就业福利的美国人根本就没有任何医疗保障。在2008年，超过4700万的美国人没有保险，更多的人只拥有有限的保险。在2007年和2008年之间，有8670万美国人会在某个时期失去保险。经济衰退的这些年，数百万美国人失业，但也正是这个原因突出了工作者对私人健康保险有多么依赖。由《平价医疗法案》（有时也称《奥巴马医改》）推动的改革旨在减少工作者享受健康保险时对工作的依赖性，但甚至在2014年中期奥巴马医改全面实施、保险覆盖范围显著增长之后，仍然还有大约3000万的成年人没有保险。

退休福利也和就业联系在一起。在许多经济发达国家里，当工作者达到退休年龄，他们大部分工作收入就被政府退休金（如社会保障）取代——有些国家的政府退休金超过工作收入的70%。但在美国，社会保障向退休的工作者提供的退休金大约只有其工作收入的38%。因此许多老年人必须继续工作到65岁之后，甚至工作到70多岁。分析图8.6并注意退休收入的来源和比例分布。美国工作者退休时获得的退休收入中几乎有一半来自个人储蓄账户和某种职业养老金计划，远超其他发达国家的平均水平（接近20%，尽管英国在这一指标上甚至比美国还高）。

退休生活依赖储蓄带来的问题是，许多人无法存到足够的钱来满足自己未来的需要。结果，更多的老年人需要继续工作，有些时候需要工作到70多岁甚至80多岁来维持收支平衡。第二次世界大战之后的许多年里，工作者的退休生活可以依靠雇主提供的退休金计划（Pension Plan），这些计划建立在工作者为公司服务的时间上。可是

20世纪80年代以来，越来越多的雇主放弃了那些退休金计划，选择没那么慷慨的退休计划，比如401（k）储蓄计划。同旧有的计划不同，雇主没有提供退休收入的义务。相反，在401（k）及相关计划里，雇主向一个为雇员设立的基金进行投入，但是该基金也取决于工作者为该基金所做的投入。对高收入的工作者而言，向一个退休账户进行投入相对容易，但对那些收入低的工作者而言常常就没那么容易了，有时甚至是不可能的。

所有这一切都意味着，就工作环境而

随到。这一切使得一些观察家提出将这些工作者称为新无产者（Precariat），这个术语是将不稳定（Precariousness）和无产阶级（Proletariat）两个词结合了起来，试图把握这种新形式工作带来的不安全感。

同其他富裕国家相比，美国工作者的就业类型非常重要，因为美国工作者严重依赖于雇主来满足自己的非工资需要（比如医疗保健和退休养老）。尽管医疗保健和退休养老在很大程度上应该是公共性支出，但与其他发达资本主义国家相比，美国工作者的健康保障以及退休养老福利对

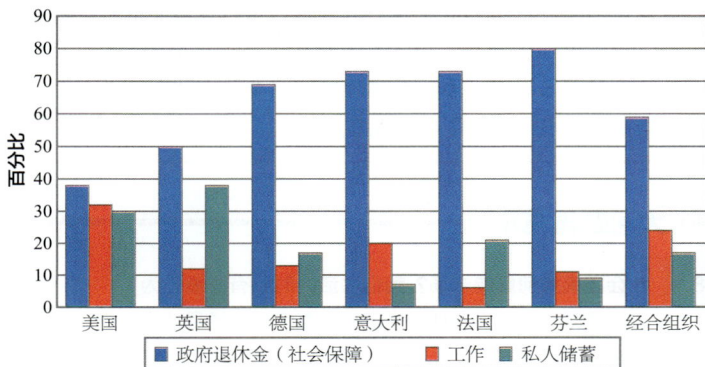

资料来源：经济合作与发展组织（2013）。

图8.6 退休收入的来源

言，相对来说，美国工作者的权力比其他国家工作者的权力要少，一些基本的福利如健康保险和退休金更多地依赖于雇主。美国同欧洲国家之间存在的这些差别是否将持续下去看起来并不明朗。欧洲对大部分工作的强硬规定被证明是一把双刃剑。当雇主知道自己不能轻易解雇员工、还要为工作者的退休金和健康保险支付比美国更多的税收时，他们就可能会更不愿意雇用工作者。这也促使欧洲公司会去雇用不需要支付全部社会福利的短期工作者，这会在享有世界级福利和假期的全日制工作者和不享有这一切的日趋增多的短期、不固定的劳动力之间产生新的区隔。现在，这些趋势是否会深化正成为欧洲政治学家和政策制定者所面临的最紧迫问题之一。

结论：21 世纪的市场、组织与工作

运用社会学想象力去分析市场、组织与工作之间的关系，我们已在全章指出像美国这样的发达经济国家正以多种方式发生着重要变化。首先我们指出了市场力量是如何侵入到社会生活的多个领域，这些领域以前是由个体、家庭、教堂或其他社会组织来管理的。市场还扩张进曾经由政府垄断的领域。我们生活在"市场时代"反映出市场正日益侵入社会生活的新领域。

工作与组织对这些压力并不免疫，也正发生着改变。对这种新环境适应最好的组织通常在其组织形式上都存在松散耦合——公司高层管理者同公司其他人之间的联系弱化。这种组织替换形态的核心思想是科层制趋向于扼杀创造力；因此，最好创建一种成员共担任务和责任、并在某种程度上全部参与管理的组织。进而，工作团队彼此独立运作，会比传统的科层制公司更快速地进行创新。一些最普遍的例子可以在高科技公司看到。在像谷歌、脸书，以及其他许多高科技领域的初创公司里，不存在命令的链条，取而代之的常常是一群不同的工作团队，通常这样的团队大概有3到7个成员，大家一起完成各种各样的项目。团队的每个成员都是不可取代的，而且团队会发挥集体智慧的力量。这样的团队需要向高层的管理者汇报工作，如果一事无成，团队就会解体，成员会被重新分配给其他更有生产力的团队。

这并不意味着我们在本章讨论的有关组织理论的所有洞见都过时了。恰恰相反：模仿他者的压力——社会学家称之为同构性——看起来驱动着我们所观察到的这些工作和组织形式发生了一些变化。例如，当一家公司或一个组织知道如何降低成本或推行一种工作场所的新组织形式，其他公司就会研究这种变化，并会推行这种新组织形式。改变正在发生，但并不是以一种随意的方式发生改变。

最后，工作的世界正在改变。在20世纪后半段的许多年里，大多数工作者在自己工作的公司里都享有某种程度的工作安全感和机遇。但今天，进入劳动市场的年轻人会预期到，自己每隔一些年就需要换工作，而且一段时间没工作（和收入）的可能性正在增加。21世纪的工作世界是动态的，没有效率的公司和企业无法存续很长时间。在这种环境下，消费者也许占有某种优势，但正在出现的快速变迁的模式会给个体工作者及其家庭增加很多实际成本。

▬ 大问题再览8

8.1 社会因素如何影响市场？ 我们生活的时代有时被称为"市场时代"，而且社会学家日益意识到市场是社会结构的一部分。在这个部分，我们分析了理解市场的社会学视角与理解市场的经济学视角有何不同。

无处不在的市场
学习目标8.1.1： 区分市场资本主义的替代选择并讨论市场在现代社会的普遍性。

界定市场

学习目标8.1.2： 解释社会学家对市场的界定与经济学家的界定有何不同。

社会网络

学习目标8.1.3： 解释社会网络如何影响市场。

市场与权力

学习目标8.1.4： 揭示权力如何影响市场。

文化

学习目标8.1.5： 解释文化知识如何影响市场。

> **核心术语**
>
> 市场　资本主义　社会主义　中央计划体制
> 企业家　理性选择视角　社会网络

8.2　为什么组织对社会生活和经济生活很重要？ 要获得对现代经济如何运作——社会力量最终如何影响作为一个整体的经济——较为深入的理解，社会学家对分析存在于市场中的组织给予了相当多的重视，这是本部分讨论的一个主题。

组织的存续性

学习目标8.2.1： 解释组织如何能随时间形成、改变和存在。

科层制的弊端

学习目标8.2.2： 区分科层制过程和规则的优点和弊端。

> **核心术语**
>
> 组织　科层制　松散耦合

8.3　组织与其外在的环境之间是什么关系？ 在这个部分，我们探索了组织与环境的关系。组织实际上适应环境吗？还是组织能存续下来是因为从一开始组织就与环境相当契合吗？

组织结构

学习目标8.3.1： 讨论组织结构和生态区位如何对组织的成败产生影响。

组织相似性

学习目标8.3.2： 解释组织同构性并区分三种类型组织的差异：强制性同构、规范性同构和模仿性同构。

> **核心术语**
>
> 结构惰性　生态区位　组织同构性　强制性同构
> 规范性同构　模仿性同构

8.4　组织内部的工作是如何结构化的？ 在现代社会，工作变得专业化，并存在与之相关的明确的劳动过程。在这个部分，我们分析了有关劳动过程管理和工作专业化的多种理论。

劳动分工日益专业化

学习目标8.4.1： 解释工作场所和人们所从事的工作类型如何随时间而改变。

劳动过程

学习目标8.4.2： 讨论组织如何发展和管理劳动过程及工作者。

> **核心术语**
>
> 劳动分工　工业革命　劳动过程　霍桑实验
> 科学管理　流水线　去技能化

8.5　我们如何测量工作满意度？ 一个人认为的好工作在别人看来未必就是多么好的工作。在这个部分，我们分析在美国一份好工作的构成要素有哪些，并分析了美国工作者相比其他类似国家的工作者过得如何。

工作满意度

学习目标8.5.1： 解释影响大部分工作场所工作满意度的关键因素。

比较美国与其他相似国家的工作

学习目标8.5.2： 解释如工会、精益生产和非工资福利这些变量是如何影响美国和其他国家的工作者的。

> **核心术语**
>
> 自主权　工会　精益生产　新无产者

在里约热内卢一个臭名昭著的贫民窟里，一群年轻人正在检查与毒品有关的暴力事件的受害者的情况。城市常被看作暴力和幻想破灭的地方，我们在本章将了解到为什么会这样。

第 9 章
城市与社区

作者：帕特里克·沙奇（Patric Sharkey）[1]

　　些年前，《纽约时代》（*New York Age*）杂志发布了一幅地图，展示了自2003年到2011年纽约市每一起凶杀事件发生的位置（见图9.1）。甚至在暴力犯罪数量急剧下滑的时期，覆盖纽约市五个行政区的蓝点也能让我们感觉到这种最为极端的暴力形式有多么普遍。尽管暴力犯罪常常被看作与贫困、警力和司法系统相关的社会问题，但在像纽约这样的城市里，由凶杀导致的死亡人数总量使其成为紧迫的公共健康问题。

　　凶杀事件在任何一个城市中都不是均匀分布的。仔细看一下图9.1，你会注意到在纽约市的许多街区几乎没有发生凶杀事件。极端暴力都一致地集中在像布鲁克林的一些街区、曼哈顿的黑人住宅区以及南布朗克斯（South Bronx）这些地方。暴力集中的地方也是这个城市最贫穷、种族隔离最严重的一些街区。这是美国大多数城市地区常见的特征。

　　凶杀事件的另一个独特特征是，凶杀的影响不仅限于对致命暴力行为受害者的影响。在我的研究中对此进行了分析，这一特征同其他大多数疾病和死亡原因存在明显区别。我在近来的一项研究中发现，如果儿童所在的社区发生了一起凶杀事件后，在接下来的日子里让儿童重新接受阅读以及词汇技能标准化评估测试，这些儿童表现得比原来糟糕（Sharkey 2010）。换句话说，当地暴力事件不仅会影响到那些目击者，还会影响整个社区年轻人的思想。

　　几个街区之外的凶杀事件如何影响一个不认识受害人，也没有目击该事件的儿童在阅读以及语言技能基本测试上的表现呢？我们正在寻找这个问题的答案，但大量研究显示，社区暴力产生的压力会导致焦虑、扰乱睡眠，还会降低儿童的专注力（Osofsky 1999）。如果某个单一凶杀事件会对儿童的行为和表现产生如此显著的影响，那么生活

我的社会学想象力
作者：帕特里克·沙奇

　　我的研究关注场所——指个体周围的环境，从人生活的街区到镇或城市——影响美国个人和组织生活机遇的方式。我的许多工作着眼于多代美国家庭，分析家庭长期以来所在社区环境的不平等程度，以及多代人长期生活在贫困或弱势的社区环境的后果。我更近来的研究密切关注在贫穷街区生活对儿童日常生活产生影响的具体方式，尤其关注儿童周围环境中的暴力和其他压力源进入儿童思想深处，进而影响其行为、健康以及学业表现的方式。

---

[1] 本章的早期版本是与马克斯·贝斯布里斯（Max Besbris）合作完成的。

社会学家努力了一个多世纪想要理解城市和社区如何形成以及会如何影响社会生活，对下列五个问题的探究指导着我们对这些问题的讨论。

1. **什么驱动着人们来到城市？** 大部分人口现在都生活在城市地区。这引发了许多让人着迷的有关如何界定城市以及城市生活如何影响个体生活不同层面的问题。当我们在本章对这些问题进行探究时，我们将了解到，对城市的社会学理解要比政府机构给出的"官方"界定复杂得多。

2. **社区是如何形成和变迁的？** 城市和社区的发展不是自然而然的事；相反，它受到政治和经济力量的驱动。个人和群体之间存在不同的利益，有时是相互竞争的利益，都竭力以非常不同的方式建立社区。随时间形成的变迁模式可以被看作这些努力和斗争的产品。随着时间的推移，社区类型也极为多样化。

3. **城市如何对我们是谁、我们的朋友是谁以及我们怎样生活产生影响？** 城市的独特性不仅在于其自身的规模、密度或其他可测量的特征，还在于它们会以怎样的方式影响我们的互动、工作以及生活方式。

4. **为什么在城市里会发现这么多社会问题？** 城市正越来越成为世界极端富有和贫困的地方。城市地区常常是创造财富的巨大发动机，但是越来越多的世界贫困人口现在正从不发达的农村地区向人口密集的城市贫民窟转移。

5. **城市在日趋密切联系的世界里将如何变迁？** 城市将世界联系在一起。要充分理解这种影响世界的力量，我们必须拓展自己的视野，超越个别的城市街道和社区，甚至要超越个别国家的界限。

在之前提到的地图上某个蓝点——每个蓝点都代表着一起凶杀事件——紧密集中社区的儿童又会受到怎样的影响呢？

对凶杀事件的研究揭示了社区的不同层面（如是否存在暴力）改变个体居民经历和机遇的方式，这常常强化了整体社会的不平等模式。不仅凶杀事件会集中在一定空间里，在一些社区普遍存在而在另一些社区就不存在，还有许多社会现象会在特定的空间聚集，我们社会世界的许多部分就是根据地理因素组织起来的。你生活在何地会对你去何处上学、与谁互动以及周围有什么类型的制度产生重要影响。公立学校通常是在居住地区组建起来的，其所需资金也部分来源于所在地区。这一事实意味着儿童的教育机会在很大程度上取决于儿童的居住地。研究告诉我们，与生活在经济和种族更为多样化社区里的居民相比，生活在贫困和隔离社区的居民在政治上的影响力相对更小（Cohen and Dawson 1993）。大量的证据表明，工作和企业的地理位置对个体得以找到和维系稳定工作的可能性有着重要影响（Holzer 1991）。同样，像公园以及娱乐中心这样的公共景点的质量，警察局等机构的工作效率以及接触有毒土壤和清洁空气的程度，所有这一切都取决于我们生活的地方。

出于这些理由，我们周遭的环境对我们的生活和生活机遇有着重要影响。

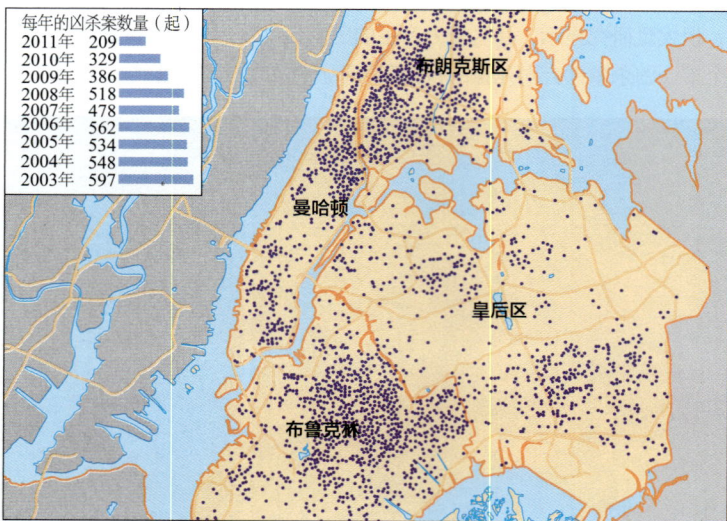

每年的凶杀案数量（起）	
2011年	209
2010年	329
2009年	386
2008年	518
2007年	478
2006年	562
2005年	534
2004年	548
2003年	597

资料来源：基于《纽约时报》（*New York Times*）的数据。

图9.1 纽约市的凶杀

但是要理解暴力为什么会如此集中、学校质量的差别为什么会如此显著或者毒品为什么会在一些社区如此普遍，我们就必须退后一步并努力理解美国以及其他地方的城市和社区是如何形成、又是如何随时间推移而变迁的。

在本章，我们不仅要检视城市是如何形成的，还要检视生活在城市世界里意味着什么。我们将思考由城市化带来的新机遇和一些主要的社会问题——如集中性贫困（Concentrated Poverty）和种族隔离。在本章结束之时，我们会拓展我们的视野，观察全世界的城市通过移民、通讯和跨国贸易联结起来的方式。通过从本地社区到全世界相联系的视角转换，我们能充分了解社会的结构。

9.1　什么驱动着人们来到城市？

城市是如何形成的？

一半以上的世界人口生活在城市里，这在人类历史上尚属首次（United Nations 2010）。这个基于联合国估计的论断，引出了一个基本却重要的问题：成为城市意味着什么？正如结果显示的那样，这是一个很难回答的问题。在美国，人口调查局区分城市地区的标准是人口密度每平方公里不低于1000人，另外周边地区的总体人口密度每平方公里不低于500人（U.S. Census Bureau 2009）。城市地区还经常被称为都市圈（Metropolitan Regions），该术语的主要含义与调查局的城市地区的概念一致，但不会将"城市"（Urban）与"市郊"（Suburban）混淆起来（二者都是都市圈的一部分）。人口密度较小又不与已城市化的地区比邻的地区被归类为农村地区。尽管美国对城市地区的官方定义基于人口密度，但是联合国并没有一个标准化的定义，相反，是由每个国家根据自己的标准来界定。成为城市意味着什么仍是一个悬而未决的问题。

不管联合国的估计可能有多么不精确，但其揭示了一个明白无误的趋势：我们的世界正日趋城市化。社会学家长久以来就对城市化的进程（即居住在城市和城市地区人口比例的增长）很感兴趣。然而，与美国人口调查局所使用的定义不同，社会学视角在看待城市时并不会在对地点的量化描述上停止，也不会在人口地理集中的数字上，即人口跨地域的流动或者城市和城镇规模的变化上停止。除了描述城市和社区如何形成和变迁，社会学视角还关注地域的某些维度如何影响人们彼此间互动的方式，人们如何建立友谊的纽带和联系，人们在哪里工作以及如何工作和生产产品，以及人们如何生产出文化和亚文化。

在这一章，我们将思考有关城市是什么以及会做什么的多种不同观点。然而，在分析这些之前，我们先要思考一个更为基本的问题：美国人口是如何开始主要定居于城市地区的？

城市化与城市数量的增长

9.1.1　区分导致城市化的主要力量。

美国自19世纪50年代以来所发生的一切在世界大多数国家也都很常见。在人类历史最近的几个世纪里的突出现象就是人口从农村向城市流动。社会学家和人口统计学家金斯利·戴维斯（Kingsley Davis 1965）提出了这样一个著名观点：在现代世界，城市化的进程通常会遵循受工业化时间驱动的"S曲线"。根据这个模型，在大范围的工业化出现之前，城市化的速度是缓慢、渐进的——这是S曲线底部的长尾巴所显示的内容。随着工业化崛起，城市出现了大量工作机会，而且技术发展也减少了农村劳动力需求，这些因素驱动着大量的人口从农村地区来到城市地区，城市迅速扩张——这是S曲线最陡峭上扬的部分。然而，在某个时点上，城市容量达到饱和。在这个时候，对劳动力的需求停止增长，城市空间成本增加，城市会变得极为拥挤。这时，流向城市的移民减缓，城市化速度降低，这是S曲线扁平的顶部部分。分析图9.2中英格兰和威尔士的S曲线模型。

工业化驱动的城市化过程中所出现的城市同工业化时代之前就存在的城市非常不同。城市最早出现在5000多年前，但这些城市是规模小、联系也不紧密的飞地，人口消散像人口集中一样容易。那时城市的四周总是环绕着用于防卫的城墙，人口在几千人到十万多人之间，这些城市常常承担着交易中心和王朝首都的职能。这些城市还是文化和商业中心，但那时的城市并没有扩张——比如，尽管从11世纪到19世纪欧洲的总人口在增加，但城市人口的比例差不多没变。这意味着绝大多数人口生活在人口分散、农业为主的乡村环境中，在这样的环境里陌生人之间的互动很少见，日常生活主要生产急需的食物。

工业化改变了所有这一切。英国是第一个开始工业化的国家，从1800年到1900年经历了快速的城市化过程，欧洲大陆和美国紧随其后（世界其他国家最终也走上这一进程）。城市人口增长的主要原因是移民：人口从农村向城市迁移。随着人口从越来越机械化的农村地区离开，英国的城市不断增加。人口向城市流动，城市里的工厂如雨后春笋般出现。和农场相比，工厂运转需要的土地较少，但需要的体力劳动者更多。

居住的城市、郊区以及农村模式

9.1.2　区分20世纪出现的城市和郊区。

随着世界人口的持续城市化，城市和镇以及其他城市的界限变得不大清晰起来。在美国和其他地区已经出现了几种新的城市形式，包括许多卫星城市（Conurbs），即跨越城市和郊区政治边界的城市区域延伸带。美国卫星城市的例子包括像达拉斯/沃斯堡或者西雅图/塔科马地区，这些地方的机场通常以两个城市的名字命名。超大城市（Megacities）是指人口超过1000万的城市，如墨西哥城和尼日利亚的拉各斯（Lagos）都是这样的城市。超大城市是近来在全世界出现的又一现象，中国自己就有几个超大城市。这些新兴的城市形式常常嵌入在更大的超级区域（Megaregion）中，超级区域是指两个或更多个地理位置上临近的大城市通过基础设施和经济活动联系在一起所形成的区域

英格兰和威尔士在1800—1960年工业化期间人口增长的"S曲线"

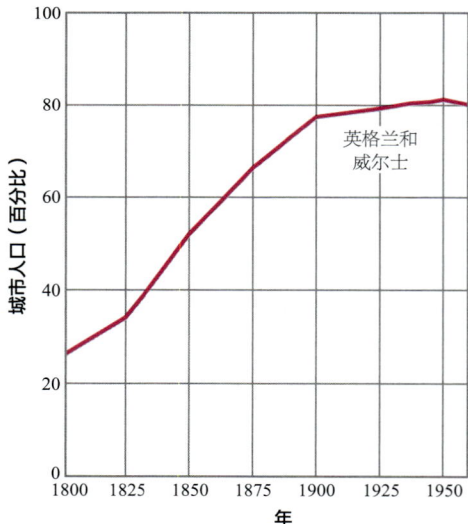

资料来源：戴维斯（Davis 1965）。

图9.2　英格兰和威尔士地区的人口

（Gottman 1966）。超级区域包括像美国东北走廊（Northeast Corridor）这样的地区。美国东北走廊从波士顿起，穿越纽约市、费城和巴尔的摩，一直到华盛顿，连绵不断；该区域有差不多5000万居民，年经济产出超过2.5万亿美元（Short 2007）。据估计，人类20%以上的人口集中在世界各地的40个超级区域里，最大的超级区域出现在中国和印度这样快速发展的发展中国家里（Florida 2008）。要对超级区域有更多了解请看图9.3。

城市地区的新规模，尤其是超级区域的规模，带来了在社区甚至城市层次都不容易解决的问题和挑战。如水处理、交通、污染以及住房和社会服务等议题现在已经超越了城市的官方边界，这需要在居民以及商业方面常常彼此竞争的地区之间进行合作。解决这些跨越边界的热点问题对美国而言尤其重要，美国的地方政府有着巨大的决策权力（Downs 1994）。

许多世界上的大城市正以惊人的速度增长并融合成巨大的超级区域。超级区域具有人口规模大、经济活动重要的特征。这些人口规模庞大的地区是由它们所包含的城市以及这些城市之间的关系界定下来。世界上有40个超级区域，每一个都有1000亿美元的经济产出。

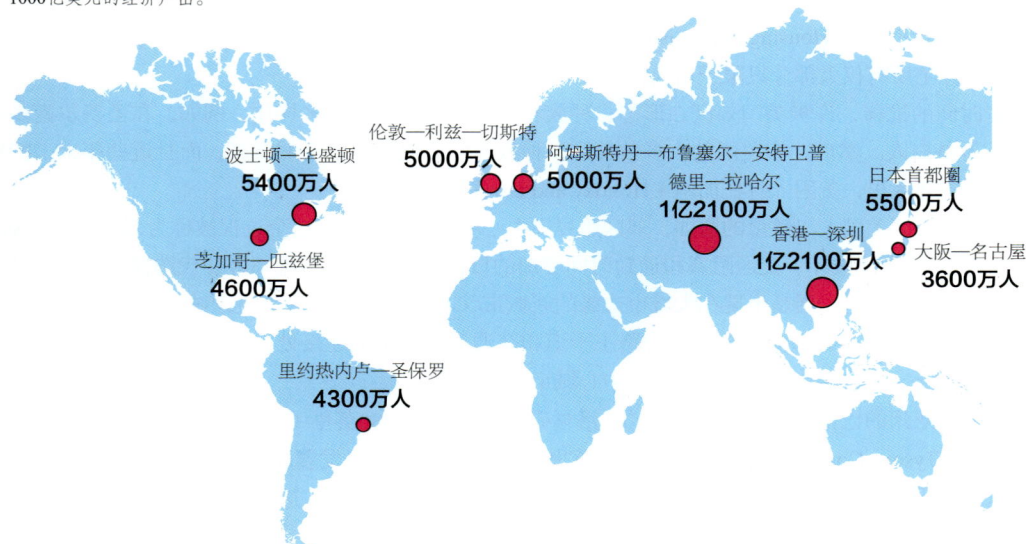

伦敦—利兹—切斯特
5000万人

波士顿—华盛顿
5400万人

阿姆斯特丹—布鲁塞尔—安特卫普
5000万人

德里—拉哈尔
1亿2100万人

日本首都圈
5500万人

芝加哥—匹兹堡
4600万人

香港—深圳
1亿2100万人

大阪—名古屋
3600万人

里约热内卢—圣保罗
4300万人

资料来源：基于来自弗罗里达（Florida）、基尔德（Gulden）和米兰德尔（Mellander）（2007）和联合国人居署（UN-HABITAT 2010）的数据。

图9.3 世界超级区域的人口

在过去100年里，并不是只有人口稠密的城市地区经历了重要的变迁。传统农村地区，即在大都市区域内又在中心城市政治边界之外的地区，也经历了巨大的变革。在20世纪之前，农村人口并不稠密，除了农业并不专门从事贸易（Baldassare 1992）。随着通勤列车的增加和汽车拥有率的稳步提高，被称之为卧城（Bedroom Community）的郊外住宅区在19世纪晚期沿着主要的城市地区开始形成。卧城是工作者居住、但不在那里工作的地方。随着城市地区的扩张，这些农村地区常常会被正式吸纳进城市，而在更远处形成新的农村地区。

一个农村地区变革过程的例子可以在南加利福尼亚州圣费尔南多谷（Southern California's San Fernando Valley）找到，该地位于洛杉矶盆地的正面。20世纪早期，该谷是一个大部分人为农村居民的地区，比较富裕的洛杉矶人沿着城市的边界在这里建立乡村住宅。随着不断地发展，在许多重要商人的推动下，洛杉矶市吞并了圣费尔南多谷越来越多的地方。到20世纪30年代晚期，该谷的大部分地区都被整合到城市里了。

随着世纪的前行，郊区化的步伐加快了，政府对汽车和住房所有权的补贴以及高速公路的建设促进了这一进程。在美国东北部、中西部以及后来西部的郊区化还受到白人迁移（White Flight）的推动，这是指白人家庭从中心城市向郊区的流动。这种郊区化的模式通常受到城市人口特征变化的驱动，美国黑人或者其他种族和民族群体正流入这些城市。洛杉矶地区的圣弗尔南多谷为这个过程提供了一个典型例子，随着该谷成为洛杉矶白人的定居地区，黑人和拉丁美洲人迁入城市的南部和东部。

白人迁移这个术语让人们关注围绕美国城市和大都市地区的种族冲突和紧张而产生的问题。人们经常忽视政府为白人从中心城市迁出提供帮助和补贴的方式。自20世纪30年代以来，通过提供直接担保或抵押贷款，政府在支持房屋所有权方面发挥了关键作用（Massey and Denton 1993）。联邦政府不是通过利用自身在房屋抵押行业中的作用来推动面向所有群体的房屋所有权，反而制定了一套标准对潜在信贷的风险进行分级。在种族单一的白人社区的住宅评级最高，然而在以黑人为主或种族混合社区的住宅评级最低，通常不适合去投资。画红线（Redlining）操作源自用于决定不适合贷款地区的系统——主要是把黑人或种族混合社区在地图上直接以红色标注出来，表示这些社区评级最低因而不适合贷款。这种做法普遍存在于银行业；甚至在第二次世界大战以后，联邦住宅管理局（Federal Housing Administration）不鼓励贷款给少数族群，还禁止发放会导致社区种族或经济整合的贷款。住宅所有权大部分只限于白人，尤其郊区更是如此。

可随着时间的推移，许多美国郊区在形态、种族和族群构成上越来越多样化。例如，在圣弗尔南多谷，人口的主体不再是白人。然而，在美国的大多数郊区，种族和阶层隔离程度仍然很高。而且近些年来，特别是在较老、正衰落的郊区里，贫困一直在加剧（Holiday and Dwyer 2009）。

随着居住在郊区美国人口数量的增加，郊区边界离中心城市越来越远，这个过程被称为郊区蔓延（Suburban Sprawl）。伴随着对环境破坏、交通阻塞和通勤时间增加的日益关注，作为传统郊区替代选择的居住新形式已经出现了。一个特别重要的发展是出现在大城市边缘的新城市/郊区形式，被称之为边缘城市（Edge City）。边缘城市是一个自成一体的世界，通常位于高速公路主干道和交通运输系统的连接处。边缘城市也呈现出商业、社会和文化活动的特征，这些活动过去主要发生在中心城市里。

像加利福尼亚州的巴伦西亚市（Valencia）[洛杉矶市中心北向约30英里（约48千米）处]或者弗吉尼亚州的泰森斯科纳市（Tysons Corner）[华盛顿西向约20英里（约32千米）处]已发展成为与大中心城市的传统市中心区相当的地区。个人不需要从郊区通勤到中心商业区进行购物、娱乐和工作，边缘城市把所有这些活动集中在几十年前还很落后的地方。

随着城市及其周围郊区的变迁，美国的农村地区也发生了变迁。美国农村地区的居民不再同城市生活隔离开来，甚至像内布拉斯加州这样传统的农村地区也正日益城市化。内布拉斯加州共有93个郡，一半以上的人口集中在3个郡（或县）里。毫不奇怪，这3个郡拥有该州三个最大的城市（Sulzbergur 2011）。大型农业公司在如艾奥瓦州的玉米地和加利福尼亚州中央谷一样广博的地区耕种大片土地。这些公司对低工资劳动力的需求吸引着来自全国各地非都市地区日趋多样化的人口。在过去几十年里，拉丁美洲人和亚洲人是美国农村地区增长最快的族群。这种变化引发了一系列需要社会学家回答的问题：族群多样性如何改变了农村地区的文化图景？农村地区的文化同化和城市地区的文化同化有何不同？对那些主要研究城市环境中的

圣菲尔南多谷过去是一个大规模的农村地区，在20世纪30年代迅速郊区化了。美国还有哪些郊区也遵循相似的轨迹呢？

族群多样性和移民问题的研究者而言，随着新移民群体在传统上一直是美国入境口岸之外的城市中扩展开来，这些问题将变得越来越重要。

9.2　社区是如何形成和变迁的？

社区和城市变迁

到这里我们一直关注导致城市化、新型郊区和城市形式出现的力量。现在我们转向分析有关城市内在动力的一系列问题：城市为什么会成为它们现在看起来的样子？社区是如何在城市里形成的？城市的居民、资源和制度在空间中是如何分布的？城市里的社区如何以及为何会随着时间而变迁？

城市生态学：芝加哥学派

9.2.1　界定城市生态学并讨论芝加哥学派面对的核心问题。

刚才提到的那些问题是在20世纪早期与芝加哥大学有密切联系的一群社会学家所面对的核心问题，这一群体被称为城市社会学的"芝加哥学派"（Chicago School）。该学派把芝加哥当作实验室，其有关城市主义、城市形式和城市变迁的思想对城市社会学产生了极大影响，尽管该学派的某些思想在被提出之时就遭到了挑战和否定。

芝加哥学派早期著作中的一个核心思想是，城市形态可以被理解成不同的人口选择进入自己生活所在的城市地区这个过程所产生的结果——这被称为城市生态学（Urban Ecology）视角。在罗伯特·帕克（Robert Park）和恩斯特·伯吉斯（Ernest Burgess）的著作中对这个视角做了最清楚的说明。该视角从生物学中借鉴了有机体与周围环境相适应并找到对环境的最佳适应方式的思想。这个视角在城市和社区研究中非常有影响力。城市生态学方法用于解释不同类型区域基于其在城市内的角色和功能而形成的过程，还用来解释把个体和群体安排进能达到最佳"适应"的区域的选择过程。例如，移民会在城市的某些区域聚集，因为他们在这些地方能与有着共同文化和历史的他人和制度进行互动。随着时间的推移，群体的成员开始与越来越多的来自其他族群的成员互动，还会与更广泛的文化和经济整合，对自己本土文化的认同降低，这时同化就发生了。波士顿的北角（North End）社区提供了这一过程的极佳例子，该社区经历了意大利移民的迁入，这些移民在19世纪中期到晚期来到这个城市的港口工作。随着时间推移，这些移民及其后代进入城市商业区和其他区域，与波士顿更广泛的社会城市内社区组织的同心圆模型自其在20世纪20年代被提出以来就颇具影响力并充满了争议。这种住房和社区简单的自组模型能满足当地居民的需要吗？

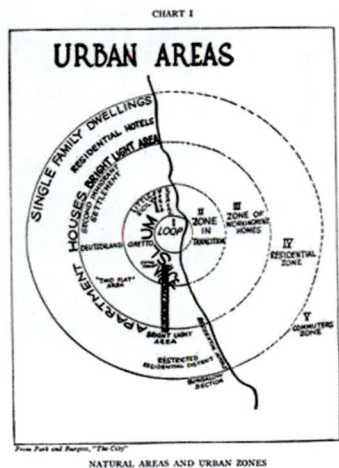

图9.4　伯吉斯的芝加哥同心圆地图

生活和经济生活日益整合在一起。

这个例子显示，城市里不同群体的社会整合和经济整合同城市社区的形态和空间分布直接相关。今天悬挂在芝加哥大学社会学系研究室里的是一幅手绘图画，画的是伯吉斯城市结构的"同心圆"模型（见图9.4）。伯吉斯把城市看作从城市中心向外扩展的一系列圆环，他将城市中心看作中心商务区（CBD），或是伯吉斯芝加哥地图上的"环路"（The Loop）。

在伯吉斯的同心圆模型中，中心商务区被看作都市之眼，大部分的商务活动、高端购物和高雅文化（博物馆和交响乐）的场所都存在于此。在伯吉斯看来，这一切毫不意外。零售商为那些能接触到最大数量消费者的土地支付了最多的费用，但是制造业——位于环中心商务区地带——没有繁忙的行人，只有通勤工作者。在"工厂区"周围是"过渡区"（Transition Zone），这是新到移民和穷人居住的低质量住宅区。伯吉斯的模型指出，随着个体同化或向上流动到工人阶层和中产阶层，这些人会向外迁移到住房条件较好的居住区以及有钱人所在的"通勤区"（Commuter Zones），这些人愿意为了远离城市生活的空间支付更多的钱[Park and Burgess（1925）1967]。

尽管伯吉斯模型非常有影响力，而且在捕捉城市化某些基本模式方面也很睿智，但该模型因太死板而一直饱受批评，也无法解释美国东北部和中西部外围城市发展方式存在的差异——更不用说整个美国之外的城市了。随着复杂高速公路系统和通信技术的发展，这个模型逐渐变得没那么重要了。然而，甚至作为对20世纪前半叶芝加哥的描述，芝加哥学派将整合和同化看作导致群体分别进入城市不同地区的自然过程的思想也被证明是不全面的。例如，对20世纪早期芝加哥美国黑人社区的研究显示，围绕在城市这个部分的边界并不会真正渗透进"过渡区"，反而更像是要求美国黑人居住于其中的坚固屏障。尽管其他种族群体可能会随着时间推移逐渐实现社会和空间整合，但是将美国黑人限制在一个特定区域的非正式和正式政策意味着黑人社区仍然同城市更宏大的经济、社会、教育和政治生活隔离开来——成为一个"城中城"（Drake and Cayton 1945）。我们稍后将在本章对这个议题进行更详细的讨论。

城市和社区的政治和经济

9.2.2　解释政治和经济利益如何共同促进城市成长并影响城市变迁。

城市生态学视角的替代选择是城市化理论，这种理论让我们关注地方政府官员和私人投资者驾驭政治以追求城市成长的积极方式。从这个视角出发，城市可以被理解成一个增长机器，在这里投资人和政府工作致力于增加城市人口规模，并使其能吸引商人来此定居，以提高该城市内部经济活动的整体水平（Logan and Molotch 1987）。增长有许多优势，新企业带来就业。当城市和地区的人口扩张，这会给企业带来更多的顾客，给报纸编辑带来更多的读者，并为本地大学带来更多的入学申请者。人口增长也会给地方政府带来更大的税收基数以及能从州和联邦政府申请到更多的资金。

为了追求增长，地方政府会规范城市土地的使用和分配。地方政府掌握着几种影响增长模式的方法，包括建立地方税率（并决定在税收上给予企业以"缓冲"）以及建立有关一块特定土地用途类型的规则（比如，家庭住宅、公寓大楼、商用、制造业，或者多用途混合）。在所有这些领域中，研究一致发现，即使城市决策不是由一个联系紧密的城市精英群体控制着，也总是会受到多个城市精英群体的显著影响。城市精英群体包括地方楼市开发商和建筑商、企业领袖和主要地方机构的领导者，比如媒体精英、大学领导者（如果有的话）以及当选的官员。有时社区群体或市民协会也会发挥一定作用，尽管只有在这些群体或协会组织很好并很活跃时才会如此。这些群体常常彼此竞争，寻求在投资获利机会方面或反对改变城市计划方面占据上风。另一个争议不断的问题涉及城市应该在文化吸引力方面（比如博物馆、专业运动场、大学甚至是公众游行）进行多少投资，这些投资是为了培育公民的自豪感和吸引更多的居民。

从这个视角出发，不能把城市变迁看作一个生态变迁的自然过程，而应看作政治和经济利益一起促进增长的直接结果（往往比较弱势的公民群体会反对那些利益）。把城市看作大规模、战略性投资的产物改变了我们理解城市方方面面的方式，甚至改变了我们看待某些建筑物和社区的方式。对纽约市SoHo[2]社区从一个制造业地区转型为一个富裕、时尚的居住和零售业社区的研究就是一个很好的例子（Zukin 1982）。在SoHo，由来自商业社区代表构成的群体和市政府推动着分区制和土地使用的变革，这改变着谁能住在这个社区，什么样的企业能在社区里运营，也再构着该社区的物理空间以及生活于其中的居民类型。社区的物理性转变是旨在创造更多新社区认同措施的一部分，赋予SoHo以艺术家梦想之地和文化以及购物中心的新标签——不再是由工厂占据主导的城市工人阶层区域。这个过程被称为中产阶级化（Gentrification）。当像SoHo这样的社区经历着新投资、新居民以及新设施进入社区并改变着社区特征的过程时就会发生中产阶级化。这些变迁必然会使一个工人阶层或不

同收入人群混居的社区转变成上层社区或富裕社区。在中产阶级化的研究里，一个重要的问题是谁会从社区转变的这种形式中获益呢？城市一个区域的中产阶级化会导致土地价值增高、房价上涨、新设施增加以及更高的税收基数。但同样的这些变化会带来社区文化变迁，导致房租上涨，迫使居民和业主离开。社区里不同的群体对中产阶级化的结果会有非常不同的看法。

增长机器理论还对种族和族群区隔问题提出了不同的洞见。不同群体分别进入城市的不同社区的过程被有些人看作政治和经济精英共同努力保护投资、促进增长的结果。洛杉矶就是一个典型的例子。这是一个让人眼花缭乱的族群聚集区，地理文化和汽车文化广博，历史上的警察暴力以及对影像的迷恋（洛杉矶好莱坞影视城在这个地方——译者注）也很出名。这一切让人们把洛杉矶看作美国城市的典型代表，这里发生的改变受到一群强力经济精英的驱动。

例如，麦克·戴维斯（Mike Davis）的研究记录了"增长联盟"（Growth Coalitions）试图将贫穷的美国黑人和拉美裔人口排斥在被认为具有历史重要意义的地域之外的方式，比如将税收补贴分配给受青睐的开发商，以及将代表社区穷人的群体排斥在城市规划的决策之外（Davis 1990）。戴维斯将洛杉矶市称为"排

谁会从像纽约市SoHo社区这样成功的中产阶级化中获益呢？

---

② SoHo 社区（South of Houston 的简称）最早被纽约人称为铸铁区，南北分别是坚尼街（Canal Street）和休斯敦街（Houston Street），紧挨曼哈顿岛上的唐人街。19 世纪中期，人们发明了便宜耐用、韧性又好的铸铁材料后，这里的大量建筑就开始使用铸铁装饰外墙。工匠把石砖泥灰搭建的灰暗楼房改造成优雅壮观的建筑。直至今日，SoHo 仍然是世界上最大的铸铁建筑群。建筑精美的的装饰外墙、防火悬梯、柯斯林大柱、超大窗户和美丽的大堂，成为 SoHo 建筑的招牌特征，众多首次前来的游客瞬间能感受到 SoHo 社区的魅力。——译者注。

斥的堡垒"（Fortress of Exclusion），其特点是在受青睐的社区进行战略性投资，并建立一套监管和土地使用的政策，把穷人和少数族群排除在这些地区之外。戴维斯特别提到，该城市还将社区里无家可归者庇护所和精神健康机构迁走，因为社区里富裕的业主想要在这里进行新的地产投资。并非巧合的是，这些业主之前都给城市和郡里的政客捐助过大笔钱财，而这些人正是社会服务机构设施安置的决策人。戴维斯的分析还揭露出，为了防止无家可归的人在社区里游荡，城市将投资区域的新公园长椅和公交车站设计得很不舒适。洛杉矶市这种不同分区的景象与伯吉斯笔下的芝加哥景象并不相似——它不存在过渡区，戴维斯将穷人被贬入的地方称为"禁入区"（No-go），同金碧辉煌的新兴商业区和有门控的富人住宅区形成了鲜明对比。

这些例子清晰地表明，当我们思考不同的城市人口住在何处以及资源在城市里如何分配时，需要考虑政治因素。芝加哥学派的研究对芝加哥市的各个部分以及城市居民随时间发生的迁移提供了有价值的描述。近来更多的研究表明，这些变迁的过程不仅受到城市人口独特特征的驱动，还会受到充满争议的政治活动的驱动，这种政治活动受到利益上相互竞争、资源和权力水平差别非常大的群体的影响。

9.3 城市如何对我们是谁、我们的朋友是谁以及我们怎样生活产生影响？

生活在城市世界

纽约大学的社会学家艾瑞克·克兰纳伯格（Eric Klinenberg 2012）在其著作《单身社会》（*Going Solo*）中指出，独自生活的美国人数量显著增长——这类人在像华盛顿、丹佛和明尼阿波利斯这样的城市里比例最高。在纽约的曼哈顿区，现在大约一半的住房里住着的都是单身人士。单身对不同的人意味着非常不同的事情，但克兰纳伯格的研究指出，美国独自生活者数量增加并不必然是一种消极的趋势。许多和他交谈的人都满意自己的生活状态，而且与家人和朋友也保持着亲密的关系。

其他研究对现代社会的个体和社区生活持有的观点就不那么乐观了，这些研究表达出对社会隔离（Social Isolation）水平增长的关切。社会隔离是指人际联系匮乏和公民生活减少。例如，政治科学家罗伯特·帕特南（Robert Putnam）在其名著《独自打保龄球》（*Bowling Alone*）一书中指出，自20世纪60年代中期以来，美国人花在家庭、保龄球俱乐部这样的群体和公民组织中的时间越来越少（Putnam 2000）。

这些争议就城市生活提出了什么样的问题呢？正如我们将看到的那样，社会学家很久以来一直在担心城市生活会影响个体与家庭、邻居以及社区的联系。更宽泛地说，社会学家一直关注"生活在日益城市化的世界意味着什么"这个问题。这个具有挑战性的问题迫使人们将大规模的宏观力量与微观日常体验以及个体间的互动联系在一起。正如城市变迁研究所证实的那样，有关城市生活影响的一个最重要的观点是由芝加哥学派的一位社会学家提出来的。

作为一种生活方式的城市主义

9.3.1　讨论城市化如何影响我们的生活和社区。

社会学家路易斯·沃思（Louis Wirth）1938年于芝加哥将城市界定为"规模相对比较大、密集的异质性人口组成的永久居住地"（Wirth 1938）。规模、密度以及异质性——这些听起来像是一个地方容易测量的相当直接的特征。可对沃思而言，这些量化特征仅仅是研究的起点。他继续指出这些是城市的重要特征，因为人口这种大规模、密集、居住在固定地方的方式改变了个体的生活以及个体间社会互动的本质。基于自己对芝加哥生活的观察，沃思认为城市居民在日常与他人的交流中大部分时候是以匿名、表面化和短暂的方式进行互动。他将这一点归结为以下三方面的影响：城市居民从事不同工作和职业类型产生的独特"专业化"（Specialization）；城市居民个体基于社会阶级产生的"分化"（Differentiation）；城市居民基于种族产生的城市空间"隔离化"（Segregation）。同样水平的"专业化""分化"和"隔离化"在小规模、人与人之间更亲密的社区里并不存在。在沃思看来，城市的多样性并不必然会带来生活距离相近的不同群体之间的互动，与之共存的只有"最微弱的互动、最高程度的无动于衷、最广泛的包容性、偶尔的痛苦挣扎以及常有的尖锐冲突"（Wirth 1938：20）。

沃思有关城市生活的思想与德国社会学家格奥尔格·齐美尔的理论比较接近，后者的思想为研究城市主义对个体的影响奠定了基础[Simmel（1902）1972]。齐美尔注意到在19世纪的欧洲发生了流向城市的大规模移民现象，他认为如此庞大的人口群体的周围环境所发生的变化肯定会对个体行为和互动产生影响。齐美尔研究了世纪转折期的柏林，他对城市生活的感受五味杂陈。他认为城市环境中存在的接连不断的稳定刺激以及经济互动的非个人化特征使得个体以一种漠不关心、冷漠的态度生活，这种生活态度成为抵御城市嘈杂混乱的屏障。然而，齐美尔也把城市看作个体从小规模、紧密联系社区所存在的社会控制中获得自由的地方。只有把自己置身于城市那种规模和密度的人群里才会面对许多不同类型的人，这为个体提供了看起来无限多种的新生活方式。从齐美尔的视角看，城市的匿名性使得个体能以新方式自由地表现自己，避免形成小镇那种循规蹈矩的倾向。

早期城市主义的这些观点建立在这样的思想基础之上，即城市为个体生产出一种不同的心理观念，这会带来新的体验，但也会造成情感的异化。后来的学者重新审视了这些观点并得出了不同的结论。社会学家赫伯特·甘斯（Herbert Gans）研究了大量、多样化城市和郊区环境中的社区生活，发现这些社区存在隔离化和异化；但也有大量例子表明，在非常大的城市里，邻里之间的人际关系密切，社区生活也很活跃。基于自己的观察，甘斯对沃思下面的论断提出了质疑，即对人们的生活方式产生重要影响的是城市主义，而不是较为宏大的影响现代生活的政治和经济结构因素（Gans 1968）。甘斯同样认为城市地区和非城市地区的生活方式存在差别，但他认为导致这些差别的是像居民年龄、种族、职业和收入这样的因素——而不是城市主义本身。在甘斯看来，我们不应该考虑城市的生活方式，或者同样也不应该考虑郊区的生活方式；相反，我们应该关注不同地区群体的地理和经济差异，而不是如规模、密度和异质性这样的生态学因素。

其他城市研究学者指出，实际上由城市所孕育的生活方式的差别不能简单地用选择生活在这里的人们的类型来进行解释。在城市社会学家克劳德·费希尔（Claude Fischer）看来，城市鼓励非常规行为，因为城市空间的庞大规模和密度使个体能够分别进入具有相似爱好或职业的亚文化群体。结果，城市艺术创新率、犯罪率和

格奥尔格·齐美尔有关城市生活的思想为研究城市主义对个体的影响奠定了基础。

较为"极端的"生活方式的比例都比较高（Fischer 1975）。为应对日益增多的亚文化群体的需要，支持这些亚文化的制度结构（朋克摇滚进驻的场馆、向专业客户提供服务的酒吧等）被建立起来。费希尔的亚文化理论帮助我们理解为什么某个社区会形成与众不同的个性。例如，为什么来自郊区的年轻人会搬进像后来成为20世纪60年代嬉皮士运动中心的旧金山市海特-阿什伯里区（Haight-Ashbury）这样的地区？或者会搬进像最近成为年轻艺术家和从事设计相关行业的城市时髦人士的梦想之地的墨西哥市科洛尼亚罗马区（Colonial Roma）这样的地区？在这两个例子中，这些社区都为城市独特的亚文化群体提供服务，并发展出一种反映其居民生活方式的新特征。

其他学者也强调城市环境的积极作用以及城市孕育社区的方式。捍卫城市生活方式的最具影响力的贡献之一体现在作家兼批评家简·雅各布斯（Jane Jacobs）的名著中。雅各布斯认为生机勃勃的街区鼓励对公共空间的利用，而且能孕育社会联系、互动和公共安全（Jacobs 1961）。雅各布斯最有名的战斗是保护自己的街区——纽约市格林威治村（Greenwich Village）免于重建。她认为，在街区里密集、树木林立的街道上，商业和住宅融合在一起，通过赋予所有不同类型社区成员对公共空间的所有权从而促进了社会互动。雅各布斯认为城市的确会像沃思看到的那样冷冰冰的并相互疏离；但城市并不是必然如此。她认为街区环境的设计和安排与人们的生活质量息息相关。正如雅各布斯看到的那样，充满活力的街道生活和步行交通会带来更多的"街道眼"（Eyes on the Street），这会增加邻里的友善关系并创造一个安全的社区。像20世纪50年代的格林威治村里这样的多用途混合街区就为雅各布斯提供了一个这方面的例子。雅各布斯对城市生活的这种观点对后世的影响可以在以新城市主义（New Urbanism）知名的城市设计学派的思想中看到。规划师、建筑师和城市设计师一起被称作新城市规划专家，这些人呼吁重返多用途混合、可步行的城市社区以应对日趋严重的郊区蔓延现象（Duany，Plater-Zyberk，and Speck 2001）。随着郊区越来越远离中心城市，新城市规划专家的影响扩大了，他们设想的社区开始被许多人看作城市设计更具可持续性发展的模式。

社区和网络

9.3.2 讨论技术对社区生活的影响。

正如到本章这里所明晰的那样，研究城市和大都市地区的社会学家一个重要的关注点是城市化如何影响社区，社会学家常常去分析城市化对个体之间的联系、支持和互动程度的影响。一个与此相关的关注点是，我们如何界定个体的社区边界？大部分有关城市社区的经典社会学思想认为，个体的社区是由家庭成员、邻居以及附近的朋友构成的。但随着时代发展和技术进步，尤其是社交媒体的兴起改变了这一切。

在20世纪70年代晚期，社会学家巴里·韦尔曼（Barry Wellman）最先提及经典社区概念这个问题。经典社区概念关注个体周围的空间。韦尔曼和其他研究者推动这个领域迈向这样的一种社区观，即关注城市内个体的社会联系或个体与他人产生的各种类型的联系，无论这些人居于何处。

克劳德·费希尔的亚文化理论帮助我们理解为什么某些社区会呈现出特定的个性——举例来讲，旧金山市的海特-阿什伯里区成为20世纪60年代嬉皮士运动的中心。

韦尔曼认为，仅限于思考街区的地理位置和分布会不必要地限制住城市社会学的关注点，使其不能完全理解现代生活里的社区是如何运作的（Wellman 1979）。研究一个社区并发现该社区凝聚力水平低的社会学家也许没有看到个体所嵌入的更广泛网络（回忆一下罗伯特·帕特南在《独自打保龄球》中的思想，在前面提到过）。例如，我们通过在学校学习或参加工作会与人建立深厚的友谊，即使这些朋友与我们住在不同的社区也会如此。韦尔曼宣称，城市中的个体并不缺少亲密关系，也不缺少完全源自家庭或附近邻里关系的联系。相反，城市居民依赖于遍布在更大地理空间中的不同网络。在城市里，人们出于不同的理由依赖于不同的朋友群、家人、同事、邻居和伙伴。

这些思想形成了社会网络（Social Network）研究的基础。社会网络研究关注将人们和群体联系在一起的纽带。这个领域的早期研究有助于澄清技术在塑造我们建构的社会网络和社区形式中所扮演的角色。随着早先电话的发明使用、后来互联网的普及和社交媒体的兴起，社区不再需要被看作包含在一定地理区域中的事物。我们参与活动的范围为结识朋友提供了机会，也为家庭、工作、宗教社区以及在线社会关系网络的形成提供了机会。正如在2014年1月，脸书的用户超过了13亿，为个体与非常庞大的"朋友"群保持持续联系创造出巨大的能力。我们仅仅才开始理解这些在线社会关系网络如何改变着传统的社区视角。

在某些方面，在线社会关系网络也许没有削弱社会生活，反而增加了人的社会资本；社会资本是指个体通过自身的关系和网络所占有的可得资源（Coleman 1988）。社会资本对找工作、寻求机遇以及其他一些事情都很重要。占有一个自己可以寻求帮助的人脉"网络"对每个人都很重要。从历史上看，社会资本被认为存在于社区中，但社会学家认识到社会资本并不仅仅产生于个体同好友和挚爱之间的亲密个人关系之中。实际上，大多数有用的联系常常是那些把人们与其原来并不知道的个人新网络联结起来的关系，以及那些将人们与网络中的新思想和新资源联结起来的关系。

这种思想在社会学家马克·格兰诺维特（Mark Granovetter）对职业介绍网络所做的经典研究中体现得淋漓尽致，这就是名著《弱关系的力量》（*The Strength of Weak Ties*）（Granovetter 1974）。格兰诺维特发现，他访谈的专业人士并不是从与自己认识的人或频繁互动的人的联系中了解到工作信息。相反，他们是从自己偶尔联系或几乎不认识的人那里听到潜在的就业选择。因为个体最亲密的朋友也许都彼此认识并拥有相似的信息资源集；弱关系最有用，因为这些弱关系能接触到独特的信息和联系，为求职者开启了新机会之门。

随着社交媒体的扩张及其对我们如何找到和维持人际关系、如何找到工作和就业机会以及与他人建立许多其他形式联系的影响，我们也许距离每个人都联结在一起的社会网络黄金时代不远了。考虑到这种新现实，人们想知道对社区衰落的关心是否过时，或者说传统城市社会学对地方街区的关注是否会变得没那么重要了。

社会资本并不仅仅从个体同好友和挚爱之间的亲密个人关系中产生。技术对我们如何塑造自己的社会关系发挥着至关重要的作用。像脸书和网络电话这样的社交媒体能显著减少地理邻近性对我们社会关系网络的重要性。

然而，大量的城市社会学指出恰恰相反的结果。尽管个人网络不再受到物理空间邻近的限制，但还有凿实的证据表明，当地的现实街区里的沟通和互动对健康的社区生活仍然很重要。研究显示，当一个社区的居民拥有高度的凝聚力和信任感时，他们更可能组织起来成为一个社区，而且也更可能在公共空间推行普遍的行为规范。作为结果来看，凝聚力和信任度高的社区，社区的犯罪和暴力水平就比较低，即使这个社区非常贫穷也是如此（Sampson，Raudenbush，and Earls 1997）。

社区凝聚力的崩塌会产生灾难性的后果。对1995年芝加哥致命热浪的研究就是一个极好的例子。在那个夏天，芝加哥市的温度飙升到100华氏度以上并居高不下，该研究要解释在那些天里为什么会有很多人死去。研究发现，最脆弱的人群是生活在暴力已成为日常威胁、原来繁忙充满活力的街道生活变成一潭死水的社区里的居民，以及被迫闭门不出、同自己邻居和公共生活相隔离的社区里的老年人。

这类灾难提醒我们城市生活并不总是像"街道芭蕾"（Street Ballet）那样有些罗曼蒂克色彩的图景，就像简·雅各布斯所描绘的自己窗外纽约市格林威治村的城市景象那样。城市是一些最严峻的社会问题的温床，包括犯罪、暴力和严重的贫困。我们将在后面的部分探讨这些问题。

9.4　为什么在城市里会发现这么多社会问题？

社会问题与城市

弗里德里希·恩格斯在1844年写就的《英国工人阶级状况》（The Condition of Working Class in England）一书把读者带入了英国曼彻斯特市街道两边成排的破败小屋中，并记录了大部分工人阶级居民生活的恶劣条件［Engels（1845）1972：430～431］：

大街左右有很多有顶的过道通到许多大杂院里面去；一到那里，就陷入一种不能比拟的肮脏而令人作呕的环境；向艾尔克河倾斜下去的那些大杂院尤其如此，这里的住宅无疑是我看到的最糟糕的房子。

许多城市学者通过视觉影像或者统计图表描绘了一系列经常一起出现在最贫穷的城市贫民窟、廉租公寓或者高层建筑里的社会问题。恩格斯是这方面的早期典范。这些学者的描述引发了多种多样的公共政策的制定、社会改革以及社会运动，以面对导致城市贫困的不平等状况。作为社会主义运动的创始人和领导人，恩格斯把自己对城市贫困的描述作为批判英国工业革命之后城市资本主义制度的起点。同样，美国的珍妮·亚当斯（Jane Addams）把自己对美国社会不平等的分析同围绕社会问题的激进主义和直接干预结合起来，创立了芝加哥第一个"睦邻中心"（Settlement House）（Addams 1910）。她于1889年创立了赫尔馆（Hull House），通过向具有多样化种族和移民背景的社区居民提供服务和支持以促进社会整合。

　　然而，应对城市贫困状况的举措并不总是这么充满温情和理解。与城市贫困相伴的问题常常被解释成城市贫困文化不足的结果（Banfield，1970），而不是将之与经济制度产生的贫困和不平等的背景联系起来。以城市穷人为目标的公共政策常常表现出对那些城市里"留守者"（Left Behind）非常轻蔑的思想。结果，许多指向城市贫困地区的政策试图改变或清除穷人，而不是提供帮助和支持来努力改善现有状况。

丹莱恩高速公路为芝加哥白人社区和黑人社区提供了缓冲带。

　　这些政策中最臭名昭著的例子是1949年的《住房法案》（*Housing Act*），该法案向地方政府提供国家资金，帮助其征得城市贫民窟区域，以图重建这些凋敝（或衰落）的地方。这项政策被称为城市更新（Urban Renewal）计划，它导致遍及美国城市里的大片贫民和工人阶级社区消失，并被以新商业区、新交通基础设施和高层建筑为特征的精心设计的区域所取代。尽管城市更新计划作为改革措施旨在努力改善穷人住房并改善凋敝社区，但学者指出开发商和企业界从该计划中攫取了大部分利益。正如在波士顿西端（West End）社区所进行的一项著名研究所记录的那样，这类社区居民的利益常常被置后考虑；西端社区原来是一个充满活力的工人阶级的意裔美国人社区，在20世纪50年代被推倒重建（Gans 1962）。多年来，许多学者研究了那些被认为是凋敝、成为再发展目标的社区，发现这些具有社会凝聚力的社区正陷入贫困，这里的居民排斥局外人给他们社区贴上"贫民窟"标签。

　　除了重建，20世纪50年代和20世纪60年代城市更新计划还在许多城市被主动用于稳定某些社区日益增加的美国黑人口，这种方式加剧了城市社区的种族隔离。在芝加哥，城市更新计划产生了一系列高层公共住房项目，这些项目用来向城市日渐增多的黑人人口提供住房。这些项目有助于解决美国黑人住房严重短缺的问题，这些人住在城市"黑人地带"上过度拥挤、质量差的房子里。但这些项目的位置都在城市黑人人口所生活的区域，这也使整个城市的隔离现状恶化。这些社区的位置同城市大部分白人所在的区域隔离开来，环绕在这些区域周围的是丹莱恩高速公路（Dan Ryan Expressway），这条公路沿着城市里最大的一些项目建设起来，成为城市白人社区和黑人社区之间的缓冲带（Hirsch 1983）。

　　芝加哥城市更新计划的例子阐明了种族问题与许多城市、城市贫困的主要争议和论战联系在一起的方式。相比其他任何地方，这种联系在城市贫民窟问题上体现得最为清晰。城市贫民窟是用来指涉城市里以严重的种族或族群隔离和较深程度的贫困为特征的区域的术语。

集中性贫困与城市贫民窟

9.4.1　确定导致美国社区集中性贫困形成的原因。

　　20世纪美国城市变迁的最重要的根源之一是美国黑人从南部农村地区前往美国东北部和中西部的"大迁徙"（Great Migration）。到1980年，超过400万的美国黑人加入迁徙大军，这些人及其子孙极大增加了南部地区以外城市黑人人口的数量（Tolnay 2003）。就底特律市而言，1900年美国黑人仅仅有4000多人，1920年增加到大约2.4万人，1950年超过了35万人，到了1970年则超过了75万人（Farley，Danziger，and Holzer 2000）。为什么这么多美国黑人会进行这次迁徙？许多人是因为农村就业机会减少，吉姆·克劳（Jim Crow）时代的种族歧视和种族不平等放大了这一问题。他们的北迁以及后来的西移还受到东北部、中西部以及西部城市新设工厂对工人的需要日趋增长的推动。北部城市美国黑人文化制度的出现以及他们对南部以外地区的种族歧视会不太严重的希望也推动了美国黑人的迁徙之旅（Lemann 1991）。图9.5中的地图展示了这次人口流动有多么引人注目。

这次人口流动的最大意义是改变了遍及东北部、中西部和西部城市的人口、经济和文化图景。另一方面，北部城市黑人人口的增长遭遇到旨在维持城市社区和学校"种族分界线"（Color Line）的正式和非正式的计划和运作。住房方面的种族隔离——美国黑人被限制在特定的社区，在其他地方就不受欢迎——已经成为美国城市严峻的社会问题，自那以后这个问题一直存在。

在1945年，社会学家克莱尔·德雷克（St. Clair Drake）和贺拉斯·卡伊顿（Horace Cayton）发表了一项有关"布朗兹维尔"（Bronzeville）的研究，这个名字用来指芝加哥南边的一个美国黑人社区。作者描绘了一个尽管高度贫穷、住房拥挤，还存在无情歧视，但黑人文化和社会生活繁荣、充满活力的社区。作者生动地记录了公园里这样的景象，"布朗兹维尔人流如织，有人躺在草坪上，有人在'黑人地带'（Black Belt）一个大游泳池里嬉戏，有人在一个湖里钓鱼和划船，还有人在打垒球、网球或者篮球"（Drake and Cayton 1945：603）。尽管注意到布朗兹维尔的某些区域和街道被称为"下层阶级"区域，但作者指出穷人并没有被限制在布朗兹维尔任何一个单一的区域，而是"分散在社区的一端到另一端"（Drake and Cayton 1945：602）。而且尽管"赌场"和"妓院"在城市黑人地带的下层阶级区域分布得更为广泛，但教堂在这里也分布广泛。实际上，作者把"布朗兹维尔下层阶级所在区域的夜晚时光"描绘成"由不和谐的赞美诗和蓝调构成的嘈杂"（Drake and Cayton 1945：611）。

这项对布朗兹维尔社区生活的经典研究发表在公民运动风起云涌的前夜，也是在20世纪60年代席卷美国的骚乱爆发的前夜，还是在20世纪70年代经济衰退的前夜。这个时期的经济衰退对许多城市产生了特别大的打击。如果我们把时间推进到德雷克和卡伊顿研究之后的40年左右，也就是20世纪80年代末，研究芝加哥相同街道和公园的社会学家对南城（South Side）的城市生活会勾勒出非常不同的图景。例如，一项对同样街道比较晚期的研究这样描绘死寂的街道：这里与战区相似，没有任何商业活动，荒凉没有人烟，暴力和吸毒泛滥，失业严重。公寓和房子的门窗通常被隔离在厚重的铁门和防盗栅栏后面。公共设施和公共空间也未能幸免……大部分公园都称为"禁入区"，尤其是在傍晚以后（Wacquant 2009：55）。

这幅图景捕捉到了新型城市贫困的出现，这种贫困在20世纪60年代，即民权时代就普遍存在了，而且与范围广泛的城市社会问题联系在一起。新型城市贫困具有几个突出的特征：城市里的穷人越来越集中到少数几个极端贫困的社区；尽管存在公平住房法，但严重的种族隔离仍然存在；集中性失业（Concentrated joblessness）和相关社会问题增多。尽管目前美国城市社会问题通过具有煽动性的政治辞令和如《警察来了》（COPS，一个美国警察日常执法纪实类节目——译者注）这样的电视节目被大肆渲染，但贫困城市社区特征的变化还是在有关集中性贫困和暴力犯罪的统计数据上清晰可见。让我们看一个例子。在图9.6中，密尔沃基市（Milwaukee）地图显示，在20世纪70年代以后，某些特定的社区陷入急剧的经济衰退中。尽管在1990年到2000年之间经济衰退有一些缓和，但数据揭示出了集中性社区贫困是如何成为一个跨越几十年的长期问题。

从20世纪40年代贫穷但生机勃勃的"黑色都市"转变成20世纪80年代衰败、暴力的"黑色贫民窟"，我们能从城市的这种变化中了解到些什么信息呢？在《真正的穷人》（The Truly Disadvantaged）（Wilson 1987）一书中，威廉·朱利叶斯·威尔逊（William Julius Wilson）用一个在过去50年最具影响力的社会学观点来解释这种变化。威尔逊的理论通过记录制造业岗位如何开始从美国东北部和中西部城市中消失作为起点，这一变化使少数群体失去了稳定的工人阶级工作，这种工作在大迁徙中吸引他们北上。随着中心城市制造业岗位的减少，失业猛增，而且能养家糊口的"适婚"黑人男性变少——单亲家庭的比率急剧上升，正如福利支出（Welfare Receipt）比率一样。除了劳动力市场的转变，威尔逊也展示了《民权法案》如何使中产阶级美国黑人扩大了城市贫民窟的边界或者彻底离开那里。尽管早期的布朗兹维尔研究描绘了一个黑人不同群体近距离在一起生活、这些地图比较了1910年和1980年美国黑人人口的数量。你观察到了什么模式？

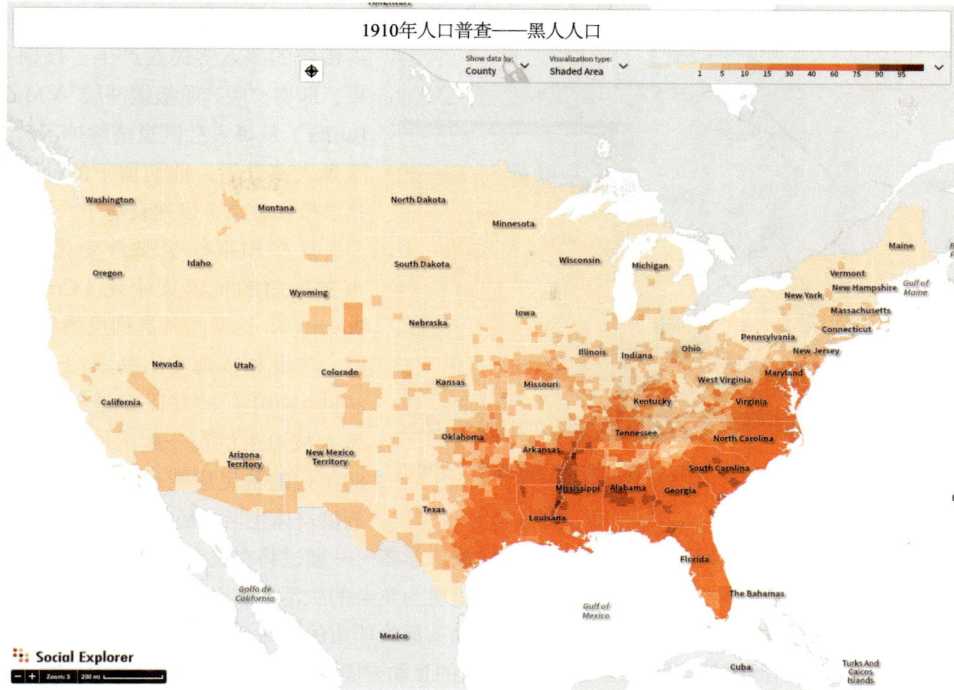

1910年人口普查——黑人人口

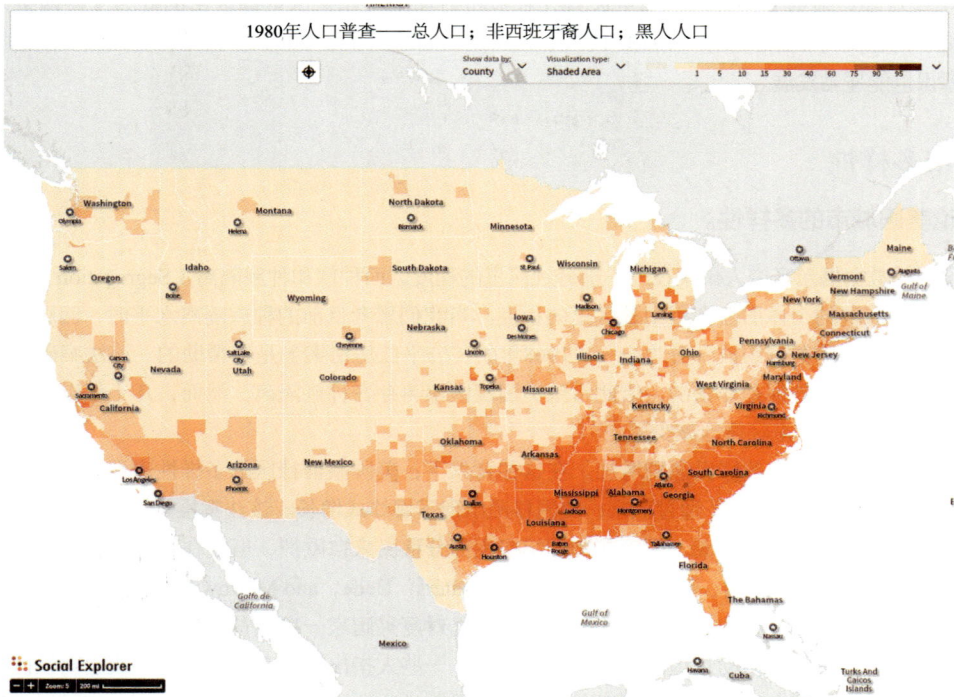

1980年人口普查——总人口；非西班牙裔人口；黑人人口

资料来源：社会探索者（Social Explorer）（www.socialexplorer.com），基于1910年和1980年人口调查的数据。

图9.5 大迁徙

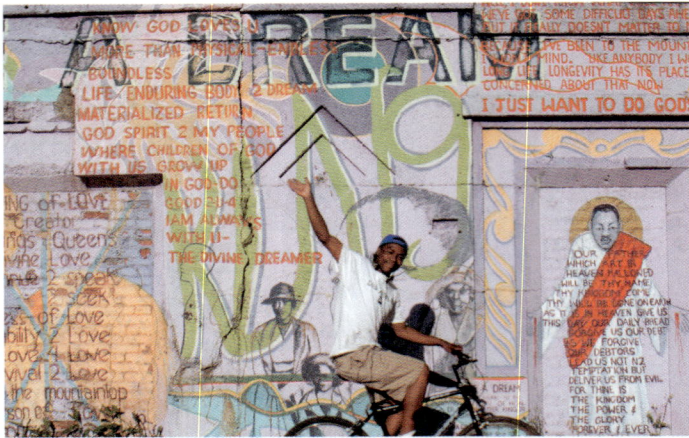

今天布朗兹维尔看起来与1945年有许多不同。然而，除了普遍的贫困，这里仍然是一个充满力量、文化生活丰富的社区。

工作和娱乐的社区，但是中产阶级黑人搬离传统的黑人贫民窟产生了预期不到的后果，即将"中产阶级缓冲层"（Middle Class Buffer）从黑人社区里清除掉了。当中产阶级黑人离开后，他们留下的社区设施（包括学校和教堂）极速衰落了。

这些和那些更微妙变化的结果是城市贫民窟的贫困集中化（Concentration of Poverty），这又与较高程度的暴力、无家可归、失业和福利支出联系在一起。如果说20世纪40年代的贫民窟是各个阶层的美国黑人被迫生活在一起的地方，那么20世纪80年代的贫民窟则是被抛弃的种族和少数族群群体生活的最贫穷的社区。

尽管贫穷的城市社区随着时间发生了变化，但城市民族志学者——通过将自己浸润在一个社区里来研究人们和场所的学者——的研究通常捕捉到了国家最劣势社区里更为复杂的生活现实。一方面，社会学对城市贫民窟的研究生动描述了暴力威胁成为美国城市最贫穷、种族隔离最为严重的区域日常生活结构中的一部分，迫使年轻人就在何处与何人消磨时间以及如何处理具有潜在危险的互动方面做出至关重要的决定（Anderson 1999）。另一方面，学者对暴力最为突出社区的研究发现，在危机时期个人和家庭依赖紧密的社会支持网络来照顾儿童、获得友谊、情感支持和经济救助（Stack 1974；Venkatesh and Celimli 2004）。甚至在美国最贫困的社区里，强烈的社区意识也能蓬勃发展。

隔离与城市多样性

9.4.2 讨论美国城市的多样性。

集中性贫困的数据揭示了穷人聚集在一小部分社区里的程度，而种族和种族隔离（Segregation）的数据反映出来自不同种族和族群的个体居住在相同社区里的程度。当我们思考目前的种族隔离水平时，回顾20世纪60年代晚期通过的民权立法的关键组成部分之一——1968年的《公平住房法案》是有帮助的。该法案确认在公共以及私有住宅市场里的种族歧视是非法的，借此希望美国社区不再存在种族隔离。然而，几十年以后，种族隔离在美国大多数主要城市里只是轻微地减少了。

近些年来，来自其他国家的移民急剧增加。在这种背景下，美国族群社区的多样性表现如何呢？自1965年《哈特-塞勒法案》（Hart-Cellar Act）通过以来，美国移民出现了爆炸式增长。该法案推翻了美国族群来源限额制度，迅速改变了朝向美国的移民浪潮。尽管在20世纪初大部分移民来自欧洲，但现在大部分移民来自拉丁美洲（尤其是墨西哥）、加勒比海、非洲、亚洲以及中东地区（Waters，Ueda，and Marrow 2007）。

移民对城市生活产生了复杂的影响。一些证据显示移民对复兴国家一些最贫困的社区发挥着重要作用，也给那些多年来人口流失、商业活动衰退的社区带来了新生。一些人指出移民有助于推动种族隔离社区的种族和族群整合。例如，近来的研究已经确认美国正在出现一系列全球社区（Global Community），它可以被界定为包含几个不同种族和族群成员的社区（Logan and Zhang 2010）。洛杉矶的东好莱坞就是这样的一个社区，该社区拥有大量来自拉丁美洲、亚美尼亚以及东南亚的移民。

这些新兴全球社区的出现和全美不断增加的多样性对国家城市的未来提出了重要问题。新的证据显示城市社区族群多样性的增长也许会逐步瓦解将白人和黑人隔离开来的边界，使人们乐观地认为日益多样化的城市图景也许会削弱种族隔离。

与此同时，移民社区也并不是对过去几十年城市社区发生的变迁完全免疫。例如，生活在高度贫困的巴里奥（Barrios，黑人贫民窟的西班牙语表达——译者注）中的人数也随着20世纪70年代和80年代集中性贫困在美国黑人口中的增加而增加（Jargowsky 1997）。新城市贫困向移民家庭提出了新挑战，因为传统的一代代的向上

密尔沃基市的这些地图显示某些特定的社区在20世纪70年代之后陷入急剧的经济衰退中。

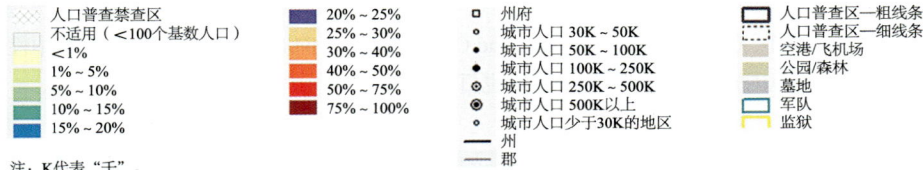

注：K代表"千"。

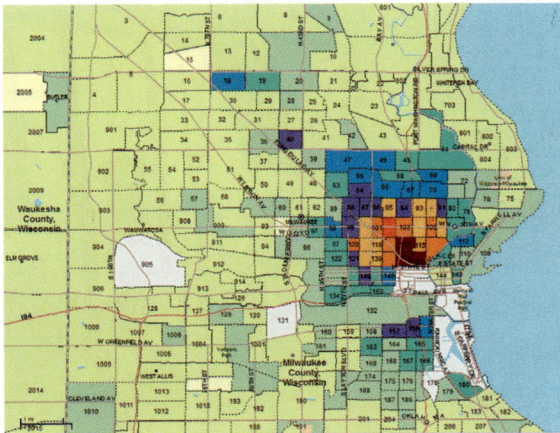

1970年人口普查区的贫困人口比例

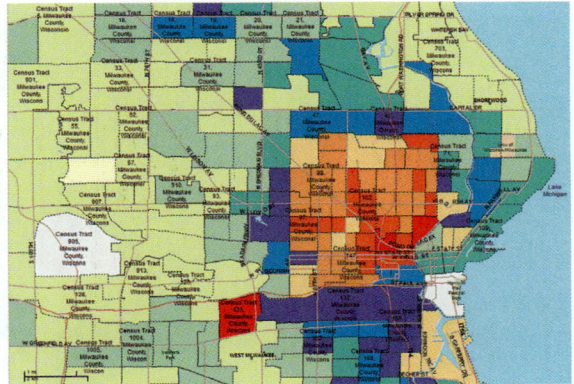

1980年人口普查区的贫困人口比例

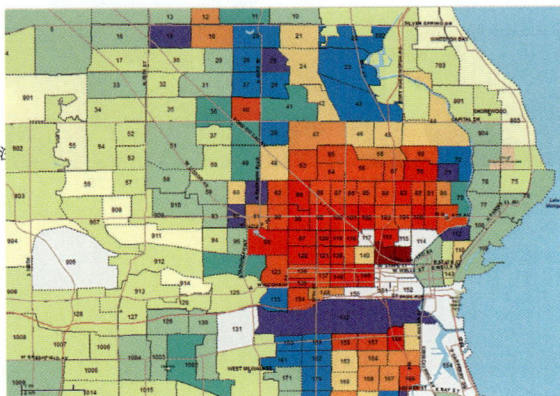

1990年人口普查区的贫困人口比例

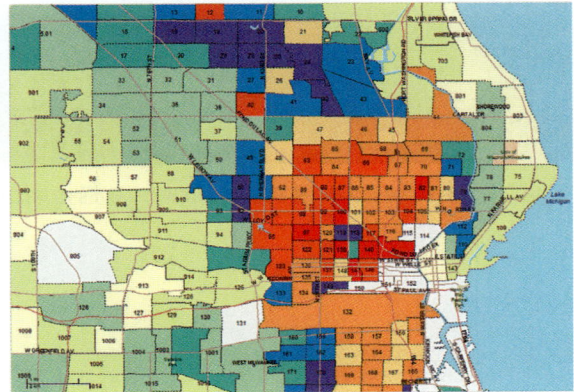

2000年人口普查区的贫困人口比例

资料来源：©2012 社会探索者。

图9.6　密尔沃基的城市贫困（1970—2000年）

流动模式不再是同化的主要模式。相反，移民流动路径更为突出的特征是区隔同化（Segmented Assimilation）模式，即移民及其后代沿着几种可能的同化路径中的一种路径被同化（Portes and Zhou 1993）。一种路径是向上流动的传统模式，被主流文化所同化。但另外一种越来越突出的路径是向下的经济流动，在城市里过着贫困的生活。第三种路径是中间路线，一些移民及其后代被整合进经济主流，但一直住在居民区的飞地中，从而与自己家乡的文化保持着联系。旧金山的华裔美国人就属于这种类型，他们构成了该市近1/5的人口，是城市公民生活很大的一个组成部分。随着非白人美国人份额不断扩大，第三种路径随着时间也许会变得越来越普遍。

尽管我们已经关注到了美国的集中性贫困和相关的城市问题，但城市贫困研究的学者已经开始更多地关注美国贫民窟与巴西的棚户区（Favela）、南非的黑人居住区（Township）以及法国的郊区（Banlieue）相比较的问题——世界上在这些地区存在着严峻的集中性贫困（见表9.1）。而且，在发展中国家，越来越多的证据显示，一些最严峻的贫困正从农村地区转向城市地区（Montgomery，Stren，and Cohen 2003），向城市提出了新挑战。集中性贫困是一个全球性问题，应该从全球范围来思考城市问题的走向也日益清晰。

洛杉矶的东好莱坞是包含着一些不同种族和民族群体成员的全球社区的一个例子。

表9.1 发展中国家的城市贫困

尽管生活在城市地区的世界人口比例在以一个稳定的比例增加（现在该比例超过50%），但是世界贫困人口在城市地区的份额却以2倍的速度在增加。这种发展情形在拉丁美洲和非洲撒哈拉沙漠以南地区尤为突出。

1993年	贫困人口中城市贫困人口比例（%）	总人口中的城市人口比例（%）
拉美和加勒比地区	47.7	72.3
中东和北非	15.3	52.8
非洲撒哈拉沙漠以南地区	24.3	29.8
南亚	21.9	25.7
印度	22.5	26.2
世界总计（不包括中国）	24.2	41.6
2002年	贫困人口中城市贫困人口比例（%）	总人口中的城市人口比例（%）
拉美和加勒比地区	59	76.2
中东和北非	19.9	55.8
非洲撒哈拉沙漠以南地区	30.2	35.2
南亚	24.1	27.8
印度	25.2	28.1
世界总计（不包括中国）	28.2	43.4

注：城市和农村贫困测量使用的贫困线是1.08美元/天（根据1993年购买力平价调整而得）（in 1993 PPP）[3]。

资料来源：拉瓦雷、陈和桑格鲁拉（Ravallion，Chen，and Sangraula 2007）

9.5 城市在联系日趋密切的世界里将如何变迁？

城市与联结在一起的世界

展示世界联结在一起的程度的方式有很多。其中一种有力的方式是亲眼看见。

许多年前，纽约现代艺术博物馆举办了一次别具特色的"沟通纽约"（New York Talk Exchange）展览。该展

---

③ PPP 是 Purchase Power Parity 的缩写，译为购买力平价，是一种根据各国不同的价格水平计算出来的货币之间的等值系数，以便能够对各国的国内生产总值进行合理比较——译者注。

览的特色是对纽约通过网络和电话与世界其他地方的实时联系进行了视觉呈现。麻省理工学院媒体实验室的设计者把进出纽约的闪亮光弧（指电话和网络流量——译者注）组合在一起，很形象地提示我们世界联系正变得多么紧密。

移民与城市图景

9.5.1　揭示世界上的城市如何联结在一起的。

来自"沟通纽约"展览的数据显示，大约20%的跨国电话打入了布朗克斯——纽约市的五大市区之一，这些跨国电话来自多米尼加共和国两个最大的城市圣多明各和圣地亚哥（Sassen 2008）。从布鲁克林打出去的国际长途中大约有10%是打往牙买加首都金斯敦（Kingston）；17%的电话是打往金斯敦、圣多明各和海地。大部分通信都不是通过电话进行商业交易；相反，这些电话沟通是将布鲁克林和布朗克斯的居民和他们在家乡的家人和朋友联系起来。为世界上的小城市也灯光闪亮，提供了一种新现实的视觉证据：跨越国家界限而生活和工作的人口数量要比以前更多了。

据联合国估计，在2010年大约有2.14亿人生活在与自己出生时不同的国家里（DeParle 2010）。在美国，移民政策的放开导致移民快速增加，移民数量一直随时间加速增加。据估计仅在美国就有大约4300万移民，比二十年前增加了差不多2000万人。与自己祖国的联系不只是语言沟通。约3000亿美元的汇款从移民工作者手中流向其家庭和朋友。在牙买加、萨瓦尔多和黎巴嫩这样的国家，多达20%的国民收入来自国外寄钱回来的移民工作者（DeParle 2007）。

移民不断增加对美国城市产生了广泛的影响。尽管有证据显示移民开始直接定居在郊区，但美国主要城市仍然是大部分海外移民的主要入境处（Tavernise and Gebeloff 2010）。例如，在美国17个最大城市里，超过1/4的人口是由移民构成的，相比之下，在其他地方移民仅仅占人口的7%（Card 2007）。早期的城市理论家并没有预期到种族飞地——指城市里当地劳动力市场、住房市场以及文化由某一特定族群主导的规模大而稳定的区域——的出现。举例来说，让我们看看图9.7了解一下移民如何影响了迈阿密的种族和族群构成，迈阿密是古巴裔美国人的主要定居地。

全球化与城市

9.5.2　讨论移民和全球化如何改变了城市和城市社区。

就像人们在全球范围内流动和沟通一样，技术使得产品和服务能实现跨国界的快速流动——而活动的节点位于世界上的全球城市（Global City）。全球城市是城市中心，在这里跨国公司总部创造和控制着跨国的信息和商业流动（Sassen 2007）。全球城市人口集中，基础设施也能保障跨国经济得以协调。在跨国商业活动能轻易发生、产品在全球销售、资本快速流动的世界里，全球城市是世界国际金融和技术中心。早期对全球城市的研究集中在纽约、伦敦和东京（Sassen 1991），但现在学者辨别出一系列全球城市或"正全球化"的城市，这些城市整合了跨国界的地区性商业活动，而且这样的城市也很多样化，包括巴西的圣保罗、印度尼西亚的雅加达以及俄罗斯的莫斯科（Castells 2000）。在美国，洛杉矶、旧金山、休斯敦以及迈阿密也都具有一些全球城市的特征。

全球城市出现的意义超出了国际金融和技术范围。这些城市跨国活动步骤，对城市地区的社会和经济结构以及居民生活产生了广泛的影响。城市的空间分布、政府推行的政策以及城市经济结构都受到城市地区全球化的影响（Marcuse and Kempen 2002）。在这个意义上，城市人口的地方状况与公司全球网络之间的联系日益紧密。

这些地图显示，在过去四十年，迈阿密以及佛罗里达的拉美裔人口显著增长。像迈阿密一样，全美的许多城市都经历了大规模的人口变迁，这一变化重塑和改造了社区。

图例：
- 人口普查禁查区
- 不适用（<100个基数人口）
- <1%
- 1%~5%
- 5%~10%
- 10%~15%
- 15%~30%
- 30%~40%
- 40%~60%
- 60%~75%
- 75%~90%
- 90%~95%
- 95%~100%

- 州府
- 城市人口 30K~50K
- 城市人口 50K~100K
- 城市人口 100K~250K
- 城市人口 250K~500K
- 城市人口 500K以上
- 城市人口少于30K的地区
- 州
- 郡

- 人口普查区—粗线条
- 人口普查区—细线条
- 机场/
- 公园/森林
- 墓地
- 军队
- 监狱
- 教育机构

注：K代表"千"。

图9.7 迈阿密的拉丁美洲人口[④]

1970年人口普查区西班牙裔美国人的比例

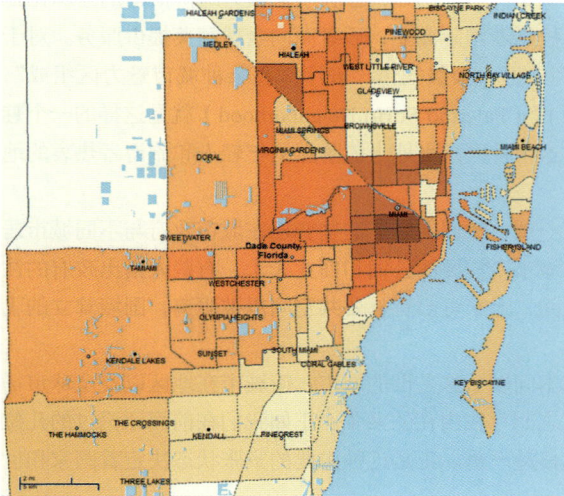

1980年人口普查区拉美裔美国人的比例

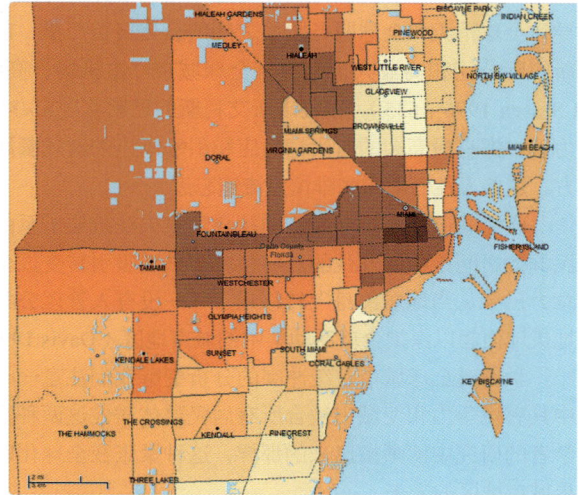

1990年人口普查区拉美裔美国人的比例

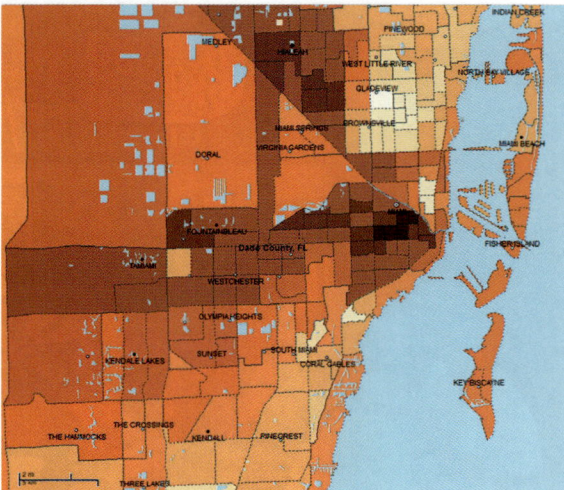

2000年人口普查区拉美裔美国人的比例

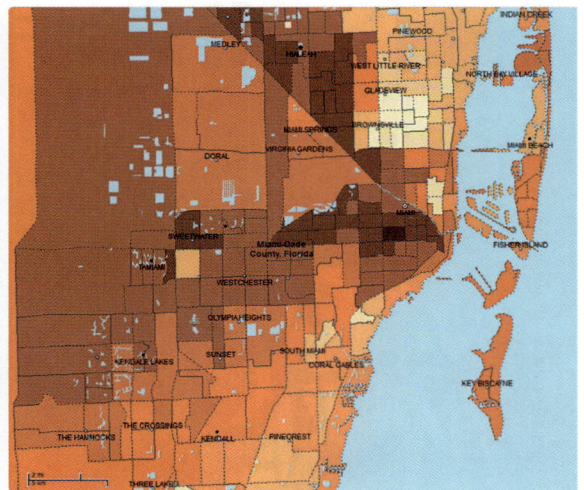

资料来源：©社会探索者（2012）。

④ 本书统一将 Latino 译为拉丁美洲人，Lation American 译为拉丁裔美国人；将 Hispanic 译为拉美裔（拉美西语者），Hispanic American 译为拉美裔美国人；将 Spanish American 译为西班牙裔美国人——译者注。

自20世纪80年代初，学者开始就全球化过程如何改变城市地区的基础经济结构提出了自己的观点，认为这会使城市政府、公司以及居民之间产生新的关系，也会形成新的阶级冲突形式。随着美国城市经济在20世纪70年代的转型，曾经作为城市劳动力市场基础的制造业岗位开始迅速减少，并被服务业岗位取代，包括从零售店的低工资工作到银行的高薪水工作在内的各类工作。在后工业信息时代，服务业开始成为许多城市经济的主体。像纽约和伦敦这样的国际城市重塑了城市图景，提供吸引和留住国际公司所需的基础设施和便利设施，这使得这类城市成为世界商业中心（Zukin 1992）。

一些全球化学者认为这种变迁导致城市劳动力市场严重分极化。例如，社会学家认为经济活动的全球化正导致全球精英和全球服务阶层之间的分化日益严重，前者控制着国际商业，后者面向全球精英提供服务。对于新国际公司和商业人士而言，全球城市"由机场、高级商业区、顶级宾馆、餐厅以及某种城市魅力区组成"（Sassen 1996：635）。布宜诺斯艾利斯的巴勒莫居家办公社区（Palermo SoHo Neighborhood）就是这样的一个魅力区，拥有最高端的时尚精品店和引领潮流的新式餐厅。这个社区是当地上流阶层的年轻人和旅游者热衷的地方，这些人在酒吧和咖啡馆里流连忘返。

研究城市地区政治经济的社会学家关注阶层谱系的另一端，他们记录了这些变迁在城市政府与不同城市居民群体之间是如何发生的。随着城市试图吸引转变成全球城市所需的公司和商业人士，有些人指出政府的注意力已经从当地居民身上转移走了——没有人管理公共空间，无家可归者从公共空间里被驱离，围墙耸立的飞地拔地而起以保护全球活动集中的城市地区（Davis 1990）。

学者对全球城市阶级冲突的分析提醒我们注意一个基本问题：这是谁的城市？使城市在地区以及全球市场中具有竞争力和使城市适合所有居民群体居住这两种需求之间存在内在的紧张。正如我们在前面评论过的几位学者的研究中清晰指出来的那样，这种紧张在全球化时代日趋严重。正是这种主要的紧张状态决定着国家和世界城市地区的未来。

这是巴勒莫居家办公社区的咖啡馆，该社区是布宜诺斯艾利斯的一个时尚社区。这个咖啡馆代表着"城市魅力区"流行的一种设施类型，在这里全球精英可以购物和用餐，这里同城市中较贫穷的居民乃至中产阶级居民都是隔离开来的。

结论：我们城市的未来

追溯到1968年，城市研究的学者就预测航空运输以及电话通信的进步使城市地区变得没那么重要了，这将导致城市化在"后城市"时代的削弱（Webber 1968）。随后这些年，许多理论家呼应了这些预测，认为信息技术的进步将导致人口向农村地区迁移。

今天，又过了几十年，通信和信息技术的发展超出了任何一个人的预期——但城市化仍然继续着，城市对世界经济的重要性超过了以往任何时刻。所有这些征兆毫无疑问地指向城市的未来。

但未来的城市看起来将会如何就没那么明朗了。我们已经描绘了城市开始呈现出的各种形式，如美国遍布在主要高速公路联结处的边缘城市和亚洲以及其他地方日益增多的超级区域。在信息技术进步以及与工业相对的服务业增长的驱动下，新城市日益全球化。决定哪些城市能在这种新环境下成长的力量也发生了变化。城市学家理查德·弗罗里达（Richard Florida）指出，能在新城市环境下发展的城市不仅能提供城市旧有的传统服务，还能提供文化便利设施以及开放、多样化以及包容的城市氛围，这样的城市氛围能吸引来他称之为"创意阶层"（Creative Class）的专业人士群体（Florida 2003）。创意阶层包括艺术家、工程师、教授、设计师以及建筑师，这些人一起在城市里生产出具有创造性的文化。弗罗里达关注文化与生活方式，他指出城市在展开商业竞争之前需要吸引创意人群。弗罗里达的观点有时被批评忽视了对像城市政治权力和经济结构这样宏观力量的考量，但他的见解在城市设计者和管理者那里产生了巨大影响（Peck 2005）。

人口和思想是城市创新和增长动力的观点在经济学家爱德华·格莱泽（Edward Glaeser）的乐观主义著作《城市的胜利》（*The Triumph of the City*）中得到了呼应。格莱泽将城市看作能在人们之间传播思想和知识的中心区域，以只有在城市环境里才可能的方式创造出一系列把专业化视角和技能整合在一起的发明。从这个视角看，城市将是解决世界最紧迫的人类问题的关键。

对作为发明、创新以及经济增长中心的城市角色的关注不应该使我们忽略这样一个事实，城市是世界上存在最极端贫困的地方，其内部存在着范围广泛的社会问题。随着城市的全球化并完成了向以信息和技术为基础的经济的转变，许多城市学家看到这种转变的受益者和未受益者间的差距越来越大。一些人预见，在技术发展和信息流动日益成为经济发展核心的世界里，使得跨国机构执行超出国界的政策将成为可能，而国家和地方政府的重要性正在降低（Castells 2000）。

这些是对城市未来长远和全球视野的思考。从我办公室的窗户向纽约街道望去，我情不自禁地会思考关于城市和社区更迫切的未来的问题。就在现在这个时刻，美国许多城市的未来非常不明晰。许多城市经历了20世纪90年代的复兴，因为在20世纪80年代像犯罪和暴力犯罪这样的一些最严峻的城市问题在80年代后半段大幅减少。整体看来，美国的暴力犯罪在20世纪90年代下降了大约40%，在圣地亚哥、达拉斯、芝加哥、印第安纳波利斯和纽约等多个城市里都有非常大的改善（Zimring 2007）。同样在这个时期，犯罪率下降，美国城市住房拥有比率上升，失业人数减少，产权价值上扬。

仅仅几年之后，许多这样积极的发展就要开始成为遥远的回忆。住房危机和经济大衰退共同蚕食了20世纪90年代在就业以及住房所有权方面获得的成果。房屋抵押开始出现在那些稳定的社区。在皇后区一个房屋抵押高度集中的区域，一位居民描述了正逐渐清空的社区里空荡荡的感觉："每两三间房子里就会有空的……这种感觉很不好。你会看到杂草丛生，垃圾邮件越堆越高"（Fernandez 2008）。甚至，随着城市从住房危机中恢复过来，新挑战和新冲突也开始出现了。在几个城市里，警察开枪射击美国黑人引起了广泛的抗议，这些抗议关注城市警察部门与有色人种社区居民的互动方式。现在种族与警察之间新的紧张状态威胁着长期以来暴力犯罪率一直在下降的社区的稳定。

全美以及全世界城市所面对的挑战不断在变化，这产生了一种对城市未来的谨慎观点，这种观点关注城市成为世界日益增长的不平等的场所的角色。比较乐观的观点体现在如格莱泽这样的城市学家的研究中，他将城市称为"'我们这个物种'最伟大的创造"。两种视角的观点当然都是正确的。然而，无法否认的是，随着世界持续城市化，我们人类的未来将越来越会被我们城市的未来所决定。

大问题再览9

9.1　什么驱动着人们来到城市？ 大部分人口现在生活在城市里，引发了许多让人着迷的问题。这个部分探索了如何界定城市以及城市生活如何影响我们个人生活的不同层面。我们了解到对城市的社会学理解要比政府机构提供的官方界定复杂。

城市化与城市的增长

学习目标9.1.1： 区分导致城市化的主要力量。

居住的城市、郊区以及农村模式

学习目标9.1.2： 分析20世纪出现的城市和郊区形式。

> **核心术语**
>
> 都市地区　城市化　城市地区　卫星城市
> 超级城市　超级区域　郊区　白人迁移　边缘城市
> 画红线　郊区蔓延

9.2　社区是如何形成和变迁的？ 城市和社区的发展不是自然而然的，而是受到政治和经济力量的驱动。这个部分探索了随时间推移而出现的社区类型，这是因为个体和群体的政治和经济利益不同，有时还彼此竞争。

城市生态学：芝加哥学派

学习目标9.2.1： 界定城市生态学并讨论芝加哥学派面对的核心问题。

城市和社区的政治经济

学习目标9.2.2： 揭示政治和经济利益如何共同促进城市成长和影响城市变迁。

> **核心术语**
>
> 城市生态学　增长机器　中产阶级化

9.3　城市如何对我们是谁、我们的朋友是谁以及我们怎样生活产生影响？ 这个部分探索了城市在规模、密度或其他量化特征上如何不同，还探索了城市如何影响我们的互动、工作以及生活在一起的方式。

作为一种生活方式的城市主义

学习目标9.3.1： 讨论城市化如何影响我们的生活和社区。

社区与网络

学习目标9.3.2： 讨论技术对社区生活的影响。

> **核心术语**
>
> 社会隔离　社区　社会网络　社会联系　社会资本

9.4　为什么会在城市里发现这么多社会问题？ 在这个部分，我们讨论了城市如何日益成为世界贫富差距最极端的地方。城市地区常常都是创造财富的巨大引擎，但越来越多的世界贫困正从欠发达、农村地区向城市人口高度集中的贫民区转移。

集中性贫困和城市贫民窟

学习目标9.4.1： 确定导致美国社区集中性贫困形成的原因。

隔离与城市多样性

学习目标9.4.2： 讨论美国城市的多样性。

核心术语

大迁徙　城市贫民窟　城市复兴　集中性贫困

全球化社区　隔离　分区同化

9.5　城市在联系日趋密切的世界里将如何变迁？ 在这个部分，我们讨论了城市如何成为将世界联结在一起的节点。要充分理解形塑我们世界的力量，我们必须把自己的视野拓展到个别城市街道和社区之外，甚至要超越国家的边界。

移民与城市图景

学习目标9.5.1： 揭示世界上的城市如何联结在一起。

全球化与城市

学习目标9.5.2： 讨论移民和全球化如何改变了城市和城市社区。

核心术语

全球化城市　汇款

通过如缺少食物和健康保健这样明显的方式和如母亲孕期压力这样的隐匿方式，贫困甚至在儿童出生之前就对他们产生影响了。

第 10 章
社会分层，不平等与贫困

作者：弗洛伦西亚·托奇（Florencia Torche）、理查德·阿鲁姆、杰夫·曼扎

成长中遭遇贫困对儿童会产生怎样的影响？我们愿意相信所有的儿童在生活中拥有获得成功的平等机会。但这正确吗？这是近些年来社会学家一直特别感兴趣的研究问题。即便像美国这样的资本主义社会已经拥有这样的财富和经济生产力水平，但还有许多家庭一直生活在贫困中，许多时候甚至缺少满足自己日常需要的资源。越来越多的证据表明贫困对儿童的伤害尤其深，有时候伤害的方式是微妙和隐匿的。其中一种方式是母亲贫困产生的压力对儿童的伤害，甚至在儿童出生前就会对儿童产生伤害。直到最近，研究者都认为胚胎通过胎盘与周围的环境完全隔离开来，保护胚胎免受任何伤害。现在我们知道并不是这么回事。例如，研究者已经证实孕期饮酒、吸烟、吸食毒品会影响胚胎。但由贫困带来的压力又会对胎儿有怎样的影响呢？母亲生活贫困所面对的压力可能会像吸烟或吸毒那样影响胚胎吗？如果是这样，这就表明贫困的影响远远超出了物质资源匮乏的范围。

研究孕期压力影响理想的研究设计包括，召集一群孕妇，随机选择其中一半的孕妇（试验组）给予压力刺激，另一半（控制组）则不给予压力刺激。当然，出于伦理考虑，这种实验是不可能的。但在2005年，智利大地震为评估压力的影响提供了替代性策略。因为地震的到来毫无预警，而且智利的一些城市受到影响，但其他城市则毫发无损，所以这创造了一种自然实验，与我们只施加给一些准妈妈额外的压力来观察会发生些什么相类似。换言之，那些碰巧生活在地震区的女性就像处处可见的贫困母亲一样在孕期面临着额外的压力，而生活

我的社会学想象力

作者：弗洛伦西亚·托奇

我在智利长大，这是世界上最不平等的国家之一。在成长的过程中，我不仅感受到穷人和富人之间的经济差距，还感受到了城市和乡村之间的鸿沟，就好像他们是不同世界的居民。当我还是个孩子的时候，我把不平等看作理所当然的事情。成为大学生后，我获得了理解高度不平等并不是"自然的"事情的工具。相反，高度不平等的存在和延续是因为有特定的政策和制度——所以不平等也可以通过政策和制度加以改变。我的研究成为系统理解不平等是如何被代代生产出来的工具——优势和劣势是如何从父母身上传递到孩子身上，以及教育和婚姻对不平等的影响。我的许多研究使用跨国家比较来分析制度如何影响不平等。我近来的研究是阐明个体生活的情境如何影响其生命早期——早至胚胎期——的生活机遇。

在远离地震区的孕妇就成为研究的控制组。通过比较这两类孕妇群体,弗洛伦西亚·托奇能够测量压力的效应,把它同其他常常与之相联系的因素区别开来。

结果让人震惊。出生于妊娠早期、接触到地震的婴儿大概率早产,体重也可能更轻,而这两种状况都被证明会给儿童造成非常严重的后果。早产的婴儿需要更多的医疗照顾,而且在出生第一年死亡的风险也更高,还会在生存下来之后的日子里经历健康、发展以及认知问题。这仅仅是其中一种极端的影响,生活在压力之下的没那么明显的消极后果能从对大规模婴儿群体的研究中看到。

为什么地震会影响婴儿早产率? 最可能的解释是地震引发的应激性压力对胎盘产生了影响。总的来说,压力向胚胎传递了这样的信息:"外面的世界太不安全了,所以你应该尽快出来。"这为早产设置了生物钟。因为早产预示着后来的发展会出现问题,这项研究坚定地认为,甚至在出生前处于由贫困造成的压力环境也会对孩子之后的成长产生消极影响。强有力的证据显示贫穷的母亲在孕期会有更多的压力,这就得出了一个让人非常不安的结论:甚至在还没有出生的时候,贫穷的孩子就更有可能陷入影响其在子宫内发育的压力之中,而这种压力非常具有伤害性,会对孩子的一生产生影响。正如我们将看到的那样,这仅仅是贫困和不平等对个体和社会产生消极影响的一种方式而已。

任何社会中的不平等都会产生清晰可见的消极后果,也会产生隐而不显的不良后果,这项研究展示的只是许多复杂的影响方式中的一种。所有现代民主社会存在"机会平等"这样一项核心价值观,即不管其出生的家庭如何,每个人都拥有在生活中获得成功的平等机会。但贫困会阻碍儿童去实现梦想,并导致劣势随着他们的成长不断累积。这一事实对这些社会实现真正的机会平等提出了严峻的挑战。在这一章中,我们将分析不平等为什么存在,不平等如何随时间维系下来,以及不平等会给社会带来什么后果等问题。

10.1　不平等是什么？

不平等：简介

　　社会分层（Social Stratification）是社会学的分支领域，研究个体和群体之间的不平等。社会分层是对不平等的系统研究。在这一章，我们将探索社会学家是如何思考不平等和贫困的。我们还将思考，尽管美国是世界上最富裕的国家之一，但为什么美国会存在如此严重的不平等和贫困这个谜题。要实现这些目标，我们需要和美国的过去进行比较，还需要和世界许多其他国家进行比较，包括那些和美国最为相似的国家。在这个部分，我们要介绍一下不平等的概念。

不平等简史

10.1.1　界定不平等并解释不平等的形式和程度在历史上是如何变化的。

　　一些人比别人拥有得多。不平等——有价值的物品和机会的不均匀分配——是几乎所有已知社会的一个特征。但纵观整个历史，不平等的形式和程度差别极大。例如，在原始狩猎和采集社会，有限的食物和资源几乎都由部落所有成员公平分享，尽管决策的权力是由部落首领来行使，而巫医（被称为萨满）则被赋予了专门的特权。在这些原始部落里，人们的基本生存常常都会成为问题，基本需要满足以后几乎没有剩余，即使有也很少。出现严重不平等的可能性也相对较小。

　　随着更为复杂的社会和社区开始出现，非生存必需品开始被发明和创造出来，第一个部落"大人物"（Big Men）出现了。大人物是指那些比其他人更能积蓄渴求物品并在部落或社区里能获得更高地位和更多权力的人，不管是因其身强力壮还是因其机智狡猾（Flannery and Marcus 2012）。大人物发展出许多炫耀自己的财富以便在部落里获得更高地位的方式，如建立更大的住处和居所，在庆典上展示珠宝首饰或其他特殊物品以及娶多个妻子等。

　　随着更多稳定的农业社区开始形成，大概是在1.2万年前，不平等固化首次成为可能。奴隶制的建立是不平等固化的重要里程碑。奴隶是被强迫为他人工作的个人。奴隶制推动了奴隶主财富的创造，奴隶无法分享这些财富，进而生活在相同地方的人们之间产生了分界线。古代世界的奴隶社会都是如此。比如在古埃及，奴隶被用来为统治者建造纪念塔，在古雅典和古罗马帝国这种现象也很突出。奴隶制在历史上一直存在着（实际上，今天在一些小地方仍然存在着奴隶制），最经常出现在以农业为主要经济活动类型的社会或地区里。

正如这幅图片显示的那样，在封建制度下，地主总是盖大房子（甚至城堡），并能负担起许多佣人和奢侈品的开支，然而在土地上劳作的代代农奴却几乎没有足够的生存必需品。

尽管奴隶制生产出最极端的不平等形式，但在18世纪和19世纪之前，世界上还存在着其他两种类型的不平等。积累财富的一种历史源头涉及商人，这些人从一个地方买进所需物品，然后在另一个地方出售来获利。例如，一些商人生活在中世纪（约公元500—1500年）的城市和城市地区，通过买卖商品富裕起来，尽管这种积累财富的方式还可以追溯到更早的时候。随着军队和政府开始发展和扩张，征服其他土地并攫取有价值物品和资源的欲望或奴役被征服区居民的欲望使得一些统治者及其偏爱的支持者富裕起来。

但在资本主义产生之前，不平等最普遍和最重要的源头是封建制度下的土地所有制。封建制度（Feudalism）是指基于农业建立起来的社会秩序，那些拥有土地的人（地主）享有劳动者或农奴的劳动产品。农奴（Serf）是指依法有义务为地主工作（但不是被奴役）的人。在中世纪大部分的农业地区和社会里，少数地主有时能积累起来巨额财富（正如我们从那个时代留存下来的宏伟城堡里可以看到的那样）。拥有大量土地所有权使得这些人可以将土地租赁给农奴，农奴通常是指那些欠地主债、必须不断种地还债的人。几个世纪以来，大量的人口在饥饿的边缘挣扎，甚至很年轻的时候就死了（中世纪英国人口的预期寿命大约是30岁；今天美国以及其他相似富裕国家人口的预期寿命在80岁左右）。这些社会的一小部分经济精英通常生活在远离其他人群的地方，有时是在宏伟的城堡或庄园里，不存在同今天这种大量的"中产"阶级人口。在工业革命之前，按照今天的标准来看，世界上大部分人口苦苦度日甚至年纪轻轻就去世了，几乎没有什么奢侈品可以享受。

在过去250年里，不平等制度不断演进，变得越来越复杂。工业革命使经济快速持续增长，社会整体上变得更富裕了，社会内部开始出现极大的不平等。这些变迁引人注目。在公元1500年到1820年之间，世界的平均收入从545美元增长到675美元，增长幅度非常小。但在工业革命兴起的地区，平均收入的变化就要显著多了。在1820年到1950年这130年的时间里，西欧的平均收入增长了4倍。仅仅在1950年到1990年这40年间就增长了差不多3.5倍（自那时起欧洲的平均收入就一直持续增长）。近些年来，平均收入变化的幅度以及生活标准改善的程度一直在加速提高。图10.1揭示了与中国相比西欧和美国收入增长变化的历史情况。数据（因通货膨胀进行了调整）显示了世界上最发达的国家在每个时点上每个人的平均收入（Maddison 1995）。西欧的平均收入在1820年达到1269美元，在1950年则超过了5000美元，1990年达到1.7万美元，到2010年高达2.2万美元。直到美国内战之前，美国与西欧的情况类似。美国内战之后，美国平均收入增长的速度加快，人均国民收入从1870年的每人大约2400美元增长到1920年的9000美元，1990年达到2.3万美元，到2010年每人达到大约3万美元。要更进一步说明的是，我们可以将西欧与中国进行比较；在公元1300年，这两个地区的收入水平差不多（在这之前中国大部分时间处于领先的位置），但随着西欧和美国进入腾飞期，

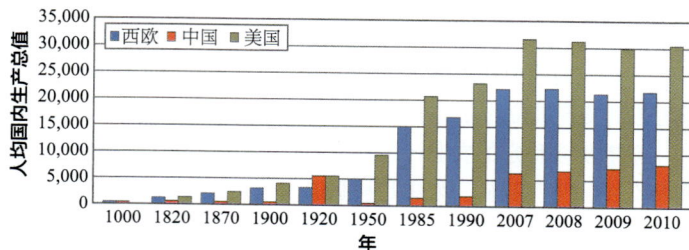

资料来源：基于麦迪逊（Maddison 1995）的数据。

图10.1 人均国民收入水平比较

两个地区就开始出现了严重分化。

这些数据让人印象深刻，但这些数据也突出了美国变得有多么不平等。按这种方法计算，每个人的平均收入（包括儿童和成年人）大约是3.1万美元。这意味着四口之家的平均家庭收入是12.4万美元。但我们知道这个数字高得离谱；实际上，一个收入在12.4万美元的四口之家将位列所有家庭的前10%，而不是位于所有家庭的中间位置。出现这种不一致的原因在于中位数（正好处于中间位置的个体或家庭）和平均数（或者均值）之间的差异。中位数是所有家庭的中点，一半家庭的收入位于这个值的上方，一半家庭收入位于这个值的下方。2012年家庭收入的中位数大约是5.1324万美元（相比2007年的6万多美元下降了，那一年经济大衰退开始了，这是一个重要的经济转折点），这一数值远低于家庭收入的平均数。这两个统计值为什么会有这么大的差别呢？

理解收入的平均数和中位数之间差别的简短答案是，城市最富有的个体和家庭以及每个人的收入近些年都大幅度增加了，收入平均数的增长速度要比收入中位数的增长速度快得多。理解这种差异的一种简单方式是这样一个老套的笑话：酒吧里有五个人，每个人一年的收入大约是5万美元，因此这几个人的平均收入是5万美元；突然间比尔·盖茨（Bill Gates）走进来了，这个酒吧里每个人的平均收入大幅度增加了，尽管原来的那五个人并没有换工作。在这样的情况下，中位数能更好地理解酒吧顾客实际上赚了多少钱。

如果我们从全球视野来看，毫无疑问今天那些拥有一般财富的人也会比人类历史上任何一个时期的富人都多。《福布斯》（Forbes）杂志每年都会对世界上最富有的人进行调查。占据2014年《福布斯》富豪榜榜首的是微软创始人比尔·盖茨，据估计他的净资产达760亿美元。排在第二位的是墨西哥通信巨头卡洛斯·斯利姆·埃卢（Carlos Slim Helu），其净资产估计达720亿美元。排在他们之后的两个最富有的人——西班牙时装零售商阿曼西奥·奥尔特加·高纳（Amancio Ortega Gaona）和美国投资人沃伦·巴菲特（Warren Buffett），据估计两者拥有的净资产分别为640亿美元和580亿美元（Forbes 2014）。纵观全球，富人越来越富，今天这些富人一起控制着全球财富的巨大份额。这是成为超级富豪的极佳时机。在一份由处于领先地位的财富研究者团队提出的重要报告（Credit Suisee 2013）里分享了这些让人吃惊的发现，例如：

- 几乎一半的世界财富被世界人口的前1%控制着。
- 世界上的亿万富翁超过1000个，大约有一半生活在北美。
- 世界50%的底层人口拥有的财产同世界上80个最富有的人的财产相似，一项预测指出，在今后一些年里，世界上最富有的1%的人口拥有的财富将比底层99%的人口拥有财富的总和还多（Oxfam 2015）。

经济不平等的度量：财富与收入

10.1.2 比较作为经济不平等指标的收入和财富。

社会不平等的具体方式有哪些？社会学家将大部分注意力放在两个重要的不平等指标上：收入（Income）和财富（Wealth）。这两个指标存在很大的不同，理解它们之间的差异很重要。收入是指在特定的会计期间（如小时、周、月或年）收到的货币或物品。收入的来源有多种可能：从常规工作中赚得的收入，从投资、能产生收入的财产或企业的所有权中获得的收入，从政府转来的收入（如社会保险），从家人或朋友那里获得的收入（遗产或礼物），以及非法或"地下"所得（比如犯罪，从事非正式、不缴税的工作或商业活动所得）。大部分人在退休前都是从工作中获得自己大部分或全部收入，但有些人的收入来源多种多样。

财富是指个体或家庭所拥有的资产的净价值（即资产减去债务），是家庭资源的替代性指标。最普遍的财富形式是不动产。大约2/3的美国人都对自己生活的主要居住地拥有所有权。因为住宅价值有可能会随着时间增值，所以在历史上房屋所有权一直是收入不高的家庭积累财富的主要形式（买房并在里面生活了很多年，这时房子升值了）。一部分规模比较小的人口还拥有净金融资产（Net Financial Assets，简称NFA），包括储蓄、投资、退休金账户以及其他可转换资产（较少的未偿债务）的总价值。尽管大多数家庭都有储蓄账户，但拥有净金融资产的家庭就太少了，而净金融资产特别重要。在2013年，美国的中等家庭拥有的净金融资产是2.12万美元，但许多家庭只拥有很少的，甚至没有金融资产，包括退休储蓄（Brandon 2012；Bricker et al.2014）。个体和群体之间的财富差异常常要比收入差别大得多（Keister 2006）。图10.2揭示了1983年到2007年间的财富不平等状况，其中非房屋（Non-Home）财富不包括不动产所有权。

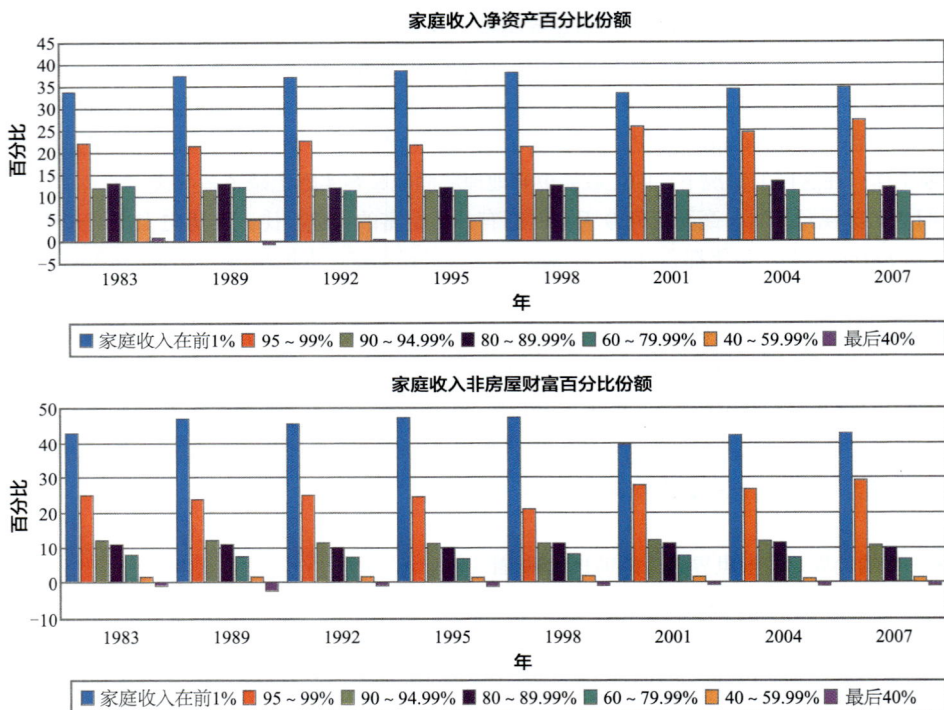

资料来源：沃尔夫（Wolff 2010）。

图10.2　财富不平等

我们也思考了其他幸福指标，了解这些指标是有好处的。最重要的替代性指标有消费（即个人或家庭一个月或一年里实际花费的数额；如果这些个人或家庭能借到钱的话，那么消费就不会直接与收入相对应）、健康与幸福感以及机会（这个概念我们将在后面详细讨论）。但研究和决策制定争议的主要焦点集中在收入和财富上，所以这会成为本章剩余部分关注的焦点。

基于阶级的不平等

10.1.3　界定阶级并确定什么构成了社会阶级。

今天的不平等制度当然并不仅仅由有钱人和其他人构成；社会学家开发出多种多样的工具来理解收入和财

富在整个世界范围内的不平等。在大多数国家，实际上是在所有与美国最为相似的发达国家里都存在中产阶级。如果我们仅仅考虑收入，中产阶级是指在范围广泛的行业里大部分从事专业技术或管理工作的人，或者运营企业较为成功的小企业主。那些从事体力劳动的人，比如熟练的工厂工人，也可能赚到中产阶级标准的收入，但这种情况很少见。中产阶级及其家庭拥有足够的收入去买房子、汽车、电脑、大电视，还有存款和退休金账户。

但许多人对"中产阶级"（Middle Class）概念的认识却模糊不清。社会学家究竟是怎样对中产阶级进行概念化的呢？更为特别的是，阶级的含义是什么？社会学家一般用阶级来指涉社会和经济地位相似的人群，这些人在生活中有着相似的机遇，还会从同样类型的政府政策中受益（或受损）。阶级是群体而不是个体（尽管阶级是由个人构成的），只有在个体彼此之间的关系中思考阶级才有意义。使用阶级的概念来理解美国社会广泛的不平等类型是有用的，能了解到我们通过研究个人和家庭所学不到的东西。

阶级是由什么构成的？就如何界定阶级人们没有达成共识，而且社会学家在有多少个不同的阶级这个问题上存在不同的看法。但大多数社会学家赞同这样的观点，即阶级是指由经济情况相似的人组成的群体，某一阶级（1）同其他阶级的经济利益相互冲突（比如，工人想要更多的工资，而企业主则想压低工人工资以提高利润）；（2）享有相似的生活机遇（即相同阶级的成员在生活中可能会有相似的收入和机遇）；（3）具有相似的态度；（4）至少拥有参与集体行动的潜能（如工人组织工会）。

阶级分析是从这四个维度研究各个阶级如何存在、何时存在、并存在于何地的。当阶级之间在某个核心政治争议上存在明显差异或对经济严重不满时，阶级就变得比较清晰可见了。在发生革命性变革、人们要求经济物品和机遇进行更为平等的分配时，阶级最生动可辨了。但是由整个阶级发动的革命和其他类型的集体行动相对比较少见。那么在日常生活中阶级又是怎样的情形呢？

在19世纪，卡尔·马克思在自己的许多经济和政治著作中都引入了阶级概念，最有名的是与弗里德里希·恩格斯合著的《共产主义宣言》[Marx and Engels（1848）1983]。马克思的阶级概念建立在这样的思想上，作为一种经济制度产生的结果，任何社会都会存在具有单一、重要区别的两个阶级（统治阶级和被统治阶级）。马克思认为资本主义社会最重要的阶级区分是企业主（或者马克思和恩格斯所说的资产阶级）和做工换取收入的工人（马克思和恩格斯将这个群体称为无产阶级）。社会可能也存在其他阶级，但没那么重要（或重要性不断下降）。但自从马克思在19世纪提出这种思想以来，越来越清晰的是，只有一种比较宽泛的阶级观点才能为当代资本主义社会提供一种有意义的描述。把各种中产阶级群体——企业管理者、专业人士以及那些自主就业者——与工厂工人、销售员或者星巴克的咖啡师混在一起分析是没有价值的。在美国社会（或任何其他现代社会），任何复杂的阶级理论都需要关注中产阶级群体。

当开始询问"中产阶级的中产是什么意思？"（Wright 1986）这样的问题时，就会对阶级概念提出一大堆问题。这个问题有三种概括的解决方案。第一种是基于收入区分阶级（正如前面提到的那样）。那些收入高的人属于一个阶级，那些收入接近中间值的人属于中产阶级，而那些收入低的人属于下层阶级。简单，对吧？但用收入界定阶级的问题使阶级之间没有清晰的界限（我们真的认为年收入7.9万美元的人是中产阶级，而年收入8万美元的人就属于上层阶级吗？）。而

让社会阶级变得清晰可辨的一种方式是比较消费者的行为。某些产品是地位符号，反映出一个人的社会地位。例如，更高阶级的成员能购买奢侈品，比如昂贵的或限量版的汽车以及时尚物品。

且，社会学家认为收入来源要比收入总数更重要。人们如何赚钱是一种预测人们如何行为、交什么样的朋友以及会持有何种观点的更好方式。例如，兼职高校辅导员也许与加入工会的看门人有着同样的货币收入。看门人负责在一天最后进行清扫，但高校辅导员的学历比看门人要高，并拥有不同的技能体系，所以高校辅导员很可能有不同的朋友，对公平和公正也会有不同的看法；而且最重要的是，高校辅导员未来获得更多收入的潜力也要比看门人大，不管其收入是相同还是类似。社会学的阶级概念试图捕捉到这些将社会划分成阶级位置的不断变化的生活机遇，因此大多数社会学家得出结论，只看收入并不是我们思考阶级含义的最佳方式。

一些分析家采用的是第二种方法，与对阶级的简单收入测量走向了相反的方向，采用了以教育、收入和当前职业这样的要素为基础的更为宽泛的阶级界定。使用这种方法，研究者能够为个体的社会经济地位（Socioeconomic Status，SES）建构出一个分数。社会经济地位方法的一个基本前提是，通过将个体的许多不同的属性整合在一起，我们能适当地将个体置于同他人的联系中并把其归入到一个阶级中。尽管不同的权重可以赋予到每个维度上，但一个基本的决定法则是在所有三个维度上（教育、收入和职业）得分都高的人就属于"高等社会经济地位"（High SES）阶级，在所有三个维度上得分都低的人属于"低等社会经济地位"（Low SES）阶级，剩下的其他人属于中产阶级（或者说是"中等社会经济地位"阶级）（Middle SES）。

社会经济地位方法对许多研究目的而言都是有用的，出于研究目的对人群进行划分时，这种方法通常要比简单的收入测量法更好。阶级理论的一个关键层面是，同一阶级的成员应该具有一起行动的背景，试图努力在某种程度上改善他们的生活状况。但是处于相同社会经济地位的人永远不可能在那样的基础上一起行动（你见过有人在示威游行中举一个写着"低等社会经济地位团结起来"的牌子吗？）。

第三种阶级分析的方法是大多数社会学家最欣赏的方法，即关注每个人成年后的职业。继马克思之后，这种方法将每个人在经济制度中的位置看作最重要的层面。与收入测量法和经济社会地位方法不同，有许多例子讲述的就是有着相似政治观点的职业群体一起行动争取提高工资或改变政府政策（像美国律师协会或美国医学协会这样的工会和专业协会；对资产阶级而言，有商会和其他协会）。大部以职业为基础的阶级分析法把不同的职业小群体划分成不同的阶级，同一阶级有着相似的生活机遇类型和社会政治观点（政治观点不一定总是相似的）。最受欢迎的是社会学家罗伯特·埃里克森（Robert Erikson）和约翰·戈德索普（John Goldthorpe）的分类体系。两人区分出了五个主要的阶级，表10.1列出了这五个阶级（以一种轻微简化的方式）。埃里克森-戈德索普的方案把那些拥有自己企业（或自主就业）的人和那些为别人工作的人之间做了区分。在那些被雇用的人之间，又区分成从事需要监督他人或需要雇主信任的工作（他们称之为"工薪阶级"）和那些不具备这些特征的工作；是否从事体力劳动；而且，在体力劳动者中，又区分成需要特殊技能和培训的人与那些不需要这些技能和培训的人。

表10.1　埃里克森－戈德索普阶级体系

工薪阶级/服务阶层（Salariat/Service Class）：专业人士、管理者和行政官员；高级技术员；非体力劳动者的监督者
一般的非体力劳动者（Routine Nonmanual Workers）：行政管理和商业岗位上的非监督性工作人员；销售人员；秘书、办事员、其他一般的白领工作者
小资产阶级（Petty-Bourgeoisie）：企业主（不是农场主）；自主的工作者和顾问；工匠等
农场业主（Farm Owner）：农场主和牧场主（拥有土地）
熟练劳动者和监督者（Skilled Workers and Supervisor）：熟练体力劳动者；体力劳动者的监督者（工头）；较低等级的技工/维修工
不熟练劳动者（Nonskilled Workers）：半熟练和不熟练的体力劳动者
农场工人（Farm Laborers）：农场和牧场雇员

资料来源：埃里克森和戈德索普合著的《不变的流动性：一个对工业社会流动的研究》（*The Constant Flux: A Study of Class Mobility in Industrial Nations*，by Erikson &Goldthorpe，1992）表2.1的使用获得牛津大学出版社许可。

10.2 美国为什么会如此不平等？

比较视角下的美国不平等程度

今天，美国经济不平等的程度同以往差不多一样严重，至少从20世纪早期我们能得到有效的收入数据并能测量开始不平等时就是这样。正如我们看到的那样，美国的不平等程度要比其他任何富裕民主国家的不平等程度高（尽管也存在不平等程度更高的不发达国家）。尽管拥有大量的财富，但美国生活在贫困中的人口要比其他相似的国家多。这两个事实都很重要，需要我们好好思考美国为什么会如此不平等。

美国以及世界收入不平等的趋势

10.2.1 讨论收入不平等的趋势并比较美国与世界其他国家的不平等程度。

不平等是从什么时候开始加剧的呢？这是一种新趋势还是不平等程度一直就这么高？研究者用来测量不平等长期趋势的一种方法是分析国民总收入分布在国家不同群体中的份额。例如，在一个完全平等的国家里，最富有的10%家庭的收入份额将正好是国民收入的10%。最富有群体占有的份额越多，不平等程度就越高。

资料来源：赛斯（Saez 2012）。

图10.3 美国最富有的10%家庭的收入份额与最富有的1%家庭的收入份额：1917—2010年

自1970年之后，研究者一直把纳税申报单分析作为测量美国收入不平等的信息来源，不久之后联邦收入税就经由宪法第十六条修正案被永久确立起来。因为美国的每个人都要填写纳税申报单，即使不纳税也要填写，

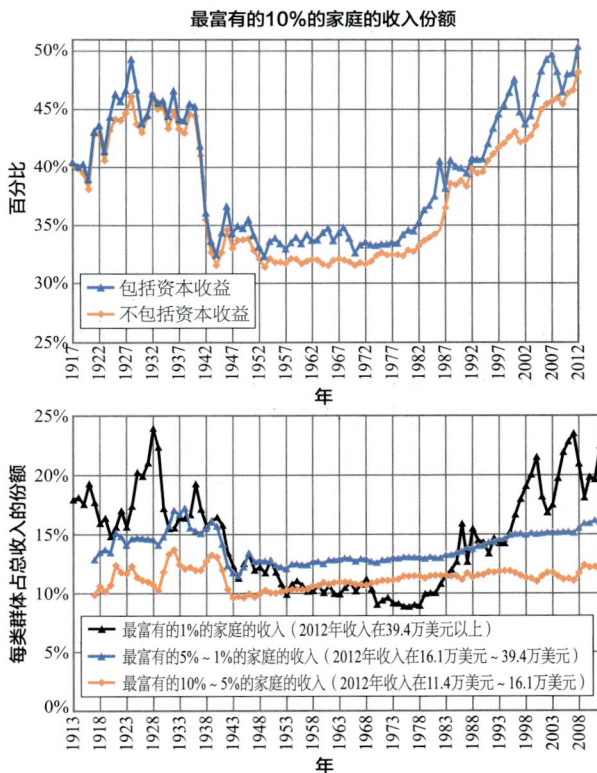

所以才能追踪美国所有家庭长期的收入情况。经济学家托马斯·皮凯蒂（Thomas Piketty）和伊曼纽尔·赛斯（Emmanuel Saez）的工作具有开创性和重要意义（Saez and Piketty 2013），他们成为揭示收入发展趋势的先驱。他们的分析显示了什么？分析一下图10.3中的数据，这些数据揭示了有关美国收入不平等及其后果的发展趋势。

正如我们看到的那样，最富有群体的收入份额总是高于其在总人口中的份额，但高多少则随着时间变化日益显著。在20世纪40年代到20世纪70年代，美国的不平等程度创下历史新低。在20世纪60年代，只有大约1/3的国家总收入流向了最富有的1/10的家庭，最富有的1%家庭的收入约占总收入的8%。到2012年，最富有1%人口的家庭收入占到了总收入的23%！更引人瞩目的是这样一个事实，这最富有的1%的人口一直都是收入最高、收入增长最快的人（因此那些收入超过99.5%家庭的幸运家庭——前1%的前一半——比那些收入超过99%家庭的家庭收入更高、更快）。与其他国家相比，美国收入不平等的水平有何不同？从图10.4中可以看到一些细节。

美国不平等的程度是瑞典（一个非常平等的国家）的2倍，大约是其他大多数国家的1/3倍。这是有启发意义的，因为这些国家的经济发展水平与美国类似，教育制度和民主政治制度也相似。美国是发达世界里最不平等的国家，与其他国家的差别非常大。实际上，要找到更不平等的国家，我们需要与拉丁美洲和非洲的一些国家进行比较，这些国家的不平等程度特别高（南非和纳米比亚是世界上最不平等的国家）。

基尼系数（Gini index）是由意大利统计学家和社会学家科拉多·基尼（Corrado Gini）提出来的。基尼系数是测量国家总体收入不平等的指标，该指标应用最为广泛。系的范围在0～1之间，1代表完全不平等（一个家庭获得了所有收入，其他所有家庭一无所得）。基尼系数越大，不平等的程度就越高。

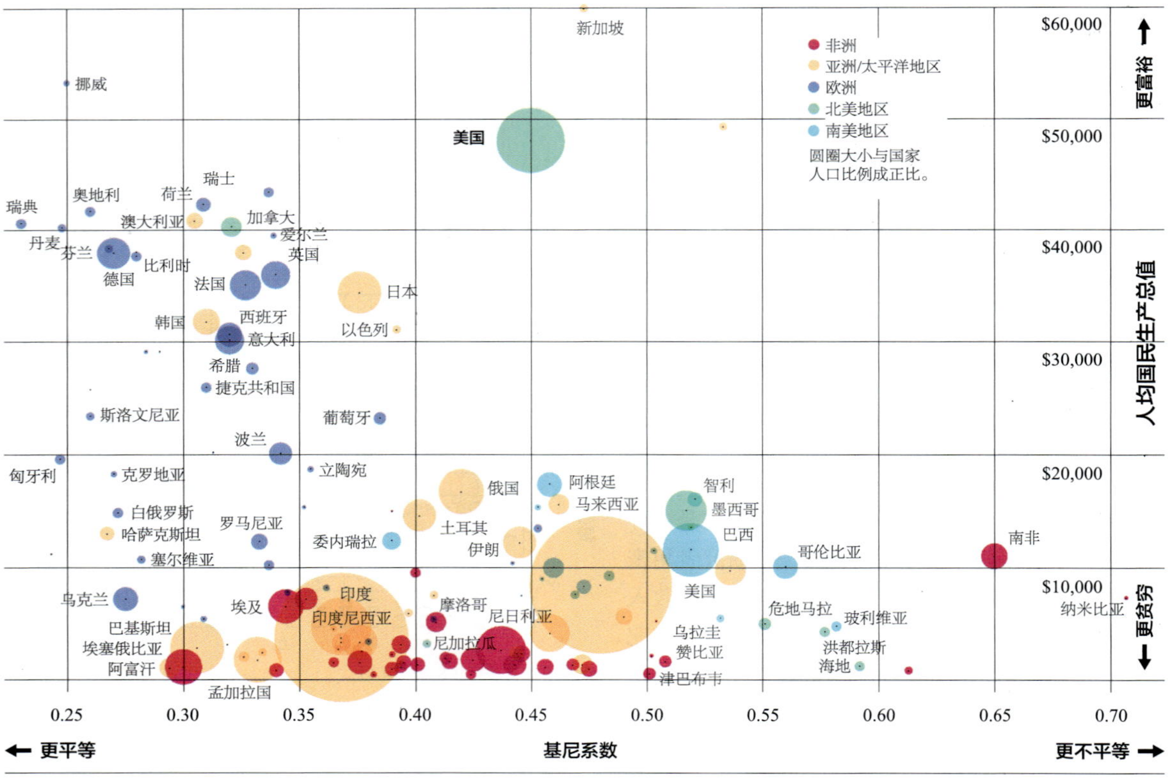

图例：
- 非洲
- 亚洲/太平洋地区
- 欧洲
- 北美地区
- 南美地区
圆圈大小与国家人口比例成正比。

纵轴：人均国民生产总值（$60,000、$50,000、$40,000、$30,000、$20,000、$10,000）更富裕 ↑ / 更贫穷 ↓
横轴：基尼系数（0.25、0.30、0.35、0.40、0.45、0.50、0.55、0.60、0.65、0.70）← 更平等 / 更不平等 →

资料来源：基于美国人口调查局的数据（2012）；中情局世界概况（C.I.A. World Factbook 2012）。

图10.4 世界上部分国家和地区的收入不平等

为什么不平等程度会加剧？

10.2.2 鉴别并解释自20世纪60年代以来影响美国经济不平等程度加剧的因素。

哪些因素能解释过去数十年美国经济不平等程度加剧的现象呢？不平等程度加剧并不只限于美国，相反在其他国家也同样如此，尽管没有任何地方能赶上美国不平等增长的速度（Piketty 2014）。在最发达的工业国家不平等程度不断加剧这一事实说明，在工业化世界至少存在着一些共同的导致不平等的因素。另一方面，美国不平等的程度比其他国家高、增长速度快的事实说明，还存在一些不同的影响因素。研究者努力回答这个问题，到目前为止他们提供的只是初步的解释，部分是因为这种发展趋势是近来的事情，还因为研究者在如何解释数据上存在异议。但我们知道有几个因素起到了一定的作用。在这个部分，我们关注四个因素：（1）技术；（2）制造业的衰退；（3）全球化；（4）政府政策。

一种对不平等程度日益加剧的可能解释聚焦于技术如何影响社会，尤其是计算机技术的发展和进步。自20世纪70年代以来，美国和其他富裕国家都经历了重大的技术进步。就在不久前的一个时期，没有人使用计算机，沟通的媒介是面对面的会议和打印的信件，而不是电子邮件和智能电话。

技术对不平等问题至关重要，是因为技术突出了某些工作的重要性而使另一些工作被取代。换句话说，技术对工作的影响是不均衡的。例如，随着自动提款机的出现、能在线访问自己的银行记录以及个体具备了进行金融交易的能力，计算机技术的变革显著减少了对银行柜台出纳员（这是要求中等技能水平的职业）的依赖。同时，计算机技术的这些进步增加了对新型银行家的需要：即金融分析师，通常要具有工商管理学硕士学位，至少要有文科学士学位。总的看来，技术突出了需要更高教育水平——特别是大学或更高的学历——的工作，往往会取代那些需要中等或较低教育水平的工作。结果，拥有大学学历会获得比以往更多的回报——这被称为大学工资溢价（College Wage Premium）——反之，没有大学学历的人的收入在下降，或者越来越难以找到工作。对年轻人而言，最近这些工资溢价有了怎样的增长？图10.5展示出这方面在1965年至2013年存在的巨大差距。

为什么这会与日益增加的不平等程度有关？过去这些年美国出现的一种情况是，高等教育并没有以技术变革所需要的速度扩张。结果，相对于经济需要，拥有大学学历的人比较稀缺，又因为比较稀缺，这些人一直都能获得比较高的薪水。正如两位经济史学家指出的那样，动态经济的特征是"教育和技术之间的竞赛"（Goldin and Katz 2010）。如果技术进步的速度超过了教育制度生产受过培训的工作者的速度，那么工资溢价就会增加。一些研究者认为这就是美

那些有大学学历和没有大学学历的人之间的收入差距随着时间不断扩大。在20世纪60年代中期，一个年轻的大学毕业生的收入仅仅比一个具有高中学历的工作者多7500美元。今天，这个差距超过了1.7万美元。

有无大学学历成年人之间的收入差距日益加大

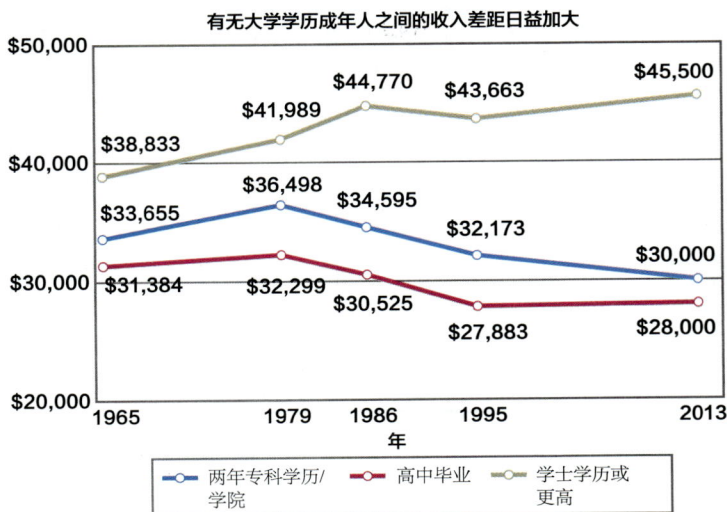

图10.5 大学工资溢价随时间变动的情况

资料来源：皮尤研究中心（Pew Research Center 2014）。

国自20世纪80年代以后发生的事情。2007年经济大衰退之后，许多新近毕业的大学生对这个观点感到困惑，因为失业增加，大学毕业生也很难找到工作。但我们描述的是更长期一些的趋势，一旦美国经济重新开始增长，这种趋势就可能会继续发展。

第二类推动不平等程度加剧的因素是关注20世纪晚期和21世纪早期在工作和机遇方面发生的变迁。像在美国这样的发达国家，工业或制造业岗位一直在稳定地减少。这个过程被称为去工业化（Deindustrialization），它产生了许多重要后果。在1950年，几乎40%的岗位属于制造业，制造业的熟练工人的工资相对较高。今天，只有20%的岗位属于制造业，将工作转移到其他国家带来的持续威胁有助于压低制造业工人工资。对许多工人而言，去工业化过程意味着不好的工作取代了好工作——不好的工作指报酬少，医疗保险和退休金这样的福利也比较少的工作，这些工作更可能是非全日制工作。例如，最近这些年，一些岗位人员需求量一直在增长——如食物制备工、保安、婴儿看护、客服代表、医疗救护员（Healthcare Aid）和收银员——这些都是低报酬工作，但从事这些工作的人越来越多。

为什么美国和其他国家的制造业岗位会消失得如此迅速呢？答案的核心并不是世界上的制造业少了；相反，其他地方从事制造业工作的人越来越多，这些地方的工人能接受低工资，因而公司能赚取更多的利润。这种重要变化的核心是全球化（Globalization），即国家的边界日益相互渗透，跨越国界的商品、服务以及人口的流动越来越多。全球化的一个重要层面是国家之间的贸易越来越多，导致从这些国家进口的货物越来越便宜，常常使得公司能在其他国家重新设立制造业岗位。因为发展中国家制造产品的成本常常比富裕国家低，所以贸易就可以压低生产这些产品的国内技能低的工人工资。在很多翔实的例子中，这种低成本常常会导致出现血汗工厂这样的情况，这些工作场所的突出特征是工资极低、工作条件不安全，在某些情况下甚至会雇用童工。

总之，全球化还导致外包（Outsource）——把生产过程的某些部分承包给另一方，常常是承包给国外客户，就像在印度的客服代表帮助你处理信用卡账单问题这样。外包在制造业相当普遍，在这个行业，产品的不同部分可以在不同的地方被生产出来，只是最后在美国组装起来。正如《纽约时报》的专栏作家托马斯·弗里德曼（Thomas Friedman）指出的那样，现在的世界整合得如此彻底，以至于产品会通过全球供应链——在有廉价的生产和组织能力的任何地方——被构想、设计、制造和销售出去。产品不再是"美国制造"，即使最后的组装是在美国进行的。相反，它们是"世界制造"。

去工业化是大范围经济重构模式的关键组成部分，经济重构是指20世纪70年代以来经济、公司以及雇佣关系在组织方式上发生的变化。第二次世界大战后、20世纪50年代到70年代这几十年的一个发展特征就体现在这样的组织类型上，即一旦雇用就可以长期保障员工工作的稳定性并使雇员免受经济波动伤害。但20世纪70年代早期的深度经济危机动摇了这个体系。基于减少成本、增加利润的欲求，公司不断压榨工人并尝试使雇用条款更加弹性化。例如，对雇主而言，解雇雇员、减少福利以及避免与工会协商变得更容易了。经济重构的累积性影响从处于美国经济中下层工人工资的扁平化可以清晰地看出来。图10.6揭示了一些残酷的细节。

图片中的纵轴代表一个系数，以1947年的值为基准点。这意味着生产力和小时工资是通过与基准年二者的各自值进行比较而测量得出的。生产力是测量每个工人每小时的净经济产出的指标。图片显示，生产力和工资在近二十年的同期增长之后，自20世纪70年代以来工资就停止增长了，反映出美国公司正在重构。但是，正如图片显示的那样，生产力却一直在增长，2010年一个一般工人的生产力远远高于同一个工人在1970年时的生产力。这种收入不平等表明了什么？这意味着平均每个工人的工资占自己平均经济产出的份额要比四十年前小。

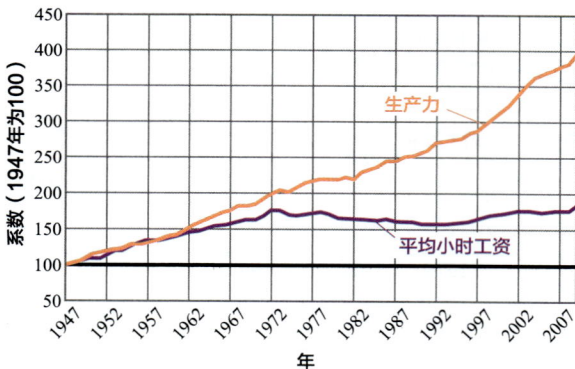

图10.6 平均小时工资与生产力：1947—2009年

资料来源：经济政策研究所（Economic Policy Institute 2009）。

最后，我们转向影响不平等程度的政府政策因素。迄今为止我们关注的是驱动不平等整体模式的经济变迁，但这无疑也是政府政策导致的结果。其中最重要的是税收政策（即每个人根据收入必须要上缴的税额），然而对许多穷人而言，不能提高最低工资一直是一件特别重要的事。

税收因其对高收入者的作用而会对一个国家不平等的总体水平产生重要影响（还因为税收被用于旨在帮助穷人、老年人、残疾人以及其他处于劣势的个体和群体的政府计划的开支）。累进税制（Progressive Tax System）是富人缴税的税率比穷人高的税制，其理念是让那些负担得起更高税收的人缴纳更多的税以促进公平。包括美国在内的世界上许多国家的税制都是累进税制。一些人认为，如果针对富人的税率高到一定程度，他们就会限制自己的收入（如果你要把自己大部分的收入以税收的形式上缴回去，你为什么还要努力赚更多的钱呢？）。当然，问题从来就不是这么简单；因为税法还包括大量的减税和免税规定，高收入者（这些人通常会雇用一个税务律师和咨询师团队来减少自己的税负）缴的实际税率总是比官方税率要低。另外，美国收入最高者缴税的国家收入税率随着时间推移显著降低了，从过去的90%以上降到今天的39%。要想看到这种演变，请分析图10.7。

图10.7显示的是官方税率，而不是人们的实际缴税税率。需要指出的重要一点是，税率没有完全应用到许多高收入者身上，这些高收入者能让自己的收入规避一部分（或全部）所得税。例如，据估计2012年共和党总统候选人米特·罗姆尼（Mitt Romney）的净资产高达2.5亿美元，他在2010年上缴的国税占其收入的13.9%，共计2100多万美元。我们能知道罗姆尼这些缴税细节，是因为作为总统候选人，他被要求公开个人纳税申报表。其他有钱人悄无声息地利用税法中的漏洞来降低他们的税率。

政府政策的另一个重要趋势是，联邦政府一直未能提高最低工资，也跟不上通货膨胀。尽管最低工资在20世纪40年代和60年代晚期持续提高，但自20世纪80年代之后的大部分时间里就不再提高了（见图10.8）。每年国会不提高最低工资意味着其实际价值更低，因为它没有根据通货膨胀进行调整。物价不断飞升，但最低工资没有提高。因此在根据通货膨胀调整之后，最低工资的实际价值（按通货膨胀调整后）从1978年的每小时8美元下降到1990年每小时不足6美元（还是根据通货膨胀调整后），之后就一直维持在这个水平（为赶上通货膨胀水平，最低工资已经进行了相应的提高，但没

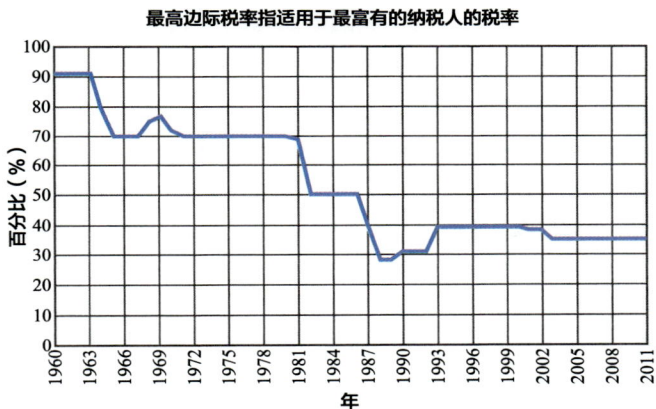

最高边际税率指适用于最富有的纳税人的税率

资料来源：美国财政部（U.S. Department of Treasury 2011）。

图10.7　最高边际税率（Top Marginal Tax Rate）：1960—1911年

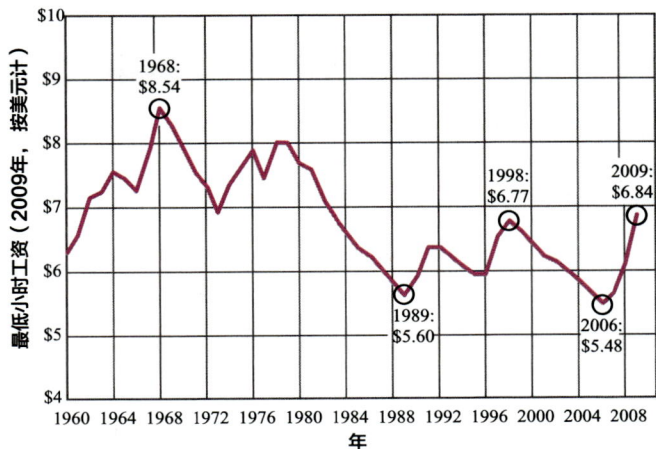

资料来源：经济政策研究所（2009）。

图10.8　最低工资贬值：1960—2009年

有补偿过去的不足）。在近些年来，国会允许各州有权设定自己的最低工资，21个州加上哥伦比亚特区设定的最低工资标准比国家标准要高，目前是每小时7.25美元。

那么，最低工资政策对不平等程度产生了怎样的影响呢？对最低收入者的刻板印象是将其刻画成为打工赚钱的青少年。实际上，最近这些年拿最低工资的人中有70%的人是成年人，其中许多人是少数族群和妇女。即使只影响就业人口中的一小部分人（全部从业人员中大约有5%～6%的人拿最低工资），最低工资对不平等程度的影响也至关重要。因为最低工资会影响处于收入分配底层家庭的福祉，还因为许多从业人员的收入只是刚刚高过最低工资（因此当最低工资没有提高时，那些从业人员就不可能提高收入）。提高最低工资会促使雇主提高其他拿最低或稍高一点儿工资的工作者的工资，如果雇主想让雇员满意的话。

1%

10.2.3　描述谁构成了美国最富有的"1%"。

大多数人宁愿自己是富人而不是穷人。但多有钱才算是特别有钱？在2011年秋，起初被称为"占领华尔街"（Occupy Wall Street）的社会运动爆发了，开始是在纽约市，之后席卷美国和世界其他国家。这个运动突显了被称作"1%"——处于收入或财富顶端1%的个人和家庭——同其他所有人（"99%"）之间的差距。"占领华尔街"运动唤起了人们对社会学家已经分析了一段时间的问题的关注：最上层的个人与家庭与其他所有人之间的不平等程度日趋加剧（Necker man and Torche 2007；Piketty 2014）。正如我们前面提到的那样，美国不平等最显著的趋势之一是处于财富顶端1%的人口一直在和其他人拉开距离，尤其是在过去25年里特别明显。而且，正如更为详细的研究所展示的那样，最顶层1%人口中的前面一半——那些处于最顶层0.5%的个人和家庭——最富有。实际上，你所处的位置越高，就越富有。

更仔细地了解最富有的人一直有多富裕可以看看表10.2，该表清晰分明地展示了2007年的情况（又一次引用了经济学家皮凯蒂和赛斯的重要著作）。"物质力系数"（Material Power Index）是计算不同群体拥有多少物质资源的一种方式。在发展出这种测量方法时，政治学家杰弗里·温特斯（Jeffrey Winters）得出结论说，当代美国穷人与富人之间物质力的差别可能比古希腊、古罗马最富有的家庭和那些社会的奴隶之间的物质力差别还要大！

表10.2　美国的物质力——基于2007年收入

纳税者临界点	纳税者数量	平均收入	占所有收入百分比	收入累计百分比	物质力系数
顶层的400人	400	344,800,000美元	1.6%	1.6%	10,327
最上层1%人口中的前1/100	14,588	26,548,000美元	4.5%	6.1%	819
最上层1%人口中的前1/10	134,888	4,024,583美元	6.2%	12.3%	124
最上层1%人口中的前一半	593,500	1,021,643美元	7%	19.3%	32
最上层1%人口	749,375	486,395美元	4.2%	23.5%	15
最上层5%人口	5,995,000	220,105美元	15.1%	38.6%	7
最上层10%人口	7,493,750	128,560美元	11.1%	49.7%	4
底层90%人口	134,887,500	32,421美元	50.3%	100%	1

注：基于2007年美国国税局个人收入纳税申报单、美国人口现状调查（CPS）估计的潜在纳税单位数值和国民收入账户（National Income Account）全部收入图。收入包括已实现的资本收益。每种收入水平与其上面的收入水平是相互排斥的。顶层400个纳税人的平均收入来自美国国税局（Internal Revenue Service 2009）。2007年纳税人申报总计149,875,300美元，个人收入总额87,010亿美元。

资料来源：温特斯（2011）。

那么是谁处于最上层——也就是哪些人构成了那"1%"呢？他们的财富是来自工作还是遗产继承呢？对1%里那些还工作的人来说，他们主要做什么工作？与那些属于财富顶端0.1%的人（或者说那"1%"里的前1/10的人）相比，那些位列"1%"里的群体有什么不同呢？三位经济学家借助来自2004—2005年纳税申报表研究了该问题（Bakija，Cole，and Heim 2012）。让人惊讶的是，只有6.3%（占处于财富顶端0.1%人口的比例，如果我们看占人口1%的有钱人的比例则是7.4%）没去工作。所以与依靠遗产过活的高收入者相比，大部分高收入者都有工作（尽管其中许多人是既有工作收入又有各种投资收入）。其中两种职业最为突出：执行官和高级管理者（占处于财富顶端0.1%人口的40.8%，占处于财富顶端1%人口的30%）；金融专业人士（占处于财富顶端0.1%人口的18.4%，占处于财富顶端1%人口的13.2%）；其他的高收入者零散分布在包括法律、医疗、房地产、艺术、媒体和体育从业者以及企业家（企业主）等多种不同的职业。近些年来，公司高层执行官薪酬的增长已经引起了广泛的关注和讨论，而且事出有因。在1965年，大公司高层执行官的平均薪酬差不多是员工平均工资的20倍；在1978年，这一比例是30∶1。换句话说，高层执行官的薪酬要比这些公司一般员工的收入高出很多，但这种差距仅仅相当于今天差距的一小部分。在2013年，高层执行官的平均薪酬是在同一家公司工作的一般员工的296倍（Mishel and Davis 2014）。

看表10.3，还有几个其他的有趣发现也很突出。首先，处于最上层1%和0.1%的人的职业差别值得注意；当我们去观察整个最上层的1%人口的职业时，我们能看到一些医疗领域的职业（几乎都是医生）显著增加（最上层的0.1%人口中有4.4%的人从事这个领域里的相关职业，而最上层1%人口中则差不多有14.4%的人从事这一行）。另外，还有一些零散的新职业领域也出现了，比如蓝领工人和公务员。看到从事这些职业的人进入收入极高者的行列也许会让人惊讶，但要牢记能赚到让自己进入最上层1%人口的蓝领或公务员人数极少、极少，从事类似这样工作的人只有少数几个具备非常专业化的技能和能力的人才会获得非常高的收入。

表10.3　高居财富顶端1%以及0.1%的最高收入者的职业分布

这个表格显示了美国最高收入者在纳税申报单上填写的职业情况。相比处于财富顶端1%的其他少量、规模小的群体来说——在这个群体中更为常见的职业包括医生、律师、计算机专家/数学家/工程师/技术能手和熟练的销售专家，居于财富顶端1%以及0.1%位置上的人更常见的职业类型是执行官和金融专业人士（差不多能占到60%）。

	收入处于前0.1%	收入处于前1%
执行官、经理、主管（非金融类）	40.8%	30.0%
金融专业人士	18.4 %	13.2%
没去工作	6.3%	7.4%
律师	6.2%	7.7%
房地产经纪人	4.7%	3.9%
医疗领域从业者	4.4%	14.4%
企业家	3.6%	2.8%
艺术、媒体和体育从业者	3.1%	1.7%
计算机专家、数学家、工程师和技术能手	3.0%	4.2%
商业运营官	2.2%	2.8%
熟练的销售专家（不包括金融专业人士或房地产经纪人）	1.9%	3.7%
教授和科学家	1.1%	1.8%
农场主和牧场主	1.0%	0.8%

资料来源：巴基亚、科尔和海姆（Bakija，Cole，and Heim 2012）。

10.3　我们所有人都拥有在生活中获得成功的平等机会吗？

不平等，教育与社会流动

到现在我们讨论了基于收入和财富的不平等。但这只是故事的一部分。一种重要的不平等类型是机会不平等（Inequality of Opportunity）——指不平等影响儿童和年轻人潜能最大化的方式。机会平等存在于这样的世界，所有儿童都拥有同样的机会去获得生活中的成功，无论他们出生在贫穷的家庭还是富有的家庭。如果每个人不管其社会背景如何，成年后都拥有在生活中获得成功的同样机会，我们才能说机会是真正平等分配的，而且那些有长处并勤奋工作的人能获得回报。相反，如果一个人能否获得生活成功的机会取决于其出身家庭和环境的优势（或劣势），那我们就可以说机会不是平等分配的。这是不平等和社会分层研究最重要的主题。

测量机会：社会流动的概念

10.3.1　界定社会流动并描述如何测量机会不平等。

尽管大多数美国人能够接受在生活结果上存在某种程度的不平等是资本主义经济的内在特征，但今天的美国社会还是广泛支持机会平等这种思想。例如，我们大多数人非常坚定地认为，即使出生在资源有限的家庭，儿童也应该拥有健康幸福成长的机会。这种思想是众所周知的美国梦的一部分，而且这是美国生活最值得珍惜的方面之一。政治家和社会理论家有时也呼吁机会平等，因为这有益于社会：如果贫困的儿童没有机会获得生活上的成功，他们的天赋和潜在贡献就会丧失，这对整个社会是一种浪费。

但是我们拥有类似机会平等这样的东西吗？在任何社会，机会测量都不是一个简单的问题。尽管我们能测量不平等的其他类型——收入、财富、消费，甚至幸福——并能用相对直接的方式进行测量（即使细节颇为复杂！），但不存在一种明显的方式可以确定个人真正拥有多少机会。社会学家的解决方案是分析社会流动（Social Mobility），或者更特别的是研究社会代际继承的方式。社会流动是测量父母及其子女成年后在社会和经济地位上相似或不同程度的指标。流动性高的社会是指父母与其子女社会地位之间的相关关系相对较弱的社会。相反，当父母与其子女成年后的社会地位之间的关系相对密切时，社会的流动性就差。流动性强的社会与机会平等的理想相似；在这样的社会中，儿童的人生际遇很大程度上是由自己的成就决定的。而在僵化的社会里，你的机遇在很大程度上是由你的出身决定的；在极端的情况下，这会产生出一种种姓社会（Caste

Society），在这样的社会里，出身的优势或劣势完全决定着个体的社会地位（印度传统社会时期就是这样的情况，如果出生于一个社会阶层低的种姓，传统上就意味着没有机会进入高一些的社会阶层）。

换句话说，在一个完全自由的社会流动中，父母的资源与子女的出路完全没有关系，即每个人不管其家庭背景如何，都有同样的机会在生活中获得成功。可是，在一个纹丝不动的僵化社会里，成功的机会完全是由父母的资源决定的。父母贫穷，其孩子长大后也会一贫如洗；然而，父母富裕，其孩子长大后也会家财万贯。在真实的世界里，所有的社会处在这两种极端的情况之间。为了研究不同社会所处的位置，我们提出了这样一个问题：家庭资源（也就是你父母是谁）在何种程度上决定着你在生活中能有多好的表现？

对个体社会流动的解释常常关注个人的努力和能力。关于社会流动的故事总是会突出那些克服重重困难、实现向上流动的特例——"白手起家"的故事——但不大经常去描述那些尽管有许多机会但却走下坡路、向下流动的故事。无数的电影和小说总是会描述其中的某一种故事。这些奇闻逸事常常突出了个体向上或向下社会流动与个人某些具体特征关联的程度：如勤劳苦干改变不利局面、吸毒导致失去特权等。但在这些个体经历之外，我们还能看到在不同社会都存在的一种模式，即社会流动不只是个人成功或失败的属性。我们将在后面进行更详细的分析。

比较视角下的社会流动

10.3.2 比较美国与其他国家的社会流动机会。

社会学家测量不同国家社会流动的一种方式是确定父母社会地位（可以通过收入、职业或其他社会地位指标来测量）与其子女成年后的表现之间的相关强度——两个变量共同变化的关系。相关强度为零，意味着父母收入与子女收入之间（或是父母职业与子女职业、父母受教育水平与子女受教育水平或是其他测量成功的指标之间）几乎不存在什么联系。设想一下收入，如果父母的收入对子女将来的收入没什么影响，我们就可以说存在着社会流动完全自由的情形。反过来，如果相关强度是1，则意味着父母的收入完全决定着子女的收入。在这种情况下，社会完全停滞，如果你父母收入比收入的平均水平高出50%，那你成年后的收入也将比平均水平高出50%。

图10.9展示了美国及其他发达工业国家父母收入与子女收入之间的相关程度，我们具有可供比较的资料。正如该图显示的那样，不同国家的流动机会存在显著差异。在意大利、法国以及美国这样的国家，代际相关度相对比较高，也就是流动性比较低。在另一个极端例子中，丹麦、挪威和芬兰这样的北欧国家父母收入和子女收入之间的相关度比较低，意味着流动性比较高。例如，挪威的代际相关度是0.16，这意味着平均来说，挪威父母会将自己16%的经济优势（或劣势）传递给子女。比如，平均而言，那些收入比收入平均值高10万美元的挪威父母，他们的子女的收入将比平均值高出1.6万美元。图10.9所揭示出的有关美国社会流动现状的一些证据让人担心。

通过父母收入与成年子女收入之间的相关程度来测量发展中国家的社会流动更有挑战性，因为有关父母及其成年子女的质量良好的数据很稀缺。我们的确对一些拉丁美洲国家进行了一些高质量的研究，基于可得的

奥普拉·温弗莉（Oprah Winfrey）就是"白手起家"向上流动故事的典型。她出生在密西西比州农村的一个单亲妈妈家庭，生活贫困；在密尔沃基的一个市中心社区被抚养长大。她克服了重重困境才成为亿万富翁和慈善家。温弗莉的故事有多特别？要让如温弗莉这样的经历在美国变得更普遍应该做些什么？

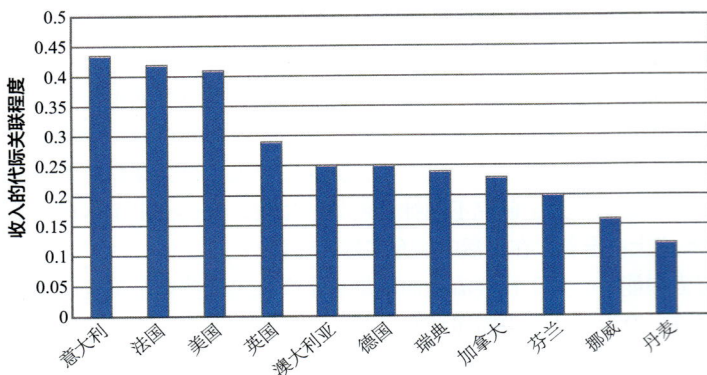

资料来源：基于布兰登的数据（Blanden 2009）。

图10.9 美国与其他发达工业国家收入的代际相关情况

最佳数据估计，像巴西、智利或者墨西哥这些国家的代际相关程度要比非常富裕的国家高很多，该值处于0.5～0.6之间。这意味着，平均而言，父母将其一半还多的经济优势（或劣势）传递给了自己的子女（Torche 2014）。

影响社会流动的要素

10.3.3 区分影响一个国家社会流动水平的要素。

有哪些具体的因素会影响一个国家社会流动水平呢？这个问题也不简单，研究者发现，有许多种不同的因素会影响社会流动。例如，流动量取决于家庭内部情况如何以及个人是如何进入劳动力市场的各种职业中的（雇主雇用个体工作者的过程）。在好工作富余的情况下，向上流动发生的可能性就要比缺少好工作的社会发生向上流动的可能性更大。但影响社会流动最重要的因素也许是政府推行的政策，尤其是那些与教育制度有关的政策。这些因素常常交错在一起。

家庭的重要性在于父母会影响子女的受教育水平和其他社会和知识资产的获得，而教育和其他资产将决定子女的收入。如果一个社会的教育制度存在非常大的局限，那么无论父母如何努力激励孩子也可能无法带来更好的教育产出。劳动力市场——工作者被雇用和升职的途径——非常重要是因为就是在劳动力市场上教育回报以经济形式体现出来。因为政府规范着劳动力市场和教育制度，所以政府政策也很重要。政府决定着处于劣势的儿童是否应该得到或得到何种程度的补偿性救助[如启智计划（Head Start Program）就是向低收入家庭的儿童提供教育和健康服务]，这也许会帮助儿童克服由其家庭出身带来的不利局面。政府还决定着富裕和贫困地区的学校如何实现平等以及学生上大学时会得到多少支持。

家庭、劳动力市场和政府政策这三个因素都与儿童成长过程中面对的不平等密切相关。高度的机会不平等通常意味着处于优势的家庭比那些处于劣势的家庭更可能对子女教育进行投资，还意味着出身于富裕家庭的子女就读学校的质量也会比那些服务于贫困儿童的学校好很多。高度不平等也与拥有大学学历的高回报密切相关（实际上，正如我们已经讨论的那样，美国大学工资溢价在不断增长）。高度不平等还与政府角色有关。如果政府补偿处于不利局面儿童的政策不得力，这些儿童成年后成功的机会就会少得多（因而又强化了不平等）。

社会学家已经指出，一个国家不平等状况的整体水平实际上通常会与这个国家的代际流动（或机会平等）相关。特别是，整体上较高的不平等水平总伴随着较低的社会流动。图10.10的x轴（横轴）代表的是每个国家的儿童成长时面临的不平等水平，y轴（纵轴）代表的是收入的代际相关度。正如我们看到的那样，不平等水平越高的国家，父母收入与子女收入之间的代际相关程度就越高。比较而言，在不平等水平低的国家，社会流动的水平要高得多。

图10.10显示不平等与社会流动之间存在明显的关系。但是，我们不能直接得出结论说高度的不平等导致低水平的社会流动。因为还可能存在生产出不平等状况和低水平代际流动的其他因素。但这张图的确显示出，社会不平等的整体水平对社会流动有着重要影响并有助于解释国家之间社会流动水平的差异。

教育与社会流动

10.3.4 讨论教育与社会流动之间的关系。

社会学家强调教育在理解社会不平等以及个体如何在代与代之间进行贫富转换方面具有重要作用。在所有复杂的社会里，被认为具有特权、地位高的位置比较稀缺——毕竟，正是这一点才使得这些位置具有了特权。只有当存在低社会地位——特权比较少的位置时，社会中才可能存在高社会地位的位置。社会学家发现，在现代社会这些特权位置通常很少直接由上层阶级的子女直接继承，反而主要是通过教育制度进行分配的。上层阶级的父母（几乎总是）无法直接将具有特权的职业位置直接让给自己的子女。一个医生或律师不能直接将家族企业传承给自己的孩子，除非孩子能进入医学院和法学院并通过考核。实际上，这些父母在自己子女身上进行数十年的投资就是希望同样的就业机会能间接地传承给孩子。

要理解教育与社会不平等如何相关，就有必要回顾过去社会学家如何强调两者关系的不同层面。教育在获得有特权的、高社会地位方面具有双重属性。一方面，教育制度发挥着挑战社会特权位置分配的其他传统形式的功能。例如，在传统社会，职业通常就是从父母传递到子女那里。如果父亲是农业劳动者，那么他的儿子也可能成为农业劳动者。学校教育的建立和普及打破了职业传承的传统形式，并用一种决定谁将得到什么职业的新方式取而代之。教育制度通过众所周知的精英主义原则来实现这一点。精英主义是指一种根据能力而不是社会背景或个人关系进行报酬和地位分配的制度。

另一方面，如果拥有较多资源的家庭能为自己的子女进行更多和更好的投资，比如搬到更好的社区、上私立学校或者花钱请家教，那么教育制度也能被用于维系接触到稀有社会地位途径的特权。而且教育还生产出文凭，群体可以利用文凭将那些有特权的人和没有特权的人区分开来。在现代社会，那些具有高社会地位的位置越来越需要教育文凭。在特定事情上你有多棒不再重要——例如，教书育人和救死扶伤——没有适当的教育证书，你通常会被那些享有特权的工作（如医生或大学教授）拒之门外。

社会学家认为学校在社会中扮演着至关重要的角色，它不仅训练适合工作需要的个体，还致力于选择谁将被授权获得更让人期待的工作。在一定程度上，学校有助于来自低等社会出身的个人流动到具有特权的职位上，社会学家认为社会是"开放的"而不是"封闭的"。当社会经济背景不占优势的个体获得了具有更高社会回报（如地位、声望和收入）的特权职业岗位时，社会流动就产生了。社会学家不断揭示出，学校无论在阻碍社会流动方面还是在促进社会流动方面都发挥着极为重要的作用。

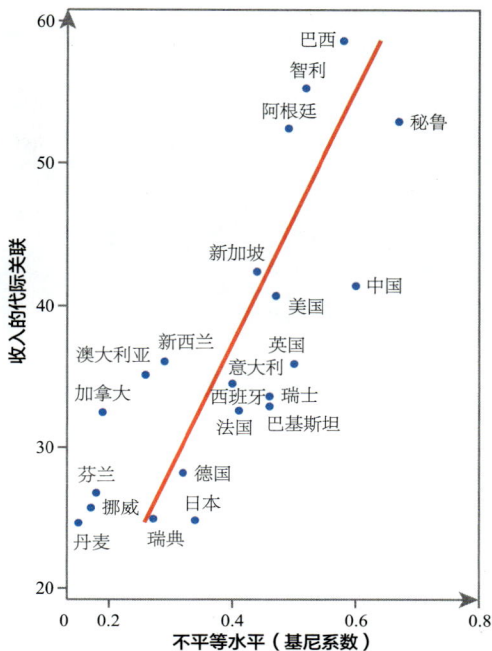

资料来源：高耐克（Corak 2012）。

图10.10 所选国家收入不平等与流动的关系：2000年左右

10.4 美国和世界的贫困状况如何？

底层生活：贫困问题

贫困是一个复杂的概念。用最简单的术语来说，贫困是不能负担像食物、衣物、住所和健康保险等基本需要的状况。但除了保障生存所需要的最低限度的资源，很难界定什么是基本需要。经济学之父亚当·斯密曾经在其1776年的经典著作《国富论》中写道：

严格说来，亚麻衬衫并不是生活必需品。我想，尽管希腊人和罗马人没有亚麻衬衫，他们还是生活得非常舒适。但是在当前的时代，在欧洲大部分地区，如果一个可信的白天工作者在公共场合出现而又没穿亚麻衬衫的话，他就会感到羞愧。没有亚麻衬衫意味着他穷到了可耻的地步，除非他混得太差，否则他是不会沦落成这样的[Smith（1776）1976：466]。

也许今天拥有一部手机和斯密所写的在18世纪晚期拥有一件亚麻衬衫一样重要。那么一辆车呢？计算机呢？考虑到交通（尤其是公共交通选择有限的地方）的重要性以及信息与通信对找工作和上大学的重要性，完全有可能把这些事项也看作实际的基本需要。

测量贫困的不同方法

10.4.1 区分绝对贫困和相对贫困。

美国联邦政府测量贫困的官方方法是设定收入临界值——维持生活基本需要所必需的最低收入。这个临界值就被称为贫困线（Poverty Line）。但最低收入是如何确定的呢？这个过程引人入胜，对我们理解和讨论贫困具有许多重要的意义。官方第一次确定贫困线是在20世纪60年代中期，是政府减少美国贫困数量的重要举措之一（被称为"向贫困宣战"）。1963年，这个任务被指派给美国社会保障局（Social Security Administration）一个籍籍无名的官员莫莉·奥珊斯基（Mollie Orshansky）去完成。她的方案确立起来之后，考虑到通货膨胀，每年都会调整更新贫困线标准，奥珊斯基推定在那个时候一般的美国家庭花在食物的支出大约是其收入的1/3。通过计算她所认为的营养足够的食物的成本并乘以3，一个家庭（或个人）就有了生活所需要的足够收入（并脱

表10.4　各种类型家庭的贫困线

美国人口调查局贫困线：2012年	
家庭单元的规模	贫困线（美元）
一个人（无亲友的个体）	$11,720
65岁以下	$11,945
65岁及以上	$11,011
两个人	$14,937
户主65岁以下	$15,450
户主65岁及以上	$13,892
三个人	$18,284
四个人	$23,492
五个人	$27,827
六个人	$31,471
七个人	$35,743
八个人	$39,688
九个人或更多	$47,297

资料来源：美国人口调查局，《贫困加权平均临界值》（*Weighted Average Poverty Threshold*），2012，发布于2013年9月。

离了贫困）。贫困线会根据家庭规模的不同而变化，而且每年会进行调整。例如，在2012年，美国一个四口之家的贫困线是2.3492万美元。所以收入少于2.3492万美元的四口之家就会被认为处于贫困中。独自生活个体的贫困线是1.172万美元。在2013年，根据官方的界定美国有15%的人口生活在贫困中（超过4500万人，当时总人口大约是3.13亿人）。表10.4总结了各种类型家庭的贫困线。

美国政府采用的这种测量方法自20世纪60年代之后就没有改变过（除了因为通货膨胀而进行的调整）。针对这种测量方法，人们提出了许多批评：例如，这种方法只考虑了贫困人口收入的一些类型，如食品券（Food Stamp），但没有考虑到贫困人口所缴纳的税，也没有根据州或城市之间生活成本的差异进行调整。这些批评是重要的，但正如研究显示的那样，即使做了这些调整，贫困趋势并没有发生根本改变，在下文中我们将简短描述这一点。变化的只是穷人的比例。

美国政府使用的官方贫困界定方式是测量绝对贫困（Absolute Poverty）的方法，这种方法试图界定满足生活基本需要所必需的最小收入额，但不会因为生活标准的变化而调整。官方测量贫困方法的最大问题是，它没有重视生活标准的变化。许多欧洲政府转而采用测量相对贫困（Relative Poverty）的方法，即在界定谁是穷人时试图捕捉生活标准的变化（回忆一下亚当·斯密有关亚麻衬衫的论述）。最普遍的做法是把那些收入在收入中位数50%以下的家庭界定为处于相对贫困之中（正如我们讨论的那样，中位数是一个国家收入分布的正中央的位置，一半人口的收入在这个值的下方，一半人口的收入在这个值的上方）。收入中位数是一个社会普遍或通常使用的标准，也是测量相对贫困的常见临界值，所有收入在收入中位数50%以下的家庭和个人与其他的社会成员相比必然处于劣势，所以被认为是穷人。使用贫困的相对测量标准，美国被认定为贫困的人口要比使用官方界定方法认定出来的贫困人口多数百万人。无论我们怎样测量贫困，贫困毫无疑问是美国的一个重要的社会问题。

美国的贫困：谁是穷人？

10.4.2　确定导致贫困可能性增加的因素。

图10.11 标示出了美国自1959年以来生活在贫困中的人口比例，这是基于之前所描述的政府官方界定计算出来的。正如我们看到的那样，贫困人口的比例从20世纪60年代开始显著下降，但自那时起就一直没有什么改善。我们能获得相关数据的最近的年份是2013年。这一年的贫困人口的比例是15%，与2010年以来的贫困人口比例大致处于同样的水平。这个数据比早些年要高一些，部分是因为2007年年末开始

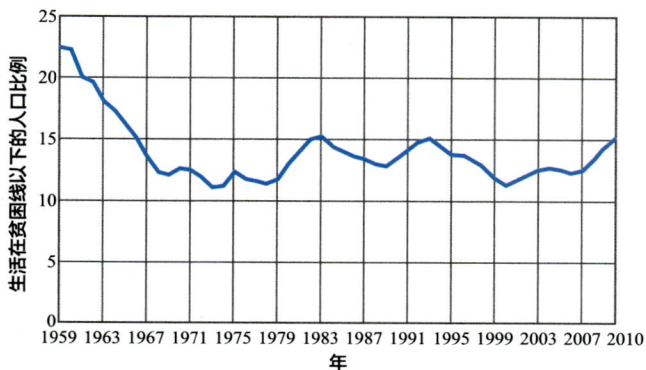

资料来源：美国人口调查局（2011）。

图10.11　美国贫困的发展趋势：1959-2013年

的经济衰退使更多家庭陷入贫困。2009年以来，该数据在慢慢恢复。这并不是一种非同寻常的趋势。20世纪70年代、20世纪90年代以及21世纪早期经济衰退之后，贫困人口都增加了，那时经济恶化、失业人口增加。

虽然生活在贫困中的个人和家庭多种多样，但存在许多普遍的因素会使一个人贫困的可能性增加。在这些因素中，最重要的因素是教育、就业率、少数族群身份、年龄和家庭结构。正如我们讨论的那样，教育重要是因为学校教育是一个重要的决定性因素，决定着一个人在市场上为取得工资所能用于交换的技能。学历低于高中会让任何一个人面临更高的贫困风险。就业率和工作类型基本上是教育和其他技能以及才能的产物。拥有并维持住一份工资高于贫困线的工作可以使任何一个人脱离贫困。但永远都不会存在足够的工作供那些需要一份工作的人选择，而且只能获得最低工资的全日制工作也不足以让一个家庭脱离贫困。所以那些没有工作或工作收入非常低的人都将成为穷人。在美国少数族群身份对贫困的影响也非常巨大。与白人相比，美国黑人、西班牙裔美国人和印第安人更有可能生活在贫困之中。然而，重要的一点是要注意到，在贫困人口中比例最高的是白人。例如，在2011年，分别有1900万的白人、940万的美国黑人和1020万的西班牙裔美国人生活在贫困之中。最后，家庭结构也很重要。单亲家庭——通常是单亲妈妈——更有可能贫困。这种现象被称为"女性贫困"（Feminization of Poverty），这凸显了收入单一的主要照顾者和家庭生计维持者扮演好自己角色所面临的困难。

一个对穷人的普遍看法是大部分穷人没有工作，这并不正确。实际上，大部分生活在贫困中的人都至少在某个时间进入了劳动力市场。生活在贫困线以下的家庭中大概有2/3的家庭至少会有一个家庭成员有工作，而这些有工作的人中一半以上是从事全日制工作。

这些统计数据突出了这样一个事实，即美国的许多穷人也投身于劳动力市场。这样的人被称为"穷忙族"（Working Poor），指那些无法获得足够收入以摆脱贫困的人，即使从事全日制工作也做不到。许多人都是如此。许多工作的收入不足以使从事这项工作的人摆脱贫困。例如，根据劳工统计局的数据，食物制备工的工资是每小时8.71美元，家庭护理员的工资是每小时9.75美元。如果这些工人一周工作40小时、每年工作48周，他们一年的收入将分别是1.6723万美元和1.8720万美元，远低于四口之家的贫困线（2010年四口之家的贫困线设定在2.3492万美元）。但这还不是全部。对于有工作的穷人而言，贫困不仅仅是因为收入低。低薪酬工作通常不够稳定，许多从事这些工作的人都是从事短期工作或兼职工作。这样的工作不足以确保他们能建立起经济保障、储蓄，也不能依赖这些工作为未来进行筹划。甚至那些经常处于贫困线之上的家庭也非常容易受到经济形势和家庭变故的伤害。经济衰退、离婚或者配偶遗弃、抑或严重的疾病都会改变处于贫困线附近家庭的生活，中产阶级家庭则有更多的缓冲方式来面对那些危机。绝大多数家庭在危机事件面前只有非常少的积蓄可以使用。总之，他们生活在不安定的边缘。

跨国比较视角下的贫困

10.4.3　比较美国与其他相似国家的贫困水平。

美国的贫困水平与其他发达工业国家相当吗？一方面，所有富裕国家都出现了类似的去工业化和经济重构的经济趋势，这意味着这些国家的贫困水平会有很大的相似性。但另一方面，美国消除贫困的政策与西欧、加拿大或澳大利亚等其他国家的政策非常不同。与其他富裕国家相比，尽管美国在教育方面的投入要比其他国家多很多，但美国用在通过福利项目直接减少贫困方面的开支要比这些国家少（Garfinkel，Rainwater，and Smeeding 2010）。

比较不同国家的贫困水平不是一项容易的任务。这需要一种共同的收入测量尺度、共同的贫困线以及一种使不同国家的货币可以进行比较的方法。承担该任务的一项重要比较研究对11个发达工业国家的情况进行了分析（Smeeding 2006）。为了比较贫困，作者采用了绝对贫困线（如美国使用的指标）和相对贫困线（如西欧使用的指标）两个指标。他还比较了"市场"收入（工资所得）和"可支配"收入（在考虑税收和政府项目之后家庭可用于开支的收入），这是将家庭生活必须依赖的所有东西概念化的两种不同方式。把一切都考虑进来，美国与其他国家比较的结果就有点儿复杂了。但根据可支配收入，美国的贫困水平要比其他富裕国家高，是其他许多国家的2倍还多。图10.12展示了在2000年11个国家贫困水平的比较结果。

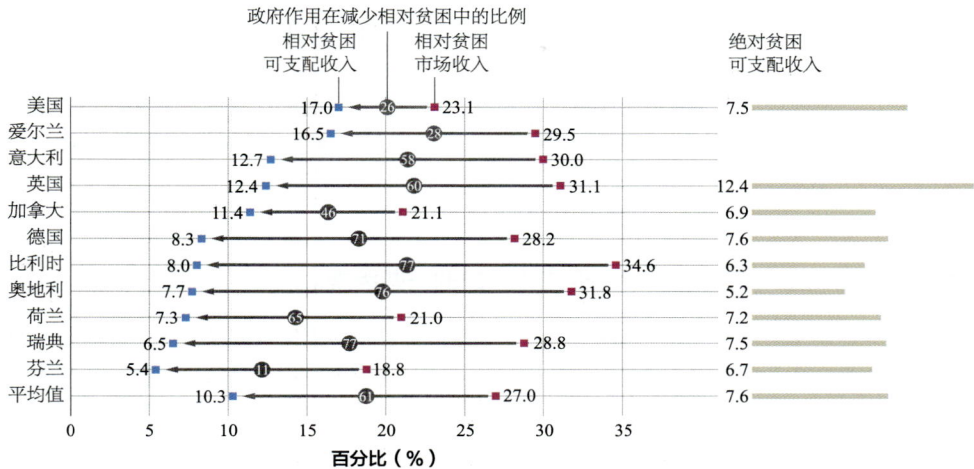

图10.12　11个发达工业国家相对贫困和绝对贫困的比例

资料来源：基于斯米丁的数据（Smeeding 2006）。

有趣的一点是，如果我们看该图的左侧，美国基于市场收入的贫困率要比其他许多国家低。但因为美国政府在帮助贫困家庭方面所做的要比其他国家相对少一些，所以贫困家庭的比例仅仅从23.1%下降到17%（比利时从34.6%下降到8%，这些国家平均从27.0%下降到10.3%）。

假如说这个结果反映的也许是相对指标，我们还可以比较不同国家的绝对贫困。图10.12右侧的柱状图使用了美国的官方贫困线来测量每个国家的贫困水平。再一次，美国的贫困率显著比别的国家高（尽管英国更高）。这些数据显示，美国过度贫困的一个重要原因是，和其他国家相比美国政府在减少贫困方面所做甚少。

贫困与儿童

10.4.4　解释成长于贫困之中对儿童的影响。

社会学家和政府官员对贫困的一个特别重要关注点是贫困如何影响儿童。为什么童年期的贫困会成为成年期贫困的指示器呢？儿童贫困会产生一个恶性循环，贫困所产生的生活劣势会在代与代之间被再生产出来。在美国这是一个尤为重要的问题。尽管在2010年有13.7%的成年人生活贫困，但却有大约22%的18岁以下的青少年生活在贫困之中。贫困家庭比富裕家庭更倾向于要更多的孩子，而处于贫困中的儿童相比不贫困的儿童更可能生活在单亲家庭中。这两个事实导致生活贫困的儿童比例很高。因为多种原因，成长于贫困之中的儿童比例高会让人忧心忡忡。

在某些情况下，原因是显而易见的。缺少基本的营养、居所、免疫接种以及卫生保健服务会对儿童的发展产生不利影响。如果有额外的收入能避免饥饿和无家可归，或者能用来购买医疗服务和其他必需品，这对儿童的生活具有重大意义。不幸的是，美国大部分贫困家庭尽心竭力满足自己基本的物质需要，却常常无法从政府那里获得足够的帮助来使自己的孩子拥有所有的生活必需品。

但贫困的恶果不限于极度贫穷这种状况。正如社会科学和生物科学领域的研究者指出的那样，生活贫困是压力的重要来源，而压力对儿童特别有害（正如我们在前面简介部分提到的那样）。贫困不仅仅指买不起东西，贫困通常还与生活在有毒环境、社区暴力里有关，也和入不敷出带来的焦虑和不安全感有关，还与很难获得如健康保健或上学这样的制度性服务所带来的压力有关，当然还存在很多其他压力源。贫困对发育中的儿童生物神经有很强烈的影响，这可能会损害儿童的认知发展和注意力，进而影响其学业表现。这是贫困对儿童的直接影响。贫困对父母也会造成压力，它可能会影响父母在孩子身上投入的时间、资源以及父母与孩子的互动。这是贫困对儿童的间接影响——压力会对父母造成伤害，反过来又会影响孩子的学习和发展。

无家可归

10.4.5　讨论美国的无家可归问题并确定促成该问题的一些因素。

贫困最极端的形式是无家可归，就是指缺少可以永久居住的住所。无家可归是世界上许多地方的重要社会问题，在美国也是如此。个人和家庭可能会因为任何一种具体的原因而变得无家可归，包括在某些情况下产生数百万难民的战争和暴力冲突。但在更为一般、几乎是普遍的情况下，导致无家可归的原因是极端的贫困（尽管像精神疾病或个人灾祸等其他原因也很重要）。大多数无家可归的人不会一直如此，但即使短暂的无家可归也会产生灾难性的影响。街头流浪或生活在流浪者庇护所都可能是危险的，没有一个固定的住所使得日常生活的很多方面都变得艰难。

美国无家可归者问题在20世纪80年代日趋严重：那时关闭了精神病院，减少了面向穷人的社会项目，拆毁了城市里的低成本住宅（尤其是单人套房旅馆），高风险群体的失业率增加，这些原因共同导致了没有固定住所的人口数量的增加（Jencks 1995）。尽管自20世纪90年代早期以来，多种旨在减少无家可归者的政府项目减少了美国无家可归人口的规模，但这个问题几乎很难消除。对美国无家可归人口最严格的估计是住房与城市发展部（HUD）每年所做的调查，该调查使用了创新的方法来定位无家可归者。住房与城市发展部估计，在2010年1月的一个晚上，大约有65万无家可归者。其中，大约有40万人住在庇护所里，剩余的人则睡在大街上（U.S.HUD 2010）。住房与城市发展部还估计在2009年的某个时点上大约有160万人无家可归。但就是这些数据也没有抓住问题的方方面面。有成千上万的人暂时或不定期地与家人或朋友挤在一起住。努力把这种包含范围更多的人口估计进来会使整个无家可归人口估计的比例更高；一项研究指出，如果我们把那些被迫与别人挤在一起居住的人也包含进来，那么估计全部美国人中有14%的人会在生活中的某个时刻无家可归（Link et al.1994）。

尽管无家可归在单身男性中最为普遍，但没有固定居所会让有孩子的家庭尤其艰难，这是贫困如何影响青少年的另一个例子。如果使用无家可归的宽泛定义，即包括与家人或朋友挤在一起居住的人在内，那么估计在某一既定年份的某个时点美国大约会有150万的儿童无家可归。考虑到有充分的证据表明这会给儿童带来高强度的压力和紊乱，这一数字让人特别不安。

结论：我们应该关注过度的不平等吗？

不平等的影响会大到何种程度？这一问题最简单的答案是：相比生活在更为平等的国家里，不平等程度越高，意味着穷人所能获得必需品和服务的资源就越少。同时，中产阶级家庭的生活也不能再继续得到改善，就像20世纪的大部分时间里的情况一样，而最富有的个人和家庭获得了经济增长所带来的几乎全部收益。这个事实本身就很重要。你越看向收入分配的底层，就会发现这样的家庭越难满足自己的基本需要。在过去的35年里，对大多数美国家庭而言，生活水平并没有非常明显的改善。在美国以及其他许多国家，富裕阶层正占据着全部收入的大部分份额，这使得一般家庭很难满足自身的需要或者为自己、孩子构想更为光明的未来。

但除了日益加剧的不平等对家庭福祉以及共享繁荣的影响，我们还能说些什么呢？我们在本章讨论了经济不平等与儿童发展、教育以及成年后的社会流动有着怎样的联系，但还存在其他的影响吗？有一些议题值得关注。一个是政治。每个成年公民有且只有一票，但那些有钱的人能借助其他方式对政治施加影响，甚至改变政治结果。其中最重要的方式也许是捐款给政治要职的候选人，这种方式在近几十年来急剧增加。因为社会顶层财富的增加使得富裕人士"投资"政治变得更为容易，这可能会给整个国家带来损害：有钱人的利益和关注点并不必然会与其他每个人的利益和关注点一致（要了解更多细节见第7章）。

另一个需要考虑的议题是这样一个事实，在许多研究中发现，社会总体经济不平等程度较高，其整体社会健康状况也较差，而更平等的社会看起来似乎要更健康。研究者对这个发现提出的主要解释是，富有的人所处位置有利，能比他们不处在这个位置时购买更多的健康保险，那些不大可能购买保险的穷人就会被排除在外，进而与贫困和低收入有关的压力会导致额外的健康问题（Wilkinson 2006）。

另一个更隐匿的影响是不平等会以不健康的方式改变我们的偏好和欲望。特别是当涉及消费时，想与富人保持同步的欲望会推动我们消费比我们实际需要更多的东西。到了人们艳美那些比自己拥有的东西更多的人的这种程度，这些人将永远不会对自己拥有的东西感到满足，而且会想要更多。这已经成为一个社会问题，因为许多美国家庭开始申请更高额度的贷款以图获得这样的商品。随着美国成为世界上家庭债务水平最高的国家，许多社会学家已经指出了这种情况会给美国国家经济带来的危害（Sullivan et al.2001）。"奢侈品热"也会影响主观幸福感。当我们听到或读到有关富人生活的报道时，我们永远不会对我们已经拥有的东西感到完全满足（Frank 1999）。尽管美国的人均收入实际上比世界其他任何国家都要高，但国际调查显示，美国人并没有我们想象的那么满意。较高程度的收入不平等是最有可能的罪魁祸首（Oishi and Diener 2011）。

不平等总是与我们如影随形，但一个社会的不平等水平并不是一成不变的。正如我们通过这一章所看到的那样，政府可以选择采用那些能够减少社会最高阶层收入和财富总量的政策，也可以选择采用那些将减少生活在贫困中的人口数量的政策。许多非常成功和富裕的国家已经做出了那样的选择，但美国没有。美国的贫困水平和不平等水平都很高，政府政策在近些年来收效甚微，未能确保经济增长的收益能在全部人口中进行更为平等的分配。

10.1 不平等是什么？ 社会分层研究的核心是不平等概念。在这个部分，我们探索了不平等的历史和社会以及思想家通常用来证明不平等合理性的方式。我们还讨论了社会学的阶级概念。

不平等简史

学习目标10.1.1： 界定不平等并解释不平等的形式和程度在历史上如何变化。

经济不平等的度量：财富与收入

学习目标10.1.2： 比较作为经济不平等指标的收入和财富。

基于阶级的不平等

学习目标10.1.3： 界定阶级并确定什么构成了社会阶级。

核心术语

社会分层　不平等　奴隶制　封建主义　农奴　平均数　中位数　收入　财富　净金融资产（NFA）　消费　中产阶级　生活机会　阶级分析　资产阶级　无产阶级　社会经济地位（SES）

10.2 美国为什么会如此不平等？ 今天美国不平等的程度差不多是我们开始测量不平等以来最高的，而且贫困比例一直居高不下。在这个部分，我们把美国同其他相似发达国家进行了比较，并追问美国为何会如此不平等。

美国以及世界收入不平等的趋势

学习目标10.2.1： 讨论收入不平等的趋势并比较美国与世界其他国家的不平等。

为什么不平等程度会加剧？

学习目标10.2.2： 鉴别并解释自20世纪60年代以来美国经济不平等程度为什么加剧的因素。

1%

学习目标10.2.3： 描述谁构成了美国最富有的"1%"。

核心术语

平等主义　大学工资溢价　去工业化　全球化　血汗工厂　外包　经济重构　累进税制　最低工资

10.3 我们所有人都拥有在生活中获得成功的平等机会吗？ 社会流动是社会分层研究最重要的主题之一。在这个部分，我们分析了如何测量社会流动？为什么不同国家的机会不同？美国与其他国家相比有何不同？教育与社会流动的关系怎样？

测量机会：社会流动的概念

学习目标10.3.1： 界定社会流动并描述如何测量机会不平等。

比较视角下的社会流动

学习目标10.3.2： 比较美国同其他国家的社会流动机会。

影响流动的要素

学习目标10.3.3： 区分影响一个国家社会流动水平的要素。

教育与社会流动

学习目标10.3.4： 讨论教育与社会流动之间的关系。

核心术语

机会不平等　社会流动　种姓社会　相关　停滞　劳动力市场　精英制

10.4 美国和世界的贫困状况如何？ 贫困是一个复杂的概念。在确保生存需要的最少资源之外，很难界定我们"基本"的需要是什么。在这个部分，我们分析了两种看待贫困的方式，还分析了美国以及世界其他国家的贫困状况。我们还仔细审视了儿童贫困问题。

测量贫困的不同方法

学习目标10.4.1： 区分绝对贫困和相对贫困。

美国的贫困：谁是穷人？

学习目标10.4.2： 确定导致贫困可能性增加的因素。

跨国比较视角下的贫困

学习目标10.4.3： 比较美国和其他相似国家的贫困水平。

贫困与儿童

学习目标10.4.4： 解释成长于贫困之中对儿童的影响。

无家可归

学习目标10.4.5： 讨论美国的无家可归问题并确定促成该问题的一些因素。

核心术语

贫困线　相对贫困　绝对贫困　穷忙族　无家可归

今天，社会科学和自然科学领域的专家们争论人类生物学特征——比如深色皮肤，浅色头发，或者特殊的遗传特征——在世界范围内的分布是否可以归属到欧洲科学家在18世纪发明的3～4个种族分类中去。

第 11 章
种族与族群

作者：安·莫宁（Ann Morning）[1]

种 族究竟是什么？生物属性在种族中扮演着一定的角色吗？文化又是什么呢？文化是人们发明的事物吗？它总是人类经历的一部分吗？种族和族群研究一直是美国社会学的核心，也是其他领域（如文化人类学、心理学以及生物学）特别突出的议题。但是，尽管两者长期以来就受到学术关注，但我们仍然没有就种族与族群的含义达成广泛的共识。甚至当专家提及族群概念时也难以对此进行精确界定。

大约十年前，我在美国东北部旅行，对文化人类学家以及生物学家进行访谈，了解他们如何理解种族这个概念。我的发现让人惊奇不已，因为这与我毕业学校教授所告诉我的内容截然不同——今天的社会学家和自然科学家都认为种族是人类的一种创造，没有任何生物基础。不过当我与文化人类学家和生物学家进行深入交谈时，就会立刻清晰地看到他们关于种族的观点相差甚巨，几乎无法呼应我毕业学校指导教授所认定的共识。

最吸引我的一个发现是，他们使用我——或更特别地说，我的外表——来支持自己观点的方式。在一些情况下，我访谈的教授会说一些有关种族的东西来支持他们对这个概念的界定。但最让我震惊的是，甚至对于同样的现成"资料"——我和我的外表特征——这些学者对种族的描述也极为不同。

在我最早期的一次访谈中，任教于一所规模比较大的城市公立大学的文化人类学家问我基于种族我如何认识自己。这是个我习以为常的问题，因为我有非洲、欧洲、亚洲和美国印第安血统，人们常常对我的背景很好

我的社会学想象力

作者：安·莫宁

　　我的社会学想象力是在我与来自不同文化背景的人一起成长的经历中发展起来的。我在哈莱姆区（Harlem）长大，这是美国纽约有名的美国黑人社区。尽管我的家乡在当时是一个种族非常单一的社区（现在已经不是这样了），但我每天还是会接触到来自世界各地的人，因为我在联合国国际学校（United Nations International School）学习。这两个世界的对比让我好奇社会环境如何塑造我们的思维。作为一名社会学家，我的研究恰恰聚焦于不同社会背景的人对一些我们看来是最自然或最客观的事物的不同看法，比如种族认同或科学知识。我的研究将这些领域联系起来，并发表在我最近的第一本书《种族的本质：科学家如何思考和教授人类差异》中（*The Nature of Race: How Scientists Think and Teach about Human Difference*）（Morning 2011）。

---

[1] 本章早期版本是与南迪·迪尔（Nandi Dill）、瑞秋·加弗（Rachel Garver）、约翰·和卢萨卡（John Halushka）共同合作完成。

大问题

1. **种族和族群之间的差别是什么？** 种族与族群往往被替换着使用，好像它们有相同的含义。实际上它们非常相似。但社会学在种族与族群之间做了明确区分，并用这两个术语描述不同的类型和身份。

2. **种族是真实的吗？** 如果学者有一件事情是达成共识的，那这件事就是种族是真实存在的。学者是在这样的一个问题上分道扬镳，即种族是根植于个体之间的深层生理差异，还是一种并非由人类生物属性决定的创造物，其"真实性"是因为它对日常生活具有无可置疑的影响。

3. **什么是种族主义？** 在种族和族群的课堂讨论中，学生常常以这样的话作为开头，如"我不知道自己是否应该这样说，但是……"，或者"我不确定针对这个群体的正确术语是什么，但是……"。关注我们思想、谈话以及行为的"政治正确性"是今天有关种族的公共话语以及私人对话的突出特征。社会学家已经对偏见和歧视进行了很多思考，为当代美国有关种族歧视的思考提供了很多资料。

4. **种族和族群不再重要了吗？** 美国最后会成为一个"种族无差异"（Color Blind）的社会吗？就像许多人期望以及许多人宣称的那样。说美国进入了"后种族"时代合适吗？尤其是考虑到美国已经两次选举美国黑人（奥巴马）当总统这一事实的情况下。社会学研究指出，尽管谈及"后种族"时代言之过早，但种族仍然与社会经济不平等密切相关。

5. **在21世纪种族和族群正在如何变迁？** 21世纪伊始，美国的面貌与其200年前的样子极为不同。来自不同国家的移民比以往任何时候都多，人们更可能与种族背景不同的人结婚。而且态度的改变使得越来越多的人认定自己的身份是多种族的（Multiracial）。这些和其他人口统计学特征的变化将必然对国家种族和族群构成、社会经济不平等模式以及居民对种族、族群的态度和信仰产生影响。

奇。文化人类学家的反应是把我当作种族并不真正拥有任何生物基础的证据。"你是（种族）为什么并不存在的活化石"，他得出结论说。"我只是好奇，看看你"，他继续说道，"有人怎么能认为存在这些固定不变的种族……"。

几星期之后，一所州立大学的社会学教授在一个关于基因的演讲中向我解释种族是如何产生的。他指出，肤色"可以被当作量化基因的例子…普遍的想法是，尽管存在环境的影响，但大体上存在四组决定肤色的基因。"他透过眼镜凝视着我，沉思道："我看了下你，你也许有——不是冒犯你——你有，如果有四组基因的话……意味着有八个基因，我认为有三到四个是黑人基因，有四到五个白人基因……仅仅是就肤色而言。"这个生物学家认为我是种族如何根植于DNA的教科书般的例子，与文化人类学家觉得我的外表证明种族并不存在的看法形成了鲜明对比。

最后，在一个下雨的午后，来自常青藤盟校的一个物理人类学家带我参观了他庞大的实验室，展示了各种各样的人类骨骼，并指出了他认为能反映种族遗传性的特征。不久我们的谈话转向了由骨骼遗留物判断种族的不确定性上来。"环境极大地改变了骨骼的一些特征"，这个人类学家解释道，"更多的特征是混合性的。"然后他转向我说，"我的意思是，如果你把自己的头骨或其他的骨骼给我，而我看了你鼻孔的大小，我不会获得什么线索让我认为你有黑人血统。"但接着他纠正自己说："现在我也许会这么想了，考虑到你的牙齿，因为它们很大。"

正如这些来自我研究中的趣闻轶事显示的那样，当代科学家有关种族的思想——种族与生物学、社会或其他事物有什么关系——跨度巨大。文化人类学家认为不可能确定种族的明确界限（因此种族并不存在），生物学家认为种族可以轻而易举地追溯到个体的基因状况，两种观点差异甚大。对我来说，可以从这些冲突的观点中总结出今天有关人类差异科学视角的一个重要特征：甚至是有思想、受过严格训练的专家使用同样的资料也没有在种族是什么这个基本问题上达成共识。因此其他人在这些问题上纠结不已就一点都不让人奇怪了。

11.1 种族和族群之间的差别是什么？

理解种族与族群

社会学家对种族和族群都有着非常精确的理解。但社会学对这两个术语的区别与日常实践相悖，日常生活中这两个词常常被当作同义词来用。来自各行各业的人——记者、教师、医生、广告商和政治家——通常会交替使用这两个词语。

为什么我们在日常对话中常常容易把种族和族群当作同样的事物来对待？有时族群这个术语被看作种族的一种委婉表达——这是一种避免使用与种族歧视及种族不平等有关的术语的方式。另一个众人不大知道的原因也许与联邦政府将西班牙裔美国人（也指拉丁美洲人）认定为"族群"有关，当时一般的美国人日益将自己看作另一个种族群体，就像黑人、白人和亚洲人一样。

但种族与族群之间的混乱部分是因为这样一个事实，本质上，这两个概念之间有许多共通之处。二者都是基于共同的祖先将人类分成不同群体的系统。二者之间的关键区别在于用来把人们归属成族群或种族群体的特征类型不同。

种族和族群的社会学界定

11.1.1 比较当代社会学家以及马克斯·韦伯对种族和族群的界定。

马克斯·韦伯（1864—1920）是社会学创始人之一，也是最早对族群和种族进行界定的社会学家之一。韦伯将族群描述为"那些对其共同的祖先抱有一种主观信念的人类群体"，他清晰地指出"是否存在一种客观的血缘关系并不重要"［Weber（1992）1978，pp.389，385］。韦伯的界定中最让人震惊的一个层面是，族群成员身份的核心要素是对共同祖先的信念。族群的主观维度将会继续成为后来社会学家思想的核心内容。

然而，韦伯并没有把种族完全等同于主观性。相反，同自己时代的大多数学者一样，他认为种族源自"实际上从共同祖先那里继承下来的共同的遗传或可遗传的特征"。这种种族观点被称为本质主义（Essentialism），即假定一个人的身份依赖于重要的、与生俱来的特征，这些特征是内在的、可继承的和不可改变的。这些特征被认为是人的"本质"及其存在的一部分。因为韦伯观察到许多不同的特征或经历能用于指明谁属于哪个群体——包括外表相似性、历史记忆以及共同的文化实践——他认为就是生理构成决定着一个人的种族。总而言之，族群以人们的文化实践为基础，而种族建立在生物特征基础之上。

并不是所有早期社会学家都对种族持一种本质主义的观点。在许多分析美国种族压迫的著作和文章里，威廉·爱德华·伯格哈特·杜波依斯（W. E. B. Du Bois）（1868—1963）向下面这种观点提出了挑战，即美国黑人身上普遍存在着生物性的鲜明特征，而且可以通过分析黑人在美国如何生活和工作来确定这些特征。杜波依斯认为种族主义在19世纪晚期和20世纪早期的美国社会如此普遍，以至于黑人不可能以同白人一样的方式找到工作或取得成功。美国黑人的高失业率并不意味着黑人懒惰。白人雇主不愿意雇用黑人产生的一些特有"事实"强化了有关懒惰的刻板印象。

尽管当代社会学家吸收了韦伯有关族群的思想，但大多数人拒绝了他对种族的界定，赞同杜波依斯的立场。今天的社会学家认为种族身份同族群分类一样也是一个主观的过程。种族和族群之间的主要区别在于划分群体界限的基础不同。换言之，当我们把人的族群同其种族进行比较时，我们寻找的是不同的线索和迹象。

当代社会学家究竟为什么会拒斥韦伯将种族描述为仅仅建立在可遗传的生理特征基础之上的观点呢？这些观点的差别既微妙又有意义。在某种意义上，今天的社会学看重韦伯有关族群界定的主观性信息，并开始认为我们对生物相似性的认知也是主观的。因此我们的种族分类不是建立在某种对生物相似性的主观测量上（正如韦伯宣称的那样），而是建立在我们的信念上，并影响社会上人们对哪些人类群体相似、哪些人类群体不同的看法。

一个有用的例子就是美国的"一滴血原则"（One Drop Rule），这个习俗从19世纪初开始被许多州的法律奉为圭臬。根据这种历史悠久的鉴别个体种族的方法，如果一个人的祖父母、外祖父母中有一个是黑人，另外三个是白人，那这个人就会被认为是黑人，因为他们的"黑人血统"意味着他们与黑人而不是与白人有更多的相似之处。同样的推理会导致我们把奥巴马总统称为黑人，即使他的母亲是白人。显然，不存在天生的生物法则使他更像是一个黑人而不是白人。相反，是社会法则——文化习俗——决定着我们如何对人们进行种族分类，甚至还决定着我们如何"看待"种族。

在这一章，我们把族群界定为一种对那些基于察觉到的文化相似性而被认为具有共同世系的人们进行分类的系统。我们把种族界定为一种对那些基于内在的生物相似性而被认为具有共同世系的人们进行分类的一种系统。以这种方式将两个概念进行组织使得二者的共性非常清晰，还突出了它们之间的差别。

种族与族群之间的核心差别

11.1.2 讨论种族与族群之间的核心差别。

当代社会学家就种族和族群两个概念的相似性和差异性写就了大量的著作和文章。

研究者首先确定的事情之一就是，在任何一个既定的地方，种族和族群的观念对人们而言也许并不同等重要（Conell and Harmann 2007）。在美国，种族在历史上的重要性要比族群大得多。在美国的大部分历史时期内，白人身份是获得公民全部福利的必要条件。白人身份不仅在美国内战的战前时期（1789—1860）会保护一个人免受奴役，而且即使在内战之后，该身份还会保障个体能进入投票室投票、找到好工作、上学、就医以及进入更富裕的社区居住。直到1952年，只有白人移民才能成为美国公民。而且直到1967年，非白人人口才被允许与美国的白人通婚。

尽管像爱尔兰人、意大利人以及犹太裔美国人这样的欧洲血统的族群已经遭遇了大量的歧视，但对他们的排斥并没有写进美国法律，也没有达到如种族隔离那样的程度。因而，毫不让人惊讶的是，今天在主要社会经济后果——如收入、财富和教育成就——上的种族分化通常要比族群间的可比差距大得多。换句话说，是白人而不是黑人的差别要比是瑞典人而不是波兰人，或者是牙买加人而不是海地人的差别更大——在美国历史上的大部分时期都是如此。

　　另一个关键差别是，种族类型往往是由他人加诸到个人或群体身上的，而族群的标签更有可能是相关个人或群体自己的选择。这种不同可以被描述成外在分类和内在分类。种族这个概念是在欧洲国家与非洲人、亚洲人、美国土著居民以及其他人的冲突中发展起来的。这一过程始于15世纪。在那之前，西方中世纪社会根据宗教对人群进行划分的（如基督教徒和非基督教徒）。往前追溯得更远一些，古希腊人将自己与"野蛮人"进行了区分。但是我们今天理解的根据肤色编码的等级制并不存在于西方的想象世界里。相反，直到欧洲探险家、军队、教士以及殖民者试图控制全世界的人们时，种族的思想才得以形成。欧洲人开始相信他们自己与他人的外表和行为差异能够用内在的种族特征加以解释。同样重要的是，他们还相信种族是按照等级进行排列的，而他们占据了最高的位置，所以欧洲人对他人的统治和殖民是天生就该如此。于是有关种族差异的信念就在一种征服、剥削和奴役的背景中生根发芽，进而被用来证明权力不平等的正确性。

　　相似的例子在现代可以从"拉美裔美国人"这种种族类型的创造过程中看到，拉美裔美国人用来表征来自中南美洲许多不同国家的人口。尽管美国政府认为拉美裔美国人是族群而不是种族群体，但他们被有效地"种族化了"，许多人认为这是一个与白人或黑人相似的群体。然而拉美裔种族——或拉美裔族群——群体的这种观念是非常晚近的产物，起源于20世纪60年代到70年代联邦政府所发展出的一套官方种族分类体系（Graham 2002）。在那之前，来自中美洲的人（如墨西哥人、危地马拉人）与来自加勒比海的人（如古巴人和多米尼加人）之间并不存在明显的联系，更别提来自南美洲的人了（如秘鲁人和阿根廷人）。因此，即使他们没有为自己选择或创造这样一个标签，但来自上述任何一个地方的人现在发现自己处在这样一个社会当中，即不管他们愿意怎样认识自己，他们已经被政府、其他制度和其他人贴上了拉美裔美国人的标签。

区分种族和族群标签

11.1.3　区分种族标签和族群标签。

　　那么我们如何能分辨哪些群体是族群、哪些群体是种族群体呢？任何一种排列或分类系统都完全依赖于时间和空间。在我对世界人口普查的研究中（Morning 2008），我发现被不同国家用来对人口进行分类的官方种族和族群类型存在着广泛的差异。在危地马拉，人口调查表上的族群包括"加里福那"人（Garifuna）（又称加勒比黑人）和"拉地诺"人（Ladino）；在保加利亚，主要族群类型有"保加利亚人""土耳其人"和"吉卜赛人"。

新西兰人口调查将人们分类为"新西兰欧洲人"（New Zealand European）"毛利人""萨摩亚人""汤加"（Tongan）"中国人"和"印度人"（除了其他类型）。而斯里兰卡将族群分为如"僧伽罗人"（Sinhalese）"斯里兰卡泰米尔人""印度泰米尔人""斯里兰卡摩尔人""伯格人"（Burgher）"马来人""斯里兰卡切蒂人"（Sri Lanka Chetty）和"婆罗多人"（Bharatha）。

　　除了这种大量的地方性差异，我们还可以用一种"拇指法则"（Rule of Thumb，又译为经验法则）来把种族标签和族群标签区别开来。种族是锚定在肤色上的术语——如"黑人"和"白人"——指大量的、欧洲大陆群体，包括的人口没有上千万也有几百万。"黑人"指来自撒哈拉以南非洲或加勒比海的人；"白人"指欧洲当地人。即使今天已不再被广泛

印第安人——就像图中的这些霍比印第安人——被认为是美国一个不同的族群，尽管他们的祖先就是这个地区的当地人。

使用，但像"红种人""黄种人"以及"棕种人"这样有关肤色的术语也指涉着类似的大规模人群：土生土长的（或土著）美国人、亚洲人和拉美裔人。

对比来说，族群在规模上小得多，而且是和当地、国家或地区性地理位置联系在一起，而不是与大陆联系在一起。因而不同的国家在族群的区分上差异甚巨也就并不让人奇怪了。族群关注的是群体在国家边界内的分化。

有时候这些族群被看作一个地区土生土长的土著居民，比如美国的霍皮人或者纳瓦霍人；其他时候族群被认为是起源于移民者的居民，比如韩裔美国人、德裔美国人和古巴裔美国人。然而土著和移民之间的区别是模糊的。当美国在19世纪侵占了墨西哥大片区域时，许多人一夜之间由墨西哥居民变成美国居民。这些墨西哥裔美国人是移民族群还是土生土长的族群呢？

11.2　种族是真实的吗？

种族的社会建构

社会学家经常把种族描绘成一种社会建构，或者一种由人发明的社会现象，而且会受到存在于其被创造的时空中的社会力量的影响。发明的想法常常导致人们认为被社会建构的事物不是真实的。但从何时起社会发明就不真实了呢？托马斯·爱迪生（Thomas Edison）发明了电灯，但这是一种真实的存在。史蒂夫·乔布斯发明了iPad，这也是真实的。同样，认为人类有四五种肤色或被称为"种族"的特征的信念也是被发明出来的——但只要人们和政府的行为表现得好像这些划分人群的方式是有意义的，那它们就是真实的。或者，换种说法，种族是真实的——但不是生物意义上的真实。它们是真实的社会分类并对人们的生活产生了真实的影响。今天社会学家使用的建构主义观点——种族是社会创造物而不是生物性事实的观点——可以同种族的本质主义观点进行对比，这种观点认为种族之间存在持久的差别，而且这种差别的根源在于生物性因素，世代也不会发生变化。

种族与社会

11.2.1　解释美国不断改变的对谁算是白人的界定如何支持了种族的建构主义观点。

认为种族是被社会建构起来的意味着几件事情。首先，种族是一种分类系统的思想是由人类发明和创造出来的，因此是一种人造物而不是自然产物或生物产物。其次，种族是被社会创造出来的视角——它不是某个单一个体的产品，而是构成社会的人类大众的产品。在这个意义上，种族和语言有很多相似的地方：不是某个人创造了英语、西班牙语或者韩语，相反，语言是一种社会现象，成百上千万的无名氏塑造了这种社会现象。第三，种族的社会基础意味着，随着社会的变迁，有关种族的思想也会改变。许多社会学家、历史学家和文化人类学家研究的就是社会因素——比如经济条件和组织，文化价值观的转变，或者政治巨变——如何影响着人们有关种族的信念。

一个让研究者着迷的谜题是，美国人有关谁是白人的思想如何随着时间而变化。今天我们认为是白人的许多人在一个世纪以前不会被归类到白人里面。爱尔兰裔美国人、意大利裔美国人、犹太裔美国人以及许多其他欧洲血统的美国人通常被排除在白人这个类别之外。历史学家马修·弗莱·雅各布森（Matthew Frye Jacobson 1998）认为，大约在1880年到1920年这个时期，欧洲到美国的大规模移民浪潮对谁会被认为是白人产生了重要影响。美国成立时，欧洲血统的人口大部分都是英国血统（尽管还包括爱尔兰、苏格兰、荷兰以及法国人）。如果说在这个时期谁是白人看起来是不证自明的话，那么当移民在19世纪晚期从像波兰、意大利、希腊、匈牙利以及俄国这些地方来到美国时，这个界限就变得没那么清晰了。结果，政治家、科学家以及普通人开始把新来者看作一个独立的种族，与那些西北欧洲血统的"真正"白人区别开来——也要比这些人低等。

那么今天我们为什么会认为波兰裔美国人和希腊裔美国人是白人呢？或者，用一位人类学家让人难忘的话来说，"犹太人是如何成为白人的？"（Sacks 1994）自相矛盾的是，正是对这些"非白人"（Nonwhite）欧洲人的歧视变得如此严重，以至于美国国会通过了一项法律——1924年的《移民法》（*Immigration Act*）——该法严格限制从欧洲南部和东部移民到美国的人口数量。欧洲移民的数量急剧下滑意味着，经过几代之后，具有欧洲血统、说外国语言并实践不同习俗的美国人越来越少，而本土出生、讲英语的美国人越来越多，这些人接受从音乐、着装到运动、美食等各种美国文化形式。

换句话说，南欧和东欧人经历了文化同化，这是一个移民被新社会整合、接纳该社会文化品位和文化习俗的过程。这些移民群体成为美国人的过程中一部分慢慢融入白人人口。例如，第一代波兰人在第二代育有的儿子是波兰裔美国人，其儿子在第三代育有的女儿可能就是美国人了。

对谁能算作白人的美国式界定的变迁有力地支持了种族建构主义的观点。如果种族仅仅与我们的生理构成有关系，那么白人类别的界限就不会在过去的200年里发生如此显著的变化；在这段时间，人们的身体特征并没有发生改变。相反，变化的是美国人有关谁属于哪个种族的观念，因为他们不断建构和重构着种族类别。

种族与生物学

11.2.2　分析反对种族生物决定论的观点。

对许多人而言，接受种族建构主义视角最难的地方在于这看起来与他们的亲眼所见相悖。当我们能轻易"看得见"种族的时候，一个人怎么会认为种族不是一种生物性事实呢？每天我们都会遇到根据种族特征就能立刻区分开来的人，比如白人或亚洲人。

简单的答案如下：我们能轻易确定人们之间表面上的身体差异。但接着我们把人们划分进种族群体类别的方式则完全是社会化的结果——人们被训练（有意识的或无意识的）去挑选出特定的身体特征并接着把这些特征与特定的群体联系起来。

思考一个非常简单的例子。假设你在一个实验室里，研究者把三种颜色的积木放在你面前——红色、黄色和蓝色——然后让你把它们分成两组。你也许决定把红色积木和黄色积木放在一起，蓝色积木自成一组，或者你可能选择把红色和蓝色积木分成一组，黄色自己一组。这没有什么明显的相似性，也不存在把两种颜色分成一组的清晰分组规则。但如果每次你做出选择后，研究者就会纠正你，把黄色和蓝色的积木放在一起并把红色的积木单独留成一组，你很快就会明白黄色和蓝色积木适合分成一组。从那个时刻起，你就能很容易地将黄色和蓝色——而不是和红色——看作同一组的一部分，甚至有人让你给玩具汽车和海洋球而不是给积木分类时你还会这么做。基于颜色把事物进行分组将成为一种自动反应，甚至你都会不假思索；过了一段时间之后，黄色和蓝色分在一起，而不是与红色分在一起看起来就理应如此了。

种族以同样的方式发挥作用。我们在成长的过程中学会寻找有关个人身体的某些信息（最突出的是肤色、头发的颜色和质地、眼睛的颜色和形状）来得出这个人属于哪个种族的结论。但会忽视其他方面的信息，如身高、体重、耳朵的形状和手掌的大小。至少在今天，通常我们都会判断正确：我们认为一个人所归属的种族实际上就是他（她）所承认的种族。但这并不意味着我们对他人的种族分类以及他们对自身的种族认同是建立在个体某些内在的、我们仅仅观察到的种族特征上。相反，这更像是这样一种情形，我们面对着黄色、蓝色和红色三种人而不是三种颜色的积木，而我们都被训练着去认为黄色和蓝色两种人与红色这种人属于不同的种族类别。换言之，观察者和观察对象拥有完全一样的心理规律来判断谁属于哪种种族。但这并不意味着蓝色和黄色被匹配在一起而红色被单独放在一边是天生的或必然的。随着我们在世界各地流动，会发现人类的外表（及其他）生物特征都在发生变化。我们非常善于确定种族成员之间的生理差别。

我们一般都能看出挪威人与意大利人之间、意大利人与尼日利亚人之间、尼日利亚人与埃塞俄比亚人之间、埃塞俄比亚人与印度人之间，以及印度人与韩国人之间的生理差别。我们甚至能看出来兄弟姐妹间的差异！但我们通常不会认为这些差异代表着兄弟姐妹是不同种族的成员。同样，我们也许会（或不会）认为我们看到的世界不同群体之间的差别反映了种族差异。例如，我们能看到挪威人和尼日利亚人以及韩国人之间的表面差别。而实际上我们常常认为他们是不同种族的成员。在这些例子中，种族差异附着在可观察到的生理差别上。但在其他情况下，例如将挪威人与意大利人或将印度人与韩国人进行比较时，我们也观察到了他们之间的生理差别，但却不会将他们归类为同一种族群体的成员。不管其表面特征有多么独特，今天美国的挪威人和意大利人在种族上都被看作白人，尼日利亚人和埃塞俄比亚人被看作黑人，而印度人和韩国人被看作亚洲人。决定印度人和韩国人是同一种族成员而埃塞俄比亚人不属于该种族的不是生物因素，而是社会创造并普遍存在的分群规则决定了这一切。

在过去几十年里，一些科学家认为，即使表面的生理特征不是种族的可靠指示器，但我们DNA的排列方式能揭示出人类种族群体真实存在。这个假设为刑事司法专家分析DNA证据（从犯罪现场提取的如血液或唾液的样本）以图猜测犯罪者种族的行为提供了基础。这也推动了基因遗传学新关注点的出现，一些公司分析客户的DNA来估计其家谱的种族构成。但正如对蓝色和红色积木进行分类的情况一样，DNA的种族分析也起始于将个体归入群体类别的人造法则。在分析客户——或嫌疑人——DNA样本之前，科学家必须决定何种DNA特征将指示哪种种族血统。要做到这一点，科学家需要提出来他们相信存在的种族清单，然后从那些假定的种族中进行抽样，以便找出该种族通常具有的基因特征种类。在美国，基因遗传学公司通常努力区分欧洲、非洲或东亚种族的血统。在英国，许多这样的刑事技术得到发展，关注的种族类别是"白种人、加勒比黑人和来自印度次大陆的亚洲人"（Evett et al. 1996：398）。在这两种情况里，科学家基于该社会的历史将人类区分成相似的种族类型。但是技术能够在任何一种以地理为基础的人群分类中使用——甚至将人类简单区分成"红"种人和"蓝"种人也可以。一旦两种或两种以上的类别被创造出来，个体就会被挑选出来为这些类别提供代表性DNA，接下来的事情仅仅就是，通过统计算法评估特定的客户（或嫌疑人）的基因变异同那些在"红"种人样本或"蓝"种人样本中通常会发现基因具有怎样的相似度。关键是，基因遗传学公司的估计永远无法得到证明或适当地评估：如果你被告知自己有30%的非洲人血统、有40%的亚洲人血统以及30%的欧洲人血统，你能用什么样的独立并可靠的资料来证明这个论断呢？

对许多人而言，很难真正理解种族的建构主义观点，因为种族是以我们所思、所看和所知的面貌存在着。种族建构主义观点的基本前提是，即使我们认为种族根植于人类的生物性，但却并不真的如此——仅仅自称是如此而已。

种族与地域

11.2.3　讨论世界上对种族的理解如何不同。

种族是被社会建构出来的社会学观点扎根于比较（或跨国家）视角。依赖于地域，种族的概念——人们对种族的信念，包括人们对哪些群体是种族、谁属于哪个种族的观念——在不同的时代呈现出不同的形式，也许完全都不一样。因为西方学者对欧洲以及北美之外的社会关注较少，所以对别国种族认识的研究仍处于起步阶段。但在这个领域已有的研究就世界各地对种族的设想有着怎样的不同提供了一些颇具吸引力的见解。

研究者要问的一个问题是，我们如何才能解释世界各地的人们不同的思考种族的方式。西非的一项研究发现，当地如黑种人、白种人与红种人这样的种族分类与个体的外在面貌没有多少关系，反而是建立在个体是否认为自己具有高贵的血统基础上，在这里是指阿拉伯血统（Hall 2011）。同样，巴西人将外表与种族群体联系起来的方式与美国人将二者联系起来的方式不同；在巴西，很多种族标签是基于非常明确的结合了肤色、头发颜色、头发质地、面部特征等各种因素的综合体来对人们进行分类。结果，在巴西全同胞（Full Siblings）（指由同父同母所生的子女——译者注）可能会分属于不同的种族，按照美国人的标准来看，这种情形是无法想象的。

学者指出，尽管当代美国人把种族差异归结为基因，但其他地方的人们（在不同的时期）则认为种族差异在于血液、精神或灵魂（Nelkin and Lindee 1995）。什么原因导致种族概念会呈现出如此不同的形式？到目前为止，研究者关注到了两种分析种族看法存在如此差异的解释。第一种解释是，随着西方种族概念在殖民的浪潮中传遍了全世界，它与当地传统的信念和偏见混合在一起创生了许多新的种族观点（Dikötter 2008）。例如，今天韩国人的种族观念可能是历史上韩国人和日本人的种族偏好、有关群体合适位置的儒家思想以及基于共同血缘而长期存在的韩国国家形象等观念的混合体，这些思想是由20世纪中期就驻扎在那里的美国军事人员带来的（Kim 2008）。

第二种解释种族地方性差异的方法倾向于关注人口、经济和政治因素。例如，为什么美国人传统上会把有白人和黑人血统的人区分为黑人，而澳大利亚人则认为白人和澳大利亚土著居民混血儿将是白人血统而不是土著血统？根本差异在于欧洲殖民者期待美国黑人和澳大利亚土著人扮演的角色不同。因为黑人奴隶是美国免费劳动力的一种来源，所以增加这类人的数量符合美国白人的最大利益，将混血人当作黑人的一滴血原则是增加黑人人口数量的方式之一。相反，对澳大利亚白人而言，土著人代表着免费的土地来源，但要成功获得那些土地就必须清走土著人。因而，对澳大利亚欧洲殖民者社区而言，通过将土著人口吸纳进白种人口——或者将土著人口迁移并集中到不大让人满意的土地上是消除土著人口更可取的办法（Wolfe 2001）。这再一次说明，人类创造种族群体的方式并不是一件天然和必然的事情；我们发展出的习惯和分类是我们对所生活的社会世界、经济世界和政治世界的反映。

在巴西，种族标签是根据面部特征、肤色、眼睛的颜色、头发颜色和质地对人们的外表给出的更多的细节性表述。关注外貌意味着，一个人的种族归属即使不是更依赖于他们看起来如何，但也同对血统的依赖一样多。结果，即使是全同胞，在巴西也可能会被认为属于不同的种族。你会认为这个巴西家庭的成员属于同一个种族吗？

11.3 什么是种族主义？

当代的种族主义

美国人使用种族主义者或种族主义这个词来描述让人震惊的一长串事物。除了用来指那些因为其所说或所做的事而被称为种族主义者的个体，我们还用它来指具有种族主义倾向的思想、言论、布道、电影、歌曲、政策、法律，甚至政党。无论是种族主义事件还是种族主义者常常都会成为热议的主题。法律裁定未经许可的美国移民是犯罪，这是种族主义吗？体育运动的吉祥物和队名代表着对美国印第安人的种族歧视吗？反对《平权法案》政策是种族主义吗？诸如此类争议的根源部分在于对种族主义是什么缺少一种清楚的、广泛共享的观念。

社会学家如何界定种族主义和种族歧视？

11.3.1 讨论偏见、刻板印象和歧视在种族主义社会学界定中的角色。

对社会学家而言，种族主义这个术语包括两种现象：偏见和歧视。偏见是对整个群体所持有的消极信念、情感或者态度。偏见被人们广泛运用，而且是建立在主观以及不准确的信息基础上。偏见涉及个体基于刻板印象所形成的预先判断，而刻板印象是指对一个群体的简单化概括。这些整体印象很难改变。正像心理学家指出的那样，这是因为我们倾向于寻找和记忆那些看起来能证实我们刻板印象的信息，忽略或漏掉那些不能支持这些刻板印象的信息。

歧视与偏见不同的地方在于它涉及行动而不是信念。歧视指由于个体的群体成员身份而使个体受到伤害或处于不利地位的任何行为。歧视通过阻止从属群体发展来维系和强化社会等级。歧视存在严重程度的差异。种族歧视最温和的形式是在提及一个特定群体时使用消极的词或短语。尽管具有歧视性的称呼或短语可能会是有害的，甚至有助于将刻板印象永久化，但它们通常不会直接影响到人们的生活。一个更为极端的种族歧视类型是基于种族群体对人们的发展机会设限。这包括阻止特定的种族群体平等地获得升学、就业、住房机会以及进入其他机构的机会，这些机构是成员资格和社会参与的一部分。在种族歧视最极端的形式里，歧视的形式体现为对个人或种族群体成员施加的暴力行为。自美国内战开始以来的许多年里，私刑就是一种暴力行为，主要用来驯服、惩罚和恐吓美国南部的黑人。许多如南非、卢旺达和波斯尼亚这样的国家也出现了被指控为种族或族群歧视的暴力形式，包括种族灭绝，即对某一个类型的群体进行蓄意和有组织的杀戮。

种族或族群歧视行为可以被分为个体性歧视和制度性或结构性歧视。个体性歧视是指由个人或小群体实施的基于群体成员身份而对一个或多个个人造成伤害的行为。一个雇主拒绝雇用黑人、房主不把房子租给墨西哥裔美国人或一群青少年在犹太教堂上涂画纳粹党徽都是个体层面歧视的例子。在这些例子中，个人或小群体采取有目的的行动对特定种族或族群产生消极影响。

然而，歧视并不总是有意的。近来心理学研究指出我们的行为会受到许多种不能言明的（或"无意识的"）偏见的影响，包括我们没有意识到的活跃于我们精神层面中的刻板印象（Greenwald and Banaji 1995）。甚至那些主动有意识地拒绝种族刻板印象的人也还是会受到这类偏见的影响。心理学家通过各种测验发现了这一点，其中最为知名的是内隐联想测验（Implicit Association Test），你可以打开网页http://projectimplicit.net进行测试。该测验一再表明，当人们要去完成给定的一项任务、如果该任务涉及辨认非刻板印象的联系（如将"黑人"与"愉悦"匹配起来）时，人的速度通常会慢下来；而当被要求去匹配刻板印象的联系（如将"白人"与"愉悦"匹配起来）时，人们的速度就会快起来。尽管消极的内隐偏见广泛存在——参与测试的近85%的白人被判断为具有某种程度的无意识种族偏见——但研究显示这可以通过反思和对目标群体的正向接触来减少这种偏见，思考练习和习惯能以差不多同样的方式帮助人们控制如恐惧和愤怒这样强大的情感。事实上，内隐性偏见也许是情感性的，而外显（或有意识的）偏见是理性的（Quillian 2006）。内隐性偏见看起来会在个体难以调控自己时开始发挥作用（例如，在瞬间决策中或通过身体语言表现出来），而外显性偏见则对有意的或预先策划的行动（比如演讲）具有更大的作用。近来发生的警察射杀无武装黑人的悲剧显示出内隐性偏见是多么重要和令人痛心的问题。

然而，会产生歧视的主体不只是人们。社会学家认为制度也可以具有歧视性。当组织或社会机构排斥、不利于或伤害特定群体的成员时，制度性（或结构性）歧视就产生了。吉姆·克劳法——20世纪早期美国南部调控黑人和白人互动的法律和社会规范体系——代表了一种制度化的歧视系统。通过将黑人同白人隔离开并使其处在非常不平等的设施里，学校、住房、交通和公共设施都正式参与进歧视性实践之中。南非的种族隔离制度是这种制度性歧视的另一个例子，在那里白人通过将非白人排斥在大部分机构之外来确保自身的社会位置。

同个体性歧视的情况一样，制度性歧视可能是有意为之，也可能是无意而为。有意为之的制度性歧视的例子是美国1790年的入籍法（Naturalization Law）（也称归化法——译者注），该法明确规定只有白人移民才能成为美国公民。联邦量刑指南则是一个无意而为的歧视例子，该指南对那些持有强效可卡因者的惩罚要比对那些持有粉状可卡因者的惩罚严重得多。尽管该指南没有明确谈及种族——而且看起来也没有故意进行歧视——但事实是使用粉状可卡因的白人和使用强效可卡因的黑人不成比例，这意味着根据量刑指南的规定美国黑人要比白人更可能面临更严厉的惩罚。然而，正如这里显示的那样，判断制度性歧视是有意为之还是无意而为并不容易。即使该指南没有公开根据种族进行审判，但采用这些指南也许恰恰就是因为这些指南可能对美国黑人罪犯产生不成比例的严重影响。判断一个人或一项制度何时有意将某群体置于不利的位置是困难的，这导致美国法律制度出现这样的先例，即要发现歧视并不总是必须证明存在不良的意图。相反，对所谓一个机构政策的"差别对待"的统计证据——例如，雇主的雇用过程或定薪过程产生了某些群体的结果要比其他群体糟糕——在法庭上就足够能证明歧视的存在，不管其意图是否能被确认。同样地，社会学家认为，如果制度实践的最终结果加剧了不平等的程度，那么该制度就是歧视性的，不管这些制度背后的初衷是不是这样。

种族歧视为什么会发生？

11.3.2　解释人们的种族歧视是如何通过社会化形成的。

一些有关偏见和歧视的早期研究来自心理学家，他们把种族歧视看作人格障碍的一种特殊表现。但这种研究偏见的心理学方法因其忽视了社会环境的影响而遭到批判，因为是社会环境塑造了强调种族歧视的信念和行为。

而且，因为这些早期的理论把种族歧视看作好像是一种反常的、因而是不同寻常的情况，所以这与下面的事实不相符合，即历史上大量的美国人都持有种族偏见，并以一种带有歧视性的方式行动。换句话说，当许多人在特定的时间和空间对一个种族或族群表达相似的观点，很难把那些观点都归结到个人的人格障碍上来。

于是，社会学家试图发展这样的种族歧视理论，即关注社会规则和准则对不同情境下行为的影响。这些理论认为，规则发挥作用的情境类型能激发或引起偏见性信念或歧视性行为。通过社会化，人们习得了在具体情境或全社会中都发挥作用的规范。研究已经表明，即使非常小的孩子也会吸收种族偏见并按照这种偏见去行动——例如，当他们选择一起玩的伙伴时就是如此（Van Ausdale and Feagin 2001）。关于这一点，社会学家奥塞奇·奥巴萨奇（Osagie Obasogie 2014）已经指出，盲人——看不到如肤色这样的视觉线索的人，而我们依赖肤色来确定一个人的种族——还是能从他们的家人和朋友那里学会在不同种族的成员之间进行区分。盲人远没有体现出"种族无差异"，他们反而常常被教导去看低其他种族的人，并避免与这样的人接触，甚至当这意味着拒绝了有价值的帮助或有回报的友谊时也会如此。总之，人们从周围的人那里学习以一种具有种族偏见的方式去思考和行为——他们经由社会化形成了种族歧视。

在美国仍然存在种族歧视吗？

11.3.3　列举美国仍然存在种族偏见和种族歧视的证据。

研究者使用了大量的各种各样的方法评估美国在后民权时代种族偏见和种族歧视的程度。现在的调查显示，在美国，人们对吉姆·克劳法时期诸如公共设施或交通方面的种族隔离举措的支持率相对来说非常非常低。今天，很少有人会告诉调查员或调查研究者他们认为白人和黑人不应该结婚或去同一所学校读书。这样的观点通常被称为"过时的种族主义"（Old-Fashioned Racism），也不再能获得任何程度的广泛支持。要了解有关种族特定主题的观念随时间如何变化就去看看图11.1a。

然而，这种证据不是测量潜藏偏见的可靠指标。对调查发现的乐观解释是白人对黑人的歧视随时间变少了。悲观主义的解释是白人只是变得不大可能承认种族偏见，但其真正的情感并没有随时间发生多大改变。不管怎样，美国白人在一些问题上仍然固守有关黑人以及其他少数族群的消极刻板印象，尽管这些人也许放弃了以前那些过时的种族主义。例如，在2010年当被问及"你认为（白人和黑人在工作、收入以及住房上存在）差异是因为大多数美国黑人没有让自己摆脱贫困的动机或意志力吗？"时，有50%参与调查的美国白人同意这个观点（Krysan 2011）。现在看看图11.1b来理解其他一些有关种族主题的观念如何随时间而变化。你会对你在这里看到的东西感到惊讶吗？

另一种研究美国人如何认识种族的方式是分析日常对话，或者分析人们如何谈论种族。通过长时间、深度访谈，许多研究发现，有充分的证据表明，尤其是白人常常尽力避免公开讨论种族，他们还常常使用"种族无差异"这样的说辞来淡化种族主义在美国人生活中仍在发挥作用的可能性（Bonilla-Silva 2002；Frankenberg 1993）。这些研究关注个体用来解决日常种族信念中冲突和复杂问题的策略，比如种族偏见与我们的国家是一个平等国家的观念之间的冲突。许多人肯定所有的人都是平等的、国家赋予每个人平等的机会去获得成功，但同时又固执地怀疑某些群体并不像其他群体那样努力工作或意志坚定。

种族偏见仍然存在的证据还可以从大众媒体对种族群体的描述中看到。这些描述常常基于这样的刻板印象，即少数群体的角色都体现出某种消极或贬损的特征。人们使用被称为"内容分析"的研究方法来对报纸、电视节目、电影以及网络进行研究，这种方法通过寻找形式和意义中的模式来研究种族群体在媒体中是如何被展示出来的。例如，季伦思（Gilens 1999）发现，大众媒体在描述福利接受者时会过度突出美国黑人。在他研究的时期，美国黑人占全部福利接受者的28%，但出现在代表福利接受者图片中的个体有60%都是美国黑人。然而，更新的研究发现，自20世纪70年代和80年代以来，媒体对种族群体的呈现变得更加多样和积极，少数族群承担着更为重要的角色。

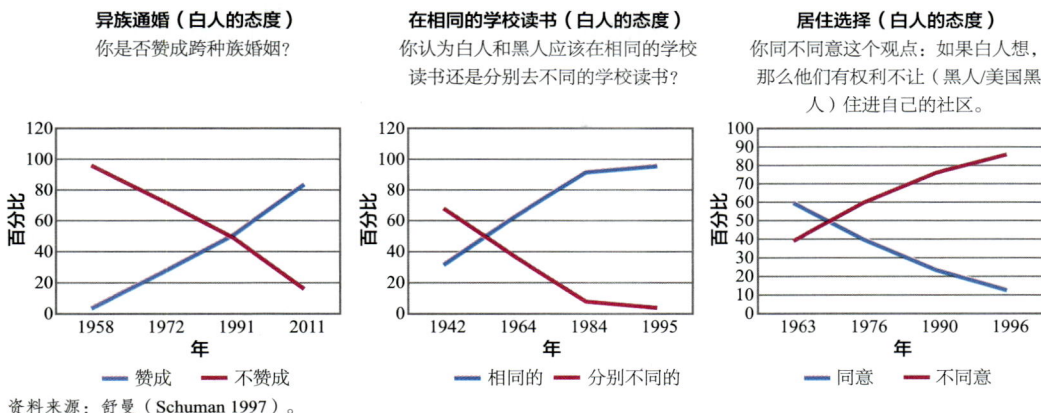

异族通婚（白人的态度）
你是否赞成跨种族婚姻？

百分比
1958　1972　1991　2011
年
— 赞成　— 不赞成

在相同的学校读书（白人的态度）
你认为白人和黑人应该在相同的学校读书还是分别去不同的学校读书？

百分比
1942　1964　1984　1995
年
— 相同的　— 分别不同的

居住选择（白人的态度）
你同不同意这个观点：如果白人想，那么他们有权利不让（黑人/美国黑人）住进自己的社区。

百分比
1963　1976　1990　1996
年
— 同意　— 不同意

资料来源：舒曼（Schuman 1997）。

图11.1a　后民权时代美国人有关婚姻、上学以及居住选择的种族态度

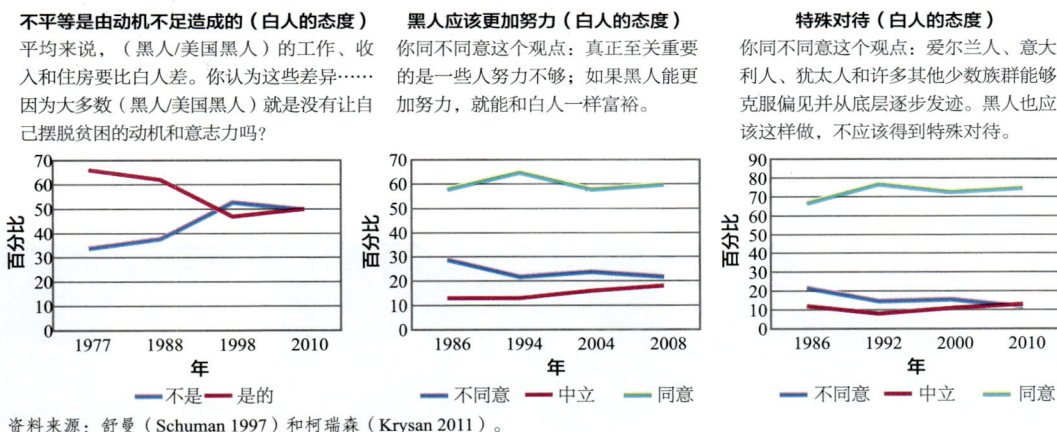

不平等是由动机不足造成的（白人的态度）
平均来说，（黑人/美国黑人）的工作、收入和住房要比白人差。你认为这些差异……因为大多数（黑人/美国黑人）就是没有让自己摆脱贫困的动机和意志力吗？

百分比
1977　1988　1998　2010
年
— 不是　— 是的

黑人应该更加努力（白人的态度）
你同不同意这个观点：真正至关重要的是一些人努力不够；如果黑人能更加努力，就能和白人一样富裕。

百分比
1986　1994　2004　2008
年
— 不同意　— 中立　— 同意

特殊对待（白人的态度）
你同不同意这个观点：爱尔兰人、意大利人、犹太人和许多其他少数族群能够克服偏见并从底层逐步发迹。黑人也应该这样做，不应该得到特殊对待。

百分比
1986　1992　2000　2010
年
— 不同意　— 中立　— 同意

资料来源：舒曼（Schuman 1997）和柯瑞森（Krysan 2011）。

图11.1b　后民权时代美国人对由于群体特征造成的不平等的种族态度

　　尽管学术证据表明种族偏见的态度仍然存在，但很难证明种族歧视在美国社会中仍然是一个重要的因素。在一个公然带有偏见的行为会被广泛谴责、在许多情况下会被法律禁止的时代，测量种族歧视并不是一件容易的事。事实上，在一些社会环境中，带有种族偏见的话甚至会成为越轨的一种形式；或者直言不讳地说，这么做在政治上是不正确的。因此我们如何才能得知种族歧视是否仍然真实存在呢？要了解这一点，社会学家需要用间接、不显眼或者匿名的测量方法。例如，雇主不可能向访谈者承认自己存在种族歧视——他们甚至都没识别到这一点。要充分探索种族歧视，社会学家常常通过两种策略来观察他们的行为——实验法和民族志。

　　一项获得广泛关注的有关种族歧视的实验研究体现在社会学家德娃·佩吉尔（Devah Pager）及其同事的著作中（Pager 2003，2007；Pager，Western，and Bonakowski 2010）。两人验证了犯罪记录对黑人和白人求职者就业前景的影响。雇了配对的两个黑人大学生和两个白人大学生假装在350家公司申请入门水平的工作，佩吉尔指

出犯罪记录对黑人求职者的消极影响要比对白人求职者的消极影响高出40%。考虑到被监禁的黑人男性数量很多，这样的偏见会使很大一部分的黑人求职者陷入不利的局面。这项研究还因为指出有犯罪记录的白人求职者要比没有犯罪记录的黑人求职者更可能被考虑作为候选人而引人注目。佩吉尔（2007：91）得出结论，"在今天的美国，就找到一份工作的机会而言，黑人和犯了重罪的人是一样的"。

另一个被广泛提及的实验是研究者制造了具有高低不同学历的假简历，然后随机给一些简历指定一个要么典型的白人名字（如"艾米莉"或"格雷格"），要么典型的黑人名字（"拉奇莎"或"贾马尔"）。研究者将这些伪造的简历分发出去，应聘超过1300个的售货员、行政助理、秘书以及客服工作职位，这些招聘信息发布在《波士顿环球报》（Boston Globe）或《芝加哥论坛报》（Chicago Tribune）周日版上。结果显示，当确定求职者简历质量和社区之后，写有"白人名字"的简历收到的回电要比写有"黑人名字"收到的回电高出50%。而且，提高求职者简历的质量也不会减少这种差异。实际上，这项研究表明，随着简历质量的提升，写有"黑人名字"简历的劣势也增加了（Bertrand and Mullainathan 2004）。与佩吉尔的研究相似，这个实验是种族歧视在今天美国的就业中扮演着重要角色的力证。另一种研究种族歧视的不同方法是对其进行民族志式的观察，正如纽约大学社会学家迪尔德丽·罗斯特（Deirdre Royster 2003）在研究中所做的那样，她对就业培训项目中25个工人阶级黑人男性和25个工人阶级白人男性进行了研究。

罗斯特驳斥了这样的观点，即就业市场是一个由精英管理的公平领域，最有资格的候选人会首先被录用。相反，罗斯特发现，就业是被社会网络决定的，这使白人蓝领社群可以获得工作的介绍和引荐。蓝领黑人工作者不仅由于缺少与雇主、管理者或监管者的联系而处于劣势（而这些人对找工作的白人工作者而言是社会网络的内在组成部分），而且白人蓝领社群会错误地认为黑人借助反歧视行动政策和实践具有了某种优势。这种"逆向种族主义"（Reverse Racism）的错误认识意味着白人工作者常常不愿意推荐或介绍黑人工作者。尽管反歧视行动政策会导致逆向种族歧视，但社会学研究坚持认为，针对少数种族群体的歧视、特别是对黑人求职者的歧视仍然能对就业中的种族分化做出重要解释。

11.4　种族和族群不再重要了吗？

种族和族群在今天的影响

美国最后像许多人希望和一些人宣称的那样已经成为"种族无差别"的社会了吗？很不幸，社会学家所记录的偏见和歧视依然存在的证据对此的回答是"没有"。1964年《民权法案》以及1965年《选举权法案》的通过——禁止种族歧视法律的标志性组成部分——经常被看作民权运动的顶点，标志着确保美国黑人和其他少数族群民事和政治权利长期和艰苦卓绝斗争的终结。许多美国人把这些法案的通过当作美国种族歧视变得不那么严重的时刻的开始。法律上不再禁止少数种族群体追求自己的社会、政治或经济理想。

那么，准确来说，在后民权时代肤色会继续成为人们成功的阻碍吗？社会学家非常严肃地对待这个问题。除了使用实验、调查以及民族志方法来测量当代种族歧视，社会学家还进行复杂的统计分析来比较不同种族群体的社会和经济地位。根据他们使用的任何一种测量方法来看，一个清晰的种族等级呈现在我们眼前，白人（有时还包括一些亚裔人）处于上层，拉美裔美国人、黑人以及美国土著人处在底层。要回答种族和族群在美国当代社会是否还重要的问题，我们需要通过统计图看看不同群体在今天是如何生活的。

正如你在后面将要看到的那样，种族在本部分讨论的所有维度上都至关重要。

收入、财富以及就业差距

11.4.1 讨论不同种族在收入、财富以及就业上的差距。

当分析经济产出时，由这样的一个关键点开始是重要的：第二次世界大战以来，非白人家庭在家庭收入上获得了可观的收益，特别是在20世纪60年代和70年代。随着吉姆·克劳法时代在美国南部的终结，《平等就业机会法案》开始实施，种族和少数族群从中受益甚巨。然而，尽管如此，社会学家和经济学家还是发现，在过去四十年里白人和非白人家庭在家庭收入上一直存在差距（见图11.2）。尽管白人和少数族群家庭的收入差距随着民权运动在缩小，但这种缩小的势头在20世纪70年代减缓了，并在那以后就没再发生多大变化。

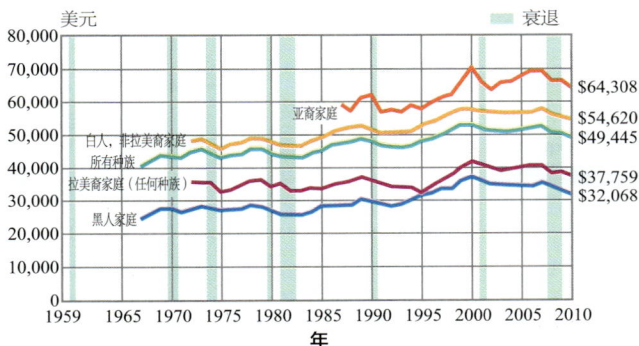

资料来源：美国人口调查局（2011）。

图11.2 基于种族和拉美裔的实际家庭收入中位数：1967—2010年

要更深入地了解白人和黑人之间的收入差距，请看图11.3中的两幅地图。这两幅地图比较了全国白人和黑人的人均年收入差距，数据来自2006—2010年的美国社区调查。这些地图清晰地显示出，除了很少的一些县，白人的人均年收入远远高于黑人的人均年收入，在过去几十年这一事实的变化微乎其微。

除了收入差距，黑人和拉美裔家庭要比白人家庭更可能处于贫困线以下。在2009年，全部黑人和拉美裔家庭中有3/4的家庭生活贫困，相比之下，白人家庭中只有10%的家庭处境艰难。大量的黑人和拉美裔家庭生活在贫困线以下在很大程度上能够解释白人和少数族群家庭收入的不同模式。然而，这种普遍的趋势不应该模糊这样一个事实，即存在一个家庭收入与白人家庭收入相当的中产阶级和工人阶级少数族群的稳定基底。事实上，如果我们将受过大学教育的黑人和白人进行比较，就会发现收入的种族差距大大缩小了，尽管这种差距没有完全消失（Conley 1999；Marger 2003：279）。

尽管白人、黑人以及拉美裔美国人之间仍然存在显著的收入差距，但注意到在美国白人并没有处在收入等级的最顶端也很重要。正如图11.2揭示的那样，在美国种族和族群中，亚裔美国人的家庭收入中位数最高。然而，我们要谨慎地解释这些数据。因为这些数据没有根据出生国或具体的亚洲族群进行区分，所以它们可能这两幅地图比较了美国白人（左边的地图）和黑人（右边的地图）的人均年收入差距，是基于2006—2010年美国社区调查数据绘制而成。（灰色区域是指没有足够黑人居民进行人均年收入合理估计的县级地方。许多这样的县规模小，黑人极少。）

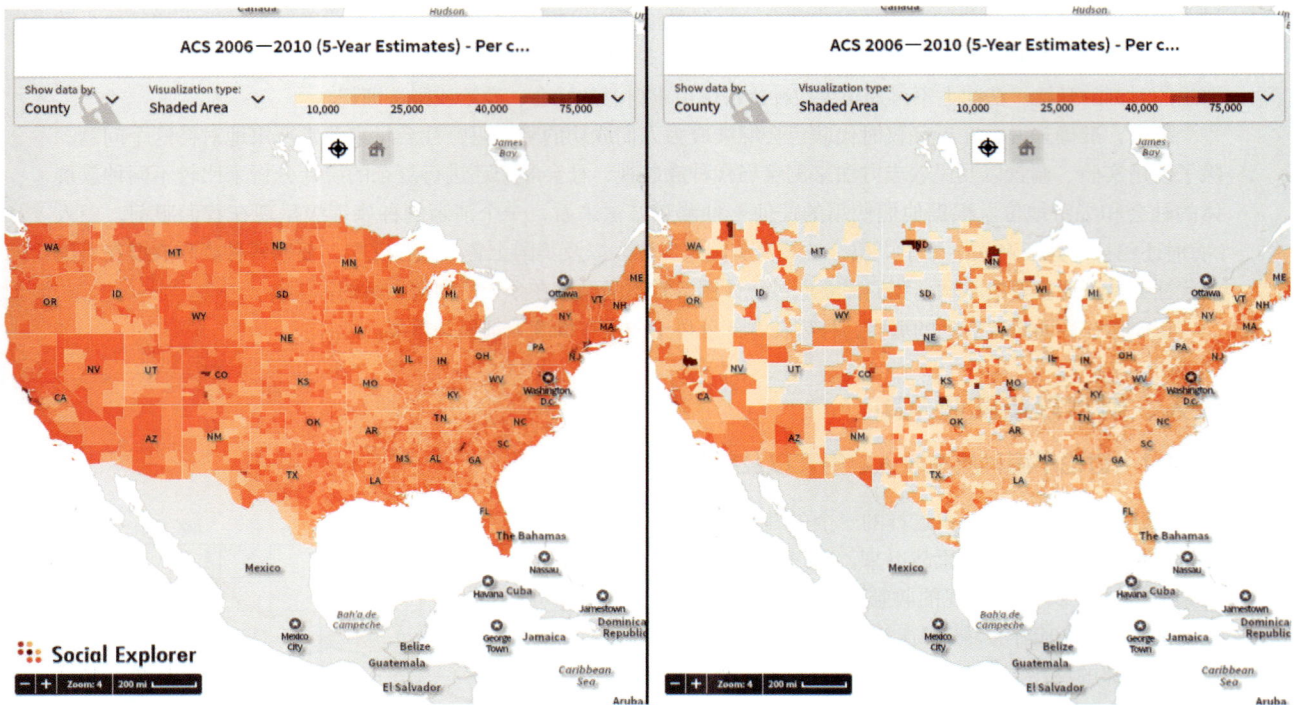

资料来源：社会探索者（www.socialexplorer.com），基于来自美国社区调查的数据（American Community Survey Data）。

图11.3　人均年收入的种族差距

会遮盖了亚裔家庭往往处在收入谱系两端的事实。例如，一些亚裔群体，比如越南裔和柬埔寨裔美国人，处在收入等级的底层，而其他亚裔群体，比如华裔、菲律宾裔以及日裔美国人，则处在收入等级的顶端（Marger 2003：367）。这些家庭收入数据也具有误导性，因为它们没有考虑一个家庭中收入能为整个家庭收入做出贡献的家庭成员的数量。最后，亚裔美国人还往往聚集在两个海岸线上，这类地方的平均收入和生活成本都比较高。总之，我们需要在解释这个原本让人震惊的事实时谨小慎微。

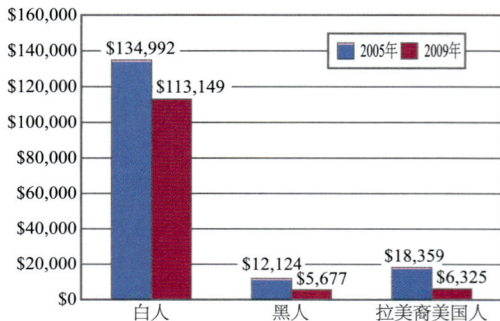

资料来源：皮尤研究中心（2011）。

图11.4　美国的财富差距

除了家庭收入的种族差距，社会学家还分析了家庭财富的种族差距。财富是指自身拥有的全部资产（比如房屋，如果归个人所有的话；储蓄和活期账户；诸如股票、共同基金或退休金账户一类的金融资产）减去全部债务（如抵押贷款、汽车贷款和信用卡欠款）的差额。除了人口统计学不断变化的趋势，财富方面存在的种族差距也是美国社会和经济不平等的一个常在特征，反映了少数族群家庭所要面对的一代又一代的歧视和劣势。过去的25年，种族间的财富差距最大，反映出经济大衰退对社会成员的影响是不均匀的。

正像图11.4揭示的那样，持续存在的财富差距突出了在种族领域缩小经济鸿沟方面的进步一直非常有限，这是当前种族不平等模式的核心。如果我们使用相同的收入指标来比较白人家庭和黑人家庭，白人家庭（平均）的财富资产是黑人家庭的7倍多［尽管在较高收入水平上两种家庭的差距要小得多；见Conley（1999）］。怎么会是这样？财富的积累在很大程度上取决于父母和孩子之间的跨代转移（例如礼物、非正式贷款和遗产）。由于黑人家庭经历了好几代人被排斥在拥有住房和其他形式的资产积累之外的情况，所以这些家庭无法建立起一个能代代相传的资产基础（Massey and Denton 1993；Oliver and Shapiro 1997；Brown et al. 2003）。能够买房的黑人家庭要比其他任何种族群体更有可能居住在一个种族隔离的社区，这降低了房产价值和房屋抵押资产的净值，而且在住房抵押贷款上他们比同等的白人更可能会遇到不利的条款（Brown et al. 2003：14）。因此，黑人家庭的净资产常常落后于白人家庭的净资产。

如果转向就业趋势，我们会发现一些领域出现了进步，因为自1964年通过《民权法案》（该法案在法律上禁止劳动力市场上的种族歧视）以来就业机会增加了。美国黑人已经能够进入他们之前被排除在外的中层以及中上层的职业（Landry and Marsh 2011）。然而，这些中产阶级的职业多是集中在政府部门，如小学和中学教育、社会工作和公共行政部门，这些部门的待遇往往没有私营部门同等的工作好。公共部门出现这种集中趋势主要是因为，反歧视法在公共部门比私营部门更容易实施（Brown et al. 2003）。一小部分美国黑人也能进入中上层阶级的职业（比如法律、医疗、行政和管理职位）。尽管取得了这些成就，但黑人在专业和管理职位中的比例仍然非常低，在低薪的服务行业中的比例却出乎意料得高。此外，社会学家指出，在相似的职业中，中上层阶级黑人的收入仅占白人收入的85%左右（Landry and Marsh 2011：385）。

尽管自民权运动以来，中产阶级黑人的流动性有所上升，但在不平等的一个关键层面——失业率上，美国的黑人仍然远远高于白人。2012年，黑人的失业率为13.6%，几乎是白人的两倍（7.4%）。这种黑人失业率高的模式是真实的，无论我们分析哪一年的情况都是如此，尽管当失业率对每个人来说都比较低的时候，二者的差距往往会缩小。自20世纪60年代以来，黑人和白人的失业差距一直是种族不平等的一个主要特征。事实上，自民权运动以来的五十年里，黑人的失业率一直是白人的两倍（DeSilver 2013）。

教育差异

11.4.2　描述过去三十年少数群体的教育成就模式。

如图11.5所示，美国黑人在过去三十年中获得了相当大的教育成就。从1980年到2010年，黑人高中毕业率提高了近2/3，大学毕业率提高了1倍多，高中辍学率下降了近一半。同样，自1980年以来，拉美裔美国人的受教育程度也有所提高。从1980年到2010年，拉美裔美国人的高中毕业率大幅上升，大学毕业率翻了一番，2010年的高中辍学率是1980年的一半。

然而，黑人和拉美裔美国人在这一时期所取得的许多教育进步和成就，是与白人和亚洲人的教育进步和成就同时发生的。因此，尽管黑人和拉丁美洲人在过去三十年里取得了很大进步，但白人和亚裔美国人与黑人尤其是拉美裔美国人之间的差距仍然很大。亚裔美国人的受教育程度是美国所有族群中最高的，亚裔美国人完成大学学业的比例是

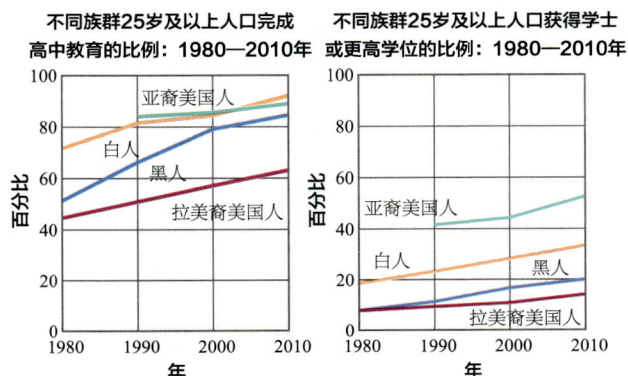

不同族群25岁及以上人口完成高中教育的比例：1980—2010年

不同族群25岁及以上人口获得学士或更高学位的比例：1980—2010年

资料来源：国家教育统计中心（National Center for Educational Statistics 2011）。

图11.5　教育成就表现

黑人的3倍，是拉美裔美国人的4倍。为什么教育水平差距依然存在？为什么黑人和拉美裔美国人的教育水平还没有达到与白人接近的水平（更别说亚裔美国人的水平了）？一个关键的原因是，教育与家庭资源息息相关，而白人和亚裔美国人家庭通常比拉美裔和美国黑人家庭拥有更高的收入和更多的财富。引人注目的是，父母都受过大学教育的黑人和拉美裔家庭的孩子与同辈的白人和亚裔美国人的教育水平相当（Espenshade and Radford 2009）。许多研究人员强调的另一个重点是，由于住房隔离模式，黑人和拉美裔家庭的孩子往往集中在城市地区的学校，这些学校的质量低于许多白人孩子上学所在的中产阶级或富裕郊区的学校（Pattillo 1999）。不只是学校的质量可能会阻碍少数族群儿童的教育进步；他们也更有可能生活在暴力发生率较高的社区，这会给他们造成压力和焦虑，而富裕社区的孩子就不会经历这些（Sharkey 2013）。尽管存在这些不足，但近年来，黑人和白人学生之间在教育水平上的差距有所缩小，而来自富裕家庭和贫困家庭的白人孩子之间在教育水平上一直存在的差距有所扩大（Reardon 2011）。

居住差异

11.4.3 描述美国居住差异的持久模式。

尽管19世纪60年代的《民权法案》认定住房市场上的种族歧视是不合法的，但美国黑人依然是美国居住隔离程度最高的群体（Massey and Denton 1993；Sharkey 2008）。除了空间上的隔离，黑人家庭也比其他任何种族的人更有可能连续几代居住在低收入社区中。美国超过一半的黑人家庭生活在最贫困的社区，而且自20世纪70年代以来已经有几代人持续生活在这种地方（Sharkey 2008：933）。20世纪70年代在贫困社区长大的黑人儿童比其他任何种族群体的孩子更可能在成年后还留在那些贫困的社区里。即使是中产阶级黑人家庭的孩子也远比中产阶级的白人孩子更有可能住在靠近贫困社区的地方（Pattillo 1999）。

社会学家已经记录了在贫困、种族隔离的社区——或贫民窟——成长的经历如何严重地限制了家庭的生活机会。贫民窟的居民更有可能去质量差的学校上学，更可能遭遇犯罪和暴力，而且获得经济机会和就业网络的可能性更小（Sharkey 2005）。社会学家还发现，与那些居住在郊区、种族更多样化的居民相比，居住在隔离的市中心社区的居民在政治上的影响力要小得多（Massey and Denton 1993）。

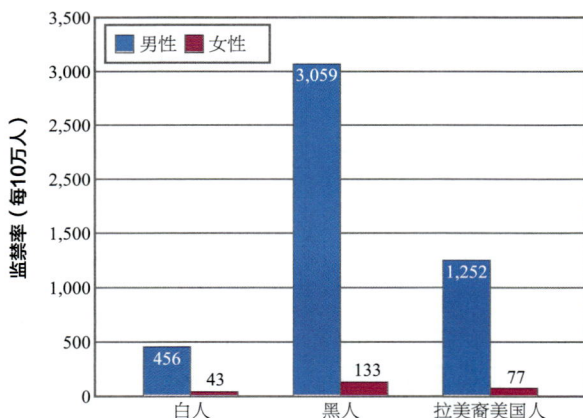

资料来源：司法统计局（Bureau of Justice Statistics 2011）。

图11.6 2010年美国每10万人的监禁率

刑事司法制度中的种族差异

11.4.4 对美国黑人在美国监狱人口中分布不均的社会学解释。

在美国的任何一天，都有超过200万成年人在狱中服刑，占全世界监狱和监狱囚犯总数的1/4（Liptak 2008）。然而，正如您在图11.6中看到的，监禁率在人口中的分布并不均匀。美国黑人占监狱人口的40%——而美国黑人仅仅占美国总人口的12%（Pager 2007：3）。2010年，黑人男性被监禁的可能性大约是白人男性的7倍，是拉美裔男性的2倍（U.S. Bureau of Justice Statistics 2011）。

没有大学学位的年轻美国黑人尤其可能会被监

禁。在高中毕业但没有上过大学的黑人中，近1/3的人将在监狱服刑。在那些高中就辍学的黑人中，60%的人会在他们生活的某个时候被监禁起来（Western 2006）。社会学家布鲁斯·韦斯特（Bruce Western）将这群年轻、弱势的男性称为"大规模监禁的一代"（Mass Imprisonment Generation）。对于这群人来说，监禁已经成为一种常见的生活事件，比上大学或服兵役更有可能发生。社会学家估计有1/3的成年黑人有重罪记录。再把轻罪和逮捕考虑进来的话，大约一半的黑人有犯罪记录（Pager 2007：157）。

为什么美国黑人的犯罪率如此之高？有些——但并非所有的——犯罪率差异是因为美国黑人平均来说要比白人犯下的罪行多（Sanpson and Lauritsen 1997），社会学家把这一事实归结为贫困的美国黑人在今天所处的艰难的生活环境。但是，更高的犯罪率并不是唯一的解释。事实上，自20世纪70年代初以来，美国黑人（及其他人）犯罪急剧下降，而监禁和刑事定罪率则有所上升（Western 2006）。换句话说，尽管犯罪行为较少，但今天的美国黑人比1970年更有可能被送进监狱。这其中一个重要的原因就是所谓的毒品战争，尽管在毒品消费上没有明显的种族差异，但美国黑人比白人更有可能因为吸毒被送进监狱（Alexander 2010；Tonry 2012）。

健康和医疗保健覆盖范围方面的种族差异

11.4.5　解释有关健康指标的种族和族群差异。

种族不平等不仅反映在收入、财富和教育等社会经济指标上；种族和族群在各种其他幸福指标上也存在很大的差异，特别是与健康有关的指标。表11.1强调了美国不同群体相关健康指标的一些差异。

表11.1　美国与健康有关的各种指标

种族	2008年13岁以上人群中每10万人的艾滋病感染率	2006年每10万人中婴儿死亡率	2007年每10万人中凶杀率	2008年每10万人中冠心病死亡率
白人	8.2	5.58	2.7	134.2
黑人	73.7	13.35	23.1	161.6
拉美裔美国人	25.0	5.41	7.6	106.4
亚裔美国人	7.2	4.55	2.4	77.1

资料来源：疾病控制与预防中心（Centers for Disease Control and Prevention 2011）。

为什么不同种族和族群的健康状况上会有如此大的差距？许多健康方面的差异与医疗保健覆盖范围不同有关。根据美国人口调查局（U.S. Census Bureau 2011）的数据，约30%的拉美裔美国人和20%的美国黑人缺乏医疗保险或缺少获得常规医疗资源的途径，而在白人中这一比例不到12%。因此，美国黑人和拉丁裔美国人比白人更有可能把急诊作为他们通常的医疗来源（U.S. Department of Health and Human Services 2000）。此外，较低的家庭收入和住房隔离意味着美国黑人和拉丁美洲人更有可能生活在贫困程度更高、犯罪率更高的社区（Sharkey 2013）。结果，由生活在更危险的地方所产生的压力会在一生中不断累积，而这会对个人的健康造成很大的伤害。

政治参与和代表性方面的种族差异

11.4.6　讨论美国黑人高监禁率与政治参与和代表性之间的关系。

在20世纪60年代之前，吉姆·克劳法剥夺公民权的措施在很大程度上阻止了美国黑人参与大多数南部州的政治活动（无论是作为选民还是候选人），而且在美国其他地方选举产生的美国黑人官员也相对较少。然而，自

1964年通过《民权法案》、1965年通过《选举权法案》以来，美国黑人终于能够充分参与政治生活，并在政治代表性方面取得了重大进展。由于新的立法使黑人选民和候选人能够充分地参与选举，白人和黑人在参选率上的差异明显缩小。例如，从1964年到1972年，仅南部各州就有200多万黑人登记投票，自20世纪70年代以来，有近9000名美国黑人被选为政务官，从20世纪60年代的几百人跃升到现在的数量（Marger 2003：287-88）。近几十年来，黑人当选官员的现象在国家政治中越来越突出。例如，在20世纪90年代和21世纪初，科林·鲍威尔（Colin Powell）和康多莉扎·赖斯（Condoleezza Rice）等美国黑人在乔治·W. 布什政府中占据了重要的职位。在2014年，美国国会中有43名黑人国会议员，但只有一名黑人参议员（Tim Scott，R-SC）。在州和地方层面，尤其是在黑人占多数或具有大量黑人人口的城市和城镇里，美国黑人经常担任公职并施加政治影响。拉美裔美国人也获得了政治影响力和代表权，有33名拉美裔议员和3名拉美裔参议员。然而，拉美裔选民的投票率远远低于白人和黑人，部分原因是许多拉丁美洲人不是美国公民。但即使在符合条件的拉美裔选民中，投票率也落在后面（Leighley 2001）。就像美国黑人的情况一样，在拉美裔美国人最多的地区，拉美裔政客往往能赢得选举。随着拉美裔人在美国社会中的比例不断上升，许多分析人士预计，这个国家未来的政治构成将发生巨大变化（Fraga et al. 2011）。

尽管从民权运动中获得了政治参与的好处，但美国黑人和拉美裔美国人在行使自己的权利方面仍然面临着障碍。例如，由于法律剥夺了被判犯有重罪者的选举权，大量的美国黑人被剥夺了投票权。在一些州，即使在判决完全结束后，这项禁令仍在继续。在最近的选举中，一些竞选活动和政治组织主要针对少数族群选民进行威胁或恐吓手段（Piven，Minnite，and Groarke 2009）。虽然没有公然指向少数族群，但对少数族群选民产生重大影响的做法通过了使投票变得更加困难的州法律（例如，要求选民有身份证）。

我们如何解释身为白人的特权呢？

11.4.7 讨论社会学家如何解释白人在社会和经济地位各个维度上的特权。

到目前为止，我们已经描述了种族和少数族群在今天美国继续被忽视的各种方式。这些长期存在的差距被描述为身为少数族群付出的一些代价，或者，换言之，是作为白人的特权。我们如何解释白人的特权？一个世纪以前，美国学者可能会接受本质主义的解释，认为非白人的健康状况较差是由于他们天生的生理劣势，或者认为收入水平上的群体差异与他们天生的智力能力有关。今天的社会学家出于几个理由而拒斥种族差异的生物学解释。首先，他们认为种族不是由生物学决定的，而是由社会创造的。另一方面，生物学家声称，像智力这样的特征——如果它根植于一个人的基因中——在整个人类物种中的分布很可能不会与肤色等种族特征在人类物种中的分布模式一样。最后，试图测量和区分种族能力或倾向（比如智力、犯罪或其他行为特征）的尝试会如此明显地受到由研究人员对非白人的刻板印象所带来的偏见的影响，以至于他们很少能提供一个可靠的实证基础来建立种族社会经济差距的本质理论。

另一个长期存在的解释种族社会经济不平等的方法我们可以称之为"文化模型"。在这个模型中，通过将不同且不变的信念、规范和价值观归属到不同的种族群体，并假设这些固定的文化特征会驱使种族群体在劳动力市场、学校或其他社会生活领域表现出具有优势或劣势的某种行为，社会学家试图解释不同种族的社会和经济地位不平等。按照这种观点，表现好的群体具有"良好"的文化特征，而表现不好的群体则不具备这样的特征。然而，今天的大多数社会学家拒绝接受这种过于简单化的文化观点，而是认同一种更动态、更复杂的文化观念，即文化包括人们根据社会背景发展起来的灵活的世界观和行为。换句话说，文化可能促进了种族分层，但不是因为它涉及群体成员注定持有的一套不变的价值观，而是因为文化在很大程度上是某些种族群体在追求向上流动的美国梦面临结构性障碍时的应对。

今天，大多数社会学家通过指出美国社会将少数族群置于不利地位的社会背景所造成的机会和限制来解释种族分层。这一背景源于历史中长期存在的种族歧视形式以及它们所造成的机会有限的后果。

在关于种族和族群成就差异的讨论中，有时会出现一个问题，那就是为什么美国黑人、拉丁美洲人和印第安人的成就与其他移民群体不同。在这里，重要的是要考虑不同种族群体"到达"美国的多种不同方式。印第安人最初被强行驱逐，后来又被隔离在保留地；非洲人被迫从事奴隶劳动；拉美裔美国人和其他拉丁美洲人最初是通过美国的领土征服而被整合进美国的。虽然自愿移民在历史上促进了亚裔美国人口和欧裔美国人口的增长，但值得注意的是，被迫移民者面临着一系列移民、居住和管理上的限制，而这些限制是自愿移民者没有遇到过的（虽然自1965年以来的移民浪潮将这些限制在很大程度上清除掉了）。一个群体在到达美国时所遇到的特定的社会、经济和政治气候会影响其最初的地位和发展的潜在路径。

过去由正式和非正式歧视造成的种族不平等继续影响着我们今天所看到的种族分层。例如，历史上的法律和非正式的禁令将少数族群隔离到资源不足的社区，使他们无法获得高质量的公共教育和充分的就业机会，以及在白人社区中被视为理所当然的社区基础设施，如医院或图书馆。历史上居住隔离对美国黑人的影响仍然存在。2007年出现的抵押贷款危机给黑人和拉美裔家庭带来了巨大冲击。据估计，美国黑人和拉美裔美国人借款后丧失房屋赎回权的可能性几乎是白人的2倍。

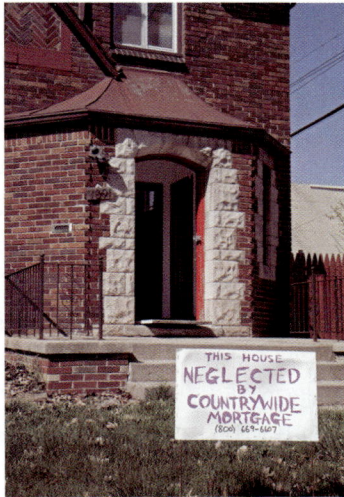

2007年出现的抵押贷款危机对美国黑人和拉美裔家庭的打击尤为严重。据估计，美国黑人和拉美裔美国人借款后丧失房屋赎回权的可能性几乎是白人的2倍。

最后，我们已经看到，许多不同学科的研究人员，使用各种各样的技术手段，得出了这样的结论：在美国仍然存在种族歧视，而且很稳定。它可能体现为就业歧视的形式，即在雇用、晋升或解雇时，工作者会因为种族不同而被区别对待；它也会出现在房地产市场上，一个人的种族会影响他（她）遇到什么样的邻居或房产经纪人。歧视可以是细小微妙的，也可以是明目张胆的；可以是有意识的，也可以是无意识的。然而，无论种族不平等何时开始具体化，都会对一开始就是美国社会特征的种族不平等起到推动作用。

《平权法案》又如何呢？

11.4.8 分析围绕《平权法案》作为反对种族分层一种工具的争论。

种族分层一直是美国的一个长期存在的社会特征，因为在美国历史上的大部分时间里，白人政治精英期待并积极推动这种等级制度。此外，大多数人认为白人占据经济、政治和社会地位是自然的，甚至是可取的。至少在建国的头150年里，白人至上实际上是美国的法律，它通过正式的政策和非正式的实践，确保白人无可匹敌地获得最好的工作、住房安排、教育和公共设施等。

许多美国人直到最近才接受这种种族分层是不公平和不受欢迎的观点。民权运动在很大程度上是20世纪50年代到70年代的一场大变革的核心。民权运动采用了大规模和平抗议和进行关键的法庭斗争策略（所有种族的美国人都参与其中），借助这些策略，美国法律得以被重写或引入了新法律，以禁止先前法律所保护的对白人的偏祖。

民权时代的法律——比如1964年的《民权法案》或1965年的《投票权法案》——在很大程度上支持种族无差别原则，禁止在就业等多种情况下考虑种族问题。后来在反对种族不平等的斗争中发展出来一种以种族意识（Color-Conscious）方法为基础的工具：《平权法案》（Affirmative Action）政策。该政策在20世纪60年代末首次被共和党总统理查德·尼克松（Richard Nixon）（政策起初旨在确保少数族群拥有的企业拥有平等的机会与白人拥有的公司竞争政府合同）采用，《平权法案》是指那些需要组织或机构在做重要决策时要"积极"考虑种族问题。《平权法案》在美国最受关注的例子是针对大学管理和就业（主要是政府工作）的平权法案。

《平权法案》受到了热烈的讨论，部分原因是它涉及一系列人们通常不会停下来仔细梳理的问题。第一，一个人对《平权法案》的看法将取决于她是否相信今天的美国存在种族不平等。第二，即使她确实这样认为，她也可能认为不平等的根源无法通过社会政策来解决。如果种族不平等反映的是每个种族的生物属性和行为能力，那么公共政策可能对此无能为力。相反，如果她相信可以通过社会政策来降低种族不平等，她也可能不会认为基于种族的《平权法案》是这样做的好工具，也许基于阶级的《平权法案》会更好。最后，即使她认为以种族为基础的《平权法案》是可行之路，她可能也不确定具体该如何实施。是否应该要求所有机构都执行这项规定？（目前，很少有人因为法律义务的要求去这么做。）是应该考虑人们自己所认同的种族还是考虑其他人赋予他们的种族？应该呼吁"严格"的《平权法案》——例如，数量配额或积分制——还是"宽松"的《平权法案》（比如针对不同种族学生的大学广告或奖学金）？总之，《平权法案》是一项复杂的政策，它的微妙之处往往在喧闹的公众辩论中销声匿迹了。

在白人享有了几个世纪的种族特权之后，美国人仍然对我们是否可以仅仅通过正式或合法的种族无差别政策来消除种族分层感到困惑。正如1965年林登·约翰逊总统（Lyndon B. Johnson）说的那样："你不能仅仅把一个常年戴着锁链步履蹒跚的人从锁链中解放出来，然后把他带到比赛的起跑线上说，'你可以自由地与其他人竞争'，而且你还理所当然地相信，你取胜是完全公平的。"社会学家将这种差异描述为支持平等原则和支持执行可能有助于创造更多平等的政策之间的差异。然而，试图通过《平权法案》来实现这一目标的努力，经常遭到人们的反唇相讥。说让如今的年轻白人为先辈的罪过付出代价是不公平的。然而，在这种框架下，《平权法案》也可以被看作为了使今天的非白人年轻人免于为过去历史上的罪恶付出代价的一种努力。《平权法案》具有政策、道德和种族的混合性特征，使其从一开始引入进来就成为一个极具争议的项目。

11.5　21世纪种族和族群正在如何变迁？

未来的种族和族群

"跨种族""多种族""后种族"——美国正在迈向这其中任何一个的时代吗？有一件事是清楚的：自从200多

年前独立以来，美国的面貌已经发生了很大的变化。当时，这块前殖民地土地上的大部分居民只来自世界上的三个地区：北欧（尤其是英格兰、爱尔兰和荷兰）、西非和北美本土。除了涵盖出身这些地区的种族，1790年的美国第一次人口调查没有对其他种族进行任何分类；官方对亚洲人的分类发生在将近一个世纪前，而对拉丁美洲人的分类则在接近两个世纪以前。然而，到2010年，美国人中最常见的族裔血统不再局限于长期存在的英国人或美国黑人社区。相反，后来的欧洲移民（如德国人、意大利人和波兰人）的后裔现在成为美国人数最多的种族之一，"墨西哥人"在美国人最常见的祖先名单上排名第六（Brittingham and de la Cruz 2004）。

然而，人口构成的变化只是种族和族群在我们有生之年发生变化的一部分。在这一章的结束部分，我们不仅要探索影响国家人口构成变化背后的因素，而且还将研究种族和族群分层、身份、类型和概念正如何迅速变化。在所有这些领域，我们将回顾过去，看看是什么趋势把我们带到现在，并思考社会学家对未来的预测。

正在变迁的人口

11.5.1　讨论美国对待跨种族结合以及多种族人口态度的变化。

在1993年11月，《时代周刊》的封面是一个冲着读者微笑、年轻美丽的女性，标题是"美国的新面孔"（The New Face of America）。她的黄褐色皮肤、浅棕色眼睛以及栗色的头发让人对她的族群起源毫无头绪。这个肖像不是一个真人照片，而是一个合成变体，由具有多种多样血统类型的许多个体照片组合而成。根据《时代周刊》的说法，这个合成面孔，有15%的盎格鲁-撒克逊人血统、17.5%的中东人血统、17.5%的非洲人血统、7.5%的亚洲人血统、35%的南欧人血统以及7.5%的西班牙人血统。《时代周刊》的目的是揭示"移民正如何塑造着世界第一个多元文化的社会（World's First Multicultural Society）。"

尽管美国绝不是第一个多元文化社会，但这种夸张的说法与美国讲述的在过去两个世纪国家发生了怎样的变迁的故事是一致的。正像《时代周刊》指出的那样，这是在描述一个国家包容度增加所带来的更多的移民和跨种族融合。

这样的描述所忽略的是，美国一直就是一个多种族社会——更别说多元文化社会了。从最早作为英国殖民地开始，种族融合就普遍存在着。回溯17世纪30年代到40年代期间，殖民地的记录就证明存在跨种族的性结合以及混血后代（Williamson 1980）。随着对非洲人的奴役持续了两个世纪，跨种族结合——特别是通过白人男性奴隶主对黑人女性奴隶的强迫——到1915年时已非常普遍；美国人口普查局估计3/4的黑人人口具有某种非黑人的血统（U.S. Census 1918）。相似地，拉丁美洲人大部分是欧洲人、印第安人以及非洲人血统的混合体。然而我们通常不把拉美裔美国人和美国黑人包括在多种族美国的图景中，因为这些人的混血血统比较古老，可以追溯到奴隶制以及殖民征服时代。相反，我们更愿意把多元种族主义看作新事物，与当今个体拥有全新的自由去自愿选择跨种族关系的时代相连。作家丹兹·森纳（Danzy Senna）评论《时代周刊》那张合成图片时明确指出了多种族美国画面的肤浅性，"当然，任何人都能认识到与《时代周刊》创造的计算机合成面孔类似的女性的确在波多黎各、拉丁美洲以及西班牙哈莱姆地区存在着"（引自

演员和歌手凡妮莎·哈金斯（Vanessa Hudgens）具有中国人、菲律宾人、西班牙人、爱尔兰人以及印第安人血统。她只是21世纪名人长长榜单上的一个——就像杰西卡·阿尔巴（Jessica Alba），泰格·伍兹（Tiger Woods）、瑞恩·罗切特（Ryan Lochte）以及尼欧（Ne-Yo）一样——这些人的多种族或多族群血统广为人知和被人接受。

Streetr 2003：305）。

尽管跨种族结合和多种族人口在美国都不是什么新事物，但我们对待这些事物的态度一直在变化着。直到1967年美国最高法院才废止了各州禁止跨种族婚姻的法令。在20世纪90年代晚期，联邦政府修正了官方种族分类，允许个体认同多个种族。这两项决定标志着美国人认识甚至接纳种族新方式的意愿发生了巨大变化。

这些政策的变迁可以从公众态度和行为中看出来。例如，在过去30年里，与某个不同种族或族群的人结婚的新婚夫妇比例增加了1倍还多：在1980年结婚的个体中，其伴侣是另一个种族或族群的比例不到7%，但在2010年，这一比例超过了15%。超过1/3的美国人说自己有一个直系亲属或近亲与不同种族的人结了婚（Wang 2012）。

国家统计数据也显示跨种族人口在增加。在2000年，美国人口普查第一次统计多种族人口，从那时起到2010年，被认定具有多种族血统的人口数量从不到700万上升到900多万，接近总人口的3%（Humes，Jones，and Ramirez 2011）。

这些统计数据有几个局限性。跨种族婚姻的数据不包括那些图11.7所示的同居或有其他亲密关系的人。人口调查对混血人的统计排除了大量具有多种族血统的人——就像大多数美国黑人和拉丁裔美国人一样——但他们不知道或选择不说明自己的混血背景。所有这些缺点使我们很难将今天的跨种族结合和有多种族背景的人与过去的人进行比较。然而，现有的统计数据确实表明，这两种情况都出现了上升的趋势。

移民是重塑美国种族和族群构成的另一个主要人口趋势。毫无疑问，21世纪与19世纪有很大的不同（当时大多数移民都是欧洲人）。1965年，移民制度改革使其他国家的人更容易进入美国，随之而来的拉美、加勒比和亚洲的移民浪潮也在美国的人口构成中留下了印记（Kritz and Gurak 2004）。向美国输送移民最多的六个国家分别是墨西哥、中国、印度、菲律宾、越南和萨尔瓦多（Walters and Trevelyan 2011）。例如，1970年拉美裔人口只占美国总人口的4%多一点，到2012年，达到17%。而且根据美国人口调查局的预测，这个比例预计在2040年会上升到25%，到2060年，这个比例可能会达到31%。亚裔美国人的比例虽然没那么高，但也很突出；从1970年的不到1%上升到今天的4.7%，预计到2040年亚裔美国人将达到总人口的7%以上。与此同时，美国的白人人口比例预计将从1970年的83.5%下降到2010年的63.7%，到2045年之前将不到50%！要了解这些人口变迁正如何重塑着美国，请查看图11.7中的地图，了解少数族群占大多数的（Majority-Minority）人口是如何随时间而变化的。

这些估计当然是建立在许多假设的基础上——生育率、死亡率和人口迁移——因此可能并不完全正确。例如，这些估计假定了持续了几十年的发展

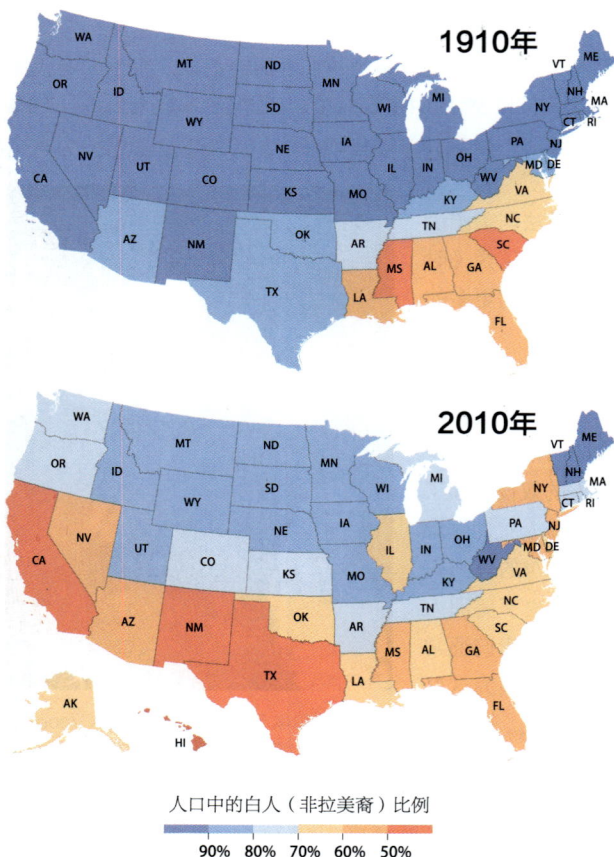

1910年

2010年

人口中的白人（非拉美裔）比例

90%　80%　70%　60%　50%

资料来源：基于美国人口调查局的数据（U.S. Census Bureau 2014）。

图11.7　美国成为少数族群占大多数的国家

趋势在今天仍会延续：白人人口数量减少，黑人和美国印第安人口数量稳定，与拉美裔和亚裔美国人口的动态增长相对应。然而，另一个因素可能会以目前难以预料的方式发挥作用——人们将就如何进行种族和族群自我认同做出选择，以及他们在进行选择时被给予的选择项。

正在变化的种族、族群分类和身份

11.5.2　解释美国人口普查如何适应美国人在身份认同上发生的变迁。

在20世纪，美国人在种族和族群方面的自我认同——以及被他人如何认定——发生了几次重大转变。事实上，在整个美国历史上，几乎随着每一次人口普查（或每10年），政府官方的种族和族群类别都会发生变化（Lee 1993）。18世纪到20世纪在人口普查中唯一一直被提到的群体是白人，其他的一切类别都是后来添加进去的。在未来100年里，美国人的种族和族群划分方式是否将迎来新一轮的重大变革呢？

正如我们所看到的那样，或许近年来最重大的变化是，1997年联邦政府允许人们在填写人口调查表或其他官方文件时认同更多的种族身份。尽管政府政策不能反映人们是如何认识种族和族群类型的，但近些年来混血儿草根组织的出现意味着美国人日渐接受一个人可以归属于不止一个种族的思想（DaCosta 2007；Williams 2006）。

一种还没发生但看起来可能会在未来发生的变化是，在政府种族分类形式上"西班牙裔/拉美裔"融合成一个种族。目前，美国政府认为西班牙裔美国人构成了一个族群，因而没有把它包含在调查种族的问题里面。但是，从更大的社会层面上看，说西语的拉美人（Hispanic）和拉丁裔（Latino）[②]两个术语往往被当成相似的种族来使用：记者、政治家、学者以及日常民众使用类似"黑人、白人和拉美人"这样的话，这意味着拉美裔被看作同"白人"和"黑人"相似的种族群体。而且，调查表上目前缺少一种"西班牙裔或拉美裔"类型会让那些用这些术语来认同自己身份的人产生障碍，这些人不愿意被强迫在"白人""黑人"，以及"美国土著人或阿拉斯加土著人"这样的选项中进行选择。结果，大量的拉美裔美国人选择"其他种族"选项。

> **9. What is Person 1's race?** *Mark* **X** *one or more boxes.*
>
> ☐ White
> ☐ Black, African Am., or Negro
> ☐ American Indian or Alaska Native — *Print name of enrolled or principal tribe.* ↗
>
> [ ] [ ] [ ] [ ] [ ] [ ] [ ] [ ] [ ] [ ] [ ] [ ] [ ] [ ] [ ] [ ]
>
> | ☐ Asian Indian | ☐ Japanese | ☐ Native Hawaiian |
> | ☐ Chinese | ☐ Korean | ☐ Guamanian or Chamorro |
> | ☐ Filipino | ☐ Vietnamese | ☐ Samoan |
> | ☐ Other Asian — *Print race, for example, Hmong, Laotian, Thai, Pakistani, Cambodian, and so on.* ↗ | | ☐ Other Pacific Islander — *Print race, for example, Fijian, Tongan, and so on.* ↗ |

除了"其他种族"选项（此处未显示），2010年美国人口调查关于种族的问题提供了14个复选框供调查对象选择。另一个问题是询问人们是否有拉美血统。

---

② 拉美裔（Hispanic），包括说西班牙语的拉丁美洲人和西班牙人，但不包括巴西人；拉丁裔（Latino）包括巴西人在内的拉丁美洲人，但不包括西班牙人；西班牙人（Spanish）只包括西班牙人，西班牙人属于Hispanic——译者注。

变化中的种族分层

11.5.3　分析现代人口以及社会变迁对美国种族不平等的影响。

移民潮比以前更为多样化，跨种族婚姻比例增加以及对多种族身份的新开放性——所有这些人口以及社会变迁会对美国的种族不平等产生怎样的影响？一些观察家认为这些变迁都指明了迈向一个种族更包容和更平等社会的道路。例如，看看这些报纸标题：《新一代正引领潮流：年轻一代的混血儿能对我们孩子的未来讲述些什么》（*A new Generation is Leading the Way: What Young People of Mixed Race Can Tell Us about the Future of Our Children*）（Jacson Nakazawa 2003）或《美国的新面孔：种族混合将美国变成一个真正的大熔炉》（*The New Face of America: Blended Races Making a True Melting Pot*）（Puente and Kasindorf 1999）。其基本思想是，人口变化趋势昭示着一种跨越历史种族鸿沟的新开放性，因而种族作为社会、政治以及经济生活一个要素的重要性正在减弱。

更详细的调查指出，尽管种族对一些群体的重要性变弱，但对其他群体而言，它仍是一个强大的障碍。正像社会学家詹妮弗·李（Jennifer Lee）和弗兰克·比恩（Frank Bean）所说的那样，这个问题"对所有群体而言种族障碍是否正在逐渐消逝，或者美国的新生代是否只是跨越了种族界线而不是有助于消除它。"例如，值得注意的是，尽管近些年跨种族婚姻的比例总体上增加显著，但亚裔和拉美裔新婚夫妇要比黑人新婚夫妇更可能拥有不同种族的伴侣（Wang 2012）。而且，如果具有混血血统的个体拥有亚裔血统，那么该个体将更可能自己看作（或被别人看作）是多种族的；而如果具有混血血统的个体拥有的是非裔血统，那么他们更可能会被归到一个种族里——黑人（Gullickson and Morning 2011）。

正如我们已经看到的那样，种族仍然与社会经济地位的显著差异相关。黑人、拉美裔美国人以及美国土著人的处境要比白人和亚裔美国人的处境糟糕。这些各种各样的发现使一些学者断定种族界限很难从美国生活中消失；它只是从白人与非白人相隔离的种族界限转变成黑人与非黑人相区别的种族界限。换句话说，我们也许会产生"米色大多数"（Beige Majority），包括白人、大部分亚裔美国人、浅肤色的拉美裔美国人以及混血儿，在某种程度上这些人都能过上一种消除了种族歧视的生活，而深肤色的拉美裔美国人、一些亚裔美国人、印第安人以及黑人仍然会因为肤色而被污名化（Gans 1999）。

其他社会学家持一种更为乐观的观点。再过20年，第二次世界大战后在1946年到1966年之间出生的"婴儿潮"一代将逐渐从劳动大军中退出。他们将被更年轻的一代人取代，这代人白人比例比较小，因而较大比例的非白人会获得原来"婴儿潮"一代人所占据的相对较好的工作。在最近对劳动力市场的分析中，理查德·阿尔巴（Richard Alba 2009）预见，过上舒适中产阶级生活的机会会平稳地从白人转移到非白人那里，不会发生竞争性冲突。年长的白人将只留下有空缺的好工作，而更年轻的一代，白人和非白人将一起走上这些岗位。阿尔巴强调这不是一个已成定局的事；例如，他呼吁国家要更明智地在黑人和拉美裔美国人的教育上进行投资，为未来更好地储备劳动力。不管怎样，他的观点提醒我们，种族和族群——不管是观念还是结构化社会力量——从来不是静止不变的，甚至就在像四分之一个世纪这么短的时间内都可能会产生惊人的变迁。

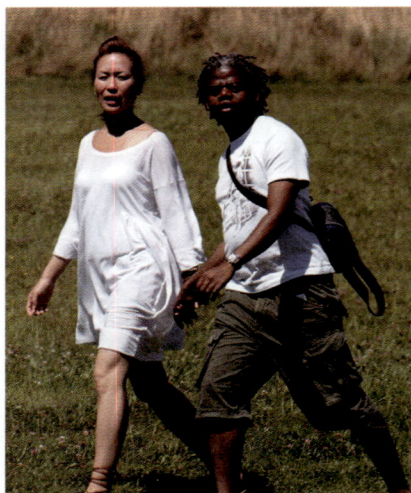

美国人口多样性日益增长显示出，在工作场所、学校、家庭和社会情境中与不同种族的人共处对美国人而言变得越来越普遍。

结论：发展有关种族和族群的社会学想象力

在努力揭示塑造我们生活的文化力量和结构力量的过程中（甚至在我们还没有意识到这些力量的时候），社会学家总是会提供并非靠直觉而得到的答案，因为他们质疑常识。种族研究就是一个极好的例子。种族是美国人的一个日常术语，我们通常认为这是描述人们生理特征的明确符号。然而，社会学告诉我们，不存在如此简单、明显的基于身体特征的人类群体划分方式，像"黑人"或"白人"这样的标签更多告诉我们的是有关社会对人们进行分群的方式，而不是有关社会管理被分配进这些类型的个体的方式。就像在许多其他领域一样，在这个领域发展社会学想象力意味着要超越那些总是被当作想当然的普遍信念。

▬ 大问题再览11

11.1 种族与族群之间的差别是什么？ 在这一章，我们分析了种族与族群这两个词语是如何被相互替换使用的。社会学家在种族与族群之间做了明确区分，并使用这两个术语去描述不同类型的分类和身份。

种族与族群的社会学界定

学习目标11.1.1： 比较当代社会学家以及马克斯·韦伯对种族和族群的界定。

种族与族群之间的核心差别

学习目标11.1.2： 讨论种族与族群之间的核心差别。

区分种族与族群标签

学习目标11.1.3： 区分种族标签与族群标签。

> **核心术语**
>
> 本质主义　一滴血原则　族群　种族

11.2 种族是真实的吗？ 在这一章，我们分析了这样一个问题，种族是基于个体之间内在的身体差异，还是一种并非由人类生物学因素决定的创造物。但不管如何，它或多或少都是"真实的"，因为它对日常生活的影响确定无疑。

种族与社会

学习目标11.2.1： 解释美国不断改变的对谁算是白人的界定如何支持了种族的建构主义观点。

种族与生物学

学习目标11.2.2： 分析反对种族生物决定论的观点。

种族与地域

学习目标11.2.3： 讨论世界上对种族的理解如何不同。

> **核心术语**
>
> 社会建构　建构主义　同化

11.3 什么是种族主义？ 在这一章，我们分析了我们所思、所说、所做的政治正确性如何成为今天有关种族的公共话语和私人对话的一个显著特征。社会学家对种族偏见和歧视进行了大量思考，为当代美国的种族歧视研究提供了丰富的资料。

社会学家如何界定种族主义和歧视？

学习目标11.3.1： 讨论偏见、刻板印象和歧视在种族主义社会学界定中的角色。

种族歧视为什么会发生？

学习目标11.3.2： 解释人们的种族歧视是如何通过社会化形成的。

在美国仍然存在种族歧视吗？

学习目标11.3.3： 列举美国仍然存在种族偏见和种族歧视的证据。

> **核心术语**
>
> 种族主义　偏见　刻板印象　歧视　私刑
>
> 种族大屠杀　个体性歧视　制度性歧视

11.4 种族和族群不再重要了吗? 在这一章，我们分析了美国是否会成为一个"无种族界限"的社会，或者说进入到一个"后族群"时代。然而，社会学家的研究指出种族仍然与社会经济地位不平等密切相关。

收入、财富以及就业差距
学习目标11.4.1: 讨论不同种族在收入、财富以及就业上的差距。

教育差距
学习目标11.4.2: 描述过去30年少数族群教育成就模式。

居住分异
学习目标11.4.3: 描述美国居住差异的持久模式。

刑罚司法制度中的种族差异
学习目标11.4.4: 对美国黑人在美国监狱人口分布不均的社会学解释。

健康与医疗保障覆盖范围方面的种族差异
学习目标11.4.5: 解释在有关健康指标上的种族和族群差异。

政治参与和代表性方面的种族差异
学习目标11.4.6: 讨论美国黑人高监禁率与政治参与和代表性之间的关系。

我们如何解释身为白人的特权?
学习目标11.4.7: 讨论社会学家如何解释白人在社会经济地位各个维度上的特权。

《平权法案》又如何呢?
学习目标11.4.8: 分析围绕《平权法案》作为反对种族分层一种工具的争论。

> **核心术语**
>
> 贫民窟　白人特权　反歧视行动

11.5 在21世纪种族和族群正在如何变迁? 21世纪伊始，美国的面貌与其200年前的面貌极为不同。相比以前，移民来自的国家范围更加广泛，人们结婚的伴侣更有可能来自不同的种族，而且越来越多的人认为自己是多种族的。这些以及其他人口变化将必然对国家的种族和族群构成、社会经济不平等模式、居民对种族和族群的态度和信念产生影响。

正在变迁的人口
学习目标11.5.1: 讨论美国对待跨种族结合以及多种族人口态度的变化。

正在变化的种族、族群分类和身份
学习目标11.5.2: 解释美国人口普查如何适应美国人在身份认同上发生的变迁。

变化中的分层
学习目标11.5.3: 分析现代人口以及社会变迁对美国种族不平等的影响。

第 12 章
性别与爱欲

作者：保拉·英格兰（Paula England）

在 2014年，世界500强公司中有25家公司的CEO为女性。女性已经在如雅虎（Yahoo）、百事可乐（PepsiCo）、施乐（Xerox）和惠普（Hewlett Packard）这样的公司里担任领导者，仅仅在几十年前还很少有人认为女性会获得这样的成就（Catalyst 2014）。这些女性以及其他许多领域里的女性领导者充分显示出自信心和魄力。自然而然地，我们就会假定这些特质会从一个女性的职业生活延伸到其个人生活中去。但果真是这样吗？

一位在工作中是一个强有力的领导者、交际者和创新者的女性，可能会因为自己的性别而觉得邀请一位男性约会不合时宜吗？

几年前，我在从事有关大学生两性关系和性的研究。在一次访谈中，我遇到了詹妮（Janine），她是一个正在攻读工商管理硕士学位（MBA）的研究生。当我们谈及约会、关系以及性时，她表现出对传统约会方式而不是"勾搭"（Hooking up）的偏好。詹妮对等待男性邀请自己去约会感到非常自豪。她从不邀请男性与自己约会的理由是，如果她这样做了，她相信男性就不会把与她的关系看作"重要的关系"（Relationship Material）。我想这是怎样的一个悖论啊——女性觉得自己有绝对资格和自信去评估高层管理人员，这在几十年前对女性而言还是一个禁区；但就是这样的一位女性甚至都不会考虑邀请男人约会。很明显，有些东西已经发生了改变，但有

我的社会学想象力

作者：保拉·英格兰

我母亲没有足够的钱去上大学。在19岁那年结婚并成为四个孩子的全职妈妈之后，她就从没有考虑过出去上班。当我长大之后，她说自己很幸运能留在家里陪伴孩子们成长。但她也谈到感觉自己被我的父亲看低了。性别不平等常常使她感到"没那么受重视"。是父亲而不是她受过教育，而且她常常觉得校长、医生、社区领导并不尊重"只是一个家庭主妇"的她，纵使她从自己所做的事情中看到了价值所在。当我看到社会学是一种理解人类遭遇的方式时，我就开始被社会学所吸引。我好奇的是，如果性别制度不同的话，我母亲的遭遇会有

多少的改变。我早期的研究关注，为什么一些职业的从业者大部分是男性，而另一些职业的从业者大部分是女性；为什么女性的收入比男性低；为什么身为人母的女性赚得要比单身女性少。这些主题让我感兴趣的原因是，我想弄明白阻碍女性成功的社会力量是什么。后来，我开始研究，意外怀孕的年轻情侣常常会婚外产子这样一种日益明显的趋势。目前，我在从事一项有关大学生两性关系和性的研究，试图理解性革命如何与性别变迁交织在一起。

从一个多世纪前到大约1970年，在创始社会学家的早期著作中，研究性别或性欲的社会学家并不多见。这些主题更多出现在自然领域里而不是社会领域里。但自大约1970年开始，社会学家运用自己的方式和方法对这些主题进行了研究。在这一章，我们将分析社会学家如何回答下面这些有关性别和性欲的大问题。

1. **性别差异从哪里来？** 在这个部分，我们将探析性别差异并分析其来源，关注社会学家对此有怎样的认识。

2. **在过去50年里，女性和男性的生活发生了怎样的改变？** 女性生活在过去50年里发生了如此巨大的变化以至于我们常常把这些变化称为性别革命。在这个部分，我们将探索其中一部分变化，并分析这些变化如何影响了男性的生活。

3. **我们的性生活如何受到生物因素和社会因素的影响？** 毫无疑问，性吸引和性行为受到生物因素的影响，但正如我们在本章这个部分看到的那样，社会建构也强烈影响着性吸引和性行为。

4. **性行为在过去50年发生了怎样的变化？** 未婚年轻人的性行为在过去几十年里发生了翻天覆地的变化，但性别规范和性别不平等对性行为和两性关系行为的影响程度是怎样的？在这个部分，我们将探析性领域中的性行为和性别差异。

些东西仍然丝毫未变。

在这一章，我们将思考性别与性欲的模式和变迁。正如社会学家所使用的那样，性别（Gender）这个术语指社会力量将身为男性或女性如何影响个体的自我期待、会被如何对待、会有什么机会以及男性和女性个体的成就结构化的方式。我们还将分析性欲以及社会学家如何研究性欲，因为性别与性欲这两个主题在几个方面是相互联系的。我们将讨论有关女性和男性在工作中、社交聚会上以及在恋爱和性关系中应如何行为的文化观点。我们还将探索社会中存在的性取向，包括同性恋爱关系。

12.1 性别差异从哪里来？

性别差异

环顾我们四周，我们能看到男人与女人（或者男孩和女孩）在着装、参与的活动以及表达自己所要之物等方面存在差异。参与某种运动的男孩要比女孩多，玩布娃娃的女孩要比男孩多，许多大学专业和业余活动中出现的大部分身影要么是男性要么是女性，全职父母中女性要比男性多。

但有时候我们夸大了这些差异的规模。例如，有一种普遍的看法是，在标准化的数学测试中男性的得分要比女性得分高。对此进行量化的一种方式是计算男性和女性分数的平均值（也被称为平均数）的差异。许多学生申请大学要参加SAT（学术能力评估测试）的推理测验，2012年该测验数学部分的数据显示，男性的平均分是532，标准分的范围是从200分到800分，女性的平均分是499分，二者相差33分。[SAT与ACT（美国大学入学考试）非常相似，本书的许多读者都参加过其中的一种]。社会学家分析性别差异的另一种方式是标注出每种性别分数的全部分布情况，显示出男性和女性在每一个分数上的比例。图12.1显示的是2012年SAT测试数学部分的男性和女性的平均数以及全部分布情况。两个曲线都在中间部分有一个大的凸起，这告诉你分数位于整个分布的中间部分的人要比处在两个极端的多。男性分数平均值（指男性分数分布的中间）要比女性分数平均值高一点儿。但这个图也显示出两个分布的重叠部分有多么大，平均值的差异部分与重叠部分的总量比起来占比相当小。因此，即使在这样一种性别的平均值较高的情况下，在平均值比较高的性别群体里还是会有许多成员的平均值要低于那个平均值较低的性别群体的平均值。记住这一点至关重要，以免夸大性别差异。

在这部分剩下的内容里，我们将探索影响性别的一些主要因素。

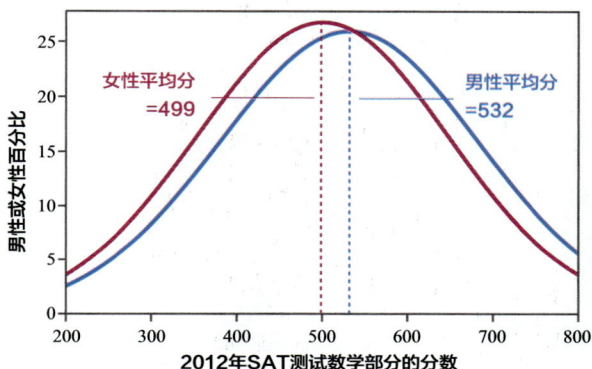

资料来源：图中数字和分布由保拉·英格兰根据大学委员会2012年报告的数据计算和绘制而成（the College Board 2012）。

图12.1 男性和女性SAT测验分数平均值分布图

性与性别：性别的社会建构

12.1.1 区分性与性别的概念并解释性别是如何被社会建构的。

男性与女性之间确实存在差异，那么是什么塑造了这些差异呢？许多人认为行为与偏好上的性别差异是"天生的"，是由像荷尔蒙、身体结构或大脑结构的生物差异造成的。这种观点有正确的地方。一个人的生理性别是生物性事实。人类分成两种性别群体，男性和女性在身体结构、染色体以及某种荷尔蒙的平均水平上都存在不同。但同样正确的是，男性和女性在许多典型特征（Defining Characteristic）上存在重合，有些人被称为阴阳人（Intersex Individual），指生来就具有两种性别典型身体结构特征的人。

性别受到生物性因素影响的一个例子是，有证据表明睾丸素（是一种荷尔蒙）在男性和女性身上都存在，但通常男性睾丸素的含量要多得多，这使得男性表现出某些侵略性和寻求控制的行为。这说明我们在男性身上会看到更多的侵略性行为，一般来说，部分是因为男性的睾丸素含量比女性要高。然而因果关系不仅仅体现在从荷尔蒙到行为这一个方面，社会环境的变化也能改变睾丸素水平。例如，一项研究表明，男性的睾丸素水平在一个具有竞争性的体育赛事之前会提高，而且那些获胜者的睾丸素水平在赛后还会增加，而那些失利者的睾丸素水平则会下降（Mazur and Booth 1998）。另一种性别差异的生物性基础是只有女性才能给婴儿哺乳。但在一些社会里男性在照料婴儿方面要比其他人多，说明社会也对不同性别的行为有影响。

当社会学家谈论性别时，他们关注社会力量在男性和女性之间创造行为、偏好、待遇和机会差异时的方式，这些都反映了社会力量的作用。尽管生物性因素对这些差异产生了一定的影响，但社会学研究指出，社

西非阿卡部落（Aka tribe）的父亲要比其他任何一个社会的父亲花在与自己幼小的孩子进行亲密互动的时间都多，这表明社会在影响性别差异方面发挥着一定的作用。

会安排对男女两性之间的差异发挥着强而有力的作用。有关创造和维系性别差异与性别不平等的社会过程中的全部系统常常被称为性别的社会建构（Social Construction of Gender）。社会存在一个广泛的由小群体中的互动构成的性别系统。在这样的系统中，一个人被期待做什么和能获得怎样的酬劳依赖于其性别，而学校、教堂、公司或政府这类机构建立的政策或规则会对男性和女性产生不同的影响（Risman 2004）。性别系统发展成为男性在政治、经济以及家庭中比女性拥有更多权力的制度就被称作父权制（Patriarchy）。

一个有趣的人类群体对有关性、性别以及二者如何联系在一起的诸多假定提出了挑战。跨性别者（Transgendered Individuals）是指那些从一出生就依据通常的身体结构标准被归属到一种性别类型中、却强烈感觉自己属于另一种性别类型的人。一些跨性别者通过手术纠正了这种被视为不正确的性别归属。跨性别者常常会遭遇极端的嘲笑甚至暴力，因为一些人无法忍受这些人挑战了一个人的性别是重要且不会改变的事实的观念而采取了行动。有时跨性别者这个术语被用来指涉一个更为宽泛的改变或挑战性别类型的人类群体——也许一个着装传统的男性却是个女儿身（或反过来），或者无法从穿衣打扮看出男性或女性的人（McKenna and Kessler 2006）。这挑战了人们认为性和性别的二元论——只有两种类别的观念。

性别社会化

12.1.2　描述性别社会化的过程。

社会建构性别的一种方式是通过社会化，这个概念我们在第5章进行了详细探索。社会化是一个社会教其成员学习该社会规则和实践的工具。其中，社会化教育的一些内容与性别习俗有关——男孩应该做的与女孩应该做的不同，或者女人应该做的与男人应该做的不同。

父母是社会化的重要主体。大部分父母给男孩和女孩进行不同的打扮，对他们的房间进行不同的装饰，对男孩和女孩的期望不同，还会给他们不同的玩具。父母的社会化实践已经发生了改变，因为现在鼓励女孩参与范围更广泛的活动。例如，现在许多父母鼓励自己的女儿进行体育运动，还会给她们过去被认为是男孩子的玩具，

父母是性别社会化的重要主体。例如，大多数父母给男孩和女孩进行不一样的打扮。

比如乐高玩具和赛车。但是并没有多少父母开始给自己的儿子布娃娃玩。研究显示，父亲——要比母亲——特别不鼓励男孩做任何在他们看来有些女性化的活动，比如玩布娃娃或者学习芭蕾舞蹈（Maccoby and Jacklin 1974）。同辈群体也是社会化的主体之一。男性同辈群体常常排斥那些被认为缺少男子气概的男孩，还会嘲笑那些被认为是同性恋的男孩子（无论他们是或不是）（Pascoe 2007）。

社会化的另一个重要主体是大众媒介——如流行音乐、电影、电视节目、网站和广告。大部分人每天都会看到和听到大量的媒介信息。在电影和电视里，浪漫角色中的女性几乎总是被刻画成年轻苗条、看起来像模特一样的形象。相比之下，男性即使又老又胖也可以出演浪漫角色。广告通常表现的都是女性而不是男性在做家务。在经济、政治以及运动领域中的强大角色是男性。这一些仅仅反映了当前的社会现实，但是大众媒介所刻画的男性和女性角色的范围要比男性和女性在现实中扮演的角色范围更狭窄（Holtzman 2000）。

社会化不仅会对儿童发生影响，其作用还会随着周围社会化主体对我们的持续影响而贯穿成年期。我们不断看到和听到媒介信息，而且还会受到如宗教和政府等重要机构对我们的影响。

性别差异随时空不同而发生变化

12.1.3　解释性别差异如何随时空发生变化。

我们观察到的许多典型的两性差异至少部分是由社会建构而成的。有两种主要的原因能解释为什么我们会了解这一点。首先，这些性别差异会随着社会情境的不同——不同的文化，甚至同一个社会的不同情形——而变化。其次，性别安排会随时间而变化。例如，带着幼子继续工作的已婚女性的比例显著增加。如果驱动两性所有差异的是生物性因素，那么我们就不会认为这些差异会随着社会情境或时间的不同而改变。

性别会在不同的社会情境中变化的另一个例子是，当男性和女性意识到自己正在被观察的时候，他们会表现得更符合男性气质或女性气质的规范。看看来自一项颇具启发性的研究的数据：一个研究团队在一项研究中发现了这一点，研究者让大学生玩电子游戏，游戏中大学生先是抵御炸弹的袭击，接着又用炸弹去进行攻击。游戏中一个学生投出的炸弹数量被用作测量攻击性行为的指标。研究者感兴趣的是在攻击性上是否存在性别差异，因为大多数男性要比女性更有攻击性，过去的一些研究已经发现了这种性别差异（Hyde 1984，2005）。但是，在那些差异中有多少差异仅仅来源于人们做其他人所期望的事而不是偏好上的固有差异？为了解释这一点，研究者随机指定一半同意参与研究的学生进入两组中的一组。只要过程是真正随机的，那么就能确保两个组在干预前的任何事项上都是一样的。在这个随机安排的实验中，一个组中的参与者被引导相信他们在电子游戏中的行为是受研究者调控的。另一个组接受的是一种不同的处理方式，他们形成的印象是没有人会监控他们的游戏。在第二组中，男性扔出炸弹的数量并不比女性多。在第一组中，学生相信自己正被观察着，男性扔出炸弹的数量比女性多（Lightdale and Prentice 1994）。

正如图12.2揭示的那样，研究者得出的结论是，当人们相信自己正被别人观察时，典型的性别行为就更有可能发生。当然，人们在其生活中的许多时候都会处于别人的注视之下——在学校里，和家人在家时，工作时，在社交聚会上，或外出上街时都是如此。这表明，女性与男性试图与他们所认为的来自同性别的人的期待保持一致，而这导致了女性和男性行为的发生。很显然，这是社会期待的作用，甚至没有奖励或惩罚时也会产生作用。尽管这项研究只专注于攻击性，但你可以想象到社会期待可能影响着其他各种性别差异。

刻板印象的作用

12.1.4　讨论刻板印象在建构性别的社会期待中的角色。

一些社会期待建立在刻板印象的基础之上。刻板印象是指，对一个群体看法的表述常常是不正确的或夸大的。这些看法进而被应用到该群体的各个成员身上，对这些成员的看法可能根本就不正确。教育者对女孩和女性在数学上表现不好的刻板印象忧心忡忡，因为数学对许多技术性职业和工作而言都至关重要。正如我们在图12.1中看到的那样，平均而言，男性的确在SAT测试的数学部分表现得比女性好。但近来对许多研究的一项评论指出，在其他大多数的标准化数学测试中只存在微小的性别差异；自20世纪90年代以来，在除SAT之外的大部分测试中，男性和女性的平均差异实际上正在消失（Hyde et al.2008）。尽管女孩在一些标准化测试中平均得分较低，但当她们在高中或大学学习数学课程时，女孩子的平均分数要比男孩子高，主要因为她们更用功（Dee 2007；DiPrete and Buchmann 2013）。

研究者好奇，总接触男性在数学方面表现得比女性好的思想是否有助于产生这种思想所描述的真正现实。为了弄清楚这一点，一位研究者将男女大学生随机分配到两个组别中——其中一组的大学生被告知，平均而言，男性在数学测验上的表现要更好一些；另一组则被告知，在这样的测验中，平均数并不存在性别差异。然后男女大学生被要求在一张测量表上评估自己的技能。在那个被告知男性在测验中表现更好的组里，女性在测量表上对自身的评价要比男性低，但在被告知测验中不存在性别差异的组里，这种差异就比较小了（Correll 2004）。

另一个实验以同样的方式随机安排了两个组，接着要求每个组参加一个数学测验。在那个被告知男性会表现得比较好的组里，男学生的平均得分要比女学生高；但在另一个被告知不存在性别差异的组里，男女学生的得分是一样的（Spencer，Steele，and Quinn 1999）。从这些研究中我们看到，人们从他人那里听到的有关自身性别在某些方面是否更出色的信息会影响人们的自信心甚至实际表现——即使被告知的信息是不真实的仍然如此。因此，不真实或夸大的刻板印象往往会产生刻板印象所宣称的那种差异，即使这种差异以前并不存在也会如此。

社会情境还能决定男性行为会多有"男子气概"。一个社会学家团队在最近的一项实验表明了这一点。参与该项实验的男女大学生被随机指派到两个组里。首先，学生会拿到一张性别认同调查表。接着他们获得反馈，获知自己的答案是否显示他们更具有男性气质或女性气质。但实际上，他们所获知的得分都是伪造出来的。被随机指派到性别认同出现危机一组里的男性被告知他们有些女性化；另一些人则被告知他们颇具男子气概。同样，参与实验的一组女性被随机安排到性别认同出现危机的一组，并被告知她们有些男性化，另一些则被告知她们颇具女性气质。这项有趣的研究的结果可以在图12.3中看到。结果中有趣的东西是这种做法对那些被告知有些女性化而不是具有男子气概的男性的影响。当参与者接受了第二次调查时，相比那些被告知具有男子气概的男性，那些被告知具有女性气质的男性对同性恋的观点更消极，对强大的群体控制弱小群体的观点更赞同，更支持伊拉克战争，也更中意运动型多功能汽

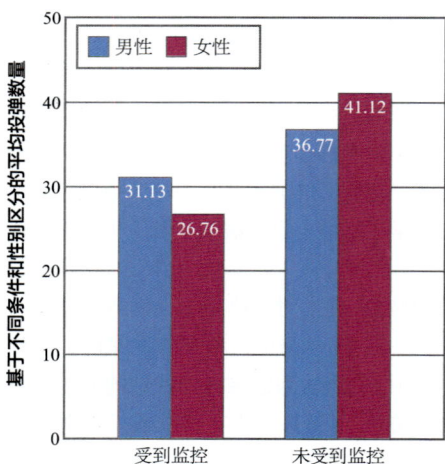

资料来源：来自莱特戴尔和普伦蒂斯的数据（Lightdale and Prentice 1994）。

12.2　在有监控和无监控条件下攻击性的平均性别差异

车（SUVs）（Willer et al. 2013）。有趣的是，在第二次调查中，那些分别被告知具有女性气质和男子气概的女性的态度没有什么显著不同。

作者得出结论，男性渴望表现出男子气概，如果他们有理由相信其他人质疑其男性气质，他们就会更努力地参与被文化界定为具有男性气质的行为。女性看起来对自己表现得有多女性气质就没那么担心，这反映出迫使其表现出女性气质的社会压力相对较小。

这些研究未必就能证明生物性力量对性别差异没有影响。但是，由于研究表明性别差异的变动依赖于社会情境，所以我们可以肯定的是所观察到的一些性别差异来自社会力量。而且，性别不平等会随着时间而变化，这一事实进一步证明，性别至少部分是由社会决定的，生物因素并不能完全决定性别。

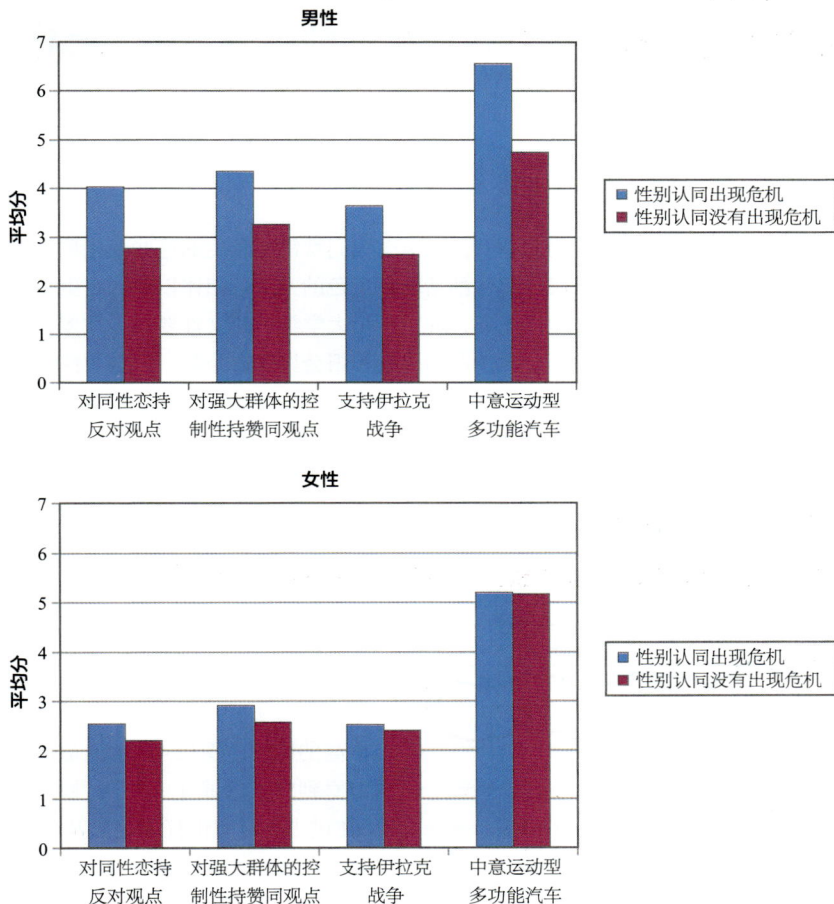

资料来源：数据来自维勒等人（Willer et al. 2013）。

注：性别认同"出现危机"和"没有出现危机"两种情况下的所有差异在统计学上都是显著的。而所有这些差异对女性而言不存在统计学上的显著性。

图12.3　性别认同危机对男性和女性态度的影响

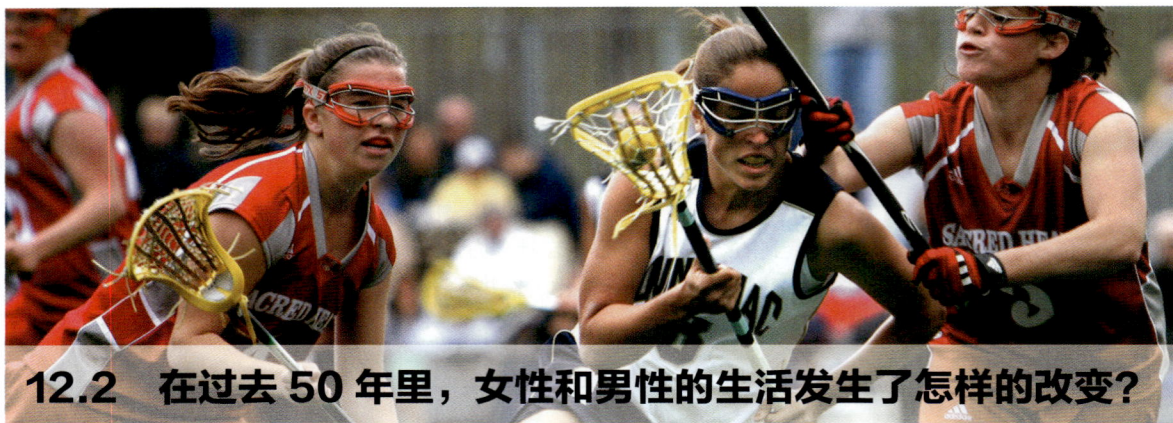

12.2 在过去 50 年里，女性和男性的生活发生了怎样的改变？

性别革命

在过去50年里，女性生活发生的改变如此剧烈，以至于我们常常把发生的这些变化称为性别革命。大多数的变化来自女孩和女性从事以前大部分只限于男性的活动和角色的方式。相比以前，有更多的女孩参与到运动队当中，也有越来越多的女生在学生会里担任职务，现在获得大学学历的女性要比男性多，女性就业人数在增加，一些女性进入传统上男性专属的职业中，女性在州议会和国会里获得公职，一些女性结婚时还保留着出生时的姓氏。在这个部分，我们会更为详细地分析在女性生活中发生的一些变化，还将分析自20世纪70年代以来这些变化如何影响着男性的生活。

女性就业和受教育水平的提高

12.2.1 讨论自20世纪60年代以来女性就业和受教育水平显著提高的原因。

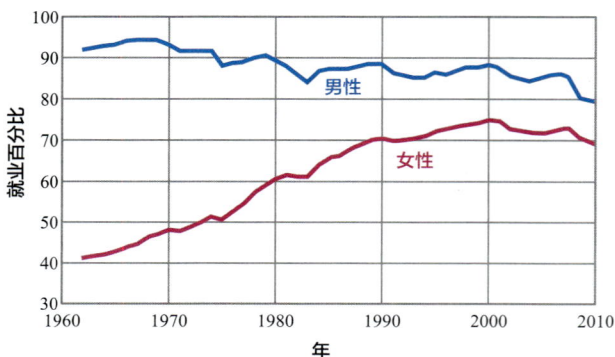

资料来源：基于当前人口调查的数据（Current Population Survey，1960-2010）。

图12.4 男性和女性的就业比例：1962—2010年

过去几十年在女性生活发生的所有变化中，最大的变化是女性有偿劳动力人数的增长。甚至已婚、育有幼子并在家庭之外继续工作的女性也占有很高的比例。图12.4显示的是自1962年以来，美国25岁到54岁的成年人中男性和女性的就业比例。（在过去一年里的任何时候从事有偿工作的人都算作就业被纳入统计范围）

男性就业比例稍稍下降。女性就业比例在20世纪大部分时间里增长缓慢，但在1962年到1990年期间女性就业比例显著增加，之后进入平稳期，自那以后增长不多。然而，女性就业比例稳定在一个相当高的水平上，超过70%的女性实现了就业。但是女性就业水平还是低于男性（男性就业比例在80%到90%之间），两种性别的就业比例大体上趋向一致。

导致女性就业比例增加的主要原因是经济方面的原因。首先，随着20世纪60年代到70年代工资水平的提高，女性——或者夫妻——就业的动机也增强了，赞同女性去工作来增加收入（Bergmann 1986）。此外，经济领域内发生了变化，服务业工作（如秘书、接待员、护士以及店员）在经济领域中所占的比例越来越高，这些工作通常会雇用许多女性。随着对服务业人员需求的增加，女性的就业机会就更多了（Oppenheimer 1970）。女性就业增加的一个结果是，许多由夫妻双方构成的家庭现在成为双职工（Dual-Earner）家庭。

自1973年以来，男性工资水平没有提高（根据生活成本的变化进行调整以后）。实际上，高中及以下学历的男性——通常在工厂里工作，当司机或者当建筑工人——收入下降了，这促使其妻子去就业。但从事管理和专业工作（如律师和工程师）的男性收入增幅超过了生活成本的增幅，而这些男性的妻子受过良好教育，她们的就业比例也显著增长了（Juhn and Murphy 1997）。反对性别歧视的法律使得受过良好教育的女性能追求更高水平的职业发展。女性主义运动推动了这些法律的建立和实施，鼓励女性兼顾事业和家庭。

哪种性别获得大学学位的人数发生了显著变化？如果我们回溯到1950年，只有24%的学士学位被授予女性（*Digest of Education Statistics* 2001：Table 247）。正如图12.5显示的那样，女性在学士学位中占据的份额随时间稳定增加，到1985年获得学士学位的女性人数超过了男性。在2011年，超过57%的学士学位由女性获得（62%的副学士学位、60%的硕士学位和52%的博士学位由女性获得）。事实上，到2011年（我们获得的数据）获得这种或那种学位的女性和男性的比例大约是141：100。如果我们仅仅分析美国黑人，女性毕业获得学位的比例甚至更高（McDaniel et al. 2011）。而且，有趣的是，这种趋势不仅仅发生在美国，世界上的许多其他国家也出现了类似的趋势。

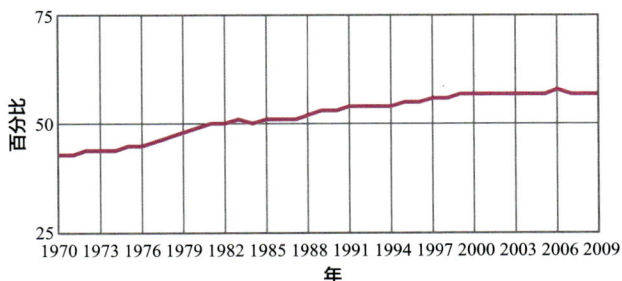

资料来源：保拉·英格兰基于《教育统计文摘》的数据计算而得（*Digest of Education Statistics*，2009）。

图12.5 美国学士学位被授予女性的比例

获得大学学位的女性比男性多反映出几点事实。女孩通常比男孩更爱上学，学习更努力，在小学和高中成绩也更好。而且，女孩在学校很少会出现纪律问题，参与犯罪相对也少一些（Steffensmeier and Allan 1996；DiPrete and Buchmann 2013）。但平均来说，几十年来参与犯罪的男孩就比女孩多，成绩也会比女孩低一点儿，因此这些事实不能解释上述显著的变化。研究者仍在试图弄清楚为什么大学学历比例偏向男性的性别差异会转换成大学学历偏向女性的性别差异。他们怀疑的一个原因是，在大部分女性成为全职家务料理者的时代，即使女孩在高中表现更好，父母也会优先支持男孩去上大学。今天年轻的男性和女性都计划在未来生活的大部分时间里工作赚钱，因而现在和自己的兄弟表现一样好的女孩就有同样的可能去上大学。而且，如果表现得更好，她们就更有可能完成大学学业（DiPrete and Buchmann 2013）。

女性工作和薪酬差距的变化

12.2.2 描述职业性别隔离并解释性别的薪酬差距。

过去，许多女性从事的都是传统的属于女性的工作，比如女佣、秘书、护士或老师。但自从大约1978年以后，进入传统的男性职业领域的女性人数不断增加，成为经理、律师、工程师或教授，参军的女性也更多了。社会学家用一个范围从100到0的指标来测量职业性别隔离（Occupational Sex Segregation），100代表完全隔离（所

在过去40年里，职业性别隔离显著下降。这种变化的一个例子就是更多的女性进入到工程师行业，该领域很大程度上仍然是一个男性统治的领域。

有的职业要么都是男性，要么就都是女性），0代表完全融合（每种职业的女性工作者比例与女性在有偿劳动力总体中所占的比例一样）。根据这种指标来看，职业性别隔离在20世纪70年代和80年代显著下降，但自那之后下降得较为缓慢（England 2011）。

进入传统的男性职业领域的女性中，具有大学学历和研究生学历的人要比那些仅仅高中毕业的人多。在美国和其他大多数国家，那些不需要大学学历的男性工作——如木匠、焊接工、电工或卡车司机——只能看到很少一部分的女性加入这些行业。没有美国富裕的发展中国家，上大学的女性更可能选择传统上都是男性才会选择的专业，如自然科学和工程学（Charles and Bradely 2009）。

尽管出现了一些融合，但工作的性别隔离仍然非常突出。在一定程度上这是因为社会化仍然引导年轻的男性和女性追求不同的工作。另一个原因是雇用歧视。尽管自1964年的《民权法案》颁布以来，因种族或性别而拒绝雇用一个人是违法的，但法律还是无法消除全部歧视。

相比男性，女性的收入也有了增长。图12.6显示的是每年女性收入中位数与男性收入中位数的比例。（每个性别的收入中位数是指这样一种收入水平，该性别一半人的收入在这个水平之下，另一半人的收入在这个水平之上。）该图统计的只有那些一整年从事全日制工作的人。从20世纪50年代到80年代，女性收入中位数约相当于男性收入中位数的60%到65%。1980年以后，这一比例开始趋向平等，以至于到2000年，女性收入中位数相当于男性收入中位数的76%。自2000年以来两性收入的平等化就没有更多的进展。

为什么女性的收入还是比男性收入少？人们已经提出了许多解释，解释的起点是这样一个简单的事实，即从事同样的工作，一些雇主给女性的报酬还是会比男性少。自1963年的《同工同酬法案》（Equal Pay Act）通过以来，报酬的差异只能是建立在资历、表现或其他因素而不是性别本身的基础上，否则就严重违背了法律，但有时还是会出现这种现象。因为存在女性应该谦逊而男性应该发展自己这样的文化观念，所以女性就报酬进行协商的程度没那么强烈（Babcock and Laschever 2003）。其他一些时候，雇主就是付给女性较少的报酬。另一种解释是，当人们的经验越多时，雇主给付的报酬就越多，而女性相比男性更可能会离开工作一段时间去照顾孩子。

薪酬差距的另一个核心因素是女性集中在收入较低的职业中。部分是因为女性选择了需要同样学历但收入比其他种类工作收入少的工作——比如那些帮助别人的职业。这也许反映出了性别社会化的差异。女性集中在收入较低职业中的另一部分原因是，一些雇主在为收入较高的工作招聘时歧视女性，使得女性别无选择只能选择收入较低的工作，正像早先提到过的那样（Reskin 2000）。

另外，雇主总是对那些大部分由女性从事的工作设定较低的薪酬水平，而对那些需要同样的教育水平、但大部分由男性从事的工作设定较高的薪酬水平（England 1992；Levanon，England，and Allison 2009）。例如，一些组织机构的秘书（大部分都是女性）的收入比工厂生产线上的工人或看门人（大部分都是男性）的收入少，即使秘书需要的教育和技巧

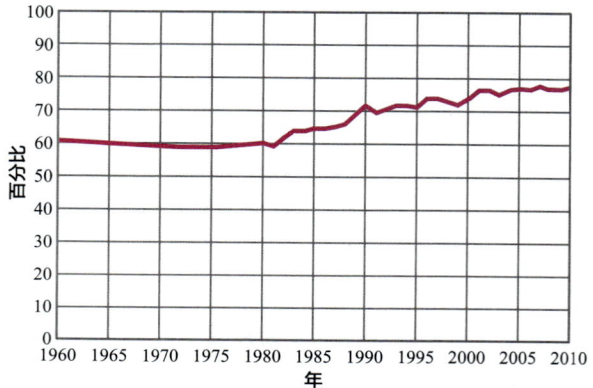

资料来源：妇女政策研究所（Institute for Women's Policy Research，2011）。

图12.6　女性年收入中位数与男性年收入中位数的比例

（尽管是不同种类的技巧）水平相同。

当女性从事与男性所从事的工作要求一样但种类不同的工作时，为什么雇主对大部分女性从事的工作会给予比较低的薪酬呢？我以前从事的研究让我相信，雇主有这样的行为常常是出于这样一种认识偏见，即无论女性从事什么类型的工作都是比较容易做的工作，而且也不如男性所做的工作对公司重要。很多时候这种偏见是无意识的，但许多研究者将这看作一种歧视形式。尽管根据美国联邦法律这不会被看作法律意义上的歧视（England 1992），但在一些其他国家会被看作法律意义上的歧视。如果一个雇主因为一个人是女性就不雇用她去从事某一特定的工作，或者在资历和表现都一样时，付给她的工资比做同样工作的男性少，那么这个雇主就违反了美国法律。但美国法律并没有涉及因为从事这些工作的人大部分是女性就给特定的工作设置较低的薪酬水平这种情况，尽管有证据证明雇主就是这么做的。

有些雇主歧视女性仅仅因为她们是做母亲的人，尽管在大多数情况下这么做是违法的。一项研究通过向真实的招聘广告投递伪造的简历来研究这种类型的歧视。研究者制造了两份一模一样的简历，学历和经验都是一样的。但在简历上许多人列举自己爱好或社区活动的部分不同，一份简历说应聘的这位女性是家长教师协会（Parent Teacher Association）的高级职员

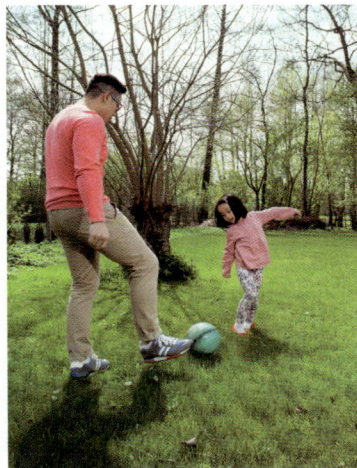

与50年前相比，有工作的父亲会花更多的时间来照顾孩子。而有工作的母亲同样如此，而且女性有偿工作增加的时间要比男性在家务上增加的时间多很多。为什么男性角色要比女性角色看起来更加难以改变呢？

（暗示她是一个母亲），而另一份简历写的应聘的女性是其他某一社区俱乐部的高级职员。仅仅就是这一点差异导致应聘者在收到招聘方电话的数量方面存在显著差异。有趣的是，虚构男性简历的相同伪造过程却没有显示出作为父亲要付出类似的代价（fatherhood penalty）（Correll，Benard and Paik 2007）。

在这些影响性别薪酬差距的因素中，有一些也是薪酬差距为什么比以前小的原因。女性就业变得更具有连续性了，更多的女性在有孩子时还会继续工作，因此女性就业经验的平均年限现在和男性比较接近了。因为随着工作经验年限的增加，薪酬往往也会增加，所以男性和女性工作经验的趋同化会减少薪酬差距。随着比以前更多的女性选择传统上由男性从事的高薪工作领域（比如法律、医学和管理），女性收入相对于男性收入也增加了。反歧视法律的推行也减少了雇主的性别歧视。所有这些因素都有助于减少性别薪酬差距。但是自20世纪90年代以来，迈向雇用、职业以及薪酬性别平等的进程慢了下来。图12.6显示薪酬平等进程减缓。有趣的是，大概在同时，人们对性别的态度向更为保守的方向转变，本来在20世纪70年代到80年代期间男性和女性对性别的态度趋向更为平等（Cotter，Hermsen，and Vanneman 2011）。

性别革命对男性的影响

12.2.3　讨论性别革命对男性角色的影响。

性别革命对男性以及男孩的生活也产生了影响。自20世纪70年代以来，已婚男性明显开始花更多的时间陪伴孩子，花在做家务上的时间也多了一些。通过这种方式，男性的角色拓展了，承担起一些传统上由女性参与的活动。但让人震惊的是这些改变有多么不对称。男性进入曾经属于女性领域的程度要比女性进入曾经属于男性领域的程度低。实际上，也许更多的改变不是男性和男孩从事以前女性参与的活动，而是女性和女孩进入曾经属于男性和男孩的势力范围对他们产生的影响。让我们看看这些变化如何影响男性生活。

我们看到女性就业人数显著增加，尤其是在20世纪60年代到大约1990年期间。随着这个变化的出现，男性的态度像女性的态度一样，变得更能接受女性就业（Cotter，Hermsen，and Vanneman 2011）。但大量的男性并没有成为全职家庭主夫；正如我们在图12.4中看到的那样，80%的男性仍然外出上班。实际上，男性气概规范看起来相对没怎么改变，坚持已婚男性就应该有份工作——以至于当男性没有工作时，夫妻经常就离婚了（Sayer et al. 2011）。纵然规范的改变使男性就业更具选择性了，但对大多数夫妻来说，男性在家当全职主夫一直就是不切实际的，因为妻子进入职场通常不会赚得与丈夫一样多的收入，所以如果让男性离职就得面对收入下降的现实。

许多人倡导工作——为了家庭平衡和性别平等，希望更多的夫妻能每个人工作一半的时间，同时一起照顾孩子、相对平等地料理家务。但没有美国财政的支持要做到这些非常困难。在所有欧盟国家里，法律要求雇主支付给非全日制工作者的每小时薪酬要与从事同样工作的全日制工作者的每小时薪酬一样。但在美国，雇主没有受到这种法律限制，非全日制工作者的每小时薪酬通常要比做同样工作每周工作满40小时（或者更多）的工作者的每小时薪酬少得多。因此，很少有夫妻能做到从一个人全职赚钱养家转变成夫妻俩各自工作一半时间又没有造成收入损失。出于这些理由，对男性而言最大的变化不是更多的男性留在家里或者从事非全日工制工作，而是许多男性开始习惯成为双职工家庭收入的一部分。这对男性而言最显见的好处是他们可以共享由此带来的收入增加的好处。但这也意味着女性更能自食其力，更容易逃离不幸福的婚姻（Sayer et al. 2011）。

随着更多的女性上班赚钱，女性就没有像以前那么多的时间料理家务，因此我们就会预期女性会指望男性比以前多做家务、多照顾孩子。有工作的父亲照顾孩子的时间大大增加了，但母亲也是如此（Bianchi，Robinson，and Milkie 2006）。男性平均做家务的时间的确增加了，但仅仅是小幅增加。这方面的证据可以参看图12.7。在1965年到1995年期间，平均而言，已婚母亲每周用于做家务的时间减少了15小时，主要因为有更多的女性出去工作；但已婚父亲用于做家务的时间每周仅仅增加了5小时（Bianchi，Robinson，and Milkie 2006）。自那以后，实际上就没再变化。职业女性做家务的时间几乎是自己丈夫的2倍（Bianchi et al. 2012）。这个例子说明女性进入传统上属于男性领域的程度比男性从事传统上属于女性领域的程度高。

当越来越多的女性在大学里选择传统上男性所学的领域进行学习、从事以前被大多数男性所占据的职业的时候，非常少的男性会选择传统上女性所学的专业，比如幼儿教育，而且也只有不多的男性进入传统上被大多数女性所占据的职业。因此，职业和学习领域的去隔离化很大程度上是一条单行线，女性进入了传统上属于男性的领域，但很少有男性进入传统上属于女性的领域（England 2010）。

男性没有大批进入女性所占据的职业领域存在几个原因。一个原因是，正如我们早前看到的那样，女性所占据职业的收入常常比男性所占据职业的收入低——甚至当你比较需要同样教育水平的工作时也是如此。第二个原因是，相比学前教师或时尚设计师这样的职业，男孩社会化所常常鼓励的"男性"爱好和活动与诸如运动教练或工程师这样的职业更匹配。另外，从事使男性看起来女性化的任何工作所带来的社会污名要比女性从事具有男性化特征的工作所带来的污名严重得多。长久以来，我们文化的一个特征就是男性做任何被看作女性化的事都会受到嘲笑。因此，如果男性从事被看作女性化的活动和工作，他们就会面临收入减少和被污名化的风险。有一些男性还会从事这类工作是因为对护理行

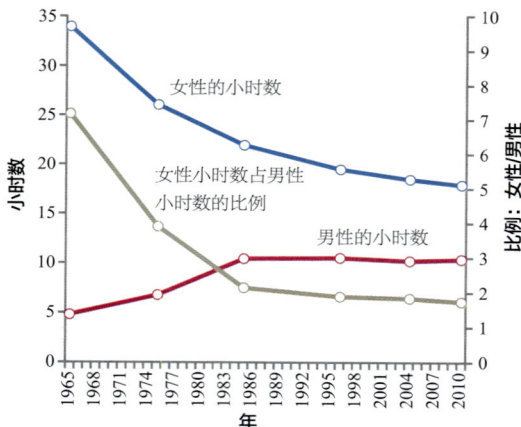

资料来源：数据来自比安奇等人（Bianchi et al. 2012）。

图12.7 丈夫与妻子每周家务劳动小时数：1965—2010年

业的真正使命感，或者是因为一些非同寻常的生活情形使他们承担起非传统的角色。尽管男性从事这类工作的收入可能要比他们选择更为男性化的工作领域的收入少，就像女性面临的局面那样，但研究表明在从事这些女性化工作时男性的待遇不会比女性差，反而更可能的是，他们更容易受到拥戴并上升到这些领域的上层（Budig 2002）。

总之，过去50年性别角色发生的重大变化推动男性进入曾经属于女性领域的程度要比推动女性进入曾经男性控制的活动领域的程度低。对男性而言，从事传统的如照顾孩子、做家务这样的女性活动和女性职业比较缺少吸引力，因为这些活动和工作的收入要比传统的男性职业低；如果真这样去做的话，男性这种举动被污名化的程度要比女性担当男性角色被污名化的程度高。当然，女孩和女性生活发生的变化也为男孩和男性创造了机会。男孩不得不去适应在学校与他们公开竞争的女孩，男性也会发现女性正和他们竞争同种类型的工作。男性已经适应了自己的妻子有工作这一事实，大多数男性现在也能接受女性就业这件事。

在所有这些现象发生的同时，大约1973年以来，收入在男性群体中变得更加不平等了。处于社会上层的男性的收入大幅度增加，然而那些处于社会最底层男性的收入下降，而那些属于社会中产阶级的男性的收入则停滞不前（Eckstein and Nagypal 2004；Gordon and Dew-Becker 2007；Autor，Katz，and Kearney 2008）。（这些数据因为生活成本的变化而进行了调整。）随着全球竞争加剧，很少有雇主会提供终身的就业保障。整个工业大部分迁移到海外，带走了工厂里许多收入不错、技术熟练的体力工作岗位。因此，对大多数男性而言，能稳定地保有一份工作、赚得比自己的父亲多、在年老时能收入更多的愿望变得更加难以实现，而这是美国梦的所有特征。然而，还存在一种强力规范，认为男性要担负起养家糊口的责任；甚至当人们日益认同女性也要承担这种角色时仍然如此。美国经济的变化使得许多男性难以表现得像以前那么好，而且还面临着和具有同等教育水平的女性不断竞争的局面。即使这样，男性仍然会根据其收入被评价——在某种程度上女性就不用面对这种评价。

12.3　我们的性生活如何受到生物因素和社会因素的影响？

性欲

我们已经分析了男性和女性生活的许多层面，但我们迄今为止忽视了一个重要领域：性欲。我们常常把性欲看作一种完全自然的生物性事实，根本就不是被社会建构出来的。性欲看起来是生物性的事实，这是因为非人类动物和人类都有性欲，我们对性欲感兴趣的年龄受到荷尔蒙因素的影响。毫无疑问，性吸引和性行为受到生物学因

在泰国北部的"长颈"族（Long Neck Tribe），如果女性有颀长的脖子就会被看作美丽的，一些人采取极端的手段实现这种美丽。美国女性为了改变自己的身材采取了哪些极端手段？

素的影响，但正如我们将在这个部分分析的那样，它们还会受到社会建构的强烈影响（Gagnon and Simon 1973）。

例如，社会规范对什么样的外表具有性吸引力或让人厌恶进行了详细的规定。今天认为最瘦的女性是最美的观念在许多文化里会让人感到困惑，因为在这些文化里认为这样的女性会不健康、一点儿也不性感！毛里塔尼亚（Mauritanian）是西非的一个国家，在这个地方的一些群体当中以胖为美，为了变得足够胖来吸引男子，许多年轻的女子被强行喂食（Waterlow 2013）。

社会还对性行为施加了很多限制。在某些社会里，同性性行为是非法的，会受到被监禁一段时间的惩罚（Ottosson 2010）；然而，相比之下，同性婚姻的权利在世界上的一些国家里会受到法律保护，而且同性婚姻的数量在美国越来越多。婚前性行为和婚前生子在一些历史时期是被污名化的，今天在一些国家里仍然如此。但在另一些社会中，这些现象特别普遍。在这部分，我们将探索这些和其他一些社会力量对性行为的影响。

性取向

12.3.1 讨论生物因素和社会因素对性取向的相关影响。

性取向（Sex Orientation）是指个体是被另一性别的成员、同一性别的成员，甚至是同时被同性和异性所吸引。今天，我们用医学术语异性恋（Heterosexual）和同性恋（Homosexual）（尽管女同性恋日渐被称为拉拉、男同性恋被称为同志——有时同志这个术语也用来描述与同自己性别一样的成员发生性关系的男性或女性）或双性恋（Bisexual）来描述三种性取向。但并不是每个人都能恰好符合这三个类别中的某一个。多年之前，一个研究者指出，从同性性取向到异性性取向之间存在一个连续统，沿着这一量度人可以处在这个连续统的各个位置上 [Sell 1997；Kinsey et al.（1948）1998；Kinsey et al.（1953）1999]。最近的一项研究对在研究伊始认同同性之外性取向的女性进行了追踪研究。该研究发现这些女性10多年之后改变了自己认同的性取向。这些女性的性取向向着各种方向转变，认同拉拉、双性恋和异性恋的标签，甚至选择不认同任何标签。这项研究还指出性行为（一个人与何种性别的人发生性关系）、性吸引（一个人受到何种性别的人的吸引）以及性认同（一个人认为自己是拉拉、双性恋还是异性恋）并不总是一致的（Diamond 2008）。

一个有趣的问题是我们的性取向来自何处。正如性的其他方面一样，有证据表明生物性因素和社会性因素都对性取向发挥着作用。遗传性因素会影响性取向的证据来自对双胞胎或其他兄弟姐妹的研究。研究者向抽取的男同性恋者和女同性恋者样本询问这些人的兄弟姐妹的性取向，其中有一些是双胞胎。他们比较了这些同性恋者的同性别的兄弟姐妹——包括同卵双胞胎、异卵双胞胎以及收养的兄弟姐妹——有多少也是同性恋。这些兄弟姐妹的遗传学意义上的相关度存在差异——同卵双胞胎具有相同的基因，异卵双胞胎的基因相关度和非双胞胎的基因相关度相似，而收养的兄弟姐妹之间的基因相似度最差。研究者发现男同性恋的同卵双胞胎兄弟姐妹也是同性恋的比例较高。相比之下，男同性恋的异卵双胞胎兄弟姐妹也是同性恋的比例较低，而男同性恋的收养的兄弟姐妹也是同性恋的比例更低。同样的模式也体现在女性研究对象身上（Bailey and Pillard 1991；Bailey et al. 1993，2000）。一方面，这项研究也证实，基因并不能完全决定一个人的性取向，因为即使对同卵双胞胎而言，当其中的一个是同志或拉拉时，大部分情况下另一个并不是同性恋。因为同卵双胞胎的基因是相同的，如果他们的性取向不同，那么他们性取向上的差异就只能由其社会经历的其他因素来解释（Stein 2001）。另一方面，这项研究指出基因对性取向存在一定的影响，因为研究发现，相比基因相似度较低的兄弟姐妹，基因相似度越高的兄弟姐妹在性取向上的相似度就越高。

性行为

12.3.2　讨论生物因素和社会因素对性行为的影响。

生物因素和社会因素对我们性行为的其他方面有着怎样的影响？在这个领域的一个巨大争议是，男性是不是比女性更偏好随意性行为，如果是这样，那么这是因为一些生物性差异还是因为社会因素的影响（Schmitt 2003）。进化理论认为这种性别差异是我们从几千年前进化而来的。根据进化理论，在任何人群中，基因差异是随机产生的。一些随机产生的新基因提高了生存概率，另一些则不利于生存，还有一些基因是中立的。经过了几千年的发展，那些提高了生存概率的基因就会在人口中得到更多的体现，因为带有这些基因的人（或者其他动物）更可能长久生存、繁衍生息，而且其后代也将携带这些基因。如果存在性别特异性基因（Sex-Specific Gene），那么有助于女性繁衍后代的基因就会留存在今天女性的身上，而有助于男性繁衍后代的基因就会存在于今天的男性身上。因为女性要怀胎九个多月，因此与多个性伙伴发生频繁的性关系并不会使孩子的存活数量增加多少。但这一点对男性就不同了，男性在九个月里可以使多个女性受孕，生一个孩子只需要一个女性。因此，任何鼓励频繁、随意性行为的基因组合都将增加男性后代的数量，这种基因组合也会增加其自身在未来基因库中的表达。但这可能不会增加女性后代的数量。根据进化理论，这就是进化为什么会导致男性更偏好随意性关系的原因（Buss 1994）。

即使进化是男性要比女性更可能寻求随意性关系的一个影响因素，但社会学家也指出了社会因素的作用。我们文化的特征是性的双重标准（Double Standard of Sexuality）（Crawford and Popp 2003；England，Schafer，and Fogarty 2008；Kreager and Staff 2009）。这是指一种在发生随意性关系上对女性的评价要比男性更为严苛的倾向。双重标准存在的一个证据是，我们的文化中用来指称我们认为太随便发生性关系的女性的贬义词——如婊子或荡妇——要比用来描述我们认为太随便发生性关系的男性的贬义词多。许多男性所表现出的行为是一样的，但我们不太可能用同样的称呼来指他们。指称这类男性也存在着一些类似的词语（诸如男妓或花花公子），但它们看起来没那么消极。实际上在男性同辈文化中，花花公子常常是一种有利的地位资源。认识到这种双重标准，社会学家指出，女性要比男性更有动机去避免发生随意性关系，因为发生随意性关系对她们名誉的损害会更大。这并不完全是由生物性支配的缺少兴趣的问题。

我们了解生物性与性有一定相关性的一种方式是，在同龄年轻人中，那些正处在青春期、并由此导致荷尔蒙增加的年轻人更可能产生性幻想和发生性行为。但发现这一点的相同研究也指出社会因素也与性相关。例如，在不鼓励过早发生性关系的宗教家庭中长大的年轻人发生这种行为的可能性相对较小（Udry 1988）。社会因素对性具有影响的进一步证据是这样一个事实，在大多数现代社会，婚前性关系盛行的现象已经发生了巨大的变化，正如我们将在后面的讨论中看到的那样。

夜总会和大学聚会常常表现出的一个特征是女性的穿着要比男性更暴露。这是为什么？

性少数群体

12.3.3 辨析女同性恋、男同性恋、双性恋、跨性别者以及性取向疑惑者（LGBTQ）所遭遇的挑战。

性少数群体（Sexual Minority）指不是异性恋的任何个体或跨性别者（指改变了自己出生时被赋予的生理性别或社会性别的人）。要理解作为性少数群体一员意味着什么，就想想那个假想的一个叫汤姆的17岁男孩的经历，他就在最近才开始认同自己同性恋的身份。如果汤姆是一项研究所访谈的美国年轻同性恋者的典型，那么他8岁时会第一次意识到自己会被其他男性所吸引，在10岁时第一次知道同性恋这个词，在13岁时第一次将同性吸引用到自己身上，在14岁时第一次与其他男性发生性接触，但他在17岁之前并没有将自己看作同性恋者，而且直到19岁他才告诉自己的家人自己是同性恋（Savin-Williams 1998）。个体在调整自己对性冲动的认同时为什么会这样保密和拖延呢？答案在于一个人从成长的社会经历中所获得的有关性取向的信息。这被称为异性恋正统制（Heteronormativity），即社会文化和制度传递的信息是每个人都是异性恋或者至少这是唯一正常的方式的情形。

要了解异性恋正统制，就去思考下我们假想的那个男孩成长过程中可能遭遇到的一切经历。汤姆喜欢听摇滚音乐，大部分歌曲都与男女之间的性和浪漫有关。大部分电视节目和电影情节的特征是男女两性之间的浪漫或性越轨。他就读的高中充斥着对男同性恋的歧视（Pascoe 2007）。他的男性朋友经常用没有人想被那样称呼的词（如"死基佬"）来相互辱骂，另一个常被用来侮辱人的话是："你这么娘！"汤姆从来没有受到过这样的侮辱，也不想被这样侮辱；这也是他为什么在高中不想告诉人们他是同性恋的原因。他还经常听到朋友互相打闹触碰彼此时开玩笑说"绝非基佬"。在他家庭所属的教堂里，没有人对同性恋表示支持或反对，但他朋友所属的一个更为保守的教堂，牧师在布道时说到了同性恋的罪恶。汤姆知道同性婚姻在很多州已经合法化了，但他或他父母参加的婚礼一直都是一个男的和一个女的结婚。他从来没有碰到过由两个男性组成的已婚伴侣。他当然不想被众人瞩目，意识到如果他邀请一个男孩参加自己的毕业舞会将会受到嘲笑。所以汤姆认为需要隐藏自己会被同性吸引的事就不怎么让人奇怪了。他的经历是一个年轻人成为男同性恋者、女同性恋者或双性恋者的典型过程。从汤姆这个例子中，你可以看到在异性恋正统制的环境里成为性少数群体一员会碰到的困难。

但是一些性少数群体的成员甚至会经历更糟糕的事情。那些对某个同性别成员表示出好感的人经常会受到青年同辈群体的嘲笑，不管他们是否表现出男性气质或女性气质。一些雇主会拒绝录用那些他们认为是同性恋的人，或者发现员工是同性恋者就将其解雇。这样的歧视，即使是完全公开的，也没有违反任何联邦法律；基于种族、宗教、性别或出生地的雇用歧视是非法的，但美国联邦法律并没有禁止基于性取向的歧视。在房屋租赁和买卖过程中，根据联邦法律种族歧视是非法的，但如果一个人不把房子租给同性恋者不会受到任何限制。调查显示，近乎半数的性少数群体成员说在住房或就业中受到过某种基于性取向的歧视，大约40%的受访者说自己遭受过暴力威胁，大约80%的受访者说自己因为性取向被语言骚扰过。用于描述因为性取向而指向个人的这些类型的偏见是异性恋霸权（Heterosexism）或同性恋恐惧症（Homophobia）；这些术语常常交替使用。也许是同性恋者要面对各种形式的嘲笑和骚扰的结果，青年男同性恋者和女同性恋者自杀的可能性是年轻异性恋者的2到3倍（O'Brien 2000）。如果一个人穿衣打扮的方式在社会规范看来更适合另一个性别时，他（她）就可能被污名化，有时在学校或街上也会遭遇到暴力，不管这个人是不是男同性恋者或女同性恋者。

尽管上面呈现出来的画面让人们看到，作为一个性少数群体的成员成长过程中所必须面对的东西很残酷，但这幅图景在过去几十年里发生了重大变化，部分是因为倡导同性恋者权利的社会运动（Armstrong 2002）和公众观点发生了更加包容性取向多样性的变化。同性恋权利运动寻求使男同性恋者、女同性恋者、双性恋者和跨性别者以人类个体的形象，而不是消极的刻板印象出现在大众视野中，还支持反对各种形式的基于性取向的歧视法案，致力于消除那些明确反对同性恋爱或同性婚姻的法案。

许多事情正以一种对性少数群体生活更友好的方式发生了变化。美国一些州和自治城市都建立了反对以性取向为基础的就业歧视和住房歧视的法律，尽管还没有出现与这些法律类似的联邦法律。美国军队在2011年废除了禁止同性恋士兵服役的禁令。大部分学院和大学都设有男同性恋者、女同性恋者、双性恋者、跨性别者和性取向疑惑者（Lesbian, Gay, Bisexual, Transgender, Questioning, 英文首字母缩即为LGBTQ）中心，向性少数群体提供服务并为他们提供一个社会化的场所。许多城市也设有这样的中心。一些高中还有同性恋/异性恋联盟（Gay/Straight Alliance）群体。还存在以LGBTQ社群为目标的报纸和杂志。在一些大城市的某一区域还出现了有时被称作"同志村"（Gayborhoods）的社区，性少数群体高度集中在这些地方。一些同性恋大学生和职业运动员已经"出柜了"；2013年，资深NBA球星杰森·柯林斯（Jason Collins）宣布自己是同性恋；2014年，迈克尔·萨姆（Michael Sam）成为第一个被美国国家橄榄球联盟（NFL）球队招募的公开承认自己同性恋身份的橄榄球运动员。

然而，这些变化遭到了强烈抵制。一些群体公开反对接受同性恋的生活方式，因为这挑战了该群体成员的性别观念和家庭观念。一些反对的声音来自宗教所灌输的同性恋是错误的思想。另一些宗教则包容同性之间的爱与欲。这些相互冲突的观点最近在有关同性婚姻的政治争议中碰撞在一起。在1993年，夏威夷州法庭认为将婚姻限于男女之间结合的州法律违背了宪法，除非该州法律能列出一些具有说服力的理由。为了应对该法律被法庭废弃的可能性，该州同性婚姻反对者通过政治动员推动通过了夏威夷州宪法修正案，宣布州议会可以将婚姻限制在男女之间。同性婚姻的反对者担心其他州会废除将婚姻局限于男女之间的限制，所以游说国会通过了一项法律，宣称禁止同性婚姻的州不需要承认其他州所允许的同性婚姻。（在这之前，大多数州承认在其他州所缔结的婚姻。因此，如果在加利福尼亚州结了婚的伴侣又搬到俄勒冈州的话，其婚姻也会在俄勒冈州得到承认。）在1996年，国会采纳了《联邦婚姻保护法》（Federal Defense of Marriage Act，简称DOMA）。该法案宣称出于保护同婚姻联系在一起的国家利益的目的，婚姻仅仅是指一个男人同一个女人的合法结合。例如，根据这项法律，同性恋伴侣不享有死后不缴纳任何联邦财产税就可以将财产留给伴侣的同样权利，而这项权利在针对已婚伴侣的联邦法律中就已写明。在2013年，美国温莎古堡的最高法庭裁定联邦婚姻保护法违背了美国宪法；这一裁定意味着，同性伴侣被赋予了同异性伴侣一样的国家权益，比如，如果同性伴侣中的某方死后把钱留给另一方，可以不用缴纳联邦财产税。

马萨诸塞州在2004年承认同性婚姻合法，这是美国第一个实现同性婚姻合法化的州。在2004年到2012年之间，美国其他一些州也陆续承认同性婚姻合法。但在这个时期，更多的州通过了类似联邦婚姻保护法的州版本。其他州则为同性伴侣提供同居伴侣关系的选择，这种关系可以享有合法婚姻的一部分福利。然而，就在美国温莎古堡最高法庭的裁决下来之后不久，许多地方法院开始撤销对同性婚姻的限制，以至于到2014年，50个州中有30个州允许同性婚姻。[①]在2001年荷兰成为第一个同性婚姻合法化的国家。自那之后，比利时、加拿大、西班牙、南非、挪威、瑞典、葡萄牙、冰岛、阿根廷、丹麦、巴西、法国、乌拉圭、新西兰、英格兰、威尔士和卢森堡也承认同性婚姻合法。

很明显，人们对待同性婚姻的态度在发生改变。正如图12.8显示的那样，自1998年以来支持同性婚姻的人数一直在巨幅增长。

---

① 详见 http://www.cnn.com/interactive/us/map-same-sex-marriage/for up-to-date information on states allowing and prohibiting same-sex-marriage.

1988年以及2004—2012年综合社会调查中人们对同性婚姻的态度

百分比

- 1988: 12.4%
- 2004: 29.6%
- 2006: 35.2%
- 2008: 39.7%
- 2010: 46.4%
- 2012: 49.6%

（年）

■ 同意

资料来源：社会探索者（www.socialexplorer.com），基于来自美国国家选举研究（American National Election Studies）2012年调查的数据。

图12.8 美国人认为同性伴侣应该可以结婚的比例

12.4 性行为在过去 50 年发生了怎样的改变？

性革命及其他

在过去50年，未婚年轻成年人的性行为发生了显著改变。已婚伴侣的性行为与之相比虽然少得多，但也发生了一些变化。在这个部分，我们将分析人们对待婚前性行为和未婚生子态度的变化。我们还将分析性关系中一直存在的性别不平等以及性行为中存在的性别差异。

婚前性行为

12.4.1 讨论人们对待婚前性行为的态度以及婚前性行为通常发生的背景在过去50年发生了怎样的变化。

要观察性行为的变化，最好依赖以随机抽样为基础的调查数据。从美国人口中抽取样本进行调查的方法保证了每个人都有同等的机会成为样本，这样我们才能说样本能代表整个美国人口。使用随机抽样方法的调查询问美国人第一次发生性关系的年龄和初婚年龄，如果他们有这些行为的话。这些调查勾勒出的画面是，美国人婚前发生性关系的比例显著增加。在20世纪60年代以后，进入成年期的美国人中有90%或更多的人在婚前发生了性行为；美国社会的大多数群体都开始接受婚前性行为（Finer 2007）。在一些保守的宗教群体里，年轻人被教育要避免发生婚前性行为关系，一些年轻人甚至发誓在婚前坚守处子之身。然而，研究显示青少年的宗教教派对他们是否会发生性关系没有多少影响。相反，几乎来自任何一种教派或信仰传统的年轻人中，更多的人都倾向于晚发生性关系（Regnerus 2007）。

尽管美国的许多高中生会发生性关系，但大多数父母都不赞成这种行为。一项研究通过访谈两个国家养有16岁孩子的父母比较了美国和荷兰中产阶级父母对待婚前性行为的态度。研究者向这些父母询问，他们的儿子或女儿让女朋友或男朋友在家里过夜时感受如何。几乎所有的荷兰父母说这是可以的。他们认为应该与一个不错的人发生性关系，而且把性看作一种自然、适当的关系进程。他们愿意让自己的孩子在家里这样安全舒适的环境里发生性关系。他们想要与孩子讨论使用安全措施来避免性传染病（Sexually Transmitted Infections，简称STIs）和怀孕。在回答同样的问题时，几乎全部美国的父母说自己强烈反对自己的孩子发生性关系。他们担心孩子发生性关系是受"荷尔蒙过剩"的驱动，而不是深思熟虑的决定。他们把青少年性爱看作"性别之战"（Battles of Sexes），而不是彼此构想一种关怀关系的结果。即使美国的大多数父母知道性爱是正常的，也许他们的孩子就在做着这件事，但大多数父母还是不赞成孩子在自己家里发生这种行为（Schalet 2011）。

对那些在20世纪60年代到80年代之间成年的人来说，发生婚前性行为的比例增加了；正如图12.9显示的那样，人们婚前第一次发生性关系的年龄中位数从20岁下降到17岁。但更近来、自20世纪80年代晚期之后，这种趋势又反转了。也就是说，在一定年龄发生性行为的青少年比例下降了。例如，在1988年，15岁到19岁的女性青少年中至少有过一次性行为的比例是51%；但在2006年到2010年间，在那些处于相同年龄的女性青少年中，只有43%的人发生过性行为（Martinez，Copen，and Abma 2011）。更多细节见图12.10。

随着婚前性行为变得几乎非常普遍，通常发生婚前性行为的背景也随时间发生了改变。在20世纪50年代到60年代，那些有婚前性行为的人常常是与后来成为结婚对象的人发生这种关系。在20世纪70年代，性行为在恋爱关系中变得普遍起来；而且自那时起，越来越多的处于恋爱关系中的年轻伴侣会开始同居。社会学家和人口统计学家用同居（Cohabitation）这个术语来描述作为未婚伴侣生活在一起的行为。这些关系也许会严肃到处于该关系中的伴侣会考虑结婚；或者这些关系涉及没有订婚但在约会以及出于一些实用理由而住在一起的伴侣，比如为了分担房租来省钱。仅仅在最近这些年，性行为在偶然邂逅（Casual Liaisons）中变得普遍起来，在这种情形里任何一方都没有期待以后会发展什么关系。青年文化用不同的术语来指称这样的邂逅，其中一个就是"勾搭"（Hookup）。

在今天的大学校园里，当学生说"勾搭"的时候，这指从只是亲热到发生性关系的所有可能。在一个在线调查中，

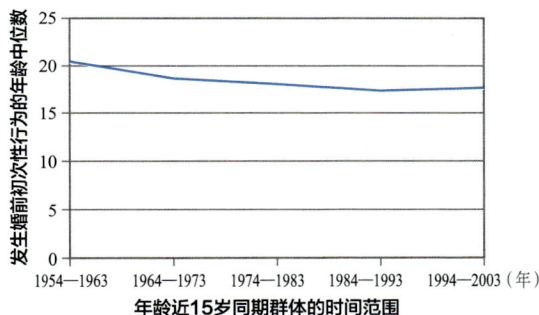

资料来源：法纳（Finer 2007）。

图12.9 美国青少年婚前性行为的年龄中位数

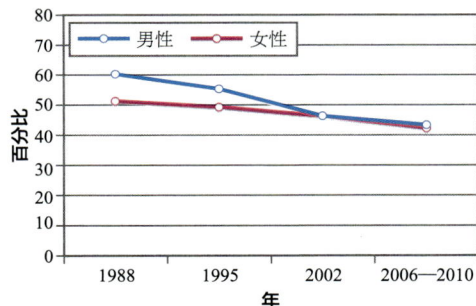

资料来源：马丁内斯等人（Martinez et al. 2011）。

图12.10 1988—2008年美国从未结婚、年龄在15～19岁的女性和男性中发生过性行为的比例

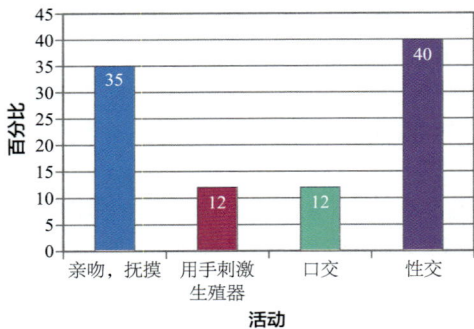

资料来源：基于保拉•英格兰来自在线大学社会生活调查（Online College Social Life Survey）2012年版的统计结果。

图12.11 大学生在其最近的一次勾搭中会走到什么程度（England，Schafer，and Fogarty 2008）。

我对20多所学院和大学的学生进行了调查，其中的一个问题是询问学生，在大学里是否曾与一个并非是恋爱关系的人勾勾搭搭。对此做出肯定回答的人，还要回答在他们最近一次的勾搭中发生了什么与性有关的事。图12.11列出了每一类别的百分比，分类标准是学生的性行为发展到什么程度（例如，如果你与人亲热并发生了性交行为，你就会被分到发生性交这一类里）。

图12.11 显示40%的勾搭都会有性行为发生。这些是情侣一起勾搭时常见情形。35%的勾搭只涉及了亲吻和不接触生殖器的抚摸。大部分勾搭的对象是学生至少较为熟悉和认识的人。我对学生所做的质性访谈显示，尽管许多勾搭不会有什么结果，但也有一些恋爱关系是从勾搭开始的，有时是从介于勾搭和建立排他性关系之间的一次或多次约会开始的。

未婚生育

12.4.2 讨论未婚生育率的变化。

从20世纪60年代开始，随着平均结婚年龄的增加以及婚前性行为更加普遍化（Ellwood and Jencks 2004），未婚生育也变得普遍起来，正如图12.12显示的那样。在各种教育、收入以及种族群体中都可以看到这种趋势。但是，来自低收入家庭的青年男性和女性通常没有学历，也没什么钱，他们更可能在结婚前就有了孩子。如图12.13显示的那样，黑人和印第安人的未婚生育率最高。他们也是最弱势的群体。那

在你的经历中，你认为勾搭经常会发展成恋爱关系吗？

些属于较为弱势群体的人的婚前性行为与那些处于优势群体并上了大学的人的婚前性行为并没有什么特别大的不同。主要差别是，那些受教育水平和收入水平较低的人一直使用避孕措施的持续性较差，研究者也不确定为什么会这样（England，McClintock，and Shafer 2011）。导致未婚生育增加的一个因素是，随着婚前性行为越来越普遍，由怀孕而公开暴露出你婚前发生过性关系所产生的污名要比以前轻多了。研究者认为，正因为这一点，情侣并不会像以前那样常常就因为有了孩子而结婚（Akerlof，Yellen，and Katz 1996）。

性关系与恋爱关系中的性别不平等

12.4.3 讨论性别期待在性行为和浪漫行为中的角色。

在20世纪60年代，避孕药的有效性使得年轻人更可能发生性行为，也使得年轻人更可能上大学、推迟婚姻直到大学毕业也不用担心婚前怀孕。这能帮助女性通过上大学来为进入职场做准备。因此，避孕药的有效性以及更多婚前性行为的出现会增加教育以及劳动力市场上的性别平等（Bailey 2006）。

然而，当现在的女性职业期望与男性职业期望比以前更为平等时，在浪漫和性关系领域期待存在的性别差异的变化甚少，让人惊讶，即使与此同时婚前性关系是否是可接受的规范正发生变化。在我早前提到的大学在

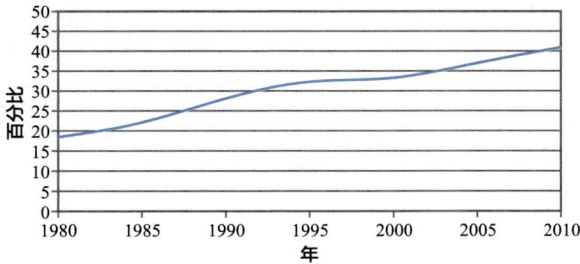

资料来源：数据来自疾病控制与预防中心（Centers for Disease Control and Prevention）、国家生命统计报告（National Vital Statistics Report 2012）。

图12.12 未婚生育百分比：1980—2010年

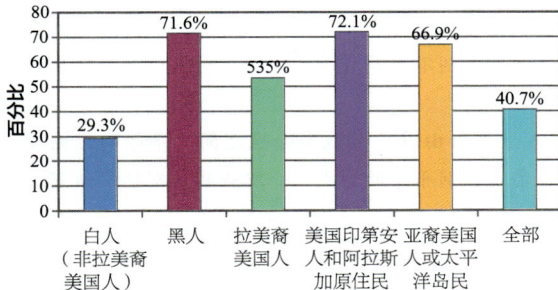

资料来源：数据来自疾病控制与预防中心（Centers for Disease Control and Prevention）、国家生命统计报告（National Vital Statistics Report 2012）。

图12.13 2012年各种族/族群女性未婚生育百分比

线调查里，在问到在最近一次的约会里是谁邀请谁去约会时，学生报告说在大概90%的情况下是男性提出来的。当问在勾搭中，是谁发起了性活动时，回答说是男性的人要比回答说是女性的人更多。

有趣的是，相比男性，勾搭给女性带来高潮的次数要少得多。图12.14展示的是回答有高潮的女性大学生和男性大学生的比例，依其高潮是第一次和勾搭的对象在一起，第二次或第三次与勾搭的对象在一起，第四次或更多次与勾搭的对象在一起，或者在一段最少持续六个月的关系里最近一次不仅仅是亲吻的性活动。该图显示不管是对男性还是对女性来说，和他们一个以前勾搭过几次的对象发生性行为更可能到达高潮。通过与女性的交谈，我的研究团队和我认识到这也是因为双方有了经验知道如何取悦彼此。不管男性还是女性在恋爱关系中产生高潮的机会更高。这是因为他们在性行为上走得更远，彼此之间有了更多的磨合。对男性大学生和女性大学生的质性访谈揭示出，这还因为恋爱关系中的情感使得双方更在意彼此的满足。

对同一个勾搭对象而言，高潮的性别差异在早期勾搭中要比在后期勾搭中表现得更大，高潮的性别差异在恋爱关系中表现得最小（见图12.14）。在第一次勾搭中女性达到高潮的次数只有男性的1/3。高潮的性别差异比收入的性别差异大得多！通过深入访谈，一个我也是其中一分子的研究者团队发现，男性真的很在意女朋友的性愉悦，但在勾搭中表现得就自私得多。形成对比的是，女性看起来不管在随意的勾搭中还是在一段严肃的关系中都感觉自己有责任让男性伴侣感到愉悦。要解释这个发现，我们认为性的双重标准也许可以提供一点帮助。也就是说，相比对男性在随意性关系中是否理所应当享受性愉悦的态度来说，也许男性和女性对女性在勾搭中是否值得享受性愉悦这个问题上的看法要更矛盾（Armstrong，England and Fogarty 2012）。

总之，尽管婚前性行为变得更为人们所接受，但性行为和彼此互动关系行为遵循特定性别化期待的程度并没有发生多大的改变。当然也存在例外的情况，但是男性邀请女性约会、发起性活动、求婚以及男性在随意性关系中受到指责的程度较轻的现实依然如此。

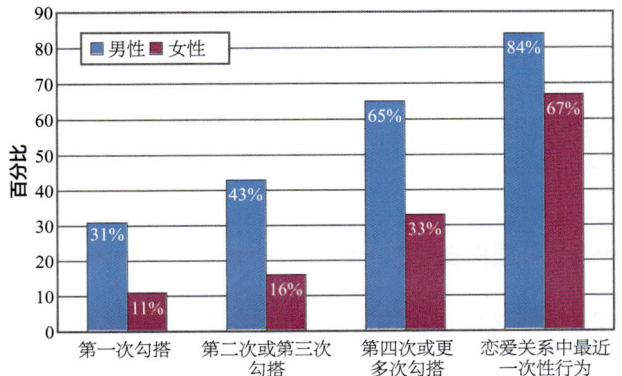

资料来源：基于保拉·英格兰来自在线大学生社会生活调查（College Social Life Survey）2012年版的统计结果。

图12.14 大学男性、女性在不同背景下关于高潮报告的百分比

结论：性别不平等之谜

正如我们已经看到的那样，性别和爱欲相互关联。当人们认同男性和女性天生不同，而且理应如此时，一种对同性关系的巨大偏见就会随之而生，因为这种关系挑战了需要根据性别进行角色安排的观念。性别和爱欲还相互联系在一起的原因是，我们有关自己应如何行为的文化观念——在工作中、在社交聚会上乃至任何地方——也影响着我们在发生性关系时如何行为。性别规范也产生出性的双重标准，在这种双重标准之下，女性因为随意性关系受到的指责会比男性更严厉。

不管性别还是性行为都不是一成不变的。这就是我们如何知道性别和性行为至少部分是由社会建构而来的原因，尽管毫无疑问它们也会受到生物因素的影响。

许多社会学家过去常常认为性别制度与爱欲的变化方向一致、持续不断。换言之，几十年来性看起来正日益变得更自由、男性和女性之间也变得更为平等。一个人的性别对个体会被如何对待、被期待如何行为的控制开始削弱。而且，就业机会、收入以及领导地位上的性别不平等减少了。社会对性少数群体的包容性增加。婚前性行为的污名也削弱了不少。

但近来的研究清楚地显示，这些变化并不仅仅是朝着性更自由以及男性和女性之间更平等的方向发展。一些变化停滞不前，甚至逆转。我们已经看到，许多实现性别平等的形式——职业的性别区隔减弱、收入的性别差距降低以及对待两性的态度更为平等——在20世纪70年代和80年代的发展最为显著，但自1990年以来，这些方面的变化和发展变缓甚至出现了倒退。在性领域里，青少年性行为变得更加普遍，但这种趋势在更为近来的时候又发生反转。

我们还看到一些事情要比另一些事情的变化更大。性别变迁时常被人们当作"女性的进步"来讨论，因为女性对自身角色的调整要比男性多得多。更多的女性进入职场，在学校里走得更远，还进入了以前由男性控制的学业和职业领域。反方向的变动——男性成为家庭主夫或者进入原来女性占据主导地位的学业和职业领域——发生得比较少。这是因为传统上女性所从事的活动收入较少、受人尊敬的程度较低。只要这一点依然如此，男性就有动机去避免承担这些角色，而女性则有动机去放弃这些角色。一些方面的变化比另一些方面更多的另一个例子是：女性大量进入职场以及传统的男性职业领域与性行为发生的大量变化不相匹配。将男性看作约会、性爱以及求婚的发起者的性脚本没有发生根本的改变。性的双重标准依然存在，比如女性因为随意性关系受到的指责会更加严厉。

社会学家研究性别与爱欲的待解谜题是：性别与爱欲的哪些方面发生了变化？为什么同等的变化有时会发生逆转？为什么有些方面如此难以改变？

■— 大问题再览12

12.1 性别差异从哪里来？ 男性和女性之间的差异是天然如此还是被社会因素和生物因素一起塑造的？这个部分探索了男性和女性之间的差异，并分析了这些差异来自何处。

回顾本部分的核心思想。

性与性别：性别的社会建构
学习目标12.1.1：区分性与性别的概念并解释性别是如何被社会建构的。

性别社会化

学习目标12.1.2： 描述性别社会化的过程。

性别差异随时空不同而发生变化

学习目标12.1.3： 解释性别如何随时空发生变化。

刻板印象的作用

学习目标12.1.4： 讨论刻板印象在建构性别的社会期待中的角色。

> **核心术语**
>
> 社会性别　性　阴阳人　性别的社会建构　父权制
> 跨性别者　随机分配实验　刻板印象

12.2 在过去50年里，男性和女性的生活发生了怎样的改变？ 女性生活在过去50年发生的变化如此之多，以至于我们常常将这些变化称之为性别革命。这个部分探索了这些变化中的一部分，并分析了这些变化对男性生活产生了怎样的影响。

女性就业和受教育水平的提高

学习目标12.2.1： 讨论自20世纪60年代以来女性就业和受教育水平显著提高的原因。

女性工作和薪酬差距的变化

学习目标12.2.2： 描述职业性别隔离并解释性别的薪酬差距。

性别革命对男性的影响

学习目标12.2.3： 讨论性别革命对男性角色的影响。

> **核心术语**
>
> 女性运动　职业性别隔离

12.3 我们的性生活如何受到生物因素和社会因素的影响？ 毫无疑问，性吸引和性行为受到生物因素的影响，但正如我们在这个部分中讨论的那样，它们也会受到社会建构的强烈影响。

性取向

学习目标12.3.1： 讨论生物因素和社会因素对性取向的相关影响。

性行为

学习目标12.3.2： 讨论生物因素和社会因素对性行为的影响。

性少数群体

学习目标12.3.3： 辨析女同性恋者、男同性恋者、双性恋者、跨性别者以及性取向疑惑者所遭遇到的挑战。

> **核心术语**
>
> 性取向　性欲的双重标准　性少数群体　异性恋
> 异性恋霸权　同性恋恐惧症

12.4 性行为在过去50年发生了怎样的变化？ 年轻的已婚成年人的性行为在过去几十年发生了显著的变化，但是性行为以及性关系行为受性别规范和性别不平等影响的程度发生了怎样的变化呢？这个部分分析了性领域里的性行为和性别不平等。

婚前性行为

学习目标12.4.1： 讨论人们对待婚前性行为的态度以及婚前行为通常发生的背景在过去50年发生了怎样的变化。

未婚生育

学习目标12.4.2： 讨论未婚生育率的变化。

性关系与恋爱关系中的性别不平等

学习目标12.4.3： 讨论性别期待在性行为以及浪漫行为中的角色。

> **核心术语**
>
> 随机抽样　同居　勾搭

一种"普适的"模式无法描述今日家庭的多种样态，也无法捕捉到家庭成员之间相互影响的程度。

第 13 章
家庭与家庭生活

作者：凯瑟琳·格尔森（Kathleen Gerson）[①]

"那是一个典型的家庭"。我们以前都听说过这句话，但是存在一个典型的家庭吗？我们如何能真正知道一个人家里的生活是怎样的？通常，我们作为局外人感知到的东西同那些家庭成员感知到的东西非常不同。思考下24岁乔希（Josh）的故事。他在洋边市的特勒斯（Oceanside Terrace）长大，这是一个规模不大、工薪阶层为主的农村社区，位于距离熙熙攘攘的纽约市不远的长岛上。在一个调查里，乔希报告说与生身父母以及两个兄弟住在一起，妈妈在他幼年的时候待在家里。在局外人看来，乔希童年的家庭往往会看作美国典型的传统家庭的样子，但他的家庭经历远远要比其看起来的样子复杂。一天早晨我与他坐下来聊起他的家庭生活，那时他刚刚回家庆祝完父母的纪念日，要去西海岸开始新工作。

乔希与自己的生身父母和两个兄弟在美国人喜欢称之为"传统的"家庭里长大（对于这个时期的概要观点，见Coontz 1992）。乔希的父亲是一名木匠，而他的母亲在他上学前一直待在家里。但乔希详细描述了一些让他觉得自己像生活在三个不同家庭里的事件。首先，父亲养家糊口、母亲以家庭为中心的确体现出传统的家庭形式。然而，对乔希而言，家庭这种外在的形式对他的影响没有他父母围绕金钱、家务以及他父亲在军队染上

我的社会学想象力

作者：凯瑟琳·格尔森

当我意识到自己是周围世界的一部分——但又与其存在一定距离时，我的社会学想象力就萌芽了。我出生在美国最南部，在一个传统家庭和世界观都很正统的社区里长大。然而我家的顶梁柱是一个强烈认同社会公正的单身母亲。随着我发展出局内人和局外人的双重意识，我学会同时从几个优势视角来看待周围的世界。青少年时搬家到旧金山加深了我对别人处之当然的事情的质疑。到我上大学时，这些经历使我关注社会情境的力量。社会学提供了解释当前社会所面临的大问题的视角。心里牢记这个目标，我的研究关注性别、工作、家庭，着眼于去理解美国和其他后工业社会出现的新工作和新家庭形式。尽管我使用一系列方法进行研究，但我擅长的是质性访谈法。我的目标是揭示个人经历与社会制度如何相互作用带来社会变迁。我所撰写的著作和文章为解释性别、工作和家庭模式发生的革命性变化提供了具有创造性的框架。我目前的研究关注兼顾工作与家庭照顾的新世界，在这个世界里职业发展和个人关系正日益变得不确定起来。

[①] 本章的早期版本是与斯黛西·桃乐丝（Stacy Torres）合作完成。

大问题

要理解美国以及美国之外世界的家庭生活，本章将思考以下多个问题。

1. **家庭是什么？** 最开始，我们首先需要分析家庭这个术语的含义。家庭是什么？界定家庭的方式有哪些？对这一问题的回答会引出下面的问题。

2. **家庭为什么正在发生变化？** 要理解当代有关"家庭价值观"的争议，我们需要描绘出有关美国家庭目前的状况、我们如何发展到这种状况以及如何应对的相互矛盾的观点。

3. **当我们发展亲密关系以及平衡家庭与工作的关系时会面临哪些挑战？** 影响今天美国家庭的一些紧迫议题包括永久婚姻形式减少、新形式成人承诺的出现、性别区隔的模糊化和工作与家庭冲突显著化。

4. **在21世纪家庭中成长会是怎样一种景象？** 儿童在21世纪家庭中成长以及向成人过渡的经历与过去非常不同。这些变化会如何影响儿童和年轻的成年人？

5. **世界上怎样的社会政策最有利于家庭的变迁？** 最后，我们将今天有关美国家庭生活的观点置于比较视角之下。通过分析其他国家如何经历和面对同样的一些挑战，我们将会处于一个更有利的位置去创造未来美国家庭繁荣发展所需要的支持。

的毒瘾而不断发生争吵的影响大。乔希告诉我说："我能记得所有的事就是发自内心的沮丧，无法看到家里发生的争吵和各种事情一直持续下去会有什么好处"。

当乔希到了上学的年龄，他的家庭生活发生了重大转折。她母亲在当地一家企业找到一份当管理者的工作，对自己养家的能力感到更有把握。她让自己的丈夫搬出去，"要么悔过自新，要么就永远别再回来"。尽管父亲的离开让人感觉痛苦，而且在双亲俱在是家庭标准形式的社区里显得非同寻常，但乔希还是感到如释重负。父母分居为他母亲提供了通过自己家庭以外的工作重建自尊的空间。乔希想念自己的父亲，但作为两害相权取其轻的选择，他还是开始接受这种新局面。

然而，乔希的家庭在一年之后再次发生改变，他父亲"戒掉毒瘾"回到了家里。更加引人注目的是，当他的父母破镜重圆时，两个人看起来都完全不一样了。离开的时间让乔希的父亲重新重视家庭，并深深希望能更多地参与孩子们的生活。乔希的母亲也表现出巨大的变化，因为工作让她自豪地知道自己能自食其力。随着乔希的父亲变得更细心、母亲变得更自信，他家的精神面貌焕然一新，财富也增加了。用乔希的话来说，"这改变了整个家庭的动力机制，我们变得特别亲密"。

在随后的日子里，乔希看到自己的父母建立了一种新的伴侣关系，与他幼年所经历的冲突不断的伴侣关系非常不同。他与自己的父亲建立了更为亲密的崭新关系，把父亲看作自己最亲密的朋友之一。乔希也看重母亲加强与工作联系的价值，这不仅滋养了母亲的自我意识，还为他上大学提供了足够的额外收入。

乔希的故事体现了当代社会家庭生活几个重要却常常隐匿在其中的事实。首先，家庭不是"类型"，而是一系列动力过程和路径，随时间以意想不到的方式发展着。换句话说，家庭是电影而不是照片，家庭生活是一个不断展开、常常无法预测的过程。尽管乔希的家庭在调查清单上表现出表面上的稳定性和持续性，但仔细审视能看到家庭生活的一些重要方面正发生着真实的变化。其次，基于个体的观点，家庭看起来会非常不同。调查和人口普查的问题也许能揭示出某个家庭在一个或几个时间点上看起来如何的瞬间画面，但记录家庭生活起起伏伏的深度访谈更能揭示家庭生活为何是一种路径，在这里一个关键事件常常会引发无法预料的转折和无法预见的后果。第三，家庭呈现出各种样态和规模，认为某种家庭类型优于其他类型会产生误导。一种"普适的"家庭模型不能描述今天家庭所呈现出的多种样态，也无法捕捉到家庭成员之间相互影响的程度。

最后，也许是最重要的一点，乔希的故事揭示出，过去几十年所发生的翻天覆地的变化需要我们用新的方式来思考美国以及其他发达、后工业社会的家庭生活。在一个剧烈变迁的世界，他父母不能也不愿意维持一套不变的安排来组织自己的婚姻、给孩子提供情感和经济支持。随着他们发展出应对大量预期不到的事件的方法，乔希的家庭发生了剧烈的变化。从男主外、女主内家庭到单亲家庭再到双职工家庭的转变，既表明家庭形式日益多样化，还表明家庭生活的流动性在不断增强。这些变化给今天的年轻成年人提供其父母几乎无法想象、其祖父母根本想象不到的选择。然而，这些变化也对如何创造和维系亲密关系、生养孩子、协调维持生计和关心其他家庭成员的关系提出了挑战。在21世纪的美国，一些家庭兴旺发达，另一些家庭则岌岌可危，但是今天所有的家庭都面对着未知的领域。

13.1 家庭是什么？

我们界定家庭的多种方式

家庭是所有社会的核心制度。家庭是我们的身体、情感和社会交往发展的最初和最直接的情境。随着我们的成长，我们面临的家庭议题都事关许多生活最重要的选择——是否结婚、和谁结婚、如何控制我们的性活动、是否要孩子以及要几个孩子、如何抚养我们选择生下来的孩子。家庭影响我们的方式如此深刻，以至于我们很难不去强调家庭的重要性。然而家庭塑造我们命运的力量依赖于它与其他制度的联系。家庭被其所处的社会塑造着，但家庭也具有改变那些社会的力量。

我们中的大多数人都知道家庭是什么，即使我们常常不能提供一个精确的家庭定义。而"家庭"具有许多含义。在这个部分，我们将分析如何界定家庭，首先从全球、历史的视角来看这个问题。

全球和历史的视角

13.1.1 区分人类历史上各种社会里存在的家庭形式。

尽管家庭是一种普遍的社会制度，但在不同的社会情境里，家庭的形式变化极大。美国人有时认为传统家庭这个短语是指由专注挣钱养家的丈夫、关注孩子抚养和家务劳动的妻子以及他们的亲生孩子组成的独立家庭户。但描绘的这种图景不够准确，还容易产生误导。从全球和历史的视角看，这种男主外、女主内的独立家庭很

根据最近的调查，美国人认为"家庭"是由一个男人和一个女人结合而成的合法已婚伴侣再加上一个或多个孩子构成。社会学将这种家庭类型称为核心家庭（Nuclear Family）。

明显是一种相对稀少、现代和短暂存在过的形式。

从人类历史来看，在多种多样的社会和文化中，我们能发现许多其他家庭形式。例如，像包办婚姻、多配偶制（指一个人，通常是男性，拥有多个婚姻伴侣，通常是妻子）、多代同堂家庭等家庭模式都在现代西方崛起之前就普遍存在着，而且这些模式在许多非西方文化里仍占有支配地位。一些社会，尤其是那些被君主统治的社会，为了使统治权力能在一个封闭的家庭系统内部传递，会允许统治精英内部的堂（表）兄妹之间，甚至亲兄弟姐妹之间通婚。而且一些文化盛行随夫居（Patrilocal），要求妻子与丈夫的父母一起居住并服从其权威。

在20世纪中期，男主外、女主内家庭作为一种理想的家庭模式在美国崛起，这主要是第二次世界大战后经济繁荣以及郊区增长的结果。尽管大部分美国家庭在20世纪50年代的大部分时间里都呈现为这样的形式，但也有许多家庭并不是这样。特别是工人阶级和少数社群更可能发现，只有父亲一个人赚钱养家的中产阶级理想家庭模式要么不现实、要么让人感觉不快乐。同样重要的是，许多生活在这种所谓的传统家庭中的丈夫和妻子发现自己处于毫无意义的沉闷窒息之中。当著名的女性主义者贝蒂·弗里丹（Betty Friedan）将中产阶级女性被限制在家务劳动中称为"无名的问题"（the Problem that has no Name）[Friedan（2001）1963：57]、社会学家威廉·怀特（William Whyte 1956）提及"有组织的人"（Organization Man）可预期的顺从（以及经济压力）时，他们都认识到占据统治地位的20世纪50年代的家庭结构有一种让人日益不安的感觉。

自那时起，美国家庭以多样、不可预料的方式变化着，提醒我们家庭生活的历史就是一部不断变化的历史。我们看到了一系列多样化的家庭形式的崛起，包括双职工家庭、单亲家庭、同性恋家庭、单身家庭，这些家庭形式同男主外、女主内的家庭形式一起争夺社会支持和文化支持。因为这些变化无所不及，家庭变成了个人冲突和公众关注的场所。如果说20世纪50年代产生了对理想家庭具有误导性的信念，那么21世纪带给我们的则是一系列要面对的谜题和困惑。家庭正在减少吗？还是停留在目前的样子？家庭塑造了人还是人塑造了家庭？存在一种最佳的家庭形式吗？是否拥有多种多样的家庭形式和存在更好的选择？当谈到这些问题（以及其他许多问题）时，不存在一个简单的答案。相反，我们需要用社会学透镜从多样化的视角看待家庭，就像多棱镜使我们能看到来自各个视角的光线一样。

自从男主外、女主内的家庭形式在20世纪中期达到顶峰之后，我们看到了一系列多样化的家庭形式的崛起，包括单亲家庭。

家庭还是亲属制度？

13.1.2 揭示居住模式和亲属制度如何有助于家庭的不同界定。

对研究人口议题的社会学家（被称为人口统计学家）来说，家庭这个术语是指共同居住在同一家庭户并且具有生物学或法律联系的一群人。例如，美国人口调查局在收集和分析调查数据时，将家庭界定为一群生活在一起并具有生物学或法律联系的人，并把这些家庭户同非家庭户区别开来，后者是由两个或更多个生活在一起但没有生物学或法律联系的个体构成——如同居伴侣、住在大学宿舍里的人或者共享一间公寓或一栋房子但没有什么联系的单身人士。通过使用这个定义，美国人口调查局明确地将已婚（有孩子或没孩子）家庭、和孩子生活在一起的单亲家庭包含在家庭类型里，但没有孩子，也没有结婚但却生活在一起的伴侣没有被包含在内，不管是异性恋伴侣还是同性恋伴侣。

然而许多人不同意这种严格的界定，反而赞成使用一种更为主观的界定。图13.1到图13.5列出了美国人会在什么样的程度上将人的各种组合形式看成"家庭"。这些界定还与种族和阶级文化的差异有关。少数群体的亚文化以及贫困社区的居民更可能孕育出广泛的照顾支持和经济支持网络，而这些形式不符合这些界定中的任何一种。文化人类学家卡罗尔·斯塔克（Carol Stack）将生活在贫困社区的人所依赖的广泛支持网络描述为"拟亲属"（Fictive Kin）——我们所依赖的人、我们给提供支持的人，以及感觉亲近好像是家人的人（Stack 1974；Hill Collins 1991）。

人们生活方式发生的社会变迁如何促进了我们界定"家庭"方式的重大——甚至革命性的——变迁的生动例子是同性婚姻的兴起。尽管在20世纪同性婚姻很大程度上是无法想象的，但在法律上承认同性婚姻成为20世纪末社会和政治争论的触发点，因为男同性恋者、女同性恋者以及跨性别者开始争取被异性恋者当作理所应当的家庭权利。在这些争论的早期以及广泛的反对声中，1996年美国国会通过、并由克林顿总统签署了《婚姻保护法案》，允许各州拒绝承认被其他州法律所准许的同性婚姻。然而还不到二十年，美国最高法院就在2013年宣布禁止同性婚姻违宪。在这个极为短暂的时间间隔里，大部分公众的观点就从反对在法律上认可和接受由同性伴侣构成的家庭转变为支持，就像许多年前反对跨种族婚姻的声音消失一样。诸如这种美国人如何看待家庭观念所发生的巨大变迁突出了"家庭"定义产生的主观过程，还指明我们有关家庭的界定随着新生活方式出现将不断扩展。

一旦我们考虑其他社会因素和文化因素，家庭的界定就变得更加复杂了。同将家庭界定为存在法律关系的一家人的观点形成对比的是，研究多种文化中的家庭文化的人类学家将其称之为亲属制度（Kinship Systems）——由生物学和社会习俗所限定的确立谁与谁有关的社会联系和社会界限。亲属制度将人们以多种多样的方式联系起来，联系起来的方式取决于社群的规则和习俗。在现代社会，包括当代美国，人们在界定家庭时普遍会强调把彼此深入关心的人们联系起来的情感纽带，不管他们之间是否存在具体的法律上或生物学上的联系。因此，今天许多人会将其非常亲密的朋友——有时甚至会将宠物——看作家人（Powell et al. 2010）。

这些界定没有对错之分，也没有一种界定天生就比另一种界定好之说。相反，任何界定的价值在于其解释社会世界的有用性，还在于其能够随着待解社会谜题的变化而变化。因而社会学家将家庭看作具有多个维度的社会制度——"家庭主义集丛"（Familistic Package），正如社会学家威廉·J·古德（William J.Goode）曾描述的那样（Goode 1982）。这个社会关系的集丛由亲属关系网络构成。亲属（Kin）是指共享居住地或一个家的群体，或者是普通人将之看成是家庭成员的个体。文化意象对界定、感知以及判断谁是家庭成员、谁不是家庭成员起着指导作用。

社会学家还对我们生而就在的家庭与我们创造的家庭进行了区分（Streuning 2010）。我们的"原生家庭"（Family of Orientation）是由在血缘上与我们联系在一起的人构成——我们的父母、兄弟姐妹以及亲戚（严格说来，是我们整个扩大家庭）。相反，我们的"再生家庭"（Family of Procreation）是由我们通过婚姻和生育在生活过程中获得的亲属所组成——我们的配偶、伴侣以及孩子。然而，在后工业社会，这些术语看起来过于简单和落后。现在公开承认同性关系的势头蓬勃高涨，许多人维系的是忠诚的伴侣关系（Committed Partnership），不包括法律认可的婚姻或生育关系。再生家庭这个术语无法涵盖在美国和其他地方涌现出的多种多样的选择家庭（Chosen Family）。

我们对家庭的界定也决定了我们就家庭生活所能提出的问题。如果我们将家庭界定为亲属制度，我们的关注点就会转向在任何一个既定社会中的亲属关系以及界限是如何规定的：谁会被当作核心家庭（Nuclear Family）的成员——核心家庭是指由社会所认可的父母及其需要抚养的子女构成的家庭——谁会被看作亲属（例

图13.1显示人们在"有孩子的已婚夫妇是家庭"这一点上具有强烈的共识。

但正如图13.2显示的那样，当人们被问及"没结婚的伴侣与孩子是否是家庭"时不赞同的意见多了一点儿。

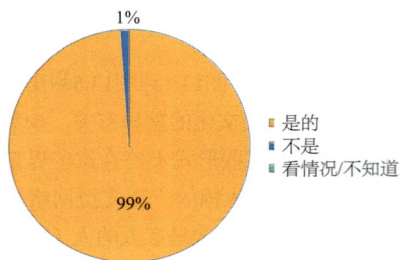

图13.1 一夫一妻加上一个或多个孩子是一个家庭吗？

- 是的
- 不是
- 看情况/不知道

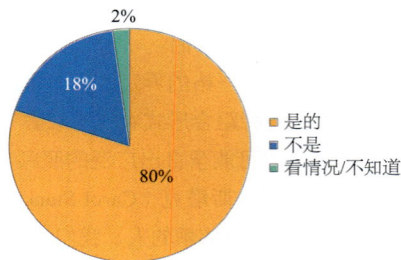

图13.2 生活在一起的未婚男女有一个或多个孩子是一个家庭吗？

- 是的
- 不是
- 看情况/不知道

在图13.3里，我们能看到当人们被问及"同性伴侣与其孩子是否是一个家庭"时，不赞成的比例又高了。

尽管63%的回答者将有孩子的同性伴侣看作一个家庭，但有微弱的多数人认为没孩子的同性伴侣不是一个家庭。

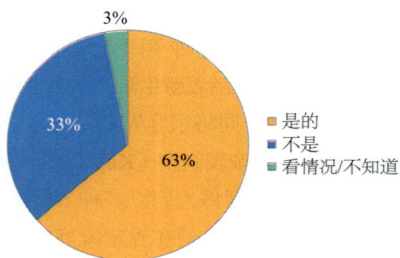

图13.3 生活在一起并养育一个或多个孩子的男同性恋或女同性恋伴侣能构成一个家庭吗？

- 是的
- 不是
- 看情况/不知道

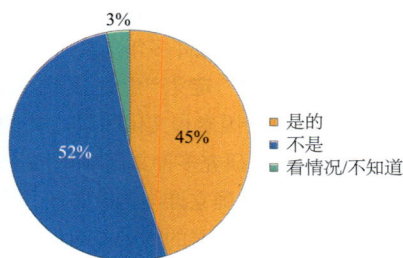

图13.4 住在一起没孩子的男同性恋或女同性恋伴侣能构成一个家庭吗？

- 是的
- 不是
- 看情况/不知道

不到一半的回答者认为未婚的异性恋伴侣能构成一个家庭。

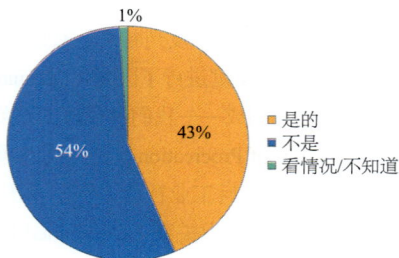

图13.5 生活在一起没孩子的未婚男女能构成一个家庭吗？

- 是的
- 不是
- 看情况/不知道

资料来源：数据来自皮尤研究中心的社会和人口趋势项目（Pew Research Center's Social and Demographic Trends Project 2010）。

如，你把从未见过的远房亲戚称作"亲属"有意义吗？）。如果我们转向其他类型的社会，这些区分甚至会变得更加复杂。在前现代社会里，亲属界限有时包括远在核心家庭之外乃至整个家族的许多人在内。在一些部落社会，生身父母甚至不会被当作社会父母（Social Parent）。例如，人类学家先驱布罗尼斯拉夫·马林诺夫斯基（Bronislaw Malinowski）发现，在特罗布里恩群岛岛民（Trobriand Islanders）之间，孩子的舅舅——孩子母亲的兄弟——承担着许多在现代社会与父亲身份有关的社会任务，如提供物质支持和进行纪律管理，而这个孩子生身父亲则以相似的方式对待自己姐妹的孩子[Malinowski（1913）1964]。

你认为谁才是你的家人？今天，一些人会将自己的亲密朋友（甚至是宠物）看作自己的家人。

形成对比的是，现代社会将亲属的界限限定在规模小得多的一群人身上，很少扩及堂（表）亲和二代堂（表）亲（Levi-Strauss 1964）。因为现代社会规模大、关系复杂，所以相比简单社会，人们对亲属群体内部近亲结婚关注得少了。然而这种复杂性需要去关注法律标准的制定，以此来明确谁会被看作、谁不会被看作家庭成员，还需要为那些被认为是家庭成员之间的责任和义务建立界限。离婚、再婚以及未婚生子现象的增加使这些关注更为复杂。同样重要的是，生育技术的发展意味着越来越多的孩子既会有社会父母也会有生物学父母，包括精子捐赠者、卵子捐赠者和代孕母亲。随着父母身份界限和界定的模糊化以及扩大化，记述亲属制度变得更加困难了。

随着我们对家庭生活多种发展方式的分析——作为一种社会制度和一系列生活体验——我们首先需要理解美国当代家庭（以及家庭生活）如何变化以及为什么会变化，还要去理解为什么那些变化经常会成为社会争论和社会区隔的主题（Risman 2010）。

13.2　家庭为什么正在发生变化？

正在变化的美国家庭：一个颇具争议的主题

倘若我们有许多种界定和理解家庭的方式，那么有关家庭生活的研究存在各种各样的诠释和分歧也就不奇怪了。激烈的争议不仅发生在学者和记者之间，还在近来的选举和政治运动中扮演着重要角色。情况并非一直如此，在美国历史上的许多时候，家庭这一主题并没有激起像今天这样的争议。例如，在20世纪中期很少有人会拒绝将家庭——至少是理想家庭——界定成由赚钱养家的丈夫、照料家务的妻子以及需要抚养的孩子构成的一家人。那么，为什么今天的家庭生活会如此具有争议性呢？最显而易见的原因是，与第二次世界大战后的时代不同，今天一种家庭类型不再支配着其他家庭类型。在1950年，伴随着婴儿潮的出现，几乎美国60%的家庭都是由有孩子的已婚夫妇构成，这些夫妇中有3/4的妻子没有从事过能获得薪水的工作。然而，最近这些年见证了这种曾经居于统治地位的家庭形式的快速衰落，现在只有不到15%的美国家庭还是这种家庭形式。相反，多种多样的居住样态交织在一起——包括已婚双职工收入家庭（异性恋或同性恋家庭）、未婚但生活在一起的异性恋或同性恋伴侣以及独居或与他人共同居住的单身人士。图13.6显示出在过去40年家庭构成发生了怎样的变化。

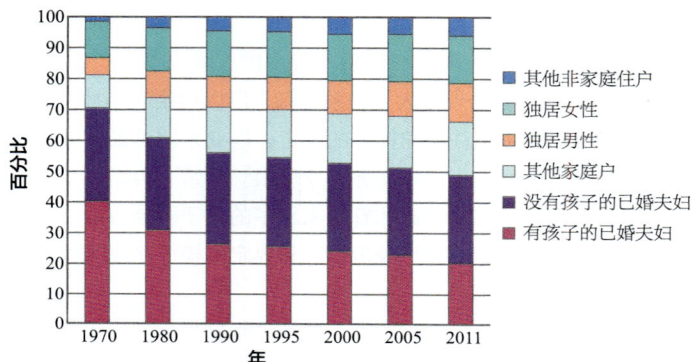

资料来源：美国人口调查局（2011）。

图13.6 美国家庭构成的变化：1970—2011年

多样化家庭形式的兴起不仅改变了居住图景，还削弱了早期有关什么才能使一群个体成为一个家庭的共识。在这样一个正进行着的广袤的社会变迁浪潮中，一场接踵而来的尖锐的政治冲突可能是无法避免的。冲突的一方是那些认为"传统的"伴侣关系——赚钱养家的丈夫和照料家务的妻子——的削弱会使社会处于危险之中的人；另一方是那些认为支持多种不同家庭形式对社会公正和个人福祉而言不可或缺的人。这些不同的视角指出了家庭变迁的不同原因，在家庭变迁的后果上也形成了不同的结论（Giele 1996）。

家庭价值观视角

13.2.1 讨论家庭衰落论视角的支持者对当今家庭本质的关注。

一些批评者认为美国家庭的变化反映了家庭价值——人们看重家庭责任的取向——的削弱，这会导致自私和无拘无束的个人主义扩张。他们将非传统的居住安排看作人们日益不愿意承担适当成年人责任的证据。家庭衰落论视角的支持者认为，低结婚率、婚前性行为、同居不婚以及离婚和未婚生子的比例上升反映出成年人承诺衰减。他们担心单身母亲以及未婚子数量的增加会使孩子陷入危险之中。甚至在双亲家庭中，他们担心有工作的母亲会缺席家中的角色，还担心性别界限的模糊化以及那些女性进入职场的家庭会削弱父亲作为一家之主的角色。许多批评家把接纳同性伴侣看作对"传统的"异性恋婚姻的进一步侵蚀。削弱"家庭价值"的视角认为，所有这些变化一起削弱了培养健康孩子以及创造一个稳定社会所必需的家庭纽带。要阻止这种依然存在的家庭衰落局面，他们认为社会政策的目标应该是重新振兴"传统婚姻"并增加选择其他婚姻形式的难度。（拥护家庭衰落论视角最有名的作品包括：Blankenhorn 1995；Blankenhorn 2009；Popenoe 1988；Popenoe，Elshtain，and Blankenhorn 1996；Whitehead 1997。反对家庭衰落论视角的观点参见 Bengston，Biblarz, and Roberts 2002；Moore et al. 2002；Skolnick 2006；Stacey 1996。）

大多数家庭社会学家质疑家庭价值假设的方式有两种。第一种方式通过关注削弱传统家庭价值的主要作用，指出家庭衰落论视角忽视了这些变化的许多积极作用，比如新家庭形式使平等和个人选择得到扩展，还使摆脱束缚的女性得以追求家庭之外的职业成就和独立自主。第二种方式同样重要，认为文化削弱论更多的是对新家庭形式的一种评价，却不能解释为什么会出现这些新家庭形式。如果要解释家庭为什么一直在变迁，我们需要从其他的理论视角来分析。

经济重构视角

13.2.2　讨论经济重构视角如何解释家庭安排的变化。

第二种社会学视角关注作为家庭变迁驱动力的社会结构性因素。特别是，被称为经济重构（Economic Restructuring）的视角认为，基本的社会和经济力量侵蚀了男主外、女主内家庭形式的基础，需要新的家庭安排形式。男性工作机会的变化，比如加入工会的蓝领工作数量减少、白领职业发展路径稳定性下降，使得有能力依靠自己个人力量赚到足够的钱来养家糊口的男性更少了。与此同时发展的是，服务业工作需求增长拓展了女性就业机会，而扩大的教育机会鼓励女性并使她们得以追求以前为男性所占领的专业化职业。这些在过去几十年发生的变化（正如我们在第12章看到的那样）使得女性能够去追求更为独立的生活，但这些变化也使得一个家庭很难只依靠一个人的收入生存下去。图13.7强调了这些经济和职业上的变化。

从经济重构的视角来看，性别界限的模糊化、双职工家庭的崛起以及对个体选择和自主性的强调都与一种新经济秩序带来的后果有关。这些变化生产出新机会和新的不安定感。中产阶级家庭曾经享有的财务稳定性正在被动摇，取而代之的是处于最高层的薪酬丰厚、工作稳定的专业人士同其他人之间日益扩大的收入差距。如果今天的家庭更容易受到冲击，并不是因为这些家庭放弃了好的家庭价值观，而是因为它们无法依赖

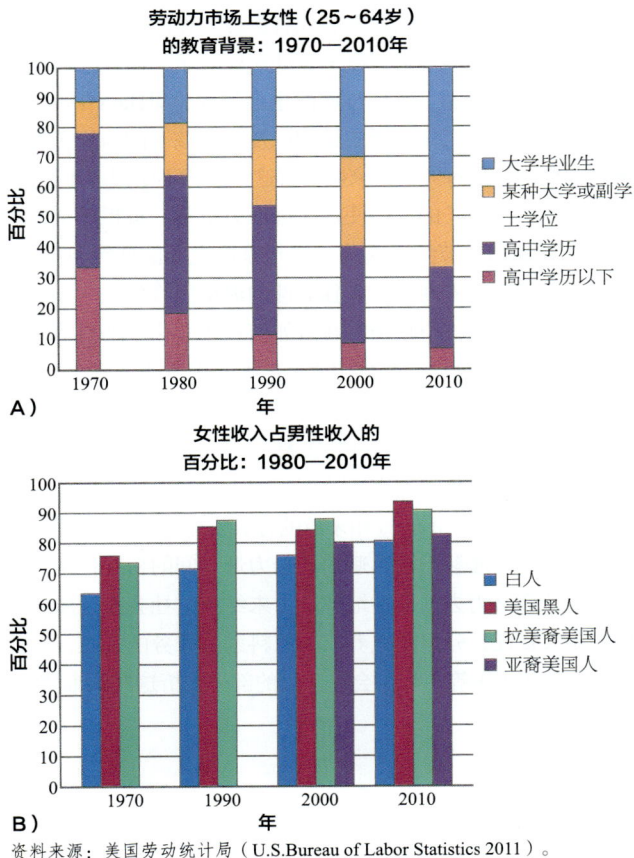

劳动力市场上女性（25～64岁）的教育背景：1970—2010年

图例：
- 大学毕业生
- 某种大学或副学士学位
- 高中学历
- 高中学历以下

A)

女性收入占男性收入的百分比：1980—2010年

图例：
- 白人
- 美国黑人
- 拉美裔美国人
- 亚裔美国人

B)

资料来源：美国劳动统计局（U.S. Bureau of Labor Statistics 2011）。

图13.7　（A）女性教育背景；（B）女性收入占男性收入的百分比

一个稳定、可预期的经济和社会制度来满足自己的需要。

通过辨析大多数家庭无法掌控的制度性限制，经济重构视角并不认为新的家庭模式反映了原有价值观的没落。相反，家庭的变迁根植于许多家庭传统选择的可行性受到越来越多的阻碍，与此同时利用新机会的欲望就会被不断激发出来。因为这些变化是不可逆的，所以试图重回老路或者指责人们的价值观是没有远见的，甚至是有害的做法。

性别重构视角

13.2.3 讨论工作结构和照顾家庭需要之间的失衡。

关注家庭变迁的经济原因是重要的，但它无法提供一种完整的解释。我们也需要承认许多女性——以及男性——越来越渴望生活在与异性恋、基于性别进行分工家庭不同的家庭中所产生的影响。在20世纪中期，异性恋、基于性别进行分工的家庭形式占据了主流地位。第三种分析家庭变迁的视角关注性别重构以及工作（职业）结构与照顾家庭需要之间日益增加的不匹配状况。尽管性别沿革使为人母的女性成为劳动力并产生了单亲家庭和双职工家庭（既包括同性恋伴侣也包括异性恋伴侣），但在就业结构和家庭照顾方面并没有发生相应的变化。相反，那些期望向前发展或者保住工作的雇员被期望将自己的有薪工作优先于家庭追求。然而父母，尤其是母亲，又被期望要去无微不至地照顾孩子，而且社会还会严厉斥责那些把孩子留给其他照顾者的人，甚至这些照顾者全心全意、胜任称职时也会如此（见Hays 1996；Moen and Roehling 2005；Williams 2010）。家庭也许已经改变了，但工作场所的结构以及照顾孩子的组织仍然假定，家庭形式还是一人工作赚钱、一人持家照顾孩子这种模式，但对大多数家庭而言这种模式不实用或不让人喜欢。

这些日益增长的冲突使得父母压力重重、负担过重，他们与时间竞争，竭力挤出一点一滴的时间，甚至在财务上也是如此节约。这些工作与家庭之间的冲突也产生了如何解决大量相互冲突的需要和价值观的两难处境。成年人如何实现对个人独立性的渴望同终生厮守承诺的价值观之间的平衡？父母如何在赚钱的需要和照顾孩子的需要之间进行权衡？儿童如何在多样化、不断变迁、新机遇与新不确定性并存的家庭中成长？这些机遇和不确定性在不同阶级和不同种族亚文化下的家庭中是如何分布的？那些希望回归曾经占据统治地位的男主外、女主内家庭的人和那些支持更加多样化家庭和平等关系（照顾家庭和赚钱养家的任务或多或少地由父母共同承担）的人之间的隔膜日益加大，发展出两个群体和解的社会政策有可能吗？

性别重构视角承认变迁的不可逆本质，但这种视角并不认为这些变迁已经完成了。相反，这种视角让我们关注由仍在变化的不一致和矛盾的社会安排导致的两难和矛盾处境（Lorber 1994；Risman 1998）。要理解现代家庭，我们需要理解无法逃避的社会力量之间的相互作用，比如后工业经济与工作路径不确定性的兴起，个人、家庭和社会努力去创造性地解决由未结束的社会变迁所导致的两难情境。这些两难情境呈现出许多形式，从承担成年人责任、分担赚钱养家和照料家庭任务的紧张，到成长和向成年人转变过程中面临的新挑战，再到新的阶级和种族不平等。我们会在下面的部分分析这些两难情境。

13.3 当我们发展亲密关系和平衡家庭与工作的关系时会面临怎样的挑战？

成年承诺的新形式

在2006年，美国人口调查局报告显示，历史上第一次，不到一半的美国家庭包含一对结婚夫妇，只有20%的家庭包含结婚并有子女的夫妇（U.S. Census Bureau 2006）。相比1960年，当平均婚龄徘徊在女性20岁、男性23岁时，人们更有可能在婚前就住在一起，更有可能将初婚推迟至30岁左右，如果婚姻不让人满意也更有可能离婚（见图13.8；Pew 2010）。

除了这些趋势，婚姻解体的传闻被极度夸大。绝大部分的美国人，大约有90%的人最终都会结婚，而大部分的离婚人士会选择再婚（Casper and Bianchi 2002；Cherlin 2009）。无数次的研究结果指出，美国人将美好的婚姻看作自己人生最重要的目标之一（Kefalas et al. 2011）。实际上，争取同性婚姻权利的战斗是美好婚姻依然重要的强力指示器。婚姻对于个人生活也许不再是必需品，但即使人们在伴侣身上所要寻找的特征变化了，婚姻仍然极为受人重视。图13.9解释了在过去70年这段时期内对伴侣偏好发生了怎样的变化。

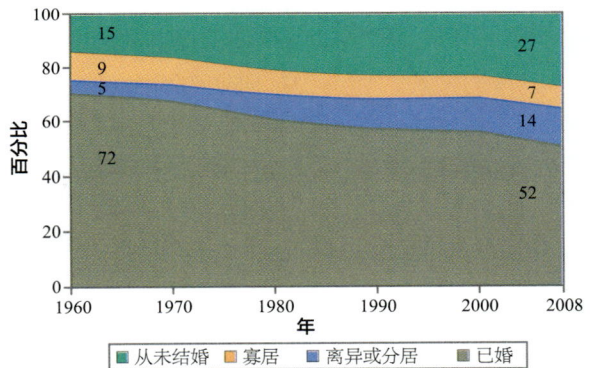

注：年龄在18岁及以上。因为四舍五入所以总计数值也不到100%。
资料来源：皮尤研究中心（2010）。

图13.8 婚姻和居住样态的变迁：1960—2008年

爱与婚姻

13.3.1 解释婚姻是如何在今天的社会里去制度化的。

美国文化经常包含做出一生的承诺与是否能以及如何在建立亲密关系方面保持一定程度的个人自主之间的紧张和冲突（Swidler 1980）。这些相互冲突的价值观可以追溯到美国初建之时，那时个人主义和共同体成为国

女性		男性	
想要在伴侣身上看到的品质		**想要在伴侣身上看到的品质**	
排序 **1939**	排序 **2008**	排序 **1939**	排序 **2008**
①	1. 相互的吸引，爱	①	1. 相互的吸引，爱
②	2. 可信赖的品格	②	2. 可信赖的品格
③	3. 情绪稳定，成熟	③	3. 情绪稳定，成熟
④	4. 渴望家庭、孩子	④	4. 有文化，聪颖
⑤	5. 有文化，聪颖	⑤	5. 讨人喜欢的性格
	6. 善于交际		6. 善于交际
	7. 讨人喜欢的性格		7. 良好的健康状况
	8. 有雄心，勤奋		8. 好看
	9. 良好的健康状况		9. 渴望家庭，孩子
	10. 良好的财务前景		10. 有雄心，勤奋
	11. 相似的教育背景		11. 有教养，干净整齐
	12. 好看		12. 良好的财务前景
	13. 有教养，干净整齐		13. 厨艺好，善于料理家务
	14. 相似的宗教背景		14. 相似的宗教背景
	15. 厨艺好，善于料理家务		15. 良好的社会地位
	16. 良好的社会地位		16. 相似的宗教背景
	17. 相似的政治背景		17. 相似的政治背景
	18. 忠贞		18. 忠贞

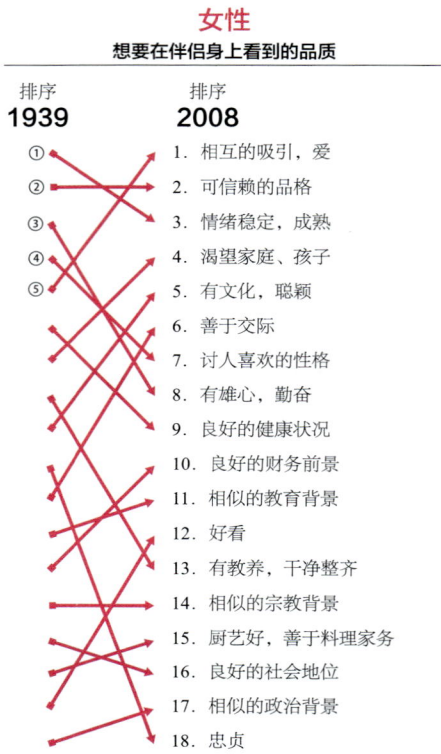

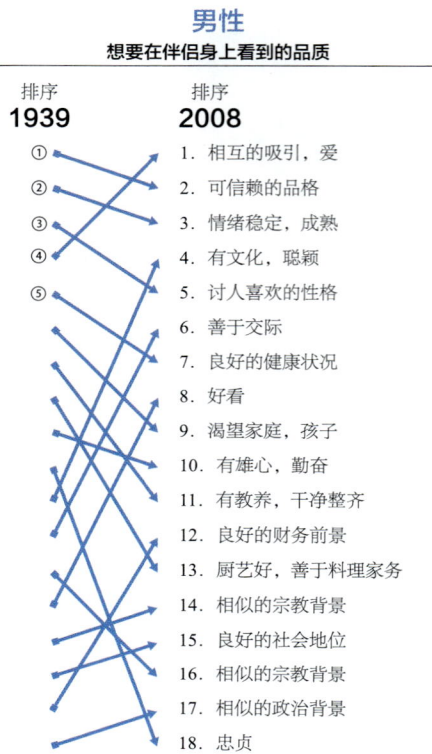

资料来源：基于来自博克瑟、努南和惠伦即将发表的作品中的数据（Boxer，Noonan and Whelen）。

图13.9 女性和男性想要什么样的伴侣？

家认同的核心（Bellah et al. 1985）。但这种紧张和冲突随着社会条件的变化而表现为不同的形式。在工业化之前，父母在儿女伴侣的选择上具有高度的控制权，但随着19世纪工业化的兴起，这种控制权被削弱了。工业化需要更为社会化、更为广泛的流动劳动力。这种经济制度孕育出一种新的家庭单元，即由相对自主、能追求双亲家庭以外世界的已婚夫妇（及其孩子）构成的夫妇家庭（Conjugal Family）（Goode 1963）。夫妇家庭不仅很好地契合了工业制度，还提升了情感关注的重要性，比如爱和陪伴，而不是把父母之命看作选择伴侣的适当标准。

工业制度还生产出家庭与工作场所在身体、经济以及精神上的分离。因为许多工作形式，尤其是商品制造，迁移到家庭之外成为有薪工作；家庭则成为承担没有报酬的任务的场所，比如照顾孩子和料理家务。这种家庭领域与公共领域的划分出现在较早的时期，导致女性和男性在活动和身份上呈现一种严格的区分——甚至呈两极化。在被一个社会学家称为"爱的女性化"（feminization of love）的过程中，女性承担情感以及照顾家庭的责任，而男性被期待（也被允许）去追求家庭之外的目标（Cancian 1987；同样可见于Parsons and Bales 1954）。尽管这些性别差异被说成是相互补充的，但它们不可避免地会造成理想化的个人主义（即每个人都有权利追求独立自主的目标）同这样一种观念的冲突，即女性应该通过无私奉献去照顾他人来维系婚姻和抚养子女的亲密纽带。今天的后工业经济出现在20世纪后半叶，改变了家庭成员必须平衡无私奉献和自我发展之间冲突的社会背景。有几种社会变迁（常常被称为"革命"）推动了婚姻制度的改变。

离婚革命使得无错解除一段婚姻变得更加容易。这张图显示的是这些文化变迁对结婚率和离婚率产生了怎样的影响。从20世纪60年代以来，离婚就一直比以前任何时候都普遍。同时，结婚率自20世纪70年代以来一直在下降。

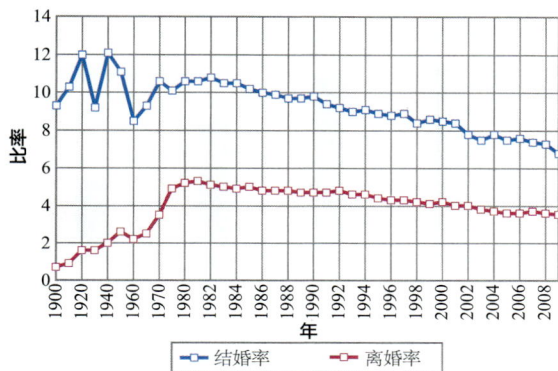

资料来源：数据来自美国卫生及人类服务部、国家卫生统计中心以及培生公司（Department of Health and Human Services，National Center for Health Statistics，Pearson）。

图13.10 结婚率和离婚率（每千人）：1900—2009年

女性就业增加对性别革命做了最为生动的描述。性别革命推动了经济个人主义形式的出现，大部分女性以及男性看到了自力更生的需要。避孕措施的普及使得女性及其伴侣对生育选择有了更多的决定权。对性别和性更包容的态度使婚前性行为得以去污名化，也使同性恋以及其他隐匿的关系得以公开化。现在无错解除婚姻也变得容易多了（见图13.10），更长的寿命使人们有更多的时间去建立、解除和重新建立亲密关系（Luker 2007；Rosenfeld 2009；Skolnick 2006；Weitzman 1985）。

通过创造出传统婚姻形式之外一系列广泛的选择，包括同居（同性或异性伴侣生活在一起）、连续关系（Serial Relationships）（指人们进入和离开一系列的亲密伴侣关系）、同性伴侣关系和永久单身，所有这些变迁一起推动了婚姻的去制度化（Cherlin 1992；Smock 2000；Smock and Manning 2010）。例如，最新的统计指出，接近45%的美国人可能会在生活的某个时点上与人同居。从图13.11能看到这些年同居的变化趋势。

今天的美国人可以婚前同居（或者只同居不婚姻），也可以没结婚就发生性行为和生养孩子，也可以在婚姻看起来无法维系下去时离婚。从结婚是组成家庭的前提条件到婚姻只是众多选择中的一种选择，这种变迁改变了婚姻自身的意义。婚姻仍然是受到高度重视、自愿的关系纽带，成年人可以决定是否缔结这种关系纽带，或者甚至放弃已经缔结的关系纽带。当人们衡量自己的选择时，当代的成年人可能更强调爱、尊重以及相互利益的重要性，而不是寻求一种建立在有差别又相互补充的性别角色观念基础上的关系。最近的一项调查发现，大多数已婚伴侣认为爱（占据调查对象的95%）和陪伴（82%的调查对象支持这一点）是非常重要的结婚理由。相比之下，只有31%的已婚夫妇被问及结婚理由时提到了财务稳定性。大多数单身人士都持同样的观点。在另一项研究中，62%的受访者认为分担家常杂务对一段成功的婚姻非常重要，同时53%的人认为足够的收入也很重要（Pew 2007a，2010）。这些衡量成功婚姻的方式更多的是强调分担而不是各自承担与性别相关的不同领域的活动。实际上，女性和男性在家庭内或家庭外从事活动所存在的性别差异开始模糊化，表明这些角色不再是静止的或一成不变的。这些婚姻的新型理想模式也意味着，人们在选择伴侣和决定如何界定一段有价值的关系时会运用新的——更高的——标准。然而强调情感联系而不是财务联系也使得婚姻关系纽带变得更易变和更脆弱。既然婚姻是可选择的、也是可逆的，对爱情的追求就取代了结婚的需求（Coontz 2005）。

社会学家常常调查人们对待婚姻的态度。图13.12显示了目前人们有关结婚动机的观念。

因为生命历程变革（Life Course Revolution），人们的寿命变长了，而且男性和女性都更可能在生活中经历第二次婚姻。

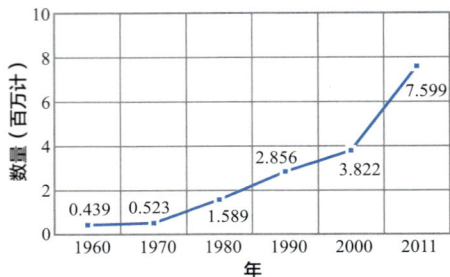

注释：在1996年以前，美国人口调查局将生活在同一户中的两个未婚异性男女称为未婚情侣家庭。1996年之后，调查对象将自己看作未婚伴侣。

资料来源：美国人口调查局，当前人口报告（Current Population Report），"美国家庭和居住安排"（America's Families and Living Arrangement），2011，表UC3，网址为www.census.gov/population/www/socdemo/hh-fam/cps2011.html。

图13.11　美国每年同居、未婚、异性恋成年人伴侣的数量

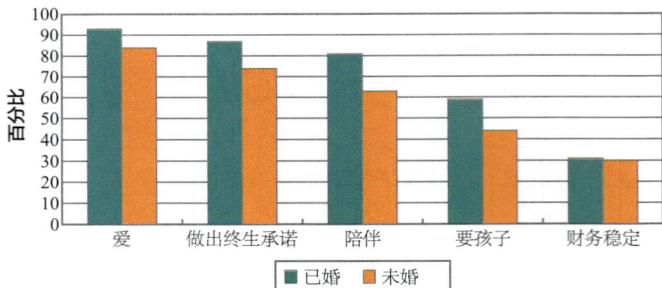

注释：分别向已婚和未婚人士询问，已婚的样本总量为1306人，未婚的样本总量是1385人。

资料来源：皮尤研究中心（2010）。

图13.12　为什么结婚？根据不同的婚姻状况，回答这是一个"非常重要的"理由的百分比。

母亲、父亲以及工作—家庭冲突

13.3.2　讨论家庭需要与工作压力如何影响家庭生活。

一旦被看成相互分离的领域，家庭和工作场所的关系在今天就会引出一个非常不同的看法。随着更多的女性，尤其是母亲进入有偿劳动力大军以及新技术模糊了家庭与工作的界限，家庭生活影像作为一种清晰的私人领域就被更广阔的外在世界，尤其是工作世界处于冲突之中的家庭影像所取代。母亲和父亲现在更可能共同承担养家的责任，但他们也面临着如何将有薪工作与自己的家庭照顾需要整合起来的让人畏惧的挑战（Hochschild 1997；Jacobs and Gerson 2004）。实际上，尽管我们通常用工作这个术语来指有薪工作，但家里的无薪工作也是工作的一种形式。照顾工作，无论有偿的还是无偿的，对家庭的存续至关重要，同给家里赚得一份收入一样重要。即使我们常常付钱给家庭之外的人来承担照顾工作，但我们还是容易忽视或轻视其经济价值，不管这些事由家庭成员无偿来做还是由有一定薪水、需要支付薪酬的专业照顾者来做。

大多数母亲尽力应付就业和照顾责任的事实对家庭具有重要的影响。

尽管媒体描绘出一种"退出革命"（Opt-Out Revolution）的景象，也就是用记者丽莎·贝尔金（Lisa Belkin）创造的这个术语来描写受到过大学教育的女性离职回家照顾孩子的现象，但现在年轻女性追求职业发展的数量前所未见（Damaske 2011；Stone 2007）。根据一项研究，受过大学教育的女性在专业性岗位以及管理岗位上的就业人数代代增加，不到8%的职业女性会在最佳生育年龄期离开劳动力市场一年或更长的时间（Boushey 2008）。女性成为有偿劳动力的数量在第二次世界大战之

后的50年里持续增加，今天已经和男性非常接近了。这对家庭也产生了重要影响。例如，有孩子的女性和没有孩子的女性的就业率差异下降了。现在大多数身为人母的女性都在家庭之外拥有一份有薪工作，甚至当她们的孩子很小时也是如此。有不到一岁孩子的已婚女性中差不多有55%的人在工作；对孩子年龄在6岁以下的已婚女性来说，这一比例攀升到60%以上；而那些有6岁到18岁孩子的已婚妈妈的就业比例达到了75%（Cohany and Sok 2007；Cotter，England，and Hermsen 2010）。图13.13展示了将家庭生活和工作生活结合起来的女性数量增长情况。

这些趋势清晰地证明女性有孩子时会放弃有薪工作是一个具有很强误导性的推测。尽管女性因为家庭原因而离职、男性因为失业而离职的看法仍然存在，但女性就业的起起伏伏同男性就业的起起伏伏一样，更普遍反映出的是经济变迁导致工作机会的出现和消失。实际上，始于2007年的经济衰退被戏称为"男性衰退"（Man-Cession），因为男性的失业率高于女性。不管女性的收入为双职工家庭做出了贡献，还是作为家庭唯一收入支持的来源，这常常都是该家庭财务福祉不可或缺的部分。事实上，根据对当代女性就业路径的一项研究，就业女性现在把其从事有薪工作的决定看作"为了家庭"（Damaske 2011）。

尽管女性离开了家庭，但大部分工作组织仍然以这样的原则作为自己的基础，即每个雇员都能依赖其他人满足家庭内部事务的需要。实际上，男性和10%以上的女性每周工作时间超过了50个小时，60%的已婚夫妇合起来每周至少工作82个小时（Jacobs and Gerson 2004）。尽管也有非全日制工作，但是这些工作常常要求雇员按照不大方便的时间表工作，也很少提供足够的收入或发展机会。事实上，许多从事非全日制工作的人实际上都在打不止一份工。最好的工作仍然是留给那些能全日制工作（如果有需要还能加班）以及职业生涯能不中断地工作几十年的人。

家庭需要和工作场所压力之间的冲突以各种各样的方式波及家庭生活。最大的矛盾与不平等的第二班（Second Shift）有关。第二班是社会学家阿莉·霍克希尔德（Arlie Hochschild）创造的术语，指有工作的母亲相比有工作的父亲更可能在已经繁忙的工作日程之外承担大部分的家庭事务（Hochschild 1989，1997）。图13.14列出了自1965年以来女性和男性各自做多少家务劳动。

即使女性和男性之间的家务劳动差别减小了，但家务劳动分工不平等，甚至在双方都在外工作的夫妻中也存在家务劳动分工不平等，这会让婚姻产生紧张和冲突，使女性（有时是男性）感到不被欣赏和没有受到公平对待。面对这些紧张和冲突，夫妻会寻找解决问题的策略，但这些策略没有——也无法——改变紧张和冲突来源的深层条件。霍克希尔德的短文展现了许多这类策略。例如，她研究的一对夫妻——南希

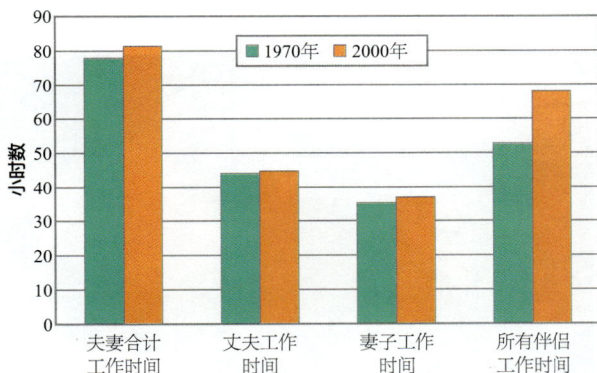

资料来源：雅各布斯和格尔森（Jacobs and Gerson 2004）。

图13.13 夫妻总工作时间的变迁：1970年和2000年（已婚夫妇的年龄在18~64岁）

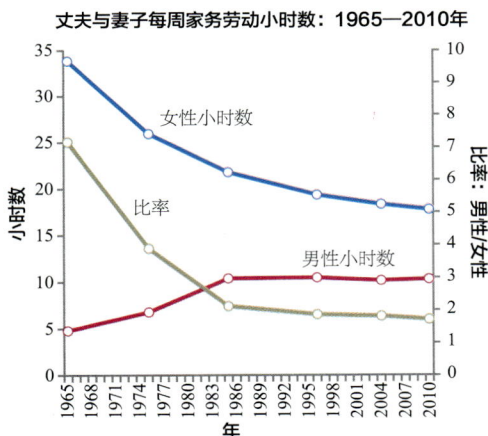

丈夫与妻子每周家务劳动小时数：1965—2010年

资料来源：比安奇等（Bianchi et al. 2012）。

图13.14 家务劳动的发展趋势：1965—2010年

（Nancy）和埃文·霍尔特（Evan Holt）——决定根据他们在房子中的位置对任务进行分工，埃文承担屋外的责任，比如照顾狗和打扫庭院，而南希仍负责"内务"（基本上是其他所有的事情）。但霍尔特告诉霍克希尔德，这种安排用来消除家里谁做什么的紧张和冲突，是他们夫妇创造出的一种家庭平等的神话，但实际上代表着一种不平等的安排，会导致他们之间紧张和冲突不断。其他夫妇也发展出不同类型的家庭分工形式，但大多数安排都让女性承担大量的家庭责任。

自相矛盾的是，母亲（双职工家庭以及单亲家庭中的母亲）就业增长的同时也增加了父母给孩子更多时间和更多照顾的压力，尤其是增加了作为母亲一方的压力。精心养育孩子的规范同每个人都应该努力工作、增加家庭收入的规范之间存在冲突，这种冲突使得女性和希望参与养育过程的男性要面对一系列"不管怎么做都不对"（Damned if you do and Damned if you don't）的选择（Hays 1996）。如果一个母亲去工作，她就会被指责忽略了孩子；但如果她不去工作，就必须维护自己作为全职妈妈的地位，而全职妈妈的象征价值和社会支持都已经大幅下降了。该领域的研究指出，参加工作的母亲和不参加工作的母亲都对未能履行母亲的职责或未能达到对母亲角色的期望标准而感到不安（参见Hays 1996）。

13.4　在 21 世纪家庭中成长会是怎样一种景象？

在今日家庭中成长

家庭结构日益多样化也改变了个体童年的经历和向成年过渡的经历。现在，越来越多的孩子生活在双职工家庭、单亲家庭或同性伴侣家庭中（Galinsky，Aumann，and Bond 2009；Johnson et al. 2005；U.S. Census Bureau 2006，2007）。儿童也更有可能生活在家庭样态随时间不断变化的家庭中。相比看到父母或祖父母，现在的孩子更有可能看到已婚父母离异或单身父母再婚。他们也更有可能看到一个全职妈妈去工作，或者看到一个上班的母亲在难以平衡家庭和工作时放弃工作回归家庭。他们还有可能会看到家庭构成变化导致财富变化，或者看到父母在工作中遭遇没有预期到的改变。在一个婚姻流动、财富不可预知、母亲与工作建立了新联系的时代中成长是当代儿童童年世界的写照。

与童年经历相似，向成年过渡也与过去不同了。现在诸如毕业、就业以及结婚这样的大事件发生的时间都推后了。在1960年，到30岁时，65%的男性和77%的女性都完成了构成成年历史性基准的所有重要生活转变，包括离开父母、完成学业、经济独立、结婚和生子。然而，到2000年，只有46%的女性和31%的男性在30岁时完成了这些转变（Furstenberg et al. 2007）。这些趋势并不仅仅出现在美国，在许多欧洲国家20岁上下还与父母生活在一起的人数甚至有了更高的增长（Newman 2009）。让我们一起分析下这些变迁如何影响儿童和年轻人。

在父母都工作的家庭中成长

13.4.1　讨论有关在父母都工作的家庭中成长会如何影响儿童的研究。

在2000年，在所有儿童中只有21%的儿童生活在爸爸工作、妈妈全职持家的家庭中，而59%的儿童与有工作的妈妈生活在一起，其中41%的儿童的父母都有工作，3%的儿童的妈妈工作、爸爸赋闲在家，还有15%的儿童是和工作的单身妈妈生活在一起（Johnson et al. 2005）。

这些变化对儿童有着怎样的影响？幸运的是，对父母都工作会对儿童产生有害影响的担心被极度夸大了。数十年的研究发现，整体上来看，母亲离家工作并没有给儿童带来不幸。相反，母亲满意自己的境况、孩子受到照顾的质量以及父亲和其他照顾者的参与要比母亲是不是在工作更重要（Galinsky 1999；Harvey 1999；Hoffman，Wladis，and Youngblade 1999；Waldfogel 2006）。母亲工作的孩子在认知发展方面也没什么问题，同低收入家庭中的孩子相比，这样的孩子表现得更好（Burchinal and Clarke-Stewart 2007）。有不多的研究成果显示日托对一小部分孩子会产生少量、短暂和并不显著的消极影响，这些研究成果成为那些认为母亲工作会对儿童产生有害影响者的依据（Crouter and McHale 2005）。在我的研究中，我发现几乎4/5的年轻人认为自己的母亲工作是最好的选择，而那些母亲没有持续自己工作生涯的年轻人中有一半希望自己的母亲工作（Gerson 2011）。实际上，尽管平衡工作与家庭的关系很难，但用罗萨琳·巴内特（Rosalind Barnett）和卡莱尔·里弗斯（Caryl Rivers）的话来说，有工作的母亲和双职工家庭都"更开心、健康和幸福"（Barnett and Rivers 1996，2004）。

在离异家庭或单亲家庭中成长

13.4.2　分析有关离异家庭或单亲家庭会如何影响儿童的研究。

出生于未婚母亲家庭中的儿童的比例一直很高，差不多有37%，尽管这些未婚生育中大约有一半是同居伴侣，其中大部分人打算一起生活和抚养孩子（U.S. Census Bureau 2006，2007）。在学术和政策领域争论最激烈的问题之一是，相比由单身父母养大（或者离婚，或者其中的一方从没有和孩子一起生活过），孩子的未来是否或者在多大程度上与孩子从被生物学意义上的双亲抚养中所获得的好处有关。在单亲家庭与双亲家庭的比较中，与生物学意义上的父母生活在一起的孩子的确平均发展得要好一些，但这种差异在考虑家庭财力资源之后就显著减少了。换句话说，当一个单亲家庭能提供与双亲家庭相等或相似的收入时，单亲家庭和双亲家庭在儿童抚养结果上的差异就显著缩小了。然而，正如我们看到的那样，大部分双亲家庭拥有两个有工作的成年人，而大多数单亲家庭是依靠收入可能比男性收入低的母亲，因此大多数单亲家庭收入较低并要面对更多的经济不安全感（有关贫困对低收入家庭孩子的影响见第10章）。

那么离婚又会对儿童有怎样的影响呢？离婚对儿童的大多数不良影响可以归结为离异前的激烈冲突、情感疏离、憎恨和常常由憎恨导致的经济支持缺失（Cherlin et al. 1991；Furstenberg and Cherlin 1991；Hetherington and Kelly 2002；McLanahan and Sandefur 1994）。但离婚对儿童的影响差别很大，一位研究者得出结论说"尽管有些离婚会对孩子造成伤害，但有一些对孩子有益"（Li 2007）。例如，生活在冲突激烈、父母离异家庭中的儿童要比生活在冲突激烈、父母没离婚家庭中的孩子表现得好（Amato and Booth 1997；Rutter 2010）。尽管一些分析家认为，长远来看离婚对儿童都是有害的，"睡眠者效应"（Sleeper Effect）会在许多年之后显露出来

（Marquardt 2005；Wallerstein，Lewis，and Blakeslee 2000），但大多数研究转而关注离婚后果所存在的广泛差别。一项研究发现，长大了的孩子中有超过1/3的孩子觉得父母的婚姻状态要比离婚更有压力，当离婚减少了父母间长期的日常冲突时，离婚就成了一种解脱（Ahrons 2006）。我在自己的研究中发现，那些生活在单亲家庭中的儿童有微弱多数的儿童希望自己的生身父母生活在一起，大概差不多一半的儿童认为父母分开要比继续生活在冲突不断、不幸福的家庭中更好。而且，大多数来自完整家庭的儿童认为现状最好，2/5的儿童感觉自己的父母也许分开会更好（Gerson 2011）。总之，父母分手对儿童的影响——不管消极的还是积极的——会随着离婚前后所产生的情形不同而变化。

在父母是同性恋的家庭中成长

13.4.3　讨论有关同性恋父母会如何影响儿童的研究。

随着同性恋关系变得更普遍和更被人们接受，社会学家开始思考在由同性伴侣构成的家庭中成长是否会对儿童产生重大影响。同性恋父母的出现挑战了长期存在的应该由什么样的父母来抚养孩子的许多认识。因此，孩子抚养方面各种各样的变化激起一些反对同性婚姻的声音就毫不让人奇怪了。那些基于意识形态基础反对同性恋关系的人向儿童福祉议题转变，借此来努力展示反对同性恋关系的正当性是能让人理解的。从重要的层面来说，对同性恋关系感到的不安同对异性恋关系中性别角色的模糊化所感到的不安是相似的。这两种关系都是用女性和男性在家庭中应该做什么的更为平等的观念取代了原来家务分配中存在的严格的角色分工。

有关同性恋家庭对儿童成长有什么影响的研究表明，就同对母亲离家工作的儿童的担心一样，对儿童福祉的担心是没有依据的。尽管一些研究者声称由同性恋伴侣抚养长大的孩子处于劣势，但这些争议极大的研究都是有瑕疵的，而且其有关儿童如何以及为什么能健康成长的支撑观点也都是有偏见、过时和过于严苛的。严谨的研究并没有让人信服地阐明同性恋父母抚养儿童会对儿童产生重要影响——不管测量儿童的认知、社交发展，还是测量其他发展都是如此。一些研究对最高法院归档的有关最近同性恋婚姻案例的法庭简报进行了分析，回顾所有这些研究，美国社会学学会（American Sociological Association）报告说，"被同性恋父母抚养的孩子同被异性恋父母抚养的孩子发展得一样好。这种共识在大量的儿童成长结果指标上都显示是正确的，而且全国大量的代表性研究也支持了这种共识"（American Sociological Association，2012）。实际上，将异性恋伴侣的特征描述为"异性"越来越具有误导性；在一定程度上，这类伴侣并没有把性别用作分配家庭任务的主要标准，其孩子抚养实践与同性恋伴侣抚养孩子实践的相似性要比差异性更多。

不断变化面孔的童年

13.4.4　解释为什么一些家庭进路会保持稳定或得到改善，而另一些家庭进路则处境艰难。

有关儿童的家庭结构如何影响其福祉的大部分研究表明，不同家庭类型对儿童影响结果的多样性同这些家庭类型之间的差异一样大（有时会更大）。例如，一些研究指出，家庭构成无法被用来预测儿童的福祉（Acock and Demo 1994），而其他研究发现不同的父母就业形式同样无法预测这一点（Parcel and Menaghan 1994）。

儿童能在多样化的家庭安排中茁壮成长，这是因为家庭过程要比家庭形式重要得多。重要的是父母和其他照顾者如何能较好地应对给儿童提供经济和情感支持时面临的挑战，而不是遇到这些挑战的家庭所处的具体家庭形式。儿童关心的是其家庭如何发展，而不是关心家庭在任一时点上看起来是什么样子。家庭生活是一种动力机制。家庭不是冻结在时间里的一套稳定关系，而是随着儿童的成长，日日、月月、年年都在改变的一系列情境。所有的家庭都会经历变化，甚至最幸福的家庭要想一直幸福也必须适应这些变化。随着一些家庭变得更有支持力、另一些家庭变得没那么有支持力，家庭进路会向着不同的方向迈进。

怎样才能解释为什么一些家庭进路会保持稳定或不断改善，而另一些家庭进路则深陷困境，甚至走下坡路呢？我的研究"性别革命下的儿童"（The Children of the Gender Revolution）关注在家庭变迁时期中成长的儿童，发现收入以及照顾的灵活性为理解如何以及为什么一些家庭能给儿童提供福祉，而另一些家庭却做不到这一点提供了一把钥匙（Gerson 2011）。灵活的家庭策略可以表现为不同的形式。在双亲家庭里，当夫妻能较为平等地分担赚钱养家以及料理家务的责任时，或者当母亲一方致力于职业生涯或父亲一方遭遇工作障碍、双方能轮流承担不同责任和交换位置时，孩子就会成长得不错。例如，克里斯（Chris）就讲述了自己的家庭生活如何得到了极大的改善。当时，他的妈妈是一家医院重症监护科的护士，获得了升职，使得他父亲能够离开印刷工这个并不让人满意的工作，并重新接受培训获得了机械技术员的工作，并发现这项工作让人满意得多。

在单亲家庭、离异家庭和再婚家庭中，当母亲能找到维持家庭生计的工作时，或当父亲能密切参与孩子的日常照顾时，孩子就会成长得比较好。利蒂希亚（Letitia）回忆了自己的家庭生活是如何向好的方向发展变化的。那时她父亲成为孩子主要的照顾者，能给她提供她那漠不关心、常常缺席的母亲所无法提供的情感支持。在她父母分居以及父亲再婚后，她还拥有了一个更能尽到养育责任的继母（用她的话说，"我真正的母亲"）。她继母积极工作也有助于维持家庭财务的稳定性。

尽管家庭境遇存在差异，但这些应对和反应都涉及打破男主外、女主内这种严格的性别界限。当今世界，父母也许不住在一起，男性也许无法或不愿意支持妻子，女性也许需要、也想要追求长久的工作生涯，大多数家庭将遭遇无法预料的挑战，无论这些挑战表现为财务危机，还是表现为父母关系的不确定性。当家庭能够放弃狭隘的角色而选择更为广泛和灵活的家庭实践来应对这些挑战时，家庭就能为儿童保持经济稳定、情感支持的状态。采取灵活的方法来解决养家糊口和照顾家庭问题有助于家庭的适应，反之则会使家庭不能做好准备去处理当今家庭所面临的经济和婚姻挑战。

教养价值观和方式

13.4.5 解释阶级结构、儿童抚养实践与不平等代际传递之间的关系。

在21世纪，所有阶级和种族的家庭都处于变化之中，但变化的方式并不总是一致的。家庭不平等的原因复杂多样，我们也难以孤立地去分析这些原因。不平等是不同家庭的价值观和文化的反映吗？或者不平等是根源于经济和社会资源获得上的不均等吗？在一项具有影响力的研究中，社会学家安妮特·拉鲁（Annette Lareau 2003）指出了阶级结构，尤其是儿童抚养实践与不平等代际传递之间的循环关系。她认为中产阶级父母采取的是被称为"协作培养"（Concerted Cultivation）的精细化教养方式，包括详细规划好的活动、强调语言技能的习得以及与如学校这样的社会制度互动时的权利意识。相反，工人阶级家庭采取的是"自然成就"（Natural Growth）的粗放式教养方式，包括没有规划的游戏和休闲活动、一种较为不正式的对话方式以及更遵从教师、医生这样的权威人物。尽管所有家庭都努力给孩子提供爱和养护，但她认为不同的儿童抚养方式使中产阶级家庭的儿童会被武装得更好，得以在压力大、待遇丰厚的工作和职业中获得成功，进而延续着这种不平等循环。

拉鲁认为，除了更高的收入和更多的财富，向孩子传递知识和经验的能力也是中产阶级父母所具有的优势。她发现拥有较多的资源时协作培养就比较容易——你可以给孩子订购音乐课、花钱让孩子参加夏令营，或者提供到新地方和新文化中旅行的经历。那些拥有进行这些选择技能、经验和收入的父母就处于有利的位置，能向自己的孩子提供这样的机会。在这种方式中，父母实现对孩子期望的能力常常随阶级和教育程度的不同而

一些父母鼓励孩子尝试多种多样的活动，孩子的课余时间被源源不断的结构化学习项目以及时间的严格使用占据着。其他父母则让孩子有更多的自由去选择活动，这些活动可能是与朋友随意玩耍、看电视和自由上网。

不同。

这样的儿童抚养实践能反映出不同阶级父母之间潜藏的价值观不同吗？这个问题不断激起争议，但许多研究认为事实并非如此。例如，莎伦·海斯（Sharon Hays 1996；2003）发现精细化育儿（Intensive Mothering）标准与拉鲁的协作培养观点具有高度的相似性，在所有阶级中都存在。然而，价值观相同并不意味着拥有同样的资源或能力去实现它。想想那些选择生孩子的未婚女性的情况吧。对贫困社区未婚妈妈以及同样的中产阶级单身母亲的研究发现，所有这些女性都非常看重母亲身份，不愿意因为找不到合适的伴侣就放弃为人母的经历（Edin and Kefalas 2005；Hertz 2006）。这两类女性都要依赖包括一些男性在内的朋友和亲属构成的支持网络来帮助自己养育孩子。但两者之间也存在着重要的差异。贫困的单身母亲更可能在青少年晚期或成年早期就开始承担养育责任，而中产阶级单身母亲更可能把生养孩子推迟到快40岁的时候，甚至会推迟到40岁出头、快要到女性生物生育最后期限的时候。较为年长的单身母亲有时间获得更多的教育、收入和工作经验，就会比贫穷、年轻的单身母亲处于更有利的位置，能给孩子提供成长和发展所需的资源。

大量的证据表明，单单是阶级结构不能决定家庭的出路。家庭因民族、种族构成以及财力资源的不同而不同。那些成长所处阶级相同的人可能会在其他方面存在一些差异。社会学家帕特里夏·希尔·柯林斯（Patricia Hill Collins 2008）指出，阶级仅仅是几个重要的社会身份之一，比如种族和性别，这些身份相互交织构成了不同的家庭实践。其他研究者指出，甚至在相同家庭中长大的兄弟姐妹也可能会被区别对待，在成年后实现不同的经济和社会成就（Conley 2004）。这些发现表明，家庭环境之外的一系列因素——包括邻里、学校以及工作所提供的支持和阻碍——结构化着儿童经历并影响其生活际遇。所有家庭都共享着"要给孩子最好的"价值观，但只有一些家庭的位置比较有利，能提供实现这种价值观所需要的资源和机会。

好消息是，不管家庭收入如何，培养儿童的好奇心和增加儿童的知识都是可能的。许多对儿童发展最重要的经历并非耗资甚巨。每晚睡前阅读、参观当地的博物馆以及利用学校或社区设立的用来丰富儿童经历的项目都需要花费时间，但这些活动甚至是那些收入最低的父母都能给孩子提供。

成年与建立家庭

13.4.6　分析美国年轻成年人所经历的成年早期延长的利与弊。

今天用于决定谁是——以及谁不是——成年人的指标与几十年前相比极为不同，人们更可能强调经济成就而不是家庭责任。图13.15显示了美国人认为对成年地位重要的是什么。

在近些年，年轻人要花更长的时间去实现这些成年人的指标。例如，人们初婚年龄中位数一直在持续增长（从1970年的女性21岁、男性23岁增长到2010年的女性26岁、男性28岁）。提到经济以及个人独立时，与父母一起生活（或重新搬回家）的年轻人比例增加，甚至到35岁左右还与父母生活在一起。在2012年，差不多一半——

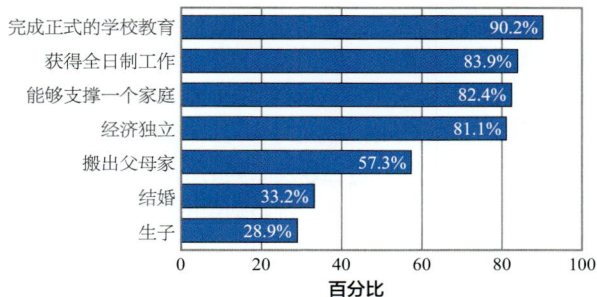

完成正式的学校教育	90.2%
获得全日制工作	83.9%
能够支撑一个家庭	82.4%
经济独立	81.1%
搬出父母家	57.3%
结婚	33.2%
生子	28.9%

百分比

资料来源：基于社会综合调查数据计算而来（GSS 2002）；弗斯腾伯格等人（Furstenberg et al. 2004）。

图13.15 不同生活事件对成年地位的重要程度

43%——年龄在18到31岁的年轻人与自己的父母或其他亲戚生活在一起（Fry 2012）。这种现象被一些人称作"返巢"（Return to the Nest）或"赖家"（Failure to Launch），在其他许多国家也出现了这种现象（Newman 2012）。

有许多原因导致现在美国年轻人需要更长的时间向成年过渡，包括新生代更加期望找到一个合适伴侣以及一份满意的工作。另一个重要的原因在于劳动力市场，特别是面向没有大学学历劳动者的劳动力市场紧缩，面向有大学学历劳动者的市场也是如此。相比前辈，经验有限的年轻劳动者找到一份稳定、薪水体面的工作变得越来越困难了（Bernhardt et al. 1999）。更近来，自2007—2009年经济衰退以来的这个时期经济增长缓慢，甚至对大学毕业生而言，在各自选择的领域里找到一份稳定的工作都变得更加困难，年龄在34岁以下的大学毕业生中有21%的人回答说在2012年自己与父母生活在一起（Weissman 2013）。虽然子女应该比自己的父母表现得更出色是美国人长期存在的一个信念，但近来经济的发展使得今天这代的年轻人难以找到一份稳定的工作和一段可期待的职业生涯，而在几十年前，蓝领工作和白领工作都可以实现这一切。

完成向成年人过渡所需要的时间更长产生出一种新生命阶段，一些人称之为成年期延迟（Delayed Adulthood），或者特别用这个阶段来指称那些有大学学历、又到了经济独立年龄的人（Rosenfield 2009）。成年期延迟是一种好的发展还是一种不好的发展？同许多其他的社会变迁一样，成年早期延长——青少年之后但在做出一生承诺之前的时期——各有利弊。社会学家迈克尔·罗森博格（Michael Rosenberg 2009）的研究发现，包括跨种族和同性恋伴侣在内的新型关系的出现，反映了年轻人有新机会去塑造较少受到成见，甚至早先时代偏见限制的生活，也更能与当代生活现实合拍。然而，一些社会学家像克里斯汀·史密斯（Christian Smith 2011）担心年轻人正"迷失在过渡期"，没有道德罗盘来引领他们；而迈克尔·基梅尔（Michael Kimmel 2008）则指出，一个他称之为"男性乐园"（Guyland）的场所正浮出水面，年轻男性在这里忙于有可能自我毁灭的消遣活动，比如胡吃海喝、纵情狂欢，这对他们自己和他人可能都是有害的。

不管我们如何解释这种变迁，但很清晰的一点是，在做出重大的一生承诺之前，年轻人现在拥有更多的时间去追求独立的目标和去发展与自己父母不同的生活方式。这种独立性也加速了年轻女性和男性在抱负和规划上的性别革命。全国调查以及我自己的深度访谈发现，大部分年轻人希望最后能发展出一段恒久的关系，但不是那种以母亲和父亲占据各自分离领域为基础的长久关系。相反，大多数女性和男性想要创造一种灵活、平等的伙伴关系，双方共同承担养家糊口和照顾家庭的责任，同时还能为个人自主权保留相当大的空间（Pew 2007b）。在对年龄在18岁到32岁之间的年轻人所做的访谈中，我发现，4/5的女性想要一种平等的关系，2/3的男性持有相同的态度（Gerson 2011）。除此之外，在双职工家庭中被抚养长大的访谈对象中，有3/4的人希望与伴侣平等地分担养家糊口和照顾家庭的责任，那些来自传统

从童年向成年过渡的时间延迟使年轻人可以在做出终生承诺之前追求个人目标。年轻人从童年（以及父母）的控制中解放出来，并有机会去发展一个更加独立的自我。

家庭的访谈对象中有超过2/3的人这么想，而由单亲家庭抚养长大的访谈对象中则有近九成的人持有这样的态度。

　　然而，年轻的女性和男性也害怕自己的目标难以实现或被证实无法企及。出于对找到合适伴侣以及协调家庭与工作关系的担心，年轻的男性和女性在成年早期会寻找我所称的保险策略（Fallback Strategy）。年轻女性和男性都强调工作作为个人身份以及财务福祉核心资源的重要性，但这种观念导致他们追寻不同的策略。女性更可能认为带薪工作对自己以及家庭的生存至关重要，更看重自力更生而不是传统婚姻中的经济依赖（见图13.16）。相比之下，男性会更关注平等分担家务的成本，更偏好一种新传统家庭安排，使他们能把工作放在第一位、依靠伴侣承担大部分的家庭照顾责任。

　　年轻人规避成年以及"赖家"的形象无法描述今天年轻男女的复杂经历。没有证据显示年轻人想要创造一个个体之间没有联系的冒险新世界。长远来看，他们希望能在独立自主和让人满意的忠诚关系之间找到一种平衡。因此，他们认为自己需要花时间建立经济基础、发现自己的长处和需要、接受更多的教育和训练为不确定的经济形势做好准备，以及找到一个与自己的家庭观念一致的伴侣。

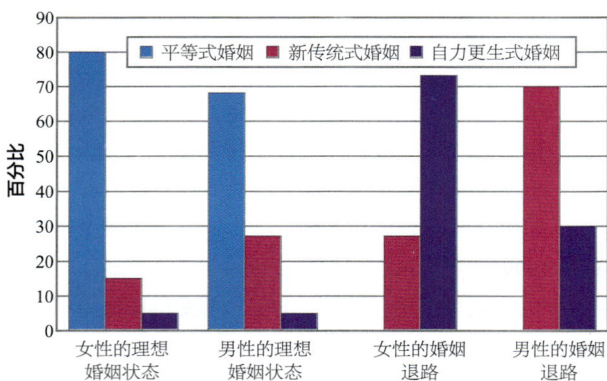

资料来源：格尔森（Gerson 2011）。

图13.16 年轻女性和男性的婚姻理想状态和退路

13.5　世界上怎样的社会政策最有利于家庭变迁？

比较视角下的美国家庭

　　所有阶级、种族和族群的家庭都在发生变化，但不同群体的家庭正以不同的方式发生着变化。例如，单亲家庭更可能存在于美国黑人家庭中。在美国黑人家庭中，65%的儿童要么与父母中的一方一起生活，要么没有和父母中任何一方生活在一起。相比之下，在非拉美裔白人家庭中这类儿童的比例是34%，拉美裔儿童中有24%的儿童是这种生活状态，这类儿童在亚裔儿童中占17%（Blow 2008）。而且，尽管绝大多数美国人最终都结婚了，但受教育程度较低的社会成员以及少数族群成员的结婚率下降幅度最大，在这些人中男性的学习和就业机会日益被压缩（Porter and O'Donnell 2006）。因为经济不平等与家庭差异有关，所以在单亲家庭中，贫困以及经济处于劣势的家庭数量特别高（大部分单亲家庭的一家之主是女性，她们没有伴侣收入的经济贡献可以依靠），而且在收入水平较低的家庭中少数族群占的比例更可能非常高（见图13.17）。

既然今日家庭所面临的挑战与其他社会制度——比如经济和工作场所——发生的变迁相互关联，那么个体家庭就不能依靠自己的力量应对这些挑战。在这个部分，我们会分析其他国家支持家庭的一些方式，以及这些范例如何指明了美国改善其帮助家庭兴旺发展模式的方向。

世界社会政策

13.5.1　比较世界各地对待家庭的政府政策。

从欧洲到远东，所有后工业国家都经历了相似的社会变迁，包括女性劳动力参与的崛起、结婚生子的推迟以及多样化家庭的涌现。然而各国政府应对这些人口统计学变化趋势的政策极为不同。在采用社会政策支持新家庭形式方面，美国要远远落后于其他许多后工业国家。例如，法国允许任何两个人建立一种民事结合关系，并会授予已婚夫妇所有的合法权利及责任。同所有其他北欧国家一样，法国也提供全民儿童照顾，北欧国家还保障每个人都有带薪育儿假期（Gornick and Myers 2009）。在瑞典、冰岛以及挪威，这些休假政策不仅用来支持有工作的母亲，还鼓励父亲参与到育儿过程中，明确提出父亲不能把自己的育儿假期转给母亲或其他人，而且是"不用即失"。大多数欧洲人在建立家庭时不会考虑医疗保健和教育资源这样的因素，因为这些资源不管一个人结没结婚或有没有全职工作都可以得到。

欧洲国家政府在如何努力帮助家庭方面存在重大区别。一些国家，尤其是北欧国家，基于不管是谁都要提供普遍家庭支持这一原则建立了政策。这种平等主义方法覆盖了一系列特定政策，包括带薪育儿假期、全民儿童照顾、工作场所反歧视政策、

（A）　按种族和族群区分的从未结婚的比例 1960—2008年

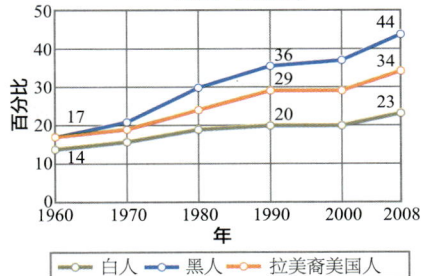

（B）　按受教育水平区分的从未结婚的比例 1960—2008年

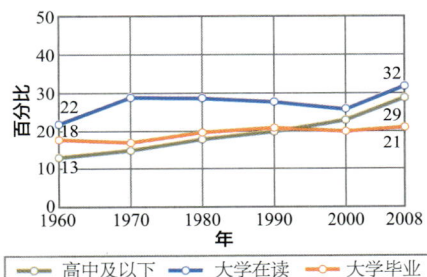

注释：年龄18岁及以上。拉美裔包括任何一个种族。白人和黑人只包括非拉美裔。

资料来源：皮尤研究中心（2010）。

图13.17　按种族、族群以及受教育水平区分的从未结婚的比例

没有政府的帮助，美国的父母常常疲于找到能负担得起、质量又高的儿童照顾服务。在一些情况下，如果低收入家庭能满足某些标准就能找到有补贴的儿童照顾服务，但不贫困的家庭通常不符合这些服务标准。在日本，儿童照顾服务的长期短缺使寻求日常照顾服务成为一个相互竞争的过程。担心身为人母的女性将必须在职业生涯和母亲身份之间做出选择，在2008年日本宣布了一个十年目标，向在工作、孩子1-5岁的父母提供儿童日常照顾服务。

全面医疗保健和免费教育。总的来看，这种方法旨在减少性别和阶级不平等，同时不管儿童生活的家庭类型如何都向其提供儿童福利保障。

相比之下，其他欧洲国家，如意大利，仍保持着鼓励母性关怀但不支持女性就业或更平等的家庭形式的观点。这种家庭主义方法向有孩子的母亲，甚至单身母亲提供了生孩子和居家养育孩子的动力。然而，这种方法没有强调孩子的日常照顾、工作中的反歧视或其他有助于母亲就业、鼓励父亲分担照顾责任或更广泛承认新家庭和新性别安排崛起的措施。

儿童照顾是政府支持家庭的最重要的方式之一，尤其是今天世界上有比以往更多的母亲参与到有偿工作中来。不同国家针对儿童照顾的政策差别极大。北欧国家以"不用即失"为基础的父母享有带薪育儿假期的例子特别具有启发意义，因为这个政策鼓励不能把假期转给孩子母亲的父亲更多地参与儿童照顾。在瑞典，父母有了孩子或收养孩子时会享受总计480天的带薪育儿假期，在那之后政府提供儿童照顾补助。在法国，政府为2岁之后的儿童提供免费的学前教育。"儿童保育员"（Child Minder）制度为具有高质量服务的日常照顾中心提供了补充。儿童保育员是指那些经过训练、接受定期检查的人，这些人一次最多能同时照顾5个儿童。

美国的社会政策

13.5.2　讨论和比较美国有关家庭生活的社会政策。

美国在下面这张图中处于什么样的位置？与平等主义方法和家庭主义方法不同，美国社会政策采取的方法致力于为人们提供在劳动力市场上成功——或失败——的机会，但并不关注为每个人创造家庭支持的项目。与家庭主义方法不同，这种方式较少关注通过支持母亲来重新创造男主外、女主内式的家庭；这种方法与平等主义方法也不同，也不关注结果平等或者促进母亲与劳动力的融合或促进父亲与照顾幼儿的融合（见图13.18）。在实践上，这意味着美国社会政策更关注是否能防止和如何防止歧视，而对支持普遍的家庭项目关注甚少。实际上，我们一直在争论家庭革命的利弊，却没有去接受家庭革命的不可逆转性，也没有重构社会制度以更好地适应现实的新变化。

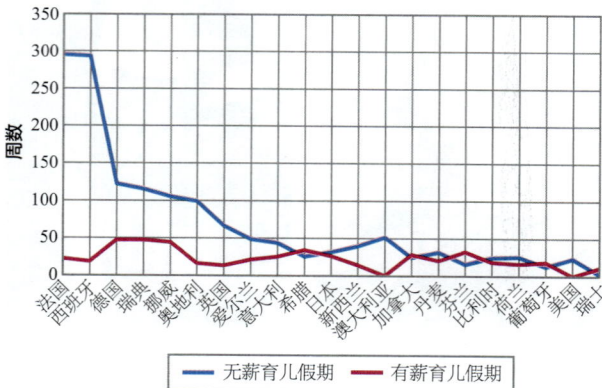

资料来源：雷、戈尼克和施密特（Ray，Gornick and Schmitt 2009）。

图13.18　21世纪双职工家庭的育儿假

我们从这里将去往何处？

13.5.3　讨论美国如何能建立一种效率更高、包容性更强的家庭支持政策。

那么，一种更有效率、更有包容性的政策会是怎样的呢？在家庭急剧变迁的时代，我们需要更广泛地思考机会平等真正意味着什么。个体在家庭中生活，我们无法将个人的命运与其家庭福祉割裂开来。因此我们需要建立重新肯定美国人传统价值观——机会平等、包容多样性以及个人责任——的家庭政策。新家庭形式是现代社会生活的重要组成部分，要在整体上满足家庭安排新形式产生的多样化需要的背景下建立家庭政策。

　　更准确地说，这意味着会在多个领域产生大量的特定政策：家庭支持政策、工作场所政策、保护所有年龄段的弱势者、家庭地位处于劣势者和性取向不利者的法案。立法需要涵盖面向各种家庭以及人际关系的机会平等，包括单亲家庭、同性恋伴侣、双职工家庭以及单身人士。在工作场所，反歧视政策需要拓展，要把琼·威廉姆斯（Joan Williams 2000）所称的"家庭责任"歧视包括进去，以便那些承担照顾他人责任的人不会因为花时间到这个重要、但价值被低估的任务上而遭受巨大损失。因此，家庭支持政策应该致力于通过建立面向所有照顾依赖者的广泛的制度框架来减少贫困和不平等。照顾依赖者包括需要照顾的儿童、老人以及其他任何有需要的人。特别是，社区儿童照顾支持制度将帮助有工作的父母去培养下一代。那些能为上班以及职业发展提供灵活途径的工作不仅有助于家庭掌控有薪工作和照顾责任之间的平衡，还有助于雇主吸引和留住忠诚的工作者。

　　发展反歧视政策、保护所有兼有照顾提供者责任的父母的权利，不仅能稳定就业母亲所在的竞争领域的位置，还能为（各种性取向以及不同阶层位置的）男性创造更为公平的工作场所，这些人希望能参与照顾提供者的工作。没有什么政策能解决21世纪家庭要面对的所有挑战，但整体上，这些方法长远看来能够帮助家庭发展自己的策略来迎接未来的挑战。

结论：家庭的未来

　　尽管家庭变迁来势迅猛，但大多数美国人对家庭的未来仍保持乐观态度。根据最近的皮尤调查，67%的调查对象对婚姻和家庭的未来充满信心。然而，美国人也对家庭的一些发展趋势忧心忡忡，比如离婚数量增加（尽管离婚率稳定）、未婚生育、排斥他者（如同性恋婚姻、堕胎）的政治争议以及有偿儿童照顾的增加（Pew 2010）。另一项皮尤调查发现，71%的调查对象认为未婚先孕是一个大问题（Pew 2007b）。

　　当思考未来家庭的前景时，我们已经讨论了许多重要观点。家庭的多样性会保持，甚至围绕家庭多样性的争论也会持续下去。然而，新一代目睹了父母以及其他成年人所创造的大量新生活安排，他们会把先辈几乎无法想象的选择看成是理所当然的。面对自身婚姻、性、工作以及为人父母中的冲突，年轻的成年人厌烦了那套对局面失去控制的家庭进行指责、制造分裂的政治说辞。大多数人说，他们更赞成那些支持更多包容性的政治观点，这种观点强调需要的相似性，而不是把社会群体置于冲突之中。这些愿景指向一种更为包容的政治可能性，这种政治关注多样化家庭的共同需要，并关注重新安排社会制度以更好地适应今日家庭的新现实，用这种关切取代道德滑坡说。

　　然而如果没有对更为多样化的家庭建构方式的社会支持，那么年轻人就有充分的理由担心自己实现这些理想模式的可能性。永久婚姻替代选择的兴起意味着性伴侣关系必然存在更多选择，其流动性也必然增强。而经济变迁，比如服务部门工作的兴起以及蓝领工作的衰退，使女性参与有薪工作成为一种必然现象。这些相互交织、相互影响的变迁产生了大量新选择，但这些新选择也会与其他社会制度处于冲突之中，因为这些社会制度仍然建立在20世纪中期静止的家庭模式基础之上。如果家庭是电影，而不是照片，那我们就需要这样的公共讨论和社会政策，即将家庭看成一个不断展开、无法预知的过程，而在这个过程中任何一个人都可能会在某个时候需要某种帮助。在这种不可逆转又未完成的家庭革命中，人们需要社会支持来面对今天家庭的多样化和变迁。

13.1 **家庭是什么?** 要学习本章,我们首先需要分析家庭这个术语的含义。家庭是什么?界定家庭的多样化方式都有哪些?

全球和历史的视角

学习目标13.1.1: 区分人类历史上各种社会里存在的家庭形式。

家庭还是亲属制度?

学习目标13.1.2: 揭示居住模式和亲属制度如何有助于家庭的不同界定。

核心术语

多配偶制　从夫居　同性婚姻　亲属　亲属制度
核心家庭

13.2 **家庭为什么正在发生变化?** 为了理解当代关于"家庭价值观"的争论,本部分分析了关于美国家庭现状的不同观点,还分析了我们的家庭如何发展到今天的样子以及我们需要如何应对家庭的变化。

家庭价值观视角

学习目标13.2.1: 讨论家庭衰落论视角的支持者对当今家庭本质的关注。

经济重构视角

学习目标13.2.2: 讨论经济重构视角如何解释家庭安排的变化。

性别重构视角

学习目标13.2.3: 讨论工作结构和照顾家庭需要之间的失衡。

核心术语

家庭价值　平等关系

13.3 **当我们发展亲密关系和平衡家庭与工作关系时会面对哪些挑战?** 这个部分分析了永久婚姻形式的衰落以及新形式成人承诺的出现,还分析了性别区隔的模糊化以及工作—家庭冲突的加剧。

爱与婚姻

学习目标13.3.1: 解释婚姻是如何在今天的社会里去制度化的。

母亲、父亲以及工作—家庭冲突

学习目标13.3.2: 讨论家庭需要与工作压力如何影响生活。

核心术语

夫妻家庭　同居　连续关系　照顾工作　第二班

13.4 **在21世纪家庭中成长会是怎样一种景象?** 在这部分中,我们讨论了儿童如何转变成成年人的经历与其父母曾经的经历有很大的不同,以及这对今天的儿童和年轻人意味着什么。

在父母都工作的家庭中成长

学习目标13.4.1: 讨论有关在父母都工作的家庭中成长会如何影响儿童的研究。

在离异家庭或单亲家庭中成长

学习目标13.4.2: 分析有关离异家庭和单亲家庭如何影响儿童的研究。

在同性恋家庭中成长

学习目标13.4.3: 讨论有关同性恋父母会如何影响儿童的研究。

不断变化面孔的童年

学习目标13.4.4: 区分为什么一些家庭进路会保持稳定或得到改善,而另一些家庭进路则处境艰难。

教养价值观和方式

学习目标13.4.5: 解释阶级结构、儿童抚养实践与不平等代际传递之间的关系。

成年与建立家庭

学习目标13.4.6: 区分美国年轻成年人所经历的成年早期延长的利与弊。

13.5 **世界上怎样的社会政策最有利于家庭变迁?** 最后我们从比较的视角分析了今天的美国家庭制度。本部分讨论了一些国家如何对待家庭的社会政策，以及我们如何学习其他国家的社会政策。

世界社会政策

学习目标13.5.1：比较世界各地对待家庭的政府政策。

美国的社会政策

学习目标13.5.2：讨论和比较美国有关家庭生活的社会政策。

我们从这里将去往何处？

学习目标13.5.3：讨论美国如何能建立一种效率更高、包容性更强的家庭支持政策。

在今天的许多学校里，学生必须通过金属检测仪才能进入常常破败不堪的学校设施里。这些学校同精英私立学校在物质设施上的差别仅仅是个开始。这些差别提出了一个容易引起争端的问题，即学生面对的教育机会怎么会存在如此巨大的差别？

第 14 章
教育

作者：卡罗琳·H. 佩塞尔、德克·维特芬（Caroline H. Persell with Dirk Witteveen）

杰克（是我多年前进行的一项研究中一个学生的化名）走出宿舍来到了广阔的校园中，校园里有计算机中心、多个剧院、装备齐全的研讨室、餐厅、艺术工作室、网球场、冰球场以及其他更多的设施。玛丽（另一个学生的化名）通过安检进入学校，面对的是拥挤的大厅、大教室以及油漆剥落的天花板。与数百万像玛丽那样在拥挤、衰败的城市学校读书的年轻人相比，1%的年轻人在像杰克就读的那样的精英私立学校上学，他们第一天上学的经历迥然不同。两者的差别不止体现在物质设施的差别上，还引发了一个与杰克和玛丽所拥有的教育机会类型有关的煽动性问题。

精英私立寄宿学校的课程通常以研讨的方式授课，班级学生人数不超过15人。教师非常了解自己的学生，如果有需要，教师还能提供额外的帮助。学生要进行大量的写作，并受到仔细教导学习如何更好地写作——如何提出一个观点并用证据来支持这个观点。实际上每个学生都会参加课外活动，比如学生会和年会。相比而言，在一个典型的公立高中学校里，参与这类活动的学生不到10%。

在精英私立寄宿学校就读的年轻人还会从学校辅导员那里受益，这些辅导员积极推动这些学生到最好的大学和学院深造。当我们让这类学校的辅导员描述其工作时，其中的一位告诉我们，"我把申请者的文件放到车的后备厢，驱车去常青藤大学，与面试官交流有关申请者的情况。我会竭力为这个学生辩护如果这所大学正在犯错"。拥有这样可以依赖的辅导员老师显然意义重大：精英私立寄宿学校的毕业生在大多数精英私立学院和大学

我的社会学想象力

作者：卡罗琳·H. 佩塞尔

当我在哥伦比亚大学读研究生时，詹姆斯·科尔曼和其他人发表了一篇重要研究论文，他们指出学校在学生成就方面的作用甚微，因为一个学校的内部差异几乎与学校之间的差异一样大。这震撼了我的学术世界，并使我开始思考这是否抓住了教育色谱中的所有颜色。在我参观许多市区的平民学校时，我看到精力充沛、野心勃勃、充满智慧的学生和老师在资源不足的情况下努力做到最好。同时，我了解到像私立寄宿制学校这样的学校类型并没有包括在科尔曼的研究中。我想知道对在这类学校里读书的学生而言教育有着怎样的不同。社会学家一直感兴趣的一个问题是：在一个生来反对继承特权的社会里，社会和经济优势如何从一代人转移到下一代人身上。彼得·库克森（Peter Cookson）和我通过研究美国和英国的精英私立寄宿学校来解决这个问题。我们发现这些学校不仅用金钱来延续代际不平等，还通过学校广泛的实践来实现这一点。

要理解教育制度为什么以及如何在我们的生活中变得如此重要，我们需要考虑下面四个大问题：

1. **正式教育为何普遍存在？** 在这个部分，我们将检视学校教育的各种目的，包括社会化、为就业做准备、公民义务以及社区生活。

2. **教育如何与重要的人生出路相互联系？** 在这里我们将探索教育与许多重要生活结果的密切关系，包括工作与经济机会、健康与预期寿命、婚姻成功以及幸福。

3. **教育对所有人来说是平等的吗？** 在美国社会，教育是最大的平等均衡器吗？或者教育再生产着现存的不平等吗？在这部分我们将检视有关分析教育途径、经历以及结果对不同社会阶级、种族以及性别的人是否相似的社会学研究。

4. **教育制度是如何分化的？** 尤其是从社会阶级和种族来看，学校教育的质量和类型如何能存在如此广泛的差别？为了解释这个问题，我们将会观察世界教育制度的差异以及美国学校各种各样的组织方式。

里所占的比例较高，尽管入学后，这些毕业生中的大多数人在学业上的表现并不如公立学校毕业生表现得那么好。

而玛丽的老师一天里要监管的学生数量差不多是杰克学校老师的4倍（160 vs.40），帮助有需要的学生或者帮助学生提高写作水平所需要的与学生单独交流时间要少得多。玛丽班级规模较大（25～28个学生），学生不大可能围绕一个圆桌进行研讨。玛丽学校的辅导员老师每年要负责差不多300到600个学生，他们发现要给每个学生个人化关注和建议是不可能的。他们也缺少参观大学校园以及了解高校招生人员的途径。本章所探索的学校之间的这类差别和其他差别表明，学校的某些运作机制对一些孩子的潜能开发要比对另一些孩子更有帮助。

我们中的大部分人都想当然地认为生活中的成功需要多年的正式学校教育。但教育的发展程度、正式和非正式的教育目的以及教育与其他制度的关系随着时间发生了剧烈的变迁。在人类历史上的大部分时间里，不存

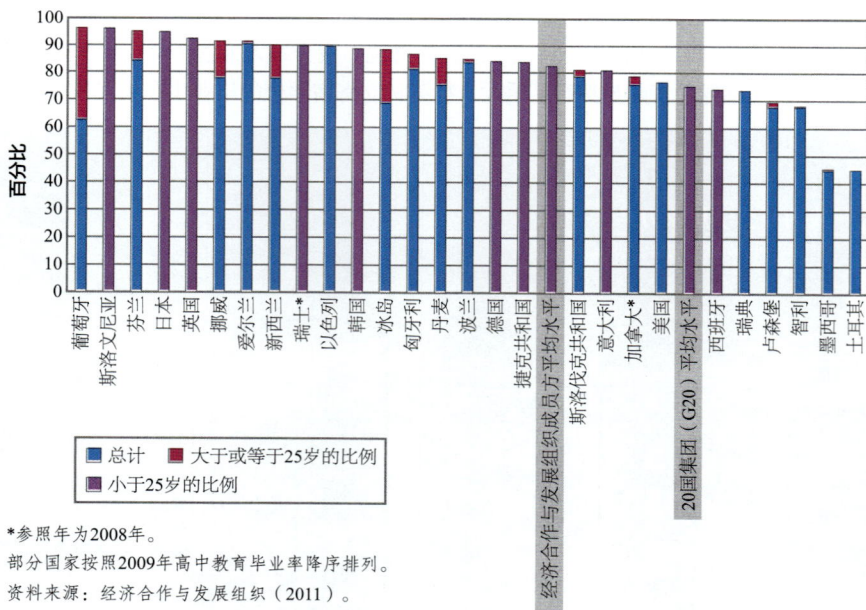

*参照年为2008年。
部分国家按照2009年高中教育毕业率降序排列。
资料来源：经济合作与发展组织（2011）。

图14.1 高中教育毕业率

在与家庭和社区相分离的正式教育制度。早期学校教人识字和基本的算术，这样才使成年人能阅读如《圣经》《摩西五经》《古兰经》这样的神圣经文、写字以及进行简单的计数和制表。但即使在欧洲和北美，传统的通识教育也只是面向一小群男性精英群体。同许多美国的建国者一样，托马斯·杰斐逊（Thomas Jefferson）认为，在一个民主国家所有公民都需要有一定的文化来理解自己时代的重要议题。然而，在杰斐逊时代，10个美国人中有7个是农民或农场劳动力。后来到1870年，美国17岁人口中只有不超过2%的人是高中毕业生。而今天，未完成高中学业是一件非同寻常的事。到2010年，年龄在18岁到24岁的人口中几乎90%的人都完成了高中学业。

随着工业化的兴起、城市的增加以及普通劳动者对其子女发展机会的期望（常常是渴望）增强，美国同其他地方一样，学校的数量迅速增加。极为重视教育的新兴职业的兴起也是影响学校数量迅速增加的一个关键因素。儿童不再仅仅通过观察父母或邻居来学习成年生活所必需的知识和技能，这促使像霍瑞斯·曼（Horace Mann）这样的教育改革家呼吁建立"公立学校"（Common School），这类学校以税收作为资金来源，所有人都可以到这里学习。在工业化最发达的国家里，普及性的大众教育的新体制逐渐扎根稳定下来。美国在这些变迁中独领风骚、引导风向。

14.1 正式教育为何普遍存在？

教育的目的

今天，世界上的每个国家都存在一种正式教育制度，几乎都要求自己国家的所有公民上学接受教育。为什么会这样？当我们思考教育时，学校教育更为正式的目的就会出现在我们的脑海中——学习技能和知识。显然，这些对个体和社会都很重要。但教育还具有其他重要的社会职能，比如对学生进行社会化、根据能力和在学校中的表现将人们归属到各种职业中去以及（通过提高每个人的平均教育水平）推动社会的经济发展。教育还发挥着一些不那么正式、也许会让你惊讶的功能——学校是一个婚姻市场；它教会学生信仰；培养学生对今后生活有益的纪律性；通过使年轻人远离街道，学校甚至还有助于预防犯罪。让我们检视学校教育一些最重要的社会功能。

社会化

14.1.1 讨论学校里的社会化。

学校教育的一个重要目的是对年轻人的习惯、态度和行为实践进行社会化，将其培养成对一个社区、一种宗教或一个国家有用的成员。学校里的社会化通过正式和非正式两种方式发挥作用。这对学生、学校和整个社会都会产生影响。

课堂是一个小社会。尽管课堂常常在家庭背景和年龄上具有相对的同质性，但是创造一个适合学习、稳定、功能发挥良好的社会环境对学校来说仍然是必要的。从幼儿园开始，我们就被教导在学校里应如何表现，包括如何排队、如何一经要求就保持安静、保持卫生、如何适应一种社会制度、遵守规则、尊敬权威、服从、竞争以及如何在制度约束下获得成功（Gracey 2012）。总之，学生在无意识之中适应了学校纪律，学校纪律是一种反映社会规范和价值观的行为共识。

学生遵守学校规则和规定的程度会影响学生的社会技能水平、态度，甚至自己未来接受教育的路径。这被社会学家称为学校的"隐性课程"（Hidden Curriculum），指常常不成文的行为标准或教师期待。例如，大多数教师让学生在发言之前要举手并等着被点名。相比贫困家庭儿童，更多的中产阶级儿童在家里或学前班就学会了这些规则。因此，一些儿童要比另一些儿童更熟悉学校实践活动。其他一些儿童被教导在家里和成年人在一起时要非常安静来表示对成年人的尊敬，所以这些儿童也许就从不会在课堂上发言。当这些儿童安静地坐在教室里时，教师也许会认为他们注意力不集中或不认真听讲。儿童顺应学校隐性课程的方式会影响教师如何评价他们以及如何与其互动。

社会学家还强调发生在学校里的直接或间接的道德教育。宗教学校具有最明显、最有规划性的文化课程（如天主教学校的《圣经》课程），而大多数（公立）学校则会在课程里设置伦理或社会研究，并决定如何教授这些课程。在学校里还能发现许多其他道德性的仪式和活动，诸如庆祝生日或民族节日。此外，通过与同辈群体以及家人的互动，学生还间接地学习了文化价值观。

发生在学校里的文化传播超越了课堂，影响着社区或国家层面上的社会团结。实际上，世界上的所有学校都会提供国家历史教育。研究国家的开国之父并参与如效忠宣誓（Pledge of Allegiance）这样的庆典都是学校积极推动公民建设的例子。学校在创造积极参与政治和忠诚的公民方面扮演着重要的角色，主要通过公民教育和历史教育来实现。特别是西方国家会花费相当多的时间和精力教导学生学习民族的核心要素并鼓励学生参与政治。在世界许多国家的课堂里都可以找到与爱国主义有关的实物参照，比如国旗或皇室肖像。

学生最初的、重要的社会化是通过应用在课堂行为上的规则和规定来进行的，比如教师说话时自己不要说话，发言前要先举手。但在学校学得的其他许多社会和文化规则更微妙、更间接。例如，教育最重要的一项功能是为下一代创造忠诚的公民。

并不让人奇怪的一点是，教育中存在的一个巨大争议与学生是如何被社会化的有关。教育主要就是习得态度、道德价值观和行为并生产出快乐、适应良好的年轻人吗？或者教育主要是有关心智技能和知识内容的传递吗？大多数人认为学校应该提供社会学习和认知学习经历，但一些人对这两个方面孰轻孰重的看法不同。其他人在下列问题上存在分歧，教育是否应该是智力性的？以及教育定位是应该宽泛些（就像大学文科课程体现的那样）还是应该比较狭窄地关注具体的职业？

为未来做准备

14.1.2　解释学历如何影响个体未来的就业机会。

教育的第二个重要目的是训练年轻人为未来的就业机会做准备。社会学家和经济学家将教育的这个层面称作积累人力资本，即年轻人能用来进行生产劳动的一系列知识、技能和习惯。教育为生产经济价值提供了基础；教育还为个体提供了增加其对未来雇主经济价值的工具以及适应劳动力市场的社会技能。

学校教育甚至在正式教育存在之前就已经成为储备未来劳动力的主要载体。规模相对较小的中世纪经济需要生产一些商品和服务，因此需要训练人们去承担这样的角色（例如，鞋匠或助产士）。大部分职业训练的早期形式发生在同业公会里。在一段集中的学徒时间之后，当地的手工业组织对地毯工、纺织匠和金匠进行分级。直到18世纪末、19世纪初工业革命兴起之前，针对从事经济生产的手工业者的非标准化、小规模学校教育增长缓慢。后来，为了应对职业日益专业化的需要，更为标准化的教育出现了。19世纪以及20世纪资本主义本质的变化迫切需要更多接受过教育的劳动力，这样的劳动力能成为以知识和服务为基础的工业企业的职员来源。

随着学校的普及，学校日益被用来为未来就业机会筛选年轻人。今天的教育制度不仅提供现代劳动力所需要的技能和知识（人力资本），它还对年轻人进行选择并将之分配到职业阶梯的各种位置上去。这是通过考试、评估、打分直至最后授予国家，甚至是世界承认的毕业文凭才得以实现的。相比以前，这些文凭在劳动力市场上变得更加重要了。例如，你想成为一名警官，但你只有高中学历，你的选择就会受到限制，因为更多的城市正要求警官至少拥有某种大学教育经历，甚至是大学学位。通过教育对求职者进行审查被称为学历主义（Credentialism），或者称之为教育的配置或筛选功能。学历主义是指在你被考虑是特定工作人选之前要求你具备某种具体的学位或学历。雇主会假定受到更多正式学校教育的求职者具备更多的知识和技能，包括各种各样的软技能——知道在工作时如何穿着打扮、行动以及展现自己，或者能够与他人进行良好合作——这些会提升一个人的工作表现。读书时与成人互动更频繁、更深入的学生——再思考一下在本章之初描绘的寄宿制学校——会比公立学校的学生习得更多的软技能，这类学校的学生与成人的非正式互动比较少。考虑到教育影响程度急剧增大，人们发现，没有各种文凭——不管是高中文凭还是大学、研究生或专业学位——找工作就会变得更有挑战性。

一些学生也许会感觉到重要的仅仅是学位，而不是在这个过程中他们所学得的东西。当然正确的一点是，你未来工作所需要的大部分内容是在工作中学习

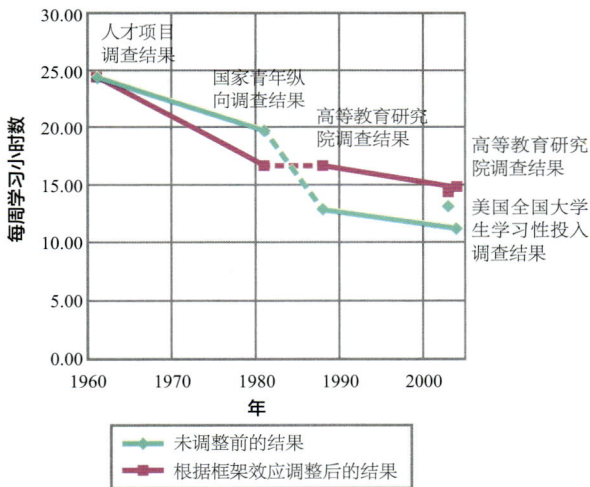

注：人才项目（Project Talent，1961）、1979年国家青年纵向调查（NLSY79，1981）、高等教育研究院（HERI，1988）、美国全国大学生学习性投入调查（NSSE，2003）和高等教育研究院（HERI，2004）样本的每星期学习小时数数据在图中以菱形块标注了出来。正方形显示的平均学习时间是来自这些调查的回答，这些数据根据估算的框架效应进行了调整，以人才项目的数据作为基线。两个标注点之间的实线是指：两组样本要么都是全国性代表样本，要么两者基于一系列相同的学校。两点之间由实心点组成的线段则是指样本并不是上面所提及的情况。

资料来源：巴布科克和马克斯（Babcock and Marks 2010）。

图14.2　大学生花在作业上的时间正在减少

到的，而不是在课堂中学习得来。然而，在许多领域如建筑、社会工作、法律、计算机编程等，仅仅拥有教育学历并不能确保你能拥有在职场上表现良好所必需的知识、解决问题的技能、创造性以及高质量的人际关系。学校教育，尤其是大学层次的教育是学习那些高级技能以及能力的最初场所，但对工作的学习会在未来持续很多年。

随着美国和世界各地越来越多的学生进入大学深造，一些社会学家对学生与过去相比研究或学习的努力程度提出了质疑。例如，对当代大学生的研究表明，大学生不再像以前那样努力学习，而且他们没有完全学到教育者要求和未来雇主所需要的那些内容（Arum and Roksa 2010，2014）。这些研究者宣称，许多学生在完成大学学业后，并没有在批判性思维、复杂推理或者书面沟通能力方面获得预期的进步。这是因为学生在校外生活投入了太多的精力吗？这些学生在发展自己的软技能并在建立未来对自己有益的社会网络吗？只有社会技能，这些学生能在世界上生活得下去吗？或者学生未能提高自己的认知技能会对他们产生终身的影响吗？需要更多的研究去解释当前的大学教育对提升劳动力市场所需的生产性技能的作用。这是个重要的问题，因为社会学家和政策制定者正在思考对高等教育做出改变。图14.2表明了大学生学习的小时数如何随着时间的推移而减少。

学校教育的经济效益

14.1.3　讨论教育如何有助于经济增长。

商业领导人长期以来就对教育感兴趣，因为许多劳动力依赖于学校和大学教育。但教育真的是一个社会经济发展的引擎吗？或者经济扩张是大众教育存在的理由吗？这两种提法在很大程度上是正确的。教公民阅读和进行简单的算术有助于推动发展中国家的经济增长。向每个人提供基础教育是推动经济发展最有效的一种方法的证据比比皆是，今天世界上几乎所有的国家都试图这样去做。这些智力投资不仅有利于发展中国家的个人，而且还有利于整个社会。接受初等教育会增加之前被边缘化的儿童提升自己在社会经济阶梯上的位置的机会和途径。劳动人口的识字率高会极大促进整个社会的人力资本潜能，会使这个国家对国外投资公司产生更大的吸引力，相信在该国会找到公司需要的劳动者。自20世纪80年代以来，许多亚洲国家——包括中国、印度、新加坡和朝鲜——制定了在中等教育和高等教育中大量关注数学、科学以及工程学的战略。这些国家从这个战略中受益良多。随着进一步发展经济目标的实现以及经济增长率的迅速增加，这些努力得到了回报。

美国的情况怎么样呢？在19世纪以及20世纪的大部分时间里，美国在公民受教育程度方面领先于其他国家，向其公民提供了比其他国家更多的正式学校教育。在一些研究者看来，高水平教育和美国所提供的人力资本在推动该时期美国经济增长方面发挥了关键作用（Goldin and Katz 2008）。经济学家和社会学家广泛地认为，

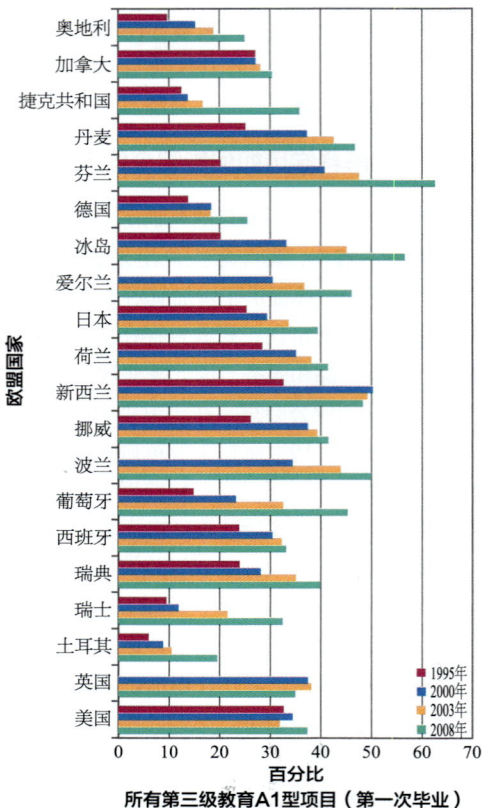

所有第三级教育A1型项目（第一次毕业）

第三级教育A型项目设计用来为先进的研究课程和高水平专业要求提供足够的资格，这些课程（第三级）的最短累计学时为三年全日制同等学时，尽管通常为四年或四年以上，相当于美国的学士学位。

资料来源：经济与合作发展组织（OECD 2010）。

图14.3　随时间变化的大学学业完成率

随着更多的人受到更好的教育、习得更多的技能，劳动力整体上也变得更有生产效率，也具有更多的潜能承担更复杂和更具有经济价值的工作。然而今天，美国不管在受教育数量还是教育成就上都不再处于领先地位（我们将在本章晚些时候讨论这个问题）。这是因为美国高等教育的成本比其他国家高；在许多国家，大学教育要么是免费的，要么是以非常低的成本提供给学生。无论丧失这种教育优势的缘由是什么，不容置疑的是，美国在教育领域不再是领导者。从图14.3能看到许多不同国家大学学业完成方面发展趋势的证据。

在第二次世界大战末期，华盛顿特区的联邦政策制定者倾向于用教育来解决一个不同的经济问题，即担心从战争中返家的退伍军人会涌向劳动力市场并造成失业率上扬。部分是因为这个原因，国会在1944年通过了《军人安置法案》（*G.I. Bill*），该法案允许光荣退伍的士兵加入合格的高等教育项目，同时领取少量生活津贴，接受由政府付费的培训。大约780万退伍军人凭借《军人安置法案》参与了教育项目或培训项目。通过这种方式，国家政府利用教育调控工作者向劳动力市场的流动、避免高失业率（Mettler 2005）。一些分析家认为，如果要重新赢得世界经济的领导位置，美国需要做出类似的努力（Goldin and Katz 2008）。

伟大的平衡器？

15.1.4 讨论学校如何为学生创造出一个公平竞争的环境。

从小学开始，学生就经常被教育在学校里竭尽全力是为了"他们自己好"。为什么这样的思想在现代西方社会的儿童以及青少年中会如此广为人知呢？形成对比的是，对在19世纪工人阶级家庭中长大的孩子来说，他们的脑海里也许根本就没有被灌输过这样的说法。实际上，在他们开始从事一生的工作之前，学校教育也许只持续了几年。儿童可能只有有限的职业生涯选择。许多儿童在年龄不大的时候就开始在家庭农场里工作。如果儿童的父亲从事的是木匠这样需要技能的职业，那么这个儿童（如果是一个男孩）就也可能成为一个木匠（或从事相似的行业）。因此，与今天相比，19世纪时期的社会流动（人们在社会经济地位阶梯中上升的能力）受到非常严格的限制。在那个时候，儿童通常就是在小学学习几年，其中只有规模相对比较小的群体能读到高中。大学教育是精英的特权，规模小但日益壮大的中产阶级的孩子、一小部分工人阶级或农民的孩子才能去上大学。

迈向20世纪，资本主义的经济变迁、大量的中产阶级工作以及职业的兴起使教育增加了第四个重要的目的：教育作为社会向上流动载体的允诺（有关专业化工作增加以及社会流动概念的更多细节参见第10章）。历史社会学家已指出，随着19世纪末20世纪初人们向城市集中并变得更有文化，为了追求资本主义所提供的新职业生涯，他们要求获得更多、更好的教育。大量的职业，如法律、商业、医学、工程学以及其他职业，开始提高教育要求和学历要求，这是获得工作机会的关键。慢慢地，教育成为工人阶级（中产阶级）成员最终能够超越家庭背景、掌控自己工作命运的主要途径。教育改革家也都热切地赞同和传播这种观念；正如霍瑞斯·曼在1848年所说的那样，"教育，远

精英教育的理念规定学生要在相同的物质条件和相同的环境中学习。这种思想认为，如果学生阅读相同的书籍、拥有同样的老师、在组织化相似的学校里学习并根据同样的标准进行评价，那么公平竞争的场域就能够被创造出来。精英理论还假设来自不同背景的所有学生能够针对最值得追求的结果（如大学录取和毕业）展开竞争。那么，教育不平等就是学生努力程度存在差异的结果，而不是由社会经济背景差异导致的。

胜于其他人类起源的一切工具，是一个调整人类不同条件和境况的伟大平衡器——社会机器的平衡之轮"（Mann 1848）。在1862年，随着《莫里尔法案》（*Morrill Act*）通过，联邦政府建立了赠地建大学制度，为每个州提供资源去建立一所州立大学，使经济困难的学生有更多的机会去追求高等教育。

今天，教育仍然是为推动美国社会机会平等做出最多努力的制度。尽管来自更具特权背景的儿童可以通过许多方式获得比穷人家儿童更好的教育（正如我们在本章后面将要看到的那样）、尽管在美国向上流动的机会要比在其他国家受到更多的限制，但几乎任何一个在学校表现好的人将会获得生活机会的回报这一点倒是真的。精英的概念是一种值得珍视的思想，即对值得追求以及重要位置进行竞争的胜利者应该是那些最有资格的人，而不管其家庭背景如何。我们将在这一章的下一个部分看到这种思想是如何发挥良好作用的。

14.2 　教育如何与重要的人生出路相互联系？

教育和人生出路

在一个现代社会，教育成就对我们的人生出路有着深远的影响。例如，思考一下异卵双胞胎，经历不同生活和教育路径的玛丽亚和安娜。玛丽亚在16岁时就怀孕并从高中辍学了。安娜则从高中毕业后考上了大学。40岁时，玛丽亚没有结婚，努力在一家商店里谋求一份做销售员或收银员的全日制工作。她的三个孩子都有了自己的孩子。安娜和一个会计师结了婚，有两个十几岁的孩子，在一家医院里从事一份作为医疗技师的全日制工作。她们的故事反映出来的比较大的趋势是，个体获得教育的年限与其人生中的许多重要转折点相关，包括智力发展、职业、收入、工作条件以及健康。让我们更仔细地考察下这些重要的人生出路并思考教育在其中所扮演的角色。

职业出路

14.2.1　讨论教育、职业与生命历程结局之间的关系，以及这些如何影响经济成功。

正如安娜和玛丽亚发现的那样，在各个年龄段，获得更多教育的人要比获得较少教育的人更可能从事全日制工作，失业的可能性也更低。随着人们进入劳动力市场，那些受教育较多的公民要比受教育较少的公民更可能找到地位较高的工作。这并不奇怪，因为职业地位和工作条件与竞争最激烈的职业和领域所要求的技能和教育程度密切相关。例如，没有高等学历和高度专业化的训练，你不可能成为一名外科医生或律师。

正如图14.4a显示的那样，平均而言，具有较高学历的男性和女性赚的钱要比那些接受学校教育较少的男性和女性赚的钱多。而且，自20世纪70年代以来，具有高中学历的人和具有大学学历的人之间的收入差距一直在增加（详见图14.4b）（Murnane，Willett，and Levy 1995；Goldin and Katz 2008）。完成大学学业已经成为获得一份稳定的中产阶级收入的必要条件。之所以这样，部分原因是大学毕业生要比以前赚得多了，高中毕业生赚得少了，高中毕业生的工作也更不稳定了。高中毕业生不仅赚得少了，而且相比四十年前他们会面临更严重的贫困和失业。

这张图显示，平均而言，学历较高的男性和女性要比那些接受学校教育较少的男性和女性赚得多。例如，一个大学毕业生的年收入差不多是一个高中毕业生的两倍。而且，这张图还显示，不管教育成就怎样，女性的收入要比男性少。

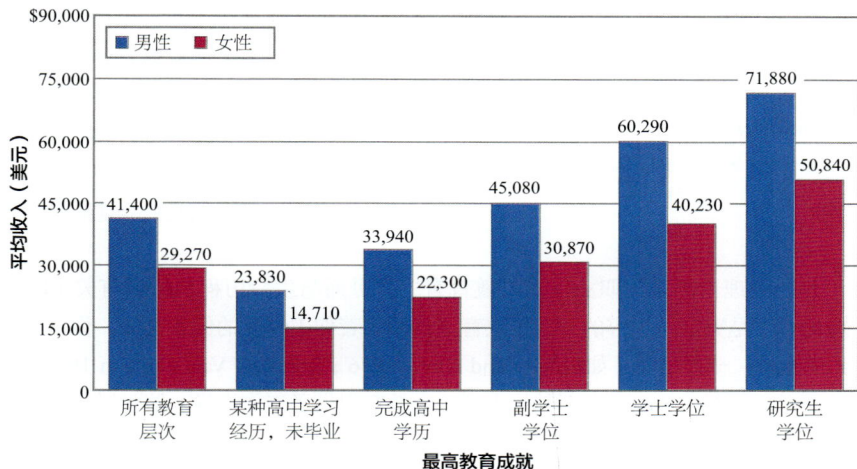

资料来源：美国人口普查局（2009）。

图14.4a 基于教育成就和性别区分的全日制工作者年收入中位数（美元）

受到更多教育的人为什么能得到更多的社会经济回报呢？社会学家提供了两种相互矛盾的解释。人力资本理论将教育看作知识、技能以及价值观的传递，这个过程持续存在于成年期，雇主也相信这会增加生产力。在人力资本的这种经典观点之外，更多的学术研究强调教育制度能传递软技能的作用。这些软技能包括诸如掌控一场深入的会谈，与各种人士进行很好互动的社会技能以及专注于任务的决心和能力。这些软技能有时被称为非认知性特质，可以在教育性情境中得到发展和提高，也能成为人力资本的重要补充。

形成对比的是，分配理论（Allocation Theory）将教育看作将人们分流进为人们的持续思考、学习和收入提供不同机会的位置或制度。学校制度的角色是对人们进行分类，从而使雇主和他人能很好地了解哪些人有可能会成功，哪些人可能不会成功。根据这种理论，教育文凭向雇主传递出这样的信息，你具备某种态度和能力，通过教育制度的各个阶段你到达了今天所在的位置。不管你是不是从自己的正式学校教育中真的获得了这些特质都是如此（Spence 1974）。可以这样想：人力资本将教育看作将你转变成更具生产力的过程，所以在影响你收入多少的关键层面上是不同的。而分配并没有改变你，相反，它会根据你的学历将你带到不同的发展路径上——是高速公路，还是蜿蜒曲折的乡村道路，或是两者之间的某种道路——这会导致不同的收入。

分配理论的另一个层面是社会封闭（Social Closure）的角色，这种思想与马克斯·韦伯（参见第2章）的著如果我们测量大学学历和只有高中，甚至更低教育程度对收入的相对影响，受过大学教育的男性和女性赚得都比没有大学学历的人多不少。两种不同学历拥有者之间的收入差异在过去的30年里显著增加，对未能去读大学者的经济惩罚要比以往更大。

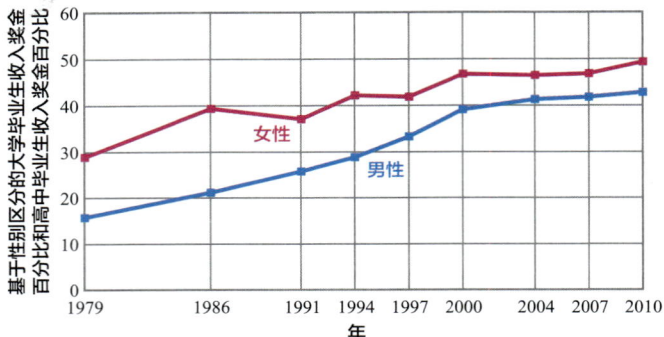

资料来源：历史数据来自卢森堡收入研究（Luxembourg Income Study）的标准化数据库（http://www.lisdatacenter.org）。

图14.4b 大学毕业对年龄在25到45岁者收入的相对影响

作有关。当教育的资格审查功能关闭或限制着人们进入一些职业并因而提升了身处这些职业中人们的回报的时候，教育中的封闭就发生了。结果，之前确保能在这些职业中找到某项工作的学位价值就减少了。这被称为学历通货膨胀（Credential Inflation）（Collins 1979）。社会封闭的另一层含义是，如果你想打破禁锢进入某一种特定职业，你需要跨越许多已设置好的教育限制，在很大程度上，限制住许多能从事这种职业的人。一项对488种职业的研究发现，这种封闭性实践安排影响着许多职业的收入，包括那些从事商业、财务、健康、教育、社会服务、刑事司法以及其他一些职业的收入（Weeden 2002）。封闭性实践安排包括颁发执照、教育文凭、证书、协会任职以及工会。这些实践安排彼此独立地影响着你所拥有的人力资本。

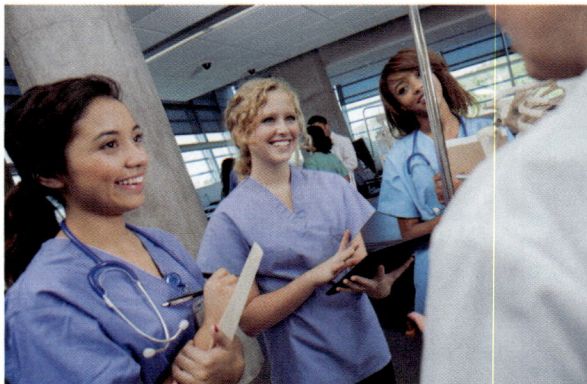

人力资本理论和分配理论都认为职业位置与教育有关并进而与生命历程的结果有关（Pallas 2000）。在这种意义上，两种理论并不是完全不相容的。学校教育显然影响着你工作时的任务类型、你对工作的控制程度以及你监管他人工作的数量。一些学者（如Bowles and Gintis 1976；Ross and Van Willigen 1997）认为，雇主运用教育文凭来维护工作场所管理者的权威，而其他人则认为教育提供了工作指导、监督以及计划所需要的知识和技能。不管教育究竟对个体能力产生了什么影响，结果是具有高等教育学历的工作者，尤其是具有专业化学位（如工商管理学硕士或法学博士）的工作者的确很少从事体力劳动或常规性工作，而更多的是从事脑力劳动。他们也更可能去监督他人的工作，并对自己工作的性质和节奏拥有更多的控制权。而且，资产更多、规模较大的国家和跨国公司更可能要求就职者要有更高的教育水平，它们也会为其支付更高的薪水。

有关教育与未来生活际遇关系的一个重要问题是，社会阶级背景不同的人能否从相似的教育水平中获得同样的回报？换言之，每个人能从大学学历中获得同样的好处吗？或者一些人从大学学历中获得的好处要比其他人多吗？过去几十年有关这个问题的大量研究指出，受教育水平相似个体的经济产出实际上会因为其父辈社会阶级的不同而产生差异（见图14.5）。对于上层阶级的成员来说，社会背景与教育水平密切相关（Cookson and Persell 1985；Espenshade

学历通货膨胀在社会封闭程度高的领域里（比如法律）最为突出，但在许多其他声誉低一些的职业中也可以发现这种现象。例如，护士职业被各种各样的普通学位以及专门的证书保护得特别好，这是由该领域自己施加的保护。结果，想从事护士职业的学生要获得资格并进入该职业就需要通过许多学术门槛——现在的门槛比以前还多。通过人为使进入某种职业变得更加困难，那些已经从事该职业的人就在竞争中得到了很好的保护。

and Radford 2009）。来自富裕家庭的孩子极有可能完成大学学业并更可能获得研究生或专业学位。他们的职业和收入在某种程度上依赖于其教育水平，但也会受到社会关系以及财富的影响，而这与家庭背景息息相关。

相反，对那些中产阶级的成员以及那些在贫困家庭长大的人来说，教育成就的回报也许就比较少了。来自较低阶层、收入较低背景的个体可能会获得较少的教育，而且要比其他阶层的成员花费更多的时间。甚至当他们获得了大学学历的时候，同上层阶级的同辈人相比他们获得高社会地位和高收入职业的可能性也较低。为什么会这样？一种解释是，来自较低阶层的人也许比较缺少这类职业的直接信息，因为具有较高地位的工作被广而告之的可能性较小，而更可能是一种非正式推荐的结果。然而，来自较低阶层背景的、但受到更多教育的人还是要比那些出身背景类似但受教育程度较低的人更可能被雇用、也更可能赚得更多。

普遍来讲，受到更多教育的个体要比受教育较少的同辈人拥有更宽、更广的社会网络，这有助于其增加自己获得工作推介的机会和了解机会的信息（Granovetter 1974）。受教育更多的人要比那些受教育较少的人更可能参与社会、志愿服务、公民、艺术以及政治事务和活动。这个发现在各种文化中得到了证实，突出了个体社会网络的优势。例如，大学生常常在自己的班级里建立起朋友网络，并在兄弟会和女生联谊会里遇到许多人，其中大部分人最后也从事具有高技能要求的职业。没有受过大学教育的人通常缺少这类网络。社会学家还发现，因为受到更多教育的人拥有范围更广泛的社会纽带和社会参与，所以毫不让人奇怪的是这些人普遍会得到更高水平的社会支持——也就是说，他们觉得自己可以依赖他人来"寻求建议和鼓励"（Pallas 2000；Ross and Mirowsky 1989）。

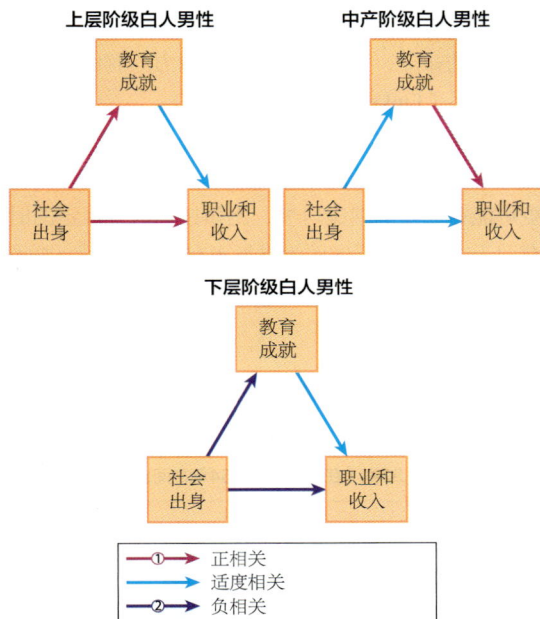

图14.5　阶级背景、教育以及职业关系图

资料来源：佩塞尔（Persell 1990）。

健康与预期寿命

14.2.2　鉴别教育水平与健康的关系。

受到更多教育的人不仅可能找到和保住较好的工作，还更可能保持较好的身体和精神状态，过更健康的生活。例如，受到更多教育的人抽烟的可能性更小，而在那些抽烟的人当中，受到更多教育的人也更可能戒烟成功。基于诸如此类的差异，受到更多教育的人往往寿命更长就不奇怪了。而且这样的差异很显著，在男性和女性以及白人和黑人身上都能看到这种差异。对男性而言，受过大学教育的人和没受过大学教育的人在预期寿命上的差异大约是5年，而对女性而言，这种差异大约是3年。上大学不仅会获得经济回报，实际上还会延长你的寿命。

为什么教育与健康和预期寿命呈现正相关关系呢？一个重要的理由是教育与工作条件之间存在联系。受教育比较少的人更可能被分流去从事体力劳动，有时是在艰难、有毒或者危险的条件下工作。例如，看看引自一位维修工的一段话。一天这个维修工在我办公室附近的污水管道线上冒雨工作。他告诉我说，"当我来到这里冒雨铲粪便时，我知道当初应该去读大学。"像这样的工作者也可能对工作的控制权较少，也更可能在工作中要听从别人的命令，往往会有更多的压力。有保险——拥有一份好工作的重要福利——也与更好的健康水平存在正相关关系（Finkelstein et al. 2011）。

与人力资本理论相一致，也有一些证据显示受教育程度更高的人会有更好的渠道去了解健康信息，能更好地理解健康和健康问题的可能性，而且在获得自己需要的帮助方面处于比较有利的位置（Pallas 2000）。他们也更可能养成好的健康习惯，比如按照药方规定的时间表服药，开车时系好安全带和避免不健康的行为。教育也有助于人们与自己的医生进行更有效的互动，进而在某些情况下获得更好的治疗。

家庭生活

14.2.3 鉴别教育水平与人际关系或家庭生活的关系。

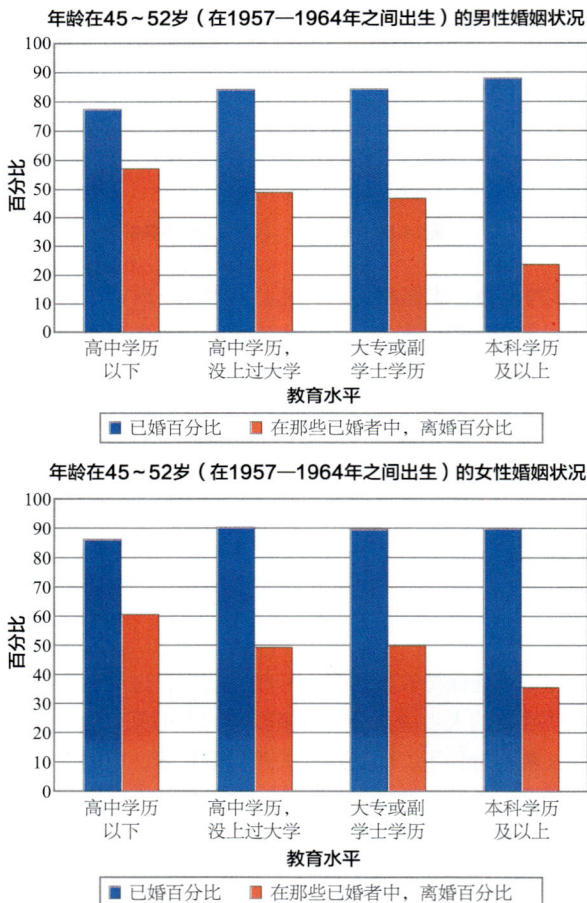

年龄在45～52岁（在1957—1964之间出生）的男性婚姻状况

图例：
- ■ 已婚百分比
- ■ 在那些已婚者中，离婚百分比

年龄在45～52岁（在1957—1964之间出生）的女性婚姻状况

图例：
- ■ 已婚百分比
- ■ 在那些已婚者中，离婚百分比

资料来源：美国劳工统计局（Bureau of Labor Statistics 2013）。

图14.6a和图14.6b 年龄在45～52岁的人根据教育水平区分的结婚率和离婚率：2010—2011年

教育还与你有多大的结婚可能性、婚姻幸福、选择的伴侣类型、要孩子的年龄以及离婚的可能性有关。在美国，受教育水平更高的人要比那些受教育水平较低的人更有可能结婚。年龄在25～34岁的女性群体中，大学毕业生结婚的比例是59%，与此相比，非大学毕业生的结婚比例是51%（Martin 2006）。在那些年龄在35～44岁的女性群体中，具有大学学历的女性中有75%的人结婚了，相比之下，没有大学学历女性的结婚比例是62%；而年龄在65岁及以上的女性群体中，两者的比例分别是50%和41%。甚至更让人震惊的是离婚率方面的巨大差别。相比没受过大学教育的夫妇，受过大学教育的夫妇离婚的可能性要小得多。图14.6a和图14.6b显示的是根据教育水平区分的、年龄在45～52岁的男性和女性的结婚率和离婚率。

我们越来越有可能与自己教育水平相似的人结婚——社会学家称之为教育同质性（Educational Homogamy）。在近些年来，一个高中毕业生同一个大学毕业生结婚的概率显著下降了，而越来越多的情况是受过大学教育的人同其他受过大学教育的人结婚。这种日益增加的同质性具有许多含义。如果一个家庭中的父母具有相似的教育水平，这对家庭中孩子的教育和财力资源获得具有重要意义。正如早前提到的那样，大学毕业生和高中毕业生之间的收入差距在过去40年增大了。这意味着一个双职工、受教育程度较高的家庭要比一个受教育程度较低的单职工或双职工家庭要具有额外的经济优势。结果，教育同质性会进一步增加由大学毕业的夫妇构成的家庭和由高中毕业的夫妇构成的家庭之间的不平等。近些年的一个大变化是，受过教育的美国人会在年龄较大时结婚，会在比较晚的时候要孩子并会生养比较少的孩子。尤其女性会在比较晚的时候才结婚，这样她们就能有更多的时间接受更多的教育、追求更好的职业生涯。相比较年轻时结婚的人，年纪比较大时结婚的人离婚的可能性更低。这也许能解释"离婚分界线"，它是指婚姻破裂现象在20岁前后结婚并且没有大学学历的人群中特别普遍（Martin 2006）。

把这两种趋势结合在一起，我们现在能够开始理解，为什么受过大学教育的人要比没受过大学教育的人在婚姻中表现得"更好"。这些人在结婚时往往年纪比较大，因此会更加成熟，还会遇到更加多种多样的人。他们会了解什么对自己是重要的，而且他们也许不太可能把婚姻看作生活的重要目标；婚姻是他们想要这样而做出的选择，而不是因为别人期待他们这样去做才做出选择。他们更可能与其他受过教育、收入不错的人结婚，而由两个受过大学教育的人所带来的经济安全感也会给婚姻带来更多的幸福感，从而也减少了离婚的可能性。

14.3　教育对所有人来说是平等的吗？

教育不平等

基于教育在我们生活中的重要性，社会学家特别关注教育对所有人而言是否平等这个问题。教育能成为美国社会自19世纪晚期以来所承诺的伟大平衡器吗？或者教育只是对不平等进行着再生产吗？抑或两者皆有吗？社会学家做了大量的研究去分析在教育途径、教育经历以及教育结果方面，不同社会阶级、种族和性别的人是否相似。在这个部分，我们将对其中的一些结果和含义进行讨论。

社会阶级差异

14.3.1　讨论社会阶级因素如何助力于教育不平等。

设想有三个儿童出生在同一个时代，但其父母的社会阶级背景各不相同。第一个孩子出生在一个富裕、受过良好教育的商人或专业人士家庭。第二个孩子出生在一个中产阶级家庭，父母双方都读过大学，从事中等水平的管理或社会服务工作。第三个孩子出生在一个贫困家庭里，父母双方都没有完成高中学业，也没有稳定的工作。这三个孩子会接受相同的教育吗？

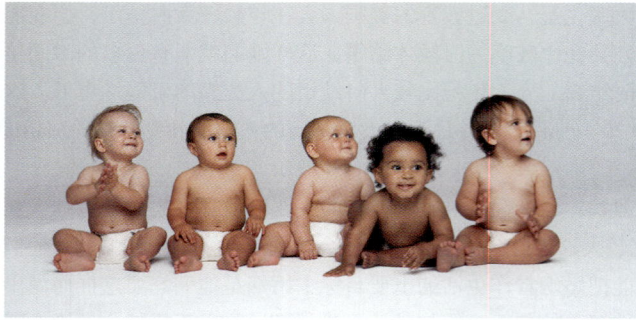

图片中的这些孩子将接受同样的教育吗？尽管美国的建国基础是承诺为每个人创造平等的机会，但现实中这些孩子的教育经历可能会非常不同。

美国的教育不是每个孩子都能以同样的方式获得单一、同质的教育制度。不同社会阶级的孩子——就像这三个孩子一样——有可能会去不同类型的学校读书，也有可能会接受不同类型的指导，有可能学习不同的课程，毕业的比率和时间也都不同。他们还可能从自己的家庭中获得水平非常不同的鼓励，在校外生活中也面临着水平非常不同的学习机会。作为所有这些因素共同作用的一个结果，当这些孩子长大、完成学校教育时，他们之间的差异可能会远远大于他们来到这个世界时的差异。这些差异对其他人来说相当明显，有可能会被其他像雇主这样的社会机构用作录用或拒绝这些人的标准。当这一切发生时，正在进行的是社会再生产而不是产生平等机会。

社会再生产以多种多样的方式进行着。美国高度的经济不平等影响着人们能受到多少教育以及接受教育的质量。例如，相比收入较为平等的州，在收入不平等比较严重的州——高收入家庭和低收入家庭之间的差距比较大——那些在比较富裕家庭里长大的孩子会获得比较多的教育，而在比较贫穷家庭里长大的孩子获得的教育就比较少（Mayer 2011）。原因看起来是这样的，在收入不平等更加严重的州，受教育较多的个体会比那些受教育较少的个体收入多，因此较为富裕的家庭会更努力确保自己的孩子获得更多的教育。

在美国，人人机会平等的历史信念同高度且日益增加的经济不平等形成了一种悖论。一些学者将这个问题称为"抱负管理"（Management of Ambition）（Brint and Karabel 1989：7）。渴望高收入职业的人要比实际从事这类职业的人多。这导致的一个结果是教育文凭主义，在这一章前面提到过这一点。这意味着所有的工作对教育的要求越来越高，尤其是那些专业化和管理性工作（Collins 1979）。随着对教育年限要求的增加，来自低收入家庭背景的年轻人要跨越那些阻碍就更加困难了。让我们好好探索一下社会阶级背景如何以及为什么会影响学生的成就。

所有研究者都认为，历史上学生的社会阶级背景始终与教育成就有关（Coleman et al. 1966；Gamoran 2001；Mare 1981）。尽管存在许多例外的情况，但来自较高社会阶级背景的学生往往会比那些来自较低社会阶级背景的学生得到更高的分数，在学校里接受教育的时间更长。在过去50年里，家庭收入在解释教育成就差异方面变得比种族更重要了。实际上，现在收入差距是黑人和白人教育成就差距的2倍多。这是历史发展趋势一个让人瞩目的反转；50年前，种族差距是收入成就差距的2倍（Reardon 2011）。家庭收入对孩子的学校成就正变得更加重要，而且现在几乎与父母教育一样重要。

社会阶级背景会影响我们去哪里上学、在那里会经历什么。结果，来自较低社会阶级背景的学生往往会碰到准备不够充分的老师，常常学习价值较低的课程，受到的指导较少，课内和课外要求的任务和作业较少。因而，这样的学生学到的东西比较少，为下一层次教育的准备也不如来自较高社会阶级背景学生充分。之所以会这样是因为社会阶级与人们的居住区域有关，居住区域又与学校能获得的资助有关，而资助与学校教学质量息息相关。学校经历与教育支出有关，各州的教育支出差别极大，正如你在图14.7中看到的那样。

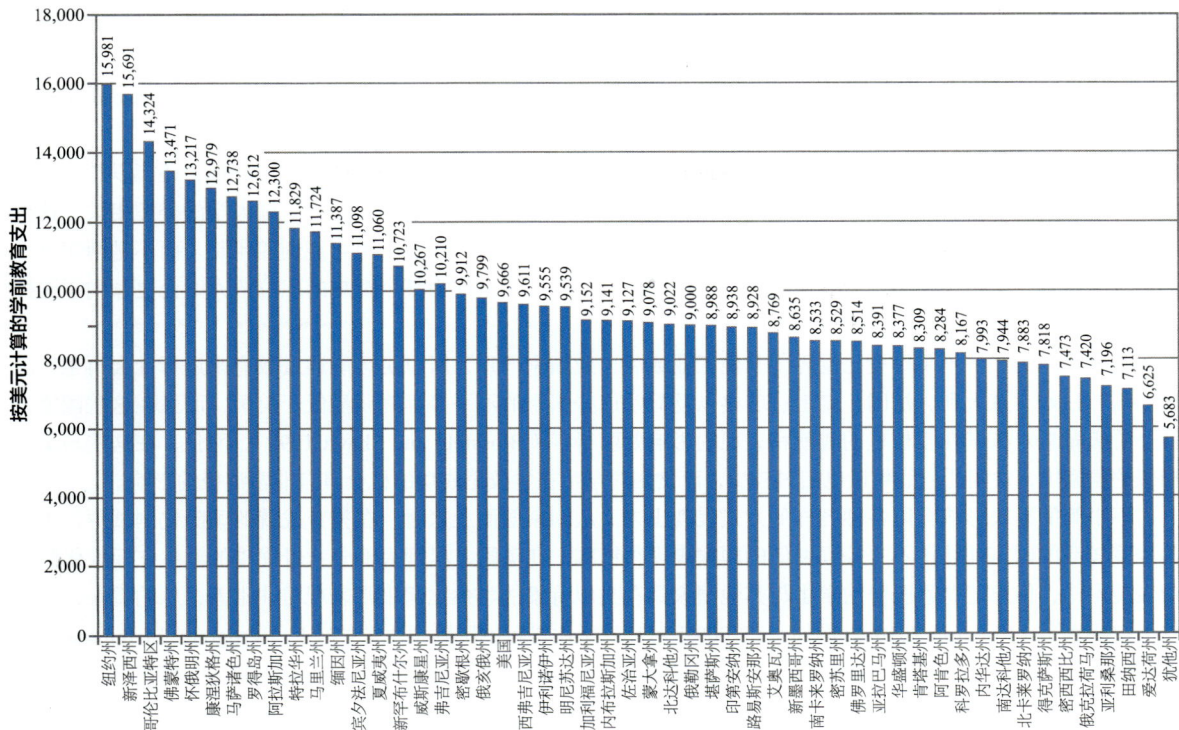

按美元计算的学前教育支出

15,981 15,691 14,324 13,471 13,217 12,979 12,738 12,612 12,300 11,829 11,724 11,387 11,098 11,060 10,723 10,267 10,210 9,912 9,799 9,666 9,611 9,555 9,539 9,152 9,141 9,127 9,078 9,022 9,000 8,988 8,938 8,928 8,769 8,635 8,533 8,529 8,514 8,391 8,377 8,309 8,284 8,167 7,993 7,944 7,883 7,818 7,473 7,420 7,196 7,113 6,625 5,683

纽约州 新泽西州 哥伦比亚特区 佛蒙特州 怀俄明州 康涅狄格州 马萨诸塞州 罗得岛州 阿拉斯加州 特拉华州 马里兰州 缅因州 宾夕法尼亚州 夏威夷州 新罕布什尔州 威斯康星州 弗吉尼亚州 密歇根州 俄亥俄州 美国 西弗吉尼亚州 伊利诺伊州 明尼苏达州 加利福尼亚州 内布拉斯加州 佐治亚州 蒙大拿州 北达科他州 俄勒冈州 堪萨斯州 印第安纳州 路易斯安那州 艾奥瓦州 新墨西哥州 卡罗来纳州 南卡罗来纳州 佛罗里达州 亚拉巴马州 华盛顿州 肯塔基州 阿肯色州 科罗拉多州 内华达州 南达科他州 北卡莱罗纳州 得克萨斯州 密西西比州 俄克拉荷马州 亚利桑那州 田纳西州 爱达荷州 犹他州

资料来源：美国人口调查局（2007）。

图14.7 美国各州在小学和初中每个学生身上的支出：2006—2007年

　　甚至在学区内，一些学校在每个学生身上的支出也可能会比另一些学校多，特别是当父母为当地学校组织捐款时更是如此。这些资源使学校能够雇用受过更多教育和更有经验的教师，并能提供发展教育的资源，比如设施完善的图书馆和实验室、最新的教材和技术以及教育性的实地考察。它们还能提供更多的课外活动，比如体育运动、戏剧和音乐。研究显示，对一些学生而言，这样的活动是学校是否能成为一个自己能忍受的地方的重要因素。

　　社会阶级还会对学生的态度以及内化教师要求的治学精神的能力产生影响。社会学家指出，小学生的社会经济出身不会必然影响到其天赋，而更多的是会影响他们在教育制度中的文化适应性。例如，在中产阶级以及上层阶级家庭中长大的孩子所面对的抚养形式往往与在下层社会阶级家庭中长大的孩子不同。对比来说，工人阶级以及穷人家里孩子的经历常常是更"孩子般"的生活，父母控制着孩子大部分的闲暇时间。更富裕的父母则会特别积极地发展自己孩子的教育兴趣；他们强调推理的重要性，还会鼓励孩子通过协商解决问题（Lareau 2003）。来自中产阶级背景的孩子会学习到数量更多、更被文化接受的词汇。结果，来自较高社会经济地位的孩子会准备得更加充分，从而能在学校里表现良好。这样的孩子通常能更积极地与教师以及其他教育者互动，因此他们看起来要比来自较低社会阶级的同辈人更加能言善辩。教师也可能会无意识地奖励这些由阶级造成的习惯和态度，这是社会阶级影响学生成就的另一种方式。

　　尽管学生辍学或不能继续学业的理由有很多，但学生在学校的经历会影响其继续读书或弃学的欲望。在私立学校或质量较高的公立学校读书的学生辍学的可能性要比在质量较差的公立学校读书的学生小很多。为什么会这样？首先，在私立或资源丰富的公立学校读书的孩子会比在一般的公立学校里读书的孩子更有机会参与课外活动；这些学生进行的社会和公民"投入"激励他们继续参与学校教育。研究者发现，平均来说，私立学校和高质量公立学校的教育往往体现出比较强的父母参与程度。父母积极参与学校教育是孩子学习的重要支持力量，并强化了孩子与家庭之间的联系纽带。

社会再生产能持续到大学阶段。阶级背景除了能以财力支持的方式影响学生的大学表现，还能以其他的方式（尽管具备上大学所需的资源显然是第一重要的因素）产生影响。阶级与学生就读大学的类型相关，这相应地又会与学生的大学表现相关。私立高中的毕业生要比公立高中的毕业生更可能到四年制（而不是两年制）的大学里就读，也更可能到广受欢迎的公立或私立大学读书，雇主在为某个理想的职位招人时会更倾向于选择在这些大学读书的学生。

因为美国的经济不平等要比世界上其他工业或后工业国家严重，所以更可能通过教育来进行社会再生产。像德国、日本、意大利、法国、瑞士、瑞典以及荷兰这些国家的不平等程度明显低于美国，而且在这些国家，社会阶级背景对孩子在学校里的成就和表现的影响要弱得多（Blossfeld and Shavit 1993）。而且，在这些与美国相似的国家里，贫困儿童的数量也相对较少，而贫困对学生在学校里成功的机会具有非常消极的影响。

不平等的消极影响会以各种各样的方式表现出来。从国家层面上来看，在教育成就的国际化测试中，不平等程度较高的国家往往比不平等程度低的国家表现得糟糕。在美国，尽管大部分背景优越的学生在标准化测试中表现不错，但那些背景弱势的学生与其他国家具有类似背景的学生比起来则表现得非常差，总的看来，美国处于中等水平（Condron 2010）。例如，在2009年对15岁学生进行的国际学生评估项目（Program for International Student Assessment）中，美国在阅读测试中排在第17位，比平均水平高一点儿；在科学测试中排在第23位，勉强高于平均水平；在数学测试中排在第32位，低于平均水平（OECD 2010）。美国表现糟糕的一个原因看起来是学校资源不平等的程度较高，正如我们将在这一章后面看到的那样。但是世界上各个学校里的教师质量也存在差异，因此单单学校资源不平等也不能解释学生学习方面的差异（Montt 2011）。另一个原因可能是学生的勤奋程度存在差异，世界上某些地方的年轻人学习更努力。电影《两百万分钟》（*Two Million Minutes*）对此进行了阐述。这部电影比较了美国、中国和印度6所同类拔萃的高中，展示了美国学生要比印度和中国学生在打工以及社交上多花很多时间，印度和中国学生每周在学习上花的时间要比美国学生多出很多个小时（一年要多出数个星期）。

种族和族群差距

14.3.2 讨论种族和族群议题对教育不平等的推动作用。

除了研究阶级差异，社会学家还通过大量的研究来分析教育成就的种族和族群差距。尽管存在个别的例外情况，但平均来说，美国黑人、拉丁裔美国人和印第安人在教育成就上往往比白人和亚裔美国人表现得糟糕，而且这种差距在过去30年一直存在，即使有很多努力旨在提供更多平等的教育机会也依旧没有多大改观。差距体现在标准化测试的得分、平均成绩分数、天才或特殊教育项目的设置率、辍学率、大学入学率和毕业率上。

奴隶制、种族歧视以及种族隔离在历史上的合法化导致种族群体之间存在严重的社会和经济不平等，这会影响他们的教育成就。例如，让我们思考一些测量学生阅读和数学表现的测试。社会学家观察了一群在重要变量上相同的黑人和白人学生。这些学生的年龄和出生体重相同。他们父母的教育程度、职业和收入相同，而且这些学生的母亲在生第一个孩子时的年龄相同。这些家庭里的儿童读物的数量相同，而且同样可能会获得美国政府妇女、婴儿和儿童特别营养补充计划（Special Supplemental Nutrition Program for Women，Infants and

Children，简称WIC）的支持。当所有这些因素都一样时，这些儿童在阅读和数学考试中得到了相似的分数（Fryer and Levitt 2004a，2004b；Yeung and Pfeiffer 2009）。

不幸的现实是，黑人学生和白人学生并不可能会在这些生活机会的指标上平等。那些条件相似的白人学生和黑人学生的成就差距到三年级时就会呈现出来。我们对此如何解释？教育成就的种族差异能够通过历史以及当前种族不平等制度来加以解释，包括社区、家庭、学校和对大孩子很重要的同辈群体。教育成就方面的种族差异来自社会不平等而不是基因的不同。这一点在涉及祖父母资源、社区特征、同辈群体

在美国、加拿大、澳大利亚、新西兰以及大多数的欧洲国家中，从大学毕业的年轻女性的比例要高于年轻男性。

以及有关父母、学生和学校信息的研究中体现出来（Yeung，Persell，and Reilly 2010）。相比黑人祖父母，白人祖父母会受过更多的教育、拥有更多的财富、居住在贫困程度比较低的社区。当他们的孩子为人父母时，其教育成就、收入、职业、财富以及居住的社区也都会产生差异。第三代白人儿童要比黑人儿童更可能生活在不大贫穷的社区里，更可能去许多社会经济地位处于中等或高等的孩子所在的学校读书。社会经济地位是基于诸如教育、收入以及当前职业对一个人的阶级所做的宽泛界定。这些白人儿童还会拥有更多不会惹麻烦的朋友。然而，当祖辈资源以及社区状况与父母的资源、社区状况、教育方式、学校的社会经济地位以及同辈群体一起被考虑进来时，种族差距就变得不显著了（Yeung et al. 2010）。

性别差异

14.3.3 讨论助力教育不平等的性别议题。

在教育程度或教育成就方面，除了阶级和种族差异还存在性别差异吗？从全世界来看，在相对富足和已实现工业化的国家里，男孩和女孩达到的教育水平是相似的；在许多国家里女孩要比男孩表现得更好。可在比较贫穷的国家里，尤其是在那些大部分人口从事农业生产的国家里，女孩获得的教育程度超过男孩是非常不可能的，甚至在小学文化层次上的表现也是如此。在许多这样的国家里，教育的性别不平等是重要议题。

当我们观察学术表现方面的性别差异时，结果的变化依赖于被比较的学生的年龄以及年级或考试分数是否被加以分析（Buchmann，DiPrete，and McDaniel 2008）。就考试分数而言，美国的性别差距30年来一直相对稳定。男生在数学上的考试分数要比女生略高一些，而女生在阅读方面略胜一筹，但男生和女生群体的内部差距要远远高于性别之间的差距。在低年级的时候，性别差距很小，但随着儿童在教育制度中的前进，考试分数的差别就显现了出来（Buchmann et al. 2008）。

然而，当考虑到成绩等级时，女生的确在所有层次的教育上一直表现得比男生出色。过去女生的成绩等级在高中后期和大学期间会落后，但现在的情况不再是这样了。在美国，女生同样可能学习要求很高的数学课程，而且更可能在高中时就学习大学先修课程。

当我们转而分析教育结果时可以看到，在美国，女生要比男生更有可能从高中毕业并去大学读书，在有色人种的学生那里这种差距甚至更大。这是随时间流逝出现的一个重要变化。在1960年，65%的学士学位是由男生获得的；到1982年，男生和女生获得学位的数量持平；到2012年，女生获得学士学位的数量占总数的57%

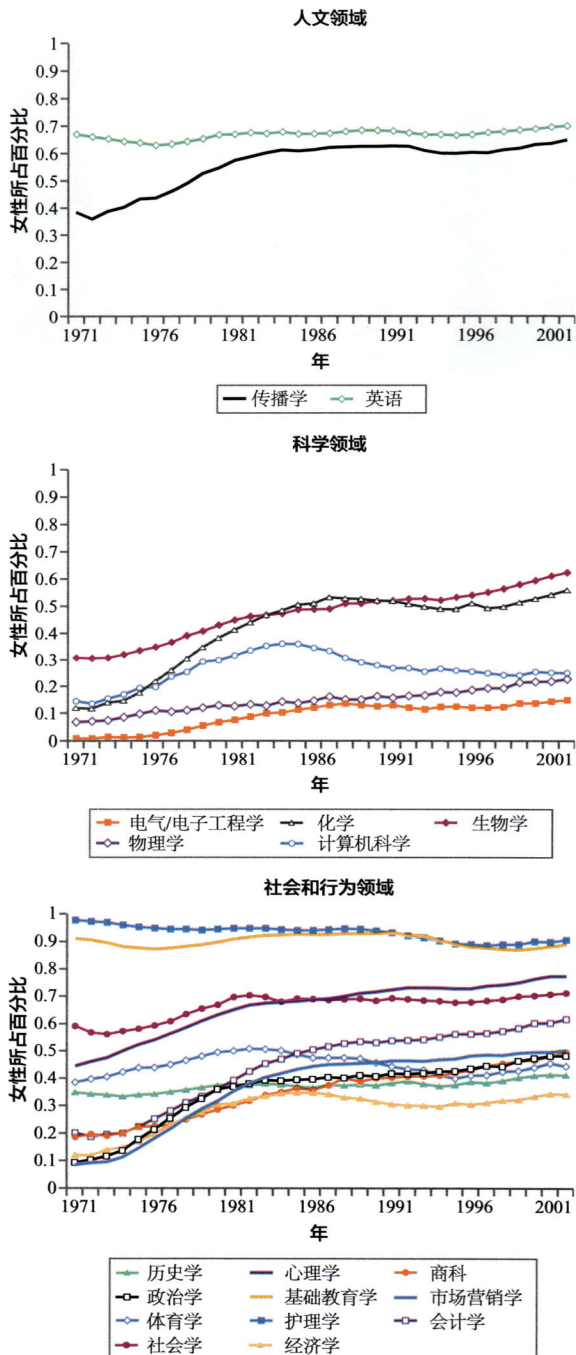

人文领域

女性所占百分比 / 年

传播学 —— 英语

科学领域

女性所占百分比 / 年

电气/电子工程学　化学　生物学
物理学　计算机科学

社会和行为领域

女性所占百分比 / 年

历史学　心理学　商科
政治学　基础教育学　市场营销学
体育学　护理学　会计学
社会学　经济学

资料来源：基于英格兰和李的研究（England and Li，2006：666）。

图14.8　学士学位获得中的女性比例

（ National Center for Education Statistics 2013 ）。 对女生这种优势的部分解释是，入学登记的男性学生更可能从大学退学。女生还比男生更可能考上两年制的大学并毕业；在2012年，60%的文科副学士学位被女生获得。最后，在研究生学历方面，女生更可能获得硕士学位，而女生获得博士学位以及如法律、医学以及牙医学这类专业性学位的可能性与男生一样。我们知道，父母受教育程度越高、拥有的其他资源越多，子女就更可能受到更高等的教育。这些家庭资源会根据性别平均分配吗？同一个家庭里的男孩和女孩可以说生活的环境是一样的。但是，对出生在1960年前的儿童来说，只有在父母都受过大学教育的少数家庭里，女孩才能获得与男孩一样的教育机会。在父母文化程度是高中或以下的家庭里，大学毕业率的性别差距是最大的。但对出生在1960年中期之后的儿童来说，一项研究（Buchmann and DiPrete 2006）发现，女性在教育方面的优势逐渐扩展到所有家庭类型里面。

可能女孩上大学的渴望更强烈可以部分解释她们在高中的优异表现以及她们有更高的大学毕业率。女孩在学业上花的时间更多、产生纪律问题的可能性较小也有助于女孩表现更出色（Buchmann et al. 2008）。但女孩更有力的表现也反映了她们渴望通过教育缩小性别收入差距。正如先前在图14.4中揭示的那样，具有高中学历男性的收入比具有同样学历的女性高出62%，而具有硕士学位的男性在收入方面要比具有相似学历的女性高出41%。也许，随着女性意识到自己的成人生活有好长一段时间去工作时，她们决定在学校教育上付出更多的努力以期获得一份更好的工作。

一旦进入大学，男性和女性会学习同样的科目、追求相似的学历吗？正如图14.8揭示出，在最近这些年，更多的女性选择在传统上由男性主导的领域里学习（例如，计算机科学、自然科学、商科），当然相对来说，比较少的男性会主修护理学、基础教育或其他传统上由女性主导的领域的专业（Jacobs 1995；England and Li 2006）。就教育程度或教育成就来说，高等教育的性别差距表现为女性领先于男性；但就进入声誉卓著的大学以及选择未来收入较高的职业而言，男性还是领先于女性。

14.4　教育制度是如何分化的？

世界各地的教育制度

　　一个学生在美国的教育经历和一个学生在法国或中国的教育经历会非常不同。在不同国家长大的儿童所面对的教育制度在三个重要方面存在不同。首先，在入学方面存在差异，各个年龄、性别以及种族儿童的入学比例不同。第二，学校的管理和资金来源不同。在一些国家，国家政府资助和管理学校，设定课程、教师规范、学生成就评定标准以及其他议题。法国常常被当作这样一个例子来引用，在这个国家，教育专员知道在任何一所学校、任何特定时刻正在教授什么。在其他国家，教育是由省或地方政府的权威机构进行管理和资助，这意味着所有学生也许不能接受同样水平的政府资助或学习同样的课程。第三个方面的差异与公共教育和私立教育的规模以及公共资金用于教育的规模程度有关。不同国家在这三个维度上存在的差异大大促成了不同时空下教育制度及其产出的差异。

教育机会

14.4.1　解释教育机会如何影响学业成就。

　　在大多数国家，基础教育（从幼儿园到 12 年级的教育，简称 K-12）是免费的，由政府提供教育资源。但其他国家运用市场，通过向学校收费来分配教育资源（如北非的中学），这会限制穷人受教育的机会。一些国家要求儿童上学接受教育并强制推行这项要求，尽管其他一些国家由于文化的原因禁止某些儿童上学。在美国及其他一些富裕国家，免费的公共学校教育面向所有人，而且要求儿童必须去上学，通常要持续到15岁或以上，除非接受家庭教育、私人教育或其他教育。可是，在一些没那么富裕的国家，政府选择把一些教育经费用在发展大学，而不是用在提供普遍基础教育方面。一些国家会向学校收费，或者有学校却没有书籍或实验室，所有的教师也并不都受过专业训练。结果，从世界范围来看，教育机会存在广泛的差异，有时在性别、阶级和种族方面存在极大差异。

　　就高等教育来说，世界各地也存在很大的差异。国与国之间的大学教育成本差别极大，学生受到资助的机会也极为不同。在许多国家，高等教育或大学教育对学生免费或只需要极低的成本。美国拥有世界上最昂贵的

一些学生能接触到传统的印刷品，一些学生则没有这样的机会，还有一些学生能在学校里接触到计算机和数字媒介。这种资源差异会产生怎样的后果呢？

公立高等教育制度，甚至在州立大学里学生及其家庭都要缴纳学费和其他费用。几乎3/4的美国学生会去公立、非营利学院和大学就读，大约10个学生中只有1个会到下面的某类学院或大学中读书：私人独立非营利学院或大学、私立宗教机构或私立营利机构。近些年，高等教育成本急剧上升，尤其是在州立机构里；较少基于需要分配经济资助，更多的是基于表现进行分配；而且学生需要借越来越多的钱为自己的教育付费。在其他一些国家，如丹麦和瑞典，存在免费的公立高等教育，大多数学生会收到额外的贷款或奖学金。图14.9揭示了美国高等教育的成本与其他国家相比是怎样的情况。

高等教育的成本在国家之间存在极大的差异，学生得到资金支持的机会同样存在极大的差异。美国存在着世界上最昂贵的公立高等教育制度。其他国家，比如丹麦和瑞典，都有免费的公立高等教育，大部分学生可以得到额外的贷款或者奖学金。思考一下这些制度差异会如何影响具有各种各样社会经济地位背景的学生获得高等教育资源的。

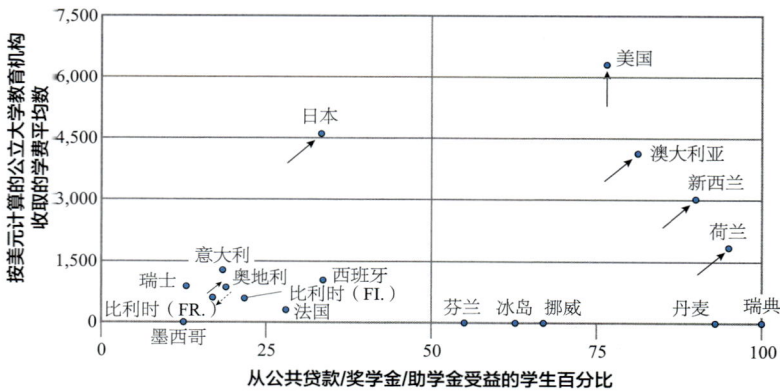

资料来源：经济与合作发展组织，网址http://www.oecd.org/edu/skills-beyond-school/48631028.pdf

图14.9　国际视角下的高等教育成本和大学债务

学校的管理和资金来源

14.4.2　解释学校的资源和资金数量如何影响教育机会。

尽管大多数富裕国家都存在课程、考试和资金来源一样的国家公立初等教育、中等教育制度，但有一些国家不是这样。美国是国家教育制度模式里一个引人注目的特例。美国宪法宣称没有把委派给联邦政府的权力保留给各个州，而法院把教育解释成具有这样的功能。因而，每个州都有自己的教育部门，它可以为公立学校设定课程和标准。美国也存在地方选举出来的学校董事会，负责审批学校预算并帮助制定教育政策。

在美国，44%的学校资金来自地方资源（主要是不动产税）；48%来自州政府；8%来自联邦政府，前提条件是该学区符合接收一种或多种形式的国家资助资格。州以及地方政府管理和资助学校的一个结果是美国在基础教育投入上存在极大的不平等。正如你在图14.7中看到的那样，在州这个层次上，数据体现出了这一点，而在大部分州的内部对学前教育的投入也存在极大的差异。即使在某个特定的学区，不同学校接收到的资金也存在差异（Condron and Roscigno 2003）。

同美国类似，南非也是由地方给学校提供资金，产生了相似的不平等结果。学校资金来源的系统性差异与其他议题有关，比如教师质量、课程、学生成就以及由社会阶级和种族导致的教育机会不平等。在许多欧洲国家，联邦政府既给大学教育提供资金，还给初等教育和中等教育提供资金，尽管和美国相比，这些国家常常只有比较少的一部分人口能够到这样的学校读书。

公立教育VS私立教育

14.4.3　区分公立教育和私立教育有什么不同以及如何影响教育平等。

各个国家在以下方面存在广泛的差别：是否拥有私立学校，谁在这些私立学校上学，公共资金是否会为私立学校买单。私立学校是全部由一个实体而不是由一个州或公共权威机构管理的教育组织。美国婴儿潮一代导致公立学校的入学报名人数在20世纪50年代和60年代急剧增加。在1971年达到顶峰之后，公立学校的入学就读人数开始下降，在20世纪80年代下半期再次增加。公立学校全部入学报名人数每年都在打破原有的纪录，直到21世纪中叶，该人数稳定在大约5500万人。就基础教育而言，私立学校的入学报名人数大约占总入学报名人数的10%。尽管"私立学校"代表着资源富足、声名卓著，但实际上这些私立学校中超过一半的学生——大约300万人——是在教会学校报名入学，私立高中学生中大约有75%的人在教会学校读书。第二大私立学校的类型是非教会学校，入学报名人数大约120万人。在本章伊始讨论的精英私立寄宿学校占美国私立学校总数10%或更低，只占美国所有中学的1%。

尽管一些国家会向私立教育提供一些间接支持（诸如不动产免税），但多数国家（包括美国在内）不会直接向私立教育提供公共支持。其他国家（比如荷兰）会用公共税收的钱支持各种形式的教育，包括教会学校和私立学校。在荷兰，几乎70%的学校都由私立学校委员会来管理，而且在荷兰和比利时去私立学校读书学习的学生大约占到学生总数的60%。

然而，在西欧和东欧的大多数国家，以及加拿大和以色列，绝大多数小学和初中学生会去公立学校读书（Torche 2005）。尽管一些研究者发现私立学校的学生成就要高于公立学校的学生成就，但其他一些学者认为，公立学校和私立学校内部学生成就的差异要远远超过这些不同类型学校学生成就之间的差异，因此很难形成一个确定的结论。当把学生的家庭背景因素考虑进来时，公立学校学生与私立学校学生之间的成就差异就没有那么大了。

学校的资源、管理以及资金来源揭示了教育制度在国家这个层面上产生差别的一些方式。在每个国家内部，学校的组织方式也存在差异。美国的学校具有几个与其他许多国家不同的额外特征。

居家教育

14.4.4　讨论居家教育的趋势及其意义。

尽管世界上的大部分人会在家庭之外的公立学校或私立学校接受教育，但也有相当多的人留在家里接受教育（详见图14.10）。在美国，大约有150万的儿童在家接受教育，约占学生总数的3%。然而，这些学生里面包括每周要在传统学校学习20小时并接受居家教育的学生。来自收入较高的双亲家庭的白人学生构成了居家教育的主力军。

在2003年，国家家庭教育研究所（National Home Education Research Institute）对美国7300名采取居家教育的成年人进行了调查。该调查的结果显示，接受居家教育的人要比那些根据标准化考试入学接受教育的人表现得出色，而且更可能会参与选举。然而考虑到父母的社会阶级背景是采取居家教育的主要动因，所以这并不让人奇怪。选择对孩子进行居家教育的家庭往往要比把孩子送到公立学校的家庭具有更高的收入和教育水平。因此，居家教育对学生技能以及人力资本的真正影响是怎样的并不明确。更进一步说，接受居家教育学生的社会化与接受传统教育学生的社会化是不同的：父母和其他家庭教育者会强调不同的文化规范、价值观和历史事实。

下面这张图片中展示出居家教育的发展趋势。这张图显示从5岁到17岁（相当于美国的基础教育）接受居家教育的学生数量。这样的学生人数从1999年的85万人上升到2007年的150多万人。

美国5～17岁接受居家教育的学生人数

资料来源：基于国家教育统计中心（NCES）的数据（http://nces.ed.gov/programs/digest/d12/tables/dt12_040.asp）。

图14.10 在家教育趋势：1999—2007

组织实践：考试和分流

14.4.5 解释包括考试和分流的常见组织实践如何导致教育不平等。

美国的教育实践和其他发达国家的教育实践存在两个重要的差别，即考试和分流方式不同。尽管教师常常会对学生进行考试和其他评估，但在过去几十年美国越来越强调大规模"高强度利害关系"的成就考试。这种考试的利害关系强度高是因为，一场考试就可能决定学生是否能升入到下一年级学习，或者甚至决定学生能否从高中毕业。这样的考试还被用于评估教育者、学校以及学区的绩效。然而其他教育制度强大以及学生成就高的国家则不会每年对学生进行考试，也不会根据学生的考试分数来评估教师（Tucker 2011）。

根据成就考试（Achievement Testing）倡导者的观点，使用这类考试的目的是为学生学习设定比较高的标准并提高学生成绩。然而，当一些学生在考试中表现不佳时，学校和教师能以下面几种方式进行应对。学校和教师可以与那些考试成绩不高的学生一起更加努力，给予这些学生更多的个人关注、教育以及额外的学习经历，努力提高他们成就考试的分数。这种应对方式通常需要额外的资源，许多学校就缺少这些资源，尤其是那些资金本来就不足的学校更是如此。另一种可能的应对方式是学校通过劝说考试成绩低的学生退学或转学来将这些学生分流出去。这显然是高利害关系考试意料之外的后果，这会伤害那些最需要教育以及最脆弱的学生。尽管并不反对高标准，但许多老师说这种强制性考试会导致出现"与合理的教育实践理念相悖的教学方式"（Winter 2003：B9）。

美国得克萨斯州的教育评估系统（Texas Accountability System）和学生成功计划（Student Success Initiative）规定三年级的学生要升到四年级就必须要通过一个阅读考试。一项研究分析了城市小学对此的反应（Booher-Jennings 2005）。研究者发现教师会花更多的资源帮助那些处在通过得克萨斯州知识与技能评估（Texas Assessment of Knowledge and Skills）考试边缘的学生。同时，教师还通过将更多的学生分流到特殊教育中来缩小要被统计的学生群体规模。教师为什么会参与到这样的教育制度中？这项研究发现，制度环境将具有高通过率的老师界定为好老师。教师与同事之间是竞争者而不是合作者，这削弱了教职工合作实现共同目标的能力。"对提高综合考试分数的单一关注使学校范围内关于'学生最大利益'的讨论过时了"（Booher-Jennings 2005：260）。

这项研究对2001年国会通过的《有教无类法案》（*No Child Left Behind Act*，简称NCLB法案）如何实施提出了重要问题。该法案的预期目标是通过让教育者负责减少低收入或少数族群学生与高收入或白人学生之间的成就差距。这项联邦法律的一些核心条款是对三到八年级的学生进行州一级的阅读和数学考试，十到十二年级的学生至少要增加一项考试。州和学区需要报告有关各亚群体考试分数的学校数据，这些亚群体包括：美国黑人、拉丁裔美国人或土著美国人、亚裔美国人、非拉美裔白人，以及特殊教育、英语水平有限和贫困学生群体。《有教无类法案》根据学生考试成绩的好坏对学区、学校以及教师给予资金奖励或惩罚，但没有顾及对学生的影响（Dworkin 2005）。这种政策未预料到的一个后果是，在被惩罚后，一些学校、学区和学生情况变得更糟糕了（如学校预算减少或被迫关闭）。

在这种制度下，那些低分学生特别多的学校不管低分的原因为何都要对评估结果负全责。社会学家就学校能对学生实际表现的影响力提出了质疑，因为许多超出学校控制范围的因素也很重要。他们还对州级考试分数的可靠性提出质疑。许多学者和父母认为对考试的强调会耗费学生宝贵的学习时间，在一些学区这会耗费掉一周甚至更多的学习时间参与考试。教师会努力通过"应试教育（Teaching to the Test）"或"钻制度的空子（Gaming the System）"（只严格教授标准化考试要求的概念）来提高学生的分数，而不是努力帮助所有学生学习更多的东西。但标准化考试也有支持者。对一些分析家而言，考试这种方式也许并不完美，但这是敦促学校和教师为其学生成绩负起责任的一种方式。在可预见的未来，有关考试价值的争论还会持续下去。

考试也是教育分流的主要基础。学校管理者通常不讨论分流，但社会学家用这个术语描述学校如何根据能力或课程将学生分派到不同的群体里。在小学早期常常根据阅读水平对学生进行分群，课程对所有学生是一样的。然而，面对不同的群体，甚至相同的课程也会采取不同的方式进行教学。而且，随着时间的推移，不同能力的群体有可能被安排去学习不同的课程。

今天，分流教育在美国广泛存在，尤其是在规模大、多样化的学校系统以及主要服务于低层社会阶级的学校里存在着。在上层阶级的城市学校、私立学校以及教会学校里，分流教育没那么普遍，也没那么严格（Lucas and Berends 2002）。近些年来，教育分流变得越来越微妙了。高中课程现在往往被分成常规课程、大学预科、荣誉课程以及大学先修课程或其他类似的课程。尤其是低收入父母和学生也许没有意识到这种区分意味着什么，也没有意识到在七年级和八年级所做的决定会影响到学生在高中可能会学习的课程。即使学校有大学先修课程，但学生也许没有意识到，在计算他们的年级平均成绩时，其大学先修课程或荣誉课程所获得的分数会被给予更多的权重，因而会对他们获得大学升学或奖学金的机会产生不同影响。他们也没意识到学习某些如微积分课程对大学入学考试的重要性。尽管许多富裕的城市学校提供十几门，甚至更多的大学先修课程，但许多内城区学校或低收入学校甚至不提供任何一门大学先修课程。学生学习课程的差异，尤其是在数学、科学以及外语这些课程上的差异，对解释考试成绩的分数差异具有很大作用（Darling-Hammond 2001）。

分流教育对学生学习和发展机会究竟有怎样的影响呢？研究指出，分流教育会在学生学习经历上生产出教学差异、社会差异以及制度差异。大量的研究发现分流教育会带来教学上的差异，如分流到高级别群体的学生在阅读上会接受更多的词汇教育（Gamoran 1984，1986）。教师会为分流后处于高轨道（High-Track）的学生留出更多的学习时间，而且还会为学习活动投入更多的课堂时间（Oakes 1985）。其他研究发现，分流后，不同轨道的教学在内容、速度以及数量方面存在差异（Dreeben and Barr 1988）。而且，对处于高轨道学生进行教学的教师会使用更有趣的教学方法和教学材料（Hallinan 1987）。在初中，处于大学轨道（College-Track）的学生会比那些处于低轨道的学生拥有更好的教师、课程材料、实验设施、实地考察和访学体验。最后，教师对这样的学生会抱有更高的期待，而且在能力较强的群体里其他学生也更支持学习。结果，相比身处能力较低群体里的学

教育分流如何影响学生学习和机会的获得？

生而言，身处能力较强群体里的学生往往发展得更好（Hallinan 1987）。

从社会方面来说，分流后所处的轨道会产生出影响学生自尊以及对学术表现的期待。被分配到特定的轨道会立即将学生的地位等级进行排序，正式宣布一些学生要比另一些学生优秀（Rosenbaum 1976）。相比处于低轨道的同辈人，处于高轨道的学生会得到更多的同理心、表扬以及他人对自己想法的尊重，也会受到较少的指导和批评（Freiberg 1970）。在属于低轨道的班级里，教师会在纪律上花更多的时间，在这些班级里的学生要比高轨道班级里的学生会更多地把教师看作惩罚的主体（Oakes 1985）。处于顶层的学生会接受批判性思维、创造性以及独立性的教育，而处于底层的学生则被排除在这些重要的社会和教育资源之外（Oakes 1985）。学生的社会阶级背景与学校分流教育的推行程度、可获得的分流轨道的本质以及分流轨道的设置方式有关。分流教育显然根据阶级和族群将学生隔离开来区别对待（Tyson 2011）。

从制度方面来说，教育分流产生了被教师和父母理解成具有超出其所拥有的实际能力之上的某种品质和能力的学生群体。能力组群限制了教师对处于不同轨道的学生有何种评估是适当的知觉（Reuman 1989）。父母和教师都认为，处于高阅读能力组群里的学生要比那些处于低阅读能力组群里的学生更有能力，将来表现得会更好，甚至当学生初始表现水平以及父母对学生能力的早期看法都差不多时也会这样认为（Pallas et al. 1994）。

分流教育能继续存在是因为许多教师感觉还没有为有效管理具有多种多样能力的学生班级做好准备（Darling-Hammond 2001）。在20世纪80年代，分流教育受到许多攻击，指向取消分流教育的运动获得人们的支持。但是，即使教师强烈支持并在一些社区成功停止了分流教育，但他们遭遇到来自地位较高社会阶级父母的强烈抵制和反对。不进行分流教育常常被有特权的父母看作一种威胁，这些父母认为分流教育能让自己的孩子获得教育优势。他们常常会顶着强烈的政治抵制来重新推动分流教育制度。例如，学习一门荣誉课程会在大学录取的竞争中获得优势。取消分流教育在下面这种情况下才有可能发生，即有政治远见的教师能够带动有权力的父母以有意义的方式参与这一过程（Oakes et al. 1997）。

学校组织的某些层面与社会阶级和种族有关。富裕家庭的儿童和白人儿童去私立学校读书的可能性是贫困家庭儿童或少数族群儿童的2倍；再如，这样的儿童更可能去低收入或少数族群儿童比较少的学校读书。主要服务于低收入家庭学生的学校，在组织和运作上往往与那些服务于更富裕家庭学生的学校存在许多差异，相比那些服务于较高收入家庭学生的学校，这类学校会设置更多的考试和分流教育。不管是组织实践还是教育资源，都是沿着社会中的社会阶层被模式化的，导致的结果是所有儿童并不是在同样的教育土壤中接受培养。一种差别体现在学生在其生活中经历的教育技术类型不同。

结论：经济全球化下教育的未来

我们关心教育是因为，教育会对我们成年生活的很多重要方面产生影响，从智力发展到职业前景，从收入水平到身体健康，甚至对亲密关系和婚姻都有影响。教育也对整个国家和地区的经济具有重大影响。在这一章，我们探索了教育的一些重要目的，还分析了教育如何与个体的重要命运以及社会相互关联。我们还分析了教育不平等以及美国的教育制度与世界其他国家的教育制度有何不同。

随着新教育技术的兴起，当前的教育制度正经历着巨大变革。许多思想家在思考，人们需要学习些什么才能让自己在21世纪更好地发挥作用，而且他们辨别出一些需要学习的普遍能力。教育社会学家通过研究社会环境对学习有何重要意义对这些讨论做出了重要贡献。例如，我们如何发展批判性思维以及如何提高解决问题的技能？社会学的本质特征就是观察一项活动或一个市场所处的周遭环境，这是批判性思维的一部分。这包括：分析在复杂系统里整体的组成部分如何相互作用创造出各种各样的结果；评估和分析从许多不同渠道获得的证据，涉及证据的时限、可信度以及有用性；评价观点、主张、信念以及非传统的思考角度；整合信息和观点；从信息中得出推论和结论；反思学习了什么内容以及需要更多学习哪些内容。网络的兴起产生了大量即刻可得、差异极大的信息，使得上述技巧在今天显得尤为重要。

未来教育的另一个重要因素是跨网络沟通和合作的技能，这种网络包括多种多样文化的全球网络，这些技能包括能够通过说理和劝服而不是试图用强制手段来领导和影响他人的能力。清晰的沟通技能包括：能有效地以口头表达或书写的方式阐述思想和观点；能有效地倾听不同的意义、知识、价值观、态度以及意图；理解如何通过沟通来进行告知、指导、动员以及说服。这种技能也许还包括多语言能力。沟通不仅仅涉及语法、标点符号的使用或拼写，还包括清晰思考的能力以及专注、充满能量和热情的书写能力（这是一种真正的声音）。这种技能还涉及使用多媒体和技术的能力，能够判断多媒体和技术的有效性并衡量其影响的能力。有效合作的技能涉及与不同的团队相互尊重、良好协作的能力；还包括为实现共同目标随机应变、发挥作用、愿意协商妥协的能力；以及能够分担责任、共享合作成果的能力。

最后，重要的能力还包括机敏和适应性，因为世界和经济瞬息万变。人们需要预见并能够处理意外和混乱，这些意外和混乱可能是由非常规性事件、多变的天气模式或者创新、变迁以及重组导致的。人们需要能够适应各种不同的角色、责任、日程以及情境，并能够在局面不够明朗、事项优先次序不断变化的情形下工作。人们需要能够接受对其工作的反馈意见；能够积极地对待批评、挫折以及表扬；要能够理解、协商以及平衡多种观点以形成解决方案。

如果这些是被广泛接受的教育目标，那么显然运用社会学想象力的洞见具有至关重要的意义。如果我们的确渴望拥有一个任人唯才的教育制度和社会，那么学习的社会情境——以及社会背景迥异的学生所面临的挑战——就必须得到解释。如同社会生活的其他领域一样，实现教育机会平等不是一个轻松的挑战。

━ 大问题再览14

14.1 **正式教育为何普遍存在？** 在这一部分，我们考察了学校教育的各种目的，从社会化到为工作、公民身份和社区生活做准备。

社会化

学习目标14.1.1：讨论学校里的社会化。

为未来做准备

学习目标14.1.2：解释学历如何影响个体未来的就业

机会。

学校教育的经济效益
学习目标14.1.3： 讨论教育如何有助于经济增长。

伟大的平衡器？
学习目标14.1.4： 讨论学校如何为学生创造一个公平的竞争环境。

> **核心术语**
>
> 隐性课程　人力资本　文凭主义　软技能

14.2　教育如何与重要的人生出路相互联系？ 教育与许多重要的生活出路密切相关，包括工作和经济机会、健康和预期寿命以及成功的婚姻和幸福。

职业出路
学习目标14.2.1： 讨论教育、职业与生命历程结局之间的关系，以及这些关系如何影响经济成功。

健康与预期寿命
学习目标14.2.2： 鉴别教育水平与健康的关系。

家庭生活
学习目标14.2.3： 鉴别教育水平与人际关系或家庭生活的关系。

> **核心术语**
>
> 分配理论　社会封闭　教育同质性

14.3　教育对所有人来说是平等的吗？ 教育是美国社会的伟大平衡器，还是再现了社会现存的不平等？在这一部分，我们考察了调查不同社会阶级、种族和性别个体的受教育机会、经历和结果是否相似的社会学研究。

社会阶级差异
学习目标14.3.1： 探讨社会阶级因素如何助力于教育

不平等。

种族和族群差距
学习目标14.3.2： 讨论种族和族群议题对教育不平等的推动作用。

性别差异
学习目标14.3.3： 讨论助力教育不平等的性别议题。

> **核心术语**
>
> 社会再生产　成就差距　社会经济地位（SES）

15.4　教育制度是如何分化的？ 特别是根据社会阶级和种族来看，学校教育的质量和类型怎么会有如此巨大的差异？为了解决这一问题，我们将考察世界各地教育制度的差异以及美国学校组织方式的不同。

教育机会
学习目标14.4.1： 解释教育机会如何影响学业成就。

学校的管理和资金来源
学习目标14.4.2： 解释学校的资金来源和资金数量如何影响教育机会。

公立教育VS私立教育
学习目标14.4.3： 确定公立教育和私立教育有什么不同以及如何影响教育平等。

居家教育
学习目标14.4.4： 讨论居家教育的趋势及其意义。

组织实践：考试和分流
学习目标14.4.5： 解释包括考试和分流的常见组织实践如何导致教育不平等。

> **核心术语**
>
> 分流　有教无类

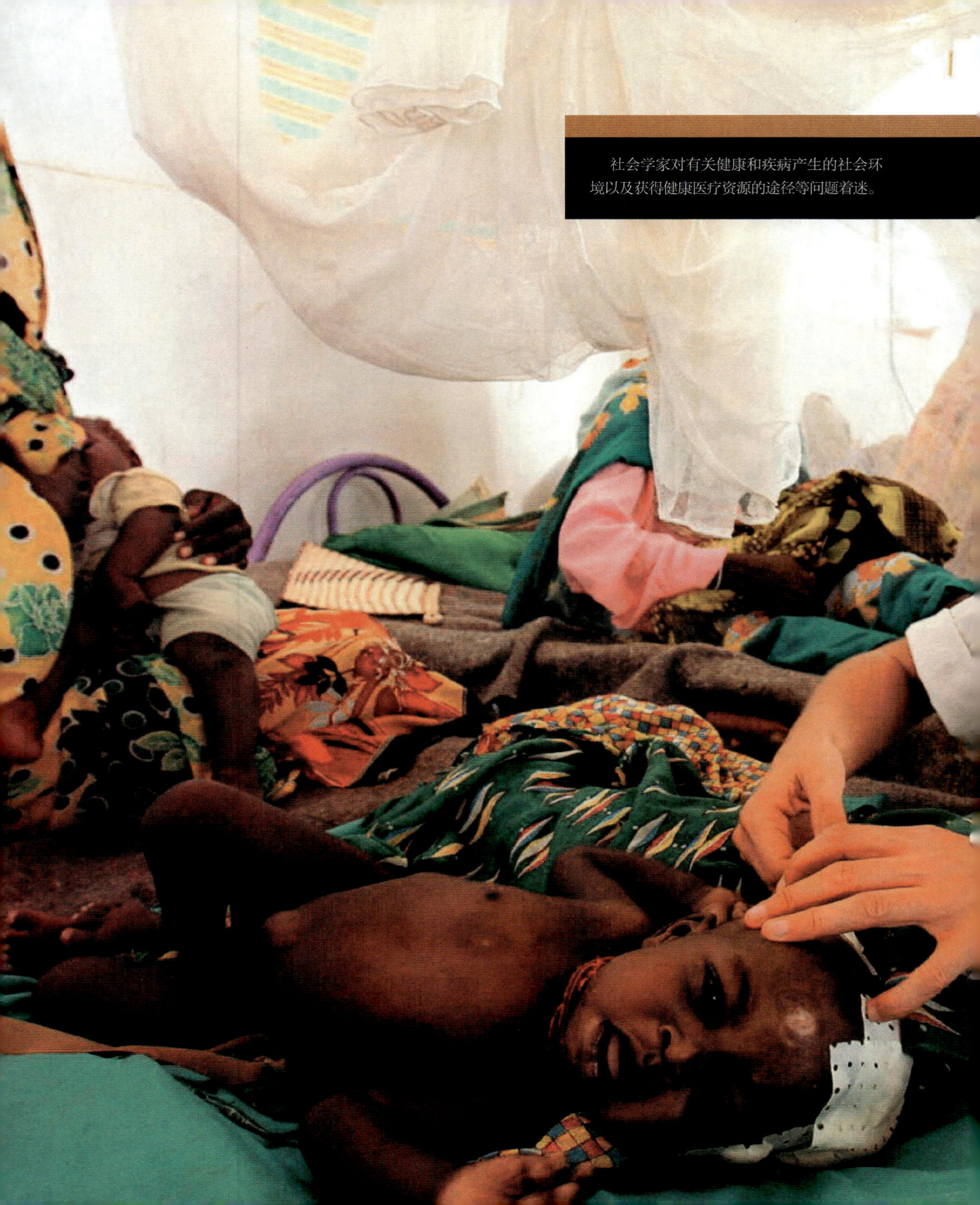

社会学家对有关健康和疾病产生的社会环境以及获得健康医疗资源的途径等问题着迷。

第 15 章
健康与医学

作者：露丝·霍洛维茨（Ruth Horowitz）、詹妮弗·詹宁斯（Jennifer Jennings）、欧文·乌利（Owen Whooley）

拥有高等学历和受过高级训练的护士——被大家所熟知的护师（Nurse Practitioner，简称NP）——不仅想要协助医生和提高"护理"质量，还希望能独立于医生对患者进行诊断和治疗。美国医学的一些分析家认为，这是一个相对比较便宜的治疗病人的方式，还能增加提供初级护理服务的途径。其他人则认为这种方式不够安全，坚持认为医生应该继续拥有诊断和治疗病人的唯一权力。这个议题是如何被确定下来的呢？本章的第一作者（露丝·霍洛维茨）一直从事有关医师执照以及纪律委员会的研究。在她所研究的一个州里，形成了一个包括医生、护士以及公共（非医疗的）人士在内的医师执照委员会来解决这样的议题。这些争议有时会变成激烈冲突，不同的医疗专家具有不同的观点并不让人惊讶。一些外科医生认为护士可以对病人进行诊断和治疗。正如一名外科医生所说的那样，"这样的工作是简单的"。这激怒了委员会里的家庭医生和内科医生。这些医生对患者的安全表示怀疑。一些原来由他们做的工作会由护师接管。后来，医师执照委员会达成了提升护士角色的共识。但最终，这种改变必须在州立法机关获得通过，在那里建议会被写进法律。

在这个阶段，冲突变得公开化了。医生和护士群体参加了包括病人群体在内的一个立法委员会会议。讨论热烈非凡。美国医学协会（一个医生协会）反对护士拥有任何独立的医疗实践行为，其中的一个成员宣称允许护士独立进行医疗实践是危险的，"所有的医生都反对这样做"。这显然是不确切的（因为医师执照委员会已经

我的社会学想象力

作者：露丝·霍洛维茨

青少年时我居住在国外，先是生活在阿根廷的布宜诺斯艾利斯，接着在法国的一个村庄生活，后来又在墨西哥的一个小村庄里生活。当我回忆这些经历时，我能理解自己为什么能成为一个社会学家。在布宜诺斯艾利斯，我看到，大家族庭院的厚重大门显然意味着陌生人禁止入内，而贫困社区的围墙则看起来像是让人们留在家里。我好奇，为什么围墙会有不同的含义呢？为什么穷人会被区别对待呢？法国青少年看起来与我不同。我好奇，这是因为他们是法国人、我是美国人吗？是因为

他们生活在小镇而我来自波士顿吗？还是因为他们的父母是开肉店的或者在工厂里工作而我父亲是教授？作为一名研究生，当我试图分析自己在墨西哥村庄生活所看到的东西，发现我们背离了许多社会规范时，我决定成为一个社会学家和研究者。我看到研究有助于我的理解，但要真正理解他人的生活则需要更多的研究。伴随着自己成为执照医师以及纪律委员会中的一名公共人士的经历，我从研究城市伦理委员会、帮派以及少女妈妈转向研究医生规范。

我的社会学想象力

作者：詹妮弗·詹宁斯

我在新泽西的郊区长大。大学毕业后，我在城市公立高中从事高中英语和社会研究的教学工作。我的学生处于严峻的贫困之中，我认识到这些学生在学校里产生的许多问题来自他们在日常生活中要面对的健康问题。尽管我在研究生院的研究最开始时是关注教育，但作为一名教师所拥有的洞见让我去研究健康与教育不平等。我在这个领域的当下工作是关注一个人出生时的状态对其成人后的死亡率和发病率的影响，还关注基于患者医疗效果来评估医院的制度会如何影响患者接受的照顾质量。

大问题

1. **社会环境如何影响健康？** 我们总是认为健康行为是个体的选择。在这个部分，我们将分析社会环境如何影响我们的健康行为以及生活中发生的事件如何影响我们成年后的健康状况。我们与他人的关系也对我们是否会参与积极的健康行为发挥着重要作用。

2. **谁会生病？为什么？** 低等社会经济地位是健康状况不佳的重要预测指标。如果你受过高等教育，你更有可能会比没受过高等教育的人过一种寿命更长、更健康的生活。这在历史上和在许多不同的国家一直都是如此。我们将分析这些模式为什么会持续存在以及社会学家对此做出的主要解释。

3. **现代医学是如何出现的？** 要理解现代医学世界以及医疗保健在今天的美国如何运作，重要的一点是去了解它是如何出现的。在这个部分，我们将讨论医学的早期状况、美国医学的专业化、医疗教育改革的影响以及健康、疾病和治疗的一些重要后果。

4. **医生和患者之间的互动如何影响健康和疾病？** 其他关系很少会产生比医患关系更紧张的互动状态。一个世纪以来，医生在与患者的关系中处于支配地位。可今天，许多人和专家开始反思这种关系应该是怎样的。本质上，患者同其他任何人一样了解自己的身体，而且人们越来越认识到患者能就治疗提供有价值的观点，也能参与自己的护理。

5. **美国的医疗保健为什么要比其他国家昂贵呢？** 无论研究者如何计算美国在医疗保健上的投入，美国医疗保健的花费要比其他国家昂贵很多。在这个部分，我们将分析几种针对美国医疗保健成本高的可能解释，并分析该制度能否得到修正。

表决支持该法案）。参加医师执照委员会听证会的是三名女性：一个是家庭医生，一个是外科医生以及一位公共人士。这两位医生对发声反对美国医学协会犹豫不决，因而推动这位公共人士上前发言支持立法委员会的提案。在经历了一场旷日持久的冲突之后，该提案最终获得通过，得到了医师执照委员会以及几个患者权益组织的支持。

为什么限制护士的工作范围对医生而言如此重要呢？传统上医生要比其他医疗保健专业人员拥有更大的权力，决定着护士、心理医生、脊椎按摩师和其他人能做什么和不能做什么。也就是说，医生决定其他人的"工作实践范围"。不管怎样，许多州具有高等学历的护士开始成功地挑战了医生的地位，并赢得了独立的医疗实践权力。然而，注册护士（RN）常常想要限制受教育相对少一些的执照护士（Licensed Practical Nurses，简称LPNs）所能从事工作的内容，例如，他们还想限制牙医的工作以确保自己能控制谁可以做牙齿美白的工作。

这个提案说明了一些让社会学家颇感兴趣的美国医疗保健制度的重要议题。首先，该提案对医生决定医疗实践的内容以及谁能从事医疗实践的权力起源和持续存在提出了质疑。第二，它对今天谁来参与决定如医疗实践范围及许多其他议题提出了质疑。医疗保险公司和医药公司已经让自己参与到这些争议之中，但其他普通公民又如何呢？第三，它对人们获得医疗保健资源以及控制成本的方式提出了质疑。这是我们将在本章分析的一些问题。

15.1 社会环境如何影响健康？

健康的社会学观点

当你带着一些让人担心的症状走进一个医生的办公室时，假设是咳嗽和某种呼吸困难，医生可能会问吃饭怎么样、是否吸烟、是否经常锻炼以及你的家庭病史。也许你会承认自己一直疏于锻炼，也许最近在工作上你的确要比平时更有压力。你带着开好的药方离开，也许还有让你照顾好自己的嘱咐，以便治好你的咳嗽。

在治疗患者方面，医生感兴趣的是，能用医疗干预治疗导致疾病产生的最直接原因。他们关注你为什么会在这个时间患病。导致你健康状况不佳的原因可能深深存在于你的过去——例如，也许在还是个孩子的时候，你生活在一个遭到污染的城市——但在医生办公室里，医生试图解决直接的疾病症状，而不是去思考导致疾病产生的社会原因。

社会学家通常会采取显然不同的方法来研究健康。他们关注一定人口中疾病产生的社会原因，而不是关注个体疾病产生的直接原因。社会学家想知道，为什么一些国家的人要比另一些国家的人更可能早逝，或者想知道为什么穷人一贯比富人去世得早。社会学家还思考社会环境如何影响个体的健康行为。当面对一个过胖人士的时候，社会学家会用超出个体自控、家庭史以及基因以外的视角进行解释。现在的人比过去的人胖了很多。这不可能仅仅只是因为现在的人要比50年或100年前的人缺少意志力或具有不同的基因。对肥胖症日益增多的部分解释也在于社会因素。因此在分析今日美国的肥胖率为什么如此高时，社会学家关注社会环境如何导致个体吃得更多、锻炼得更少而不采取健康饮食和进行锻炼。或者还会把其他的社会因素也涵盖进来，比如快餐店的兴起以及现代杂货铺的重要性日益增加，这些店铺出售糖分和碳水化合物含量高、让人上瘾的加工食品。例如，美国人要比日本人更可能会变得肥胖。为什么会这样？一个得到确认的发现指出，这是因为日本人与美国人的日常饮食类型不同。日本人的日常饮食包括更多的鱼和蔬菜，而许多美国人的日常饮食以肉类和加工食品为主。社会学问题不是去问"这个人为什么会这么胖？"，而是问"总体上，美国人为什么要比日本人肥胖？"

把全部人口看作病人

15.1.1 描述预防性人口模型。

当代医学科学，大多数研究健康问题的方法关注个体基因风险因素或者个体的行为风险。改善健康的社会学方法与医学方法不同。医生关注治疗高风险群体——例如，那些最容易得高血压的人。然而，从一开始就让得病的人更少则需要一种不同的策略。我们需要考虑的不仅是个体，还需要考虑整个人口。

这怎么成为可能呢？大多数像血压这样的风险因素没有明确的临界值，超过这个临界值高血压就会导致中风或心脏病。医学领域必然会在一个决定你何时应该因为高血压接受治疗的序列值里建立一个主观的临界值。我们会给血压超过一定临界值的人开药，并密切注意那些血压就在临界值附近的人。

麻烦的是高风险群体只构成整个人口的一小部分。但正如高血压这个例子所清晰地展示的那样，健康风险中的大部分中风情况不是来自处于高血压风险高的人群，而是发生在那些高血压风险低很多但仍使自己血压升高的人群中。基于这个理由，英国的流行病学家杰弗里·罗斯（Geoffrey Rose）在1980年提出了一个具有广泛影响的观点，我们能够通过把每个人的血压降低一点儿而不是通过降低最高风险人群的血压来挽救更多的生命（流行病学是研究人口亚群体或整个人口健康的学科）。这常常被称为预防性人口模型（Population Model for Prevention），这种方法关注"改变风险分布"（Rose 1985）。这可能吗？

然而，改变风险分布是很困难的，因为这意味着要改变整个社会。许多近来的公共健康举措试图这样去做。例如，在纽约市和许多其他城市，现在要求连锁饭店在每一种食物类别上都要列出卡路里数值。这项政策的目标是鼓励消费者做出更健康的选择，并给那些提供这些选择的企业施加压力。理论上，如果消费者意识到一个普通松饼的卡路里值超过400，一般的消费者应该就会做出更健康的选择，吃卡路里含量较少的食物。最终，这也许会减少超过医生所认定的"肥胖"临界线的人口数量。通过改变社会环境的特征并把整个人口当作病人来减少疾病，这种措施就是一个预防性人口模型的例子。当然，这种方法是否会改善人口健康状况仍然是一个有待讨论的开放问题。

2009年，加利福尼亚州立法机关通过了禁止在学校售卖汽水的法律来帮助预防儿童肥胖症。这被认为有助于改变所有学龄儿童患肥胖症的风险分布。

社会环境对个体行为的影响

15.1.2 讨论我们的社会环境和社会关系如何有助于决定我们的健康选择。

那么，社会力量如何影响我们的健康？自杀就是一个有趣的例子。从表面看，自杀是最个人化的行为。然而，在19世纪晚期，法国社会学家埃米尔·迪尔凯姆试图理解，社会群体之间的自杀率如何不同以及社会变迁如何影响自杀率。在他的著作《自杀论》[Durkheim（1897）2006]中，他指出自杀率受到这样一些因素的影响，比如宗教、性别、处于某种组织如军队、生活的地区或国家。

迪尔凯姆最矛盾的一个结论是，关系紧密的共同体既可能对自杀产生助力作用，也可能有利于防止自杀。在整合非常好、人们彼此了解的共同体里，或者在人们彼此相互隔离的共同体里，都可能会有更多的人去自杀。整合程度高的群体会从强社会纽带所孕育出的包容感中受益。但迪尔凯姆也指出，过度的社会整合也与较高的自杀率相关，因为群体的需要优先于个体生存的需要。另一方面，社会纽带不仅把个体整合起来，还规范着个体的行为。没有这些纽带，迪尔凯姆认为个体的欲望就会超出个体满足这些欲望的能力，进而导致较高的自杀率。

与迪尔凯姆相似，当代社会学家认为个体居住的环境及其与他人的关系对个体选择发挥着重要影响。他们追问怎样的社会环境特征能激发或约束特定的行为。社会学家分析了行为规范如何影响个体的选择。例如，有关狂欢饮酒的规范在不同的群体之间呈现出差异性。年龄在18～24岁的研究对象里有26%的人回答说有过狂欢饮酒的行为（将之界定为过去30天里在一个或多个场合里女性饮酒量超过4杯、男性饮酒量超过5杯的情况）。对于那些65岁及以上的研究对象来说，该比例降到仅有4%（CDC 2011）。

社会环境会如何对狂欢饮酒的年龄差异产生影响？社会环境决定着什么行为会被算作"正常的"行为，什么样的行为是被社会认可或接受的行为。大学宿舍就是一个例子。如果宿舍里的所有学生都在周末狂欢饮酒，那么你也会这样做。社会环境还提供了参与狂欢饮酒的机会。如果你走过门厅就能来到一个正狂欢饮酒的聚会，与你必须积极寻找这样的机会情形相比，显然前一种情形更容易（也更易受到诱惑）去参与这样的行为。一些像大学这样的社会环境也会产生压力，导致人们去参与有健康风险的行为来释放这种压力。短期看来，狂欢饮酒也许能减轻压力，但长远看来会导致不良的健康后果。这仅仅是应对压力行为会受到社会环境影响的一个例子而已。请分析图15.1中的数据来了解不同变量对狂欢饮酒流行程度的作用。

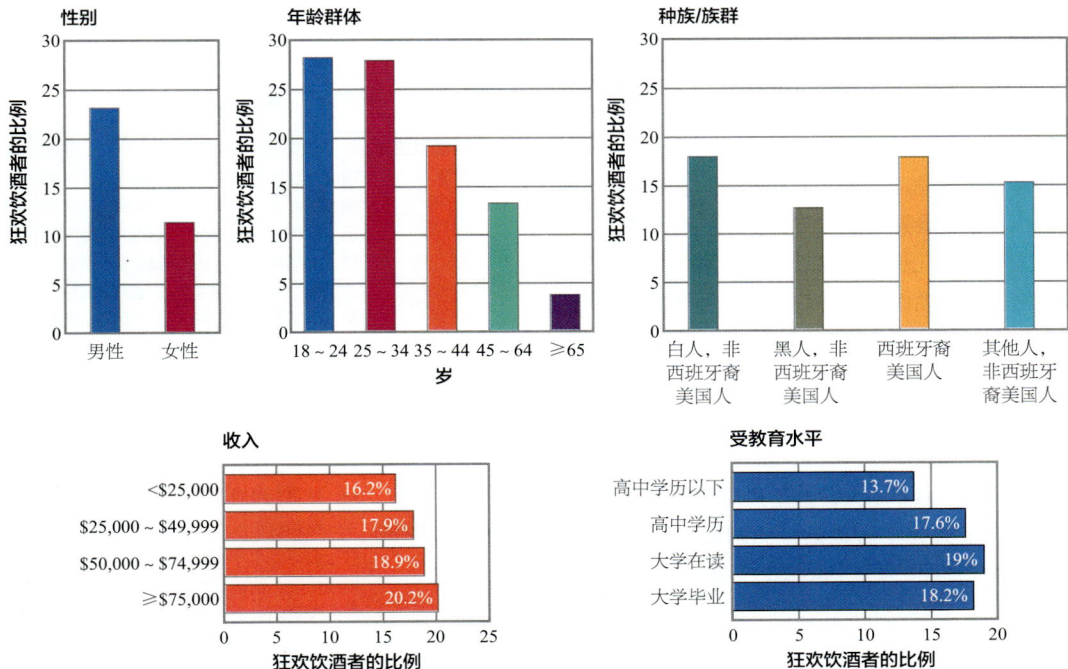

资料来源：疾病预防控制中心（Center for Disease Control and Prevention 2012）。

图15.1 狂欢饮酒在成年人中的发生率

我们与他人的关系也影响着我们的选择。社会关系通过三种重要的方式影响我们的健康：社会影响、人与人的联系、获得资源的途径（Smith and Christakis 2008）。肥胖症是体现社会影响过程的最佳例子。尽管肥胖症总是被看作我们私人化的选择，但大部分饮食是社会性的。设想你桌对面的人决定要点上所有你能吃的自助餐食物。因为如果你们一起去选择自助盘上的食物会更加方便，所以你可能会和朋友一起过去挑选食物。如果你的朋友去选了一次又一次，你同样这么做时就不会那么不好意思了。实际上，社会学家找到的经验证据显示，肥胖者的朋友更可能也是肥胖的人（Christakis and Fowler 2007）。尽管确定什么导致肥胖是一件很复杂的事（正如我们选择自己的朋友，人们常说作"物以类聚，人以群分"），但这还是表明社会规范在发挥作用。

人与人的联系对传染性疾病的传播也有重大影响。我们一起坐车、工作以及听音乐会、看体育比赛时旁边坐的人都会对我们的健康产生重要影响。致命病毒的出现和传播提供了人与人联系的某些形式能够传播疾病，更一般地说是社会条件如何推动疾病传播的极佳例子，例如起源于西非的埃博拉病毒在2014年夏天爆发。这种在2014年爆发的严重的病毒性疾病是历史上最致命的疾病。埃博拉病毒在社区里传播是与被感染人的血液、分泌物或其他体液发生人际直接接触（通过破损的皮肤或黏膜）的结果，也是与被这类液体感染的环境间接接触的结果。埃博拉病毒的爆发引起了国际健康机构和全球媒体的注意。它继续在整个西非传播，并在美国也出现了一些确诊的病例，它通过在被污染地区工作的医疗健康工作者和旅行者越过了国家边界。

埃博拉病毒的爆发也体现出社会地位与健康之间的联系。西非的社会和经济问题对埃博拉病毒影响的恶化发挥了重要作用。像文化水平、卫生设施以及预期寿命这样的社会指标能够解释西非社区面对疾病挑战时的脆弱性。几内亚、利比里亚、塞拉利昂、尼日利亚的医疗制度不仅缺少人力、财力和物质资源，而且这些医疗制度服务的社区还难以获得洁净的水、清洁的厕所以及其他基本的公共健康措施。

健康风险在整个生命历程中的累积

15.1.3 解释社会学家如何运用生命历程视角分析健康议题。

社会环境影响健康的另一种方式是，在我们生命某个阶段发生的事件会影响到后来的健康状况。例如，出生时体重太轻的婴儿更可能在长大后碰到一系列健康问题。因为糟糕的早期健康条件与一个人后期的健康行为一样重要，所以社会学家思考现在以及过去发生的事件会如何影响一个人的健康。

健康风险会随着整个生命历程不断累积，第二次世界大战期间一项非比寻常的自然实验提供了一些最有说服力的证据。在1944年冬天，德国人对荷兰的食物运输进行了限制，导致整个食物供应急剧减少。结果，成年人每日的食物供应量从1943年12月的1800卡路里下降到1944年12月到1945年4月之间的400～800卡路里（Roseboom，de Rooij，and Painter 2006）。

荷兰饥荒产生了灾难性的人类后果；到饥荒结束时，超过1.8万人死亡。但这一灾难也产生了一个预期之

表15.1 健康的生命历程视角

敏感期模型或潜伏期模型	在这个模型中，非常早期的生活经历能够影响成年后的状况，而且可能会潜藏很多年。如果损害已经产生，那么在成年期也无法改善健康状况。该模型的思想是，甚至在你出生前，发生在你身上的事——你还在妈妈子宫里的时候（如荷兰饥荒）——对你成年的健康状况具有深远的意义，但这种影响在很长的一段时间内都不会显现出来。
累积－接触模型	吸烟也许是这个模型的最佳例子。如果你是一个吸烟者，你会在很长的一段时间内不断接触到致癌物。每支香烟的危害叠加起来，到了你老的时候，如果你和这些致癌物接触更长一段时间，就更有可能患上肺气肿和肺癌。
社会－轨迹模型	根据这种视角，早期的生活经历决定着个体在社会等级次序中的位置，这进而会影响个体的健康状况。例如，如果你在还是孩童时得了病，那么你可能就会在学校表现得比较糟糕。结果，你考上大学的可能性就比较小，那么找到一份收入较高工作的可能性也比较小。因为你最终可能会从事一份没有健康保险的工作，所以你的健康受到的消极影响会进一步加剧。

外的后果，即它提供了一个了解生命早期发生的事件如何影响我们长远健康状况的机会。研究荷兰饥荒的社会学家进行了一项充满吸引力的观察：在饥荒最严重时出生的人更可能患有心脏病。当我们思考一个成年人患心脏病的原因时，通常会反思成年期什么样的行为会对那个结果有影响：锻炼频度、生活压力、对胆固醇的控制以及其他一些行为。但对荷兰饥荒事件的研究揭示出一些别的东西：出生前发生的事会对健康状况产生长远的影响。而遇到饥荒的确切时间至关重要——那些在妊娠期前三个月碰上饥荒的人更可能患上心脏病，但那些晚些时候碰上饥荒的人遭遇这些健康问题的可能性则较小。

荷兰饥荒这个例子揭示出一个比较普遍的结论：我们在生命不同阶段所生活的社会环境会影响我们后来的健康状况。社会学家将之称为生命历程视角。该视角特别感兴趣的是，糟糕的童年生活条件对人们产生的长远影响，会在这些糟糕条件都不再存在的很久之后还会对健康产生消极作用。越来越多的社会学家从生命历程视角思考健康。例如，社会学家不仅去分析成年人患肥胖症的后果，而且还关注儿童、少年以及青年时期得肥胖症对成年人健康产生的累积效应。

尽管健康风险随时间累积的这三种方式不同，但这些方式都强烈地显示出生命历程中遭遇的条件不仅造成了个体健康差异，而且还造成了国家之间的健康差异，正如我们在下面这个部分将会看到的那样。

不同国家的健康差异

15.1.4　解释你居住的地域为什么会影响你的健康。

假设你要去抽奖。这次与我们熟悉的抽奖不同，不会奖励现金或奖品，它将决定你会出生的国家。完全是凭借你抽奖时的运气，你可能会出生在美国，在这里只有不到1%的婴儿会在出生后的第一年死掉。或者你也可能出生在阿富汗或安哥拉，在那里10个婴儿中会有1个以上的婴儿活不到自己的第一个生日（WHO 2011）。

这些国家的婴儿健康之间存在巨大的差异。当我们比较收入和发展更为类似的国家之间的健康状况还会看到如此巨大的差异吗？让我们看看美国和欧洲的情况，它们之间在许多方面都是相似的。大多数欧洲人出生时的预期寿命要比美国人的长。这种差异重要的一部分在于这一事实，因为婴儿死亡率、谋杀、交通事故以及与毒品相关的死亡率等因素，美国人更可能到50岁时就死亡了（National Research Council and Institute 2013）。这种差别是由生物性差异导致的吗？不大可能是这样。与欧洲人相比，我们现在的行为缩短了我们的生命吗？与其他国家相比，为什么美国的婴儿死亡率如此之高？

社会学家运用一系列这样的指标追踪人口的健康状况。因为健康包括许多不同的层面，所以上述的每一个指标都提供了有关健康谜题不同层面的状况，我们想要分析各种不同的指标了解一个国家的医疗保健制度服务于公民的状况。然而，出于我们将在本章后面进行更充分探析的理由，无论数字如何分割，美国人的寿命以及健康状况都不如我们基于国家财富对此所做的预期。要了解更多的信息，请分析表15.2中21个国家在那几个不同指标上的数据。

尽管是许多因素造成了不同国家预期寿命的差异，但研究显示至少有部分责任在于医疗制度自身。美国的医疗花费比其他国家多，但并没带来更好的健康状况。一些问题根源于公民缺少接受医疗制度提供服务的途径，而其他导致这种局面的因素是公共健康问题，比如不健康的饮食或者充满有毒物质的环境。我们将在本章后面的部分更详细地探讨美国医疗制度的这些问题。

表15.2 世界健康测量

这些数据表明，相比表中的21个国家，美国的可预防死亡率（Preventable Death），婴儿死亡率比其他几乎所有的国家都高，死亡率则比表中其他几乎所有国家都高。在21个国家中，美国排名第16，低于许多贫困国家（如古巴、波兰），只是比那些比美国贫困很多的国家排名高。美国人的60岁时的健康预期寿命比其他绝大多数国家低，死亡率比表中其他几乎所有国家高。

国家	挪威	瑞典	瑞士	以色列	法国	澳大利亚	韩国	荷兰	加拿大	新西兰	德国	英国	波兰	古巴	爱沙尼亚	美国	土耳其	墨西哥	越南	印度尼西亚	苏丹
不包括可预防死亡在内的整体排名	1	2	3	4	5	6	7	8	9	10	11	12	13	14	15	16	17	18	19	20	21
包括可预防死亡在内的整体排名（基于所有可用排名的平均值）	2	1	3	6	4	5	8	7	9	10	11	12	13	14	15	16	17	18	19	20	21
医疗服务可控的死亡率（每100,000人的死亡人数）*	64	61	*	87.5	55	57	84	66	77	79	76	83	*	*	194.5	96	*	*	*	*	*
排名	4	3	*	11	1	2	10	5	7	8	6	9	*	*	13	12	*	*	*	*	*
婴儿死亡率**	2.2	2.3	3.7	3.3	3.4	4.1	3.3	3.4	4.7	4.7	3.4	4.1	4	4	2.9	6	12.2	13.9	18.4	43.8	49.3
排名	1	2	9	5	6	12	4	7	14	15	8	13	10	11	3	16	17	18	19	20	21
60岁人群的预期寿命（男性和女性的平均值）**	24	24	25	24	25	25	24	24	25	25	24	24	22	24	21	23	21	22	22	18	17
排名	6	7	1	8	2	3	9	10	4	5	11	12	15	13	18	14	19	16	17	20	21
成人死亡率**	59	56	54	55	80	60	69	67	68	67	72	73	125	100	133	103	112	132	131	152	245
排名	4	3	1	2	12	5	9	6	8	7	10	11	16	13	19	14	15	18	17	20	21
人均医疗费用（PPP）**	$5391	$3760	$5297	$2041	$3997	$3685	$2035	$5112	$4443	$2992	$4342	$3433	$1377	$414	$1294	$8233	$1039	$962	$216	$123	$162
排名	4	3	1	2	9	6	5	7	8	7	10	11	16	21	14	15	13	12	17	20	21

*数据来自戴维斯（Davis）等人。

**数据来自世界卫生组织，全球卫生观察站数据库（Global Health Observatory Data Repository）。网址：http://apps.who.int/gho/data/node.main

资料来源：戴维斯、卡伦（Karen）、戴维·斯奎尔斯（David Squires）、凯西·舍恩（Cathy Schoen）（*Mirror on the Wall: How the Performance of the U.S. Health Care System Compares Internationally: 2014 Update*（2014）in. Pag. *Common Wealth Fund*, June 2014. Web. World Health Organization, Global Health Observatory Data Repository, http://apps.who.int/gho/data/node.main）。

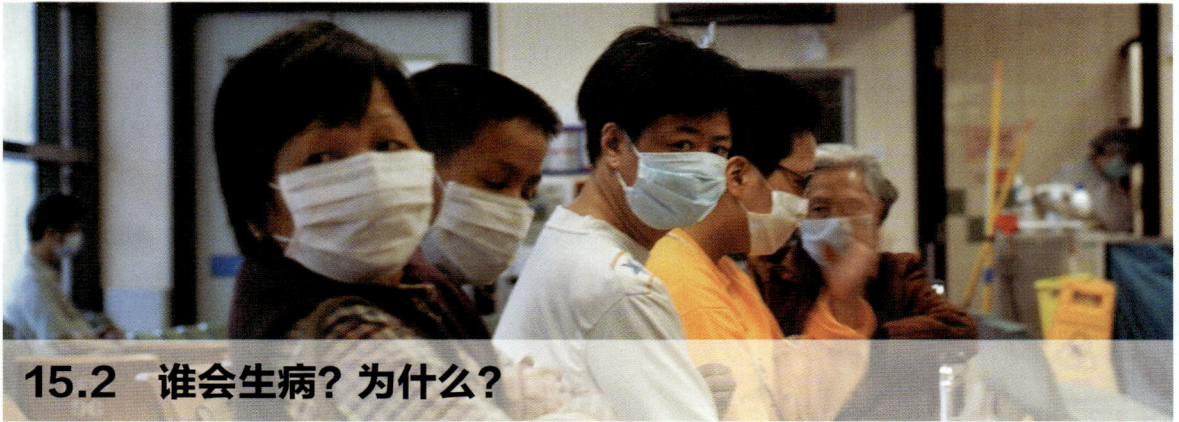

15.2　谁会生病？为什么？

不同群体的健康状况

在之前的部分，我们介绍了社会环境对健康状况至关重要的观点。现在我们将思考个体因素，如阶级、教育、种族以及性别，如何与人们所生活的社会环境相互作用并影响人们的健康状况。

健康与社会经济地位

15.2.1　解释社会经济地位如何影响健康。

预测个体健康最强有力的指标是什么？一种猜想认为，可以把一个人是否拥有医疗保险（或者医疗健康计划的质量）当作指标，但至少在美国并不是每个公民都普遍拥有医疗保险。或者，也可以把是否抽烟、吃什么或者锻炼的频度当作预测指标。实际上，预测个体健康最强有力的指标是社会经济地位（SES）（Adler and Ostrove 1999）。按照社会学家界定社会经济地位的方式，社会经济地位包括社会地位和经济地位的多个维度：教育、收入以及职业。如果你受过高等教育，你就会比那些没有受过高等教育的人活得更长久、更健康。在收入和职业这两个维度上也是如此。如果你从事的工作是整天坐在办公室里，那你更可能会比那些整天从事体力劳动的人活得长久。相似地，收入更高也有助于此。当研究者谈及健康不平等时，他们是指与社会、经济以及环境条件相关的健康状况的差别。这些条件包括社会经济地位、种族和族群、性别以及居住地。

个体社会地位与健康之间的联系是所有社会科学最一致的发现之一。这在每一个历史时点以及被研究的地方这都被证实是正确的，不管死亡的根本原因是如肺结核这样的传染性疾病，还是像心脏病这样的慢性病都是如此（Marmot 2004）。社会地位的重要性不仅仅体现在对贫穷的影响上。在健康方面存在着清晰的社会经济地位梯度，这意味着地位最低者没有地位中等者健康，而后者又不如那些地位高者健康。

把社会经济地位看作健康的根本性社会原因的观点试图解释，不同时空下健康与社会经济地位依然存在联系的原因（Link and Phelan 1995）。随着时间的流逝，导致不良健康状况的风险因素发生了显著变化。一些健康信息（比如抽烟与不健康状况之间的关系）现在已经众所周知。而像早产儿重症治疗这样的技术也传播开来。那么，为什么仍然还是社会经济地位高的人比较健康呢？

根本性社会原因理论认为，社会经济地位较高的个体能利用其生活中可采用的信息、金钱、权力和社会关系来避免疾病和死亡。上述所有这些资源能被用在许多情形下，包括健康问题。因此，这个理论预测，无论导致健康状况不良的原因是什么，都将会出现社会经济地位梯度。

根本性社会原因理论把社会经济地位的各个维度混合起来进行考虑。但是，社会经济地位是多维度的，指示社会经济地位的每一个指标都与健康有着不同的关系。例如，教育同健康的联系机制与职业同健康之间的联系机制并不一样。需要关注的另一点是，社会经济地位与健康之间的因果关系在这些指标上有着不同的体现。不良健康状况有可能会是职业地位较低的原因。最后，社会经济地位的不同维度在生命历程中的重要性可能是不同的。财力在某些时候特别重要，但教育在其他一些时候可能会更重要。

接下来我们回顾一下社会经济地位的每一个要素以及其他一些要素与健康状况相联系的证据。

教育

15.2.2　讨论教育与健康之间的关系。

显然，那些受教育更多的人活得更久、更健康，但受教育年限更多会带来更好的健康状况吗？因为个体在选择自己的受教育水平上扮演着重要的角色，所以更健康的人可能会选择——或者说能够读更多的书。从另外一方面来看，那些受教育较多的人中非法使用毒品、酗酒以及吸烟的人较少。甚至对那些收入一样的人来说，受教育较多的人会更注意预防保健——比如，会记得服药。他们也会更好地管理自己的健康，我们将在本章后面讨论这个主题。

教育会如何影响我们的健康？在医学社会学领域，这是一个备受争议的主题。

研究者使用许多创造性的实验来确定个体受教育水平与健康有关。一些最知名的研究依赖于义务教育的变迁。义务教育法规定学生在什么年龄才可以不去读书。在20世纪早期，美国各州义务教育法所要求的教育年限存在广泛差异。随着时间的流逝，各州开始提高学生需要学习的年限值。当这些法律改变了的时候，学生被要求去接受比其学校里稍微大一点儿的同辈人年限更多的教育。但没有理由认为因为这些法律的变化使健康水平提高了，所以研究者设计了一个理想化的情境来确定获得更多的教育会改善健康水平。这些研究发现，那些上学年限更多的学生，其成年后的存活率更高，这表明教育实际上的确对健康有直接影响（Lleras-Muney 2005）。根据某些估计，受过更多教育的人所表现出的更好的健康行为能够解释其健康优势的40%（Culter, Lleras-Muney，and Vogl 2008）。学者继续争论为什么接受教育更多会带来更好的健康行为。

首先，教育会提高一个人理解健康信息的能力，这会带来健康的行为。其次，教育会改善一个人自我管理的能力，这会使那些受过更多教育的人在必要的时候改变自己的健康行为。第三，家庭收入解释了教育与健康之间的一些联系（因为受教育更多的个体和家庭往往会有更高的收入，还能负担起更高质量的医疗保健）。最后，根本性原因理论的一个核心要素是认为，高等社会经济地位使得个体能够利用医疗技术的新进展。当涉及教育时，这种观点认为受过更好教育的人会更了解医学科学的发展，因而会寻求更好的健康照顾。

收入与财富

15.2.3 讨论收入与财富对儿童健康的影响。

收入更高的人，其健康状况也会更好，甚至在我们控制教育水平这个因素之后仍然如此。确定收入与健康之间的关系甚至比确定教育与健康的关系还复杂。因为教育大部分时候出现在生命历程的早期，所以受教育通常发生在出现健康问题之前。（不可否认的是，儿童早期健康状况不良会影响儿童能获得多少教育。）相比之下，健康会影响一个人的收入，因为它会影响个体成为劳动力的情况。生病的人工作时间会变短或提前退休，这两种情况都会减少他们的收入。健康状况不佳也会减少一个人的财富。当人生病、无法工作时就不得不靠储蓄过活，或者不得不花一部分积蓄到医疗保健方面。

富裕的父母能确保自己的孩子如果出现健康问题就能受到及时的医疗干预。

然而，显然收入和财富对健康有重大影响的地方体现在它们如何影响儿童的健康。收入更多的父母能购买更多有营养的食物，还能为自己的孩子提供安全的环境和更好的医疗照顾。而且，看起来家庭收入对儿童健康的影响会随着儿童的成长而增加（Case，Lubotsky，and Paxson 2002）。也就是说，贫困儿童和富有儿童之间的健康差异在童年后期会变得更大。像哮喘这样的慢性病会随着儿童的成长而变得更加普遍。资源更多的家庭能用这些资源来控制这些健康条件并将其影响最小化。

种族与族群

15.2.4 讨论对种族之间健康不平等的社会学解释。

几乎从每一个健康指标来说，美国黑人的健康状况都要比美国白人差。这种长期存在的差异已经成为大量研究的主题。美国黑人的生存时间几乎要比美国白人少5年——73.2年比78.2年（Arias 2011）。黑人女性生下来的孩子1岁前死亡的可能性是白人女性所生孩子的2倍多（CDC 2011）。美国黑人得慢性疾病的比例也更高，例如，他们得高血压的可能性是其他族群的2倍（CDC 2011）。

有四种主要的观点被提出来用以解释这些总是非常巨大的差异。最古老、但现在声名狼藉的一套解释关注基因：白人从生物学上看就更容易比黑人活得长久。这个观点可以追溯到内战之前有关奴隶制的争论。生物科学在早期的争论中扮演着重要的角色，因为人们呼吁用医学证据来确定，黑人和白人比是否在生物上处于劣势，而且只能成为奴隶（Krieger 1987）。然而这些主张的"科学"基础没有被证实；而且目前基因领域的研究指出，由社会建构的种族群体无法很好地解释人类的多样性（更多细节见第11章）。

如果生物学解释没有坚实的基础，那么有什么其他解释呢？在当代文献里存在三种主要的解释：

1. 种族差异真实地反映了阶级差异。黑人的医疗保健比白人差是因为黑人的受教育年限较少、收入较低、从事的工作不同。然而，如果这个观点是正确的，那么一旦我们控制社会经济地位的作用之后就不会存在健康的种族差异。研究一致指出，实际上，甚至在控制这个变量之后，黑人在健康方面依然处于劣势。换句话说，贫困黑人的健康状况比同样贫困白人的健康状况差，而中产阶级黑人的健康状况比中产阶级白人的健康状况差。这些结果表明我们需要找到社会经济地位之外的原因。

2. 生活中面临的偏见和种族歧视会增加压力。当机体太频繁地对压力做出反应时，机体就丧失了自我调整的能力，这会增加身体面临疾病的风险。压力还会导致应激行为，比如胡吃海喝，这对健康有消极影响。

3. 美国黑人所获得的医疗保健质量同其他种族存在差异。因为心血管疾病是死亡的主要原因，相关文献的主要部分关注这种疾病的治疗。大量文献指出，因心脏病发作来到医院的黑人患者得到像搭桥手术这样治疗的可能性较小。这些种族差异不能通过健康保险或健康地位的差异来解释（Institute of Medicine 2002）。治疗方面的种族差异不仅仅限于微创治疗手术，因为在像提供阿司匹林药物这样的基本治疗保障方面一样存在种族差异（Barnato et al. 2005）。究竟为什么在后民权时代美国黑人获得的医疗保健质量还会比白人差仍然是个谜。一些学者认为，种族劣势的这种持续模式会系统地把非白人患者分流到质量较差的医院和医生那里去。另一种解释抓住这样一个事实，黑人患者是在少量的医院里进行治疗的——例如，85%的黑人心脏病发作的患者是在仅仅1000所，而且大部分是城市医院里进行治疗的（Chandra 2009）——然而只有40%的白人心脏病发作患者是在那些医院里进行治疗的。在税费过高的城市医院里进行治疗的可能性是健康医疗种族差异的一个来源（Skinner et al. 2005）。

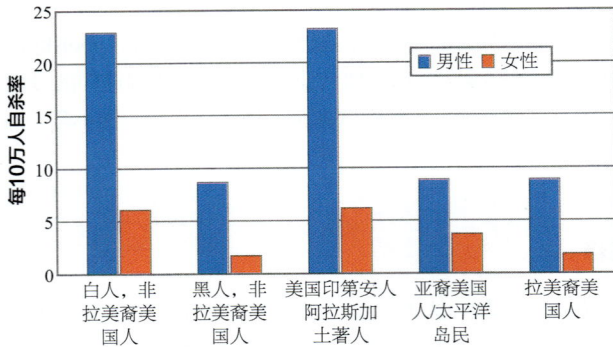

资料来源：数据基于疾病控制与预防中心（Center for Disease Control and Prevention 2011）。

图16.2 基于种族区分的自杀人数

尽管黑人和白人在健康状况方面的差异很大，但也不是说非白人美国人在每个健康指标上的表现都很糟糕。一个例子就是自杀（见图15.2）。白人的自杀率显著比较高，每10万个白人男性里就有24个人自杀，相比之下，每10万个黑人男性和拉美裔男性中自杀的人数是10个，亚裔男性的自杀人数是8个（CDC 2011）。

进一步来说，非白人美国人并不存在一种普遍的健康劣势。对拉美裔美国人来说，情况也不一样。拉美裔美国人的存活率和那些非拉美裔美国人的存活率相当，有时还要比后者高（Elo et al. 2004）。对这个发现存在许多解释，而且研究者对它背后的原因争论不休。对这种"拉美裔悖论"的一种解释是移民的人一开始就比较健康。另一种解释指向拉美裔美国人更健康的行为；例如，拉美裔美国人抽烟的可能性要显著低于美国黑人或者非拉美裔美国人（American Lung Association 2012）。无论原因是什么，不同群体以及不同疾病之间存在显著的种族和族群差异。

性别

15.2.5　识别有关健康性别差异的解释。

健康的性别差异对拥有更多的资源等于拥有更好的健康这个观点提出了挑战。尽管女性拥有的资源往往比男性少，但她们的寿命要比男性长出差不多5年，而在20世纪70年代女性寿命要比男性寿命长8年（Read and Gorman 2010；National Center for Health Statistics 2011）。

是什么造成了这种巨大的差异？男性往往热衷于更危险的行为，这使他们更容易死亡。在世界上，这些"危险"行为中最重要的是战争。而且男性发生致命事故的比例也比较高，还更可能成为杀人罪的受害者。患有慢性疾病的男性往往得的都是更有生命威胁的疾病，比如心脏病和癌症；而折磨女性的往往都是对生命威胁较小的慢性疾病，如哮喘、焦虑以及抑郁，这些疾病不会导致女性过早死亡（但的确降低了生活质量）。

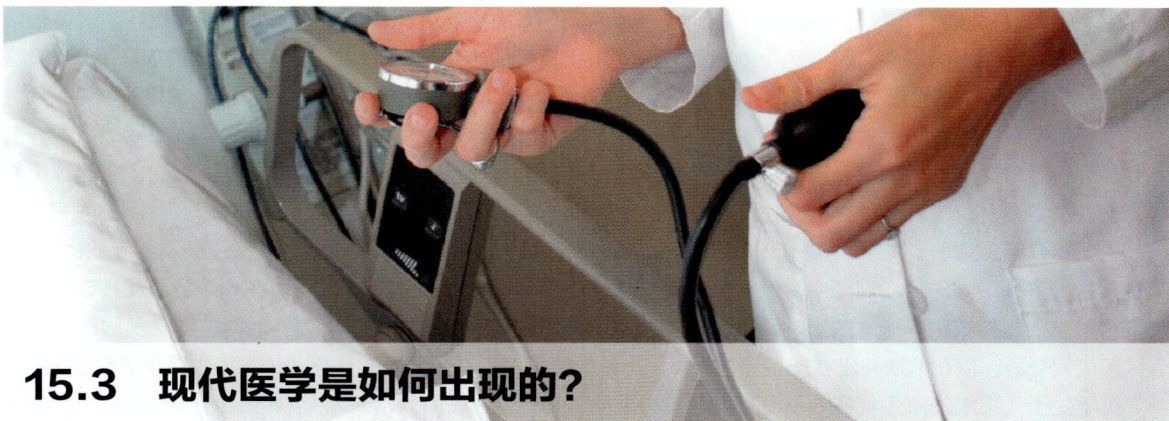

15.3　现代医学是如何出现的？

美国医学的职业化

通过各种方式，我们已经了解到社会因素会如何影响人们的健康状况。与通常基于个体来理解医学的方式不同，基于人口来理解医学的方式提供了一种不同的思考健康议题的方式。当我们决定把什么吸收进身体、是否锻炼以及父母如何把某种疾病的基因特质遗传（或不遗传）给我们时，作为个体，我们当然、也的确对自己的健康产生了影响。但当我们思考群体的健康状况差异如此之大时，或者为什么整个国家的健康水平存在很大差异时，就会提出医疗保健制度的本质和质量问题。在本章的剩余部分，我们将思考一系列有关美国医学职业和医学实践的议题，社会学家在最近这些年一直在研究和思考这些问题。

要理解现代医学的世界以及健康医疗在今日美国是如何实践的，去检视现代医学如何出现就很重要。在这个部分，我们将讨论早期现代医学、美国医学的职业化以及那些有关健康、疾病和治疗改革的一些重要结果。

医学的早期阶段

15.3.1　讨论医学的早期阶段并确定19世纪末公共健康改善的原因。

在医学的早期阶段，医学实践对于病人的价值是有限的，一些应用广泛的治疗实践实际上反而使人病得更厉害了。在18世纪的殖民地时期，大部分医疗保健的提供者是受到训练较少的当地医生、社区的民间医生或者对健康以及精神问题负责的宗教领袖。直到19世纪晚期都普遍存在的一项医学实践是放血，为了消除病人的疾病，通过给病人放血来进行治疗。包括乔治·华盛顿在内的许多知名历史人物的死亡都是由这种早期医学实践造成的。大部分早期的美国医生是在实践中学习治疗，是一种学徒制。这种无计划的训练再加上医学科学以及治疗的原始形态使得从医成为一种声望不佳的职业。

早期医学的局限性在1832年于美国爆发的流行性霍乱中体现得尤为明显。霍乱致人死亡的速度惊人，其特别明显的症状——死者死前的面容会呈现出可怕的蓝色——引起了广泛的恐慌。死于霍乱流行的人数超过了1000人。因为这个原因，流行性霍乱要比其他具有较高死亡率的疾病更让整个国家恐惧。霍乱流行削弱了大众对医生治疗疾病能力的信心，因为医生的治疗措施对阻止疾病的传播毫无作用。实际上，被正统医生（今天这样的医生要具有医学博士学位）采用的各种"夸张的"治疗方法（如放血）给病人带来了额外的健康问题。

伴随着霍乱的流行、民众对医生尊重的下降、多个医学派别以及民间医生之间的激烈竞争时期的出现，每一方都想争得对医学的控制权。一种著名的传统医疗形式，顺势疗法论向常规的医学提出了挑战，它起源于德国的一种医学派别，使用极其微小的医药剂量来治疗疾病。这些医学派别被正统的医生揶揄为"江湖郎中"。正统医生在1847年成立了美国医学委员会（American Medicine Association，简称AMA，是医生的重要专业协会），其目标是与各种形式的"江湖郎中"做斗争。美国医学委员会试图通过公众教育运动、政治游说及其成员内部政策制定来限制传统医疗形式的影响，确保这些成员不会同这些医疗形式进行协商。然而，尽管美国医学委员会尽了最大努力，但在早期并没有产生什么效果，传统的医学派别，尤其是顺势疗法论和折中医学流行起来。

医学处于无组织的原生状态——没有规范、不重视医学教育、民间的治病术士盛行、研究匮乏——这种状态一直持续到19世纪末，自那时起，我们今天所知道的高度技术化和科学化的医学基础才开始建立起来。那么是什么促成了现代医学的兴起？一个普遍的误解是，国家健康和福祉的提高大部分是因为19世纪末20世纪早期的医学发明。这种观点认为医学发现的突破使医疗更有效、更科学，进而提升了健康水平、降低了死亡率。图15.3显示了人们的寿命在过去这个世纪里发生的显著变化。

科学会战胜无知和疾病是一种令人信服的观点，但这种观点没有说明所有问题。历史学家和社会学家指出，20世纪20年代以前死亡率下降是因为传染疾病——如霍乱、伤寒和天花——几乎完全消失了。这些疾病的根除与医疗干预没有多少关系，大部分要归功于卫生条件的改善和更好的公共卫生政策——通过如清扫街道、清除垃圾以及提供洁净的水这样的措施以清洁环境和减少疾病传播的基本卫生政策。这些公共健康运动是由关心社会的精英、具有改革意识的政治家以及具有公德

在19世纪，包括顺势疗法论者（顺势疗法的理论基础是"同样的制剂治疗同类疾病"，意思是为了治疗某种疾病，需要使用一种能够在健康人中产生相同症状的药剂——译者注）在内的许多群体都为了获得对治疗病人的控制权而相互竞争。

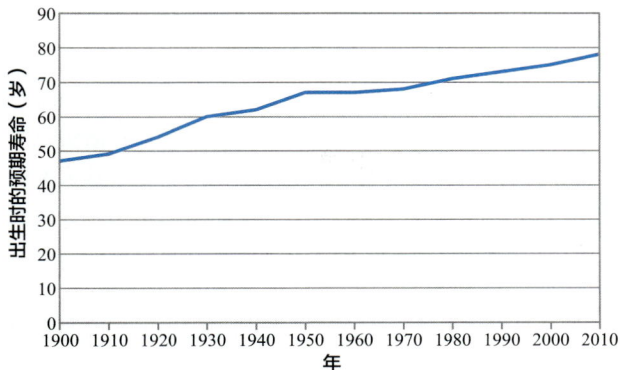

资料来源：国家生命统计报告（National Vital Statistics Reports），50(6)。

图15.3 预期寿命的变迁：1900—2010年

意识的医生（包括一些早期的女医生）共同推动的。这些运动的兴起是为了应对城市中心由于人口过度拥挤带来的卫生肮脏状况。公共健康是一个与医疗职业平行的领域，在治疗美国以及全球的健康问题方面做出了重要贡献。这是与社会学思考医学的方式最相似的学科，它为政府行动提供政策建议以促进人口健康。公共健康也作为新研究和新医疗技术开始向地方医生渗透，到19世纪末医生说服国家立法者通过了医疗实践法案。这些法律促生了医生委员会，决定医疗实践是什么以及判断一个要从事医疗实践的人的必要标准应该是什么。如果各个医学派别都已经深入到地方医疗实践，那么在政治上精明的正统医疗组织就为几乎所有的医学派别提供了进行医疗实践的路径。各个医学派别将最可能反对正统医生的建议。

作为一种职业的现代医学

15.3.2 讨论现代医学作为美国一种有影响力的职业是如何出现的。

如果医疗职业的兴起不能简单归功于医学科学的进步，那么现代医学是如何出现的呢？作为一个在19世纪大部分时间里都被嘲笑、被讽刺无能的医生群体如何在20世纪早期出现并成为美国社会受人尊敬、收入很高、最有影响力的职业之一？医生如何通过美国医学委员会以及地方州级委员会确保对医疗实践进行几乎彻底的掌控？从19世纪晚期开始，州政府开始向从事医疗工作的医生发放从业执照，规定只有那些获得执照的医生才能从事医疗工作。随着时间的推移，所有州开始要求只有那些从获得认可的医学学校毕业并通过考试的人才能称自己为医生（Haller 1981；Horowitz 2013）。

要理解这个过程，重要的是要明白任何一种职业建立的方式。社会学家艾略特·弗雷德森（Eliot Freidson 2001）具有开创性的研究指出，职业化是指某种职业被公众和政府官员认定为拥有一种必须进行自我规范的专门知识或技能，并因而被赋予对工作的自治权或高度控制权。不同的职业——比如法律、工程学、建筑学、会计、牙医学以及其他一些职业——在如何组织、组织化程度以及如何成功获得对其工作的控制权方面存在差异。职业人士被组织进职业协会（比如美国医学委员会或面向法律从业人员的美国律师协会），其职责是保障专业人士的利益。职业协会肩负着许多旨在加强工作场所权威性和自治性的任务，这些任务包括：（1）确定专业培训和教育的标准；（2）通过执照（国家层面）和证书（职业）来控制成员资格；（3）通过伦理守则来建

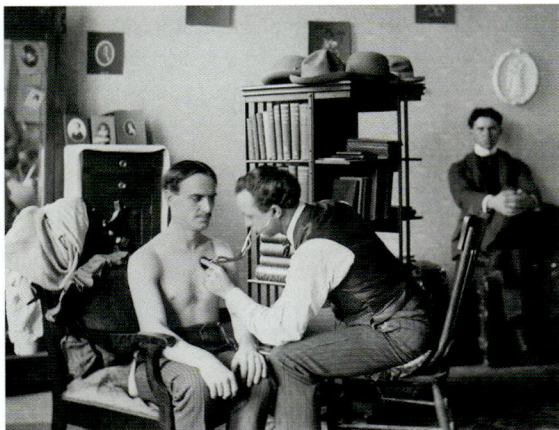

与今天相比，19世纪的医学看起来是不同的，而且医疗实践主要是在家里进行的。

立和维系职业规范。

要理解医学的职业化过程，重要的是理解医学在那时是如何实践的。与今天相比，19世纪的医学看起来是不同的。首先，医疗实践主要是在家里、而不是在像医院这样的复杂组织里进行的。实际上，19世纪的医院是关注慈善和社会福利而不是强调医疗干预的普通机构，它们主要为穷人提供服务。医院广泛地被中产阶级以及上层阶级看作疾病的温床和不受重视的地方。因此，对非常贫穷的人之外的所有人来说，医疗都是在病人家里的床边进行的。其次，患者对医患之间的互动关系拥有更多的控制权。由于缺少复杂的化验和诊断技术，医生依赖于患者的外在症状和自我表述来进行诊断和治疗。第三，当做出诊断时，医生会避开复杂的理论，而是采取实用和特殊化方法向患者提供治疗。

在19世纪后期，医学科学取得了许多重要的突破。尤其是在疾病微生物理论（Germ Theory）方面的发现看起来对疾病根源这个长期让人困扰的问题提供了令人信服的答案。德国罗伯特·科赫（Robert Koch）和法国路易·巴斯德（Louis Pasteur）的细菌学研究在这些方面做出了贡献；科赫确定了炭疽杆菌（1875）、霍乱弧菌（1884）和结核杆菌（1882），而巴斯德研究出最早的炭疽病疫苗（1881）和狂犬病疫苗（1885）。在19世纪60年代，英国医生约瑟夫·李斯特（Joseph Lister）则指出，对衣服、用具、伤口和双手消毒有助于减少手术室里的死亡率和传染率。但美国许多医生采用这些新举措的速度缓慢。

在美国，这些突破对治疗的好处在耗费一些时日之后才被意识到，美国医学科学因为对这些国外的医学发展普遍不大熟悉，医学教育标准低而仍处于落后的状态。为了获得在新兴实验科学方面的训练，一些医生去往国外学习，回国时意图根据医学科学的原则对美国医学进行改革。因为建立和维持一个实验室成本很高，他们雄心勃勃的改革计划需要大量的财政资源。改革者转而寻求私人捐助为美国医学的多层面改革提供资金支持。像美国石油大亨约翰·D·洛克菲勒和美国钢铁大王安德鲁·卡内基这样的富翁建立了慈善基金，通过慈善基金他们能系统地使用自己的财富来改变美国社会并在社会中留下自己的印记。洛克菲勒和卡内基在美国医学改革中扮演着重要的角色。

医学改革者说服洛克菲勒将自己的巨额财富投资到确保医生职业地位的项目中去。改革者根据实验科学来变革美国医学的计划在洛克菲勒那里获得了回应，他是将实验科学运用到自己石油公司标准管理中的早期采用者。通过实验干预而不是通过大规模的社会和经济改革来克服疾病的思想迎合了洛克菲勒对社会问题的政治取向。洛克菲勒因而同意对美国第一个独立细菌实验室提供资金支持，即于1901年在纽约建立的洛克菲勒医学研究所（Rockefeller Institute of Medical Research）。这个机构不仅是一个服务于细菌科学的中心，还在训练细菌学家的后辈方面做出了贡献。后来这些后辈把新的医学科学带进了大学和政府机构。建立了美国第一个独立实验室之后，改革家把注意力转向医学教育问题，美国医学协会之前要提高这方面标准的努力由于受到享有特权的医学学校的抵制而止步不前。

相比确保录取优秀的候选人并对其进行教育，早期的医学学校常常更感兴趣的是从学生学费里获利。实际上，直到1887年，缅因州健康委员会（Maine State Board of Health）进行了一项实验，他们让一个18岁的男孩申请许多医学学校，超过一半的学校录取了他（Duffy 1993：203）！医学改革者的观点是按照实验科学的框架在主要的研究型大学里重新组织安排医学教育。美国医学委员会进行了一项有关医学学校的"独立"调查，后来卡内基基金资助了这项调查。调查是由教育改革家亚伯拉罕·弗莱克斯纳（Abraham Flexner）主持的。弗莱克斯纳是约翰斯·霍普金斯大学的毕业生。在那时，这所大学在按照科学研究的方式进行美国高等教育改革方面取得了巨大进展。弗莱克斯纳把霍普金斯大学当作模型，在1910年发表了标志转折点的《弗莱克斯纳报告》（Flexner Report）。这份报告列出了面向医学学校的新标准。他还调查了美国每一个学校。基于科学和实验项目对大学进行评估，弗莱克斯纳判定这155所医学学校中的大部分学校未能充分进行科学教育，培养出的学生也没有受到良好的训练。他建议应该把学校的数量减少至31所，即那些能主要根据实验方法进行严格项目教育的学校。《弗莱克斯纳报告》的作用在其得到洛克菲勒基金会的支持后显现出来。洛克菲勒基金会根据医学学校达到弗莱克斯纳标准的情况决定向这些学校提供什么样的资金支持。这种做法产生了重大影响，因为没有获得该资金支持的学校无法负担起满足新标准所需要做出改变的成本，从而被迫关闭学校，许多学生无法通过新要求的国家执照考试，因而学生也不愿来这样的学校就读。

由慈善基金赞助的医学改革以及国家执照委员会的权威日益增加并发起自己组织的考试共同改变了医疗实践。治疗开始从家庭的床边转移到日趋庞大、复杂并采用最新医学技术的科层制组织（如医院）。诊断不再主要依赖于患者自己的病情描述，而是依赖于实验检测。"美国医学的黄金时代"因此到来了，医生作为专业人士取得了自主权并控制了医学的方方面面，而且在有关健康和疾病方面所有问题上还被看作不可置疑的权威。

性别与医学职业化

15.3.3 探讨女性因医学职业化而参与医疗实践的经历。

医学职业以及医学教育专业化成功成为美国医学的主导力量，这对健康、疾病以及治疗产生了许多重要的影响。其中值得一提的结果是女性参与医疗实践的经历。女性的传统角色是在家庭中承担相夫教子的任务，女性是民间偏方和（不同于现代西方医学的）另类医疗的早期采用者和忠实采用者。美国医学委员会积极寻求消除这样的医疗形式。女性还有照顾其他女性的悠久传统，在助产的习俗中体现得很清楚，这也成为美国医学委员会要接手的明确目标领域。在20世纪以前，美国有着深厚的助产历史，美国医疗市场的不规范本质促生了这一现象。尽管不同阶层女性的生育实践是不同的——农村和城市地区社会阶层低的女性主要是由助产士参与生育实践，社会阶层高的女性是由医生参与接生——但直到20世纪早期助产士一直都是一种重要选择。在1900年，50%的新生儿仍然是由助产士接生的（Ehrenreich and English 2013：103）。然而，随着医学专业化在20世纪早期快速推进，医生开始把参与怀孕生育看作颇具诱惑力的收入来源。为了试图从助产士那里夺取对生育领域的控制权，美国医学委员会在那个时代的性别刻板印象下发起了一场运动，那个时候的性别刻板印象认为女性容易变得非理性，因而不能信任她们去接生（Wertz 1989）。将其运动表述为关心女性健康，医生争取立法禁止助产并获得了胜利。妇产科医生采取比助产士更明显的干涉主义方法（Interventionist Approach），接管了生育领域并在这个过程中将其医学化。医学化是指人类的身心状况或情形（比如出生）开始被当做成医疗状况来进行理解和治疗的过程。甚至在今天，尽管助产在许多州开始复苏，但在2011年美国也只有大约8%的新生儿是由助产士接生的。

反对助产士的运动存在很明显地将女性从医学职业中排斥出去的趋向，《弗莱克斯纳报告》则加剧了这种大规模排斥模式的发展，这份报告对许多训练女医生的学校进行了谴责。（医生中有抱负的美国黑人的遭遇更加悲惨，因为向黑人学生提供服务的7所医学学校中只有两所学校幸免于报告的谴责）。医学史学家艾伦·S. 莫尔（Ellen S. More）观察到医学学校女性毕业生比例在《弗莱克斯纳报告》发布后不久就下降到空前的低水平（在1915年该比例是2.9%），直到20世纪70年代该比例一直维持在5%以下（More 2011）。甚至在今天，医学仍是一种由男性主导的职业。正如图15.4显示的那样，尽管医学学校毕业生中大约有一半是女性，但她们成为医生的比例大概只有1/3（Young et al. 2011），而且女医生的收入大概要比同行男医生的收入少25%（Seabury，Chandra，and Jena 2013）。许多这种收入差异能通过女性进入的专业领域得到解释。像儿科、内科以及家庭医疗保健这些领域都属于收入最低的医学专业领域，而女性往往集中在这些领域里。

直到20世纪70年代，对医学领域感兴趣的女性会被鼓励去追求护士这样处于从属地位的职业。随着正式培训的引入，护理作为一种正式职业兴起了；伴随着医疗护理从家庭转向医院，护理在20世纪末巩固了自己的地位。有关照料是一种女性特质以及女性美德具体体现的刻板印象把护理职业看作适合女性从事的职业，但只能在医生（传统上都是男性）的监管下工作（Reverby 1987）。我们将在本章后面讨论当代医学护士和医生之间的关系现状。

医疗保险的兴起和医生权力的削弱

15.3.4 讨论美国私人医疗保险对医生权力的影响。

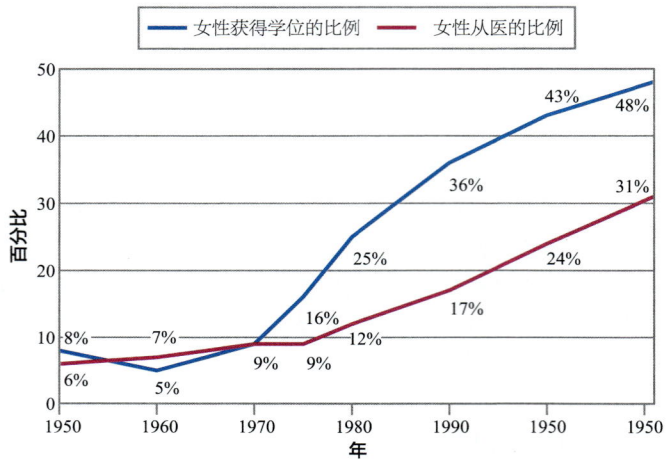

资料来源：数据来自国家教育统计中心（National Center for Education Statistics 2014）和美国医学协会（AMA 2013）。

图15.4 医学博士学位授予女性以及从医女性之间的性别差距：1950—2010年

20世纪医学领域发生的最重要的变迁是健康保险的确立，它成为大多数个体和家庭需要医疗服务时能够得到保障的主要方式。这一变迁开始于20世纪30年代，第二次世界大战以后该变迁急剧加速。美国医学协会和其他医学组织起初反对引入任何一种保险（不管来自政府还是来自私营部门）。医生抵制医疗保险的一个重要理由是，医疗保险要给医生对患者所能收取的费用设定限制。到第二次世界大战结束时，大部分保险计划覆盖的仅仅是到医院就诊的情况或者重大医疗问题，蓝十字（Blue Cross）和蓝盾（Blue Shield）（归医生所有的保险公司联盟）控制着保险领域。这种转变发生于20世纪40年代晚期，因为大量的雇主开始向其雇员提供私营健康保险公司所涵盖的常规健康保险。

同其他富裕的民主国家相比，美国医疗保险发展的不同寻常之处在于，不是政府承担起确保每个公民拥有保险的责任，而是健康保险行业仍由私营、追求利润的保险公司控制着。今天，绝大部分65岁以下的美国人的健康保险是由私营保险公司提供的，大多数情况下是通过工作获得健康保险。诚然，联邦政府也开始发挥着更为重要的作用，不顾美国医学委员会的强烈反对，在1965年产生了向更广泛的人口提供健康保险的两个大型计划：老年医疗保险（向每一个65岁以上的美国人提供健康保险福利）和医疗救助（向贫困家庭提供健康保险福利）。这些计划第一次在医学领域实践，尤其是在有关护理的成本和质量方面赋予了联邦政府重要责任。在2010年，随着《平价医疗法案》（ACA，又常被称为"奥巴马医改"）的通过，联邦政府在医疗方面的责任被极大地拓展了。这个法案致力于将保险覆盖范围拓展到所有美国人身上，并防止保险公司歧视身体状况原已存在问题（指可能需要持续治疗的健康问题）的患者。但美国从未建立起全民健康保险制度，而且《平价医疗法案》仍为私营保险公司留下了向个体提供保险项目的重要空间。

今天，美国医学协会和其他医生协会仍然保持着影响力，但随着政府参与日趋增多、有关患者医疗的决策日益受到保险公司的挑战，这些协会在20世纪中期获得的权力显著下降了。今天，保险公司向医生的专业实践强加的文书工作和管理规则以及患者话语权的增加让许多医生沮丧不堪。

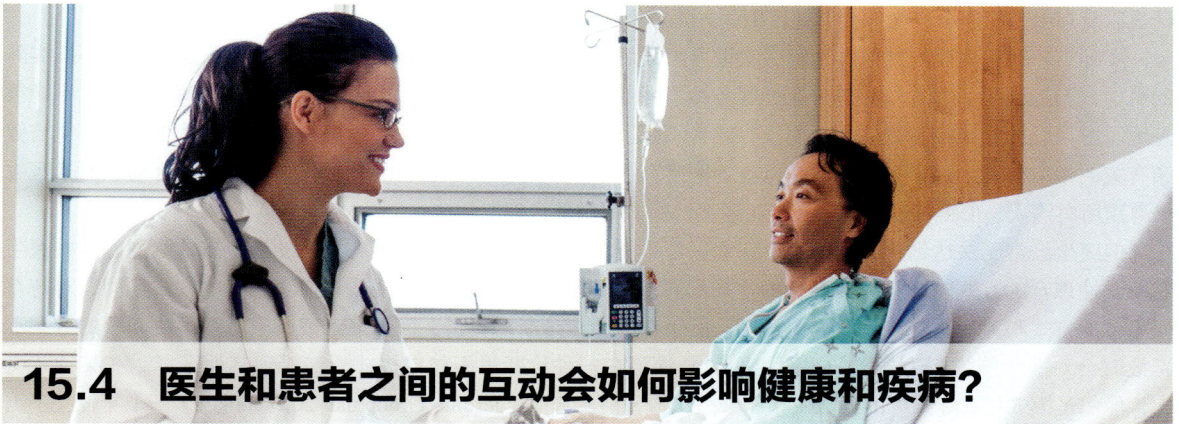

15.4　医生和患者之间的互动会如何影响健康和疾病？

医生的专业性与患者的知识

正如我们在第4章看到的那样，社会学的一个重要视角是我们与他人的互动对人的体验至关重要，而且社会互动是使社会得以存在的首要因素。但个体之间的权力差异能影响任何互动的质量。没有什么关系会比医患关系更让人焦虑。医生总是声称医患关系是医疗保健服务传递的核心，但正如我们在之前看到的那样，他们成功地使自己的知识在医疗领域占据了主导地位。一个世纪以来，医生在医患关系中处于主导地位。然而在今天，许多人和专家开始质疑医患关系应该是什么样子，这是事关医疗保健未来的最重要的问题。

归功于接触有关医疗保健在线信息的方便途径，患者现在能够就健康议题进行自我教育。患者最终会对自己的身体有许多了解。人们日渐意识到患者能提供有价值的观点并能参与其自身的医疗服务。但正如你将在下面看到的那样，这种正浮出水面的认识对医疗领域长期存在的实践提出了挑战。

医生与权力

15.4.1　讨论传统医患关系的不对称本质。

与朋友或工友之间的互动不同，医生在诊断和治疗中是专家，而大部分患者则不是。所有从事医疗保健服务的工作者都拥有一些大部分人都没有的专业知识。培训至关重要。尽管没有受过训练的人也能了解很多自己的个人健康问题，但学会诊断和处理各种各样的问题的确需要很长的一段时间。医患关系是不对称的，因为知识和技能大部分是掌握在医生一方。医生拥有权力，而且有时生死攸关——关乎你的生命。患者在某种程度上依赖于医生和其他医疗保健工作者。

半个多世纪以前，社会理论家塔尔科特·帕森斯（1964；有关帕森斯社会理论的更多内容见第2章）认为，医疗职业让患者得以了解自身依赖的角色以及医生的权威，告诉病人如何做是正确和适当的。患者依赖于医生，因为他们缺少为自己做决定所需的知识。医生竭尽全力思考怎样做对病人是最有利的，也不需要与患者进行很多讨论。例如，在帕森斯看来，如果一个医生认为守口如瓶对病人最好，那么不告诉患者患有会导致其死亡的致命疾病就具有合法性，而且患者也几乎不会质疑这种权威。人们期待医生基于患者的利益来使用这种权威，这种关系建立在信任医生的基础之上。但情况总是这样吗？医生无法总是知道（在每种情况下）应该做什么以及与患者沟通会产生什么样的后果。

实际上，在帕森斯与其他人于第二次世界大战后发展出来的医疗实践模型中，医生被施加了大量不切实际的负担，而且削弱了患者作为自身医疗服务参与者的地位。这个模型认为患者不能很好地了解自己，也不能很好地了解自己的身体或者欲望；他们没有或者不想了解有关自身医疗问题的信息；他们都想从生活中获得与健康有关的相似体验。这个模型还认为所有的医生在医学学校里接受了适当的社会化学习与患者互动，而且医生会尊重所有病人、值得信任、仔细倾听、谨慎诊断并提供最合理的治疗。

但医生经常无法达到这些标准，也许永远都不能。他们并不必然能与所有类型的患者有效沟通。一些医生对待女性患者的方式与对待男性患者的方式不同，对待黑人患者和对待白人或拉美裔患者的方式不同，对待有钱患者的方式和对待贫穷患者的方式不同。医生有时会在诊断时犯错，而且患者或其家庭在解决问题的方案不奏效时会对医生施加压力。例如，医生有时会深陷在一种诊断里不能自拔，无法看到其他选择。在某种意义上，他们是模式化或标签化的。医生和作家杰尔姆·格罗普曼（Jerome Groopman 2007）讲述了一个年轻女子因为体重不断下降而被医生诊断患上厌食症的故事。许多年来，她的治疗都建立在厌食症的诊断上，尽管她不断告诉医生她能吃东西。一个医生告诉她去吃大量的、由小麦构成的意大利面。但她还是不断消瘦，而且病得更重了。最后，一位新医生从原有的诊断视阈（或者说标签）之外考虑她的病情，并在她说自己能吃东西时相信她，正确地诊断出她对小麦过敏——乳糜泻。当她不再吃小麦时，她体重增加了，也健康了。有时患者的症状持续不变，而且已经按照医生的嘱咐去做了时，患者就需要坚持尝试一种新诊断。而医生也需要倾听患者的表述，让患者更积极地参与自己病情的诊断和治疗常常是非常重要的。

在过去50年里，医疗职业的自我规范和自主决定权日益受到联邦政府、州政府、法庭以及公众的挑战。近些年来，医生开始因误诊会被追究更多的责任。例如，医生一直以来都要因为其在医疗事故中所犯的错误被法庭追责。一些患者受到严重伤害，会在法庭上起诉医生和医院失职。这让许多医生忧心忡忡，但大多数被起诉的医生会让自己的保险公司支付少量赔偿金来解决这个问题。只有少数医生在听证会后需要赔偿一大笔钱以及面对许多对自己不利的情况。即使一个医生被起诉很多次，他（她）仍然可以继续行医。患者不可能了解许多州因医生失职而起诉的数字或总量；一些州会把这些诉讼挂在执照委员会的网站上。平均每个医生的失职情况发生率在过去21年里（1992—2012年）下降了50%以上，对患者的赔偿金额也下降了。这部分是因为赔偿金额设上限带来的结果；31个州现在通过了在失职法律诉讼中能被追究的赔偿的上限。这并不意味着，通过安排大量、常常并非必要的检查来保障诊断的正确性，就不会让医生经历自己将被起诉或看起来好像要被起诉的恐惧（Gawande 2007）。

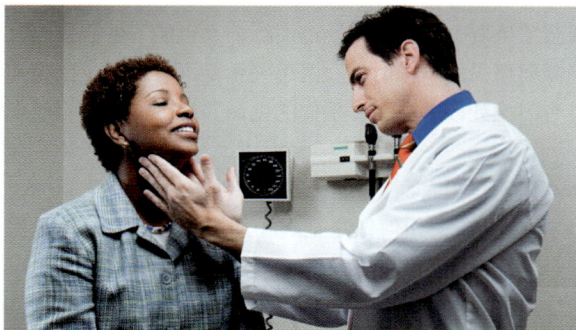

医生并不总是会平等对待自己的病人。研究者发现医疗水平会基于性别、种族、族群、收入的不同而产生差异。

显然，在规范所有医疗保健服务提供者方面存在广泛的潜在差距。因此这有待州医学委员会（Medical Boards）——通常由大部分医生构成，但也有公众代表——来管束有严重违规行为的医生，甚至在必要的时候收回其行医执照。所有医学委员会和医疗组织必须符合法院的要求。例如，如果它们没有遵守《美国残疾人法案》（American with Disabilities Act）的规定就可能会成为诉讼案件中的被告。过去该法案要求为残疾人提供便利设施、禁止询问成瘾类问题。管束医疗职业的流程必须符合法律规定，因为这都有可能在法庭上得到质询。确实违背了法规的医生会被患者、医院、保险方、警察或其他医疗健康提供者呈报给医学委员会。每年在大约85万名从医者中，有4000多一点的医生受到来自医学委员会的严重制裁（缓刑、批评和惩戒、暂停行医、解约或者吊销行医执照）。这些医生会被列在州医学委员会的网站上。护士、牙医、脊椎推拿治疗者以及其他有关健康的职业都有类似的制度。

联邦政府开始参与医疗健康实践大部分是因为通过了《老年医疗保险法案》和《医疗救助法案》。联邦政府得以规范医疗开支，鼓励公众参与医师执照委员会。联邦政府还开始参与评估老年人接受医疗保险服务的质量。政府还开发了全国从医人员资料库（National Practitioner Data Bank），由政府的公共卫生局（Public Health Service）管理。但它只面向医疗机构，比如医学委员会和医院，因为美国医学委员会拒绝将之向公众开放。这一数据库所包含的有关医生和护士的信息要比大部分医师执照委员会张贴在网站上的信息丰富得多。医疗职业在管理自己的成员方面具有重要的权力，并一直避免政府参与进来，但不如其在20世纪60年代以前的权力大。

但是，尽管发生了这些变迁，医疗职业大部分仍然是自我管理、自我决策的系统，而且这个系统并不总是能及时有效剔除掉有问题的医疗服务提供者。葛文德（Gawande 2002）就报告过一例整形外科医生的事件，在最终弄丢自己的行医执照之前，他伤害了许多人。尽管理解这个医生因为工作繁忙导致出错，也为其受到的卓越训练感到可惜，但葛文德还是指出，与这个医生一起工作的医护人员如何甘愿冒着许多患者生命安全的风险长时间帮其掩盖过失。这些同事对该医生的同情实际上意味着让更多的患者受到伤害，因为没有人向州医师执照委员会告知这一事件。这些医疗健康提供者考虑的是这个医生的声誉，却没有从正在受到伤害或者从有受到伤害风险的患者角度出发去考虑这个问题。大部分州要求，如果医护人员看到不适当、疏忽或不胜任职责的行为，或者怀疑有人工作时饮酒或出于非治病的医疗目的吃药时，就要把相关的医生、护士以及医生助理报告给医师执照委员会。患者也应该这样做，但没有硬性的要求。

最后，不仅政府变得更积极地努力确保医疗保健服务质量，而且公众利益群体也强烈要求变革。自20世纪70年代起，全国各个群体就推动公众成员进入所有的医学委员会。尽管如此，有三个州的医学委员会还是没有赋予公众成员投票权。大部分护理以及其他医疗健康职业委员会同许多其他医疗组织一样包含有公众成员。其他群体已经创立网站对医生和医院进行排名。

以患者为中心的医疗

15.4.2 描述各种各样以患者为中心的医疗案例及其对医患关系的影响。

许多问题也许没有严重到足以值得去报告给医学委员会，但这些问题仍然会损害医患关系。例如，许多医生都有过与患者沟通艰难的时刻。在对1000位患者的随机抽样调查中，《消费者报告》（Consumer Report，2013年6月）发现最困扰患者的与医生有关的问题是，医生不能充分解释患者的问题以及治疗的副作用。患者在看病时感到医生的诊疗很匆忙。有时，这也许是因为患者对自己的健康问题表述得不是非常清楚，但也可能是医生没有清楚解释或询问患者是否了解自己将要做什么以及是否拥有获得必要医疗资源的途径。图15.5描述了患者报告的与医生有关的问题的更多细节。

医患关系不佳的证据越来越多，为了应对这种局面，一些医生正在做出改变并开始与病人进行更多的沟通。在所有新医生必须通过的国家考试中，其中一部分就是测评医生的沟通互动能力。一些医生甚至会和患者讨论医生的错误（Gallagher et al. 2013），但这是个艰巨的任务，而确定谁应该对出现的问题负责使这个过程更加艰难。医生向患者表露一些事情面临多种多样的障碍——尴尬、对表露技巧缺少自信、来自机构的信息混乱以及医生群体中存在医疗事故承保人。尽管医疗领域已经采取了一些措施确保安全性，但患者看起来想要与医疗服务提供者形成一种新型的关系，一些医疗服务提供者和医疗制度正在倾听这些想法。患者想要理解自己在图表内容：

- 问题表述不清　8.1
- 化验结果沟道延迟　7.9
- 医疗费用争议难以解决　7.8
- 生病时很难快速就诊　7.8
- 看病时的被敷衍感　7.8
- 出院太早　7.7
- 讨论病情时其他患者在场　7.6
- 没有充分解释治疗的副作用　7.6
- 在检查室或候诊室里等太久　7.6
- 通过电话或电子邮件难以联系到医生　7
- 医生过快地推荐去做化验　6.7
- 就诊时间不方便　6.5
- 不挂号医生就不给重新开药　6.2
- 医生在仪器上做记录、不看病人　6.2
- 在候诊室里要填写许多表格　6.1
- 医生不鼓励替代疗法　5.7

横轴：投诉评级（0 2 4 6 8 10）

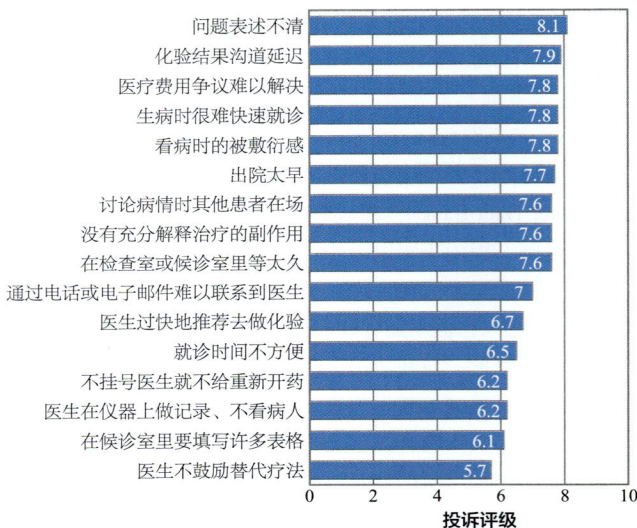

注：差异在0.4或更低没有意义。

资料来源：消费者报告国家研究中心（The Consumer Report National Research Center）。

图15.5　常见的患者投诉

医疗服务中的角色，并想提升自己的知识和技能来助力自身医疗健康的管理。研究者指出，实际上，当患者变得主动并作为一部分参与诊疗时，患者就会更赞同医生的想法（Greene 2013）。结果，患者也可能会更健康。

让患者更多地参与诊疗存在许多挑战，而且患者为什么要继续服从医生也有许多理由（Gallagher et al. 2013）。但今天医疗职业的新准则是以患者为中心，这种思想认为患者在治疗健康问题方面应该发挥积极作用。以患者为中心的医疗方法发端于这样一种日趋觉醒的意识，即让医生进行诊断和提供治疗而没有患者的参与不一定是好主意。研究显示，当患者拥有了与自己的医生进行严肃对话的知识、技能和信心时，他们就能更好地管理自己的医疗健康。相比那些看同一个医生、不积极参与自己医疗过程的患者，那些参与管理自身医疗的患者医疗体验会更好（Greene，Hibbard，Sacks and Overton 2013）。近些年，从互联网上获得医疗知识成为患者知识的重要来源，正如图15.6所揭示的那样。

42%的成年人说他们在线找到的信息影响着自己如何进行医疗决定。下面这张图显示出在线健康信息如何影响那些成年人的决策过程。

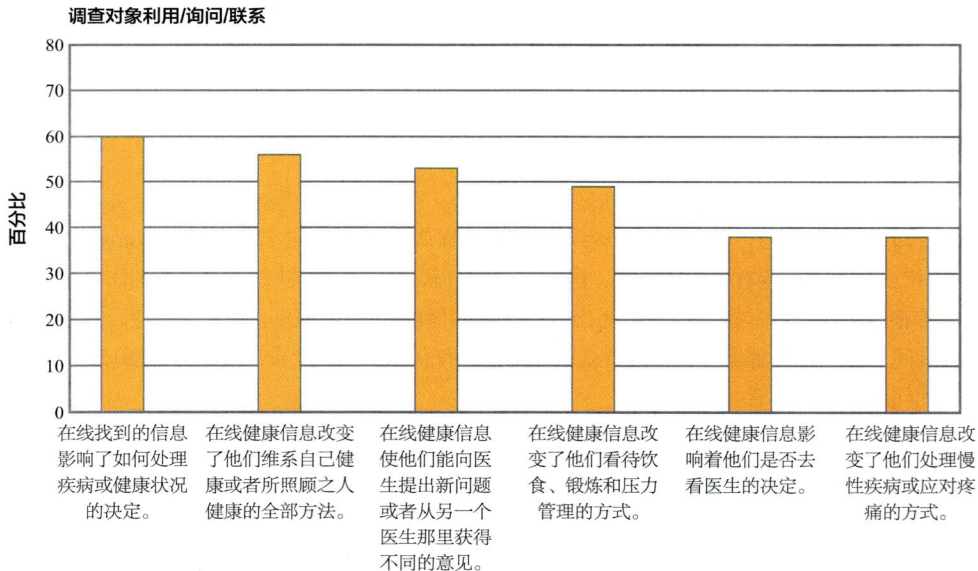

调查对象利用/询问/联系

纵轴：百分比（0 10 20 30 40 50 60 70 80）

柱状图数据：

- 在线找到的信息影响了如何处理疾病或健康状况的决定。　60
- 在线健康信息改变了他们维系自己健康或者所照顾之人健康的全部方法。　56
- 在线健康信息使他们能向医生提出新问题或者从另一个医生那里获得不同的意见。　53
- 在线健康信息改变了他们看待饮食、锻炼和压力管理的方式。　49
- 在线健康信息影响着他们是否去看医生的决定。　38
- 在线健康信息改变了他们处理慢性疾病或应对疼痛的方式。　38

资料来源：皮尤研究（2014）。

图15.6　在线健康信息

但在实践中，以患者为中心的医疗模式究竟意味着什么呢？是指现在患者成为医疗保健制度的中心吗？还是患者的需要应成为关注的中心？这个词对不同的医生和研究者意味着不同的东西，对那些与患者打交道的人也意味着不同的东西。对一些人而言，这意味着把医院的房间涂成让人更加愉快的颜色、缩短预约等待时间、在医院里提供可口的食物。这还意味着改善与患者、有时是与家庭的沟通；赋权给患者、让其做决定和照顾自己；发展团队协作方法（即多种专家和患者共同参与重要医疗决定的决策）。还意味着通过沟通提供知情同意，使患者及其家庭真正理解他们正同意什么、与患者及其家庭就病人在生命终点想要什么达成共识，以及动员患者及其家庭监管自己的医疗健康。这也许还意味着指导患者要告诉医疗保健服务提供者去洗手，或者指导患者去了解正在提供服务的人是谁，比如在你要进手术室时向来到你轮床边上的麻醉师询问其文凭、询问你想要什么样的麻醉，或者询问递给你标志不明药品的人是谁、药品是什么。患者需要像医疗职业对患者所要求的那样为自己的医疗健康做出贡献。

在这种新互动模式下，医患关系双方都需要更多的指导和工具：医疗保健服务提供者也许是在一种缺少尊重的文化里得到训练，而患者需要被动员起来去思考自身的医疗健康问题并参与讨论和诊疗。一些患者也许比其他患者更想参与进来，但医疗保健服务提供者需要向所有患者解释他们的选择权。患者需要学会就下列内容提出问题：自己的病症、可能要做的化验以及治疗；医药以及治疗的副作用；当他们没获得信息就离开医院时会发生什么；如果他们没有资源购买自己需要的东西时会怎么样。讨论一个患者在生命的终点想要什么或者一个错误是如何产生的也许会非常困难，但这是以患者为中心的医疗服务的一部分。与背景非常不同的人进行沟通本身就是一件不容易的事。而且，在医疗服务领域，这种障碍常常超出语言差异，延伸到了文化方面。

15.5　美国的医疗保健为什么要比其他国家更昂贵？

比较视角下的美国医疗保健

无论研究者如何估算，美国医疗保健的成本远远要比其他任何一个国家都昂贵。不管你看医疗保健支出占整个经济（或者国内生产总值）的比例、平均每个人的医疗保健花费，还是看常规医疗过程的成本都是如此。显然其他国家已经想出如何以比美国低很多的成本提供有质量的医疗健康服务。美国在医疗保健方面的支出占其国民生产总值（一个国家在特定某年所生产的商品和服务的价值总和）的16%。而且在过去50年里，美国的医疗保健成本急剧上升，正如图15.7显示的那样。美国现在的医疗保健成本要比其他任何一个富裕国家高出一倍多，但其增长速度看起来正在下降。要理解这一点参见图15.8。

在这个部分，我们将讨论这些成本为什么这么高以及这对美国社会有怎样的影响。

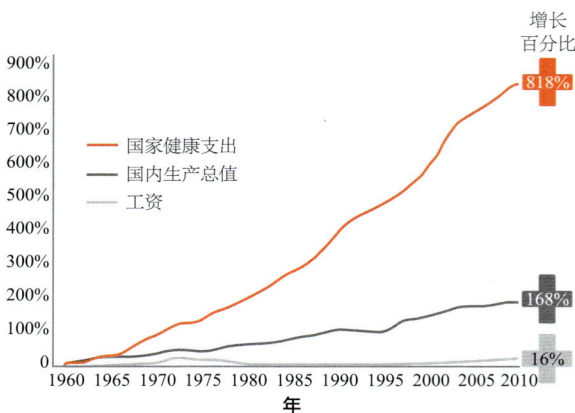

资料来源：麦金尼（McKinney 2011）。

图15.7 近几十年来，医疗保健花费的增长远超经济剩余的增长

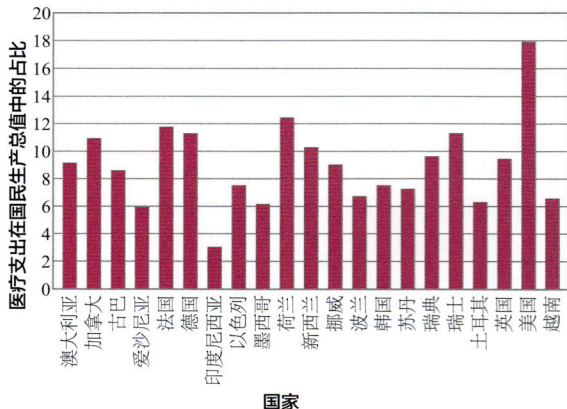

资料来源：来自2011年经济合作与发展组织健康数据（OECD Health Data）以及2012年世界银行数据（WorldBank Data 2012）。

图15.8 不同国家在医疗保健方面的支出

美国医疗保险的结构

15.5.1 描述美国医疗保险的自由市场。

有关美国医疗保健的一个悖论是，尽管美国整体上在医疗保健方面的支出要比其他任何一个国家都多，但从历史上看，美国人拥有的任何类型的保险都要比其他工业化国家少。谁为我们的健康保险买单？的确是我们自己，但是以一种比大多数国家都更加复杂的方式。对我们中的一些人来说，是雇主和雇员共同承担保险，雇员从雇主选定的大部分以获利为目的的私营公司那里购买保险。对那些非常贫穷的人来说，是联邦政府和州政府通过医疗救助项目一起提供的某种健康保险。对那些65岁以及65岁以上的人来说，老年人医疗保险能给他们提供保障（尽管许多人会购买补充性的健康保险计划来保障老年人医疗保险没有包含的项目）。一些人是依靠自身的力量或通过某种协会来购买保险。《平价医疗法案》（也称"奥巴马医改计划"）简化了向那些通过工作没有获得保险以及符合老年人医疗保险和医疗救助条件的人提供私人保险计划的途径。但是，尽管做出了这么多努力，许多美国人还是没有保险——一些人是因为他们不想要，但大多数人是因为负担不起（甚至有了"奥巴马医改计划"之后还是如此）。根据联邦基金会（Commonwealth Fund）的研究，年龄在19～64岁的美国人中大约有一半的人至少在2012年没有健康保险或者健康保险不足（只有仅仅能保障紧急或灾难性健康问题的健康计划）。在该基金会的调查中，大约43%的调查对象在被问及他们是否因为负担不起而省略掉了必要的健康保险时给予了肯定回答，在2003年时这一比例是37%。5个人中就有2个人回答说自己在支付医疗费用时存在困难，一些人还因为这一点而使自己的信用等级受到影响。

《平价医疗法案》正试图积极解决许多美国家庭所面临的医疗健康保险匮乏或保险昂贵以及保险不足的问题。《平价医疗法案》包括几个重要的规定。

1. 该法案允许父母在比较长的时间里将子女涵盖在自己的医疗健康保险里。

2. 保险公司不可以再拒绝去保障那些已经存在健康问题的人；而且，如果一个人正面临重大疾病的医疗需要，保险公司也不能取消已有的政策（在《平价医疗法案》通过之前，许多健康保险公司一直都这么做）。

3. 该法案要求每个人都要通过以下三种机制获得健康保险：雇主；一些州的保险购买合作组织提供的保险计划，这些组织由州来管理，在这样的州里，所有提供健康保险的公司必须在该州居民都能看到的网站上列出自己的保险计划和成本；在那些没有选择这种方式的州里，存在由联邦政府管理的相似的国家保险计划。不管是在州管理的保险计划中，还是在联邦政府管理的保险计划中，低收入个人和家庭都会收到补助来帮助他们支付保险（而更加贫困的家庭就会符合医疗救助条件，医疗救助会承担几乎所有的保险成本，但只有那些生活在选择支持国家医疗保险扩张的州的居民才能获得这种保障）。

在写这部分内容时，人们才刚刚开始感觉到《平价医疗法案》的影响。而且一些评论家和想要废除该法案的政客对它展开了激烈批评。但不管怎样，《平价医疗法案》代表着一种试图向所有美国人提供保险的重要变革。如果该法案能从其面临的各种政治挑战中幸免，这将使美国医疗保健制度看起来更像其他国家的医疗保健制度一些。

理解《平价医疗法案》并不是完全照搬其他国家既有医疗保健的类型这一点很重要。在英国、加拿大和大多数欧洲国家，单一的政府计划就能承担起所有医疗保健需要的成本（大多数国家也有小规模私营医疗保健制度来为那些能负担得起额外医疗服务的人服务）。在这些国家里，每个人自动拥有了医疗保险。而且，在意识到不规范医疗市场的问题之后，其他国家医疗服务和药品通常是由委员会和政府来定价的，他们常常与医疗保健服务提供者和其他群体进行协商定价。由于规模大，政府计划能协商到的价格要比医生个体或医院所能协商到的价格便宜得多。在这些国家，大多数医生拿固定薪水，而不是根据给多少患者看病、做了或安排了多少医疗过程和化验来获得报酬。相比而言，美国——而且在推行《平价医疗法案》的情况下仍然如此——是唯一一个如此大规模依赖市场来提供医疗保健的主要发达国家。

但在这个方面，美国的做法揭示了运作良好的经济市场在保障医疗保健方面所存在的重大局限性。出于各种原因，自由市场运作医疗保健的机制与运作其他类型商品的机制极为不同（而且效率较低）。理解为什么会这样是很重要的，我们将在本章下面的部分开始处理这个任务。

市场与医疗保健

15.5.2　比较医疗保健市场和其他商品和服务市场。

无论何时我们要买消费品——假设我们在选择一辆新车、一个洗碗机或者一件新衣服——我们就会进入市场。现在许多人通过在线寻找来查实商品的质量，并且能找到最佳的价格。像《消费者报告》杂志的主办方这样的评级机构会测试产品；网站会对商品进行分级，并提供来自买家的评论。我们决定自己愿意花多少钱，并试图在质量和价格之间找到平衡，对此我们拥有相当完善的信息。那么医疗保健市场又是怎样的情况呢？

有几个议题使得医疗保健方面的决定与买衣服或洗碗机的决定不同。当谈及医疗保健时，我们会遇到经济学家所说的信息不对称的情况：我们没有多少有关医生、其他医护人员或医院、诊所以及门诊病人服务质量的信息。因此，我们的医疗保健不能、也不会像其他市场那样运作。我们对自己的医生都有哪些了解？他们看起来足够友好，而且是由朋友或家庭成员推荐而来。还能了解到其他一些什么信息呢？一些群体试图对医生进行评级，但使用的抽样技术常常值得商榷，而且信息的来源并不总是清晰明了。医生也许会有一些喜欢或憎恨自己的患者，但大多数对医生满意的患者不愿花时间填写这些。而且，尽管衣服选择不当意味着这件衣服会被束之高阁，但医院或医生选择不好会产生重大后果。这可能会让你付出生命的代价。

医疗保健市场的一个非常重大的问题在于评估和比较成本。有关个体医疗过程和化验成本信息很少见，个体消费者很难获得这些信息。而且各个国家的情况看起来存在非常广泛的差别。尽管一些医生公布了他们的价格，但直到收到医疗账单之前我们很少知道任何事项的价格。账单会指出保险公司会支付什么、我们自己要支付什么。常常这些数字会与应有的数量不符。对于住院或治疗，账单总是来自每个有关的医生（其中的一些人我们从没有见到过），而且医院的账单与治疗分离开来，列着我们不知道的事项和在我们可观察到的治疗中看不见的许多其他事项。患者可能会被安排去做许多化验，加起来成本非常高。而且患者在决定一项特定的化验是否必要或基于成本来说是否合理时，通常会任由医生摆布。每个保险公司不仅要协商他们要为服务支付多少费用，还要协商他们将支付什么服务费用和他们将支付费用给谁来提供诊疗服务。没有保险的病人要付多少钱？通常情况下，要求病人全额支付费用，这远远超过保险公司支付的金额加上保险费。同一服务的价格相差很大，这与自由医疗保健市场的预期正好相反。在一个自由市场中，如果医生和医院收取比竞争对手高得多的费用，结果要么不得不降低价格，要么就关门大吉。然而，在现实世界中，医疗保健价格的巨大差异表明市场运作得不太好。

测试医疗保健市场运行状况的一种方法是检查服务的实际成本。这个市场存在竞争吗？一项对4000万份保险索赔的分析发现，对一个医生认识的病人进行15分钟的短期诊疗，费用从47美元到86美元不等（处于医生群体前5%的医生的费用甚至更高），平均是63美元。对于更复杂的、持续时间超过15分钟的办公室诊疗而言，成本费用从103美元到257美元不等（再一次，对前5%的医生来说该成本费用会更高）。价格通常是由供应商与保险公司讨价还价而得来的。这是一个市场，但是病人和医生都不太可能知道其他人支付的费用（或被索要的费用）。

主要疑点：解释医疗保健的高成本

15.5.3　概述美国医疗成本高的可能原因。

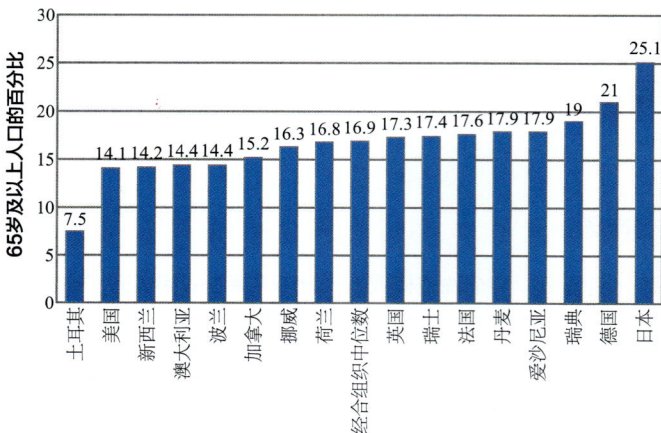

资料来源：来自经济合作与发展组织2014年健康数据（stats.oecd.org）。

图15.9　2013年经合组织选定国家中65岁及以上人口的比例

围绕美国医疗保健市场的议题都很重要，但没有一个议题能单独解释为什么医疗成本那么高。社会学家已经探索了几种可能的解释。首先，美国人是否可能比其他国家的人更经常去看医生？研究并不支持这一点。根据经济合作与发展组织2006年的数据，实际上美国的患者看医生的次数比其他被调查的国家要少。第二，美国人口是否更年老、更虚弱？虽然世界各地的老年患者比年轻人更倾向于使用更多的护理，但美国人口并不比其他大多数工业化国家更年迈。如图15.9所示，年龄在65岁以上的美国人只占总人口的14.1%，而日本人口中则有25.1%的人年龄在65岁以上，德国则有21%的人口年龄在65岁以上。因此，人口中老年人比较多不能成为医疗成本高的主要原因，但老年人的确会比年轻人使用更多的医疗保健设备。

那么，是否是美国人所做的事情可能会让他们变得不健康、从而提高了医疗成本呢？美国人与其他国家的人相比，尽管近年来差距一直在缩小（而且平均而言，美国人自2003年以来并没有变得更胖），但美国人的确要比其他国家的肥胖率更高（CDC 2014）。正如图15.10所示，目前美国成年人的肥胖率约为34%，超重美国人所占的比例正在上升。尽管许多人可能超重但完全健康，但许多非常肥胖的人确实往往会使用更多的医疗资源，例如，因为这种疾病的确与糖尿病、心脏病、骨骼和关节恶化以及其他疾病有关（Robert Wood Johnson 2010）。

高水平的肥胖症是解释医疗费用如此高的原因之一。撇开肥胖不谈，从其他方面来看，美国人的健康行为和其他国家的人一样好，甚至更好。例如，美国喝酒和抽烟的人比其他富裕国家的人少。所以总的来说，不清楚健康行为是否可能是造成医疗费用差异的主要原因。

如果会导致医疗成本更高的这些可能性——过度使用医疗设备、人口老龄化或不良的健康行为——都没有，那么我们将需要考虑与医疗如何组织和融资相关的因素。在这些方面出现了一些重要差异。美国的医生通

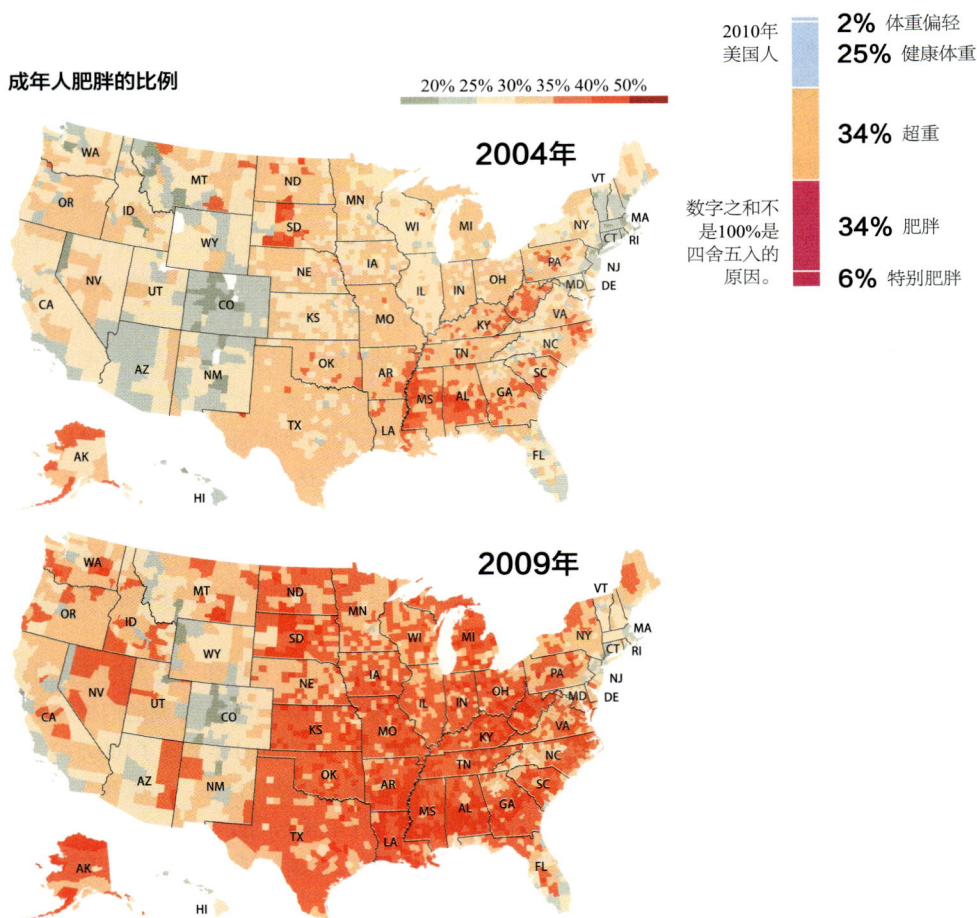

资料来源：美国疾病控制与预防中心（Centers for Disease Control and Prevention 2012）。

图15.10　美国肥胖症

常使用非常昂贵的高科技设备，并且要求每个患者进行比其他国家医生所要求的多得多的检测。要求进行如此多的检测的部分动机根源于薪酬结构：医生和医院通常会从更多的测试中获得更高的收费。而且，这还因为医院和一些医生拥有昂贵的设备，也正是因为它们价格昂贵，所以医院和医生有动机尽可能多地使用它们。例如，研究表明，自己拥有计算机断层扫描（CAT）设备或核磁共振成像（MRI）设备的医生会比没有设备的医生对患者进行更多的测试。一项研究发现，拥有强度调制放射治疗技术的泌尿科医生（每台机器的费用为200万美元）会比那些没有这种设备的泌尿科医生更经常使用该设备（Mitchell 2013）。最后，医生们相信通过安排更多的测试可以降低发生医疗事故的风险，因为这可以证明他们已经为病人做了所有可能的治疗。

薪水支付制度也会产生低效率和高成本。在美国，大多数医生是基于所谓的服务收费来工作的——也就是说，医生的薪水来自看病、做手术或做检测的数量。在大多数其他国家，医生的薪水并不取决于他们做了多少检查或做了多少手术。然而，在美国，医生和医院通过做得更多来赚得更多。因此，无论是否有必要，医院和医生都有动机进行更多的检测。我们不仅会过度测试，而且还会做不必要的手术，因为医生通常是按照其所做的手术数量获得薪水的。内科医生和家庭医生的薪水是根据就诊次数和类型而定的。一位著名的医生/研究人员得出结论，当检查对适当的治疗含糊不清时，一些医生会比其他医生更有可能要求额外的检查或手术（Gawande 2007）。而且，除了增加费用，手术对患者来说还存在发生并发症的风险。

让我们将这种服务收费制度与其他国家的医疗保健制度进行比较。如上所述，欧洲大多数医生的收入或薪水取决于医生名单上的病人数量，而不是他们所做的手术或检查的数量。在美国，存在各种付款方式。有一个极端的例子，一些医生拥有营利性的医院，不仅通过做更多的手术和检测来增加自己的利润，而且还能获得医院利润的分成。这种情况可能正在开始改变。美国一些主要的医疗保健中心开始给医生发薪水，而不是让医生依靠每次手术或就诊的费用来维持生计，最引人瞩目的是著名的梅奥诊所（Mayo Clinic）。这样医生就没有动机去做不必要的测试或手术。许多医生不愿采用以薪水为基础的薪酬制度，因为这让他们很难挣到很高的收入。但正如许多其他国家的经验所显示的那样，带薪医生仍然可以获得较高的收入，而不必试图用不必要的、无效的治疗手段来"玩弄"这个体系。最后，医疗系统的组织实践有时会产生更高的成本。美国人确实比其他国家的人更喜欢使用急救室，而且急救室的费用也比一般的护理要高得多。大量使用急诊室的一个主要原因是，许多美国人没有医疗保险，直到自己的健康状况成为一场危机之前，他们不会去治疗。急诊室使用频度高者通常有很多问题，而且没有人监督他们的护理。一小部分患者（5%）在急诊室的医疗支出占到所有医疗支出的一半。这些患者病情复杂，具有多重健康问题，通常包括心力衰竭、糖尿病、肾病和精神疾病。这些数据表明，我们在患有重病和慢性疾病的患者使用急诊室进行危机治疗方面存在一个需要特别对待的问题（Boodman 2013）。但可能不是医疗问题本身造成了高成本；相反，是医疗制度没有提供医疗保险和预防性保健（在一个小问题变成大问题之前）。

在小范围内，人们正在开发一些试图协调医疗的项目，包括针对急诊室顶级用户的专门病例管理者。在一个项目中，排名前14位的急诊室使用者（每年使用超过100次）会被安排给一个负责协调他们护理工作的病例工作者（Case Worker），该项目降低了急诊室使用率和住院治疗的情况，并在2011年节省了100万美元（Boodman 2013）。美国医疗保健制度的另一个统筹性问题是，由于没有统一的系统来偿付医生，而患者又有各种不同类型的医疗保险，而且每一种保险都有自己的规定，所以仅仅管理医疗保险索赔的成本就非常高。大多数医生的办公室都有不止一个人专门处理保险索赔事宜并与保险公司谈判。与私人医疗保险计划相比，医疗保险的管理成本已经低得多了，不过也有人争论到底低了多少。

医疗保健制度能被完善吗？

15.5.4 解释为什么美国医疗保健问题如此难以解决。

如果我们知道了许多导致每个人的医疗费用变得过高的成本压力，那么为什么这些压力如此难以解决呢？答案的关键部分需要让我们回到之前的讨论，即医生是如何获得并保持其对自身实践的专业垄断，而且根本没有多少动机去帮助降低医疗成本。医生们处于医疗制度的上层，也许会拥有巨大的权力来阻止可能会威胁到他们收入的医疗实践范围的变革。一个关键的例子可以从持续的关于允许护士以比医生更低的费用进行常规护理的斗争中看到。例如，在大多数州，医师助理为个别医生工作，由医生监管。有些州规定了可以为一个医生工作的私人助理的数量以及其他监管标准。在某些州，护师可以独立于医生执业，但在大多数州，他们必须由医生监管。一般来说，这些人是由护理委员会管理的，需要有护理学硕士学位，并被认证为护师。在更多的州，护师正在获得独立诊疗的权利（在纽约，于2015年1月1日开始实施）。医学研究所（2010）的研究表明，在护师和医生共同工作的领域，两者表现得一样出色。事实上，在某些情况下，护师做得更好。但在许多州，美国医学协会和其他医生组织已成功挫败了护师的这种努力，以保持医生独立行医或进行各种各样诊疗的权利。在这本书出版的时候，最高法院有一个案例，对牙医不允许非牙医进行牙齿美白的权利进行了挑战。

在医疗保健制度中还有许多其他参与者抵制重大的变化。在第5章中，关于为什么社会结构随着时间的推移会持续存在的讨论中，我们引入了路径依赖的概念——一旦一个特定的制度路径发展起来，就很难去逆转这个过程。路径依赖如此强有力的原因之一是，任何像美国医疗保健制度这样的大型体系都会产生许多组织（不仅仅是医生），这些组织与维系自身的存续存在利害关系。例如，大型保险公司一直强烈反对减少其获取利润机会的改革。制药公司强烈反对限制药物成本的改革。许多大公司也反对重大改革，担心可能需要为此支付更高的税收。反对这种改变的政治力量是强大的，"奥巴马医改计划"只是对医疗体制进行了适度的变革（其最大的影响是将医疗保险扩大到以前没有保险的个人和家庭，并取消了医疗保险公司对消费者区别对待的权利）。但是，即使可能不会很快出现大的变化，但仍然有许多小的变化可能会在未来使医疗保健得到显著改善。在结论部分，我们将对此进行一些分析。

结论

对每个人来说，医疗的重要性是显而易见的。作为个体，在自己生病时，我们依赖医生、护士和其他医疗专业人士对我们进行诊断和治疗。作为一个社会，我们花了经济活动总量中相当大的一部分——超过1/6——在医疗上。但我们花的钱物有所值吗？也许不是这样。正如医学研究所（Institute of Medicine 1999）一份被广泛引用的报告指出的那样，"人非圣贤，孰能无过"，这当然是正确的。但同样的这份报告也指出，每年有9.8万名病人因为本可以避免的医疗失误而住院。这个数字远远要比死于交通事故、乳腺癌或艾滋病的人数多得多。尽管这个数字有时会受到质疑（有人提出更高或更低的估计值），不管真实的数字应该是什么，但任何人都不应该因为一个本可以避免的错误而死在医院里。怎么做情况才会变得更好呢？我们应该问医生、医院、制药公司和保险公司些什么问题呢？

医疗的社会学模型对于理解医疗系统如何运作并努力改善其运作机制的价值体现在很多方面。社会学家一直感兴趣的问题是，什么人生病以及为什么会生病，谁得到了最优质的护理服务，医生和患者之间的互动如何以及为什么如此重要，以及医疗系统的组织设计如何加剧了自身的问题。如果美国人要以自己能负担得起的价格获得与其他富裕国家公民同样高质量的医疗保健服务，所有这些问题就都必须得到解决。

我们看到了很多积极的转变。2010年《平价医疗法案》的通过以及自2014年以来该法案的加速推进解决了许多关键问题，使数百万人能够享受医疗保健服务，尽管在立法方面还有很多工作要做。在医学专业内部来说，也有一些积极变迁的迹象。降低医疗成本的压力越来越大，这促使医生和医院去寻找改善的途径。医疗和护理学校最近的举动强调了社会科学背景对有抱负的医学生的重要性，这是一个非常鼓舞人心的趋势。出于对医患关系与族群、种族和性别差异给医疗保健服务带来的困难的关注，医学学校现在表示自己需要社会科学和人文科学专业，而不是只需要所有的科学专业。显然，未来一代又一代的医疗保健人员将受到与过去不同的训练，就像以患者为中心的护理正得到更好的界定和补充一样；而且我们希望这些变化能提高每个人的医疗保健质量。接纳了有效治疗每个人的重要性的新一代医疗从业人员也带来了许多希望和信心。

可以肯定的是，医疗保健制度正面临着抵制变革的持续压力，这些抵制来自不同的领域——保险公司、制药和医疗设备公司、从当前制度中受益或害怕变化的医生、看起来要削减医疗以减少成本的医院，甚至还有医疗工作者自己的工会（可能会与威胁到工作或工作保障的变化进行抗争）。此外，雇主正在把越来越多的成本转嫁到员工身上去。特别需要注意的是，医疗技术的快速变迁不仅是促成变革的一种压力来源（例如，在患者如何被诊断和治疗以及允许医疗影像被其他国家专家阅读方面的医疗技术变迁），而且因为它们常常很昂贵，从而还会增加治疗成本。所以如果没有改革当前如何报销的医疗保健制度，那么过度使用这些新医疗技术的危险始终存在。

大问题再览15

15.1 社会环境如何影响健康？ 我们通常认为健康行为是个体的选择。在本部分，我们将探讨社会环境如何影响人的健康行为，以及我们一生中发生的事件如何影响我们成年后的健康状况。

把全部人口看作病人
学习目标15.1.1：描述预防性人口模型。

社会环境对个体行为的影响
学习目标15.1.2：讨论我们的社会环境和社会关系如何有助于决定我们的健康选择。

健康风险在整个生命历程中的累积
学习目标15.1.3：解释社会学家如何运用生命历程的视角来分析健康问题。

不同国家的健康差异
学习目标15.1.4：解释你居住的区域为什么会影响你的健康。

> **核心术语**
>
> 流行病学　婴儿死亡率　生命历程视角
> 护师（NP）

15.2 谁会生病？为什么？ 社会经济地位低是健康状况不佳的一个重要预测因素。如果你受过高等教育，那么你就会比没有受过高等教育的人更可能活得长久、健康。这在历史上和许多不同的国家都是如此。我们探究了这些模式为什么会持续存在，以及社会学家对此提出的主要解释。

健康与社会经济地位

学习目标15.2.1： 解释社会经济地位如何影响健康。

教育

学习目标15.2.2： 探讨教育与健康之间的关系。

收入与财富

学习目标15.2.3： 讨论收入与财富对儿童健康的影响。

种族和族群

学习目标15.2.4： 讨论种族之间健康不平等的社会学解释。

性别

学习目标15.2.5： 识别有关健康性别差异的解释。

> **核心术语**
>
> 健康不平等　健康方面的社会经济地位梯度
> 根本性社会原因

15.3　现代医学是如何出现的？ 要了解现代医学的世界，以及当今美国的医疗保健是如何实施的，重要的是要了解它是如何出现的。在这一部分，我们讨论了医学的早期阶段、美国医学的专业化、医学教育改革的影响以及给健康和疾病带来的一些重要后果。

医学的早期阶段

学习目标15.3.1： 讨论医学的早期阶段并确定19世纪末公共健康改善的原因。

作为一种职业的现代医学

学习目标15.3.2： 讨论现代医学作为美国一种有影响力的职业是如何出现的。

性别与医学职业化

学习目标15.3.3： 探讨女性因医学职业化而参与医疗实践的经历。

医疗保险的兴起和医生权力的削弱

学习目标15.3.4： 探讨美国私人医疗保险对医生权力的影响。

> **核心术语**
>
> 顺势疗法论　美国医学协会　弗莱克斯纳报告
> 医疗化　医疗保险　医疗救助　平价医疗法案

15.4　医生和患者之间的互动如何影响健康和疾病？ 很少有一种关系比医生和病人之间的关系更令人担忧。一个世纪以来，医生主导着医患关系。然而，今天，许多人和专家开始质疑这种关系应该是什么样的。患者最终比任何人都更了解自己的身体，并且越来越意识到患者可以提供有价值的意见并参与自身的治疗。

医生和权力

学习目标15.4.1： 讨论传统医患关系的不对称本质。

以患者为中心的医疗

学习目标15.4.2： 描述各种各样以患者为中心的医疗案例及其对医患关系的影响。

> **核心术语**
>
> 医疗事故　医学委员会　以患者为中心的医疗
> 知情同意书

15.5　美国的医疗保健为什么比其他国家昂贵呢？ 无论研究人员如何计算美国在医疗上的花费，它比其他任何国家都要昂贵得多。在本部分，我们将探索美国医疗成本高的可能原因以及美国医疗保健制度能否得以完善。

美国医疗保险的结构

学习目标15.5.1： 描述美国医疗保险的自由市场。

市场与医疗保健

学习目标15.5.2： 比较医疗保健市场与其他商品和服务市场。

主要疑点：解释医疗保健的高成本

学习目标15.5.3： 概述美国医疗成本高的可能原因。

医疗保健制度能被完善吗？

学习目标15.5.4： 解释为什么美国医疗保健问题如此难以解决。

> **核心术语**
>
> 保险购买合作组织　信息不对称　服务费用

在世界裸骑日（World Naked Bike Ride）这天，骑行者正赤裸骑车穿过伦敦。为什么许多人会认为这是越轨行为？

第 16 章
犯罪，越轨与社会控制

作者：特洛伊·达斯特（Troy Duster）、杰夫·曼扎

为什么一些类型的行为会被人们认为违反了社会规则而其他相似的行为却没有？像这样的行为是如何被人们界定成越轨行为的？人们违反社会规则会受到怎样的惩罚？直到注意到某个人试图挑战那些规则时发生了什么，我们通常不会观察到越轨行为被界定的过程。1992年秋天，在加州大学伯克利分校里，一个瘦高单薄、年方20岁的大学生开始只戴着他的钥匙链去上课。这个被称为"赤裸小子"（Naked Guy）的安德鲁·马丁内斯（Andrew Martinez）在当地迅速声名鹊起，后来名扬美国和世界。那时，不管是学校还是伯克利市都没有任何规则或规定要求一个人必须得穿衣服（Zengerle 2006）。长久以来以激进政治传统知名的伯克利市民以及官员开始努力解决马丁内斯是否有权力不穿衣服这个新问题。

有几个星期，马丁内斯一直完全赤裸地走在城市街头、校园和去上课的路上。赤裸小子景象成为一个大事件，马丁内斯成为当地的名人。甚至当他穿戴整齐出现在仲冬季节的一个聚会上时，学生看到他都兴奋极了（Richards 2006）。马丁内斯在当地的一家报纸和其他地方为自己的行为辩护，他清晰地指出，在他看来穿衣服是一种压迫。他声称，"当我赤裸行走时，我正在做我认为是合理的行为，而不是中产阶级价值观告诉我应如

我的社会学想象力

作者：特洛伊·达斯特

我在芝加哥南部一个低收入、种族隔离严重的社区里度过了自己生命的前16年。美国历史上的这个时期，在理发店、保龄球馆、游泳池以及许多其他公共设施里，种族隔离被当作是想当然的事——甚至在城市北部也是如此。弗兰克·黄（Frank Wong）是一个中国餐馆主人的儿子，他是我所在高中唯一一个不是美国黑人的学生。后来在17岁的时候，我离开小镇来到美国西北大学读书。在这所大学，白人学生超过7000人，我是该校仅有的7个美国黑人之一。文化人类学家把有关什么是正常的深层假设被新环境打破的情形称为"文化休克"（Culture Shock），或是去国外旅行，或是进入一个不熟悉

的社会世界，这之前持有的假设几乎或根本不适用了。对我而言，社会学提供了一个我应对遭遇的把手，提供了一种理解来自富裕家庭的人为什么以及如何把自己的特权解释成好像是其个人成就的方式。带着局外人的震惊，我观察着来自富裕家庭的人如何不加反思地认为世界的组织方式是自然而然、正确无误的。当然，许多贫穷的人也认为世界的组织方式是正常的，以至于不会感到任何诧异。但试图解释"为什么"吸引了我的注意力，激发、加剧了我的好奇心，并将我带入社会学之中。

1. **什么是越轨?** 要理解越轨,我们需要问"什么是正常的"这样一个问题。我们将通过分析群体和群体边界在创造社会规范中的作用来探究越轨行为的起源。我们还会探索统计异常与社会越轨的区别。

2. **道德是如何被界定和调控的?** 长久以来,社会就一直努力指导和控制人的行为和道德。我们将探索两个道德运动(美国酒精和吗啡滥用)来突出界定正常行为的过程是如何形成的,以及某种行为是如何被贴上越轨或犯罪标签的。然后我们会观察当代道德改革运动并思考道德调控的未来。

3. **谁在定义越轨?** 对越轨行为的洞察来自对社会和经济位置、文化实践以及占优势地位群体所具有的权力的研究。在这个部分,我们将分析越轨与权力之间的关系。

4. **社会控制是如何被施加到社会上的?** 最后,我们将分析社会控制——社会调控和制裁人们行为的方式,这种方式鼓励人们服从规范、防止人们偏离规范——在刑事司法制度的机构中如何以及于何处被正式确立起来。接着我们将探析美国刑事司法制度的规模如何在近些年来大幅度增加并日益把正式惩罚当作制裁越轨行为的手段。

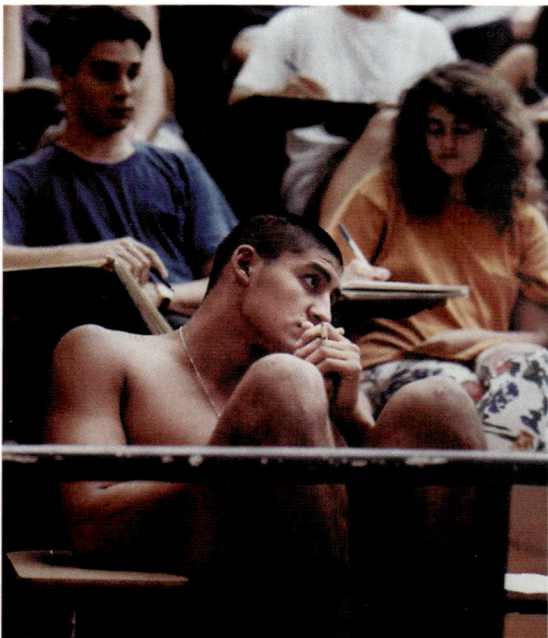

1992年,伯克利的裸体小子安德鲁·马丁内斯正在加州大学伯克利分校上课。

何去做的行为。我拒绝隐藏自己对常态的异议,尽管这样去做非常容易"。他甚至和一家当地的戏剧剧团(The X-Plicit Players)一起建立了一个"裸体而入"(Nude-in)的组织,成功邀请到24个支持者参与进来。

尽管许多人无视马丁内斯,但有一些学生和居民开始向学校管理者和当地警方投诉他。不久之后,学校认为不能再这样下去了,对马丁内斯做停学处理。他继续在公共场合裸体,甚至不着寸缕地参加市议会会议为自己的遭遇进行申诉。但他无功而返;市议会通过了一项禁止在公共场合裸体的规定。在那之后,马丁内斯无论何时裸体出现在公共场合都会被逮捕。最后,马丁内斯从公共生活中消失了,而由他引起的公共争议也很快从新闻中销声匿迹。

裸体小子的经历看起来也许像是一个"仅仅发生在伯克利"的故事,是一个奇特并容易被忘记的片段。然而,这个故事实际上引发出许多深刻的问题。首先,我们为什么必须穿衣服?谁在决定衣服是我们日常外在表现的必要组成部分?更进一步的问题是,为什么政府(在这个情形里是指伯克利市政府)承担起权威者的角色,仅仅因为一个人拒绝穿衣服就以公众的名义来逮捕或惩罚这个人?在未来任何时候这种抗争都不可能成为主要的公民权利事业,但一旦我们问自己为什么穿衣蔽体是一种义务,我们就开启了一系列直击社会如何向个体施加影响以及产生了什么结果的核心问题。这就是本章的论题。

16.1 什么是越轨？

越轨与群体

在思考什么是越轨之前，我们首先需要提出这样一个问题，"什么是正常的？"而这个问题转而引出一个首要问题：谁决定着所谓正常？进而，什么是越轨？要探索这些问题，我们首先需要来分析正常和越轨产生的最重要的基石：群体。

群体和群体边界

16.1.1 明确群体是如何区分的。

个体归属于群体，包括从像家庭、运动队这样的小群体到像社区、组织乃至整个国家这样的较大群体。社会学家将社会群体（Social Group）界定为彼此互动、共享某种归属感的人们的集合。世界上的大部分人出生于家庭中，家庭传递着诸如个体何时、如何吃饭以及服从于谁这样的基本规则。在《文明及其缺憾》（Civilization and Its Discontents）一书中，西格蒙德·弗洛伊德（Sigmund Freud）指出，所有的文化都向其年轻一代施加非常严格有关最基本需要的规则（例如，在早年时，儿童被告诫不要"拿食物玩！"），这是个体与社会之间最早的重大冲突。弗洛伊德把这看作支配和社会控制的第一课——反过来也是有关反抗无效的第一课。任何一个养过孩子的人都会把弗洛伊德的思想理解成整个生活会发生什么的一个比喻。正如儿童最终会放弃反抗并服从他人所制定的行为规则一样，如果我们想要融入一个群体就必须同意群体规则和规范。在这里我们触及了研究越轨和社会控制的第一个原理：有关越轨的早期冲突是，父母有关何为正常的首要观点同儿童有关何为正常的次要观点之间的冲突。越轨和控制总是表现为成对的关系。甚至在这种最早的成对关系中，也是更有权力的群体（父母）决定着什么是正常的东西，进而决定着什么是越轨。

家庭之外的群体在个体的整个生活中施加着类似的服从压力。许多时候，我们自愿接受这些压力。群体如何实现这种权力呢？一种方式是通过积极性肯定（Positive Affirmation）或声称，群体借此来建立边界。存在无限多样的标记、行为以及可能的特征来实现这一点。这方面的例子多种多样，从在额头上刻三条线（在苏丹努尔人里很普遍）到兄弟会或姐妹会的标志X和Y（正如在美国大学里普遍看到的那样）都是这样的例子。社会中的其他群体也许会穿着某种特别的服装、身体穿孔或使用特定的语言和行为规范。这种积极性肯定标志了谁是这个群体里的人、谁不是这个群体里的人。但仅仅成为群体里一个顺从的成员并不是事情的全部；对群体资格的消极性肯定（Negative Affirmation）——如果我们想保有成员资格就不被允许去做的事——成为群体影响力的另一个方面。两者都很重要，我们需要更详细地分析它们。

所有群体都会建立群体边界的标志。从最早的群体——家庭——开始，我们会很快了解谁是这个群体里的人而谁不是。尽管群体常常是通过如使用同一种语言或从事相同的工作这样的客观标准来界定的，但群体统一性更多的是与群体成员界定自身的方式以及他人界定群体成员的方式联系在一起的。在高中，学生也许将那些看起来学习特别用功的学生称为"书呆子"，把那些爱运动的人称为"体育迷"。这些不是客观的标签，而是包含了价值判断。真正使群体具有统一性的是有关谁是群体成员的符号化的观点和价值观，社会学家称之为符号边界（Lamont and Molnar 2002）。

认识群体符号边界的一种方式是思考空间的角色以及不同的空间是如何被界定的。例如，当你进入一个教堂的时候，你不只单纯地越过教堂大门和外在世界之间的物理边界，你还越过了宗教空间和世俗空间之间的符号边界。空间的重要意义是不同的，我们在空间中的行为也是不同的。移民——从一个国家流动到另一个国家的过程——为物理边界和符号边界如何作用于群体界定提供了另一个绝佳例子。国家经常通过确立物理边界来标识出国家之间的边界，也许最突出的就是美国-墨西哥边界了。这样的边界向我们昭示着，我们正从所归属的某个群体的区域流动到另一个群体所属的区域。

然而，边界不仅仅被用来区分物理空间，还被用来区分符号空间。因为从墨西哥进入美国的移民并不意味着他们已经成为美国人了。相反，正如美国围绕移民产生的冲突所显示的那样，人们使用一整套符号边界来区分那些被认为是美国人和被认为不是美国人的人。这些符号边界包括建立有关"我们"和"他们"的观念差异，包括谁是墨西哥人以及他们为什么被看作与美国人不同的人的观念。

群体边界是理解越轨的关键层面，因为群体在界定什么行为是可接受的并对此设限的过程中发挥着作用。如果我们想成为群体的一分子，那我们就有强烈的动机按照群体所称的我们所必须做的那样去做。成为群体的一部分意味着在共同体的边界里去行为。只要我们按照这些规则去做，我们就可以期待享有群体成员资格带来的好处，包括地位和荣誉、其他群体成员的友谊以及限于群体成员才能拥有的特殊机会和回报。群体常常监管着自己的边界以免外来者（尤其是不想要的外来者）进入。建立符号边界和物理边界的明确目的就是防止群体外的人侵入，而且群体成员自己越过这样的边界就会被看作一种越轨行为。再思考一下移民的例子。"非法移民"被界定为未经授权就越过边界。当一个人越过他（她）应该生活的区域的边界或进入另一个群体的空间时，越轨就会以这样的方式发生。

维持和标识出边界并限制外来者进入的好处是什么？当一些群体尽可能拥有更多的成员时，这些群体就会获得一定的地位，比如政党。在这样的情况下，即使存在成员资格——任何人都可以决定称自己为共和党人或民主党人——的限制，也将是很少的一些限制。一些政党，尤其是其他政治制度中的一些政党会要求你填写会员卡，尽管通常几乎所有人都是受欢迎的，甚至还存在正式的加入仪式。政党是不大一样的群体，因为其地位来自尽可能拥有更多的成员。然而，对其他许多类型的群体来说，限制群体成员资格是维系群体地位的一种重要方式。如果任何一个人都能加入，那么成员资格的价值就降低了。许多最有名的群体都很排外。想想昂贵的郊区吧，住房成本非常高，部分是因为郊区通常会避免建设廉价的公寓。通过这样的方式，房屋的价值不会因为有不大富裕的人住在里面而贬值（而且住在昂贵郊区的居民常常为了防止进行廉价公寓的建设而进行艰苦的斗争）。一个高级的乡村俱乐部、荣誉协会（只有那些"最好"的人才能被选择成为群体的一员）或者职业体育联盟通过降低他人可获得位置的数量来提升成员资格的价值。

正像所有群体都存在列出成员必须做什么的规则一样，群体也都存在说明成员不能做什么的明确指示。被排除在外的行为或者禁忌是越轨行为的核心要素：越轨行为是破坏我们不能做什么的群体共识的行为。任何跨越界定极为清晰群体边界（白人和黑人、中国人和韩国人、同性伴侣、印度教徒和穆斯林以及其他一些群体），正约会的或已经结婚的伴侣都可能经历来自其他群体成员的反对意见（可能还包括自己的家人）。世界主要的宗教都拥有许多信徒必须遵循的明确规定。例如，基督教戒律规定不可杀人、不可奸淫、不可偷盗。《古兰经》除了这三条之外，还增加了禁止饮酒这一条。这种禁令赋予权威组织去惩罚那些偏离禁令的群体成员，将破坏禁令者驱逐出群体成为群体维系边界的最终手段。

禁止某种行为的明晰规则通常要落到纸面上。《汉穆拉比法典》（Hammurabi Code）是人类历史上出现在公众面前、已知最早的成文法典。该法典起源于古城市巴比伦，时间大约是公元前1780年。最有名的是"以眼还眼"的报应正义惩罚（Retributive Justice Penalty），《汉穆拉比法典》还包括一套明确的旨在与越轨行为进行最佳匹配的惩罚规则。自《汉穆拉比法典》时代以来，随着群体和社会开始针对具体行为规定相应的惩罚，群体和社会在这个过程中揭示出许多其真正珍视的内容。例如，在19世纪早期和中期，美国西部地区的管理制度有时会判偷马者死刑，当时谋杀罪可能只会受到入狱数年的惩罚。这清楚昭示着有权决定惩罚内容的那些人在那个时代最珍视的东西是什么。

当判决和惩罚看起来古怪或者不理性时，就引发了制定规则的群体或社会的合法性问题。实际上，在18世纪晚期和19世纪早期，随着第一座监狱和刑事司法制度在西方社会的出现，对犯罪的惩罚是以武断随意的方式进行判定和公布的，其公信力常常因此而被削弱。一些窃贼因为偷一些不值什么钱的布匹而被绞死，而强奸犯和杀人犯却常常只是在监狱里服刑数月。而且，对于同样的罪行，一个人会被监禁20年，而另一个人则只需要服刑数周。大量的社会理论家、评论家、历史学家以及道德哲学家观察、悲叹、分析和评论这些混乱、不公平的惩罚机制如何削弱了政府使用惩罚性权力的合法性。19世纪重要的哲学家认为找到一种"使惩罚更好地与罪行相符合"的方式刻不容缓。刑法的第一次主要改革就是被这种情形推动的，刑法的编撰和整理在19世纪中期最终发生并席卷欧洲大部分社会。刑法改革运动的最重要影响是意大利社会理论家切萨雷·贝加利亚（Cesare Beccaria）在1764年出版的著作。贝加利亚将这本书的标题简单地命名为《犯罪与刑罚》（On Crimes and Punishments）。在这本书里，他提出了一种刑罚为什么以及应该如何与罪行保持合乎比例的均衡的理论。他的主要关注点是市民认为刑罚制度是公平的。一个关键要素是具有开放、透明、公平的法律以及与犯罪活动相对应的透明刑罚。如果存在对不公平的公开抗议，这就为刑罚严重程度的可能变动性留下了余地。今天，这个问题在一些极端的情况中仍然备受争议，比如一个父亲因为在圣诞节为自己的孩子偷了一些DVD而被判了50年（其中的一张DVD是《白雪公主》）；因为这一次是这个人在加州"三振出局法"（Three-Strike Criminal Justice System）（任何人第三次犯重罪都将被判以无期徒刑）下的"第三次犯案"。

统计性异常与社会越轨

16.1.2 讨论统计性异常与社会越轨的差异。

当我们进一步思考越轨的本质时，要注意两个重要的方面：一个方面是在一些行为有多么常见或多么少见之间做出区分，另一个方面是看那些行为是否破坏了成文或不成文的规则。在某种意义上，罕见的行为是"越轨的"行为，但在社会学意义上并不必然会是越轨行为。思考一下下面的例子：在一所高中学校里，一小群学生选择在课堂上戴棒球帽、围巾或贝雷帽。在这种情况下，戴头罩就可以被界定为统计性异常（Statistically Deviant）（大多数学生在课堂上并不戴头罩），但这不会被定义成社会越轨（破坏社会规则的行为），至少在美国不是。诚然，如果一两个学生选择脱掉衣服、赤身裸体，这将是社会越轨——正如安德鲁·马丁内斯的例子所

在1989年，法国政府禁止在公立学校里佩戴面纱或头巾。据说，设计这项政策是为了防止在公共空间展示宗教符号以及防止世俗的价值被削弱。这项法律引起了国际争议，不久政府就宣布由个别学校的行政管理者决定是否执行该规定。可后来，在2011年法国政府沿着同样的方向采取了进一步行动，禁止在任何公共场合佩戴被称为面纱或布卡（伊斯兰国家妇女穿的蒙面长袍——译者注）等覆盖全脸的遮蔽物。这些法律把统计性异常（穆斯林在法国是一个少数群体）转变成社会越轨。

显示的那样。许多学校要求学生穿校服，那些不穿校服的学生就是社会意义上的越轨，而且可能会受到惩罚。但除非存在明确的穿衣规则，否则学生通常可以逃脱因为按自己喜好穿戴而受到的处罚。那些穿奇装异服的人也许与其他人明显不同，但并没有破坏任何规则。

统计性异常与社会越轨的区别是重要的，因为什么会被看成越轨（甚至犯罪）与它有多常见没什么关系。我们也许会认为社会越轨意味着做一些绝大多数人不会去做的事，同样地，行为"正常"意味着做绝大多数人都做的事。但情况并不总是这样。以抽大麻或通奸为例来看一下这个问题。大多数成年美国人都在其生活中的某个时刻抽过大麻，但在美国许多州以及世界其他许多国家抽大麻是犯罪行为。然而大多数抽大麻的人可能都不会认为自己是罪犯（甚至那些定期使用毒品的人也不会这样认为）。同样地，在统计上通奸在美国是非常普遍的行为，一些估算认为超过20%的

已婚人士在生活中的某个时刻会与人通奸。尽管通奸在美国不再是一种犯罪行为，尽管这么多夫妻会互相欺骗，但这种行为仍然会被看成是越轨行为。通奸破坏了有关婚姻的社会规范，还跨越了已婚伴侣可接受行为的界限。

当思考社会越轨时，对越轨行为和越轨者进行区分是重要的。仅仅因为某个人参与到被群体或社会中的他人贴上越轨标签的一些行为中并不意味着这个人也将被如此归类。实际上，在一般的生命历程中，我们每个人都将僭越一些规则。而且当许多人开始无视同样的规则时，通常的应对是将越轨行为正常化——将某种行为框架化重塑，甚至在这种行为被认定为越轨行为时将行为者看成是"正常的"。

社会规范：日常生活中不言而喻的规则

16.1.3　界定社会规范术语。

像美国这样的当代社会拥有大量的用来明确什么是犯罪或违法活动的法律制度和刑罚制度，这远远比我们祖先所能想象到的内容详细得多。当明确的、成文的规则被破坏时，我们就对所谓不正常的人有了命名，从杀人犯到小偷、从纵火犯到强奸犯不一而足。在本章后面，我们将讨论这些正式规则以及它们经由刑事司法制度被管理的方式。然而社会控制的一个重要、至少同等重要的层面是不言而喻的、不成文的、未经清晰阐释的规则——社会学家称之为规范（Norms）。每个社会，甚至那些具有精细成文规则和刑罚制度的社会，都会毫无疑问地存在着大量不成文的行为规范，个体必须掌握这些规范以避免出现越轨行为。法国社会学家埃米尔·迪尔凯姆在一个多世纪前写到过这个问题，称之为"社会互动的不成文条款"（Unstated Terms of Social Contact）[Durkheim（1890）1997]。迪尔凯姆指出了这样一个事实，行为规范不需要形成文字才能让他人服从。

例如，当你进入大礼堂时，而且只有一个人已经就座，"每个人都知道"坐在他（她）的旁边就逾越了界限，除非这个人是他（她）的朋友。如果存在可供选择的大量座位，规范就是陌生人不能直接挨着陌生人坐。规范是社会的基本规则，帮助我们明了在任一既定的情形中什么是合适行为、什么不是合适行为。在非常基本

的层次上，这些不言而喻的规则告诉我们许多有关社会本质和特征的内容。其中的一个是"参与规范"（Norm of Engagement）。没有任何地方这样写过，但北美人一个几乎普遍的共识是，他们必须总是与一些对象或人一起参与（Goffman 1963）。如果你怀疑这一点的正确性，尝试下面的实验。在那些认识你的人（家人、朋友或一起工作的人）面前，静静地坐几分钟、什么也不做。你的手里没有任何东西（没有书或杂志、电话、iPad或者其他东西），也没有正在播放的音乐或电视为你提供一个可注意对象。在数分钟内，你将经历参与规范被打破时会发生的事：那些坐在你旁边的人开始变得不自在，并纳闷你怎么了。如果你这样昏昏沉沉的状态持续得足够久，在某一时刻，你的家人或朋友就会开始担心你是否可能出现了某种精神障碍。

追踪这样不成文的行为规范的来源并不容易。成文的规则和法律能够通过运用历史记载、法律判例以及其他资料来追溯其历史。相比成文的规则和法律，规范的起源更加模糊不清，常常无法揭示。然而，我们能肯定的是不成文的规范根植于社会过程，在这个过程中有权群体的欲求和偏好扩散到整个社会里。社会学家欧文·戈夫曼讨论的参与规范可能根源于对无所事事的恐惧（"无所事事是魔鬼的加工厂"）（"An Idle Mind is the Devil's Workshop"），可能也与我们应该经常把时间花在某些有意义的事情上的思想有关。但是，无论这些规范的准确来源是哪里，我们能确定的是，规范是从根据其他有关适当行为的看法来界定什么是正常的社会过程中萌发的。

16.2　道德是如何被界定和调控的？

道德规范问题

围绕什么是越轨、什么不是越轨而产生的社会冲突的核心是一个极易引起争议的问题：什么是道德？什么是合乎道德的行为？在所有的时空下，社会都会陷入道德行为（Moral Behavior）问题的争论——何种类型的行为会被看作好的和正当的（或符合道德）行为，以及哪些行为是坏的和错误的（或不道德的）行为。当代美国这方面的一些常见例子是，围绕吸毒或同性关系是否与我们对道德的理解相容所展开的持续争论。人们对什么行为应该被看作不道德的行为一直争论不休，因为在任何一个社会中，不同的群体不可避免地对此会持有不同的观点和理解。当社会试图宣布某种之前在社会中常见和广泛存在的行为不合法时，毫无例外都是一个极具争议的过程。道德和不道德的行为是如何被界定的？对道德行为的界定会随着时间而改变吗？社会如何以及为什么试图控制和监督个体的行为？产生了怎样的结果？

与利益有关的规则制定和与利益无关的规则制定

16.2.1　区分与利益有关的规则制定和与利益无关的规则制定。

一个合适的起点是解释被称为与利益有关的惩罚（Interested Punishment）和与利益无关的惩罚（Disinterested Punishment）的经典区分（Ranulf 1938）。这种区分是指两种不同的越轨者和两种不同的创立道德行为规范以及建立针对道德行为规范被破坏情形的惩罚制度的理由：（1）那些产生于保护财富和私有财产欲望的理由；（2）那些试图指导和控制个体行为的理由。因为在社会中存在财富和权力的分配，最有特权的群体和阶级具有强烈的、直接的兴趣来维持自己的财富和政治统治。诚然，我们每个人都有保护自己私有财产的兴趣，但对那些拥有巨额财富的人来说，其兴趣要浓厚得多。禁止偷窃和诈骗的法律起源于有权者保护自己财富和特权的欲望，这最终会渗透到禁止各种盗窃的一般惩罚规定里。那些威胁财富占有者的违法者、叛乱者以及造反者会受到严厉的惩罚，而将这些类型的惩罚概化为保护每个人的财产只有一步之遥了。《圣经》戒条所说的"不可偷盗"完全符合财富占有者的利益。

从另外一方面看，存在大量被写入典籍、与财富分配无关的规则和法律。这些法律与不可胜数的行为有关，例如吸烟、酒精和毒品消费、赌博、卖淫——甚至可能还包括这样的行为，如穿着打扮的方式、在公共场合游行示威或者与同性结合的行为。因为这些规则及其破坏者与财富的再分配没有任何关系，这种类型的规则和法律被称为与利益无关的惩罚。设立这些种类的规则和法律不是为了保护财产，而是控制人的道德和社会行为。许多这种类型的法律是由上层阶级群体建立起来的，试图借此去控制和调控下层阶级。但是，为了让某种特定的道德规范在社会上占据优势，上层阶级也必须寻得广泛的民众支持。

这两种惩罚的规则制定并不是完全独立的。纵观美国历史，直到现在，控制一定低等社会地位群体道德的努力——少数族群、穷人、移民以及其他群体——一直与有权者维持社会秩序的利益密切相关（Beisel 1997）。道德改革者总是希望鼓励穷人的良好行为会使穷人成为更好的工作者、更忠诚的公民，还希望这会降低穷人反抗那些具有更多财富和权力者的人的可能性。

案例：作为道德改革的禁酒运动

16.2.2　分析酒精使用的历史以及它如何与正常和越轨的界定相关。

道德的行为和不道德的行为是如何被界定的？又如何随时间被重新界定的？这些行为如何与（或不与）群体利益相关？要更好地回答这些问题，研究一些历史案例并看其如何随时间而演变是有用的。在美国历史上，一个重要的例子是长期反对酒精的运动。从前，在美国成立之初以及最开始的两个世纪里，人们酗酒如此严重，以至于一个历史学家认为称美国为"酒精共和国"是合适的（Rorabaugh 1979）。在18世纪初，美国人每年每人饮酒5加仑。到1830年，人均饮酒量甚至更高，达到7加仑。这相当于每个成年人每周饮用接近2瓶酒精含量为40度的烈酒——甚至包括不饮酒和饮酒少的人（Okrent 2010：8）。（要理解酒品的巨大消费我们可以对比一下古今状况，今天美国平均每个人消耗掉大约2加仑酒；在19世纪30年代，平均每个人的饮酒量是今天的3.5倍）。

那么，在历史上知名的禁酒期（Prohibition）（1920—1933年）阶段，美国如何从一个浸淫在酒品里的国家变成唯一一个推行禁止酒品消费宪法修正案的工业化国家？这种转变的根源可以追溯到19世纪，在那个世纪美国人对酒的态度经历了戏剧性地来回摇摆。在19世纪50年代，尽管一个成年男性每天喝上几杯烈酒是常见的事，但通常是在家里喝，而不会在小旅馆、酒馆、公众酒吧或街道上喝。随着越来越多的人从农村来到城市，又随着19世纪后半叶的工业化和欧洲移民大规模涌入美国，这种状况发生了变化。

新来的移民常常集中在美国南部正在工业化的最贫穷的城市。老一辈美国人——主要来自欧洲北部和西部——察觉到"美国价值观"和传统正在发生变化，觉得自己受到了威胁。更为特别的是，上层阶级认为传统价值观正在消失，而禁酒运动是重建传统价值观的道德改革（Gusfield 1963）。总之，19世纪末期的观念是"让国家回归传统"。

不过，我们能从一个人一天喝一品脱酒被看作正常的阶段进入宪法强制禁酒的阶段是引人注目的。这是如何发生的？更为重要的是，为什么会如此？故事要从1873年俄亥俄州的一个小镇说起。当时中产阶级的一小群白人女性进到一家酒馆里，向可能会停止出售酒品的店主屈膝并为

呼吁禁酒的最重要群体是妇女戒酒联盟。

他的灵魂祈祷。尽管这常被说成是禁酒运动（Temperance Movement，在这个时期"Temperance"指适当节制，而不意味着戒酒）的开始，但历史学家指出，在过去30年的大部分时间里社会一直不断地极力呼吁要节制对酒品的消费。没有单一的一个因素能解释清楚国家禁酒运动成功的原因，但存在这样一个共识，新移民——"外来的异教徒"，正如一位历史学家所描述的那样（Okrent 2010：26）——正日益成为过度饮酒的形象代表。在持有执照的酒馆中，有80%的酒馆归第一代美国人所有，而且他们"开始把酒卖给……意大利人、希腊人、立陶宛人、波兰人——所有粗鲁、毛发浓密的部落……"，正如《进步时代》（Progressive Era）的一名丑闻披露者所说的那样（引自Okrent 2010：226）。

1873年12月在俄亥俄州酒馆里进行祈祷的女性是星星之火，最终发展成为妇女基督教戒酒联盟（Women's Christian Temperance Union，简称WCTU）。在第一次进入酒馆祈祷开始之后的三个月内，这星星之火引发了超过75个社区里的酒馆关门的浪潮。在之后的几十年里，这个小群体非常成功地使全国的学校管理委员会引入将酒谴责为邪恶的新指导原则，并进而在地方和全国通过了禁止售酒的法案。各州与此有关的管辖权不久后被称作"实行禁酒法"（Dry，不允许售酒）的州和"不实行禁酒法"（Wet，允许售酒）的州。该运动如此有效的相当一部分原因来自这样一个事实，大多数坚定的倡议者和领导者主要是——即使不全部是——最成功的中产阶级专业人士的妻子，她们的丈夫都是银行家、医生、律师或者非常成功的商人。在20世纪的第一个十年里，该运动达到权力的顶峰。在这个时期里，基督教戒酒联盟的绝大多数成员来自美国社会最有特权的群体阶层。在1919年，禁酒倡议者成功地通过了宪法修正案，规定在美国任何地方售酒都是非法的。

然而，不到20年，对酒的态度又显著地往回摇摆了。成千上万的美国人拒绝不再饮酒，发起了大规模民众抗命运动，削弱了新宪法修正案的合法性。面对越来越广泛的饮酒行为，试图推行禁酒令被证明是相当困难的。当纽约市市长富兰克林·德拉诺·罗斯福（Franklin Delano Roosevelt）——不久之后成为总统——在一个公共集会上举杯时，打破禁酒令的符号行为发生了。这标志着与饮酒有关、构成道德中心的要素发生了另一种变迁。在这不久之后，禁酒令就被废止了。今天酒品消费是被允许的，限制相对较少（禁止酒后驾车或操作机器的法律是少数几个重要的限制之一）。

反鸦片运动

16.2.3　分析鸦片使用的历史以及它如何与正常和越轨的界定相关。

尽管禁酒运动是道德改革运动重要案例，至少短期看来，它成功地将日常行为转变成了越轨行为，但在同一时期，一个非常不同的有关正常和越轨的道德博弈正在上演。该道德博弈与另一种能改变人精神的物质——鸦片及其两种变异物（吗啡和海洛因）有关。这两种道德改革运动的相似性和差异性能告诉我们许多有关什么因素会影响越轨建构的过程。

鸦片具有上千年的历史，但吗啡直到19世纪的前十年才被发现并发展起来。花了大约50年的时间它才成为医学史上治疗疼痛最有效的药物——在很大程度上这要归功于1856年发明的皮下注射针头。对美国内战而言，这些事物出现的时机恰到好处。

因美国内战而遭受痛苦的人数极为骇人，这么说不仅因为相当大比例的美国人口死于战争，还因为很多人受伤致残以及将因持续其终生的非常糟糕的健康后果而备受折磨。在这样的情况下，吗啡被引入进来，迅速成为应对各种疼痛的首选药物。尽管注射吗啡对许多疼痛是有效的，但喝一种叫止疼糖浆的药品成为吗啡进入血液的一种新方式。因为只需要几美分，一个人就能在当地药店买到这样的产品。在1914年之前，药物处方在全国还没有成为美国监管制度的一部分。所以任何年龄的人都能购买几瓶这样的糖浆，其吗啡含量高达10%～14%。直到20世纪来临时，食品与药品管理局（Food and Drug Administration）才出现。因此，在那个时期不存在标识药品成分的规定，更不用说披露容量比例的规定了。

到这里，我们涉及了"双药记"（酒精和吗啡）让人最着迷的特征。从美国内战结束到1904年之间，药店的记录显示，吗啡最多的使用者是来自中产阶级的中年白人女性（Terry and Pellens 1970）。同样是在这40年里，酒品生产者和经销商被妖魔化，酒品消费者也受到那些试图妖魔化酒品的人的严厉批评。然而，在这完全相同的时期内，使用吗啡却主要被看作一个医疗问题。中产阶级的吗啡使用者也没有被贴上越轨者的标签，反而成为同情的对象，更多时候是受到大家的怜悯而不是鄙视。吗啡生产者和经销商没有受到诋毁；他们主要是被人们忽视掉了而不是被看成具有任何道德品格上的问题，当然也就不会被看成是道德规范的越轨者。

但这些情况开始发生变化。直到20世纪的前十年，任何一个人都能走进一家药店，在没有处方的情况下花几美分购买吗啡或者海洛因。纽约州是第一个打破这种实践的州，它在1904年通过了《波义耳法案》（Boyle Act）。纽约州这一法案〔（以及以仿效该法案建立的联邦法律，被称为1914年的《哈里森法案》（Harrison Act）〕的初始意图是，通过初次购买需要处方的规定使医生能控制毒品的分配。然而，当涉及鸦片制剂时，这些法律就产生了相反的效果。医生突然要面对大量等待处方的"病人"，而一般的患者却被挤出了候诊室。医生应对的方式就是简单地一起开处方——在许多处方上签字后让助理分发给那些排长队等候的患者（Duster 970）。联邦政府强烈反对这种做法，为了阻止这种做法还将几个医生送上了法庭。在

在19世纪中期，吗啡被宣传成一种止疼糖浆，有助于减轻年幼儿童出牙造成的疼痛。

1916年，最高法庭站在了政府这一边，在韦伯诉美国案中裁定处方必须基于个体化的医疗诊断单独开出。这种裁决突然将一起开处方的实践操作行为犯罪化了，将几个最近违背法律的人送进了监狱，吓得医生不敢去治疗鸦片制剂使用者。

在几年之内，生产和销售鸦片制剂的黑市就产生了，使用鸦片制剂上瘾的瘾君子突然被刻画成道德上应该受到谴责的人，而不再是对此产生生理依赖的受害者。因此，在短短20年时间里，吗啡和海洛因上瘾者在公众眼里的形象就发生了转变——不再被看作正受到一种健康和医疗问题困扰的中产阶级、中年白人女性受害者，而被看作工人阶级、男性以及年轻的犯罪者，并日益被"种族化"了。

美国历史上最让人不解的讽刺之一是，废止禁酒令的压力在20世纪30年代早期达到顶峰，就在同一时期，将之前正常的鸦片使用妖魔化的法律开始出现了：正常的鸦片使用是指那些含有高浓度吗啡成分的止疼糖浆，主要是被中产阶级的中年白人女性消费。谁会被认为是正常的、谁又会被贴上越轨者标签会受到结构性力量的影响，这两个同期发生的故事就提供了这样的一个范例。在这个故事中需要注意的重要因素是，毒品的药理学并没有发生变化。相反，发生变化的是消费模式，而这改变了有关何为越轨行为的决定因素以及谁会被认定是不道德越轨行为参与者的所有一切。

到20世纪30年代晚期，酒精已经从"酒中恶魔"（在改变人心智的物质中存在的恶魔）的比喻转变成一种一些人可以得体使用的物质（常见的社交饮酒者）和一些人不能得体使用的物质（有酗酒问题的人）。形成鲜明对比的是，吗啡、海洛因和鸦片从无意中使中产阶级公民成为受害者的医疗镇痛剂（19世纪晚期）转变成驱动不道德的人故意追求放荡刺激的毒品。再一次，药物产品本身没有发生任何变化——但就在仅仅30年里，那些被看成是这些物质主要消费者的人已经戏剧化地转变成道德上受到谴责的越轨者。

当代道德改革运动

16.2.4 讨论反对毒品使用和同性关系的道德改革运动如何影响了道德改革运动的未来。

努力规范道德仍然是当代美国社会的重要组成部分。与反对饮酒和吗啡的运动并行的一个重要例子是向毒品宣战（War on Drugs）。该运动于1985年由罗纳德·里根总统发起（尽管理查德·尼克松在他之前于20世纪70年代早期就短暂地发起过"向毒品宣战"），并得到了全国政府官员的广泛支持。这项运动的举措包括显著加强对销售、持有和消费非处方毒品的监管和犯罪惩罚。今天，美国监狱里住着成百上千的毒品犯罪者，处于缓刑和假释期的成千上万的人被刑罚制度监管着，所有这些都打着维护社会秩序的旗号进行。（我们将在本章后面提供更多的细节。）自20世纪80年代以来，毒品犯罪急剧增加的理由错综复杂，但某些事实是无可置疑的。毒品犯罪活动服刑的群体无法代表实际上使用毒品的人口。例如，研究显示，因毒品犯罪被逮捕和审判的穷人、黑人要远远多于白人、来自中产阶级的人以及富有的人（见图16.1）（Tonry 2012）。正如图16.1清晰展示的那样，尽管白人和黑人消费非法毒品的比例大致相

基于种族区分的每10万人中因毒品被逮捕的人数

资料来源：司法统计局（Bureau of Justice Statistics）

图16.1 平均而言，白人或黑人与毒品有关判决增加的趋势

似（平均而言），但有证据显示这些群体消费的毒品类型不同，其中有一些更可能会被看作社会越轨或更可能被大众接受。白人更可能消费"流行的"毒品，比如大麻、迷幻药、奥斯康定以及可卡因。黑人消费强效可卡因和摇头丸的比例稍微高一些，但差别不大。例如，来自药物滥用与精神卫生管理局（Substance Abuse and Mental Health Administration）2011年的调查显示，使用任何一种形式可卡因的美国黑人或拉丁裔美国人是白人的2倍（SAMHDA 2011）。然而尝试违禁毒品的白人大学生、生活在富裕郊区的夫妇或偶尔享受"嗨一下"的商业管理者面对刑事指控的可能性要比穷人或少数族群低很多。

美国近几十年来的另一个重要道德改革运动是禁止或限制同性关系以及基于性取向来惩罚男女同性恋者。

表16.1 按种族区分的12岁及以上人口使用违禁毒品以及酒精的百分比：2008年

药 物	白 人	黑 人
酒精		
曾用过	86.5	74.8
在过去一年用过	70.4	56.9
在过去一个月用过	56.2	41.9
所有非法药物*		
曾用过	50.7	46.1
在过去一年用过	14.4	16.9
在过去一个月用过	8.2	10.1
大麻		
曾用过	45.1	41.1
在过去一年用过	10.4	13.5
在过去一个月用过	6.2	8.3
可卡因**		
曾用过	16.5	11.2
在过去一年用过	2.2	2.0
在过去一个月用过	0.7	0.9
强效可卡因		
曾用过	3.4	5.1
在过去一年用过	0.4	0.9
在过去一个月用过	0.1	0.4
迷幻剂		
曾用过	16.8	8.8
在过去一年用过	1.6	1.3
在过去一个月用过	0.4	0.4
吸入性药物		
曾用过	10.3	4.1
在过去一年用过	0.8	0.4
在过去一个月用过	0.3	0.1

注：* 违禁毒品包括大麻或印度大麻、可卡因（包括强效可卡因）、海洛因、迷幻剂、吸入性药物或非用于治疗的处方型精神类药品。

** 包括强效可卡因

资料来源：托瑞（Tonry 2012）。

这个道德改革运动看起来没有实现自己的目标。多个世纪以来，同性关系大部分"深藏柜中"（In the Closet），虽然可以肯定的是男女同性恋者无论在哪里被发现都会遭到羞辱或逮捕。同性恋酒吧一直受到警察突袭的管制，但是同性关系行为仍然处于公共意识的有效控制之下，社会很少需要发起反对同性恋的明确运动以及建立正式的法律制裁。所有这一切在1969年8月发生了变化，当时纽约格林尼治村一个同性恋酒吧——石墙酒吧（Stonewall Inn）的支持者在警察突袭酒吧时进行了回击。在三天的骚乱之后，出现了越来越多的抗议和支持石墙酒吧的拥护者，同性恋解放和自由运动由此产生了。从那个运动之后，同性恋者逐渐获得全部的公民权，反对同性恋的法律减少或消失了。

但没有艰苦的斗争这一切都不会发生，这样的斗争一直持续到今天。同性恋的反对者试图——取得了各种程度的成功——循着早期道德改革运动的步伐，使用法律制度来压制同性恋或者限制男女同性恋者在各种机遇上的权利。在20世纪70年代，美国许多州和地方政府通过了限制同性恋个体就业权利的法律，例如，这些法律禁止同性恋者在公立学校教书，或者不允许他们在幼儿看护中心及其他公共机构里工作。军队数十年来就推行着反对同性恋士兵的禁令（在2009年，该禁令被巴拉克·奥巴马总统废止了）。从1981年开始，艾滋病快速传播，成为另一个攻击同性恋的理由。尽管许多异性恋也被诊断为艾滋病毒阳性，但艾滋病起初被描绘成"同性恋疾病"。

针对同性恋的道德改革运动受到反同性恋激进分子的热烈追捧，但最终不管在建立反同性恋法律联盟方面还是在排斥同性恋者方面都没有获得成功。在公共生活中，越来越多的男女同性恋者开始公开承认自己的性取向，马萨诸塞州国会议员格里·斯塔布斯（Gerry Stubbs）和巴尼·弗兰克（Barney Frank）在20世纪80年代早期公开承认自己是同性恋。慢慢地，同性恋者公开自己的性取向而不必担心受到来自雇主、家人或朋友的惩罚或制裁。随着男女同性恋者公开承认自己的性取向，"出柜"（Coming out of the Closet）这样的个体化仪式变得如此普遍，以至于今天几乎所有的美国人都至少有一个家人或朋友是同性恋。在2003年，通过了推翻允许美国各州保留反同性恋法律的1985年法规，美国最高法院[在"劳伦斯诉得克萨斯州案"（*Lawrence v. Texas*，539 U.S. 558）中]认可了公众态度以及社会趋势的这种变化。围绕同性恋的斗争已经转变成有关同性恋婚姻权利的激烈运动（这项权利在美国越来越多的州以及世界其他国家里获得了承认，但在美国一些州仍然行不通）。现在看起来将同性关系犯罪化的长期努力正走向终结。

反对同性关系的道德改革运动的失败昭示着这类道德改革运动（以及将道德立法化的努力）的未来并不确定。越来越多的年轻人和中年美国人不管其政治或宗教观点如何，更加赞同自由的生活方式，而不是认同告诉人们能做什么和不能做什么的法律和规范（如Baker 2005）。越来越明显的是，界限看起来是设定在行为是否会伤害到别人这一点上，饮酒没问题，但酒驾现在就会受到严厉的刑事处罚，这种情形在近些年来急剧增加。越来越多推动大麻合法化的运动体现了道德规范的动态变化。如使用药用大麻在许多州合法化了，而且大麻彻底合法化运动在科罗拉多州和华盛顿州获得了通过，在其他一些州也建立了一定的基础。对反对大麻者而言，说服公众理解允许酒品消费是合法的（对个体和社会而言，饮酒至少在很多方面会产生问题）而使用大麻是非法的变得越来越困难。不管怎样，在这个部分我们所提供的历史性解释已然指出，规范穷人、移民以及其他弱势群体行为的尝试不可能完全消失。

16.3　谁在定义越轨？

越轨、犯罪以及权力

本章迄今的许多讨论已经指向这样一个重要结论：什么会被看作越轨或犯罪常常完全是随意的过程。我们业已指出，什么是越轨、什么不是越轨不是显而易见或天然如此的东西，而是群体以及有权力的个体有意识地决定和行动的结果。但另一方面来说，经济和政治权力与界定越轨行为的关系是怎样的呢？回忆一下，我们有关正常及其边界（越轨）观念的初次体验来自我们出生时的小群体，几乎通常都是以家庭或亲属为单位。在规模小、相对同质性的群体里，我们第一次遇到是谁来界定正常的问题；然而，随着我们的成长并遇到其他群体，是那些更强大的以及更有压迫性的力量决定着哪个群体有关正常的观念会在整个社会中分布开来。在这些力量中，最重要的是权力，权力在定义越轨的过程中发挥着重要作用，不管是潜藏的权力，还是直接的权力。例如，在酒精和鸦片如何交换作为正常和越轨行为标志位置的历史例子中，那些拥有更多途径接触政治权力的倡导者对相关法律的确定发挥着更多的影响。只有当有权力的群体试图将酒精和鸦片犯罪化时，那些相关的运动才能获得成功（而一旦像罗斯福以及其他一些精英反对这样的禁令时，情况就反转了）。在这个部分，我们将注意力转向有关越轨界定的其他重要斗争，在这些斗争中经济权力和政治权力对刑罚的影响变得清晰可见。

越轨和犯罪的标签化

16.3.1　讨论标签理论如何解释越轨。

20世纪60年代，在一项理解界定越轨过程的努力中，一些社会学家开始在这样的背景下进行系统研究，即越轨行为、犯罪行为以及不正常行为是被有权者界定的。当这些社会学家如此去做时，无论他们看向何处，都发现存在大量的证据表明，在谁会被界定为越轨者以及其行为如何被界定为越轨的方面具有任意性。这里有一些例子。研究的一条线索是坐在警车里四处巡逻来近距离观察警察实际在做什么。这些研究的一项重要发现是，警察会忽视许多可以被看作违法的现象，尽管做着其他同等微不足道行为的人可能会被立即逮捕（Bittner 1967；Cicourel 1967）。其他研究者对检察官和公设辩护人进行了研究，记录案子会被驳回多少次以及这些案子是如何被驳回的。例如，两边的律师会一起努力从某种嫌疑人身上，而不是其他嫌疑人那里获得轻罪认罪答辩（Sudnow 1965）。社会学家研究了精神健康机构的收治决定，在这些地方某些类型的精神疾病会被忽略，而另一些则会被收治很久（Goffman 1959）。在后期研究中，有关越轨如何被界定的这类社会学研究不断得到了证实。

从这些研究中出现的比较有趣的新理论挑战了这样的思想，即正常行为和越轨行为之间存在着真实和客观的差异。今天大多数社会学家认为，一种行为开始被界定成越轨行为的过程对于理解是什么真正导致了越轨行为的发生至关重要。换言之，社会学家没有关注个体行为，而是认为我们需要观察行为是如何开始被界定成越轨行为的。越轨行为是由行为得以被界定，或者说被标上越轨标签的过程"导致"的。

这些思想与越轨的标签理论相关。标签理论（Labeling Theory）是这样一种思想，即认为许多类型的行为是越轨的行为仅仅是因为这些行为被贴上了越轨的标签。标签理论的重要倡导者之一，社会学家霍华德·贝克尔（Howard Becker）认为，越轨不是一种客观的现象，而是一种随时间而演变的社会建构（Becker 1963）。在一个时点上被看作正常的行为，在另一个时点上可能就会被界定成越轨行为，即使行为本身未发生变化也是如此（回忆下早前禁酒和禁吗啡的例子）。以这种方式，标签理论的一个基本前提是，社会控制不是单纯地去应对越轨，而是它构成了越轨。因此，要理解越轨，我们需要关注社会控制如何积极地使某种行为成为不被接受的行为。不要把越轨当成一种瞬间的行为（当一个人抢劫另一个人或抽大麻时）来思考，而要把它当作一个过程来思考。换句话说，要去分析一种行为是如何成为越轨行为的。要理解这个过程包括两个方面。首先，这要求去分析某种行为和某类人为什么以及如何被贴上了越轨标签。其次，这还要求去分析这些标签对那些被贴上越轨标签的人的行为产生的影响。一旦被贴上越轨者（捣蛋鬼或犯罪者）的标签，一个人可能会比其实际的样子看起来更像越轨者。例如，一旦被贴上捣蛋鬼或越轨者的标签，一个人的行动更可能会被权威者仔细审查，这些权威包括教师、警察、雇主以及其他一些人。通过这种方式，在下一步的越轨行为中被抓住的可能性就增加了。

从街头越轨到制服越轨：白领犯罪

16.3.2　确定2008年美国金融危机揭示了有关权力和越轨行为的哪些内容。

有关越轨与犯罪研究的最重要发现之一，以及将标签理论拓展到权力发挥重要作用的领域的成就之一是对白领犯罪的研究。白领犯罪最早是由犯罪学家埃德温·萨瑟兰（Edwin Sutherland）在1949年提出的。这个术语是指人们在其日常工作中所进行的不符合职业伦理的实践。从历史上看，白领犯罪几乎都是在民事法庭中得到处理。在萨瑟兰看来，这常常是有悖常情的：因为一些种类的白领犯罪会产生和普通街头犯罪（如盗窃、抢劫、行窃商店、蓄意破坏或袭击）一样，甚至更多的消极影响，并会给更多的人造成伤害。例如，当一家公司或企业的所有者故意生产一种不安全的产品时，会有更多的人因此受到比偷窃和抢银行大得多的伤害。萨瑟兰得出结论说，当商业活动伤害到无辜者的财产和身体健康时，对承担犯罪责任、做出这些错误行为的人的处理完全是随意的（Sutherland 1949）。

白领犯罪呈现出许多形式，从与街头犯罪比较相似的形式（如从雇主那里偷钱到利用网络欺诈他人）一直到权力强大的商业和公司领导人的犯罪形式都包括在内，这些人以让无辜的人受到伤害的方式进行决策或寻求利润。也许并不奇怪的是，在这个方面更容易达成共识，即像贪污和欺诈这样的低层次白领犯罪可以在刑事（以及民事）法庭进行适当的处理；但往往对那些后果更严重的高层次白领犯罪的处理仍存在着较大的争议。

通过思考两个新近的例子，我们可以更好地理解白领犯罪这个概念以及惩罚白领犯罪者时遇到的困难：一个是安然（Enron）事件，这是于2001年倒闭的一家臭名昭著的能源公司；另一个是2008年美国银行和金融危机。这些例子都是贪婪、政治影响力以及腐败的复杂混合体。让我们先来看看安然事件。在破产倒闭之前，安然公司看起来是世界上最成功的公司之一。1996年，安然报告说自己的利润是133亿美元。仅仅在三年之后，也就是在1999年，安然公司报告自己的利润翻了三番，达到401亿美元。紧接着在下一年，即2000年，该公司利润数据报告飙升到1000亿美元，在世界500强榜单中排名第7，领先于许多知名公司，如IBM、沃尔玛、美国电话电报公司（AT&T）和菲利普·莫里斯公司（Philip Morris）。在让人惊讶的连续的6年里，《财富》杂志将安然公司命名为美国"最具创新性的公司"。可是，在2001年秋，有人揭露该公司大部分的利润数据都是基于大量财物欺诈和价格操纵的虚假利润。

在安然公司的做法被发现是欺诈之前，该公司从与许多当选官员的亲密关系中获益。这些官员包括乔治·沃克·布什（George W. Bush），他有名又顽皮的做法是给安然公司CEO肯尼斯·雷（Kennth Lay）取了"肯尼小子"（Kenny Boy）这个昵称。安然公司管理层向自己偏爱的政治家提供大量的金钱支持其竞选，结果通常都会受到政府机构的特殊对待。安然公司对其日趋增加的政治权力和影响力的利用体现在多种方式中，方式之一表现在加利福尼亚州的电力销售上，在这里该公司赢得了向该州提供许多独家的能源合同。在1998年4月到2000年4月期间，加利福尼亚州人每兆瓦电平均需要付费30美元。在2000年6月，由安然公司维护的几家电力公司突然关停了，价格骤然飙升至每兆瓦120美元——在仅仅两个月里就显著增加到400%。当安然公司着手安排处理出现的"拥堵"（安排该公司从未估计到的电力输送）以便自己可以收取每兆瓦750美元的特殊"拥堵费"（Congestion Fee）时，情况变得更加糟糕了（Fox 2003：208）。加利福尼亚州最大的公用事业公司——太平洋煤气电力公司进退两难、申请破产；在安然公司操纵该州能源网的这段时间，太平洋煤气电力公司赤字接近90亿美元。

在整个安然事件中最臭名昭著的时刻也许是后来录音带被曝光的时候，该录音带录下了一个安然交易员对加利福尼亚州一位老奶奶的请求进行讥讽和傲慢嘲笑的情形。这位老人家因为加入了被安然公司肆无忌惮操控的能源网而导致自己的能源账单涨了4倍。"所有你从加利福尼亚州那些穷苦老奶奶们身上偷的钱呢？蜜莉（Millie）老奶奶。现在她想把她的……你们从电力收取的钱——要回来……！"。这个安然交易员答复到，"去……的老奶奶！"接着他和同事一起发出了连续不断的大笑声，这笑声会让每一个有尊严的灵魂血液凝固。

安然公司对加利福尼亚州能源价格肆无忌惮地不合法操纵仅仅是冰山一角。该公司还通过大量的财务欺诈伪造根本不存在的利润。这一后来被称为"安然丑闻"的事件涉及伪造虚假利润，它通过谎报来自安然公司财务管理者设立的海外皮包公司的虚假收入来实现这一点。最早的时候，当记者和政府官员开始质疑该公司的财务行为时，安然公司的高级管理者开始售卖自己在公司里的股份，但另一边却向股民承诺公司一切良好，甚至还敦促其他人（包括安然公司自己的员工）购买公司股份。2001年11月，在丑闻被揭发的几天之内，该公司的股票价格就从峰值时的90美元（2000年）下跌到仅仅几美分。该丑闻的细节是复杂的，但最重要的一点是，当公司申请破产时，公司所有的持股者、2万名员工（其中许多员工收到了管理者知道最后会分文不值的股票红利）以及安然公司在全世界所运作的社区都因为安然的崩塌而损失惨重。亚瑟·安德森（Arthur Anderson）这个规模巨大的会计公司因其所雇用的几个会计师帮助安然进行欺诈而声誉一落千丈、被迫缩减规模，数以千计的人失去了工作。

与白领犯罪的大多数事例相比，安然事件的欺诈如此严重和明目张胆以至于该公司的三个高级管理者入狱服刑，尽管CEO肯尼斯·雷在服刑之前就去世了。然而，考虑到安然公司欺诈的深度，这个有关制裁白领犯罪局限的注解引人注目，对许多人和社区产生如此重大影响的欺诈行为却仅仅有三个人被送进了监狱。

现在，让我们来看第二个，甚至更加戏剧化的白领犯罪被特殊对待的例子。这个例子是在2008年对美国、欧洲，以及全球经济系统产生冲击的银行和金融危机。要想更充分地理解这个例子，许多银行和金融公司如何以及为什么能够采取行动产生数十亿计美元的利润却造成数以百万计的房主失去家园，我们需要简短地了解一下该事件的历史背景。在20世纪30年代大萧条时期银行业崩盘之后，国家制定新的法律和规范以预防银行系统的再一次崩溃。银行在其能参与的各种风险性投资方面受到限制。尽管银行业界有许多人反对这些限制，但多年以来国家还是致力于减少金融危机的风险。但从20世纪80年代开始，随着大萧条记忆的模糊，强大的银行界人士说服国会开始放松这些限制规则并允许他们冒更大的风险来寻求更高的利润。例如，在1982年，国会提议放松对储蓄和贷款行业（S&L）的限制规则。储蓄和贷款行业的风险投资几乎立即随之而来，在十年里一些相关机构发了大财，然而也有许多这类机构血本无归。这造成的直接结果是纳税人被一张1240亿美元的账单打在脸上。但这仅仅是开始。

在20世纪90年代，减少银行和金融行业规则的运动日益高涨，达到了白热化。在金融业的敦促下，国会和总统比尔·克林顿取消了许多业已存在的对银行的限制。在这种日益高涨的"怎么都行"（Anything Goes）的氛围里，金融公司激进地追寻获取利润的新方式。这些新方式之一是大规模营销住房按揭产品，被称为次级贷款（Subprime Loan），发放给那些几乎没什么还款希望的消费者。这种方式最后引发了金融危机。次级贷款玩弄了绝大多数美国人想要拥有自己房子的欲望，通常开始是低"抵押贷款"利率，但合同细则则显示最终会达到一个高得多的利率。许多获得这些贷款的人并没有理解自己所面临的风险，而曾经保护他们的法律已经以撤销管制的名义被清除了。

整个事件要比我们在这里所讲述的全部内容复杂得多，因为住房抵押贷款行业内的欺诈水平复杂得让人窒息。一个关键点是，发放次级贷款的银行和贷款公司发现通过将贷款再次售卖给其他投资者能获得可观的利润，而这些其他投资者则承接了所有的风险。因此不久这些银行和公司就开始向自己能找到的几乎每一个愿意签署借贷合同的人发放贷款。那些购买了次级贷款的二级机构（其他银行、保险公司和投资公司）一直深信自己是安全的。在这个层面上，新债券持有人与最初的借贷隔离开来，无法理解，也没有被充分告知自己正承担的风险。

危机在2007年开始展现出来，那时美国经济开始衰退，失业攀升，而且住房价格开始下跌，同时许多次级贷款被调整到比较高的利率。大量的次级贷款借贷者开始拖欠贷款。结果，被重新打包售卖出去的贷款开始被拖欠，在很短的时间内整个金融部门就面临严重的危机，这次危机最终需要联邦政府提供许多亿美元才能避免大银行倒闭。"大到不能倒闭"的说法开始应用到那些拥有这些风险贷款的大银行身上。尽管美国许多其他行业在做出不良决策时会倒闭，但在这个事件里，如果允许大银行倒闭，整个美国社会就会面临极大的风险因此不能让这种风险发生。联邦政府为银行买单使银行得以继续运作，但2007年和2008年金融危机付出的全部代价今天仍然可以感受得到。失业率在危机开始以后极速蹿升，根据历史的标准来看，美国经济自那以后一直表现极差。

通过有效地游说国会推翻金融机构和能源保护的规定，强大的公司行动者能重新界定什么是正常、越轨和犯罪。根据他们自己在国会听证会上的供词，许多银行和金融领导层承认，拒绝向自己的客户透露与按揭和次级贷款（以及与那些贷款有关的金融产品的销售）有关的重要信息是一种惯常的欺骗操作。高盛（Goldman Sachs）是世界上最有名的金融公司。在这次金融危机中，该公司缴纳了5000万美元的罚款，还要面对自己的领导行为和对待客户行为被曝光后的许多尴尬。在2011年晚期，哥伦比亚广播公司（CBS）电视台新闻栏目《六十分钟》（60 Minutes）播出了一个由两部分构成的节目，节目中两个内部举报人作证揭示了，惯常化和系统化的按揭贷款欺诈如何实际上已经成为"正常的"实践操作（2011年12月4日）。这些中层管理者已经明确警示过高层管理者，不料竟会被无视，接着就被给予金钱协议让其保持沉默，再后来因为不参与公司的欺瞒行为而被解雇。

安然公司从20世纪90年代到21世纪早期的行为以及后来许多金融部门在21世纪的行为显然都是欺诈，而且违背了联邦和各州法律，但刑事司法制度很难决定是否以及如何惩罚他们。诚然，极少数的安然公司管理者的确受到了不算严厉的监禁，但迄今为止按揭行业实际上几乎没有一个人到监狱里去服刑。在2014年4月，只有一个银行家——名叫卡里姆·塞拉盖尔丁（Kareem Serageldin）的瑞士信贷（Credit Suisse）中层管理者——受到监禁（在这个案子中，他因为对银行的安全性撒谎而被判监禁30个月）（Eisinger 2014）。罚款也被强制执行，但考虑到上百亿美元的损失，这种罚款常常都是九牛一毛。例如，在次贷丑闻中最严重的犯罪者之一是安吉罗·莫兹罗（Angelo Mozilo），他是美国国家金融服务公司的首席执行官（本页图片中的那个人）。该公司在发行次级贷款以及从中获利方面处于领先地位。尽管国家金融服务公司损失了200多亿美元，但他最后通过缴纳4750万美元的罚款就解决掉了自己的案子（这只是他在次贷时代所积累的财富的一小部分）。

这与我们在本章早先提到的对吸毒犯罪者的严厉对待形成了鲜明对比。相比其他类型的犯罪，这样的例子戏剧化地表现出白领犯罪通常会受到宽大处理。在这样的处理过程中，这些例子引发出两个重要的观点。首先，受到惩罚的越轨行为的类型常常与谁是犯罪者相关。其次，它再一次提醒我们，什么是可惩处的犯罪在很大程度上取决于权力的整体分布状况。如此之少的银行管理者被认为担负犯罪责任的一个理由是，起诉他们的成本对政府来说太巨大了，因为这些被起诉的人能请得起昂贵的律师并在各方面进行抗辩。法庭追究这些案子的成本现在如此之高，以至于联邦政府送入司法审判的白领犯罪案件只勉强达到20年前一半的水平（Eisinger 2014）。

在媒体报道掠夺成性的银行贷款的高峰期，本章第一作者11岁大的外甥向他提出了一个颇具挑战性的问题："那什么更坏？是抢一个老奶奶的钱包还是窃取她的养老金？"这个问题抓住了有关蓝领犯罪和街头犯罪与白领犯罪和公司犯罪之间差异的核心问题。即便不是不可能，也很难认为抢劫一个老奶奶钱包是更恶劣的罪行，但这种罪行被刑事司法制度惩罚的可能性要大得多。如果我们将对参与欺诈性次级贷款活动的安然公司和银行管理者的处理方式与对吸毒犯罪者的严厉处理方式相比，我们很难不去关心该制度的基本公平性。

美国国家金融服务公司首席执行官安吉罗·莫兹罗在国会里就自己公司推销次级贷款进行听证。

国家越轨、恐怖主义和战争犯罪

16.3.3　讨论战争期间所犯的暴行是否是一种犯罪行为。

如果强大的公司和管理者能参与越轨行为又不会承担受到犯罪惩罚所带来的许多风险，那么整个政府的行为也是如此。在我们称之为国家越轨（State Deviance）——由政府和具有公职权力的政府雇员采取的政策和行动——的情形中，刑事法庭和国际法甚至对那些导致大量无辜民众死亡或受伤的行为也很少进行制裁。正如刑事司法制度难以惩罚公司和公司管理者一样，政府管理者也常常能够避免任何犯罪制裁，甚至当其行动导致他人重大损失或死亡时也是如此。这再一次提醒我们，当涉及确定什么是越轨行为的问题时，权力至关重要。

在这个部分，我们将从被称为反恐战争（War on Terror）的背景中更详细地探索这些问题。反恐战争是指美国政府自2011年9月11日美国纽约世界贸易中心以及国防大楼被袭击以来去寻找、抓捕或杀死具有策划恐怖主义行动嫌疑的个人或群体所做的努力。近些年来，很少有主题能像恐怖主义那样受到更多的关注。恐怖主义是指使用暴力达到某种政治目标。没有人会为恐怖主义辩护。任何动用武力杀害无辜人士的人都破坏了反对谋杀的普遍原则。诸如将记者或无辜的人砍头这样的极端例子震惊了我们的认知。但是，如果我们把每个人的生命看作平等和有价值的，那么有时就很难说谁才是真正的恐怖主义者。例如，以打击恐怖主义的名义，美国政府和重要的政府官员认为违反国际法和被现代世界广泛接受的有关人权的观点是正确的行为。

研究越轨能帮助我们更好地理解与恐怖主义有关的议题。让我们先提出这样一个问题：什么是恐怖主义？要理解现代恐怖主义的发展，首先去探索"战区"（Theater of war）的概念是重要的。五百年前，欧洲军队是由将战场指定为唯一适合解决冲突问题区域的男性构成。与当代的职业拳击手相差无几，这些人要受到拳击场、戴拳击手套以及由形成共识的界限所引发的每一回合的限制，这些战场划定了战争的合法区域。尽管存在脱离战场的小规模冲突，但冲突的领域是根据这个公认的有限的区域概念建立起来的。

在战区里，将领调度军队，让士兵挖战壕、攻占山丘以占领高地。但是，在一支军队的人数远超另一支军队或装备如此优良以至于不存在真正的竞争的情形下又会是怎样的呢？当自己军队人数是敌军人数的1/10时，将领还真想进入战区吗？答案是否定的，将领至少不希望直接在战场上相遇，在战场上人数的劣势最终会导致惨败。相反地，战略得到规划，战术也发展起来。就半个世纪以前的欧洲军队来说，诸如在战区入口处将军队分割开来以及毁掉供给线饿死敌人这样的方法作为合法性战略开始进入战区。也就是说，在对手进入被称为战争领域的某个地方之前，拦截和骚扰对手、诱敌深入，甚至发出错误信号都是合法的战术。俗话说"情场战场，一切皆可"，这能够理解（至少对战争而言）一旦军队开始与对手进行战斗就会使用并不是完全限于战区的各种各样的战术。

从有关战场的宏大战略到狡猾的伏击（"战斗"前）、再到下一个重大发展只有程度的差别。当战斗力量从敌人面前藏匿并进行有目标的突然袭击以便消耗数量上占据优势的对手时，游击战（Guerrilla Warfare）就出现了。只要欧洲国家彼此间发生战斗，战区或战斗场域的观点多多少少就是与行动和最终解决纷争的协议有关的一种共识。然而，在殖民地时期，欧洲当权者需要与军事力量处于薄弱地位并采用不同游戏规则的人进行战斗。军事力量处于薄弱地位意味着欧洲人可以任意屠杀当地居民。这种屠杀从未被称为恐怖主义。然而也许一个人可能会问，还有什么会比被一个蔑视你文化和生活方式的人在自己的家园里奴役自己更恐怖？

然而，比这个观点更重要的是，被殖民的地方采取了改变战争真正意义的手段。现在，不仅身着特定服装进行战斗的士兵是敌人，而且日益发展的趋势是人民自身可能就是敌人。从某些方面来说，美国人在革命战争时期就开始这么做了。英国红衫军（British Redcoat）编队行军，这对当地人来说是公平的角逐。当地人通常不是穿统一的服装。他们会思考聪明的方法来攻击起初人数上占优势的敌人。后来，世界上其他被殖民的人们进一步模糊了敌我间的这种区分。女性能够、也的确拿起火枪向敌人开火。儿童也能被用作信使。在游击战里，被占领区域的任何行动者都可能是伪装的士兵。

　　从这个视角看，在当代世界出现的恐怖主义是一个从战区到将领的战略策略、到避免进入战区、再到游击战以及最后的恐怖主义的发展过程。如果要理解恐怖主义，我们就必须努力深入了解恐怖主义者行为所处的社会和政治形势这类决定性因素。从表面上看，最强大的国家拥有世界上最强大的军队。在战区里，一个弱小的国家无法与一个强大的国家进行战斗和抗衡，就像一个次中量级拳手无法与一个重量级拳手在拳击赛场里比赛一样。但在拳击场之外，通过运用不同的参与规则，次中量级拳手，甚至轻量级拳手能与重量级拳手相抗衡。而且，实际上在战区之外，游击战通过找到使战斗更公平的方式而开始使战争平等化。

　　让我们及时向前推进到后"9·11"时期。自该次袭击之后，美国人听说了很多有关"9·11"恐怖袭击的大量细节，还听说基地组织（Al Qaeda）和其他如伊拉克和大叙利亚伊斯兰国（Islamic State in Iraq and Syria，简称ISIS）组织的恐怖主义分子不断威胁要发动袭击。政府和媒体激起了美国公民对恐怖主义分子可能会实施进一步袭击的恐惧。有关美国公民在国外被恐怖主义组织砍头的几个录像让人震惊，也加剧了人们的这种恐惧。

　　然而，我们不太能频繁听见反恐战争的信息。在反恐战争里，美国政府制裁恐怖主义分子，采取了诸如绑架和拷问疑似恐怖主义分子的战术，还使用无人机去袭击疑似恐怖主义分子和未参与任何恐怖主义活动的儿童和成年人所在的住宅区，还认为未经审判就杀害被指控是恐怖主义组织成员的人是正确的（Brooks and Manza 2013：chap.1）。问题是，为什么基地组织杀害无辜的美国人时就是恐怖主义而美国政府采取类似行动、导致无辜平民死亡就不是恐怖主义？我们甚至还对美国在"9·11"后所做的事赋予了一个新术语：反恐怖主义（Counterterrorism）。这个术语信息丰富。美国的敌人进行的是恐怖主义，而美国政府推进的则是反恐怖主义。

　　美国政府的反恐行动——宣称坚持国际标准、尊重人权——包括在其他国家的领土上使用无人机、拷问和绑架疑似恐怖主义分子以及在某些情况下不经审讯就处死这些疑似恐怖主义分子等手段。在这个时期，占据许多政府官员思维的是一个单一的强力比喻（这个比喻在媒体以及广泛的公共领域产生了相当大的影响）。这个比喻就是"定时炸弹"（Ticking Time Bomb）。这个比喻认为，残存恐怖主义分子的阴谋和袭击迫在眉睫，为了挫败这些人我们有必要采取立即、无条件的行动。白宫里的官员起草了法律备忘，证明使用各种与当前国际或美国宪法不符的手段的正当性（这后来几乎被所有研究这些备忘录的法律学者所谴责）。

　　使用这些备忘录作为自己行动的掩护，几年来政府逮捕了许多被怀疑参与恐怖主义行动的人，并把他们带到隐匿的地方，在那里这些人受到"高强度审讯"——另一种说法是酷刑，希望借此收集恐怖活动信息。现在我们知道——作为许多新闻揭发后的一种结果——美国中央情报局（CIA）和特种部队使用过的许多刑讯手段违背了《日内瓦公约》所规定的国际人权保护条文。《日内瓦公约》（Geneva Conventions）是有关公平对待战犯和战俘的一系列国际共识。（要了解一些最重要的解释条文，见Hersh 2005；Mayer 2008；Lichtblau 2008）。从同样的渠道，我们还知道许多遭

两张图片分别是2011年9月11日世贸中心被轰炸和在阿富汗被美国无人机炸死的无辜之人的尸体，当地居民说有150人死亡。为什么这些袭击中一个被认为是恐怖主义，而另一个就没有被认为是恐怖主义？

受酷刑的人与任何恐怖主义分子或恐怖活动几乎没有或根本没有什么联系。

去了解在这些调查中所使用的刑讯手段是重要的，尤其是在2002年到2005年这段时期。这些手段包括睡眠和感觉剥夺、隔离、连续殴打和侮辱、强制用药以及（最有名和最残忍的）"水刑"，即模拟溺亡感觉的手段。这些属于最高机密的刑讯手段的相关证据经过相当长的一段时间才被发现和揭露出来，而且官方使用酷刑的全部细节也许还未被写出来。但酷刑的第一个确凿证据随着2004年阿布格莱布监狱（Abu Ghraib Prison）虐囚照片的流出而出现了。《纽约客》栏目的记者报道了这件事，而且在《新闻60分》的特别报道里也做了广播。针对阿布格莱布监狱虐囚事件的一个官方军事评论指责了这个监狱的管理者。与监狱管理者、军事调查员的访谈以及流出照片中显示的证据（而且更生动的照片并没有进入公众视野）记录了对囚犯的野蛮对待。其中包括囚犯被强奸和鸡奸、故意伤害囚犯身体、囚犯被淋尿以及被警卫犬袭击。这至少造成一个囚犯死亡，而且其他许多囚犯也受到了严重伤害。

美国军队对阿布格莱布监狱虐囚现象的最初反应是指责具体的（主要是低层次的）军事人员及其直接监管者，暗指这些现象是偶然、未经许可的（Hersh 2005）。无论阿布格莱布监狱的行政管理系统具体是怎样的，后来的证据显示酷刑的系统化使用非常普遍，而且得到了美国政府最高层管理者的许可[包括后来副总统迪克·切尼（Dick Cheney），他自2008年离职后在访谈中公开、不断地为使用酷刑辩护]。阿布格莱布监狱只是众多使用酷刑的场所之一，但却是我们了解最多的。一些其他不为人知的场所被称为"黑点"（Black Sites），是由中央情报局或美国军队（有时是友好国家的军队或秘密警察）掌控的，在这些地方被指控进行恐怖主义活动的个人会在超出法律权威范围的情况下受到刑讯。秘密监狱位于如波兰、罗马尼亚以及立陶宛这样的国家里，其他一些设施安置在非洲和中东。政府开始否认存在黑点，但在2006年9月，总统乔治·沃克·布什公开承认存在黑点。除了使用黑点，嫌疑人有时会被转到以使用酷刑和其他凶狠手段审讯和惩罚嫌疑人而知名的外国政府手里（Mayer 2008）。

尽管美国政府从2002年到2005年使用酷刑的行为受到了全世界的谴责，但在阿布格莱布监狱只有一小部分的低层次管理者被送进了监狱。情况为什么会是这样？因为美国是世界上军事力量最强大的国家，所以美国也许不用像其他国家那样遵循同样的规则；美国能够也的确拒绝履行国际法律程序，这些法律程序用来反对政府高级管理者参与策划和同意使用酷刑。

在2005年以后，总统布什终止在调查中使用酷刑；总统奥巴马制定了一个约束美国军队的法律规定，在2009年发布了一项禁止使用酷刑的行政命令。但反恐战争的其他政策还在持续，甚至在近些年又增加了，这引发了有关国家越轨和战争犯罪的相似问题。例如，美国军队在阿富汗、巴基斯坦以及也门广泛使用无人机，试图借此杀死恐怖主义分子嫌疑人。这些攻击——包括派美国飞机进入一些政府不断要求美国不要这么去做的国家——也杀死了数百人（Mayer 2009；Bergen and Tiedemann 2010）。在2012年6月，为了应对18名无辜平民被无人机杀死的让人特别恐怖的事件，美国政府同意在除了自卫的情况下会减少在阿富汗使用无人机（Associated Press 2012）。但无人机还在继续袭击其他地方（如巴基斯坦和也门），对强权者进行谴责的更大问题仍然存在。设想一下，如果加拿大或墨西哥政府不断派遣无人机进入美国杀人，因为据说美国卷入了恐怖主义，许多无辜的美国人，包括儿童在

军队文化的制度性越轨如何支持着阿布格莱布监狱貌似个体越轨的行为？

炸弹袭击中被杀死。美国人会不把这些行为看作大屠杀并要求追究袭击负责人的刑事责任吗？

现在，我们应该清楚的是，来自越轨社会学研究的核心洞见并不是试图解释强盗、恐怖主义分子、贩毒集团运作、兜售次级贷款的贪婪的放高利贷者或刑讯拷问疑似恐怖主义分子的中央情报局特工的个人特征、态度和非正常行为。相反，对这类越轨行为的社会学洞见是研究那些对越轨和犯罪进行界定和贴标签的人的社会和经济地位，以及这些人如何去影响那些界定使其符合自己的目的。他们回答了这样一个问题：一些类型的行为如何以及为什么会被惩罚，而看起来相似的另一些类型的行为就不会，这个问题的答案并不在于那些有权者所明确宣扬的价值观。

16.4　社会控制是如何被施加到社会上的？

社会控制的机构

正如我们迄今所看到的那样，社会对有关正常和越轨的行为制定规则，最明确的方式就是建立刑法典和刑法条例，在监狱大门突然关上之时对什么是越轨行为做最终的解释。当一些类型的越轨行为成为犯罪行为时，就进入了社会控制机构的领域——比如警察、刑事法庭、监狱和拘留所——这些机构遍布在我们的周围。

在这个部分，我们将分析社会控制——社会为鼓励服从、打击偏离规范的越轨行为所采取的、调控和处罚的各种方式——如何以及在何处开始在刑事司法机构里被正式确定下来。但在分析这个问题之前，我们首先必须转向隐藏于正式的社会控制机构背后的社会制裁系统的一些基本特征上来。

作为社会控制形式的制裁和激励

16.4.1　分析刑事司法制度施加社会影响力的方式。

社会控制的一个关键维度是通过群体和社会建立起用以加强规范的制裁或惩罚制度体现出来的。但制裁并不是推进社会控制的唯一方式。我们总是遵守规则和规范，并不仅仅因为我们担心惩罚，还因为我们会寻求良好行为所带来的激励。正向激励包括像表扬、奖励以及提薪这样的东西。不管有多么不理性，按老板期望的去做是在公司里升职的一种好方式（因为质疑老板会让员工面临风险）。

社会学家还区分了正式与非正式的制裁和激励。正式制裁是那些用来加强被写进法律规范的制裁，通常是由负有特定职责以及有权如此去做的一群人来执行，包括警察或校长。这类制裁的例子包括罚款或逮捕（以及有可能是被判处徒刑），而正式激励的例子有得到好分数或升职。另一方面，非正式制裁包括如羞辱或瞪某个人一眼这样的行为，而非正式激励包括像表扬这样的做法。

尽管社会越轨通常会引发一种消极反应，但的确存在一些以越轨的方式——尤其是挑战权威的方式——去行为引发了积极回应，而顺从或一味遵从规则和规范却带来消极回应的情形。想想罗宾汉这个经典的例子吧。罗宾汉是一个贼，而社会通常认为抢劫是一种越轨行为。然而，罗宾汉从富人那里抢钱分给穷人的行为常常被看作英雄行径。或者再思考一下圣雄甘地或马丁·路德·金。两个人违背了禁止公众游行抗议的法律，但在今天甘地和金被人们看成是拒绝向当权者的意志屈服的英雄人物。他们推广开来的民众抗议模式现在普遍被认为在特定情况下是正确和适当的做法。或者再想想在你就读高中里的酷酷"坏男孩"或"坏女孩"吧（每个学校都有一个或更多个这样的人物）。他们公然反抗权威和规则，并常常因为这样做而赢得了更高的地位。

同样地，也存在服从规范或规则没有获得积极回应却获得消极回应的情形。想想不惜代价仅仅为了取悦别人并获得赞许的人吧。在学校或工作的地方，这些顺从者会被其他学生（或同事）讥笑说是老师（或雇主）的"宠物"，尽管同时这些人会获得老师的奖励（或者不会如此，如这些人的服从行为过于明显并给老师造成烦恼时的情形）。在极端的情况下，说自己在第二次世界大战期间只是遵循阿道夫·希特勒以及纳粹政府的命令不会被看作对杀害集中营里无辜人士的一种适当辩护。实际上，纳粹德国的越轨者——那些拒绝同流合污的人（并在许多情况下丧失生命的人）——现在都被看成是那个时期的英雄。在所有这些情况下，不能简单地说遵守规则和规范会获得赞赏，而不遵守社会规范意味着会被反对。知道如何保持正确的平衡反映了人们对成文和不成文规则的充分理解。

越轨和服从之间模糊不清的界限给拓宽正式的惩罚带来了压力。从历史上看，随着社会的发展和更加复杂化，一直存在着从强调非正式社会控制向强调采取更为正式的手段进行社会控制的变迁。在当代世界里，社会控制的主要形式体现为刑事司法制度及其核心规训机构——监狱。

刑事司法制度

16.4.2　解释美国的监禁率为什么如此之高。

被认为是"犯罪的"行为类型就不再是模棱两可的越轨行为了，而且所有现代社会都建立了制裁这些特定类型越轨行为的刑事司法机构。刑事司法制度包括刑法典（在美国，联邦政府和每个州都有自己的刑法典，而在其他许多国家只存在一部单一的国家刑法典）；鉴别和逮捕罪犯的警力；评估罪责证据并在形成判决时宣判的律师、法官以及法庭系统；以及罪犯被判刑所在的拘留所和监狱（以及监管那些被判不用在监狱服刑罪犯的缓刑官和假释官）。在美国，我们会区分拘留所（Jails）和监狱（Prisons）。拘留所通常关押着审判前被指控的人，或者被判有轻罪的人，或者其他监禁或拘役时间最高不超过一年的人。相对而言，监狱是被宣判犯有严重罪行的重罪犯将在那里服刑一年或一年以上的地方。

社会为什么要进行惩罚？我们能辨别出惩罚的四个可能的目的或目标：（1）为犯罪行为受害者向罪犯寻求报应；（2）震慑罪犯和其他人，避免其在未来犯罪；（3）使罪犯不能犯罪或防止罪犯进一步犯罪；（4）使罪犯恢复正常生活或改造罪犯。报应是单纯报复的一种形式，建立在这样的观点之上，即那些犯罪的人应该因为自己给别人造成的伤害遭受痛苦。报应的现代倡导者认为惩罚应该与已犯下的罪行相匹配，而不是与罪犯或其他人未来可能犯下的罪行相匹配。报应是用来纠正已犯下的罪行，与之相比，震慑试图通过威胁性惩罚打压违反法律的动机防止未来可能发生的犯罪行为。

不是所有被判有罪的罪犯都会被判以拘留或监禁；实际上，许多罪犯会被判以缓刑（Probation），这是惩罚的一种形式，犯罪者只要在刑期内没有进一步发生犯罪行为就会被允许住在自己的社区里。报应和震慑的目标并不需要监禁才能实现。但实现惩罚的另两个目的与监禁有着特别的联系。将罪犯关在拘留所或监狱里能达成两个目的：这会将罪犯与社会隔离开来（因而这些人不会再犯罪，至少在某个时期是这样），而且还能为恢复正常生活提供一个环境，包括通过治疗、教育以及工作培训来帮助罪犯不再犯罪。

惩罚的这四个目的中哪一个是最重要的、对社会是最有益的？在这个问题上分析家的看法存在差异。而且他们彼此的观点互不相同：长期徒刑既能防止某个人进一步犯罪，还能为罪犯将来恢复正常生活提供一个环境。无论对惩罚一般目的的正确理解是什么，一直存在的情况是监禁某人是一件非同寻常的事情，通常是最严重的违法行为才会受到这样的惩罚。然而，正如我们将在下一部分探讨的那样，近年来美国的情况却不再是这样。

美国今天的犯罪和大规模监禁

16.4.3　描述美国犯罪率的变化以及大规模监禁趋势的变化。

近些年来，美国刑事司法制度经历了引人瞩目的变化。过去40年，美国在押人口增加了700%——换句话说，美国今天监狱在押人口比1972年高出7倍，该数据根据整体人口规模进行了调整（如考虑了这个时期美国全部人口的增长）。对于20世纪前3/4的时间来说，除了在20世纪30年代晚期的大萧条时期出现了一次显著的上扬，监禁率都保持着相对的稳定。犯下重罪的人将被送进监狱，但大多数罪犯会受到其他惩罚。然而，从20世纪70年代早期开始，监狱在押人口数量开始逐年稳定增长，并在之后的30年持续增加，大约在2005年稳定下来。越来越多的人被判处监禁，刑期变长，而且法官和假释委员会大大减少了让罪犯因其良好表现离开监狱的裁定。新的越轨类型——大部分与毒品有关——日益被犯罪化，相比以前，售毒者和单纯的吸毒者在今天更可能被判刑入狱。

在更贫困、更城市化以及失业率更高的地区，犯罪率往往更高。但自20世纪90年代早期以来，整个美国犯罪率急剧下降，大约下降了1/3。尽管近些年来犯罪率在下降，但越来越多的美国人被判以重罪，现在更多的人被送进了监狱。要更好地理解这些迥然不同的发展趋势，看看在图16.2中被标示出的犯罪率和在押犯人数量的情况。在这个图表中，这两条曲线显示出，尽管自20世纪90年代以来，犯罪率明显下降，但监禁率（这里显示的只是在押犯人数量）显著增长。换句话说，犯罪和惩罚之间的联系在这个时期发生了显著变化。

监狱人口在过去40年的增长不仅在美国历史上是独一无二的，而且在世界上也是前所未有的。今天，美国平均监禁的人口要比世界上其他大多数国家多很多。要理解这一点，需要分析图16.3中的数据。

许多学者开始将这种水平的惩罚

在20世纪70年代和80年代出现了特别的上扬之后，犯罪率在1990年到2012年期间下降了接近34%。

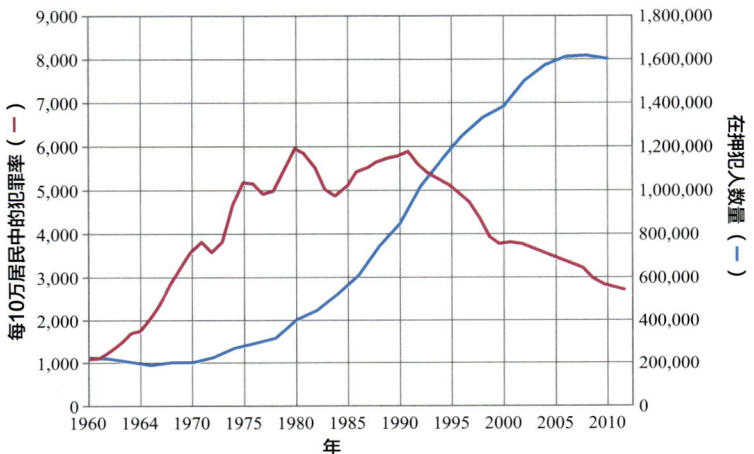

资料来源：汉密尔顿计划（Hamilton Project）和司法统计局（2011）。

图16.2　犯罪率下降与监禁率上升

美国的监禁率是每10万个居民中有710个在押犯人，与众多经合组织国家115个在押犯的一般监禁率形成了鲜明对比。

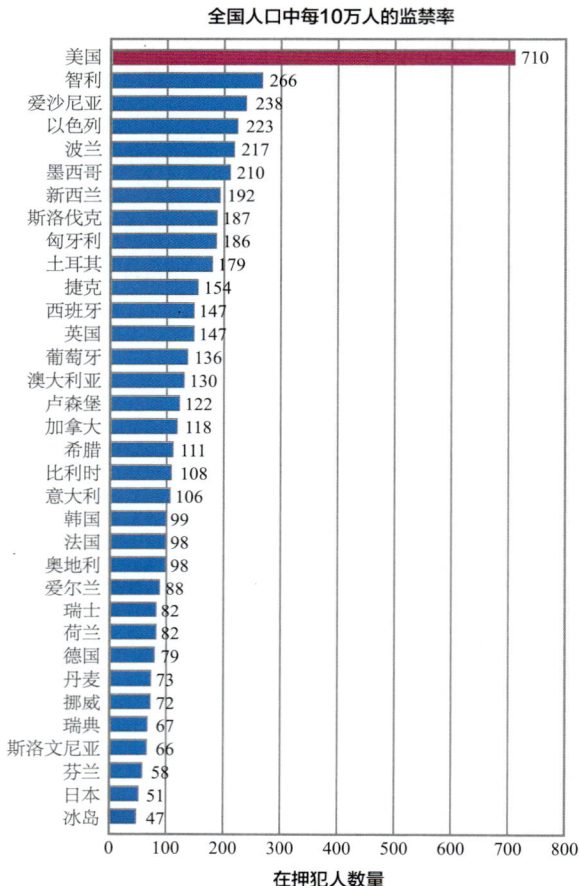

全国人口中每10万人的监禁率

国家	监禁率
美国	710
智利	266
爱沙尼亚	238
以色列	223
波兰	217
墨西哥	210
新西兰	192
斯洛伐克	187
匈牙利	186
土耳其	179
捷克	154
西班牙	147
英国	147
葡萄牙	136
澳大利亚	130
卢森堡	122
加拿大	118
希腊	111
比利时	108
意大利	106
韩国	99
法国	98
奥地利	98
爱尔兰	88
瑞士	82
荷兰	82
德国	79
丹麦	73
挪威	72
瑞典	67
斯洛文尼亚	66
芬兰	58
日本	51
冰岛	47

在押犯人数量（横轴：0 100 200 300 400 500 600 700 800）

注释：大部分国家的监禁率都来自2013年；希腊、以色列、荷兰、瑞典、瑞士和美国的监禁率来自2012年，加拿大是个例外，数据来自2011年到2012年。英国的监禁率是对英格兰和威尔士、北爱尔兰以及苏格兰的加权平均。

资料来源：格莱斯和赫伯曼（Glaze and Herberman 2013）；沃姆斯利（Walmsley 2013）；作者计算所得。

图16.3 经济合作与发展组织国家的监禁率

描述为大规模监禁（Mass Incarceration），用来指相比历史早期或其他相似国家在押人口数量多很多的情况（Garland 2001）。与美国有着近似高监禁率的国家是俄罗斯、古巴和南非；西欧国家、加拿大、澳大利亚和日本则与美国不同。美国的在押人口要比这些国家高出6到8倍，比日本和南欧国家则高出10倍还多。

面对这些信息，许多人会简单地得出结论说美国的犯罪率要比这些国家高。的确可以认为，如果美国的犯罪率比其他国家高很多，那么美国在监狱和拘留所里的人数也比其他国家多是说得通的。情况果真如此吗？最可靠的数据来自国际"被害者调查"（Victimization Surveys）。在这个调查中，许多国家的民众被问及相同的问题，这些问题有关他们是否是一长串罪行列表的受害者，包含从小偷小摸到性侵犯再到严重的伤害罪。（调查对象唯一没有被问及的问题是谋杀，因为受害者显然无法在场参与调查！）参见图16.4分析美国与其他国家相比情况如何。

根据被害者调查，美国的犯罪率与其他相似国家的平均值近似，例外的是谋杀率相对较高，谋杀在任何一个社会都是一种少见的罪行（见图16.4）。美国当前的谋杀率——每10万人大约是5.5个人——是一些欧洲国家谋杀率的2到3倍，这是一个让人担心的差异。暴力犯罪会造成比其他任何犯罪类型都多的恐惧。但在美国被谋杀的可能性仍然相当小；一个10万人口的城市每年估计会有5到6起谋杀案，而在一个典型的欧洲国家、10万人口的可比城市中估计会有2到3起谋杀案。大多数谋杀的实施者都是家人或朋友，而不是陌生人，表明美国较高的谋杀率有一部分原因要归咎于枪支的易得性，这可能会使一场争吵升级成谋杀事件。那么美国人为什么如此害怕谋杀呢？一个理由也许是媒体的大肆报道。

当涉及各种类型的犯罪时，美国与大多数相似的国家并没有特别大的区别。根据这种证据，美国大规模监禁水平的上升显然提出了一个社会学谜题。当我们观察所有犯罪与人均在押犯的关系时，就多少人被判刑入狱来看，美国与所有与之相似国家的情况截然不同。在这个让人惊讶的发展变化中没有什么是"天然如此的"：在所有其他与美国最为相似并有着相似犯罪率的国家被判刑入狱的人数都远远少于美国。不存在任何规则规定多少人因其行为必须被判重罪，而且这与犯罪活动的实际水平没有密切联系。

那么美国近些年来越轨行为的犯罪化为什么会上升得如此显著呢？这是一个许多社会学家到现在都争论不

休的问题，关于这个问题存在几种相互冲突的理论。在大规模监禁水平上升的背后有两种因素尤为重要。第一个因素，是抵制某种类型个体行为的最新道德改革运动，在这个时期抵制毒品（特别是穷人和少数族群使用特别多的毒品类型）对此产生了重要影响。由里根总统在1985年发起的（前面讨论过）向毒品宣战，迅速席卷全美，鼓励警察和刑事司法官员逮捕和判决那些被控占有或售卖毒品的人。州政府和联邦政府通过了针对毒品犯罪分子的强制性最低刑期，这对监狱里因与毒品相关罪行入狱的人数比例显著增加产生了影响。例如，在1988年，就在里根向毒品宣战开始之后不久，所有被判重罪的人里面有17%是毒品犯罪分子。仅仅14年之后，这一数字几乎翻了一番，占到在押犯人数的32%（Manza and Uggen 2006：chap.4）。更近来，毒品犯罪分子受到重判的数量下降了，但受到轻判的数量飙升（Kohler-Hausmann 2014）。

在过去的一年内曾报告成为罪行受害者的人数比例（2003—2004年调查整理）

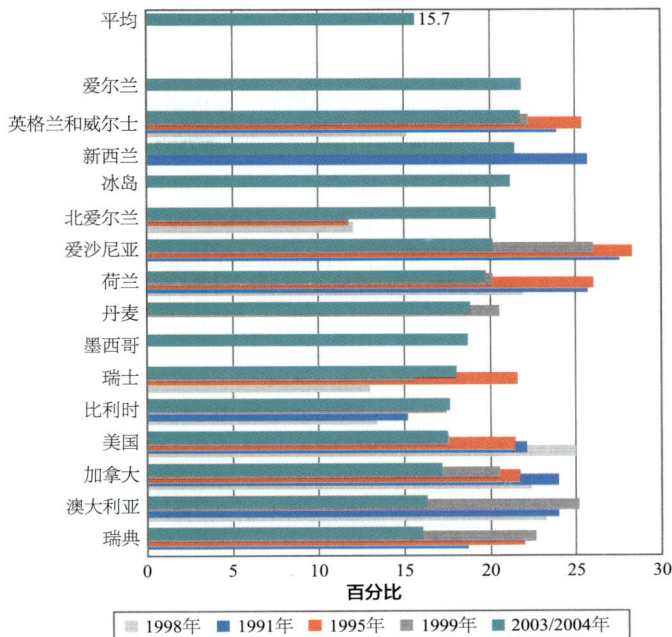

资料来源：Van Dijk，Kesteren，and Smit（2007）。

图16.4 犯罪率对比

监禁率稳步增加的第二个关键因素与政治有关。从20世纪60年代开始，许多支持"严厉打击犯罪"律法的政客开始成功任职。1964年共和党总统候选人巴里·哥德华特（Barry Goldwater）也许是第一个使打击犯罪成为公开政治议题的重要政客。尽管哥德华特在大选中惨败，但其他政客追随他的脚步，承诺减少犯罪。理查德·尼克松（Richard Nixon）赢得了1968年的大选，承诺建立一个"法律与秩序"（Law and Order）的政府，向"日益对我们的城市、家园和生活产生威胁的犯罪因素"宣战（引自Hagan 2010：150）。在整个国家，政客们推动更长的刑期和更严厉的惩罚。自由派法官，即被认为对罪犯过于宽容的法官，日益成为被清除出法官席的目标（许多国家和地方司法管辖区选举法官，使这得以可能）。在民意测验和调查中可以看到公众支持更严厉的政策。

为什么美国人想要越来越多的人进监狱呢？从20世纪60年代晚期往后的这段时期内，三个重要发展趋势的融合从根本上改变了刑事司法政策的环境：（1）保守派对20世纪60年代的社会运动以及文化发展趋势的强烈反对；（2）20世纪70年代的经济萎缩加速了寻找1973年以来社会问题的原因和替罪羊的过程；（3）20世纪60年代许多城市发生骚乱后留下的长久印象使得城市犯罪成为媒体全方位监督的焦点。最严谨的调查表明控制联邦政府的共和党政客最早、最快向犯罪宣战，民主党紧随其后（Western 2006：chap. 3；Manza and Uggen 2006：chap. 4）。从20世纪60年代血淋淋的政治冲突中成长起来的共和党政客在呼吁严厉打击犯罪的政治纲领中发现了政治机会，但许多民主党政客日益开始接受新的严厉打击犯罪的政策环境。

在与犯罪（以及刑事司法政策）的关系中，种族主义的角色一直特别重要，它基于根植于肤色的可见特征形成的刻板印象。有关犯罪的种族歧视一直存在于美国历史之中。在20世纪早期，西奥多·罗斯福表达了那个时代广泛持有的对犯罪的观点，呼吁"坚持不懈、持续不断打击违反法律的黑人"，这建立在黑人"懒惰、胸无大志……首要的是，每种恶习和犯罪对黑人种族造成的伤害要比白人所有压迫行为加在一起的伤害还要邪恶"

这样思想的基础上（引自Klinkner and Smith 1997：337）。私刑（Lynching）这种通常是由一个自封的群体在没有经过公开审讯的情况下用暴力杀害一个人的行为的合理性常常从黑人犯罪行为中得到证明。赢得参议院席位的第一个女性、佐治亚州的丽贝卡·拉蒂摩·费尔顿（Rebecca Latimer Felton）在1897年告诉自己的支持者，"（白人女性的强奸案）随着每次选举在增加，在选举中白人男性将自己与劣等种族等同起来，通过贿赂和威士忌酒控制自己的选票……如果要用私刑来保护女性最珍贵的权利，使其免于被酗酒、贪婪的人殴打，那么我会说如果有必要那就每周执行一千次私刑"（引自Williamson 1984：128；另一个例子，见Mendelberg 2001：chap.2）。

更近来，人们关于谁在犯罪的观念中依然存在对少数族群的偏见。对犯罪报道的研究表明，在对犯罪者的描述中美国黑人被过度夸大了（Entman and Rojecki 2001）。特别是对采用惩罚性犯罪政策的研究显示，在采用这类政策的州里美国黑人被处罚的比例要显著高一些（Manza and Uggen 2006：chap.2；Garland 2010）。例如，证据显示白人至少和黑人一样可能使用非法毒品，但黑人因为与毒品有关的罪行被送进监狱的可能性是白人的3倍多（Western 2006：46～47；Tonry 2011）。许多分析家得出结论认为，日益增多的监狱人口反映出一种"新种族歧视"，正如亚历山大（Alexander 2010）所表述的那样。美国黑人正在被围捕、送进监狱，数量如此之多以至于监狱正日益成为许多年轻黑人主要生活的地方。

几十年来，人们对有关美国黑人，尤其是年轻黑人的政策一直争议不断。在2014年，几个没有持有武器的黑人被警察杀死导致全国规模宏大的示威和游行，其中最突出的是发生在密苏里州弗格森镇的射杀事件。

在2014年8月，弗格森镇（圣路易市一个黑人占多数的郊区）的一个白人警察射杀了一个没有携带武器、名叫迈克尔·布朗（Michael Brown）的青少年。弗格森镇的黑人社区在枪击之后几天内爆发了抗议，因为这一事件是警察对黑人青年过度使用武力的众多例子之一。抗议活动在全国开展起来，而且当大陪审团拒绝指控射杀事件中的警察涉嫌违背法律时，抗议活动在2014年12月再次开展起来。

看起来有几个因素促成了弗格森镇的紧张状态。弗格森镇曾经是一个大部分居民是白人的社区（到1970年的时候，只有非常少的美国黑人居住在那里），该镇在近十年经历着快速变迁，其中最重要的一个变化是居住在弗格森镇的黑人的比例快速增长，地方经济开始衰落，其中一个标志是高失业率（尤其是在黑人中）。然而尽管该城镇的人口状况发生了改变，但大多数警察仍是白人：在2012年，弗格森镇的黑人比例是67%，但该镇83%的警察都是白人！

针对年轻少数族群男性的警察暴力引起的问题具有让人困扰不已的悠久历史。2014年7月，一个名叫埃里克·加纳（Eric Garner）的43岁黑人男性在纽约市的史坦顿岛（Staten Island）被杀死了，这是另一个进一步引起争议和2014年抗议活动的事件。加纳饱受哮喘病的折磨，警察在试图制服他时（警察怀疑他贩售"无许可证的"香烟）使用了一种"锁喉"技能，自20世纪90年代后纽约市警察局就禁止使用该技能。锁喉是一种使人无法呼吸的技能，这种技能多年里杀死或伤害了许多手无寸铁的人。在被锁喉的过程中，录像拍到加纳说了11次"我喘不过气了"，但警察继续锁住他的喉咙直到他死亡。同弗格森镇的情形一样，大陪审团拒绝指控警察违法。

大规模监禁的后果

16.4.4　描述大规模监禁如何影响美国的（人、团体、国家之间的）关系、预算和民主原则。

当个体入狱时，他们会遭受到一系列超出其服刑时间的惩罚，而且不仅对个体造成影响，还会对家庭、社区以及整个社会产生影响。对社会学家来说，大规模监禁研究必须考虑的不仅是人为什么犯罪以及社会为什么选择惩罚那些行为，还必须要考虑这对其他每一个人以及整个社会所产生的更大影响。在有关刑事司法制度的这个最后部分，我们将思考大规模监禁所产生的一部分额外影响。

有犯罪记录会对个体犯罪者产生许多后果。研究表明，这意味着你将更难找到工作、一生中赚的钱会比较少、维持稳定的家庭生活可能会更有难度。作为一名重罪犯，你自动就变得不符合一系列政府项目的条件（如公共住房、许多教育贷款项目以及各种用来帮助陷入贫困的人的社会项目），而这些项目本可能会有助于改善你的生活。你可能会失去对孩子的监护权。当你在监狱里时，你将失去两个州之外所有州的选举权，而且直到假释时间结束，在大多数州你都没有选举权（在一些州，你将终生失去选举权）。在近些年来，社会学家一直非常小心翼翼地研究这些消极的后果是否是由刑事定罪或别的事情造成的。社会学家通过设计多种多样的实验来对被定罪的重罪犯与普通民众中其他相似的人进行了比较（Western 2006；Pager 2007；Wakefield and Uggen 2010）。

但正如我们注意到的那样，大规模监禁的影响不仅仅体现在受到重罪判决或被判入狱的个体数量增长上。监禁还常常会让一个家庭四分五裂，父母与孩子分离，夫妻天各一方。而且一系列研究表明，父母有一方入狱会对孩子产生深远的影响。这类孩子的考试分数可能会比较低；相比同辈，其自尊比较低下，还会更有压力（Hagan and Foster 2009）。建造并维持一个大监狱系统的成本正变得极其昂贵，侵占了本可以用于其他重要目的的资金。州政府在近些年的财政预算明显吃紧，部分是因为这么多钱被用来建造和运营监狱或拘留所。据估计，收监一个囚犯在监狱里的成本每年需要2.5万美元到3.5万美元（依各州的情况有所不同）。这些成本堪比一所大学一整年的运营成本。最后，美国民主自身日益受到大规模监禁的影响；本章的第二作者估计，在2004年总统选举期间有530万美国公民失去了选举权；而且要不是20世纪70年代早期以来这么多人失去了选举权，近年来的许多选举结果，包括2000年乔治·沃克·布什以微弱优势击败艾尔·戈尔的总统选举结果都会有所不同（Manza and Uggen 2006）。

结论：越轨与社会学想象力

越轨的社会学研究对社会学想象力提出了强有力的问题，而且以多种方式研究何为正常、何为越轨，用微观视角分析一个社会的复杂性。在这一章我们探索了许多这样的谜题。例如，理解某些行为是如何以及为什么会因为在一种情境下是社会性越轨行为而被贴上越轨者标签并受到惩罚，而在另一种环境下，其他类似或更糟糕的行为却没有被贴上标签并受到惩罚，这是一个历久不衰的问题。这个问题不存在显而易见的答案，但正如我们深入分析的那样，我们的确发现存在一种不管越轨的特殊形式如何都会再现的重要模式：那些有权力的个体和群体拥有一种特殊的能力，能对越轨进行界定或施加特别的界定，并能把那些界定转换成成文的法律和惩罚形式（或避免将同样的法律运用到自己身上）。向社会下层界定越轨，也就是当有权力者把弱者的普通行为界定成越轨的时候是越轨研究揭示出的一种普遍模式。

这种结论的一个特别显著的例子是美国的独立战争。设想一下，如果英国赢得了这场战争会发生什么。几乎不用怀疑，乔治·华盛顿（George Washington）、约翰·亚当斯（John Adams）、托马斯·杰斐逊（Thomas Jefferson）以及其他许多被今天的历史铭记为美国革命英雄的人将会被当作叛徒绞死（Paul 2009）。实际上，在1779年战争特别暗淡的时刻，杰斐逊放弃了自己弗吉尼亚州的家园、"逃走躲起来"，以避免这种可能的命运（Gordon-Reed 2008：136）。如果英国人取得了胜利，那些站在英国一边的殖民者就将被当作英雄。当然，因为美国革命者的确赢得了战争，华盛顿、亚当斯以及杰斐逊是我们的英雄；那些站在英国人一边的人被看作叛徒，而且有一些人被处死了。

这一幕也能在纽约市有关警局使用"拦路盘查"（Stop-and-Frisk）手段的争议中看到。借助拦路盘查，警察可以自由扣留任何一个他们认为可能携带武器或对警察产生威胁的人。2011年，差不多70万人被盘查，其中80%以上的人要么是黑人、要么是拉丁裔美国人。尽管年龄在14岁到24岁的年轻的黑人和拉丁裔男性只占纽约市人口的4.7%，但他们却占到被盘查人数的42%。在2013年，随着新市长的当选和新警察局长的产生，这种情况出现了一些变化，但拦路盘查被继续使用着。尽管拦路盘查的官方目的是搜查武器，但在大多数逮捕的情形里，警察没有发现枪支，而只是发现了少量的大麻或其他毒品（New York Civil Liberties Union 2011；Kohler-Hausmann 2014）。例如，尽管警察在拦路盘查的行动中搜到的枪支不到一打，但在2010年和2011年纽约市就有超过5万人因为仅仅持有大麻就被逮捕；在2014年，有超过4.5万人被捕，在大多数情况下，警察拦路盘查从一个人的口袋中找到的不是枪支而是大麻。因为被拦路盘查的人中有这么多是年轻的少数族群男性，所以发现大多数被逮捕的人是因为使用大麻就并不让人惊奇；进而被送进刑事司法制度内的大部分是年轻的黑人和拉美裔男性。

当一个群体如纽约市年轻少数族群男性以监察的方式被大量盘查的时候，其越轨行为，甚至是微乎其微的越轨行为都会被揭露出来。当然，并不意味着这是一个公平的过程。实际上，正如已经指出的那样，我们能找到的最佳数据显示，使用毒品的白人和使用毒品的非白人一样多或更多，然而在那些因为持有毒品被判刑的人中，纽约市的白人仅仅占了很小比例。社会总是给予社会底层而不是社会上层的越轨行为以更多的关注。看到拦路盘查手段被常规运用到富裕郊区居民的身上——即使无法想象这将会发生——实际上将非常有趣！

社会学想象力的一个挑战是需要深入社会生活的表面去揭示我们周围世界通常隐藏着的不平等和不公正的形式。社会生活中没有任何一个领域会比越轨和刑事司法领域的情况体现得更加明显。一旦我们开始检视什么是"正常的"和什么是"越轨的"，一种看待世界的新方式就展现出来了。

━ 大问题再览16

16.1 什么是越轨？ 为了理解越轨，我们首先需要问一个问题，"什么是正常的？"本部分通过考察群体和群体边界在创造社会规范中的作用，探讨了越轨行为的起源。我们还研究了统计性异常和社会越轨的区别。

群体和群体边界
学习目标16.1.1：明确群体是如何区分的。

统计性异常与社会越轨
学习目标16.1.2：讨论统计性异常与社会越轨的差异。

社会规范：日常生活中不言而喻的规则
学习目标16.1.3：界定社会规范术语。

> **核心术语**
>
> 社会群体　符号边界　统计性异常　社会越轨
> 规范化　规范

16.2 道德是如何被界定和调控的？ 长期以来，社会一直试图支配和控制个人的行为和道德。在本部分中，我们探讨了美国的两场道德改革运动，以强调定义正常行为的过程是怎样实现的，以及某些行为是如何被贴上越轨甚至犯罪标签的。然后我们考察了一些当代的道德改革运动，并考虑了道德规范的未来。

与利益相关的规则制定和与利益无关的规则制定
学习目标16.2.1：区分与利益相关的规则制定和与利益无关的规则制定。

案例：作为道德改革的禁酒运动
学习目标16.2.2：分析酒精使用的历史以及它如何与正常和越轨的界定相关。

反鸦片运动
学习目的16.2.3：分析鸦片使用的历史以及它如何与正常和越轨的界定相关。

当代道德改革运动

学习目标16.2.4: 讨论反对毒品使用和同性关系的道德改革运动如何影响了道德改革运动的未来。

核心术语

道德行为　禁酒期　向毒品宣战

16.3　谁在定义越轨? 对越轨行为的深入研究来自对社会和经济地位、文化习俗以及统治集团的政治权力的研究。在这一部分,我们探讨了越轨和权力之间的关系。

越轨和犯罪的标签化

学习目标16.3.1: 讨论标签理论如何解释越轨。

从街头越轨到制服越轨:白领犯罪

学习目标16.3.2: 确定2008年美国金融危机揭示了有关权力和越轨行为的哪些内容。

国家越轨、恐怖主义和战争犯罪

学习目标16.3.3: 探讨战争期间所犯的暴行是否是一种犯罪行为。

核心术语

标签理论　白领犯罪　国家越轨　反恐战争
恐怖主义　游击战　反恐怖主义　日内瓦公约

16.4　社会控制是如何被施加到社会上的? 本部分讨论了社会控制在刑事司法制度中是如何以及在何处被正式确立起来的。我们还探讨了近几十年来美国的刑事司法制度如何越来越多地将正式惩罚作为惩罚越轨行为的一种手段。

作为社会控制形式的制裁和奖励

学习目标16.4.1: 分析刑事司法制度施加社会影响力的方式。

刑事司法制度

学习目标16.4.2: 解释美国的监禁率为什么如此之高。

美国今天的犯罪和大规模监禁

学习目标16.4.3: 描述美国犯罪率的变化和大规模监禁趋势的变化。

大规模监禁的后果

学习目标16.4.4: 描述大规模监禁如何影响美国的(人、团体、国家之间的)关系、预算和民主原则。

核心术语

社会控制　制裁　刑事司法制度　拘留所
监禁　监狱　报应　威慑　缓刑　恢复正常生活
大规模监禁　种族主义　私刑

全球变暖导致把地球黏合在一起的冻土融化了，阿拉斯加州西北海岸线正坍塌进海里。图片显示的是，在阿拉斯加希什马廖夫村的一所房子因为海滩被海水侵蚀而造成倒塌。

第 17 章
环境社会学

作者：柯林·杰罗尔麦克（Colin Jerolmack）

在 阿拉斯加州荒凉、崎岖不平的地域里，希什马廖夫（Shishmaref）村坐落在一个小岛上，与波浪起伏的北冰洋海域海岸线之间隔着五米。尽管该村庄有接近600人是享受着一些现代便利生活的土生土长的因纽特人（Inupiat），但这些居民保持着传统的生活方式，他们通过狩猎、打鱼和以物易物的方式获得生活必需品。几个世纪以来，为了能在恶劣的气候条件下生存下来，希什马廖夫村和当地的因纽特人发展出大量有关动物迁徙模式、洋流和冰层厚度的季节性差异的知识，并依赖于这些知识。然而，近些年来，他们的环境正以快速、危险的方式发生着变化。自1979年以来，20%以上的极地冰帽已经融化了，这是全球温度日渐升高的结果。科学家预测，到2030年夏季北极海冰可能会完全消失。因纽特人担心自己的生活、村庄和文化也将随着冰川的消融而消失。

目前，环绕在希什马廖夫村周围的海洋要比以前结冰晚、融化早。海冰形成了围绕在岛屿周围的保护层，随着海冰的减少，希什马廖夫村变得更容易受到风暴潮的破坏。巨浪每年会吞噬掉10米长的海岸线，差不多把房子都吞噬进海里。由于缺少资源巩固岛屿周边，村民最近投票决定放弃家园，回到大陆重新安家。许多居民担心会丧失自己原有的社区和生活方式，但州政府担心的问题却是，建设新村庄和搬迁全部居民的成本估计在2亿美元，谁能为此买单。

2009年，我到阿拉斯加州西北部旅行，去研究气候变化对原住民的影响。我的向导叫迦勒·丰威仪（Caleb

我的社会学想象力

作者：柯林·杰罗尔麦克

作为一名对城市生活感兴趣的新研究生，我花了大量的时间在纽约市格林威治村的大街小巷游逛。正在重新修缮的社区公园特别吸引我的注意力，因为决定如何修缮公园的过程提供了解社区成员如何使用、看待以及不满其公共空间的窗口。我惊讶地了解到，许多公民协会（Civic Associations）和使用公园的人抱怨鸽子，因为它们的粪便使公园的长凳无法使用，而且还会带来潜在的疾病威胁。然而，在观察公共行为的过程中，我看到公园游客给鸽子喂食是一种普遍活动。我意识到，不管好还是坏城市野生动物影响着人们如何诠释和体验他们的公共空间。随着时间的流逝，我对自然环境塑造城市生活的方式着了迷，我开始理解人们对城市野生动物的反应揭示了人们如何在自然环境和社会之间划出界线。因为普通的鸽子，我甚至在没有离开大都市的情况下就激发出对环境社会学的热情。

阿拉斯加州的情况触及了环境社会学领域试图论述的许多重要问题。

1. **社会生活与自然环境具有怎样的联系？** 环境社会学家研究环境事实与社会事实之间的互动，并强调它们彼此之间的相互依赖性（Freudenberg and Gramling 1989）。每个社会都会对自然环境进行消费和改造来满足自己的需要和欲求，而每个社会也必须适应物理环境并去面对自然的限制。尽管存在"外在于我们的"客观自然世界，但我们如何诠释它、如何与它互动总是会受到文化、政治以及经济过程的影响。

2. **人类活动如何对环境造成了损害？** 我们时代最迫切的环境问题，比如滥伐森林、水污染和全球变暖，这些都是人类活动的结果。寻找解决这些问题的对策需要集体行动，而如何使那些对策公平合理也许是人类面临的最大挑战。

3. **环境因素如何影响着不平等？** 思考一下毁灭性的自然灾难飓风卡特里娜。2005年，飓风卡特里娜毁坏了新奥尔良的人造防洪堤，造成2000人丧生，100多万人被迫背井离乡。随着飓风威胁到墨西哥湾岸区，比较富裕的居民能够撤离，因为他们拥有汽车和支付旅店房费的财力。最贫困的居民中许多人是黑人，他们没有资源逃离，随着水面升高被困在家里。结果，在飓风造成的死亡人口中黑人的比例非常高。当社会学家分析像卡特里娜这样的自然灾难时，他们会问：社会结构如何影响着这些自然事件的结果？

4. **我们如何才能创造出更有可持续性的社会？** 随着全球人口膨胀和环境恶化加剧，看起来没有足够的自然资源能让地球上的每个人像富裕国家的公民目前所做的那样使用同样的石油和电力以及处理同样的垃圾。我们怎样才能说服富裕国家的成员去采取更有可持续性的生活方式？我们怎样才能既推行国际环境法规又能帮助发展中国家通过工业提高生活水平？

Pungowiyi），他是科策布（Kotzebue）镇的居民，在一家非营利海洋保护组织奥希阿纳（Oceana）里担任高级咨询师。迦勒不需要阅读有关海冰消退的年报来确定全球变暖的发生——他留意自己生活的地方就可以了。因为雪橇无法通过曾经坚如岩石的冰层，狩猎探险和一般意义上的旅行时间都缩短了。更炎热和更干燥的夏天正导致一连串的灌木丛火灾。极地的永久冻土——位于冻土带之下的永久冻结的土地，冻土带把自然风貌整合在一起——正在融化，导致海岸线被侵蚀形成滑坡和大陷坑，这会让镇子变得不安全、房屋被淹没。因为像驯鹿和髯海豹这样的动物为了应对气温升高而改变了自己的迁徙和交配习惯，狩猎也不再是那么可靠的获取食物的手段。

鉴于迁居安克雷奇（Anchorage）生活成本高昂还缺少稳定的工作，土生土长的阿拉斯加人陷入了进退两难的困境：他们传统的生活方式可能在不久就会变得不切实际了，但又不存在多少可行的其他选择。未来这个地区在许多方面可能都会像希什马廖夫村一样，面对全球变暖，陷入贫困和政治边缘化，居民被迫放弃自己的祖屋和许多习俗。

尽管气候变迁的证据在像纽约市这样的地方也许并没有那么明显，但处于北极这样的极端条件下，气候变暖的迹象清晰可辨。尽管科学家收集的记录说明在阿拉斯加州和其他地方正发生的变化是前所未有的，但是因纽特人早已经知道事实的确如此，因为他们在苦苦挣扎以求生存的时候，每天都要面对前所未有的挑战。

阿拉斯加州原生居民的困境将我们引入环境社会学的核心关注点：理解社会塑造自然环境和同时被自然环境塑造的方式（Catton and Dunlap 1980）。尽管他们的传统生活方式和文化是随着适应自然环境的过程而被塑造出来的，但对因纽特人产生致命威胁的当代环境危机具有社会根源。现在，主流环境科学几乎达成的一个共识是，我们目睹的许多全球变暖事件是燃烧石油的结果。因此，环境问题有着社会根源和社会结果。因纽特人困境的另一层含义是象征性的：原生群体、少数族群和穷人从历史上看是环境恶化的最大受害者。环境问题成本的不公平分配反映和再生产着社会不平等。

17.1 社会生活与自然环境有着怎样的联系？

理解环境-社会关系

　　许多社会变革都伴随着社会从传统形式转变到现代形式：资本主义取代封建主义；人们从小村庄迁移到大城市，劳动分工加强了，具有亲密联系的社区让位于以非个人和合同化关系为特征的大众社会，等等。然而，随着社会经历着这些剧烈的变迁，社会与物质环境的关系也极速改变着。实际上许多社会理论家断定，从传统社会形式转变到现代社会形式在很大程度上是由技术发展驱动的，技术发展使更高程度地开发自然资源得以实现。环境社会学家将环境和社会之间的关系看成是动态和互相依赖的关系，并试图理解这种关系如何随着时间和社会环境的变化而变化。

传统社会

17.1.1 解释社会环境如何对文化和宗教传统的发展做出贡献。

　　虽然有时"原始的"这个术语被认为具有否定的意味，但用这个词去思考传统社会一般如何与环境进行互动是有用的。"原始的"带来的是前工业社会的印象，在这样的社会里人们与田地住得很近，利用自然资源建造简单的房屋，交通依赖于人的脚力，以狩猎和采集为生，只从表面上改变环境，认为自然是神圣的。

　　文化人类学产生于一个多世纪以前对前工业社会的研究。随着西方强权将非洲和拉丁美洲的边远地区变成殖民地，他们遇到了与上面描述的生活非常相似的想象中的"原始"社会。文化人类学家在这些奇特的人群中生活，以图理解其文化和生活方式。这里的人们看起来几乎还没有被现代化的力量触及。这些社会的特征是缺少对自然的控制并十分依赖于自然环境。这样的环境-社会关系结构化着这里人们的文化和宗教制度。

　　在第一次世界大战前后的数年时间里，文化人类学家布罗尼斯拉夫·马林诺夫斯基（Bronislaw Malinowski 1948）观察了西太平洋特罗布里恩群岛（Trobriand Islands）的本土文化。他注意到，岛上的居民在出海进行捕鱼冒险活动之前会举行复杂的庆祝仪式，但他们在环礁湖里捕鱼的过程中却完全没有这样的仪式。存在这种差异的理由很简单。环礁湖里鱼量丰富，而且水面平静。因此，岛上的居民可以预测捕鱼将是安全的，而且会有丰收。在海洋里捕鱼则远不具有可预测性，这样的旅程也会危机四伏。面对自己无法掌控的情况，岛上的居民诉诸巫术以求能获得一种有序感和对自然界的可预测性。这个发现能对文化人类学家在传统社会中发现的许多

在巴布亚新几内亚，原生社会传统上是按照氏族组织起来的，每个氏族会采用一个特别的动物作为群体的神圣象征或图腾。我们在现代社会也能发现图腾制度的蛛丝马迹，比如运动队会把某个动物用作队伍的吉祥物和队名。

巫术体系做出解释，也有助于解释这些巫术体系为什么会在现代社会中缺席。在现代社会，人们通过科学驯服自然。

社会学家观察到传统社会的另一个特征是——这些社会常常会赋予自然界以精神意义。埃米尔·迪尔凯姆是社会学创始人之一。他基于自己在澳大利亚原住民部落的研究对"原始的"宗教提出了一种最有名的解释。他指出，这些部落是基于精神性关系而不是血缘关系组织成氏族，每个氏族都会用一种特别的植物或动物作为自己氏族的象征，这被称为图腾。氏族认为自己的图腾植物或动物是神圣的，因此杀死或吃掉它们通常是禁忌的行为。氏族把其图腾的标记印刻在用于仪式的物品上，使得这些物品也有了神圣性。这种信仰体系被称为图腾制度（Totemism），普遍存在于许多土生土长的群体里，包括美国印第安人。

迪尔凯姆意识到，只有当植物或动物成为氏族的象征，它们才会被提升到神圣性的地位。他把这当作原住民实际上并没有认为自然界是神圣的证据。相反，图腾之所以神圣是因为它代表着氏族。迪尔凯姆并不认为原住民部落像初看起来那样与现代社会存在差异。每个社会都有自己神圣的事物和仪式，这些有助于把成员整合成一个社群。例如，美国人在体育赛事之前会向国旗敬礼、演奏国歌。迪尔凯姆认为，"原始的"人选择动物和植物作为自己的神圣事物，仅仅就是因为其生活方式与自然具有内在的联系（Durkheim 1915）。

现代社会

17.1.2　讨论现代社会对自然环境进行更多控制和发展出分层社会结构的方式。

随着科学知识的积累，自然力量变得越来越能被理解和预测，客观环境成为一个更安全、更有用和更城市化的地方。人类不再是自然界的玩物，能运用技术对自己周围的环境施加更大的影响。这个过程的第一步是农业革命。通过动植物驯养和犁的发明，杂乱无章的森林被修剪整齐的田地取代。灌渠减少了人类对雨水的依赖。永久定居地激增，贸易加强，道路也发展了起来。

第二个巨大的技术飞跃是由发明蒸汽机所开创的工业革命。而工业革命带来了现代资本主义的崛起，正如卡尔·马克思和弗里德里希·恩格斯[Karl Marx and Friedrich Engels (1932) 1977]所观察到的那样，它建立在"自然力臣服于人类"的基础上。为了伐木整个森林被毁于一旦，为了采煤山川被夷为平地，为了开采石油而开挖出遍及地球表面和深处的大洞。河流被阻断和流动的路径被改变，田地被水泥遮蔽得喘不过气来，高耸的烟囱让蓝色的天空变成黑蒙蒙一片。我们用技术以貌似神奇的方式改变着环境：例如，通过差不多300米的隧道、大坝和高架渠使科罗拉多河向西分流的计划使完全干燥的沙漠得以转变成辽阔的洛杉矶大都市；芝加哥市甚至成功地永久改变了河水的流向以便带走该市的污水和有毒工业物质。工业革命加速了城市化。城市成为工业中心，火车和高速公路的出现使人们得以离开乡村来到市区。

马克思和恩格斯认为，社会的"整个内部结构"，包括"个体的本性"，依赖于社会成员利用技术把自然资源转变成社会产品的程度[Marx and Engels（1932）1977：161]。他们相信，早期的狩猎采集社会由于缺少生产技术，使得这些群体的社会结构非常简单。可能只有一个对其他所有人拥有权力的酋长，这些群体几乎没有什么劳动分工，因为一个部落几乎所有的成员都需要忙于寻找食物来源。因为每个人承担同样的任务，所以几乎不存在什么个性。一旦人类开始通过农业将广袤的森林转变成田地，一种更加复杂的社会结构就能发展起来了。劳动分工的出现是因为只需要一小部分社会成员就能为每个人生产出足够的食物。其他成员就能被征募去生产工具或成为勇士。随着那些拥有剩余农产品和土地的人能够把这些资源转换为经济权力的时候，精英阶层也就开始形成了。

在很大程度上，工业革命的技术进步使得社会能从农业社会进入商品生产社会。伴随着这一过程，社会变得更加分层化了。随着农民迁移到城市里为工资而工作，复杂的劳动分工就出现了。而且工厂主将一个熟练工匠的工作分解成互不相关的任务，这些任务可以由一个相对不大熟练的工人团队来完成。借此，工厂主将效率最大化了。

马克思和恩格斯的观点留给我们一个谜题：为什么一些社会要比其他一些社会发展得更快？例如，为什么工业革命发生在西欧而不是南非？地理学教授贾雷德·戴蒙德（Jared Diamond）认为，全球不平等在史前时代就出现了，这根植于人们所处环境的差异——也就是说，在获得自然产生的食物资源方面存在地理差异（Diamond 1997）。

戴蒙德以新西兰为例为自己的观点提供了一个颇具说服力的解释。一千年前，现在新西兰地方的宜人气候使得以毛利人知名的一群波利尼西亚居民发展出一个欣欣向荣的农业社会。在某个时间点，一群毛利人搬到了查塔姆群岛（Chatham Islands）。几百年来，这个社会中那些被称为莫里奥里（Moriori）的人仍然与大陆上的毛利人隔离开来。但因为查塔姆群岛不适合种植他们带去的热带作物，这些人又退回到其农业社会祖先的狩猎采集生活方式。因为自然资源如此稀缺，莫里奥里人仍保持着没什么劳动分工的小社会状态。同时，毛利人继续提高自己的农业技术以至于能养活更多人。人口密度的增加和资源的富足衍生出劳动分工：由工匠和工具制造者组成的阶层，政治领导者群体以及武士阶层。随着时间的推移，毛利人入侵和征服了其他社会，并从这些社会里获得了新技术，比如枪支。1835年万事俱备，毛利人带着斧头、枪支和其他武器来到了查塔姆群岛。他们在这里发现了这个弱小而又祥和并且只有简单技术和初级政治制度的社会，毛利人轻而易举就杀害和奴役了莫里奥里人。

尽管同根同源，但是毛利人和莫里奥里人基于对环境的适应走上了不同的方向。戴蒙德认为，世界上那些发展最快的社会是那些容易驯养动物资源和种植植物资源丰富的社会。欧洲和亚洲[尤其是处在新月沃土（Fertile Crescent，又称肥沃月湾）地区的西亚]天然就拥有许多可以被驯化的大型动物，如马、猪、牛和羊，以及许多能成为农业支柱的谷物和粮食，比如小麦。随着这些社会日渐繁荣和现代化，人们就会迁居新地、征服当地人，并带去自己的技术、动物和谷物。这就是美洲的现代史，那些资源相对稀少的前工业原生社会在技术发达的欧洲入侵者手里灭亡了。

我们现在的社会与那些存在祈雨舞和让人沉醉的森林的世界相去甚远。正如马克斯·韦伯的著名断言所说的那样，科学和经济学那冰冷、坚硬的理性榨取着神秘的充满魔力的自然世界。现代社会主要把环境看作自然资源的来源。而且，现代社会在驯服和利用自然方面所取得的成功推动着人类形成这样的文化态度，即与自然界相割裂并认为人类优越于自然界的文化态度——这种信念被称为人类本位说（Anthropocentrism）（从字面上来说，就是"人类处于中心"）。

环境-社会的对话

17.1.3 解释决定论和社会建构论以及环境引导和约束社会生活的方式。

一些社会学家有时会被贴上决定论者（Determinist）的标签，因为这些人的理论暗含着，社会环境或社会发展出来的用以开发环境的技术决定着其他所有一切——从社会结构到人——的思想。但更合适的说法也许应该是这样的，他们把物质条件看作理解社会发展最有效的出发点。这些社会学家的社会变迁概念实际上植根于这样一个假设，即环境状况和社会条件之间是一种相互作用的关系。例如，从农业生产模式向资本主义生产模式的转变是通过围绕商品生产重组社会的社会革命实现的。

尽管许多学者拒斥环境是社会结构最重要的决定因素这一观点，但环境指引和约束社会生活的观念已经成为社会学思想的一个重要部分。例如，在20世纪早期，芝加哥学派一群有影响力的社会学家转向用生态学——这是科学的一个分支，研究有机体与环境之间的关系——来解释现代城市的物质环境和社会组织。他们分析了如河流这样的自然景观特征如何成为决定工业布置在何处以及城市街道如何设计的资源和障碍。不仅如此，这些芝加哥社会学家还把城市看成是"文明人类的自然栖息地"，城市的各个部分与生态区位相似（Park and Burgess 1925：2）。深信不疑的是，在很大程度上，人类行为可以被理解成对特定城市地区的社会性适应：种族和社区冲突的本质是争夺稀少的资源，比如工作岗位；而越轨在很大程度上是在废弃的贫民窟生活的结果。城市社会学家继续探索已形成的环境影响行为和社会后果的方式，比如近来的重要研究关注一个人生活的社区对其向上流动机会的影响。

信仰、价值观和思想也在影响环境-社会关系中发挥着重要作用。例如，有证据显示定居在美洲的欧洲人严重破坏了环境，残害野生动物，烧毁森林。这些都超出了其物质需要，因为他们把未经改造的荒野看成是异己和几乎无人问津的地方。他们的目标是再生产出自己钟爱的"文明化的"欧洲乡村田园风光（Taylor 1998）。历史学家威廉·克罗农（William Cronon）指出，芝加哥在几十年里从草原之地转变成了繁华的大都市，这种快速发展无法只通过环境要素来解释。尽管事实是，其他正兴起的城市（如圣路易斯）毫无疑问更占自然资源优势，而且距离已有的市场和定居点更近，但"热情的支持者"成功地将大城市的希望卖给了东海岸的投机商人，这些人买下了他们从没见过的草原地区。反过来，这些投资实际上促进了中西部大都市梦的实现（Cronon 1992）。

环境学家为濒临绝迹的灰狼再次被引入到黄石公园而欢呼雀跃，但许多当地的农民把这一事件看作对其社区和生活方式的威胁。还有哪些例子描述了社会背景如何影响着人们诠释自然的方式？

为什么不同的人对环境的解释不同？例如，一个人对亚马孙雨林价值的认识依赖于此人在社会中的位置。跨国木材公司将雨林看作有利可图、可资利用的商品，环境学家则将其看作无价之宝、未被毁坏的天然庇护所，而那些仍然生活在那里的原生社群则将它看作保障自己身心福祉的家园。求利者的取向驱使他们去砍伐森林，而环境保护主义者的立场则促使他们去保护森林免受任何人类侵袭。这些不同的定位取向来源于何处？许多社会学家认为，通过研究环境-社会互动所根植的社会环境可以找到答案。例如，研究显示，人们的社会经济地位和政治立场强烈影响着人们是否会相信有关气候变化的科学断言，还会强烈影响着人们是否会认为人类引起的生态破坏确实是一个问题（Taylor and Buttel 1992）。

为了理解社会背景如何影响人们与环境的互动，社会学家瑞克·史盖斯（Rik Scarce）记录了针对黄石公园（Yellowstone Park）重新引入灰狼而爆发的冲突。用社会学的术语来说，他对环境的社会建构（Social Construction）感兴趣，这里的社会建构是指自然世界被诠释以及对生活在黄石公园附近的人们变得有意义的过程。在为生态系统复归到其原初状态而欢呼的时代，对许多人而言，曾经深陷绝迹危机的灰狼重新回归是一个让人感觉很好的故事。但史盖斯发现当地农民对此持有不同的观点。他们的忧虑有一方面是来自经济方面，狼会吃掉自己的家禽。但农民对狼的憎恨有着更深刻的原因。多年以来，农民觉得自己的社区正慢慢被日益增多的富裕邻居所削弱，这些邻居只会出于原生性去珍视土地，但并没有将自己融入地方生活。这种感觉使得农民将灰狼重新引入黄石公园看作"外来者"不正确的努力，是把他们的意志强加到地方社区上（Scarce 2005）。

根据人们在社会中的社会地位，人们对黄石公园生态恢复的态度分化成了不同的类型，这揭示出我们与环境的关系反映出我们是谁以及我们珍视的东西是什么（Greider and Garkovich 1994）。因而，我们与环境不仅在物质层面上进行互动，还在深刻的社会层面上与其进行互动（Bell 1994）。

17.2　人类活动如何对环境造成了损害？

当代环境问题

如果我们与环境的关系反映着我们是谁，那么也许到了要长时间认真审视镜中自我的时候。为了追求物质舒适和利润，个人和公司对海洋和地球表面造成了无可挽回的损害，并使自然平衡变得不稳定起来。1万多年以前，上个冰川期迎来了被称为全新世（Holocene）气候的自然全球变暖期。但就在仅仅200年里，我们如此快速地推进了全球变暖的过程、如此显著地改变了地球的地貌和化学组成，以至于看起来我们将地球推入了一个新的地质时代。地理学家恰当地将这个时期称为人类世（Anthropocene）（Zalasiewicz et.al. 2010）。基于当代许多环境问题具有的社会和经济根源，社会学家转而日益关注这个曾经视为被自然科学独霸的研究领域。

全球变暖

17.2.1　认识气候变迁导致的各种环境变化。

1958年，化学家查尔斯·大卫·凯林（Charles David Keeling）开始监测大气中的二氧化碳（CO_2）水平。结果让人震惊。每年的结果都显示二氧化碳浓度比上一年变高了，并随着全球燃用化石燃料的增加而加剧。化石燃料是如煤炭、石油以及天然气这样的能源，是由在高压下经过数百年才会分解的化石构成。尽管大气中的CO_2浓度数千年来一直保持稳定，但在过去50年里增加了20%。人类排放出的CO_2会在大气里停留百年，这会使太阳光能照射到地球表面却无法反射回太空，进而产生出所谓的温室效应。结果，地球的平均温度持续升高。这被称为全球变暖。确切地说，专家对CO_2排放影响全球变暖的准确程度争议不休，但在主流科学群体里形成的广泛共识是，人类活动是全球变暖的罪魁祸首。

气象学家迈克尔·曼（Michael Mann）和他的同事证实，在过去的1000年内全球温度多多少少是稳定的，而在过去50年全球温度飙升反映出大气CO_2浓度的飙升。气候变化政府间委员会（Intergovernmental Panel on Climate Change）估计，地球表面温度在20世纪上了约1.5华氏度，估计21世纪还将上升7.2华氏度。而一些批评家则指出，作为全球变暖证据的偶发四月暴雪或罕见的寒冬并没有发生，这种观点把短期的天气事件和长期的气候趋势混淆了。长期来看，变暖趋势是毋庸置疑的，但这并不能与人类历史上已经发生的事等同起来。图17.1揭示出CO_2比例自1960年以来如何显著增长，还揭示出直到1900年气温开始显著增长之前一直保持相对稳定。

尽管大气CO_2浓度水平——按每百万分之几（parts per million，简称PPM）测量的——随季节不同而变动，但几十年来的总体趋势是持续上扬的。

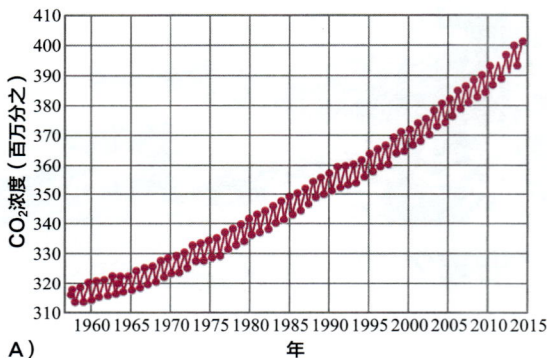

注意平均温度自1900年前后显著增加。

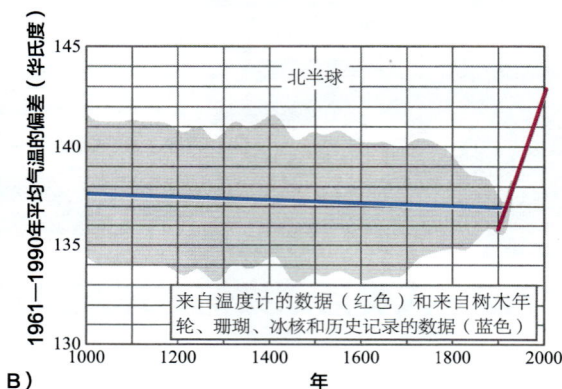

图17.1 大气CO_2和全球温度的上升比例

资料来源：A）数据来自斯克里普斯海洋研究所（Scripps Institute of Oceanography）：斯克里普斯CO_2项目（Scripps CO_2 Program 2012）；B）根据琼斯和曼（Jones and Mann 2004）的数据计算所得；琼斯等（Jones et al. 2005）

当数量显著增加的汽车、飞机以及工厂正产生出更多的碳排放时，对森林的毁坏正损害着地球吸收CO_2的天然能力。北极海冰融化得如此之快，以至于北冰洋海冰在夏季消失也许只是几十年的事，冬季海冰的厚度也可能从12英尺（约6.66米）降低至不到3英尺（约0.91米）（Kolbert 2007）。因为海洋吸收的光线要比冰多（冰会反射光线），所以海冰减少会让海洋变暖加速，这反过来会让漂浮在海洋表面上的冰加速融化。山顶冰川融化以及海洋变暖导致海洋水域面积扩大，结果使海平面上升。马尔代夫这个小岛国家已经在与海平面上升的影响进行抗争了。这个国家的最高点仅仅高于海平面6英尺（约1.83米）。海洋正在越过该国陆地的边缘，最终也许会淹没整个国家的陆地。该国总统召开了一次水下内阁会议以引起大家对该国困境的注意，他甚至考虑购买其他国家的土地以防整个国家被迫放弃自己的家乡。

据预测，21世纪任何地方的海平面都将从几英寸上升到几英尺不等，这依赖于国家采取行动限制碳排放的程度。如果采取"一切如常"（Business-as-Usual）的方案，即允许公司和企业继续从事有害环境的做法以求利润最大化，那么成千上万的人会被重新安置，一些沿海城市（如新奥尔良）也许需要被放弃，而其他许多城市需要建设巨大的堤坝。全球变暖还意味着世界上成千上万亩农业用地会变得贫瘠、失去价值。这会直接威胁到重要的食物资源，同时也将剧烈改变地球的生态系统，以至于许多动植物类属无法适应。在北极熊成为全球变暖所造成的濒危动物代表的同时，科学家预计，在下一个100年中全部动物种类的20%到50%可能会因为温度升高而灭绝（Kolbert 2007）。当然，一些动物种类能从气候变暖中幸免于难——我们能够预见蚊子会扩大自己的栖息地，把疟疾传播到新的地方。

全球变暖的观点并没有充分把握住碳排放如何影响地球气候的复杂性。全球变暖打乱了生态系统的平衡，以至于生态系统变得不稳定起来。因为海洋和大气循环被破坏，地球上的一些地方甚至短期内变得寒冷起来。气候学家预测，从热浪到干旱再到洪水这样的极端天气事件可能将会更频繁地出现。我们可能会在一代人的时间里看到几次如卡特里娜飓风这样被称为"百年一遇"的自然灾害现象，因为风暴能从额外

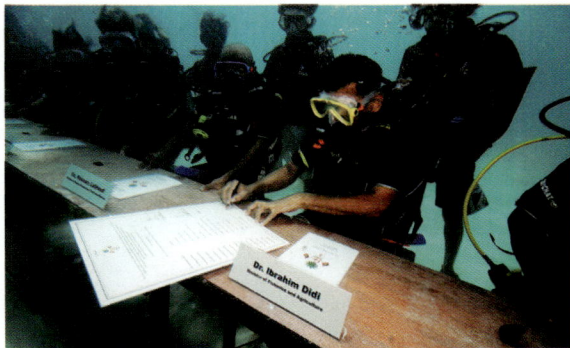

马尔代夫是一个小岛国家。冰川融化和海洋温度变暖使得海平面上升，这个国家可能会在不久之后被完全淹没在水面之下。一些气候学家预测，随着越来越多的海岸线被海洋所吞没，在未来的几十年会出现数以千万计的全球环境难民（Environmental Refugees）。

的热量和海洋变暖导致的汽化中积聚更大的力量。因为温度变高产生了各种各样的环境变迁，越来越多的科学家倾向用"气候变化"这个术语来取代全球变暖。无论选择什么样的名称，企业和消费者通过碳排放带来的环境变化是我们的生态系统和人类社会面临着的最大威胁。控制全球变暖一直被称为21世纪——及其以后很多年人类社会要解决的最重要任务。

自然资源消耗

17.2.2 讨论主要自然资源——石油、煤炭、森林、生物物种和水——的快速消耗如何影响所有形式的生命。

2010年4月20日，一家被称为深水地平线（Deepwater Horizon）的英国海上石油钻井作业平台在路易斯安那州海岸附近发生了爆炸。爆炸使11名工人丧生，并且整整三个月每天有超过5万桶的石油泄漏进墨西哥湾。从技术上来看泄漏无法遏制，尽管使用了化学分散剂并控制住海洋表面的火势，锈色原油依然穿过地下围堵盖爆发出来并向海岸线蔓延。石油产生了面积达80平方公里的海洋"死亡地带"（kill zone），这附近几乎所有的海洋生命都被摧毁了。黑焦油冲刷着海岸，伤害了野生动物，还造成旅游者数量减少。墨西哥湾沿岸的渔夫失业达数月之久。

美国是世界上最大的石油消费国，每天消耗差不多1900万桶石油——其中的1/3必须进口（印度的人口差不多是美国人口的4倍，每天消费的石油是300万桶）。在些总量中，72%用来为以汽车为核心的交通系统提供动力（Energy Information Administration 2009）。没有人知道世界"黑黄金"的供应将会持续多久，尽管许多专家预测的时间表是数十年而不是数个世纪。尽管存在这样的预测，但富裕国家减少对石油依赖的步伐一直比较缓慢。实际上，大多数国家试图增加国内石油产量并对石油提取的新技术进行投资，比如水压破裂法（压裂法）（hydraulic fracturing），减少从中东和俄国进口石油的依赖。钻探设备离海岸越来越远，开采得也越来越深，有时甚至是以危险的方式进行开采（正如我们从深水地平线爆炸清楚看到的那样）。而且企业正把自己的厂地安置在自然保护区内，比如阿拉斯加州的北极国家野生动物保护区（Arctic National Wildlife Refuge），因为那里是潜在的石油储藏地。

自从工业革命以来，人类的能量需求以指数方式激增。像石油这样最珍贵的能源深藏于地下或山川之中。

深水地平线钻探平台爆炸象征着我们对日益稀缺的资源如石油的依赖所带来的环境和人力成本。为什么美国一直迟迟没有采用像太阳能和风能这样的可再生资源呢？

正如表17.1突出显示的那样，目前世界所消费的85%的能量来源于石油、煤炭以及天然气——这些都是不可再生资源，即不可替代、供给有限（Energy Information Administration 2010a）。

工业革命以煤炭为基础，随着煤炭驱动着从蒸汽机到炼铁的熔炉这样的机器，大量黑烟被释放到天空中。今天，美国人所消费电力的1/3仍然来自煤燃烧，而且煤燃烧是世界电力的最大来源（Department of Energy 2011）。像钻探石油一样，开采煤炭也具有破坏性，还不安全。人们挖掘出大量深入地下的通道，或者借助炸药将山顶炸裂。每年世界上有成千上万的矿工死于地下爆炸或矿道坍塌。清洁和加工煤炭产生出大量的有毒矿渣，常常被储存在临时大坝的后面，大坝紧挨着提炼煤炭的地方。在西弗吉尼亚州一次臭名昭著的事故中，1.32亿加仑的矿渣使大坝决口，矿渣倾倒在山侧，将一个镇子夷为平地，125名居民丧生（Erikson 1976）。尽管煤燃烧是空气污染和全球变暖的首要原因，但煤炭还是具有吸引力，因为煤炭广泛分布在世界各地。这意味着许多国家不需要依赖进口，因为在国内就可以提炼煤炭。

表17.1　全世界能源（千兆英热单位）

该表显示了2005年和2010年全球每种能源生产的绝对水平，以及对接下来几十年的预估。

全世界	2005年	2010年	2015年	2020年	2025年	2030年	2035年
液体（石油、柴油和煤油）	170.8	173.2	187.2	195.8	207	216.6	225.2
天然气	105	116.7	127.3	138	149.4	162.3	174.7
煤炭	122.3	149.4	157.3	164.6	179.7	194.7	209.1
核能	27.5	27.6	33.2	38.9	43.7	47.4	51.2
其他资源（包括像太阳能和风能这样的可再生资源）	45.4	55.2	68.5	82.2	91.7	100.6	109.5
总计	471	522.1	573.5	619.5	671.5	721.6	769.7

资料来源：历史数据：美国能源情报局（U.S.Energy Information Administration，简称EIA），国际能源统计数据库（International Energy Statistics database）（截止到2011年3月）；国际能源署（International Energy Agency），经合组织和非经合组织统计数据平衡（Balances of OECD and Non-OECD Statistics 2010）。预估：美国能源情报局、年度能源展望（Annual Energy Outlook 2011）；2011年度能源展望、国家能源建模系统（AEO2011 National Energy Modeling System）；世界能源预测系统增刊（World Energy Projection System Plus 2011）。

采伐森林也许是资源开发危害环境最严重的形式。热带雨林为地球上2/3的物种提供了自然栖息地，其中包括许多用于医药的植物。热带雨林在吸收 CO_2 和将之转化成氧气方面发挥着重要作用。尽管采伐森林常常是为了生产纸张和木材，但大多数森林采伐是农耕的结果。随着全球牛肉需求量持续增长，公司和个体牧场主热切地想要焚毁高大的树木，代之以牛群能够吃草的牧场（见图17.2）。

一份绿色和平组织的报告把巴西亚马孙河80%的森林采伐归结于放牧。联合国估计，通过砍伐和焚烧能吸收 CO_2 的树木，肉类生产对全球变暖的影响比汽车尾气或工业烟囱的影响都大（Greenpeace 2009）。热带雨林地区还深受土壤侵蚀的危害，有时会恶化成像沙漠一样的地貌。生态学家估计，森林采伐每年正导致5万种动植物物种灭绝（每天有137种），他们预测，曾经覆盖地球表面面积14%的热带雨林会在这个世纪末完全消失，除非人们能建立并推行重要的管制制度（Kolbert 2007）。

动植物物种濒临灭绝还因为我们消费它们的速度超过了其繁殖的速度。一个突出的例子是鳕鱼捕捞业的崩溃。在加拿大东海岸附近鳕鱼的数量曾经如此之多，以至于探险家说自己都用篮子去捕捞鳕鱼。在20世纪的进程中，巨大的机械化拖网渔船取代了小渔船。大海布满了巨大的触及海底的网。利润随着拖网渔船日夜作业而蹿升，人们在甲板下加工和冷冻鱼类。在1968年的高峰期，拖网渔船一年能捕捞到80万吨鳕鱼。但到了20世纪90年代早期，人们如此过度捕捞鳕鱼以至于鳕鱼的数量大约只有30年前的1%。1992年颁布的完全禁止捕捞鳕鱼的禁令导致超过4万个岗位消失。然而到今天，鳕鱼总量还没恢复。尽管渔业现在对可以被捕捞的一定物种的数量制定了严格的配额，但受到"工厂化捕捞"（Factory Fishing）威胁的海洋物种的数量还在稳定增加（*E Magazine* 2001）。

水是最珍贵的自然资源之一，在发达国家被视为最理所当然的东西。尽管过去几十年全球获得清洁水源的途径显著增加，但许多专家担心水供应无法跟上需求的步伐。世界范围内，大量储存在地下蓄水层里——天然产生的地下水——的水正在减少。奥格莱莱蓄水层（Ogallalla Aquifer）深藏在美国中西部八个州的地下，为差不多1/3的美国灌溉提供地下水。目前只能再生出每年被开发走的水量的10%。一般美国人每天要用70加仑的自来水，而且只需要花费几美分。但预计未来水资源短缺非常可能会使水成为下个世纪最珍贵的自然资源。

人口扩张和全球发展也导致了城市、州以及国家之间的冲突，因为都要争夺和确保自身获取、分流水体和筑坝的权利来保障自身的生计。世界上最长的河——尼罗河就是一个例子。尼罗河滋养了埃及数千年。为了防止每年发生洪灾而建立牢固的水库，埃及于20世纪60年代在尼罗河上修建了大量的水坝。据估计，阿斯旺水坝（Aswan Dam）让埃及灌溉土地的面积增加了1/3，水坝还成为水力发电的重要来源。但是，上游国家如乌干达和坦桑尼亚抱怨殖民地时代的协议让自己无法建设自己的水坝。10个尼罗河上游的国家要求签订一份新协议，赋予这些国家利用尼罗河珍贵水资源更多的权利。作为一个位于尼罗河下游的国家，埃及担心这样的条约将意味着，当尼罗河水抵达埃及的时候河水流动会大大减弱。而且生态环境保护者担心尼罗河是否能支撑起大规模发展而又不会因水源减少变成涓涓细流。

自然资源开发不是现代时期的一个独有的问题。历史学家指出复活岛就是这样的一个例子。看起来，这个在智利海岸附近的小岛在13世纪到17世纪期间孕育过一个繁荣的社会。可是，大量的采伐森林使土壤被侵蚀，许多可食用的动植物物种灭绝。到19世纪，这个文明在饥荒以及围绕稀缺资源展开的战争中轰然崩塌。在今天全球经济中，社会不一定非要自给自足，因为商品可以进口。但我们不能轻视复活岛带给我们的教训。地理学家贾雷德·戴蒙德认为，全球资源开发以及人口扩张的比例和规模正慢慢把我们的星球推向毁灭（Diamond 1995）。这个结果能够被避免，但这可能需要一种非比寻常的思维方式：在做有关资源消费的决定时不是主要基于怎么做对我们有利可图和便利，而是要基于怎样做才能惠及未来子孙后代来进行抉择。

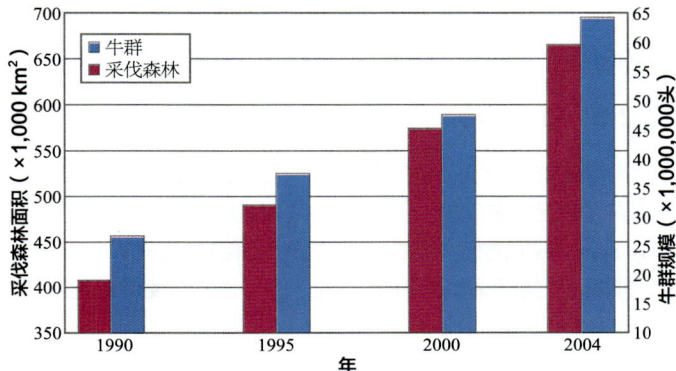

资料来源：基于来自2011年绿色和平组织（Greenpeace）的数据绘制而得。

图17.2 亚马孙总体牛群规模和采伐森林的面积

固体和化学废弃物

17.2.3 讨论对待废弃物的态度以及处理废弃物的方式如何影响我们的健康和环境。

当自然资源开发可以被看作一种输入危机的时候，世界还面临着同样严重的输出危机。尽管产生一些数量的废弃物是无法避免的，但富裕国家（如美国）产生的垃圾如此过剩，以至于被贴上了"抛弃型社会"（Throwaway Societies）的标签。社会的许多方面都与便利有关：一次性剃须刀、尿布和杯子意味着我们不需要磨刀片，不需要把脏乱的棉质尿布清洗干净，也不需要带着我们的饮料容器四处闲逛。但那所有的塑料袋、塑料泡沫颗粒和包装纸积少成多最终堆积成山。

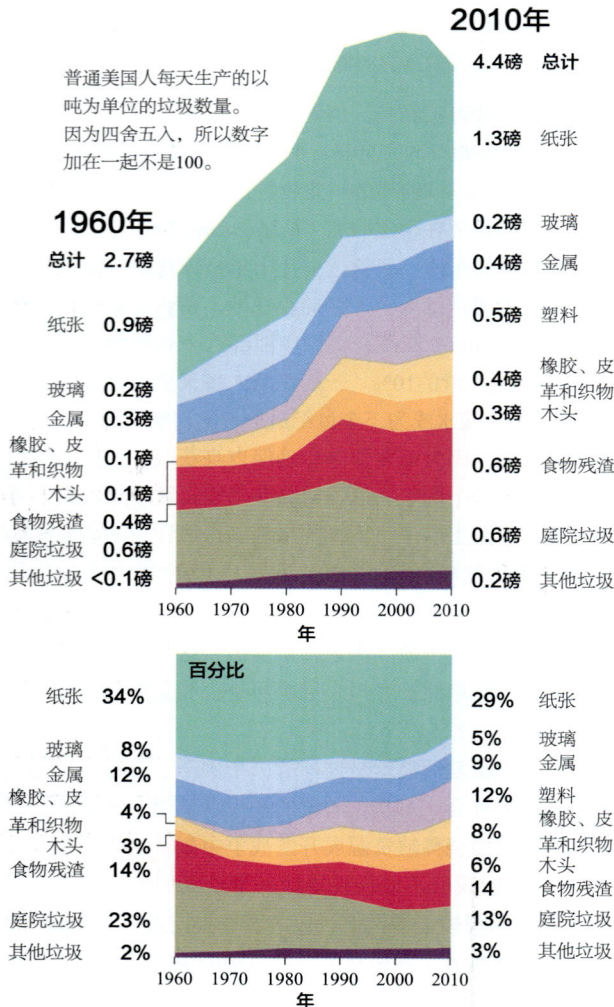

2010年

4.4磅	总计
1.3磅	纸张
0.2磅	玻璃
0.4磅	金属
0.5磅	塑料
0.4磅	橡胶、皮革和织物
0.3磅	木头
0.6磅	食物残渣
0.6磅	庭院垃圾
0.2磅	其他垃圾

普通美国人每天生产的以吨为单位的垃圾数量。因为四舍五入，所以数字加在一起不是100。

1960年

总计	2.7磅	
纸张	0.9磅	
玻璃	0.2磅	
金属	0.3磅	
橡胶、皮革和织物	0.1磅	
木头	0.1磅	
食物残渣	0.4磅	
庭院垃圾	0.6磅	
其他垃圾	<0.1磅	

百分比

1960年		2010年	
纸张	34%	29%	纸张
玻璃	8%	5%	玻璃
金属	12%	9%	金属
橡胶、皮革和织物	4%	12%	塑料
木头	3%	8%	橡胶、皮革和织物
食物残渣	14%	6%	木头
庭院垃圾	23%	14	食物残渣
其他垃圾	2%	13%	庭院垃圾
		3%	其他垃圾

资料来源：基于来自美国环境保护局的资料（U.S. Environmental Protection Agency 2011）。

图17.3 我们的垃圾告诉我们些什么？

尽管我们提倡"减少，再利用，再循环"，但每个美国人一天产生的垃圾量在1960年到2010年之间几乎翻了两番（从大约2.7磅增加到差不多4.4磅）。这相当于每年有大约2.5亿吨固体废弃物。这个每年废弃物的数量还必须加上美国商业所制造的接近80亿吨的工业废弃物以及数量未知的有害废弃物——从油漆罐盖子到核废料——这些废弃物需要特别的回收和储存方法（Environmental Protection Agency 2011）。在美国生产的塑料和玻璃瓶子中，只有不到1/3的瓶子实际上会得到循环利用，而且循环利用仍需要大量的能量输入（Environmental Protection Agency 2011）。图17.3显示出了这些发展趋势：我们产生的垃圾正向我们讲述什么样的有关"抛弃型社会"生活方式的故事？

在1960年，几乎没有人考虑再循环利用，而今天大多数人都了解有关循环利用的需要。城镇和城市（以及大多数公司）通过在各种不动产里提供废弃物处置箱来鼓励循环利用，而且州和国家法律也要求实现许多种循环利用。或者我们可以以纸张废弃物日益增加为例来看这个问题。美国人越来越喜欢阅读和消费电子版本的报纸、杂志和书籍，而不是纸质版本。在工作的地方，人们大部分时候依赖数码形式的沟通，包括电子邮件和网站。然而，尽管有了环保意识以及更多的循环利用和电子化行为，但我们依旧在生产比任何时候都多的无法循环利用的废弃物。

为什么今天的美国人会生产出比50年前多那么多的垃圾？考虑到精致包装有益于生产者销售商品，以及大多数消费者不管扔掉多少垃圾都缴纳固定的垃圾清除费用，不管卖家还是买家都没什么动机以更有责任心的方式对待废弃物。而且，在被淘汰之前，许多产品——从笔到烤面包炉再到汽车——的设计日益只提供有限的功能。这使得生产者能获得更多的利润。消费者通常会接受这样的产品，因为这些耐久性较差的产品更便宜，而且买一个新的要比把旧的修好更容易。但那些旧笔、旧烤面包炉以及旧汽车就必须被处理到什么别的地方去。

人类生产活动所产生的废弃物数量和种类还反映出技术革新。例如，图17.3显示，2010年塑料占消费者所产废弃物的比例超过了10%。然而，在20世纪60年代塑料并没有进行大规模生产。消费者使用的电子设备、电脑以及相关硬件的发展——通常估计这些东西的生命周期是三年或三年以下——则生产出了更多的垃圾。

来自汽车尾气的排放物会伤害大气——以及我们的肺。你认为对像在洛杉矶这类城市的上班族而言还有什么其他可选择的交通形式呢？

所有这些废弃物都去哪里了？又产生了怎样的结果？大多数废弃物只是被倒进巨大的坑里并被掩埋起来。尽管我们看不到也不会再去想这些废弃物，但许多垃圾（如旧电视机）将会在垃圾填埋场停留数百年的时间。问题是这些垃圾填埋场一直在被填满，没有人愿意在自家后院有个垃圾堆。纽约市在21世纪早期用尽了市内的垃圾填埋场，于是其不得不每年花费上百万美元将自己生产的垃圾运往资金紧张的宾夕法尼亚州和弗吉尼亚州。而这些州的居民现在就生活在后院的垃圾堆旁。

垃圾填埋场也会成为毒源，在这里电池液与水银混合在一起，而且家用清洁剂和其他工业危险废弃物慢慢渗入到周围土壤和地下水中。在1953年，胡克化学公司（Hooker Chemical Company）把被称为"拉芙运河"（Love Canal）的巨大化学垃圾堆掩埋好，并以1美元的价格卖给了纽约的尼亚加拉瀑布城（City of Niagara Falls）。确信危险的垃圾已经被安全地封藏在地下，该市在这个地方建立了一所学校，俯瞰着附近大约100个家庭的建筑群。当地居民用了25年的时间才意识到这是有问题的。在1978年的暴雨之后，装满致癌垃圾的生锈金属桶从居民家后院中冒了出来；渗出有毒物质的坑洞让树木和植物窒息而死；在外玩耍的小孩回家时受到了化学灼伤。该地区孕妇流产、孩子出生时具有先天缺陷以及患癌情况的数量急剧上升。尽管"拉芙运河"悲剧促成了国家制定更严格的有毒废弃物处置规定，但在美国有毒废弃物没有被适当处置好的地方还有成千上万个（Szasz and Meuser 1997）。

便利有其自己的后果。但全部工业垃圾的所有成本以及扔掉维系现代生活方式和公司利润的产品和包装的全部成本并没有在其标价中反映出来。尽管有效率的废弃物管理系统看起来在使垃圾消失，但也使环境受到了破坏。正如"拉芙运河"事件体现出的那样，这些成本也会让人们用身体来承受。在贫困国家尤其如此，这些地方垃圾转运不规律、缺少处理有毒物质的适当设备，这意味着当废弃物在街上腐烂时就会传播疾病。

空气和水污染

17.2.4　讨论人类消费对空气和水供给的影响。

洛杉矶市高速公路的设计初衷是以每小时55英里（约88.5公里）的速度来承载市区散落在各个地方的上班

族。然而，这些日子洛杉矶高速公路在交通高峰期的时速也许只有每小时5英里（约8公里）或10英里（约16公里），而且"高峰期"现在所指的时间是从上午5:00到10:00、下午3:00到7:00。洛杉矶市居民平均每年要在交通拥堵中耗费差不多4天的时间。然而，甚至当那些数以百万计的汽车在拥挤的高速公路上停着不动时，它们也会继续污染着空气。洛杉矶以其"烟雾"而知名，这是一种烟状雾，当排放出来的汽车尾气停留在大气里并与太阳光产生化学反应时就会产生的烟状雾。洛杉矶市持续遭受着"烟雾警报"，由于空气质量差，当地的学校被关闭，居民被警告要留在家里。烟雾会灼伤肺并刺激眼睛和鼻子，而且众所周知的是它还会加重哮喘、支气管炎和其他呼吸疾病。

有毒的空气污染同样还是大烟囱的产品。在一年里，一个烧煤的电厂会释放成千上万吨有毒气体到空气中去。这些有毒气体包括氧化氮、二氧化硫，它们与空气中的水分子结合产生酸，而酸会在降雨时又返回到地球上。这种所谓的酸雨会杀死植物和海洋生物。工业污染物也会严重破坏大气的臭氧层，而臭氧层是地球免于来自太阳紫外线辐射的保护层。紫外线对许多植物和动物物种有害，而且与人类的癌症和白内障疾病有关。对臭氧层破坏负有最重要责任的有毒物质是氯氟烃（CFCs），最近人们在气雾喷雾器以及液体冷却剂中发现了这种物质。

没有人能避免吸入由燃烧石油所产生的微小污染物，其危害和吸烟所产生的烟雾危害相仿。据估计，每年有5万个美国人死于与吸入有毒颗粒有关的心肺疾病（Dollemore 2008）。2010年10月，专家把1～9月463万的医生问诊次数以及4.5万人次的住院治疗归咎于由燃煤工厂和汽车导致的糟糕的空气质量（Bryskine 2010）。尽管发达国家的城市空气质量有了某种程度的改善，但发展中国家的空气质量正在恶化，这些国家必须依赖更廉价、污染更厉害的办法来生产能量。墨西哥市的烟雾如此浓厚，以至于附近的山脉常常淹没在棕色的烟雾中。清洁的空气以及健康的肺是其负担不起的奢侈品。

可饮用的清洁水是发展中国家人们无法负担的另一种奢侈品。世界一半以上的农村人口仍缺少获得干净饮用水的途径，这使得绝望的人们只能依赖被污染的水源——包括污水——来满足自己做饭、洗澡以及喝水的需要。接触被污染的水导致全世界每年有成千上万的人死于可预防的疾病如痢疾和霍乱——而美国人很多年前就已经不需要担心这些疾病了。

然而，美国很难免于担心水的质量。除了酸雨，常见的还有农业和工业对河流、小溪以及蓄水层的污染。牛粪常常带着大肠杆菌的传染源，通常会随着暴雨径流进入水道。农业径流也包含着来自合成肥料的化学药剂，这是美国水污染的最大来源。除了这一事实，大多数地方的农业废弃物并没有受到联邦法律的规范。当提及工业时，《纽约时代》的一项调查发现，成千上万的实例显示公司公然无视《净水法案》（Clean Water Act）却没有受到惩罚。在一个例子中，西弗吉尼亚州的一个镇的饮用水被铅、锰以及镍污染了，因为煤炭公司在过去五年多的时间里故意向地下水里注入超过20亿加仑的有毒污泥。居民继续使用被污染的黄色饮用水之后，深受严重的皮疹、牙齿腐烂、早产以及肾疾病和膀胱疾病之苦。被排放到饮用水里的化学废弃物的问题并不限于煤炭业，还包括天然气开采（水压破裂法）、干洗店、加油站以及污水处理厂（Duhigg 2009）。

污染是廉价的。消费者想要不贵的商品和能源，生产者的生存环境残酷，必须降低成本来保持竞争力。除非对企业所产生的空气和水污染物的数量实施严格、强制的限制，或者企业能受到采取"更加绿色"（或对环境更友好的）实践的经济驱动，否则我们可以预期污染会更加严重。大多数生产者和消费者不可能自愿停止"一切如常"的实践并为可持续发展付出更高的成本。

17.3　环境因素如何影响着不平等？

环境保护运动与社会不平等

为了应对逐渐明显的生态危机，在过去的半个世纪新出现了一个强大的社会运动对"一切如常"的实践提出挑战。这个社会运动在修复社会对环境造成的某些伤害方面取得了引人瞩目的成效。但社会产生的环境问题也会导致新的社会问题。而且不是每个人都会平等地受到这些问题的影响：最富有的人往往获得最大的收益、却承担很少的由环境问题造成的成本。社会学家对环境问题研究做出的最重要贡献之一是，理解环境问题如何与社会不平等相互联系。

环境保护运动

17.3.1　识别对环境保护意识产生推动作用的早期环境保护主义代表人物。

早在19世纪，就有人面对城市化感受到了与毁灭自然景观有关的悲剧性事件。也许没有人比哲学家亨利·大卫·梭罗（Henry David Thoreau）更有名了。他在1854年的著作《瓦尔登湖》（Walden）记录了一个为期两年的实验，在这个实验中他在波士顿树木繁茂的郊区建造了一个小屋并在里面居住。他写道，简单生活、与土地亲密使自己的精神恢复了活力并唤醒了感官知觉。《瓦尔登湖》提出了反对过度文明化和城市社会病的战斗口号，为将来一代的环境保护主义者勾勒出行动话语（Brulle 1996）——环境保护主义者（Preservationist）是那些相信环境具有内在价值而且应该尽可能维持其原始状态的人。努力保护乡村和原生态的早期代表人物是约翰·缪尔（John Muir），他成功请求美国总统西奥多·罗斯福——一个狂热的户外运动者——于1906年把约塞米蒂地区（Yosemite）划为受保护的国家公园。缪尔的其他许多影响久远的遗产之一是建立了

一个世纪以前，为了说服美国总统西奥多·罗斯福去保护这个地区的自然美景，环境保护主义者约翰·缪尔带着他游览了约塞米蒂。今天什么样的原始环境受发展的威胁最大？

塞拉俱乐部（Sierra Club），直到今天这个俱乐部还是美国最有影响力的环境保护组织。作为保护自然原生态形式的坚定信仰者，缪尔拒斥自然保护主义者（Conservationist）的功利主义观点——这些人认为环境保护的要点应该是负责任地管理自然资源，以便自然资源能被未来的子孙后代进行商业使用。

直到20世纪后半叶环境问题才开始被看作人类面临的可怕威胁。蕾切尔·卡逊（Rachel Carson）在1962年出版了自己最畅销的著作《寂静的春天》（Silent Spring），也许没有什么会比这本书更让人警钟长鸣。这本书的题目是指，在一个想象的未来，那里的人们再也听不到鸣禽的叫声，因为它们都已经被如滴滴涕（DDT）这种杀虫剂给杀死了。卡逊谴责政府在不知道长期后果的情况下就允许使用毒素的行为，而且她把杀虫剂与核战争进行了比较。她讲道，"谁能相信在地球表面上撒放有毒的烟幕弹怎么可能不会给所有生命都带来危害呢？"（Carson 1962：8）。

《寂静的春天》直接导致在美国禁止使用滴滴涕。但也许更为深远的影响是，这本书让美国人开始质疑自己认为化学会让生活更美好的信念。卡逊认为，科学已经被庞大的工业劫持了，工业受短期利润驱动，而且几乎没有什么理由相信化工生产者会关心公共安全。她还对社会的人类中心说提出了挑战，认为人类只是脆弱生态系统的一个要素，如果该生态系统进一步恶化，就会削弱人类存在的基础。由此草根运动（Grassroots Movement）开始在全国风起云涌，倡导对化工业进行更强硬的政府管制。

在20世纪60年代结束之前的十年，在公民权利运动出现之时，几个大灾难使环境运动势在必行。在1969年，加利福尼亚州海岸大规模石油泄漏杀死了成千上万的海洋动物，并且使圣塔芭芭拉（Santa Barbara）海岸线漆黑如墨。而克利夫兰的凯霍加河（Cleveland's Cuyahoga River）着火是因为河水被褐色的充满毒性的石油覆盖住了。这些事件点燃了公众巨大的怒火，导致了第二年第一个地球日的设立，以及一连串围绕环境运动的政治胜利。最引人注目的是，尼克松政府——该政府通常支持"大企业"，因而把环境保护论看作对生产力和利润的威胁——臣服于前所未有的民众抗议风潮，政府创立了环境保护局（Environmental Protection Agency，简称EPA），并将《净水法案》写入法律。同时，如保罗·欧利希（Paul Ehrlich）在《人口炸弹》（The Population Bomb）这样最畅销的著作中发出警报，指出因为全球人口激增触及了有限自然资源的极限而可能会使社会崩塌（详见第20章）。尽管新技术展现出人类可以超越自然的限制（例如，转基因植物提高了农作物产量），但随着环境风险范围的扩张，越来越多的人认识到技术并不是解决所有问题的灵丹妙药。

尽管我们对地球环境的公众关注日益增长，但是推行环境友好政策的努力通常会被私营企业与保守立法者之间的联盟所挫败——这些人中有许多人批判有关环境问题的科学断言，或者认为"实现环保"将会损害经济（Dunlap and McCright 2011）。例如，总统乔治·W.布什拒绝签署减少碳排放的国际公约《京都议定书》（Kyoto Protocol）让人难以忘记，因为他说全球变暖是被人类所导致的这一事实并不清晰，而这个公约将导致生产力下降和工作岗位丧失。更近来，采用水压破裂法的公司能够避免遵守更严格的环境规定，还通过与企业的开采地点所处州的管理者保持亲密关系来规避必须披露注入土地里的东西（这些公司认为这是商业秘密）的规定。水压破裂法是指通过注入成千上万加仑水和含有有毒化学物的沙子到地里的过程。

凯霍加河火灾是激发20世纪60年代晚期和20世纪70年代环境保护运动的一个重要时刻。你能想到其他任何导致广泛政治抗议的当代环境问题吗？

环境正义

17.3.2 讨论环境种族主义以及哪些进展正被用来确保所有人得到平等保护。

1978年夏天，载重汽车运输公司沿着北卡罗来纳州沃伦县（Warren County）数百英里的公路非法倾倒3.1万加仑使用过的变压器油。选择这里不是偶然的：这里是该州最贫穷的地方，65%的居民是黑人。雪上加霜的是，该州决定在这个地区建立一个危险废弃物填埋场，将用来储存用过的石油，还要用作来自其他国家有毒物质的储藏地。当地人没有接受这种安排，而是奋起抗争。作为一个群体，他们游说当政者不要通过该提议，并发起了民事诉讼，但很多人因为举行抗议而被逮捕。他们使用的措辞和策略有助于推动新兴的社会运动（Szasz and Meuser 1997）。

尽管20世纪60年代和70年代的环境保护运动提倡保护自然地区，还提倡增加保护空气和水的联邦法律，但许多少数族群和穷人觉得该运动没有解决影响他们的环境问题。他们的关注点在其社区存置的危险废弃物数量出奇的高，以及哮喘病和他们必须承受的环境导致的其他疾病的发病比例也比较高。一份1987年联合基督教会（United Church of Christ）发布的报告发现，基于对全美邮政区域的比较，种族是居住在危险废弃物设施（如垃圾焚化炉、污水处理厂）附近的最重要的预测性指标。正如图17.4显示的那样，在一个特定邮政区域内少数族群越集中的地方，危险废弃物设施的数量就越多（Commission for Racial Justice 1987）。

该报告的发现与社会学家罗伯特·布拉德（Robert Bullard）的开创性研究相互呼应。他指出，尽管黑人只占休斯敦市人口的25%，但该地区25个垃圾场和焚化炉中有21个位于黑人社区（Bullard 1983）。布拉德和其他社会学家把这种环境公害份额不成比例的情况称为环境种族主义（Environmental Racism）（Bullard 1990）。尽管环境种族主义指出了对少数族群的有意识歧视，但经常存在的情况是，污染企业会选择抵制最少的路径，把设施设在土地比较便宜而且居民没有从政治上组织起来的地方（Brulle and Pellow 2006）。这样的决定常常看起来是基于经济而不是种族做出的，但美国贫困问题与非白人之间一直存在关联，这意味着环境公害集中的地方通常都存在少数族群高度集中的状况。在过去，住房方面的歧视性实践迫使少数族群住在污染水平较高、不受欢迎的社区；今天，那些收入低的人实在无法负担起搬到比较干净、健康地方所需要的成本。

纽约大学的环境医学研究所一直在观察南布朗克斯（South Bronx）空气污染与健康之间的联系。南布朗克斯历史上是该市最贫穷的社区，在20世纪70年代和80年代是美国最贫穷的地方之一。南布朗克斯是许多穷人和有色人种工人阶级的家园，这里还有十几个垃圾中转站、一个污水处理厂和好几十英里拥挤的高速公路。这里是纽约儿童哮喘病住院率最高的地方。通过在学生背包里放

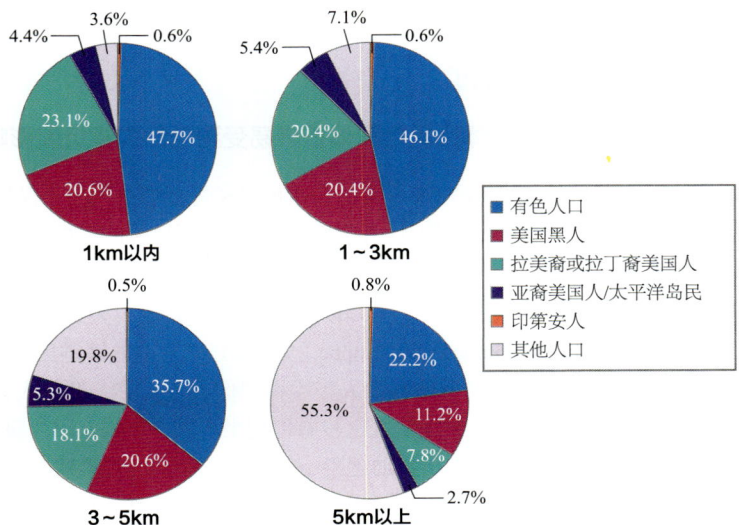

1km以内： 47.7%、20.6%、23.1%、4.4%、3.6%、0.6%

1～3km： 46.1%、20.4%、20.4%、5.4%、7.1%、0.6%

3～5km： 35.7%、20.6%、18.1%、5.3%、19.8%、0.5%

5km以上： 22.2%、11.2%、7.8%、2.7%、55.3%、0.8%

图例：
■ 有色人口
■ 美国黑人
■ 拉美裔或拉丁裔美国人
■ 亚裔美国人/太平洋岛民
■ 印第安人
■ 其他人口

资料来源：基于来自种族正义委员会（Commission for Racial Justice 2007）的资料。

图17.4 有色人种居住在有毒废弃物处理设施附近的比例

置空气检测仪，纽约大学的研究者发现，南布朗克斯的学生经常处于由汽车尾气造成的不健康的空气污染中。他们还看到，在空气污染处于最高水平的时期学生表现出哮喘的症状，比如气喘吁吁（Fernandez 2006）。这项研究以及其他研究显示，生活在最贫困社区的人们大多数都不是白人，与较为富裕的同辈人相比，这些人常常呼吸着不同的空气，饮用着不同的水（Szasz and Meuser 1997）。

为了解决他们看作环境种族主义或阶级歧视的问题，贫困以及少数族群社区组织了草根政治运动并在法庭里起诉污染者。其目标是环境正义，即实现平等地保护所有人免于环境危害，不管其种族、阶级和地理环境怎样。环境正义也使社区成员得以对影响自己环境和健康的决定发出声音。

社会学家罗伯特·布鲁勒（Robert Brulle）和大卫·派罗（David Pellow）区分出了出现于20世纪80年代的环境正义运动的两个重要方面。反有毒物质运动（Antitoxics Movement）主要以白人工人阶级的社区为根基，该运动从应对"拉芙运河"灾难中汲取灵感。一个名叫伊丝·吉布斯（Lois Gibbs）的家庭主妇把自己社区的一个业主协会转变成一个公民行动群体，对自己孩子和邻居的关切推动了这一进程。她还帮助建立了一个面对相似环境威胁的社区组织全国联盟。这些群体分享信息，组织抗议，发起针对污染者的集体诉讼，并推动整个国家意识到工厂以及企业正对我们周围的社区造成了何种程度的毒害。

在同一时间里，有色人种（如美国黑人、印第安人和拉美裔美国人）受到沃伦县垃圾填埋场抗议的启发，开始发起社会运动解决相似的问题，比如有毒废弃物设施的位置以及非法倾倒。这个社会运动的独特之处在于其架构和策略。有色人种清晰地将当地的环境问题界定为对自己公民权利的侵害，而且许多人采用了20世纪60年代的非暴力反抗手段，比如举行大规模抗议、占领政客以及污染企业的办公室（Brulle and Pellow 2006）。

环境正义组织已经取得了一些令人瞩目的成就，比如关停了危险的焚化炉和垃圾填埋场，并说服环境保护局（EPA）成立了环境正义办公室（Brulle and Pellow 2006）。在一个具有标志性意义的例子中，新墨西哥州的瓦霍族印第安人（Navajo Indians）——这些人几十年来一直处于达到有害水平的辐射之中却浑然不知，这些辐射是为美国军队开采铀的矿业公司造成的——在1990年帮助推动通过了一项法案，要求政府对那些深受核弹实验以及铀开采危害的人们进行补偿。环境正义运动在发展中国家正日益广泛出现，它们挑战"一切如常"的为利润而污染环境的交易，并试图使富裕国家为由全球变暖导致的当地环境问题负责。

自然灾难的社会维度

17.3.3　解释一些群体比其他群体更容易受到自然灾害负面影响的原因。

在1995年7月，芝加哥市最严重的一次热浪炙烤着该市居民。仅仅一个星期之内，热浪直接造成超过500人死亡。医疗工作者忙得手忙脚乱，以至于他们在解剖尸体前不得不把尸体存放在冷冻肉类的加工车上。这些死亡是自然事件所造成的无法避免的结果吗？尽管纽约市长、大多数媒体都这样评论这些死亡事件，但纽约大学的社会学家艾瑞克·克兰纳伯格（Eric Klinenberg）认为，大批人死亡实际上是一种"由结构性因素导致的灾难"（Structurally Determined Catastrophe），大部分死亡是能够避免的。热浪中的死亡事件并不是随机分布的。克兰纳伯格发现，容易受到伤害的人集中在"低收入人群、老年人、美国黑人以及大都市暴力高发的地区"（Klinenberg 1999：250）。贫困的社区没有得到来自城市机构足够的服务，这些城市机构本可以向那些被社会隔离的人以及没有空调的人伸出援助之手；而且地方医院应接不暇、人手短缺。克兰纳伯格还认为，城市贫困社区情况变得如此恶化和危险以至于居民不敢离开自己的家，甚至当温度上升到危险水平时还是如此。结果，这些人悄无声息、不为人知地死去了。

尽管社会学家并不否认像洪水、地震以及热浪这种自然灾害的毁灭性力量，他们也分析这类事件的结果——比如哪些人会生、哪些人会死，哪些人会离开、哪些人会留守——被社会力量影响的方式。在飓风卡特里娜的巨浪中，大多数被困在房顶或进入新奥尔良会展中心临时避难所的人是穷人和黑人。尽管存在这些引人注目的情形，但政客和媒体专家还是会激烈地争论有色人种在这次风暴中是否遭受了特别多的痛苦。社会学家在提供社会不平等以及揭示政府忽视易受伤害群体的证据方面扮演着重要的角色。

纽约大学社会学家帕特里克·沙基（Patrick Sharkey）发现，基于黑人和老年人在人口中的比例，这两类人要比预估中的更可能因飓风卡特里娜死亡；而且他指出死亡集中在新奥尔良市的黑人社区（Sharkey 2007）。由社会科学研究委员会（Social Science Research Council，简称SSRC）召集的一个社会学专家咨询组表明，许多人滞留在当地是因为缺少撤离所必需的手段，最突出的是汽车和住店费用。社会科学院研究委员会专家咨询组还记载了政府缺少组织和沟通不畅对阻碍救援易受伤害居民方面所产生的重要影响。

例如，联邦应急管理局（The Federal Emergency Management Agency，简称FEMA）未能与地方官员协商出紧急撤离计划，而且忽略了要给美国军队下达开始进行食物空投和水定量供给的命令（Social Science Research Council 2006）。

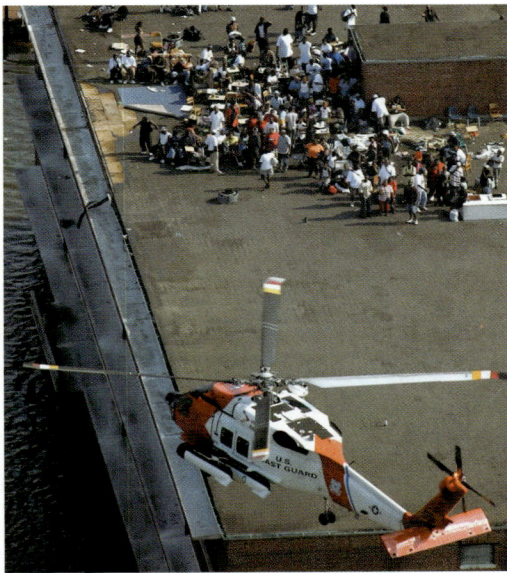

在飓风卡特里娜迫使新奥尔良市居民紧急撤离之后，那些滞留未走的人里许多都是穷人和黑人。"环境不平等"这个社会学概念如何挑战了人们对自然灾难的一般理解？

从全球范围来看，在易受环境损害方面存在着非常突出的社会性模式化差异，正像2010年极为贫困的海地发生的大地震所揭示的那样。由于缺少资金去建设坚固的建筑，海地居民除了居住在面对7级地震就会崩塌的房子里，几乎没什么其他选择了。在这次地震中，10万人丧生，100万以上的人流离失所。从道路到医院的国家基础设施质量不合格也对增加伤亡人数起到了一定的影响。

全球环境不平等

17.3.4 辨析全球环境责任与全球环境不平等之间的联系。

1984年，印度博帕尔（Bhopal）一家农药工厂泄露出超过40吨的剧毒气体。将近1万名居住在附近一个贫民窟里的居民在此次事件中丧生。在接下来的20年里，由于暴露在有毒气体中对身体产生的持续影响导致高达2万例早产儿死亡事件的发生。这个工厂归属于联合碳化物公司（Union Carbide Company），是美国的一家化工生产商，被印度较低的环境标准要求和宽松的实施规则吸引来到印度。尽管联合碳化物公司否认其责任，但其设施运作遵循的"安全要求和流程远低于在其姐妹工厂里的标准"，这个姐妹工厂在美国的西弗吉尼亚州（Broughton 2005：2）。

在全球经济中，生产和消费通常是分离的。如果查看自己衣服的标签或电子设备的包装，我们可能会看到它们是在中国或另一个国家生产的，在这些地方公司付给工人的工资要低于美国——而且在这些地方公司的污染会更厉害。通过这种方式，富裕的国家从廉价的工业品和消费品中受益，而发展中国家则承担着环境和健康的风险。

越来越多的社会学家重新把生产地点和消费地点联系起来，并为发展中国家支持西方生活方式所经受的环境灾难提供证明。在一项研究中，民族志学者研究了阿根廷一个被大量石油化学复合物包围的贫困棚户区（Auyero and Swistun 2009）。这个棚户区的5000名居民深受痉挛、疹子、流鼻血、长期头痛以及心理问题的折磨——所有这一切都与吸入铅以及其他有毒工业化学物质有关。许多污染源自壳牌石油公司，这是荷兰跨国公司的美国子公司。这家跨国公司使用设备来提炼原油，以供应全球消费和工业使用。

尽管证据铺天盖地，但研究者发现当地居民仍然不确定自身疾病的诱因，也很少被动员起来抗议壳牌石油公司。这是因为壳牌石油公司是一家强大且富有的公司，能够操控居民如何对污染进行认知和反应。许多当地人为壳牌石油公司工作，而且壳牌石油公司在镇上还开着一家健康诊所并进行它自己的环境测试。因为居民无法负担起独立的医生或顾问，他们关于疾病以及接触有毒物质的主要信息源来自有偏见的壳牌石油公司代表；而且如果当地人举行抗议就会有丢掉工作的风险。他们长期遭受的苦难是世界成品油隐匿的社会成本之一（Auyero and Swistun 2009）。

今天世界面临的最大环境问题——气候变迁——也可能是环境不平等的最大来源。迄今，尽管富裕国家是气候变迁的最大推手，但却是发展中国家承受着由气候变迁带来的不成比例的副作用。对那些依靠土地谋生的人来说，微小的气候变化都可能对其生存能力产生巨大的影响。

哥伦比亚大学研究人员发布的一项报告得出结论，气候变迁已经迫使多达5000万的人口为了确保生计而迁徙到新的地方，而这些人几乎都生活在最不发达的国家里。基于环境持续恶化、冰川融化、海平面上升以及极端天气的频度和强度增加等令人沮丧的预测，我们可以估计到2050年全世界会有数亿"环境难民"（Cooperative for Assistance and Relief Everywhere 2008）。

17.4　我们如何才能创造出更有可持续性的社会？

消费，生产与可持续性

许多专家相信全球人口增长得如此迅速，以至于地球在几代人的时间里也许就会再也无法支持每一个人的生活了。目前的问题不仅仅是人口数量，因为如果我们都是狩猎和采集野果的人，我们将消费远比现在更少的资源，产生的垃圾也将更少。在生物学家保罗·欧利希（Paul Ehrlich）看来，特定人群对环境的影响是人口规模的作用，而这种影响会随着社会的富裕程度和技术水平的提高而倍增。例如，富裕的发达国家人均使用的自然资源总量往往会以指数的形式比贫困、欠发达国家高出很多。美国人只占世界人口的5%，但却消费着世界25%的能源。一个美国人消费的能源差不多与发展中国家几十个人消费的能源一样多。

所有这些能源去往哪里了呢？上一次去听音乐会时，我环顾四周并看到数千部闪着光的手机和许许多多的数码相机闪光灯。当音乐会结束时，许多人在去停车场的途中听着iPod（苹果公司音乐播放器），然后乘车离开。许多人到家时可能会打开不同数量的家用电器：微波炉、电视、笔记本电脑等。可以理解的是，大多数贫困国家里的人也会喜欢享受富裕国家习以为常的物质生活。但有些事必须舍弃掉。尽管新技术使我们能够拓展地球的自然限制，但生物学家相信我们最终会走到尽头。

人们预测粮食生产方面的发明会落后于人口增长，空气和水污染水平的提高正危害着地球养育我们的能力，而且地球的有限资源正在被耗尽。尽管事实是当前的消费和污染模式已经是不可持续模式了，但世界2030年的能源需求估计要比2007年的能源需求高出40%。3/4以上的新增能源需求将可能来自有污染的不可再生的矿物燃料（UNDP 2010）。正如图17.5描述的那样，科学家预测在2007年到2035年之间全球碳排放将增加30%以上。

生态学家认为，要避免即将到来的环境危机和社会危机，科学家必须为可持续模式而努力。可持续模式是指发展和消费在满足社会当前需要的同时不会危及后人。面对全球废弃物生产和碳排放量急剧上升的现实，实现长期可持续性发展也许是未来最迫切的一个社会问题。

纵轴是指二氧化碳排放，以十亿吨进行计量。该图显示了世界二氧化碳总体排放在未来20年会如何稳步增长——2007年约300亿吨，到2035年会增加到超过400亿吨。然而，正像红色条柱指示的那样，相比经合组织国家，发展中国家二氧化碳排放会有更大幅度的增加。

资料来源：能源信息局（Energy Information Administration 2010）。

图17.5 世界与能源相关的二氧化碳排放情况：2007—2035年

公地悲剧

17.4.1 比较环境资源自我规范和政治调控的优劣。

经济的一个核心原则是商品生产者为了获得更多市场份额而展开的竞争会为消费者带来较低的价格。许多经济学家把这当作自由市场自我调节并带来最优集体产出绩效的证据。但生态学家加勒特·哈丁（Garrett Hardin 1968）在其颇有影响力的文章《公地悲剧》（*The Tragedy of Commons*）中主张，总是正确的恰恰是错误：根据自身利益去行动的个体，长远来看，将使每个人走向毁灭。

哈丁写到，设想存在一块牧人放牛吃草的共用牧场（即"公地"）。牧人向牧场上增加一头牛时会得到来自这头牛的所有收益，但过度放牧给牧场带来的负面影响会分布到所有牧人身上。因为短期看来他的收益要比他的损失多，所以每个牧人都得出结论认为自己应该不断增加牧场上牛的数量——直到牧场被完全过度放牧了。每个牧人自由追求自身利益最终导致的是集体的毁灭。

哈丁的公地比喻指明了短期回报和长期回报以及个人利益和集体利益之间的紧张关系。经济学家正确地指出，当一个市场存在时，企业会采取更加可持续性的实践活动。但生态学家将视角指向了过去崩溃的社会，认为要防止未来的环境灾难需要在今天做出牺牲。正像早前讨论的那样，鳕鱼捕捞业走向毁灭的原因是，每个拖网渔船都试图最大化自己每网捕鱼的数量却没有顾及子孙后代的利益。而全球变暖威胁着我们每一个人是因为，继续"一切如常"的做法而不是为环保付出成本会更符合人们、公司以及国家的短期利益。教训是我们不能期望大多数人会自我规范，只要他们行动的负面影响（1）直到很远的未来才会变得明显起来；（2）会落在别人的身上。

哈丁认为，为了推动环保行为，我们需要限制一个实体能够使用特定资源的数量（如使用许可或限额），推动惩治污染者的经济制裁（如纳税或罚款），并创造可持续性实践活动的经济动机（如减税）。换言之，这种思想是用政治调控取代自我规范。整个地球是我们的"公地"。如果我们不断回避监管并污染自己的家园，子孙后代也许会发现地球已经无法居住了。

苦役踏车

17.4.2 解释以竞争和扩张为中心的经济体系如何加剧了严重的环境问题。

许多社会学家同意哈丁的观点，但又更进一步，他们认为当代经济体系的一个重要特征是环境破坏不受控制。社会学家艾伦·施耐伯格（Allan Schnaiberg）通过"苦役踏车"（Treadmill of Production）这个概念大力倡导这种视角。尽管生态系统的一个原则是平衡和趋向平衡，比如森林火灾烧毁了灌木丛以至于新的树木可以成长起来，但追逐利润往往导致失衡。资本主义的基础是持续的经济扩张——通过利润、市场份额、国内生产总值等指标进行衡量。生产者、劳动者以及政府的共同兴趣是通过扩大生产和消费来带动经济增长。当然，这样做需要消耗更多的能量，会产生更多的污染。因此，经济扩张增加了财富，但破坏了环境作为其代价。施耐伯格认为，通过将企业行为的环境成本外化到穷人和无权者的身上，"苦役踏车"有助于确保企业的利润；这意味着经济增长也会加剧全球的不平等（Schnaiberg 1980）。

经济增长受到竞争的驱动。尽管生产者之间的竞争带来了技术革新和较低的价格，但这也会打击可持续性的商业行为。如果一个生产者不是必须要为采用清洁技术所带来的较高成本买单，那么这个生产者为什么还要这么去做呢？这会减少自己的利润，而且如果生产者考虑自身商业行为的较高成本而提高价格，消费者就会转投他处。

因而，对发展适用于所有人的规范而言，还存在重要的空间。然而，企业面对昂贵的环境法律成本，企业也许就只是将自己的设备迁移到环境保护限制较少的地区。类似地，国家或州有时会放宽环境保护规范来吸引其他地区的企业。这两个机制会触发"趋次竞争"，政府和公司共谋清除或避免损害利润的环境保护行为。

"苦役踏车"思想的启示是，实现环境可持续性发展可能需要对经济进行一种重要重构，改变其物质刺激的增长模式。趋次竞争现象的教训是，针对环境问题的政治解决办法需要各地区和谐一致，以便在新环境保护规范就位时污染者不能转移到其他地区。这些都是艰难的任务，但一些重要举措已经沿着这个方向发展出来了。

迈向可持续性

17.4.3 讨论技术、政治以及生活方式变化有助于推动环境保护和可持续性发展的方式。

尽管技术革新极有可能在帮助社会减少其对环境的影响方面发挥核心作用，但它并不是解决所有问题的万能工具。阻止生态危机需要控制污染的水平和时间表，这也需要政府在管控污染和摆脱经济的"苦役踏车"模式方面发挥更积极的作用。最后要强调的是，可持续性需要公民的参与。尽管抛弃型社会的观点指明了当代社会生活方式的不可持续性，但这也意味着公民能够在日常生活中通过改变自己的消费模式来助力可持续性发展。

技术在使社会变得更具有可持续性方面扮演着重要的角色。回忆一下，世界85%的能源来自矿物燃料。因为矿物燃料是不可再生的，而且矿物燃烧是全球变暖的主要原因，所以转向可再生能源会对环境大有裨益。可再生能源是那些能被自然生态循环再生的能源，比如风能、太阳能以及水能。这些转变已经发生了。太阳能电池板和风力涡轮机与水电站一起开始在重要的"绿色能源"中占据了一定位置。在2007年至2008年之间，美国可再生能源消费创纪录地增长了10%。尽管这是个积极的充满希望的迹象，但2013年美国人90%以上的能源消费仍然来自不可再生能源（Energy Information Administration 2013）。但是，我们可以预期，未来数十年将会见证可再生能源生产的大幅增长。联邦政府已经开始积极推动对经济和环境都有好处的可再生能源生产。用来满足日益增长的对风力涡轮机以及太阳能电池板需求的工厂在美国各地涌现出来，在这个外包时代为当地居民提供工作岗位。

因为核能不会产生温室气体，它越来越被宣传成是一种可持续能源。实际上，美国、法国以及日本都把核能看成是自己国家未来数十年绿色能源组合中的关键组成部分。可是，除了废弃的核燃料棒必须被安全储存1万年才不会对公共健康产生威胁这一事实，引人注目的核事故让人们质疑核能是否是环保的能源。2011年3月11日，日本海岸附近地震引发的海啸淹没了福岛核电站，造成核电站电力中断。随着核燃料过热，反应堆发生了爆炸。爆炸产生的辐射性物质迫使这一地区居民紧急撤离，并对庄稼和地下水造成了污染。尽管这是一个非常罕见的事故，但福岛核电站灾难性的事故加剧了人们对核能源的忧惧，以至于德国政府立即放弃了该国总理提倡使用核电的政策并同意到2022年关停所有核电站——这些核电站为德国生产生活等活动提供着差不多1/4的能源。

随着世界各地更多的人追求中产阶级的生活方式，汽车需求量暴涨。除非我们放弃生产依赖石油的汽车，否则通过风、太阳或核能减少碳排放获得的任何成效都将被汽车排放的尾气所抵消。混合动力汽车的发展在减少碳排放方面取得了重要进展，而且其受欢迎性表明"绿色"汽车存在市场需求。混合动力汽车通过燃烧汽油发动，但也从电池中汲取能量。通过少用汽油，混合动力汽车能显著降低碳排放。然而，混合动力汽车依然会产生污染。许多制造商的目标是制造不释放任何碳的燃油车的替代产品。

通往这个目标的希望之路是电动汽车（Electronic Vehicle，简称EV），这种车辆的所有能量都来自电池。不是在加油站给车加油，而是司机把电动车插入电源插座充电。实际上电动汽车已经出现几十年了，并开始进行大规模生产。但在电动汽车对消费者产生吸引力之前，还有几个技术难题必须得到解决：电池沉重、体积庞大而且昂贵，并且需要大量的时间来充电，在需要充电之前许多电动汽车的行程比燃油汽车行程距离的一半还少。特斯拉汽车公司（Tesla Motors）是加利福尼亚州的一家公司，只制造电动汽车。这家公司已经克服了一些技术难题，但汽车目前成本是8万美元或更多，这个价格远高于一般人能接受的范围，只有一小部分美国人能负担得起。然而，基于过去十年的进展，我们有理由相信电动汽车最终将能与燃油汽车相竞争。不过，电动汽车要成为真正的绿色产品，给其提供动力的能源必须来自洁净且可再生的资源，而不是碳或石油。特斯拉公司通过在全美建设充电站网络而在这个方面取得了进展。这些充电站中有许多都是通过充电站上面巨大的太阳能板来进行运转的。

政治在促进绿色技术发展方面扮演着重要的角色；许多环境保护主义者正促使政府承担更多的责任，推动社会迈向可持续性发展。尽管美国政府向采用绿色技术的企业提供出口退税的优惠，但环境保护主义者谋求建立对碳排放进行法律限制的国家立法。在没有相关国家规定的地方，一些地区、州和城市正在创立气候行动计划。例如，美国东北部的州和加拿大已经设立了目标，到2020年本地区的总碳排放量要比1990年的碳排放量水平降低10%。纽约市的目标是，到2030年全市的碳排放量比2005年的碳排放量水平降低30%。降低地区碳排放的一种方法是限制郊区扩张。因为城市集中了人口和服务于人口的商业，这是一个独立、自给自足的区域，许多事情可以通过步行、自行车、火车或公交车就可以完成，城市生活是一种出人意料的绿色生活方式。俄勒冈州很早就认识到了这一点——从20世纪70年代开始，该州就开始推行把居民和商业集中在城市地区的土地使用法规。

大规模生产充电式电动汽车意味着路上产生汽车尾气的车辆会减少。但发动这些车辆所需要的电力来自何处至关重要：如果它来自燃烧像碳这样的化石燃料，那么汽车尾气排放的减少量可能就会被烟囱浓烟排放的增加量所抵消。特拉斯电动汽车公司建立了一个使用太阳能的电池充电站全国网络。这是未来发展的一种模式。

实现减排目标的一种方法是利用排污权交易项目（Cap-and-trade Program）。其理念是，政府对所允许的碳排放总量（即上限）设限，然后把许可证卖给符合指定碳排放量的企业。如果公司需要排放超出许可证规定数量的碳，这些公司就必须购买从碳排放量比许可证规定数量少的企业那里购买（交易）污染信用（Pollution Credits）。这样的制度确保排放到大气中的碳总量会减少，奖励那些向环保技术转型的企业，并使那些污染企业为自己造成的污染行为付出代价。欧盟是早期采用交易项目减少温室气体排放的组织。

在趋次竞争中，企业会到对温室气体排放没有实行限制的地区进行运作。要防止这种趋次竞争，国家之间需要协商制定出所有国家都签字同意的减少全球碳排放量的国际协议。尽管完成这个任务让人心生畏惧，但在历史上存在先例。在1987年，世界各国家在蒙特利尔集会以解决臭氧层被破坏所带来的威胁。认识到南极上方的臭氧洞的主要成因来自含有氯氟烃（CFCs）的气雾喷雾剂和液体冷却剂，196个国家最终签署了一份协议书，到2000年逐渐淘汰这些污染物的生产。在联合国的指导下，发达国家拨出专项资金帮助发展中国家实现这一要求。淘汰氯氟烃协议被称为《蒙特利尔议定书》（Montreal Protocol），人们通常认为这是史上最成功的国际环境条约。

尽管限制碳排放的工作要更加复杂，但《蒙特利尔议定书》是一个有用的框架。人们已经做出了重要的努力，其中最有名的是1997年的《京都议定书》。工业化国家承诺，到2012年温室气体排放量要比1990年的排放水平降低5%，拨出专项资金帮助发展中国家适应绿色技术，并为国际排污权交易协议夯实基础。然而，《京都议定书》凸显了环境利益和经济利益之间的冲突。在那个时候，美国是世界上最大的污染源，却以损害经济增长为由拒绝认可该议定书。与此同时，环境保护主义者认为5%的碳排放目标不足以降缓全球变暖的危险水平。发达国家的发展一直都不会因为污染而受到限制。像中国和印度这样的新兴工业国家基于这个备受争议但又合理的基础大大减免了碳排放减少量。

随着《京都议定书》将要过期，各国于2009年在哥本哈根再次集会试图议定下一份条约。尽管美国和中国——世界最大污染源——看起来愿意承诺减少碳排放，但最终并没有形成具有法律约束力的国际协议。发展中国家仍然不确信该协议不会对自身进行现代化的发展产生过度限制，而且这些国家对这样的一个问题争论不休，即发达国家应该建立何种程度上的更为严格的减排目标以反映这些国家在20世纪对全球变暖的不同影响。这些冲突使这一点变得明晰起来，即解决环境问题面临更多的是政治性阻碍而不是技术性阻碍。而且找到平等的解决方案常常具有挑战性。尽管世界还在等待建立一个有关温室气体排放的国际条约，但中国国家主席习近平和美国总统奥巴马在

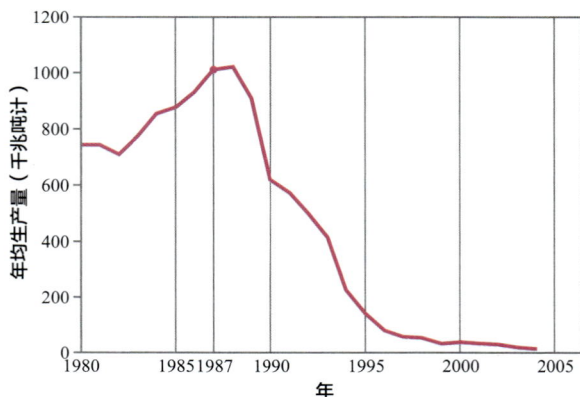

资料来源：欧洲碳氟化合物技术委员会（European FluoroCarbon Technical Committee 2012）。

图17.6 《蒙特利尔议定书》形成前后的氯氟烃生产水平

2014年签署了具有里程碑意义的条约：中国第一次承诺到2030年为温室气体排放设定上限，而美国则允诺温室气体排放要大大低于之前承诺的标准。考虑到这两个国家要为世界45%的温室气体排放负责，这个条约被广泛看作"游戏改变者"（Game Changer），具有重新开启国际气候对话的潜能。

尽管经济和政治有必要发生改变以迈向可持续性的关键领域，但环境保护主义者强调每一个人在生活方式的微小改变也能产生巨大影响。单是美国加利福尼亚州每年就会使用190亿个一次性塑料袋——每秒600个（Californians Against Waste 2011）。这些袋子由不可再生资源石油制造而成，而且袋子的生产过程会将有毒物质释放到空气中去。尤其重要的是这些塑料袋子都是不能进行生物降解的，一个人使用后，塑料袋子通常会被送到垃圾填埋场，或者成为污染土地和地下水的垃圾，并让不知其危险性的动物窒息。要避免产生这种废品，许多人开始使用由像帆布这种耐用材料制成的可重复利用的袋子。与此相似，消费者也担心由数以亿计的纸杯和聚苯乙烯泡沫塑料容器所产生的垃圾，转而使用旅行杯和可循环使用的食物容器。反对瓶装水的公共运动突出了由这种方便性所产生的大量垃圾——每年150万吨——以及对珍贵资源所产生的压力（在发达国家的大部分地方，自来水非常安全，可以饮用）（Baskind 2010）。

当消费者提出绿色选择需求时，企业就会进行回应。因为消费者担忧由传统农业实践所产生的、最终会停留在土壤以及水里的有毒化学物质，所以今天有机农产品在超市，甚至沃尔玛里处处可见。而且在美国的许多地方，消费者可以告诉电力公司自己希望部分甚至全部能量来自可再生资源。考虑到由此增加的成本，不是每个人都有能力负担这些选择，但越来越多的消费者觉得这么做是值得的。

对可持续性具有重要意义的一种生活方式的选择体现在交通方面。尽管还存在改进的空间，但像纽约、波特兰这样的城市已经取得了巨大进展，这些城市通过增加自行车、公交车道，以及延长服务时间和扩大服务地区使步行、骑行以及公共交通变得更加有吸引力。

但老习惯不容易改。当我在曼哈顿看向办公室的窗外时，海量的汽车（特别是黄色的出租车！）把六车道的道路占得满满当当。只有一个人乘坐的大型运动型多用汽车（SUV）一次挂空挡就好几分钟，排放出来的尾气充斥着其上方的空气。同时，一些骑自行车的人擦肩而过，通常会超越同向行驶的汽车，但附近的自行车道并没有被充分利用。在长岛或新泽西，许多开汽车通勤的人要在交通上耗费一个多小时才能到家，纵然同样的通勤路程火车需要的时间更少，还是有许多人开车上下班。

当然，看起来许多美国人大部分时候是没有其他选择的，只能开车——尤其是如果他们住在城外的话。绿色出行倡导者看到了这个现实。他们没有期望人们放弃自己的汽车，而是力劝人们在何时以及如何使用汽车方面进行更多的选择。自己可以拼车吗？火车是一个可行的选择吗？不是简单地使开车成为默认选择，而是思考对于一次特定行程的可替代选择，这会对减少温室气体排放大有帮助。

某些可持续性的行为实践也许并不会成为你的选择，因为这依赖于你居住的地方和拥有的钱财。但每个人都可以采取措施去更

步行和骑行是两种最环保且最健康的出行方式。你生活的城镇如何做才能使这些交通方式具有吸引力呢？

加了解自身生活方式所产生的较为广泛的生态影响，并进而判断哪些环保改变是可能的或是有吸引力的。一种简单的方式是计算自己的碳排放。许多网站会基于你提供的有关交通选择、电力使用等方面的信息估计你或你家每年的碳排放量。经过计算你的碳排放量并与国家和国际平均水平进行比较之后，网站会就你如何采取措施减少自己对环境的不利影响提供一些窍门（详见http://www.myfootprint.org/）。

结论：联结环境事实与社会事实

环境社会学为社会分析打开了新的视野。研究环境与社会相互嵌入的方式将会孕育出自然科学与社会科学之间的对话。环境社会学鼓励我们认识到"自然的"因素总是与社会的因素相互关联。因为我们与环境互动的方式——我们试图去保护环境还是去破坏环境——是以我们对环境的解释为基础的。解决环境问题需要承认、协调完全不同的环境观念。

环境社会学家清晰地表明，解决环境问题需要推动重要的社会变迁，而不是只有新技术就够了。但追求利润与可持续性发展是互不相容的吗？当然，历史显示资本主义导致环境恶化。然而，过去的几十年见证了绿色技术和创新型环境政策的出现，比如旨在减少碳排放的排污权交易项目。尽管在这方面还有很长的路要走，但社会还是向着既能实现可持续性发展又不会牺牲国内生产总值的方向大踏步前进。这使得许多学者认为经济增长能够适应可持续目标。随着社会对环保产品和环保企业的偏好激增，这种观点也得到了更多的认同，企业将通过绿色商品的生产和技术来竞争市场份额。我们能指望经济实现可持续性吗？这将会减少环境不平等还是会加剧环境不平等？

社会学家认为社会经济地位与环境风险之间存在相关性。但这种关系的本质究竟是什么？尽管一些研究清楚地显示贫困的有色人群更有可能生活在有毒废弃物设施的周围，但这揭示的是相关性而不是因果关系。我们仍需要思考的是：公司将设施安置在那里是歧视吗？或这仅仅就是因为居民和公司能负担起安置的成本？而且，考虑到陷入贫困的大多数人都不是白人，社会学家常常无法确定种族或阶级是否在影响环境风险方面发挥着最重要的作用。

我们如何界定和衡量环境风险？例如，即使我们发现贫困社区的哮喘发病率要比周围其他的社区高，我们又如何能真正确定这个比例增加是因为附近的大烟囱而不是因为饮食或锻炼造成的呢？在这一点上我们没有足够的数据或工具去精确描述地理、社会经济地位和风险之间的关系。提高这方面的能力至关重要，因为环境正义只有在我们能够揭示环境不公正的机制时才能实现。

大问题再览17

17.1 社会生活与自然环境有着怎样的联系？ 在本部分，我们探讨了每个社会在适应物质环境和面对自然限制的同时，如何消费和改造自然环境以满足自己的需求和欲望。

传统社会

学习目标17.1.1： 解释社会环境如何对文化和宗教传统的发展做出贡献。

现代社会

学习目标17.1.2： 探讨现代社会对自然环境进行更多控制和发展出分层社会结构的方式。

环境–社会的对话

学习目标17.1.3： 解释决定论和社会建构论以及环境引导和约束社会生活的方式。

17.2 **人类活动如何对环境造成了损害？** 我们这个时代最紧迫的环境问题（如采伐森林、水污染和全球变暖）都是人类活动的结果。本部分描述了当代的环境问题，并讨论了它们是如何由工业生产和消费造成的。

全球变暖

学习目标17.2.1： 认识气候变迁导致的各种环境变化。

自然资源消耗

学习目标17.2.2： 讨论主要自然资源——石油、煤炭、森林、生物物种和水——的快速消耗如何影响所有形式的生命。

固体和化学废物

学习目标17.2.3： 探讨人们对待废弃物的态度以及处理废弃物的方式如何威胁我们的健康和环境。

空气和水污染

学习目标17.2.4： 讨论人类消费对空气和水供给的影响。

17.3 **环境因素如何影响着不平等？** 本部分探讨社会学家如何研究环境灾害（如卡特里娜飓风）以及社会结构如何影响这些环境灾害带来的结果。

环境保护运动

学习目标17.3.1： 识别对环境保护意识产生推动作用的早期环境保护主义代表人物。

环境正义

学习目标17.3.2： 讨论环境种族主义以及哪些进展正被用来确保所有人得到平等保护。

自然灾难的社会维度

学习目标17.3.3： 解释一些群体比其他群体更容易受到自然灾害负面影响的原因。

全球环境不平等

学习目标17.3.4： 辨析全球环境责任与全球环境不平等之间的联系。

17.4 **我们如何才能创造出更有可持续性的社会？** 在本部分，我们讨论了在发达国家和发展中国家采取可持续生活方式所遇到的社会、政治和经济方面的障碍；我们还探索了可以克服这些障碍的方式。

公地悲剧

学习目标17.4.1： 比较环境资源自我规范和政治调控的优劣。

苦役踏车

学习目标17.4.2： 解释以竞争和扩张为中心的经济体系如何加剧了严重的环境问题。

迈向可持续性

学习目标17.4.3： 讨论技术、政治和生活方式变化有助于环境保护和可持续发展的方式。

社会学家为什么对人口变迁和社会老龄化如此着迷?

第18章
人口

作者：劳伦斯·L.吴（Lawrence L. Wu）

社会学家如何认识人口？如果我们思考一下自己的家庭就能开始理解人口的重要性。让我们把节假日聚会当作一个例子来看一下。就我而言，在我少年时，父母就离婚了，所以我们吴家人的节假日聚会通常是在我妹妹家里，与她的爱人和两个孩子一起过，而不是在父母某一方的家里聚会。我愿意在我家里招待大家，但因为我没有孩子，我母亲又喜欢与我的外甥和外甥女度时光，所以她离开洛杉矶待在我妹妹家里。节假日聚会意味着团圆饭，几代人可能还包括姻亲一起围坐在节日餐桌旁边（在我们家里就是一般的桌子）。我们做着许多家庭在节假日聚会都会做的事情：我们大吃大喝，交换礼物，聊天以及看孩子们嬉戏。

而聊天意味着讲述家庭的历史，这是假日期间雷打不动的话题，至少在我家里是这样。在这里我对我家庭的历史进行一个快速描述。我父母都于1930年出生在中国的上海。他们1949年来到美国上大学，在1956年彼此相遇，并于1957年结婚。我在一年后出生，我妹妹约两年后出生。（这意味着我们两个都出生在婴儿潮的末期，我们会在后面更详细地讨论这个问题。）我的外祖父母一共有四个孩子，都出生在中国：两个舅舅（其中一个在20世纪80年代死于艾滋病）、我母亲以及一个在幼年时死掉的女儿。我祖父母有九个孩子，也都出生在中国：两个幼年时就去世了，剩下的七个孩子包括我父亲、一个叔叔和五个姑姑。

过去这种大家庭的模式与现在规模小得多的家庭模式是理解过去数十年一个重要人口争议的核心。例如，在20世纪60年代和70年代，我成长的时代会理所当然地把快速的人口增长看作最紧迫的人口议题。美国生物学家和教育家保罗·欧利希在1968年出版的著作《人口炸弹》中就对这种观点进行了概括，指出世界人口增长太

我的社会学想象力

作者：劳伦斯·L.吴

我出生在纽约市，但大部分时间是在洛杉矶圣费尔南多谷西北角一个叫查茨沃思（Chatsworth）的城市长大的。作为一个社会学家，我专长的领域是社会人口学，尤其是家庭社会人口学，即我进行的是与生育（特别是非婚生育）、同居、婚姻以及离婚有关的研究和写作。许多人口学家在其研究中使用大数据，我也不例外，是一个狂热的数字控（Numbers Geek）（不论好坏，你都将在本章里看到这一点）。正像你也将了解到的那样，作为一名社会学家，最吸引我的是，我们的世界发生了如此迅速的变迁，而这反过来意味着，作为个体，我们生活在一个永远处于变化中的世界。这还意味着，作为一个数字控，我专长的另一个领域是统计方法，用来研究历史变迁和人类生活从出生到青少年时再到成年所发生的变化。

过迅速,不久将会产生巨大的灾难性后果(Ehrlich 1968)。欧利希的观点并不是什么新观点;实际上,比他早180年,英国学者托马斯·马尔萨斯(Thomas Malthus 1798)也认为人口的快速增加会带来普遍的灾难。

今天,研究人口议题的大多数社会学家都会认为存在两个而不是一个与人口增长有关的迫切问题。第一个问题是世界一些国家和地区面临的人口持续快速增长以及如何抑制人口增长。第二个问题看起来与第一个问题相矛盾,世界一些国家和地区的人口老龄化迅速,甚至人口数量下降,有时下降得非常迅速。对那些面临人口快速老龄化和人口减少问题的国家来说,非常渴望控制这些发展趋势。

比较宏大的人口历史有助于解决这个明显的悖论,即在一些情况里是人口快速增长的问题,在另一些情况里是未来人口可能会快速减少的问题。正像我们将看到的那样,这些非常不同的人口增长模式对老龄化有着深远影响。老龄化社会与较为年轻化的社会面临着极为不同的挑战。在老龄化国家,改善人口健康面临的挑战已经从减少传染性疾病(如肺结核)转向了解决慢性疾病,比如越来越多的人所患的心脏病和糖尿病。

在这一章,我们将讨论所有这些议题并说明分析人口以及人口发展趋势对研究社会更广泛的发展趋势的重要性。

18.1 为什么要研究人口?

人口和人口调查

正如在本章开头提到的那样,保罗·欧利希在1968年出版的畅销著作《人口炸弹》概括指出了在20世纪中叶普遍存在一种关注——世界人口增长得太过迅速,这个定时炸弹不久将会产生灾难性后果(Ehrlich 1968)。世界人口增加到2倍花了多长时间? 我们在2012年前后达到了一个里程碑式的节点,世界人口达到了70亿。为什么欧利希和其他许多人对世界人口的增长如此警惕呢? 让我们看看表18.1中的一些数据。在公元前480年,世界估计有约1.1亿人口。直到公元800年,世界人口才增加到2.2亿,所以世界人口花了1280年的时间才增加到原来的2倍。在1330年,或者说530年后,世界人口又翻了一番,而且在1330年到1810年之间再次翻番。(因为黑死病及其周期性暴发,世界人口在后面这个时期波动剧烈。)

人口变革的重要阶段出现在1810年左右,那时世界人口的增长速度开始比以前任何时候都快。存活的人口数量在1810年到1910年的这100年间增加了一倍,在接下来的57年间又翻了一番,又过了45年,今天的存活人口总量达到了70亿左右。

所以表18.1传递的信息简单又引人注目,从表面上看与欧利希(以及他之前的马尔萨斯)的预测非常相似。尽管以前花了1280年世界人口才翻了一番,但最近一次人口翻番只用了45年。这些数字不是意味着欧利希是正确的吗? 要回答这个问题,让我们提出同样的问题,而不是回溯历史,让我们面向未来提出这个问题。我们要问:世界人口再次翻番、从70亿增加到140亿需要多少年? 下一次人口翻番将会在30年、40年、50年或是60年里出现吗?

可让人惊讶的是,答案是"以上皆非"(Lam 2011)。就是说,几乎所有研究这个问题的人口学家(研究人口和人口趋势的社会学家)将会说的是,与欧利希所信不同、与过去历史也不同的是,世界人口不可能增加到140亿,在可预见的未来肯定不会这样。因此,大多数人口学家要么认为欧利希的断言就是错的,要么认为至少对情形更加复杂的现实来说,这种描述太过于简单化了。在下一个部分,我们将继续探索,为什么人

表18.1 世界人口翻一番的历史

时 间	人口(百万)	人口翻倍花费的时间(年)
公元前480年	110	
公元800 年	220	1280
公元1330年	440	530
公元1810年	875	480
公元1910年	1750	100
公元1967年	3500	57
公元2012年	7000	45

资料来源:基于美国人口调查局的资料(U.S. Census Bureau 2012)。

口学家的观点与欧利希的观点不同——相信在可预见未来的任何时刻这70亿人口都不会翻番。要明白为什么如此，我们需要了解人口学家和政府为什么要研究这些议题。

人口调查和人口研究

18.1.1 讨论研究人口趋势为什么具有重大意义。

尽管人口学（Demography）——对人口的研究——正像我们知道的那样是在19世纪晚期出现的，但对人口趋势知识的渴求要回溯到几千年前。大部分学者认为第一次人口调查出现在差不多6000年前的巴比伦王国（现代伊拉克的一部分地区）。人口调查是对居住在特定地区里的每个人（或每样东西）所做的统计；国家人口调查试图罗列出（或系统统计）在调查进行之时生活在国家里的所有人。（早期的人口调查很少能反映出完整的人口数，因为这时的调查不会统计奴隶，有时还不统计妇女和儿童，但有时却会包括牲口！）巴比伦人非常有系统性，不仅试图统计人口，还试图统计出土地数量、家畜、每户家庭拥有的主要粮食数量。有证据表明古埃及人在差不多同样的时间进行了人口调查。在法老时代，古埃及于公元前3340年和公元前3050年做过两次人口调查，使用纸莎草纸手稿来记录结果。看起来古埃及人口调查是用于一些早期的人口规划方案，比如确定生活在尼罗河三角洲地区的每个家庭将拥有多少土地。人口调查这个术语始自古罗马，从拉丁文Censere演变而来。而且有一段时期，罗马帝国每五年就会进行周期性的人口调查，以便确定人口数量、为军队招募新兵和收税。在其所处时代因为准确性而特别知名的人口调查出现在公元2年的中国，确定在汉朝统治的地区差不多有5800万人口。其他早期的人口调查发生在像古以色列、印度和中美洲印加帝国这样的地方。这些早期人口调查的记录形象地反映出早期政府和统治者试图对自己要控制和统治的人进行最低限度的了解所做的努力和所拥有的能力；然而，这些调查大部分都在中世纪被废弃了。一个例外是征服王威廉（William the Conqueror）在1086年实施的著名的人口调查，这个调查试图确认所有贵族以及领地都被纳入诺曼（Norman）统治之下，据推测执政者是想努力改善和增加英格兰和威尔士的税收征管。调查的结果汇编成《末日审判书》（*Doomsday Book*）（就像圣经的审判日一样，也许是因为作为土地法律权利的记录没有什么吸引力）。[①]

现代人口调查可以追溯到18世纪工业革命和国家边界开始确立的时候。早期进行国家人口调查的国家包括普鲁士（1719）、俄国（1722—1723）、瑞士（1747）、瑞典（1749）、西班牙（1768）、美国（1790）以及法国和英国（1801）。英国和美国建立了一种每10年进行一次新人口调查的制度，而且两个国家（与其他许多国家一样）确立并维系着人口统计的规律性。今天，世界上的各个政府，不管民主政府还是独裁政府，通常都显示出对本国人口趋势的共同兴趣。政府投入大量的资源进行国家层面的人口调查，借此试图描绘出人口发展趋势，常常还通过其他类型的人口数据收集工作来对其进行补充。

考虑到国家人口调查已经变得非常普及，我们也许会想问这样的问题：为什么政府认为了解一个国家、地区、城市或镇上的人口数量如此重要？能够被确定的理由有以下几个：

- 正像上面所表明的那样，从历史到现在，许多国家想要了解自己国家的人口规模是因为，这决定着能有

---

① 为掌握全国的土地、财产和收入状况，为征收赋税提供依据，确保王室收入，征服王威廉派人到全国各地清查。由于他派出的调查员个个如凶神恶煞，调查内容又极细致，使被调查者如履薄冰，好像在接受上帝使者的末日审判一样，所以调查结果被称为《末日审判书》，其正式名称应是《土地赋税调查书》或《温彻斯特书》。这种大规模的"刮户运动"，在中世纪的欧洲是极为罕见的。——译者注

多少税收以及有多少人（通常是年轻男性）能在战争或其他武装冲突发生时从军参战。

- 人口分析对估计未来的人口需要至关重要，比如是否建设更多的道路、房屋、学校、教堂、办公大楼或任何其他重要的物质基础设施。在做这些决定之前，官员和政策制定者需要对地区人口是否（以及会有多快的）增长有充分的了解。

- 人口规模对确定政治边界是重要的。例如，国家立法机构的席位（比如国会）常常是根据人口规模来确定的。目前，众议院每个选举区大约有60万人。

- 人口趋势对国家（或地区）的经济具有重大影响。一个国家（或地区）的人口构成将会对其生产力产生影响，而且这也是一个预测是否对这个地区或国家的企业和就业进行投资的重要变量。例如，相比大学毕业生比例不高的国家，大学毕业生比例高的国家就能为企业提供更多技术熟练、适应能力强的劳动力。

《末日审判书》是幸存的于1086年进行的人口和土地调查记录。

- 人口趋势对政府政策也有着重要的影响。如果国家里的年轻人特别多，对那些要进入劳动力市场的人来说，岗位就可能会稀缺，而且如果不做出一些创造就业机会的努力就会产生社会问题。如果一个国家处于被广泛接受的退休年龄之外工作的老年人特别多，为他们提供退休金的成本就可能会变得极其高（世界上的一些国家正面临这样的情况）。

- 企业也对人口的统计学特征特别感兴趣，因为企业销售的许多东西是针对社会的特定人口组成部分。因此，年轻人购买的服装、音乐以及其他商品和服务（一个"年龄段的人群"）与老年人所买的这类东西极为不同。

这些只是企业、政府以及其他人认为了解人口重要的一些理由。但人口研究的重要性还体现在它为了解社会变迁的本质提供了有价值的洞见。说一个国家或城市在一个时点上拥有X人口，在另一个时点上拥有Y人口，这几乎无法充分展现我们所获得的有关人口研究的知识。例如，下面列举的仅仅是一些基于人口的发展趋势类型，人口学家对这些发展趋势类型进行了研究并提供了非常重要的洞见。

- 种族和族群构成：包括美国在内的许多社会在人口种族和族群构成方面正经历着重要的社会变迁，特别是受到人口跨国流动驱动的种族和族群构成的变迁。各类群体人口规模的变化随时间流逝而不断加剧，人口学家在每个人开始了解这些趋势之前就发展出了认识这些趋势的方法。

- 婚姻和家庭：因为离婚率和由单亲抚养长大儿童的比例在最近几十年有了变化，人口学家不仅描述出这个基本趋势，而且还探究了儿童在单亲家庭、贫困家庭或贫困单亲家庭中成长的后果。

- 就业议题：就像人及其成长所处的家庭一样，工作也处于变化之中，并且我们常常会看到一个地区或整个国家的就业岗位和具有（或不具有）特定技能的工人之间并不匹配的情况。

- 预期寿命：今天出生在一个特定国家或地区里的普通人预期能活多久？（而且对人口中不同的亚群体而言预期寿命会有何不同？比如男性和女性群体或占人口多数的族群和占人口少数的族群这样的亚群体。）这个问题的答案的有趣之处在于其自身的正确性（全球预期寿命增加是过去100年发生的最重要的变化），它还能告诉我们很多东西。例如，比较不同社会或不同时期内生命的质量是很难的。但是，通过观察预期寿命的差异或变化，我们能开始得出一些颇为吸引人的结论。任何社会里人们的预期寿命的长短部分是由人们所能获得的食物质量、所能接受到的医疗质量、饮用水，以及能呼吸到的空气质量，甚至是日常生活受到的压力决定的。当一个国家或地区的预期寿命在增加时，几乎可以肯定的是这个国家或地区的其他方面也在改善（Deaton 2013）。

这些例子突出展示了人口研究甚至在事件真正发生前就能提供相关信息的方式。因为人口研究的部分内容与人口和人口趋势的典型化事实（指我们能非常确定地概括或判断的经验信息）有关，它为其他许多社会科学提供了基础。许多重要的争议和问题都包含着人口要素，包括许多我们在这本书里一直追问的问题。这些问题包括社会结构变迁、城市/郊区/农村居民、教育、宗教参与和不同群体的政治参与、犯罪率（如谁在犯罪）以及监狱人口问题。

研究人口

18.1.2　区分研究人口的路径。

人口机制（Population Dynamic）关注任何地方或群体的人口规模过去发生了怎样的变迁或未来它会发生怎样的变迁。这是本章剩余部分的主题。

群体可以是一个小镇或整个世界的人口，或者它可以是美国犹太人口数量或全球穆斯林人口数量。人口机制是人口学者的核心研究主题。它所包含的议题远不止出生人数和死亡人数的加总。特别是，理解人口机制需要详细理解人口学的"三大要素"：生育率（Fertility）（出生率，通常通过每个育龄妇女的活产婴儿生育数量来测量）、死亡率（Mortality）（通常通过在一个特定历年里的死亡人数来测量）、移民（Migration）（一个既定地区或国家有多少人口迁出和迁入）。在这一章，我们关注的焦点将是前两个：生育率和死亡率。第19章将更详细地讨论移民。

一个地区或一个国家的人口将如何随着时间的变化而变化是由这"三大要素"决定的：有多少人出生，有多少人死亡，有多少人迁入或迁出。因此，要了解在2020年美国将会有多少人，我们需要了解2010年美国人口的规模，估计2010年到2020年之间的出生人口数量，减去同一时期估计会有的死亡人数，加上迁入这个国家的人口数，减去从这个国家迁出的人口数。

这看起来像是简单的算术题；然而，人口机制核心的部分却决不会这么简单：人口随时间如何变化？如果人口规模是由生育率、死亡率和移民决定的，那么随之而来的必然是，理解人口变化既需要描述生育率、死亡率和移民的变化，还需要理解是什么导致了这些变化。对社会学家而言，所有这些都使人口议题变得更加有趣和更加具有挑战性。

这里还有一个重要的例子来揭示一个方面的变化如何影响另一个方面的变化。让我们假设在A社会，女性及其伴侣突然决定少要孩子；实际上，他们只想要1个或2个孩子而不是3个。（直到最近，A社会的夫妇偏好要2个或3个孩子，而不是要4个那么多。）乍一看，这种变化看起来没什么大不了的；但随着时间的流逝这将对这个社会的人口产生极为显著的影响，因为儿童的数量要比以前少很多。也就是说，如果A社会的女性平均有1.5个孩子，在5年里，也许一些教师或学校管理者就会注意到这一点（或者被裁员）。在18年里，申请到大学读书的人也将减少，这可能会给一些学校带来压力，但是，处于犯罪高峰年的儿童数量也会减少，所以犯罪现象也可能会少一些。一个重要的影响将是达到入职水平的工作者数量比以前少，因此雇主需要提高工资来吸引自己需要的员工，而且一些雇主可能会难以为所有的空缺职位招到人。

人口学家一旦注意到每年每个妇女生育的存活婴儿数量下降了，而且如果他们的研究受到适当的关注，政府官员就应该开始采取适当的应对措施。但人口学家不仅想知道出生率下降了多少，还想知道为什么如此。这可能是由许多因素导致的。例如，更多的女性想投身职场，而且也许感觉少要（或不要）孩子是安排自己生活的更好方式。节育方法的改善也推动着生育率下降。生育率下降的趋势集中在某些女性群体身上，而不是其他所有女性群体上。婚姻模式的改变也可能是一个影响因素。（如果更多的夫妇选择同居而不是结婚，这可能会影响出生孩子的数量。）尽管全面回答为什么出生率下降这个问题也许需要使用许多社会学想象力工具，但我们通过观察特定人口正发生的变化也能获得重要的洞见。

18.2　人口随时间如何变化？

人口动力机制

要更好地理解人口变迁的动力机制，让我们看看一些不同国家生育率和死亡率的变化，以及这些变化对这些国家的人口特征可能有着怎样的含义。

第一次人口转变

18.2.1　界定第一次人口转变及其对理解人口如何变迁的作用。

第一次人口转变（The First Demographic Transition）（Notestein 1953；Davis 1963；Coale 1973；Hirschman 1994；Bulatao and Casterline 2001）是指一个地区或国家从高生育率、高死亡率向低生育率、低死亡率转变的时期。要理解这次人口转变，我们需要关注一系列非常明确的典型化事实。这些典型化事实使我们能够描述第一次人口转变的特征。第一次人口转变是历史变迁；它是生育率和死亡率以及这两个要素在历史上三个人口时期的变化：前转变时期、转变中期以及后转变时期。

对几乎全部人类历史而言（第一次人口转变之前），生育率和死亡率都非常高。生育率往往会比死亡率高一点儿，但高得非常少，这意味着世界人口会增长，但增长得非常缓慢。因此，对人类的历史来说，高生育率和高死亡率是普遍存在的，整个世界处于前转变时期。快速推进到今天，看一看像美国这样的国家，其生育率和死亡率都比较低。因为生育率和死亡率低，我们可以说美国是后转变时期。

苏丹目前正经历着人口快速增长的时期，人口从1950年的900万增加到2010年的4400万。

那么，在第一次人口转变中期发生了什么呢？在这个阶段，开始时生育率下降，之后死亡率也出现下降。所以把所有这些碎片拼合在一起就是第一次人口转变的历史，包括（1）以高生育率和高死亡率为特征的前转变时期；（2）生育率先下降、进而死亡率下降的转变中期；（3）生育率和死亡率都低的后转变时期。

因而，让我们关注处于中间的转变中期阶段，在这个阶段生育率开始下降但死亡率仍然高。人类几乎所有历史时期的人口都增长缓慢，这是出生人数和死亡人数几乎相互抵消的结果。现在我们进入到这样一个时期，死亡率下降，意味着死亡的人数较少；生育率仍然高，即出生人数和以前差不多一样。对出生人数多、死亡人数少这种情况进行简单计算就知道这相当于人口会快速增长。这意味着在这个时期，我们会看到非常不同和全新的情况。这是托马斯·马尔萨斯和保罗·欧利希所观察到和所描述的世界，在他们看来，这意味着人口是定时炸弹。但他们的分析并没有考虑到第一次人口转变的其他关键部分，即生育率不会一直高；它最终会下降，但只有在死亡率下降之后它才会下降。这段历史的另一个关键部分是：在第一次人口转变期，当死亡率下降而生育率依然高时，人口会非常快速地增长。

这段历史的最后一个关键部分也许是最有趣和影响最大的部分，一旦生育率开始下降（或者在这段历史的某些版本中，一旦生育率越过了某个临界点），它便不会逆转；结果，人口学家看到前转变时期的高生育率最终会下降，进入到生育率水平低很多的后转变时期。因此毫无例外的是，我们没有看到经历了人口第一次转变期的国家或地区会退回到具有高生育率的前转变时期。在后转变时期，人们能够观察到生育水平的波动，有时低一点儿，有时高一点儿，但从来没有返回到标志着前转变时期的高水平生育率。这些典型化事实标志着第一次人口转变。

世界各地生育率和死亡率的变化

18.2.2　比较欠发达国家和发达国家的生育率和死亡率。

现在我们能更好地理解马尔萨斯和欧利希为什么对人口激增如此警觉以及为什么世界人口在可预见的未来极不可能从现在的70亿变成140亿。在20世纪50年代和60年代，很大一部分国家在死亡率方面经历了相当显著的下降过程。但是因为这些国家死亡率下降是最近发生的事，生育率下降还没有相伴而来。结果，世界人口在20世纪中期激增，以一种极高的比例在增加着。从这个意义上来看，有许多像欧利希一样的人对世界人口快速增长产生警惕就并不奇怪了。但不大明显的是，生育率下降也开始出现了。生育率下降实际上是一个引人瞩目的典型化事实——人口学家已经有了充分的记录，即在每个地方，生育率下降要么已经发生了，要么正在发生，或者正处于初始阶段。

因此，生育率下降是为什么2012年现有的70亿人口几乎不可能在可预见的未来变成140亿的关键要素。尽管生育率在世界上的许多贫困国家和地区里依然保持在高位，但生育率几乎在所有国家都开始下降了。进而，这也是表18.1背后更加完整的历史。对大部分人类历史来说，生育率和死亡率都高但差不多相互抵消了，因此人口增长缓慢。这意味着世界人口翻番需要很长的时间。后来在某个时点上，死亡率开始下降，但生育率依然高，导致人口非常快速地增加。在最后一个阶段，死亡率下降会伴随着生育率的下降，在表18.1里我们能看到有关这一点的蛛丝马迹，世界人口增加一倍所需要的时间在减少。

对作为一个整体的世界人口和对具体国家的人口来说，我们都能看到相同的人口历史。在这个部分，我们会从一个欠发达国家苏丹和两个发达国家美国和日本自1950年到2010年的人口历史中看到这一点。让我们先从1950年到2010年苏丹人口发生的变化说起。在图18.1中，第一张图显示了苏丹人口非常快速增长的历史，从1950年的900万增加到2010年的4400万。要注意到在第一张图中，我们的标示显示的是比例的变化，1950年的900万人口编绘成100，2010年的4400万人口就应该换算成100×44/9=489，那么这就表明苏丹人口在1950年到2010年间增加了489%。因而，根据人口翻番时间，苏丹人口从1950年到1980年（30年）翻了一番，从1980年到2005年（25年）人口又翻了一番。

第二张图讲述的是苏丹在第一次人口转变时期的情况——为什么苏丹的人口会一直如此快速地增长——苏丹正处于第一次转变时期的中间阶段。这张图标示了死亡率（红色曲线，测度在右手边的坐标轴上）和生育率（蓝色曲线，测度在左手边上的坐标轴上），并显示了苏丹的死亡率和生育率在1950年到2010年期间是如何变化的。我们在后面看到的模式遵循的正是一个国家在第一次人口转变时期所发生的故事线，首先是高生育率和高死亡率，接着死亡率下降，进而在后来的某个时点上生育率开始下降。因此在1950年，苏丹的死亡率和生育率都高。我们测量生育率的指标是总生育率。苏丹1950年的总生育率在7以下。（总生育率是由两个方面的水平来衡量的。在这个例子中总生育率是7，日历年是1950年，这是指苏丹在1950年的生育率，平均每个女性在一生当中将会有大约7个孩子。）但苏丹的死亡率在这个时期正经历着稳定却又快速的下降过程；相比之下，生育率直到1980年左右才开始下降——要注意到苏丹的生育率甚至在目前仍然处于高位，在2010年平均每个女性大约有4个孩子。

因此，苏丹的情况揭示了第一次人口转变的数学标准：快速下降的死亡率，但要很久之后才会出现缓慢的生育率下降，这反过来意味着非常迅速的人口增长。这和我们在苏丹看到的情况完全一致：1950年900万人口，在2010年则有4400万人口。

美国的情况又是怎么样的呢？美国的人口要比苏丹的人口多很多（1950年的美国人口是1.58亿，2010年是3.1亿人）。但正像在图18.2里有关美国情况的第一张图所揭示的那样，美国人口的增长一直要比苏丹慢很多。有关美国情况的第二张图显示出美国死亡率在整个这个时期都相当稳定，但生育率的情况就不是如此了。生育率在1955年婴儿潮的高峰期达到峰值，平均每个女性生育3.7个孩子，之后开始下降，在1970年到2010年期间每个女性生育孩子的数量在1.9个和2.1个之间波动。

因此，第一次人口转变的故事也在美国再次上演，但在故事的最后，由1950年的低死亡率和中等程度的高生育率转变成2010年的低水平死亡率和低生育率。（美国更为准确的情况是其第一次人口转变时期大约在19世纪早期开始，到20世纪30年代就大部分完成了这次转变。美国的婴儿潮导致生育率在短期内增加，但其水平还是远低于美国第一次人口转变前期的生育率水平。我们将会在下面的部分更加详细地讨论婴儿潮。）因此，我们在图18.1和图18.2中看到的是苏丹第一次人口转变的开始期和美国第一次人口转变的结束期。

我们所看到的苏丹第一次人口转变的开始期和美国第一次人口转变的结束期都产生了真实的影响，当我们把图18.3中的这两个国家的数据进行比较时就能看到这些影响。这些图给出的是人口学家所称的年龄金字塔（Age Pyramid），在这个年龄金字塔中我们标示

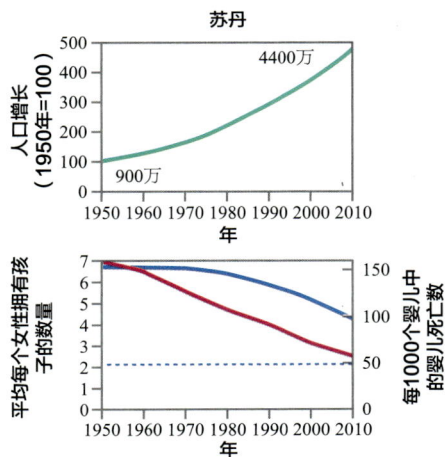

资料来源：基于来自联合国经济和社会事务部（Department of Economic and Social Affairs）2011年的数据；美国人口调查局（2012）。

图18.1 苏丹的人口：1950—2010年

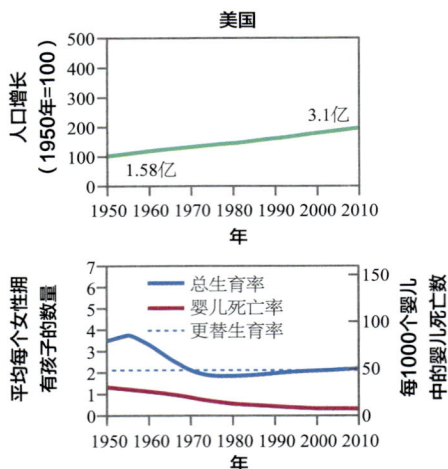

图18.2 美国人口：1950—2010年

资料来源：基于来自联合国经济和社会事务部2011年的数据；美国人口调查局（2012）。

出了这些国家在2010年时的年龄分布，在图底端是年龄最小者的数量，在图顶端是年龄最长者的数量，男性和女性的数量分别标示在图的左侧和右侧。比较一下苏丹和美国的年龄金字塔。

苏丹的年龄金字塔就像图中那样，是一个尖顶的金字塔，人口中数量最多的是年轻人，数量最少的是老年人。这反映出苏丹是一个贫困的国家，贫困影响着死亡率会如何打击不同年龄的人群。年龄和死亡率之间的故事如下：尽管苏丹的死亡率下降了，但婴儿死亡率依然很高，儿童死亡率也是如此。这意味着，出生的婴儿有很多，但死亡的婴儿也要比像美国这样的发达国家多；那些幸存下来活到儿童时期的婴儿中，也有一些死掉了；如此类推。

但苏丹这段人口经历中更为重要的部分是生育率仍然很高，但死亡率下降了。要理解这是如何发生的，让我们思考下那些1970年出生在苏丹的人。图18.1中的红色曲线显示，在1990年死亡率下降，意味着出生在1970年的人中死亡的人数比较少，更多的人会在1990年仍然活着，那时他们就20岁了，这是许多苏丹人开始要孩子

的年龄。但图18.1中的蓝色曲线显示生育率在1990年依然高，意味着1990年出生的孩子要比以前多。图18.1显示生育率持续走高但死亡率下降，意味着1990年出生的人中会存活下来的人数比以前多。如此等等。结果就造成了苏丹年轻人多但老人不多的年龄结构——我们看到的年龄金字塔的形状是两个事实造成的直接结果，即死亡率下降但生育率依然很高。

美国死亡率和生育率的变化情况又是怎样的呢？正如图18.3所示，美国2010年的年龄金字塔与苏丹的年龄金字塔完全不同。我们在美国所看到的年龄结构不大像是金字塔，而更像是房子，非常年轻的人数和非常年老的人数大致一样，房顶的形状出现在60岁前后。这再一次显示出死亡率会对不同的人会产生怎样的影响，但对美国这种富裕国家人口的影响显著不同。美国的年龄金字塔看起来不像是金字塔，直到老年人年龄所处的阶段看起来才像——美国出生的婴儿几乎都活到了童年早期，所有的青少年几乎都活到了成年早期，如此等等；死亡率对美国年龄金字塔显著影响出现在60岁以上的人口中。

有关美国生育率的另一个非常重要的事实是，美国生育率在几十年里一直处在人口学家所称的更替生育率（Replacement Fertility）水平上。其思想很简单，因为平均而言，如果一代中的每个人有两个孩子，这意味着人口规模或多或少地会保持稳定——每个父亲或母亲，平均来说，会育有两个后代，因此后代的数量可以替代他们。（人口学家通常将更替生育率设在每个女性有2.1孩子上来处理那些在达到通常的生育年龄前就死亡的数量相对比较少的女性情况。）

图18.4 提供了另一个富裕国家日本的相关数据。第一张图显示，日本人口从1950年的8200万增加到2010年的1.27亿。因此日本自1950年到2010年经历了人口增长，像苏丹和美国的情况一样。但日本人口增长要

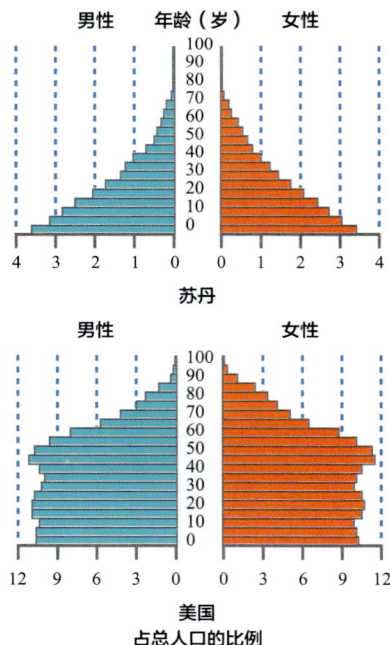

资料来源：基于来自联合国经济和社会事务部2011年的数据；美国人口调查局（2012）。

图18.3 苏丹和美国2010年的年龄金字塔

比这两个国家中的任何一个都缓慢。正像我们在第二张图中看到的那样，日本完成了第一次人口转变，生育率（蓝色线条）和死亡率（红色线条）处于低水平。需要特别着重指出的是，几十年来日本的生育率一直都低于更替生育率水平，与美国形成了鲜明对比，这里的生育率水平几十年来一直都差不多和更替生育率水平持平。当把美国年龄金字塔和日本的年龄金字塔，尤其是在年轻时的年龄结构形状进行比较时，这些差异所产生的结果非常明显，美国生育率跨度几十年一直处于更替水平，但日本生育率跨度几十年一直低于更替水平。正如我们早先指出的那样，美国年龄金字塔在老年期之前并不像是金字塔，即在60 ~ 64岁之前每个5岁年龄组里的人口数量大致一样。日本的年龄金字塔非常不同，年轻组别里的人数急剧下降，这一事实与日本生育率的趋势几乎完全一致。图中是以蓝色的曲线来表示日本生育率的——自20世纪70年代以来，日本的生育率水平一直在更替水平以下，2010年日本的总生育率是1.3。

因此稍稍回头看一下，我们看到苏丹的生育率远在更替水平之上，美国的生育率处在更替水平，而日本的生育率则低于更替水平。这些事实与死亡率一起，清晰地反映出这三个国家年龄金字塔的情况。但如果日本的生育率处于低于更替水平的状态，那么为什么我们还会看到日本的人口会在1950年到2010年之间增加呢？我们对美国也可以提出同样的问题，考虑到美国的生育率一直处在与更替水平差不多的水平上。这个问题的答案有两个——移民和人口惯性——我们将在下一部分进行讨论。

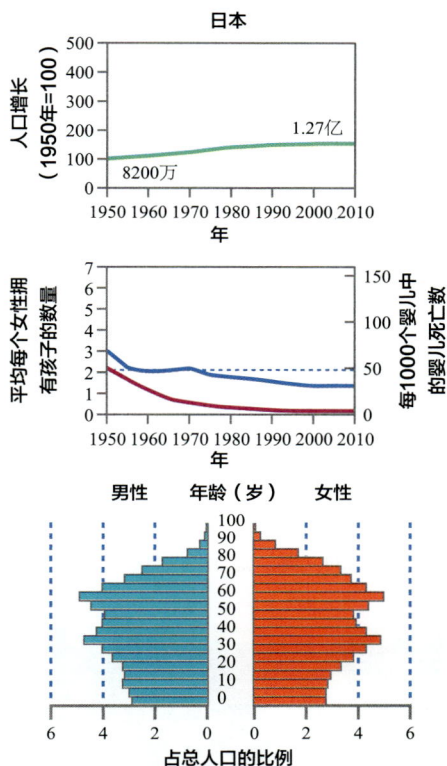

资料来源：基于来自联合国经济和社会事务部（Department of Economic and Social Affairs）2011年的数据；美国人口调查局（2012）。

图18.4 日本人口：1950—2010年

移民与人口惯性

18.2.3 讨论移民比例如何与人口规模变化的速度相关。

我们已经知道了苏丹人口为什么会持续快速增长的答案——因为苏丹处于第一次人口转变时期的中间阶段，所以苏丹仍然经历着人口极为快速增长的情况。但美国和日本都处于后转变期，那么为什么这两个国家的人口也都在增加呢？

让我们先分析一下移民，因为在某种程度上，移民仅仅包括一般的人口统计，所以容易了解。从历史上看，美国就是一个移民国家。实际上，今天几乎所有的美国人都不是北美土著居民，而是在美国不同历史时期迁移而来的居民，或者是这些迁徙而来的居民后代。在2010年，生活在美国的人口有3.104亿，其中估计有2120万合法移民和1080万非法移民（Hoefer，Rytina，and Baker 2010）。相比而言，日本的移民历史非常不同，该国的移民人口一直非常少。所以2010年美国人口规模要比1950年的人口规模大的部分原因在于，流向美国的移民持续不断，不管是非法的还是合法的。（移民如何影响一个国家人口变化更为完整的回答要包括从别的地方移民来的人口数量和从本地区移民出去的人口数量，但就美国的情况来说，从别的地方移民来的人口数量要远远大于从本国移民出去的人口数量。）

日本和美国在过去60年人口持续增加的另一个原因是人口惯性。这是指即使像生育率和死亡率这样的人口变迁因素从长期来看意味着人口规模不会发生变化，但一直在变动的人口规模会继续发生变动的倾向。人口惯性与物质客体的惯性非常相似。例如，想象一架喷气式飞机正在快速攀升的场景。即使驾驶员关停喷射推进器，飞机还会继续攀升，至少暂时是这样。因此美国或日本人口的增加与一直在攀升的飞机相似，即使飞行员关停了喷射推进器，飞机还是会继续攀升一段时间。这也意味着供给喷射推动器的燃料达到一定水平后，最终能使飞机在某个恒定的海拔高度飞行——既不会升高也不会降低。供给的燃料低于这个水平就意味着飞机会开始下降，而高于这个水平意味着飞机会持续攀升。

对日本来说，喷气式飞机这个比喻意味着，飞行员供给的燃料水平低于让飞机保持在恒定海拔高度所需要的燃料水平。人口惯性意味着，日本人口在1950年到2010年期间实际上的确会继续增长。但正像这个比喻指出的那样，在这60年的前30年里日本人口增加的速度要更快，而在后30年里人口增长得就没这么快了——日本人口在1950年是8200万，到1980年增加到1.16亿，但在2010年只有1.27亿。

通过指出如马尔萨斯和欧利希等人认为世界人口的极速增长像是埋下了定时炸弹，我们开始了本章的内容。而且尽管他们所忧虑的事实反映了有关人口变迁一个非常朴素的观点，但现在我们知道抑制人口极端快速增长（在像苏丹这样的国家里）能有助于避免源自人口过度膨胀的问题，包括贫困和疾病。但我们也要注意到人口学家现在担忧的是第二个、完全不同的问题——人口老龄化，世界上一些地区和国家正面临着老年人数量快速增长的问题。这个问题我们将在本章后面继续分析。

18.3 影响生育率的因素有哪些？

有关生育率下降的理论

现在，我们已经看到生育率下降对理解人口动力机制至关重要。人口学家和其他社会学家多年来的研究翔实地记录了，过去以及较为现代的时期世界上各个国家的生育率和死亡率何时以及会以怎样的速度下降。从这些研究中呈现出的典型化事实描述了有关第一次人口转变，特别是生育率下降的、我们非常明确的一些事实。尽管对哪些事实与生育率下降有关几乎达成了普遍共识，但对生育率实际上为什么会下降不存在任何共识。社会学家努力想要弄明白这是"为什么"。

有几种理论（或理论假说）对生育率为什么会下降提供了可信的答案。我们在这个部分会讨论五种理论。要谨记的是这种可能性，即生育率在第一次人口转变时期前后下降的原因可能会非常不同。我们应该注意到人口学家和社会学家还没有在这些问题上达成共识，即这些理论中哪一个理论在多大程度上是正确的，或者我们是否应该摒弃这些理论中的一个或多个理论，但这个领域的研究仍然非常活跃。

婴儿死亡率

18.3.1 解释婴儿死亡率下降与生育率下降之间的联系。

第一种理论认为婴儿死亡率下降会导致生育率下降。这种理论的倡导者从观察人类的历史出发，发现大部分历史时期人口的死亡率和生育率都高。但高死亡率水平的一个结果是，一对夫妇无法确知一个刚刚出生的婴儿是能安然进入成年期还是在这之前就夭折。因此，夫妇通常会生育许多孩子以确保有一些孩子能够幸存下来。可随着死亡率开始下降，生许多孩子的必要性也减少了。这种解释是有吸引力的，因为它不仅告诉我们为什么生育率会下降，还解释了为什么生育率只有在死亡率开始下降之后才会下降（在第一次人口转变期间）。可是，这种理论不能很好地解释为什么我们所看到的处于后转变期不同国家的生育率会存在差异，比如美国和日本。这两个国家的死亡率都低，但日本的生育率显著低于美国的生育率。出于这些原因，这个观点是解释第一次人口转变时期之前和转变期间生育率下降的合理候选理论，但远不能合理地解释已完成第一次人口转变的国家之间的生育率差别。

经济发展

18.3.2 解释经济发展与生育率之间的联系。

生育率还与经济发展模式有关，特别是与一个国家的经济有多发达有关。这种理论认为，随着一个国家经济和社会不断发展并变得日益富裕，其生育率将会下降。这种理论的早期版本是这样的，如果要发生第一次人口转变，经济发展是必要条件（Notestain 1953）。换言之，随着贫困国家经济前景变得越来越好，其死亡率和生育率都将开始下降。以图形来展示，图18.5里的y轴标示的是生育率，x轴标示的是人均国民生产总值（GDP）。

尽管图18.5显示出经济发展与生育率之间的清晰关系，但人均国民生产总值在同一种水平上的不同国家的生育率存在许多差异。例如，像沙特阿拉伯、以色列以及美国这样的富裕国家，其生育率都要比预测的值高出很多。而且，甚至像苏丹这样的贫困国家也能够采取政策，使婴儿死亡率得以非常迅速地降低。不仅如此，一旦婴儿死亡率下降，就会出现在其他地方发现相同的生育率降低的模式。社会学家现在知道有许多事情会大大降低婴儿死亡率，包括建设废弃物和污水处理系统、提供清洁的饮用水、为孕妇的健康检测、分娩提供医院、诊所以及为婴儿、儿童及其母亲在营养、健康和医疗照顾方面带来的各种改善。社会学家也把教育看成是对社会发展尤其重要的因素，特别是女性教育。这种观点认为，在欠发达国家，文化和教育的提升反过来会带来婴儿健康的改善，进而会减少婴儿死亡率，这接

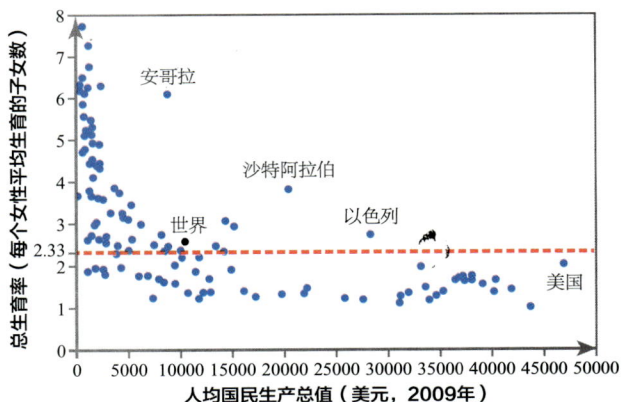

注：图中只显示人口在500万以上的国家的情况。

资料来源：中情局世界概况（CIA World Fact Book）。

图18.5 总生育率和相应国家的人均国民生产总值（GDP）

着会（在后来的某个时候）带来生育率下降。

而社会和经济发展可能会限制生育率的另一种方式是，这种发展是否能给年轻人带来对未来生活更美好的憧憬。如果能，对后代向上流动的期盼就会使父母对孩子有更高的期望，相比那些没有看到这些机会的父母来说，他们会想要更少的孩子（Davis 1963）。但正如婴儿死亡率的情况一样，这个理论所分析的内容最直接针对的是在第一次人口转变前和转变过程中的生育率为什么会下降这个问题，但远不能合理地解释第一次人口转变完成后生育率水平的差异。

生育控制

18.3.3　解释生育控制改进、生养孩子观念的变化与生育率下降之间的联系。

另一种理论认为有两种深刻的变迁影响着生育：（1）人们能够（也应该）对生育进行控制的观念日益被广泛接受；（2）在女性及其配偶控制生育手段方面所取得的技术进步。对人类历史的大部分时间来说，婚姻的中心目的是传宗接代。今天，情况不再是这样了。许多婚姻幸福又没有生育问题的夫妻选择不要孩子（而且也不会由此受到任何贬低）。而且，自20世纪60年代以来，个体和夫妻通过使用一种有效的节育方法可以避免意外怀孕。避孕药的出现对这个节育新时代至关重要。因为夫妻现在可以对生育的时机、间隔以及数量进行相当程度的控制，他们就不大可能多生出一个计划外的孩子。

这种理论关注生育技术的完善以及有关生孩子的必要性观念变化对生育率的影响。该理论的支持者认为，伴随第一次人口转变而生的节育是最伟大的社会变迁之一。在处于第一次人口转变前的社会里，想要避免或控制生育很可能是无关紧要的。可在现代社会（尤其是在发达国家），提升教育水平、追求职业目标以及为财务稳定而努力工作影响着人们是否以及何时会要孩子。因此，这个理论的一个可能优势是它为第一次人口转变前、转变过程中以及转变完成后生育率的变化提供了一种解释。

子女养育

18.3.4　解释育儿成本和收益与生育率下降之间的联系。

第四种理论是经济学家经常引用的一种理论。这种理论认为生育率下降是由生养孩子的成本和收益导致的。这种理论关注比较宏大的社会变迁如何影响个体（如女性、男性、夫妇以及父母）与生育有关的行为。这种理论的支持者认为，在工业革命前，像美国和那些处于农业社会的欧洲国家的绝大部分人口都生活在农村地区，主要是农场主、佃农、农民或其他农业人员。在这种农业经济中，儿童对父母来说是一种净收益，因为儿童为照顾庄稼和家畜提供了额外的劳动力。儿童还是潜在的安全保障；存活下来的儿童能够照顾老迈的父母。但随着工业化，移居到城市地区或到城市工厂里工作的工人数量日益增多，这减少了生养许多孩子能在其年幼时就能帮忙工作的收益。在21世纪，人们如何衡量养孩子的成本和收益也将能解释为什么日本的生育率要比美国的生育率低。

像有关生育控制的理论一样，这种理论能解释不同历史时期生育率的变化；然而，我们还需要考虑许多因素。首先，这个理论假定个体和夫妇在第一次人口转变前、转变过程中以及转变完成后都会实际地权衡成本和收益，但生育控制理论把有关生育行为的理性选择思想看作非常新、非常现代的东西。而且，这个理论特别强调一个既定家庭的物质条件即父母养另一个孩子的经济成本和经济收益，因为生育控制理论对物质条件强调较少，而是更多强调思想、规范和文化的演变即人们如何思考再养一个孩子的问题以及这种观念如何随时间的变化而变化。社会学家在思考不同理论时一直在思考这种类型的问题。

规范和价值观

18.3.5　解释规范和价值观变化与生育率下降之间的联系。

生育率下降的另外一种理论认为，近来的生育率变化是规范和价值观变迁的一种结果，与此相伴而生的变化被一些人称作第二次人口转变（Lesthaeghe and van de Kaa 1986）。这种理论的支持者通常都指向如美国和日本这种富裕国家的家庭生活所发生的非常重大的变化。其中的一些重大变化包括离婚率上升（Preston and McDonald 1979）、婚前性行为增加（Joyner and Laumann 2001）、双方生活在一起却不结婚的同居现象增加（Bumpass and Lu 2000），以及非婚生育上升（Wu 2008）。所有这些变化反映出、至少部分反映出现代世界正在发生的另一种显著变迁：我们从一段情感关系、婚姻以及从为人父母的角色中都有一些理想化的期待，有关这方面的观念正在演变。在过去，人们被期待结婚生子，而结果就是许多人的确这样去做了。但这也意味着（毋庸置疑）如果你没有这么去做，人们就可能会认为你有问题了。今天，只有在你感觉结婚生子对你和你的伴侣有意义时，人们才更有可能说你应该要孩子了。这意味着生儿育女在今天更多的是选择问题，这也意味着选择要不要孩子有许多理由。这使得这种理论的支持者得出结论，由第二次人口转变带来的新兴规范和价值观意味着今天的生育率要比过去的生育率低，包括（在某些情况下）在日本这样的国家可以看到非常低的生育率水平。

18.4　老龄化以及死亡率作为许多社会的重要议题，其发展趋势是怎样的？

人口老龄化的含义

在这个部分，我们将讨论当人口开始老龄化时的人口学意义。我们首先将探究第一次人口转变对人口健康状况的意义。接着我们将讨论美国和日本婴儿潮一代的老龄化并比较这两个国家的老龄化可能会怎样迅速地发生。

流行病学转变

18.4.1 讨论流行病学转变如何解释对贫困国家和富裕国家人口产生影响的健康状况的差异。

正如我们在本章早些时候看到的那样，第一次人口转变伴有年龄金字塔的变化，从苏丹那种的塔形向美国那种的塔形转变。当我们考虑一个国家人口的整体健康时，第一次人口转变会对健康产生怎样的影响呢？答案是现在社会学家所称的流行病学转变（Omarn 1971）。流行病学是对人口中有关健康的事件的研究，关注其特征、原因以及结果。流行病学转变指人口的健康状况从主要包括传染性疾病（对婴儿、儿童以及年轻人常常是致命的）向慢性疾病（主要是那些影响像美国和日本这样富裕国家的个体，尤其是老年人）所发生的变化。流行病学转变的背后故事是第一次人口转变对整个人口的疾病以及健康状况具有非常重要的意义，影响着像苏丹这样的国家，也影响着像美国和日本这样的国家。

传染性疾病从细菌、病毒、寄生虫以及其他传染性病原体发展而来。普通的感冒、流感以及艾滋病是病毒感染的例子，而细菌传染是从有害的病菌和微生物发展而来。（例如，如果病菌存在于你所吃的食物不是在卫生干净条件下或正确温度下烹制，有害的细菌就会复制增长并使你病得非常厉害。）传染性疾病在如美国和日本这样的国家并不会置人于死地；但在像苏丹这样的贫困和发展中国家，它们是极为普遍的死因，尤其是对婴儿和儿童来说更是如此。

可是，我们看到甚至在苏丹这样的贫困国家死亡率也在稳定下降。死亡率下降的部分原因是因为许多贫困国家已经至少能够解决一些传染性疾病的病源。例如，这些国家通过清洁水质和保护水供应，以及向婴儿、儿童以及母亲提供免疫接种和更好的医疗和营养来改善状况。但正如本该显而易见的那样，我们对传染性疾病的科学认识无法绝对确保死亡率会下降——实际上，死亡率下降常常需要贫困和发展中国家方面采取非常认真的行动和社会政策。世界平均预期寿命增加的证据见图18.6。

流行病学转变还包括向慢性疾病的转变。慢性疾病（或更普遍的说是长期健康问题）是那些长期存在的疾病和健康问题。这方面的例子包括严重的心脏和呼吸问题、糖尿病、高血压、肥胖症、癌症、帕金森病和阿尔茨海默病以及艾滋病等。许多慢性健康问题不是由某种传染性疾病造成的，反而涉及我们能加以影响的风险因素，至少部分是可以通过像吃健康的食物、进行足够的锻炼、避免长时间在太阳光下暴晒以及小心性行为传播疾病等方式来加以影响的。（艾滋病是一种传染性疾病，在20世纪80年代和90年代导致许多美国人死亡；然而，现在如果诊断及时就能得到相应的治疗，治疗的结果使艾滋病更像个慢性疾病问题。）这就是为什么那位就流行病学转变进行写作的早期研究者将之看作死亡率和疾病模式长期变化的特征，在这种转变中传染性疾病"逐渐被退化的**人为性**疾病所取代"（Omran 1971，着重部分由作者标明）。

有关慢性疾病健康问题的另一个突出的事实是，这些健康问题不仅更容易攻击老年人，而且它们在第一次攻击时通常不会让人马上致命，即使致人死命也是缓慢的。这是这些健康问题长期性的一面——如果你深受慢性疾病健康问题的折磨，你也许最终会因此死去，但在如美国和日本这样的国家，你在大多数情况下都不会马上死于这种健康问题。而且对于许多这类慢性疾病健康问题（肥胖症、高血压、心脏或肺部疾病、某些类型的癌症、艾滋病），如果你知道如何管理这些健康问题并拥有管理这些问题的方法，那么你就能存活相当长的时间并过一种与正常生活类似的生活。

世界排名	国家和地区	预期寿命（岁）
223	乍得共和国	49.44
222	南非	49.56
221	几内亚比绍	49.87
220	阿富汗	50.49
219	斯威士兰	50.54
218	中非共和国	51.35
217	索马里	51.58
216	赞比亚	51.83
215	纳米比亚	51.85
214	加蓬	52.06
213	莫桑比克	52.6
212	尼日利亚	52.62
209	乌干达	54.46
205	安哥拉	55.29
204	津巴布韦	55.68
202	喀麦隆	57.35
197	卢旺达	59.26
193	埃塞俄比亚	60.75
186	海地	63.18
179	柬埔寨	63.78
172	加纳	65.75
163	印度	67.8
151	俄罗斯	70.16
126	巴西	73.28
122	埃及	73.45
100	中国	75.15
94	墨西哥	75.43
76	波兰	76.65
66	阿根廷	77.51
48	丹麦	79.09
42	美国	79.56
39	韩国	79.8
30	希腊	80.3
29	英国	80.42
28	德国	80.44
27	爱尔兰	80.56
22	荷兰	81.12
20	冰岛	81.22
19	以色列	81.28
18	西班牙	81.47
17	挪威	81.6
15	法国	81.66
14	加拿大	81.67
12	瑞典	81.89
11	意大利	82.03
10	澳大利亚	82.07
8	瑞士	82.39
6	中国香港	82.78
4	新加坡	84.38
3	日本	84.46

预期寿命（岁）

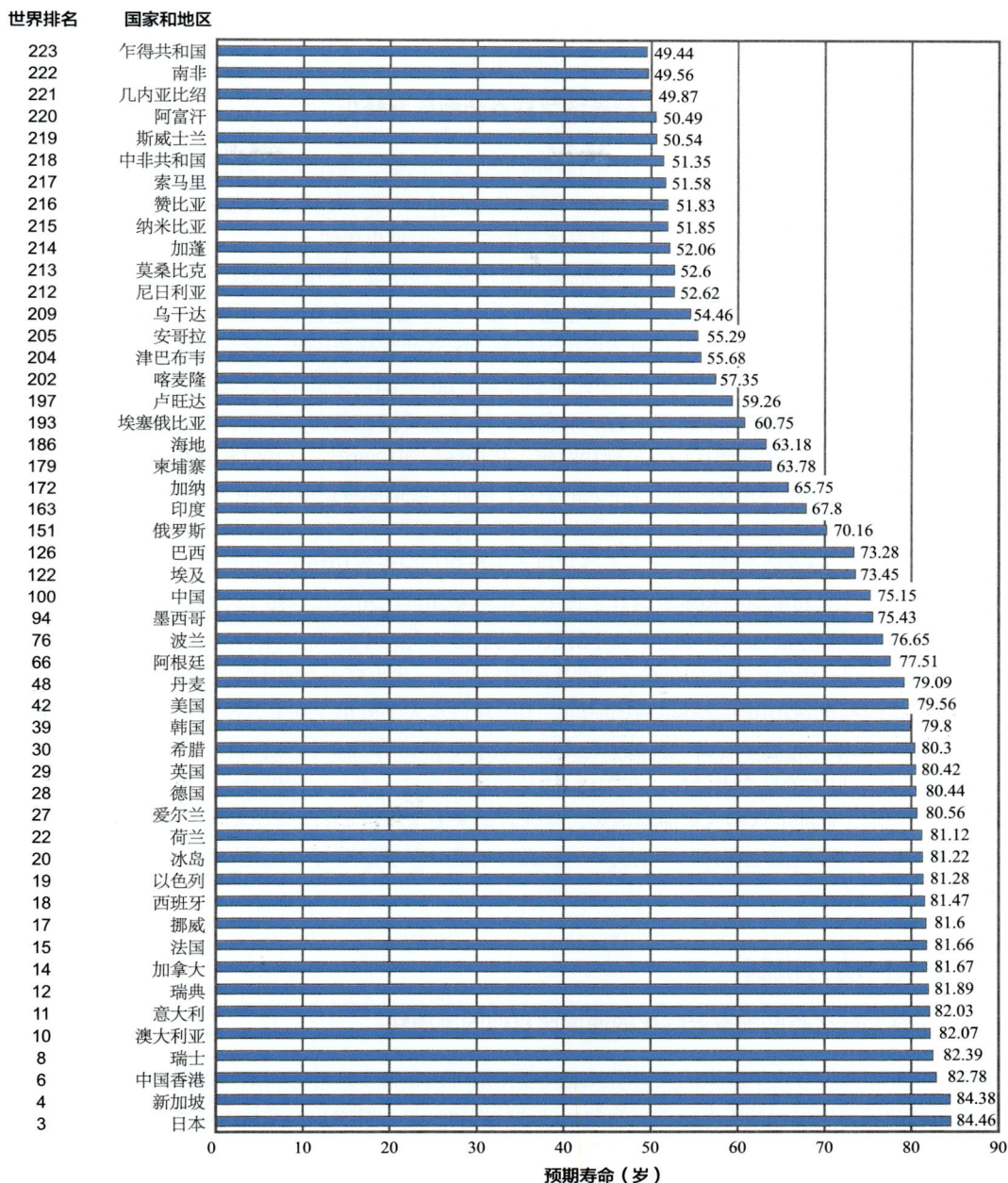

资料来源：中情局世界概况（CIA World Fact Book 2012）。

图18.6 世界平均预期寿命

婴儿潮一代的老龄化

18.4.2 讨论婴儿潮一代的老龄化如何推动了社会的整体老龄化。

婴儿潮是指第二次世界大战之后从1946年到1964年的这个时期，在此期间美国的生育率出现了一个引人注目、范围广泛、但根本上是暂时性的增长高峰。那些出生在1946年到1964年之间的人被称为生育高峰出生同期群体（或者是婴儿潮时期出生的人）（出生同期群体是指在同一时期出生的人）。

在图18.2中的第二张图里我们能看到美国的婴儿潮状况，该图显示美国的总生育率在1950年是3.4，在1955年达到顶峰值3.7，后来下降。婴儿潮在美国年龄金字塔中也可以清晰地看到。让我们再看看图18.7中展示的年龄金字塔。1955年的总生育率3.7这个高峰值与美国年龄金字塔的宽峰相一致，这个宽峰涵盖着那些2010年年龄在50～54岁之间的人（婴儿潮中最年轻的一代）到年龄在60～64岁之间的人（婴儿潮中最年老的一代）。还要注意的是，美国的年龄金字塔中还存在另一个宽峰，这个宽峰覆盖着2010年年龄在15～19岁、20～24岁、25～29岁的人群，对应的是那些从1981年到1985年、从1986年到1990年、从1991年到1995年出生的人。这些出生同期群体中的许多人都是婴儿潮时期出生的人的子女，因此，我们能看到婴儿潮在婴儿潮一代子女身上的反映。

在日本的年龄金字塔中显示出非常相似的一些东西。像美国一样，日本也经历了一次婴儿潮，这体现在日本年龄金字塔中60～64岁的尖峰处，这一尖峰与日本出生在1964年到1950年之间的那些人遥相呼应。这些日本婴儿潮时期出生的人在20多岁和30多岁时有了孩子，也就是20世纪70年代到80年代期间。而且我们能再一次看到这种返潮，因为日本年龄金字塔中的年轻年龄段出现了第二次尖峰。（代表日本婴儿潮子女的尖峰要比美国尖锐，因为日本婴儿潮一代生育子女的年龄范围要比美国婴儿潮一代生育子女的年龄范围更窄。）

如果我们快速推进到2010年及其以后的时间，美国和日本大部分出生在婴儿潮时期的人都还活着，而且预期还会再活15～20年。这意味着会出现被一些人称为社会老龄化的现象（这是指总人口的老年人比例要比早些年高），比如美国和日本的社会老龄化。在图18.7中你可以看到这一点——在年龄金字塔中，婴儿潮时期出生的人所占的比例突出，再加上这些人可能活很久，意味着未来美国和日本的老年人口要比现在多。（美国婴儿潮中年龄最大的一代——那些出生在1946年的人——在2011年就65岁了，因而婴儿潮的第一代人就到了通常要退休的年龄。）

老龄化和人口动力机制

18.4.3 解释为什么有些国家老龄化的速度比其他国家更快。

我们现在知道像苏丹这类国家的人口增长速度要比像美国和日本这样的国家快很多。但这也提出了一些国家人口老龄化速度要比另一些国家快的可能性。这两种现象——人口增长幅度和人口老龄化幅度——都是涉及人口动力机制的重要问题。图18.7告诉我们很多有关美国和日本人口老龄化幅度需要了解的东西（也因而能合理地对未来做出估计）。答案是我们可以合理地预测日本人口的老龄化速度远远要比美国人口的老龄化速度快很多。

所以原因很容易看到，而且就藏在美国和日本年龄金字塔的形状之中。人口老龄化是指人口中年轻人和老年人的相对数量，而年龄金字塔对美国和日本在一个特定日历年里的有关这方面的情况给出了非常详细的信息——在图18.7中所列出的资料中，日历年指的是2010年。现在预测未来会是什么样子是一种猜想；这需要估计死亡率（即未来死亡率下降会如何对不同年龄段的人产生影响），还要估计生育率（即未来的生育率将如何补充未来的年龄金字塔底部的人口数量）。再看一看图18.7，你也许已经猜到了答案，日本的老龄化很可能要比美国的老龄化快很多。之所以这样的重要原因是生育率——几十年来日本的生育率一直低于更替水平。

这些趋势会持续到未来，我们可以预期，一旦日本的生育率低于婴儿潮一代所在组别的生育率，日本人口就会减少。日本人口减少的速度可能会有多快？对这个问题的任何回答都只能是猜想，但我们还

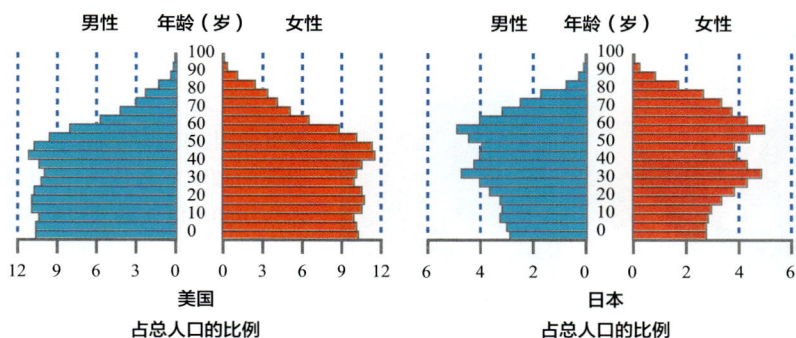

资料来源：基于来自美国人口调查局的数据（2012）。

图18.7 美国和日本的年龄金字塔

是能在猜测性的"如果"的基础上给出相对精确的答案，"如果一个国家的生育率维持在某个特定的低于更替水平很长时间的情况下呢？"看一下表18.2，如果生育率维持在一个低于更替水平的特定值非常长的一段时间的话，人口规模减半需要多长时间——减少到原有人口的1/2所需要的年数。

表18.2　人口规模与低于更替水平的生育率

每个女性生育孩子的平均数量	2.0	1.9	1.8	1.7	1.6	1.5	1.4	1.3	1.2	1.1	1.0
人口减半所需要的年数	901	279	161	112	84	66	54	45	38	33	29

资料来源：使用科勒、贝莱利和奥尔特加的公式计算所得（Kohler，Billari，and Ortega 2002）。

表18.2显示的是，如果人口的生育率维持在仅仅比更替水平的生育率低一点的程度上，那么人口减少的速度将会非常缓慢，但生育率在低于更替水平生育率很多的情况下，人口就会快速减少。因此，让我们用假想的一个国家当例子。如果A国家每个女性平均有1.9个孩子而不是保持更替水平的每个女性平均有2.1个孩子，而且这种情况持续了很长时间的话，那么A国家的人口实际上会减少，但会非常缓慢，差不多需要279年的时间才能减半。可是，如果A国家每个女性平均有1.4个孩子并且这种情况持续很久的话，那么这个国家人口减半的时间只需要54年——人口减少的速度极快。现在让我们回头再来看日本的情况。因为日本的生育率几十年来一直在1.2到1.4之间，所以日本可能会经历非常快速的人口递减过程。让人口学家惊讶又充满吸引力的是除日本外还有其他国家和地区同它一样低于更替水平的生育率。（这些国家和地区包括澳大利亚、古巴、捷克、德国、希腊、中国香港、意大利、波兰、俄国、西班牙和中国台湾。）因此像这些国家和地区的生育率如果维持在低于更替水平非常多的情况下，这些国家和地区就不仅面临着人口快速老龄化的前景，还面临着未来某个时刻人口快速下降的可能。

老龄化人口的健康

18.4.4　讨论医疗保健在人口老龄化中的作用。

在年老时健康意味着什么？在世界卫生组织（World Health Organization 2011）所界定的健康概念是指"身体上、心理上和社会上的完美状态而不仅是没有疾病和身体虚弱的现象。"健康与许多社会产品的差异是没有健康就难以生活。如果你不健康，你就会很难获得更多的教育，很难在工作上好好表现，或者很难维系有意义的关系。

出生在20世纪早期的人很少有人能活到100岁。然而，随着预期寿命的增加，我们面对的一个日趋严重的社会问题是，如何为越来越多的远超其工龄的人提供足够的住房和照料。图中这个百岁老人的子孙中会有一个或多个人完全有可能也会长命百岁。

预期寿命是用于描述人口健康的一个最为常用的指标。它的定义是某个年龄阶段的人口预期能够生存的平均年数。正如在前文中讨论过的，在上一个世纪发达国家的预期寿命显著增加，许多贫困国家的预期寿命也是如此变化。例如，在2009年出生的美国人的预期寿命是78.1年（World Bank 2011）。美国人的预期寿命自1960年以来增加了8.3年，但还是落后于世界上其他一些国家。例如，日本人预期能活82.9年。

预期寿命告诉我们自己预期能活多久，但知道自己何时会去世并没有告诉我们想知道的关于晚年健康的所有事情。随着我们到达某个年龄阶段，许多人会想知道自己还有多少"好日子"——我们身体健康、有能力从事日常范围活动的时间。因为这一点，社会学家也关注健康预期寿命（Health Life Expectancy），它指如果当前的死亡和疾病模式保持不变，一个人能够预期的继续健康生存的年数。美国政府目前监测健康预期寿命有三个指标：良好健康状况下预期的生存年数；活动不受限制状况下预期的生存年数；不受特定慢性病影响状况下预期的生存年数（USDHHS 2008）。

测量健康状况的另一个指标是身心不健康的天数（Physically and Mentally Unhealthy days），即美国人将自己身心健康评定为不好的天数。2008年，年龄在18 ~ 24岁的美国人报告说自己身体不健康的天数是2.1天，而那些75岁或更年长者报告的天数是6天。然而，在年轻人中更普遍的现象是心理健康状况糟糕。那些年龄在20 ~ 24岁的人报告说，在过去一个月自己心理健康状况不佳的天数是4天，而那些75岁及以上的老年人报告的天数是2天（USDHHS 2008）。

慢性疾病流行率（Chronic Disease Prevalence）也就美国人的健康状况为我们提供了一个不同的描述。在2008年，每两个18岁及以上的美国人中差不多就有一个人报告自己患有慢性疾病（USDHHS 2008）。总的来说，这些健康指标告诉我们人口的健康状况如何，并为理解老龄化人口对社会整体的影响提供了一个框架。令研究者争论不休的是，预期寿命的增加是可以被理解成我们健康生活的年数，还是它只是延长了我们晚年身体不适的日子。

老龄化社会的晚年生活与医疗保健的资金供给

18.4.5　讨论为什么人口老龄化会给政府和社会带来财政压力。

在发达国家因为生育率下降和预期寿命延长，许多国家现在面临为老年人的退休和医疗保健提供资助的重大问题。到2030年，世界上每8个人中就有1个人的年龄是65岁或以上（NIA 2007）。到2050年，据预测5个美国人中就有一个人的年龄会超过65岁（Pew Research Center 2009）。在老龄化社会，相对65岁及以上的人口数量，年轻的劳动力人口数量一直在萎缩，以至于能够分担老年人医疗保健成本的人更少了。

当人们到了不能再工作或不再被期待去工作的时候，几乎所有的社会群体都试图为人们老年时的生活提供福祉。在贫困的国家，这常常指与赡养他们的孩子生活在一起。而在富裕的国家，日益与退休相伴随的是这样一种期待，即政府能为老年人提供最低限度的社会支持。自1935年以来，社会保障项目为退休的人提供退休金；自1965年以来，美国通过老年医疗保险项目为年龄在65岁及以上的人提供医疗保险。随着时间的推移，这些项目提高了面向老年人的福利。社会保障水平在1950年到1972年之间显著提高，而且自1972年以来一直与通货膨胀挂钩，福利随着物价的上涨而上涨。医疗保险的范围也扩大了。直到最近，医疗保险只覆盖住院治疗和门诊看病的病人，不包括没有处方的药品福利。尽管在2003年这种情况有了改变，许多如牙科服务这样的保险重要维度还没有被包含进医疗保险。而且医疗保险也没有覆盖保险受益人医疗账单的全部成本。2006年，医疗保险受益人在医疗保健上的花费中位值是一年3103美元（Nonnemaker and Sinclair 2011）。10%的医疗保险受益人每年要花费8300美元。对许多老年人而言，医疗保险成本如此之高意味着必须在食物和药品之间进行选择，或者不得不频繁地放弃药品。

由于许多原因，尤其是医学和技术进步，医疗保健也随着时间变得越来越昂贵了。例如，在1986年到1994年之间，要延长每个心脏病人一年的生命平均要花费1.2万美元。在1999年到2002年之间，要花费30万美元来延长一个心脏病人一年的生命（Chandra 2009）。因为这三个因素——医疗保健成本增加、美国社会老龄化、有助于分担医疗成本的年轻人数量减少——到2035年，美国国民生产总值的9%将会被用于医疗保健（Congressional Budget Office 2011）。

所以，让我们再概括一下这三种趋势：（1）缴税支持社会保障和医疗保险的适龄劳动力人口数量较少；（2）使用福利的老年人更多了；（3）每个人（包括老年人）的医疗保健成本在稳定增加，老年人需要更昂贵的干预手段来维持生命。结果怎样呢？老龄化人口给政府财政带来了巨大的压力。日本面临的这些问题与美国一样艰巨，但日本的情况更让人心生畏惧。也就是说，即使美国和日本社会都在老龄化，但我们在表18.2中看到的信息指出了这种可能性，日本的人口不仅在老龄化，而且规模也在缩小，能接替那些退休人工作的新劳动者比较少。

世界各地的死亡和临终

18.4.6 理解不同国家对待老年人和病危的人有何不同。

我们常常把死亡看作我们生活中最为个体化的事件。我们也许听到过人们悲痛地说他们将"孤独终老"，而且人们对其希望经历的死亡类型存在极为多样的个人化偏好。但这些偏好不仅受到个人喜好的影响，还受到我们所处的文化、宗教和国家的影响。

比起迅速置人于死地的心脏病这样的急性事件，慢性疾病作为死亡的原因日益增多，为照顾临终的人带来了新的挑战。慢性疾病通常发展缓慢，因而深受这种疾病折磨的人能够预期自己将经历一系列最终导致死亡的健康危机。这种变化对我们选择如何管理死亡具有重要的启示。例如，不是避免死亡，而是减少临终期的痛苦和压力，这个阶段现在要比以前长了许多。

美国往往会按照医学的英雄模式对死亡进行管理，我们期望医生尽其所能去延长生命。相对比较少的一部分美国人会在一份法律文书里说明自己在什么样的情况下愿意选择死去，这份法律文书被称为医疗事前指示（Advance Directive）。例如，一份医疗事前指示也许会详细说明，一个人不想使用呼吸机，即使这对延长其生命是必要的。其他人可能会指出他们只想要姑息治疗（Palliative Care），世界健康组织将其界定为"通过对患者疼痛等症状以及其他生理、心理和精神方面问题的早期诊断和正确评估来改善面临与威胁生命疾病相关各种问题的患者及其家属的生活质量。"姑息治疗最有名的类型之一是临终关怀（Hospice Care），关注减少身患不治之症病人身体上的和精神上的痛苦。美国的临终关怀传统上是面向癌症晚期病人提供的；但随着人口的老龄化，临终关怀的范围也迅速扩展了。临

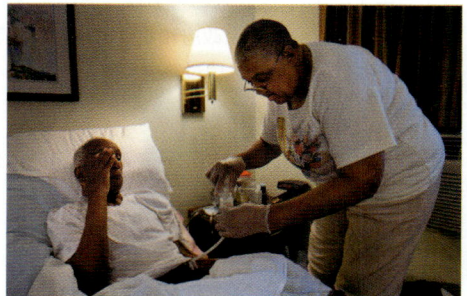

现在慢性疾病（如癌症和心脏病）造成了更多的美国人死亡，让人们产生了比过去更多的对临终关怀不同选择的需要。

终关怀组织估计美国现在高达42%的死亡会涉及某种临终关怀（National Hospice and Palliative Care Organization 2011）。

从有关世界临终关怀的质量、成本和可用性的指标整合在一起的数据（Economist Intelligence Unit 2010）来看，不同国家之间的临终关怀存在巨大的差异。像英国和澳大利亚这样的发达国家一直被认为是临终关怀质量最佳的国家，而印度、乌干达、巴西等国家则被认为是在这方面表现不佳的国家。

我们已经看到，老龄化社会以及生活于其中的个体在许多方面都是自身成功的受害者。人们所面对的多种多样的社会挑战——慢性疾病、财务负担以及围绕临终关怀期延长带来的有关议题——之所以会存在恰恰是因为在20世纪预期寿命增加。老龄化社会还提供了一个明显的例证，证明了一个更宏大的社会学原则：我们的社会制度是对自己正面对的变化着的社会情境和条件的适应。

结论

在20世纪60年代和70年代，人们理所应当地把人口快速增长当成最紧迫的人口议题，并认为这个定时炸弹会给世界带来灾难。通过指出这一点，我们开始了本章内容。但是，现在你知道其背后的原因可能看起来像是一个悖论——这就是为什么现在大多数研究这些议题的人指出人口变迁不是一个问题而是两个问题，一些国家人口快速增长和另一些国家人口的老龄化（以及人口非常快速下降的可能性）。这些趋势是由生育率和死亡率的变化以及移民引起的。在本章我们并没有详细分析移民（因为第19章将讨论这个主题），重点是生育率、死亡率和移民一起产生了全社会的变迁。这些是马尔萨斯和欧利希如此惧怕的人口定时炸弹为什么实际上并没有发生的原因。在21世纪我们担心的是另一个定时炸弹，即气候变迁。尽管大多数科学家同意全球变暖是人类活动的结果，但认为人口增长是气候变迁的主要推手的观点是不确切的，正像我们在第17章充分讨论过的那样。

■ 大问题再览18

18.1 为什么要研究人口？ 自1910年以来，世界人口规模翻一番的情况出现了两次，第一次用了57年，第二次用了45年。世界人口将会在何时再出现翻一番的情况？本部分讨论了政府和政策制定者需要了解人口趋势的原因，包括人口过剩的风险。

人口调查和人口研究

学习目标18.1.1： 讨论研究人口趋势为什么具有重大意义。

研究人口

学习目标18.1.2： 区分研究人口的路径。

核心术语

人口统计学　人口普查　人口统计　典型化事实
人口动力机制　生育率　死亡率　人口迁移
人口统计学家

18.2 人口随时间如何变化？ 为了更好地理解人口变化的动力机制，我们在本部分研究了不同国家的死亡率和生育率如何变化，以及这些变化对这些国家的人口未来可能意味着什么。

第一次人口转变

学习目标18.2.1：界定第一次人口转变及其对理解人口如何变迁的作用。

世界各地生育率和死亡率的变化

学习目标18.2.2：比较欠发达国家和发达国家的生育率和死亡率。

移民与人口惯性

学习目标18.2.3：讨论移民比例如何与人口规模变化的速度相关。

核心术语

第一次人口转变　总生育率　年龄金字塔
替代生育率　人口惯性

18.3　影响生育率的因素有哪些？ 随着时间的推移，人口数量会发生变化，这在很大程度上是因为生育实践也在发生变化（如决定要一个孩子）。在世界上大多数国家，妇女生育的孩子数量要比50年或100年前少。为什么会这样呢？在本部分，我们探讨了生育率下降的一些主要原因。

婴儿死亡率

学习目标18.3.1：解释婴儿死亡率下降与生育率下降之间的联系。

经济发展

学习目标18.3.2：解释经济发展与生育率之间的联系。

生育控制

学习目标18.3.3：解释生育控制改进、生养孩子观念的变化与生育率下降之间的联系。

子女养育

学习目标18.3.4：解释育儿成本和收益与生育率下降之间的联系。

规范和价值观

学习目标18.3.5：解释规范和价值观变化与生育率下降之间的联系。

核心术语

第二次人口转变

18.4　老龄化以及死亡率作为许多社会的重要议题，其发展趋势是怎样的？ 一些国家非常年轻的人有很多，但很少有老年人，而另一些国家现在有很多老年人，而且随着预期寿命的增加，将来会有更多的老年人。这些趋势对这些国家的就业和健康状况意味着什么？在这一部分，我们探讨了人口开始老龄化时的人口学含义。

流行病学转变

学习目标18.4.1：讨论流行病学转变如何解释对贫困国家和富裕国家人口产生影响的健康状况的差异。

婴儿潮一代的老龄化

学习目标18.4.2：讨论婴儿潮一代的老龄化如何推动了社会的整体老龄化。

老龄化和人口动力机制

学习目标18.4.3：解释为什么有些国家老龄化的速度比其他国家更快。

老龄化人口的健康问题

学习目标18.4.4：讨论医疗保健在人口老龄化中的作用。

老龄化社会的晚年生活与医疗保健的资金供给

学习目标18.4.5：讨论为什么人口老龄化会给政府和社会带来财政压力。

世界各地的死亡和临终

学习目标18.4.6：理解不同国家对待老年人和病危的人有何不同。

核心术语

流行病学　流行病学转变　传染性疾病　慢性疾病
婴儿潮　出生同期群体　预期寿命　健康预期寿命
身心不健康天数　慢性疾病患病率　社会保障
医疗保险　医疗事前指示　姑息治疗　临终关怀

移民——对移民者来说，他们离开的国家以及他们进入的国家——是这个时代最紧迫的社会学主题之一。

第 19 章
移民

作者：格勒米那·亚瑟（Guillermina Jasso）[①]

移民的故事结局通常体现为成功和悲剧之间的某种状态，反映出一种复杂的画面。也许一些移民足够幸运，以至于在来到一个新国家之前或不久之后就拥有了自身所需要的文化网络和财产；可是，许多移民的情况并不是这样。许多人拿着很低的工资在生活中挣扎。他们缺少许多公民应有的同等的权利、保护和机会。他们在新生活中常常要面对偏见和苦难。移民甚至可能会死在留置设施里，因为他们的健康问题经常被忽视并且得不到很好的处理。这种情况是极端的例子，但说明了决定搬到另外一个国家常常不是一件简单的事。

在这些移民经历中，有一些让人感觉不错的故事。例如，马德琳·奥尔布赖特（Madeline Albright）在还是一个孩子的时候，离开了社会主义国家捷克斯洛伐克，移民到美国，学习公法和政府管理，最后成为第一个美国女性国务卿。其他的移民故事就没有这么非凡的结局了。例如，出生在多米尼加的米格尔·门多萨（Miguel

我的社会学想象力
作者：格勒米那·亚瑟

我出生在距离墨西哥边界半英里远的老济慈医院（Mercy Hospital），该医院的对面是得克萨斯州拉雷多市（Laredo）的贾维斯广场（Jarvis Plaza）。但我不知道父母是"移民"。在得克萨斯州的教科书里，"移民"是生活在拥挤不堪的房子里而且有着不良习惯的南欧人和东欧人。马丁高中（Martin High School）是该市唯一的一所公立高中。每年从这里都会毕业一班坚定的反移民学生，他们的父母或祖父母绝大多数人都来自墨西哥。没有人曾告诉这些引用莎士比亚名言、演奏巴赫名曲、用口哨吹着罗杰斯和汉默斯坦的歌、跳着勒纳和罗伊舞蹈的男孩和女孩，我们自己也威胁着美国人的生活方式。

我从小就热衷于去理解世界运作的方式。后来我获得了博士学位，并开始研究公平问题，在理论上使用概率分布，在经验上使用各种场景片段。1977年的一天，我接到了来自移民归化局（Immigration and Naturalization Service）专员的一个电话。询问我是否愿意加入他的团队并就潜藏在移民议题背后的社会科学向他提供建议。"但是我对移民一无所知"，我说。"你知道的比你认为自己知道的要多，"他平静地说，"而且你可以学习剩下不知道的东西。"

这就是我开始研究移民，而且也是我得知我的父母是移民以及我就是传说中的移民二代的时候。

[①] 本章的早期版本是与莱斯利－安·博尔登（Leslie-Ann Bolden）、卡尔斯·拉莫斯（Carse Ramos）以及哈雷尔·沙皮拉（Harel Shapira）合作完成。

1. **什么是移民？政府如何管理移民？** 当社会学家研究移民时，他们研究哪些种类的事件呢？为什么研究移民对理解我们所生活的世界是重要的？在这个部分，我们将分析移民研究的基本概念和思想。

2. **美国移民的历史是怎样的？** 美国移民的一些趋势是什么？这个国家的公民、永久居民和未经许可的居民来自何处？在这个部分，我们将分析美国移民研究的历史背景。

3. **人们为什么会迁移？** 人们会因为许多原因而迁移，但最重要的原因是渴望为自己和孩子创造更好的生活。社会学家感兴趣的不仅是搬走的人和留下的人的特征，还对他们离开的国家和要去定居的国家感兴趣。比较这些不同类型的人和地区为理解移民过程的动力机制提供了重要洞见。

4. **移民在新的环境里过得怎么样？** 社会学家尤为感兴趣的是，迁移之后，当移民遇到一个新社会以及新的社会制度、经济制度和政治制度的时候，他们会经历些什么。在这个部分，我们将探讨由同化过程带来的许多有趣问题——在同化过程中，移民去适应自己正生活于其中的新社会。

5. **移民产生了哪些后果？** 在美国和世界范围内移民都是备受争议的议题，因为它对来源国、目的地国以及两个国家的个体和家庭都产生了深远的影响，包括当地人、移民以及移民的后代。在这个部分，我们将分析移民的益处和潜在的成本。

Mendoza）一般每天要工作15个小时，最后在纽约拥有并管理着4个便利店。但他的成功岌岌可危，他的一些孩子在学校里打架并且找不到工作。最终，他用大部分奋斗所得支付律师费用，以帮助陷入法律麻烦的儿子打官司。今天他每天还是要工作很长时间，并且是在给别人打工。

奥尔布赖特和门多萨的故事仅仅是美国许许多多移民故事中的两个例子。移民对美国社会的历史尤为重要。几乎我们所有的人都有一个有关移民的故事。唯一的例外是美国大陆地区、夏威夷和阿拉斯加土著人的后代，甚至这些"土著"人自己也是几千年前移民的后代。今天，世界上的每个国家都有大量的移民人口，而且在许多国家里每10个人中就有1个人（甚至每5个人中就有1个人）出生在另一个国家。尽管移民极其普遍，而且在近些年持续增长，但是在世界各个地方围绕激增的移民产生的社会和政治争议与日俱增，包括在美国。围绕移民产生矛盾的部分理由是因为移民给任何社会都带来了重要的变迁。在这一章，我们将介绍与人们跨越边界的迁移有关的议题。

19.1　什么是移民？政府如何管理移民？

移民：社会学视角

人们会因为许多理由而迁移。他们在某个镇上长大，也许会到别的地方上大学，也可能会到另一个地方去工作。一些人会因为战争、经济困境或自然灾害而被迫离开家园。有些人搬家是为了与心爱的人住在一起（如孩子、父母、爱人）。但不管背后的原因是什么，也不管要走多远的距离，从一个城市搬到另一个城市或从一个国家搬到另一个国家，移民都是我们社会的一个重要特征。实际上，从最早的人类走出非洲开始，就一直有大量的人生活在远离自己出生地的地方。这种情况一直持续到今天。在2010年，大约有2.16亿人生活在自己出生地之外的国家里（World Bank 2011a）。他们是谁？为什么要迁移？他们都去向哪里？在这一章，我们将探讨这些问题，运用社会学视角和想象力去理解移民及其影响。

从社会学视角理解移民

19.1.1　讨论作为社会生活架构一部分的移民以及移民在21世纪如何变得越来越重要。

移民是个体从一个地方迁移到另一个地方的过程。移民是一个过程的思想为从整体上理解移民提供了一种社会学方法。要把移民当作一个过程来思考就不能简单地把它看作一个单一的事件，而是应该看成是随时间而不断发生的演变——从初步的想法开始，持续到计划阶段，进而进入实际的移民，并伴随着短期和长期的影响和结果。尽管移民是一个过程，但社会学家有时会区分移出移民（Emigration）和移入移民（Immigration），前者指离开一个地方的行为，后者指到达或定居在另一个地方的行为。为了理解移民我们需要思考这个漫长的变化过程，而且重要的是不仅要思考个人移民的条件和特征，还要思考他们离开和要去的地方。

理解移民的社会学方法的第二个要素是要把更宏大的社会背景考虑进来，包括经济和政治状况这些潜在的移民层面。当然，移民的抉择和移民的结果是由个体的动机和个性造成的；然而，移民的抉择也依赖不同国家的法律、政治和社会习俗。无疑，当谈及移民时，个体动机是重要的，移民的基本动机是人们试图让自己的生活变得更美好。而社会学毫无疑问也认为每个人都想要一种好的生活，因此我们必须问：为什么渴望更好生活的人中有一些人会迁移，而另一些人却不会？对某些人而言，从一个地方迁移到另一个地方如何能够确保自己会过上好生活？为什么居住在某个地方的人要比来自其他地方的人更容易移民呢？最后，为什么来自某些地方

表19.1 世界移民：2010年移民主要接受国和输出国

国　家	百万人
A 前15位移民人口输出国	
墨西哥	11.9
印度	11.4
俄罗斯联邦	11.1
中国	8.3
乌克兰	6.6
孟加拉共和国	5.4
巴基斯坦	4.7
英国	4.7
菲律宾	4.3
土耳其	4.3
埃及	3.7
哈萨克斯坦	3.7
德国	3.5
意大利	3.5
波兰	3.1
B 前15位移民人口接受国	
美国	42.8
俄罗斯联邦	12.3
德国	10.8
沙特阿拉伯	7.3
加拿大	7.2
英国	7.0
西班牙	6.9
法国	6.7
澳大利亚	5.5
印度	5.4
乌克兰	5.3
意大利	4.5
巴基斯坦	4.2
阿拉伯联合酋长国	3.3
哈萨克斯坦	3.1

资料来源：世界银行（World Bank 2011）。

的人往往会移民到特定的地方去呢？将对过程的关注和对移出移民和移入移民的分析结合起来，社会学家对接受国（Receiving Countries）（移民要去的目的地国家）和输出国（Sending Countries）（移民来源的国家）进行了比较。正如在表19.1中看到的那样，一些国家的移出移民数量高（输出国），而另一些国家移入移民数量高（接受国），还有一些国家这两种情况的移民都很突出。

美国是最大的接受国，是大约4000万移民的目的地国家；而墨西哥是最大的输出国，差不多有1200万移民来自这里。沙特阿拉伯、加拿大、西班牙、澳大利亚和阿拉伯联合酋长国也是比较突出的接受国；而中国、孟加拉共和国、菲律宾、土耳其和埃及是主要的输出国。一些国家移出移民和移入移民的潮流都存在。这些国家包括俄罗斯（1230万移入移民和1110万移出移民——毫无疑问这是自苏联解体以来的人口变动）、德国、印度、英国、乌克兰、巴基斯坦、哈萨克斯坦、意大利和法国（有170万移出移民，未进入前15位输出国之列）。在本章后面，我们将更详细地分析为什么一些国家是输出国或接受国。但到现在，我们要牢记世界移民不是随机的，而是高度模式化的；移民具有一种规则和特别的模式，某些人和某些地方要比其他人和其他的地方更可能与移民相关。

限制移民

19.1.2　分析社会如何寻求限制或规范移入移民和移出移民。

当个体和家庭试图从一个地方流动到另一个地方的时候，其来来去去的经历并不总是开心或合法的。实际上，纵观历史，许多社会都试图限制移入移民和移出移民。有关移民的规定范围广泛，从绝对禁止人们离开（如冷战期间的东欧社会主义国家，大约是从1948年—1989年）到规定特定的群体（比如从1933年到1945年纳粹统治期间的德国犹太人）被强制离开或流放（就像诗人但丁那样，他在1302年被判从自己的家乡佛罗伦萨永久流放）。建于1961年，作为东德和西德之间的屏障，环绕东柏林边界的柏林墙，是政府努力防止人们离开的重要标志。更近来，许多国家担心智囊流失（Brain Drain），即受过良好教育、技术熟练的公民离开本国前往别的国家，在那里他们的技能会产生更多的成果，能赚更多的钱。各国采取了各种各样的策略打消最有技能的年轻人离开本国的想法。这类措施旨在促进经济增长，希望更多的就业机会能改善保留率。各国有时也关注移民社群（指定居在离家乡很远的地方的人）的成员，希望吸引这些人返回自己的来源国。

相似地，从历史来看，群体和社会也试图规范移民。对于移出移民来说，这样的规范涵盖着从绝对禁止（防止任何一个人进入一个国家）到强制输入（如18世纪和19世纪庞大的奴隶移民）。在这些极端的规范形式之间是今天世界各地普遍存在的详细规定，这些规定会直接拒绝一些移民，也会在各种各样的规定下让一些人入境并允许短期或长期停留居住。不管短期居住还是长期居住，都有一套复杂的制度要求国外出生的人拿到签证——批准入境的文件。决定谁能获得签证成为移民政策的一个关键部分。

不仅要把移民理解成个体的抉择，还要看到移民会受到政府政策和社会经济力量的影响。不管有关离境的规范还是有关入境的规范，都代表着这种认识过程的一种重要因素。另外一方面，在对移民进行社会学分析时，我们需要思考输出国和接受国的社会、经济和政治情况，还需要思考移出移民政策和移入移民政策，即每个国家建立的、与人们跨越边境的流动有关的一系列规则和规范。也许尽管一个人想离开一个国家，但他（她）被禁止离开，或者选择去什么地方会受到严重限制。在下面的部分，我们将通过思考美国移民政策来突出强调这些议题。

美国移民政策的基本结构

19.1.3　辨析美国移民政策的主要组成部分。

美国大量存在着在其他国家出生的人及其后代。在美国历史上也一直如此，这也是为什么美国会被称为"移民国家"（Nation of Immigration）。愿意移民到美国的人要比法律上允许移民的人多。这两个关键事实显示出签证制度——签证允许个体合法短期或长期生活在一个国家里——的复杂性和外国出生居民所能获得的权利和义务的广泛多样性。

监管签证、公民身份以及相关申请的责任由国土安全部（Department of Homeland Security）、美国国务院（Department of State）以及劳工部（Department of Labor）共同承担。例如，美国公民及移民服务局（U.S. Citizenship and Immigration Service，简称USCIS）是国土安全部的一个部门，负责监管为亲属或员工提供担保的申请，国务院负责监管短期访问和签证抽签的申请，两者一起负责监管合法永久居民的申请。

在当前美国法律下，在国外出生、现生活在美国的人包括：合法永久居民，也被称为合法移民，即那些被授权可以在美国永久生活和工作的人，但不是美国公民；外国出生的美国公民包括已归化公民（Naturalized Citizen，即永久合法居民采取必要的额外程序成为美国公民）和衍生公民（Derivative Citizen，主要是儿童，父母被归化后获得公民权的儿童和被美国公民收养的儿童）；合法的临时居民（Legal Temporary Residents）（包括非移民），指以各种合法和短期身份在美国停留的人；未经许可的移民（Unauthorized Migrants）（常常指非法移民），指国家中没有适当签证的人。所有这些群体在就业上都会面临一些限制。一些短期签证禁止就业，其他一些签证则会有各种不同程度的就业限制。即使最有特权群体里的人——在国外出生的美国公民——也不能成为美国总统或副总统。因此，签证状态在许多方面决定着一个国外出生的人的遭遇。而且，重要的是，不理解一个国外出生的人的签证状态常常就无法解释其行为和选择。

获准短期进入美国居住的过程是复杂和不同的。美国法律将非移民（Nonimmigrant）界定成出于特定目的试图短期进入美国的外国人（国外出生、不是美国公民或不拥有美国国籍的人）。目前美国非移民签证超过20类，由各种各样的字母和数字来命名，包括旅游签证、学生签证和专业工作签证。一些非移民签证对相对短期的停留有效或有关。另一些与长期居留——有时是非常长的长期居留有关。例如，全日制留学生（F-1 Student）可以一直居留到完成学习课程；相似地，外国媒体记者和国际组织的雇员可以在美国"短期"生活和工作，这个"短期"也许可以达到或超过20年。

短期人道主义身份提供给难民、寻求政治避难者、假释犯。难民身份（Refugee Status）是保护的一种形式，赋予那些因为种族、宗教、族群、政治观点或特定社会群体中正在遭受迫害或担心遭受迫害的人的保护。难民通常在祖国之外流亡；难民身份只能从美国之外寻求引荐。寻求政治避难者的身份是指满足难民的界定但已经在美国或在入境口岸寻求进入许可的人。要符合难民或寻求政治避难者身份，一个人必须符合适当的法律标准，能证明如果自己返回祖国就会受到迫害的"恐惧理由充分"；还要能证明是政府进行的这种迫害（或者是由政府不愿或不能控制的群体施加的）；而且正如前面提到的那样，这种迫害是因为种族、宗教、族群、政治观点或在一个群体里的身份而产生的。

表19.2　近来每年美国新合法永久居民的流向

财政年	全部移民数	非《移民改革和控制法案》特赦移民数
A 平均年流动量		
1991—1995	1,046,063	781,848
1996—2000	773,021	771,307
2001—2005	980,478	980,344
2006—2010	1,119,850	1,119,735
B 年流动量		
2006	1,266,264	1,266,047
2007	1,052,415	1,052,322
2008	1,107,126	1,107,010
2009	1,130,818	1,130,735
2010	1,042,625	1,042,563
2011	1,062,040	1,061,989
2012	1,031,631	1,031,586
2013	990,553	990,513

注释：新合法永久居民的流向代表着在这个时期所有被授予合法永久居民身份的人。在大多数年份里，一半以上的拥有合法永久居民身份的人现在生活在美国。在2000年这个财政年度里，"非《移民改革和控制法案》特赦移民数"一栏的数字是指新永久合法居民中非《移民改革和控制法案》特赦而生的合法移民的总和。在移民归化局和国土安全部2014年鉴中的表4中这个数字是被报告为"不合法移民总数"。2005年到2013年的年鉴没有报告不合法移民的总数，但可以通过从表7中的总计数中减去《移民改革和控制法案》特赦而生的合法移民总数而得。在1991年到2013年期间，《移民改革和控制法案》特赦而生的合法移民总数从1991高达100多万人减少到1998年以来的每年不到1000人，在1999年达到了最低的8个人，从2005年到2013年的财政年里总人数分别是188、217、93、116、83、62、51、45和40。

资料来源：基于美国国土安全部的数据（U.S. Department of Homeland Security 2002—2011）。

准许获得合法永久居民身份的种类主要有两种：不限制数量的和限制数量的。不限制数量的合法永久居民身份被授予给美国公民的配偶、年幼的孩子（21岁以下）以及美国成年公民的父母。限制数量的合法永久居民身份主要被授予给三种类型的移民：家庭移民（由美国公民的成年子女和兄弟姐妹、合法永久居民的配偶和未婚子女构成，并被划分成四种家庭优先类型）；工作移民（通过五种工作优先类型申请，针对没有足够的美国工作者承担的工作）；多样化移民（签证抽签的中选者，这用来指定在近来移民中未被充分代表的人）。达到特定签证要求的人被称为主申请人（Principal）。配偶、年幼的孩子和成年美国公民的父母这三类数量不受限制的签证只限于主申请人。大多数其他类型提供合法永久居民签证不仅提供给主申请人还提供给主申请人的配偶和年幼的孩子。

总的看来，美国每年许可大约100万人获得合法永久居民身份（见表19.2）。每年颁发的限制数量的合法永久居民签证数量情况如下，家庭移民签证大约22.6万个，工作移民签证14万个以及5万个多样化移民签证。大部分的新合法永久居民拥有的都是不限制数量的签证（U.S. Department of Homeland Security 2002—2011）。

大部分的新合法移民是由出生在墨西哥的人组成的——在2001年到2010年占移民总数的16%。构成新合法移民的第二大群体由在中国出生的人构成，占总数的6.31%，不到墨西哥移民群体的一半。在新合法移民中排在第三到第五位的是印度（6.31%）、菲律宾（5.59%）、多米尼加共和国（3.13%）。在2013年不同国家的排序还是如此。超过一半以上的永久合法移民已经

生活在美国。在1996年到2005年这10年里，获得美国永久合法居住身份人的比例是55.8%；在2006年到2010年这段时间上升到59.2%，但在2011年到2013年这段时间里却下降到53.8%。合法永久居民的一个重要又有趣的特征是女性在新移民中占据了大多数——差不多有55%。这是因为签证分配强烈关注家庭，美国公民的妻子和母亲构成了配偶和父母签证的大部份份额。

申请移民签证的过程艰难无比、耗时甚巨。等待限制数量的签证的人也许需要等待许多年（U.S. Department of State n.d.）。当前极端的上限值超过23年，那些来自菲律宾、作为美国公民的兄弟姐妹等待签证批准通过的人就是如此；在其他极端情况下，面向处于工作签证第一偏好类型（在科学、艺术、教育、商业或体育具有卓越能力的人；杰出的教授或研究者；跨国经理或管理者）里的世界级"优先劳工"（Priority Worker）的签证则立等可取。等待限制数量签证的队伍很长（U.S. Department of State 2014）。每年几乎有450万人已经经过核准然后在等待差不多36.6万个有限的签证。这意味着当前申请签证的人需要等待超过12年的时间。

美国的合法永久居民签证制度

19.1.4 辨析美国公民具有的特权。

近来移民研究的一个重要洞见是，不理解移民在美国的合法地位就无法理解移民的行为——他们是如何来到美国的；他们是否有绿卡（Green Card）（指一张打印好的永久居住证，移民必须时刻随身携带作为自己合法永久居民身份的证明）；如果有，移民又是如何获得绿卡的。例如，任何对移民工作和就业的评估都需要有关他们工作授权的信息；要理解移民中的房屋所有权需要理解他们所要面对的被驱逐出境的风险；要理解移民后代及其在学校的行为和选择就需要理解他们是否要求拥有美国公民权。社会学家现在认同从非法身份向合法身份的转变代表着一种具有重大意义的社会向上流动（Bean and Stevens 2003；Jasso，Massey，Rosenzweig，and Smith 2008）。那些获得合法永久居民身份的移民拥有创造未来的机会，而不用担心被驱逐出境。经过一段时间之后，他们就有资格享受与美国公民相同的公民和社会项目。出于这些理由，获得合法永久居民身份对移民个体及其家庭都至关重要。

大部分个体在寻求合法永久居民身份时都需要一个担保人（Sponsor），该担保人提出确认未来移民者合法性的最初申请，并开始申请签证的过程。在家庭移民的情形中，担保人是移民者的亲属，要求该亲属已经是美国公民或已经取得合法永久居民身份；对工作移民来说，担保人是属于雇用方的个人或公司。在某些情况下会免除对担保人的要求，比如丧偶者和已故美国公民的子女，或者具有虐待行为公民的配偶及子女，或者处于《受虐妇女保护法案》（*Violence Against Women Act*）保护的永久合法居民。

预期移民者可以在美国境外申请合法永久居民身份，或者如果他们已经在美国居住下来了，可以在美国国内申请调整到合法永久居民身份。通常，一半以上的合法永久居民签证都是调整而来。

成为一个美国公民

19.1.5 讨论移民如何才能成为美国公民。

一个移民如何成为美国公民呢？通常来说，在国外出生的人有两种获得美国公民资格的途径。第一种途径是归化，第二种是从其父母那里衍生而得的公民资格。归化是一个年满18岁或以上的人获得公民资格的过程。归化的条件包括成为合法永久居民已经一段时间、身在美国、通晓英语、了解美国的历史和政府、"良好的道德品格"以及忠于美国宪法。

当父母是美国公民时，其具有合法永久居民身份、未婚、18岁以下并处于父母合法和人身监护下的子女自动获得美国公民身份；他们的公民身份从父母那里"沿袭而得"（Derive）。当然，对特殊的情况存在许多复杂的规定，比如收养的孩子和合法生育的孩子。出生在美国的孩子一出生就获得了美国公民身份，即使其父母在他们出生时并不是美国公民。当前与此有关的主要例外情况是与某些外交官的孩子有关，这些人的子女被认为"不受美国司法权限制"，因此不受《宪法》第十四修正案约束。

"非法的"或未记录在案的移民

19.1.6 讨论非法居留和美国的移民政策。

当一个人没有获得正式的合法权利就进入或居住在一个国家时，最有争议的移民类型就出现了。这种类型的移民被称为非法移民（或未记录在案的移民），这些未经授权的居民生活在社会法律的边缘，与政府官员的任何接触都可能会导致自己被强制遣返回国。未经授权的移民无法去做合法永久居民可以做的事情，因为其合法地位岌岌可危。我们对这些移民所了解的情况不像我们对合法移民或合法短期居民所了解的那样多（例如，未经授权的移民也许不想回答研究问题）。但是，近来的一项研究估计生活在美国的非法移民大约有1100万人，其中大部分人来自墨西哥，1/4的人来自拉丁美洲的其他地区，剩下的人来自分散在世界各地的各个国家（Passel 2005；Passel et al. 2014）。据估计，这些非法移民约有500万子女，如果这些子女出生在美国就是美国公民（这导致一种自相矛盾的情形，子女拥有住在这个国家的法律权利，但其父母却没有这种权利）。当前大部分未经授权的移民（差不多有60%）在美国生活的时间在10年以上（Passel et al. 2014，figure 3）。

美国人在如何对待非法移民问题上存在非常严重的分歧。一些州采取激进措施试图清除本地区的所有非法移民，并把他们送回本国去，这个政策被称为驱逐出境。这方面最有名的州是亚利桑那州。奥巴马政府也悄悄推行在雇主帮助下来美国生活的移民雇员的驱逐移民政策。但其他人认为，在美国生活许多年并且纳税的非法移民应该拥有一种获得公民身份的途径。正如图19.1指出的那样，一项新近有关公众优先考虑的移民政策的研究发现，33%的美国人会优先考虑进行更严格的执法和范围更广的审查，23%的美国人赞同为非法移民提供成为合法公民的途径，而41%的人认为应该对两种政策给予同样的重视。

围绕非法移民的地位所产生的政治争议也许会持续到可预见到的未来。

_____%说在处理美国非法移民问题时应该优先考虑的政策应该是_____

- 范围更广的审查和更严格的执法
- 为那些在美国生活的非法移民提供成为公民的途径
- 两个方面要给予同等的优先性

42 — 42 — 47 — 41
33 — — 28 — 25 — — 33
22 — — — 27 — 25 — 23

2010　2011　2012　2013　2014
年

资料来源：皮尤研究中心。

图19.1　公众优先考虑的移民政策

19.2　美国的移民历史是怎样的？

移民的历史

尽管围绕移民存在争议，但就美国的历史而言，这个国家还是欢迎外国人的——尽管有时候是情非得已，而且在有些时期美国移民的数量也相对比较少。联邦政府在1820年开始收集有关移民的数据，而且历史数据现在每年都会在官方报告中发布出来[《移民统计年鉴（*Yearbook of Immigration Statistics*)》及其前身]。单单这些数据就能体现出有关移民历史的不少信息。图19.2 展示了美国移民的趋势，区分了包含在和不包含在经由1986年《移民改革和控制法案》特赦条款获得合法永久居民身份的人（这项法案制定的一套新规则使得长期生活在美国的未经授权的移民有机会获得公民身份而不用返回自己的来源国）。图19.2以垂直线为标志区分出四个不同的移民时代，我们将在本章剩余的部分逐一进行讨论。

注释：主要的红色实线代表着每年的新合法移民数量。垂直的黑色虚线区分出了四个移民时代。

资料来源：基于美国国土安全部的数据（2010）。

图19.2 流向美国的移民：1820—2010年

美国移民的四个时代

19.2.1 辨析美国历史上的四个移民时代并解释每一个时代的特征是怎样的。

第一个移民时代（1789—1874中：限制前期）可以被概括为移民很大程度上不受限制的时期。据1790年的第一次人口调查统计，差不多有400万移民，其中70万人是来自非洲的奴隶，剩下的人是自由的白人和契约用工，这些人大部分拥有英国、荷兰和德国血统。可是，尽管移民大部分不受限制，但归化却并不如此。1790年的《归化法案》规定归化只限于"自由白人"，非白人、契约用工以及已婚女性被排除在外。因此，在第一个移民时代存在两种类型的移民——那些有资格被归化的人和那些没资格被归化的人。后者包括许许多多靠武力被带到美国的奴隶。

要特别指出的是，在第一个移民时代没有像今天一样，归化的移民才有选举权，而选举权是公民身份的重要标志。在那时，大部分州允许移民参加联邦、州和地方的选举，并不要求移民是公民才可以选举，有时会向移民宣传这种权利，把其当作吸引移民来该州生活的一种方式。直到1926年，最后一个州（阿肯色州）才废除了非公民的选举权（Keyssar 2000）。19世纪的美国民主通过各种方式欢迎移民选民。主要政党会竞相吸引不同种族群体成员的拥护，在选举季举行大量的游行和庆祝活动。

如果说第一个移民时代的特征是开放和没有限制性，那么1875年则标志着第二个移民时代的开始（1875—1920年：质量限制时期）和明确的移民政策的开端。在这个时期，对移民不存在大量的限制，只存在一套越来越详尽的基于个人或行为的排斥标准。卖淫者和罪犯首先成为不受欢迎的移民而被禁止入境（1875）。接下来，1882年5月6日的《排华法案》（*Chinese Exclusion Act*）暂停了中国劳工的移民。在三个月内，1882年8月3日的《移民法案》建立了第一个金融测试（financial test），声称那些可能成为政府救济对象的人不能入境，而且要向每个移民强制征收50美分的人头税。不被接受的移民名单不断增多——具有某种传染性疾病的人、各种类型的罪犯、重婚者（1891）、无政府主义者和提倡推翻美国政府的人（1903），等等。第二个移民时代限制移民达到高潮的标志是，在1917年通过立法要求对成年移民进行读写测验（尽管对有文化移民的文盲妻子不做这样的要求），并且禁止来自亚洲-太平洋地区的人移民。

对个人特征的新关注点可以从移民统计中看到。在1899年，移民局开始收集有关"种族或族群"的数据。根据迪林厄姆委员会报告（Dillingham Commission Report）（U.S. Immigration Commission 1911），"这种严格限制移民的政策是必要的，因为来自南欧、东欧、加拿大以及其他来源的移民，其出生地国家没有提供让人满意的有关这些移民实际种族或族群状况的线索"（Vol 3，p.44）。

但是，基于个人特征进行的移民限制被证明其不足以消除对另一种开放移民政策的不满。随着生活在大城

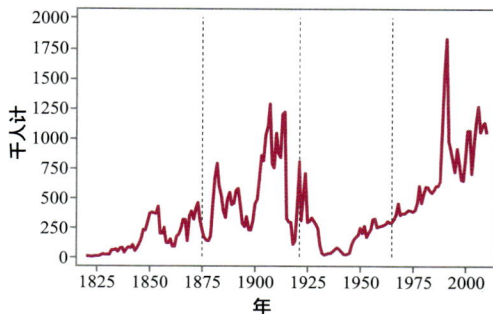

市里的移民数量快速增长，反移民的倾向在美国许多地方也发展起来。移民同当地居民在就业以及经济机会方面的竞争加剧，还开始在移民人数众多的地方（比如波士顿和纽约）要求政治权利。日益增长的反移民浪潮发展起来了，这能从报纸、流行的动画片、电影以及文学作品里极端刻板化的移民形象中清晰地体现出来。偶尔，移民和当地人之间还会爆发冲突。美国两党的政治家从选民那里开始感觉到压力以至于关闭了面向新移民的大门。

这些压力最终导致第三个移民时代的到来（1921—1964年：除了对东半球移民进行广泛限制，还对全球范围的移民进行严格限制）。1921年通过的《紧急配额法案》（Emergency Quota Act）拉开了这个移民时代的序幕，该法案将来自任何东半球国家的移民数量限制在该国家1910年在美生活人数的3%，所有国家共计35.7万人；在西半球国家持续生活至少一年的人得到该法案的豁免。1924年5月26日的《移民法案》（Immigration Act）更引人注目，该法案也被称为《民族来源限额法案》（National Origins Act），它为后来的大幅减少总配额数、只有15.4万人的制度提供了过渡性的移民配额制度；而且更为严格的是，各民族（国）的配额是根据1920年美国人口中来自该民族（国）原籍者所占的比例而定的。这个法案主要用来限制来自南欧和东欧的移民数量，在20世纪大量犹太人、意大利人和斯洛伐克人来到美国。尽管生活在同一片蓝天下，但来自北欧和西欧的移民享有更慷慨的配额（例如，在总计15.4万个的配额中有6.6万个给了英国人，2.6万个给了德国人）。除此之外，1924年的法案禁止不符合归化条件的移民入境。

第三个移民时代出现的新移民限制带来了新制度和新法律。首先，因为西半球的移民不受限制，所以来自东半球的人会试图穿越加拿大和墨西哥的边界非法进入美国。因而在《民族来源限额法案》通过的两天之后，政府就建立了边境巡逻队，其任务是防止非法入境。最早的两个边境巡逻队设在得克萨斯州的埃尔帕索（El Paso）和密歇根州的底特律。其次，尽管有边境巡逻队，而且一些边境巡逻队也发挥着作用，但现在肯定还有非法入境者。1929年的《注册法案》（Registry Act）为1924年7月1日之前入境、不管符不符合归化资格的人都提供合法化手续。自那以后，非法移民合法化的有效截止日期变更了几次；现在是1972年1月1日。第三，《约翰·杰伊条约》（John Jay Treaty 1794—1795年）保证穿越加拿大边界的美洲印第安人能安全通过。为了确保这个承诺得到兑现，美国通过1928年4月2日的法案，允许出生在加拿大的美洲印第安人成为美国合法永久居民。

在很长一段时间里，对归化入籍（和移民）的种族歧视一直是人们主要关心的问题，即如何界定"白人"——这促发了像1909年热议的"拿撒勒（Nazareth）的犹太人是否应该被拒绝归化入籍"这样的种族大事件（Smith 2002）。更宽泛地来说，"成为白人"这个主题在移民历史上不断再现，例如，包括爱尔兰人、意大利人、犹太人以及其他种族的移民史（Ignative 1995；Jacobson 1999）。

1924年的法案还产生了更多、更可怕的后果。在民族来源限额制度下，美国通常会拒绝成千上万的难民和寻求政治避难的人入境，主要是指第二次世界大战前和期间逃离纳粹迫害的犹太人。这显然包括那些登上圣路易斯号客轮（S.S. St. Louis）上的人，这艘横跨大西洋的客轮在1939年到达了古巴和美国，却只能被迫返回欧洲的被占领地区（在这些地方，船上的一些乘客后来悲惨地被送到了集中营）。

但归化入籍存在种族歧视的日子是短暂的。第二次世界大战很大程度上终结了美国的失业局面，并产生了数以万计的工作岗位。甚至在退休的人、家庭主妇和学生都加入劳动力市场以后，还是存在劳动力短缺的情况，这尤其体现在农业和铁路维护行业里，在战后的许多年里都是如此。为了满足新的需求，美国和墨西哥达成了一系列协议，这些协议从1942年开始实行，后被称为合法临时工计划（Bracero Program）。在这个计划下，墨西哥工人可以来到美国就业。战后繁荣甚至产生了更多的工作岗位，合法临时工计划一直持续到20世纪60年代晚期。在20世纪50年代晚期该计划达到顶峰，通过短期、非移民签证，每年有40万到50万的墨西哥劳动者来到美国（Calavita 1992）。

1965年以前移民政策的争议性一直在引发不满和争论，甚至在入境渠道极为有限的时候也是如此。开放边界的压力开始增加。一个重要的变化是一些雇主寻求更多的开放性。农业以及合法临时工计划的情况意味着，在一定程度上，雇主有兴趣维持来自墨西哥的低工资劳动力供给。公民自由主义者（Civil Libertarian）和自由主义者也不赞同配额制度，但理由不同（例如，注意到该制度在分配进入美国的机会上不够公正并否认了那些短期入境者的基本权利）。

经过长时期的激烈争议之后，重要的移民改革最终以1965年《移民法案》（Immigration Act of 1965）的形式体现出来，该法案将美国引入到第四个移民时代（1965年至今：对两个半球的移民都进行数量和质量控制）。1965年《移民法案》废除了种族来源限额制度，并建立了一个两级移民制度——一级是对美国公民直系亲属移民数量不加限制，另一级是对其他移民者的签证数量进行限制。起初，限制数量的签证在两个半球的移民中的分配是不同的，沿袭着早期的做

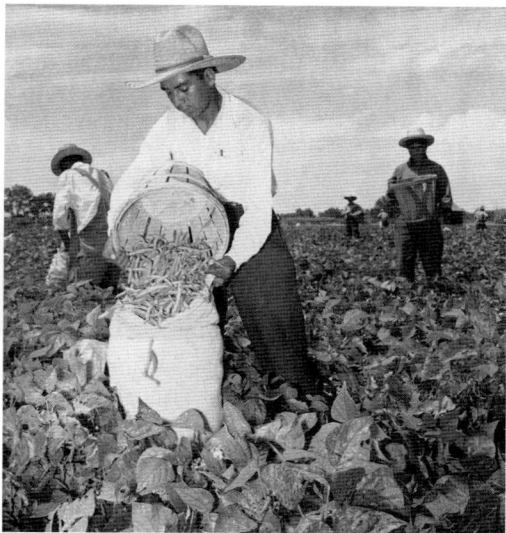

20世纪40年代到50年代期间的合法临时工计划使得基于短期合同、接受低工资的墨西哥农业劳动者大量进入美国，但这个计划不允许他们成为美国的永久居民。

法——对西半球的移民遵循先到者先办理的原则（现在也有上限了），而针对东半球移民的签证分配则基于偏好的人群类型进行发放，非直系亲属和工作移民优先。在1976年，偏好类型制度延伸到西半球移民身上。今天这种制度仍然在发挥作用。

偏好类型制度随着时间已经被深入修正了，对基于家庭和就业的签证规定不同的上限值和偏好类型。此外，1965年的法案还基于人道主义和多样化基础提供移民机会。基于人道主义，具有难民签证或者获得政治避难身份获准入境的人在美国居住一年可以被调整为合法永久居民身份。基于多样性，美国每年发放5万个签证给在此前五年移民人数低于5万的国家的公民，向那些在美国没有亲属也没有雇主但能自力更生的人提供成为合法永久居民的机会。每年有几百万人申请这些绿卡；通过抽签决定入选者。

签证抽签的历史与种族存在着一种有趣的联系。20世纪70年代，随着1965年《移民法案》的家庭团聚条款使之前移民者的亲属流动日益增加，这一点变得越来越明晰，政策制定智囊团又产生了新的关注点。对那些在移民洪流中没有一席之地的国家的国民来说，几乎没有什么机会能移民到美国。例如，移民和难民政策选择委员会（Select Commission on Immigration and Refugee Policy）的文件传递出开放面向"独立"移民新渠道的迫切感，该委员会的最终报告于1981年发布，其关注点至少部分涉及来自非洲的少数黑人移民。在设想的开放移民渠道中选择移民的许多程序得到了讨论，包括积分制度（Point System）（Jasso 1988）。最终，美国建立了多元化移民签证计划（Diversity Visa Program），使黑人和其他亲自非洲的人能获得新签证。要指出的是，移民中并不缺少来自加勒比海的黑人移民；而是缺少来自非洲的黑人移民。

自2001年9月11日的恐怖袭击之后，美国移民政策经历了重大变迁。在恐怖袭击发生后不久，联邦政府通过了许多措施使世界各地的人，尤其是具有大规模穆斯林人口国家的人更难来美国旅行或更难获得短期或长期居住签证，包括像在美国大学读书这样的事情。最近这些年，对从这些国家入境的外国人的监控也显著增强。这些措施产生了有关美国未来想要如何开放的重要问题。

从前，人们认为在跨越2000英里（约3219千米）长的边境线上设立52个石碑是美国和墨西哥之间的合适边界。从19世纪晚期到20世纪50年代早期再到今天，是什么改变了政府对1600万欧洲移民所构成的移民群体的观点和政策？有哪些经济、社会或政治事件影响着这些变迁？

美国-墨西哥边境

19.2.2　分析不断发展的、与移民和美国-墨西哥边界有关的议题。

当代一个与移民有关的重要议题一直是如何保护美国和墨西哥之间2000英里（约3219千米）长的边境线。数以百万的人越过这个边境线来到美国建立新生活。它是世界上最大的移民走廊，实际上是第二大走廊（从乌克兰到俄罗斯）的3倍。政治家和公民群体要求加强对边境的执法。美国-墨西哥边境的历史让人着迷。美国-墨西哥边境最早是在19世纪中期通过在广袤的沙漠里设立的52个小石碑建立起来的。

在1924年以前，都不存在正式的边境执法。在那一年，美国开始组建边境巡逻队。但在20世纪的大部分时间里，该边境的大部分区域在很大程度上是开放的。直到1994年，联邦法律批准在美国和墨西哥之间建立一堵庞大的围墙，而且美国边境巡逻队的预算从1990年的2.62亿美元飙升到2013年的35亿美元。甚至这庞大的支出也没有让每个人满意。正像近来由社会学家哈雷尔·萨皮拉（Harel Shapira 2013）所做的一项研究指出的那样，自称民兵（Minutemen）的全副武装的公民群体威胁会射杀任何穿越边境的人。

有些讽刺的是，成功加强边境执法产生了重要的影响，使墨西哥移民更难往返于墨西哥和美国之间。一旦到了美国，墨西哥移民就会担心被迫离开美国返回家园。为什么？简单说来，他们也许回到墨西哥后就无法再回来了（Massey 1993）。通过这种方式，严格的边境控制可能实际上对墨西哥和其他拉丁美洲国家出生的人口增长产生了促进作用。

近来的移民来自哪里？他们在美国又居于何处？毫不奇怪的是，他们并不是均匀地分布在整个国家里，而是往往会集中在特定的地方。一半以上的移民集中居住在这四个州里——加利福尼亚州、纽约州、得克萨斯州和佛罗里达州。加利福尼亚州的移民比例最高（占州人口的27%）。纽约州、新泽西州、佛罗里达州、内华达州、夏威夷州以及得克萨斯州都有超过15%以上的国外出生的居民。总之，在2013年，大约有4100万国外出生的人生活在美国，超过了美国总人口的13%。要了解移民来自哪里和居于哪里的更多信息参看图19.3里的地图。如图所示，2010年生活在美国、出生在国外的人口中，超过一半的人出生在拉丁美洲和加勒比海地区，超过1/4的人出生在亚洲。移民人口的出生地比例最高的国家是墨西哥（占总数的29.3%），排在后面的依次是中国、印度、菲律宾和越南。

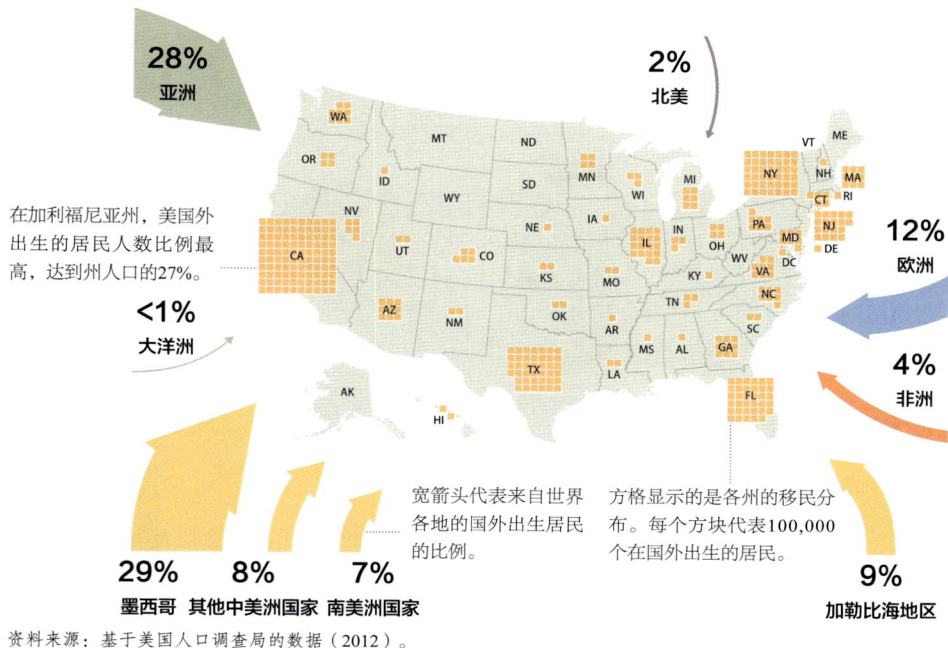

28%
亚洲

2%
北美

在加利福尼亚州，美国外出生的居民人数比例最高，达到州人口的27%。

12%
欧洲

<1%
大洋洲

4%
非洲

宽箭头代表来自世界各地的国外出生居民的比例。

方格显示的是各州的移民分布。每个方块代表100,000个在国外出生的居民。

9%
加勒比海地区

29%
墨西哥

8%
其他中美洲国家

7%
南美洲国家

资料来源：基于美国人口调查局的数据（2012）。

图19.3 生活在美国

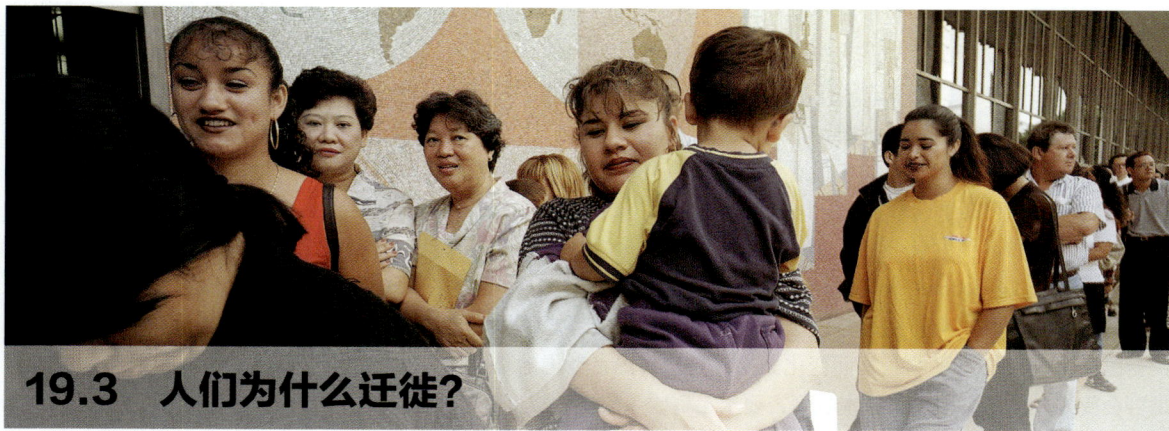

19.3 人们为什么迁徙？

自我选择、推力和拉力因素与移民动力机制

人们会因为许多理由穿越边境。最重要的原因是，迁徙也许会为自己和子女带来更好的生活。然而，社会学家了解人们为什么迁徙最重要的方法是，分析移民者所预期的在来源国的福利和其所设想的自己或家庭在目的地国的生活之间所能得到的潜在益处。这种比较的结果共同依赖于潜在移民者的自身特征和其来源国（包括其推力因素）和目的地国（其拉力因素）的特征。来源国的推力因素是指那些驱动人们离开的因素，而目的地国的拉力因素是指那些吸引人们去那里的因素。一些推力因素包括来源国的经济困境或政治冲突。同时，拉力

因素包括接收国的经济和政治特征。对一些人而言，移民会带来益处，而对另一些人来说则并非如此。为了解这一点，一个重要的比较是对比在来源国的预期工资和在目的地国的预期工资（根据购买力进行调整）；国家之间在技能和职业的报酬上是不同的；因此，一些个体会从迁徙中获得经济益处，而另一些个体就不会；而且在那些受益的人群中，一些人要比另一些人获益更多。

不仅如此，国家与国家之间还会以许多不同的方式相互关联。例如，来自墨西哥的人更可能去美国而不是去欧洲，这不仅因为美国的工资更高，还因为两个国家之间共享着接近2000英里（约3219千米）的土地边界和一段悠久的历史，两个国家的人民和经济以多种方式相互关联着。墨西哥和美国是重要的贸易伙伴；美国是墨西哥最大的贸易伙伴，在2012年购买了墨西哥77%的出口产品；而墨西哥是美国出口产品的第三大购买国。美国有许多公司设在墨西哥，并且还有大量的投资。因此，两个国家的人民在另一个国家都有许多商业同僚、朋友和家人。

迁徙的意愿和移民的动力

19.3.1　分析影响迁徙意愿的因素。

尽管移民是一种普遍现象，但大多数人不会搬到另一个国家去。迁徙的意愿及其释放出来的移民动力（Migrant Energy）在强度上是不同的。一些人可能非常想移民，另一些人可能有点儿想，而其他一些人可能根本就不想移民。据说，迁徙意愿强烈的人对移民具有积极的自我选择性。换句话说，那些选择移民的人常常是那些最积极想去新的国家并且具有非常大的决心去获得成功的人。

为了理解哪些因素影响着迁徙的意愿，社会学家将之与其他的个人特征联系起来，如收入或健康状况。例如，我们会问，富人和穷人中哪个群体的迁徙意愿会更强烈？在健康或不健康的群体中又是怎样的情况呢？这些问题的答案有助于阐明一些人决定迁徙而另一些人不会这么做的原因。如果在来源国迁徙的意愿在技能水平高的人群里最强烈，我们就说基于技能的自我选择是积极的；如果迁徙的意愿在技能水平低的人群里最强烈，我们就说基于技能的自我选择是消极的。相似地，如果最健康的人具有最强烈的迁徙意愿，我们就说基于健康维度的自我选择是积极的；如果最不健康的人具有最强烈的迁徙意愿，我们就说基于健康维度的自我选择是消极的。选择类型有助于解释不同移民流的特征和机制。

社会学家和其他的社会科学家有时会将一种力量或维度分离出来进行分析，探索其在移民过程中的动力机制。免受匮乏（Freedom From Want）就是一个好例子。有关移民过程的许多理论开始都会假定人们迁徙是为了最大化自己的福利，更特别的是，这些理论常常假定在考虑移民成本之后，福祉会随着来源国家与潜在目的地接受国家之间工资水平的差异而变化。换言之，移民者考虑的是，如果迁徙到一个新的国家，自己的经济状况是否会变好。结果，移民的成本越高，要求工资收入改善的程度就越高。

不管移民的动力机制是怎样的，移民行为一旦开始了，常常就会延续下去。这会以几种方式体现出来。首先，移民存在惯性。例如，如果一个年轻人的父亲和祖父每年都去国外参与工作，这就会变成一种期待，甚至也许会成为一种惯例，这个年轻人也会这样去做。其次，移民成本会世代减少，因为至关重要的信息能够从父母传递到孩子那里。这些以及其他的机制会随着移民者网络的形成和扩大而不断得到加强（Massey et al. 1993）。

迁徙者与留守者

19.3.2　区分迁徙者与留守者。

从寻求使生命更美好这个视角来看，我们能把进行着的移民过程进行分离和分析。再考虑一下并不是每个具有强烈迁徙意愿的人最终都移民了，反而一些迁徙意愿不强烈的人实际上却会移民这个事实。这是为什么？对此的解释有两个理由。第一，再回忆一下早些时候对有关离境和入境的政府政策的讨论。一些个人也许会被阻止离开来源国家或进入目的地国家。另一些人也许会被强制要求离开来源国家或进入目的地国家。第二，家庭动力的干预，这会迫使一些人迁徙或使一些人无法迁徙，无论他们的迁徙意愿有多么强烈（Mincer 1978）。

社会学家发现对迁徙者（那些移民到目的地国家的人）和留守者（那些留在来源国家的人）进行区分是有用的。将迁徙者和留守者的迁徙意愿联系起来产生出经济学家雅克布·明塞尔（Jacob Mincer）所说的随同迁徙者（Tied Mover）和随同留守者（Tied Stayer）。因此，一群迁徙者是多样化的，因为既有发自内心的迁徙者（Mover-at-Heart）（迁徙意愿强）和随同迁徙者（迁徙意愿弱）。同样的，一群留守者也是多样化的，因为既有发自内心的留守者（Stayers-at-Heart）（迁徙意愿弱）和随同留守者（迁徙意愿强）。

一项已经被认可、有关美国合法永久居民身份移民的调查——美国新移民调查（U.S. New Immigrant Survey 2003）——获得了有关新合法永久居民想成为合法永久居民有多久了的信息。差不多一半的人——50.9%的调查对象——给出了明确的年数。另一半人的回答要么是经常想成为合法永久居民（占调查对象总体的28.8%），要么是从没想过成为合法永久居民（占总数18%）。迁徙者既包括迁徙意愿非常强的人（回答"经常想"的人），也包括迁徙意愿强度中等的人（那些能给出想成为合法永久居民多少年明确信息的人），还包括迁徙意愿非常弱的人（那些说"从未想过"的人）——也就是说，迁徙者是发自内心的迁徙者和随同迁徙者的混合体。这意味着，迁徙到美国的动机存在广泛的差异。

这张图片显示的是在佛罗里达州一家烘焙店工作的一位女性移民。移民研究的最大谜题之一是，为什么一些人选择迁徙到国外的一个地方，而与之相似的另一些人却没有这么做。

19.4 移民在新的环境里过得怎么样？

同化过程

社会学家特别感兴趣的是移民者在迁徙之后发生了什么，因为他们会面对一个全新的世界和全新的社会制度、经济制度以及政治制度。同化的过程——移民者通过这个过程适应新社会——引发了许多有趣的问题。在多大程度上移民者会接纳和采用其所在新国家的语言、文化价值观和规范？他们适应的速度如何？某种群体要比其他群体更可能形成孤立的飞地吗？或者反过来说，某些移民特别擅于学会"适应"吗？移民者有多深入和多成功地成为"美国人"或完全认同新公民身份？这个过程有多快？

同化问题有助于评估移民如何有助于发展移民者潜能以及移民如何有益于目的地国家及其社会、经济和政治的发展。移民引起了一些担心，许多移民无法适应新国家的主流生活方式，而且由于不能同化这些移民（如果数量足够多的话）会对社会结构造成威胁。例如，1794年，乔治·华盛顿在一封信里向副总统约翰·亚当斯表达了自己对这种问题的关切。华盛顿担心，如果移民者与来自自己国家的人居住在一块儿，他们就不能同化，而且"他们聚居在一地……也许会受到许多质疑；因为这样居住，他们就保留了自己的语言、习惯和原则（好的或坏的）。而若通过与我们的人民交融，他们，或者其后代就能同化于我们的习俗、措施和法律，总之，很快就成为一样的人。"

同化的指标

19.4.1 讨论有助于我们评估一个移民者同化程度有多高的指标。

研究显示同化具有多个维度。大部分移民很快吸纳了新国家的某些特征，同时保留着自己出生地的一些价值观和规范。当然，移民会吸纳哪个层面、吸纳的速度如何会随着移民个体以及移民群体的不同而存在广泛差异。结果，出现了许多有待研究的新问题。

社会学家使用多种指标来测量移民同化的程度。一些指标是显而易见的，包括留在该国家（即没有返回来源国）、学习英语以及成为该国家公民。其他一些指标包括评估移民是否以及如何变得更像当地人。这些包括社会经济地位、地理分布、家庭规模以及家庭结构、异族通婚和行为（如抽烟）。社会经济地位（SES）描述的是一个人的学校教育、劳动力参与、职业、收入以及房屋所有权状况。通过测量移民的社会经济地位，社会学家能够确定移民和当地人在社会层级中处于同等级别的程度。如果移民来到时比当地人穷，移民的社会经济地位与当地人口的社会经济地位越接近，那么同化的程度就越高。英语流利水平和社会经济地位被人们认为是预测社会和经济融合潜力的重要指标（Alba and Nee 2003；Jasso and Rosenzweig 2006；Portes and Rumbaut 2006）。

一个重要的议题与整合有关。移民者能在多大程度上融入非移民的社区？基于移民群体的不同这又会有怎样的不同？空间集聚（Spatial Concentration）是指人口的地理分布。社会学家感兴趣的是移民者与本土出生的人口相隔离的程度，或者相反，移民者与本土出生的人口共同生活在同一个空间的程度。移民者与本土出生的人口居住的距离越远，而且和其他移民者离得越近，同化的程度就越低。通常来说，社会学家发现，在移民接收国社会经济地位越高、生活时间越久，移民空间集聚的程度就越低。

另一个同化指标是异族通婚，这是指移民和当地居民之间的通婚和跨种族或跨族群的婚姻。这两种异族通婚类型的共同特征是，两者揭示了来自不同群体的亲密关系并常常涉及打破某些传统的婚姻模式，因此降低了将移民者祖国的文化传递给下一代的可能性。

最后，社会学家分析了也许可以被称为同化微指标的内容。这种同化涉及采用当地的货币、当地计算温度的方式以及当地测量长度和重量的方式。在美国，这包括采用美元作为货币，采用华氏刻度来测量温度，采用英国法定单位制（British imperial system）而不是公制（Metric System）来度量长度和重量。此外，移民者通常开始参与重要的当地习俗和活动。在美国，这类地方习俗的范围甚广，从庆祝7月4日国庆节和感恩节到美国最流行的体育运动美式足球，再到烹制和食用如汉堡和热狗这样的美国典型食物。

近来有关移民同化的研究

19.4.2　辨析社会学家在研究移民同化时会考虑的三个要素。

有三个要素对研究美国当代的移民同化至关重要。第一个，界定需要研究同化问题的人口。同化对某些在国外出生的居民来说并不是一个有意义的概念，比如那些短期居住在美国并且不想留在美国的人。第二个，认识到大多数移民者是自我选择的，因此，他们有同化的动机。第三个，确定新合法永久居民是否拥有生来就是或已经成为美国公民的配偶、父母或子女。那些的确属于上述情况的人可能会与一个可以作为天然向导的美国人、社会工作者和律师生活在同一屋檐下或比邻而居。其中许多人已经满足同化的异族通婚标准。

尽管评估所有国外出生居民的同化程度是有意义的——因为他们可能会体现出先行同化（Anticipatory Assimilation）或期望同化（Wishful Assimilation）——但社会学家特别感兴趣的是评估合法永久居民的同化水平。这是为什么呢？除非离开，否则这些合法永久居民会在美国居住很长时间，而且他们的子女也将会成为美国人。评估合法永久居民的整合和发展为了解美国未来的社会、经济以及政治制度提供了一个窗口。

表19.3报告了在2003年获得合法永久居民资格移民同期群体的基本特征。这个群体是所有在2003年新成为合法永久居民的代表，包括来自168个国家的移民者。然而，这些个体只是最近才被授予合法永久居民资格，所以社会学家需要每隔几年就对其重新访谈以确保数据的正确性。不仅如此，因为这个调查收集了有关每个合法永久居民在来美国之前那些年的相关信息，还因为其中一半以上的人是调整型合法永久居民（那些已经在美国生活并被调整到合法永久居民身份的人），这些数据还是能看到这个群体的同化过程。

正像早先提到的那样，最近的研究显示，移民签证类型能就下列内容提供强有力的信息，绿卡是如何获得的、移民者能接触什么样的社会网络，总之就是生活机会等信息。对每一种重要的签证类型，该表格提供了同期群体各种情况的比例，包括各个性别百分比、平均年龄、教育程度、调整型合法永久居民百分比以及英语流利者的百分比。与早前提到的众所周知的事实一致，同期群体中一半以上的人是女性，在数量最多、发给美国公民的配偶和子女的签证类型中女性比例甚至更高。

我们如何确定移民者在同化过程中接受帮助的程度？解释这个问题的一种方式是分析新移民者与美国公民的关系。让我们再思考一下同期群体。相应地，在新合法永久居民群体中，除了16%的人是与当地出生的美国人结婚，18%的人是与已经归化的公民结婚，12%的人是成年美国公民的父母，10%的人是美国公民的子女或继子女，还有6%的人是美国公民的兄弟姐妹或继兄弟姐妹——总计有62%的人与某个美国公民有血缘或婚姻关系。而且，由雇主支持的合法永久居民的直系亲属中也许并没有美国公民（尽管一些人有），但他们工作场所的雇主或同事当然会有人是美国公民。因此72%的新合法永久居民有现成的途径接触到本地公民或归化公民，这些人是获得美国信息的有用来源。

对这种有助于同化的现成途径的模式来说，主要的例外是多样化移民、人道主义移民（难民、寻求政治避难者、返美人员）以及合法化移民。在这些类型的移民当中，难民也许与资助的教会或非政府组织有联系。可以说，其他人的同化可能更多是靠自己。然而，至少有一种多样化移民的子类型——出生在非洲的黑人——完成同化的程度高，这些人的学历最高、英语流利程度最高（Jasso 2011）。正如你看到的那样，来自新移民调查（New Immigrant Survey）的数据使人们以更系统的方式研究同化问题成为可能，并可以到与同化问题明显相关的群体中去进行研究。例如，要考虑到新合法永久居民可能在他们迁徙到美国之前就已经开始了美国化。我们之前看到，在2003年接受调查的移民者当中，有28.8%的人"总是"想成为美国合法永久居民，而另外50.9%的人在他们拿到绿卡之前就想成为合法永久居民已经数年了。但是，2003年同期群体中还有18%的人从来没想过要来美国，对他们该如何认识呢？事实上，有些人没有留在美国。一些人是把获得美国绿卡当作一种保障，以免自己国家的经济或政治动荡威胁到自己。其他人成为合法永久居民是因为自己频繁去美国旅行，并且认为拿到绿卡比每次想要旅行时就要去申请旅游签证简单。当然，在这18%的人当中有一些最终会爱上美国，并开始同化过程，这一过程相比同期群体里的其他人多少要晚点。

表19.3 美国18周岁以上新合法永久居民的基本特征

入境移民类别	女性	年龄		学历		英语流利		调整型合法永久居民	
		男性	女性	男性	女性	男性	女性	男性	女性
出生就是（简称NB）美国公民的美国人的配偶（16.2%）	59.6%	31.6%	32.1%	13.0%	13.8%	60.8%	60.5%	84.2%	81.1%
国外出生的（FB）美国公民的配偶（17.9%）	66.0%	34.2%	33.1%	12.3%	12.5%	43.4%	38.0%	79.3%	65.2%
美国公民的父母（11.9%）	66.2%	65.5%	62.7%	8.75%	6.93%	20.8%	19.7%	25.3%	33.6%
美国公民年幼的孩子（3.38%）	41.9%	20.2%	20.2%	11.5%	11.9%	50.5%	46.9%	46.1%	41.4%
美国公民的成年独生子女（3.28%）	54.3%	31.6%	34.8%	12.3%	12.3%	48.9%	38.3%	31.8%	33.6%
美国公民的已婚成年子女（1.72%）	57.7%	40.6%	39.9%	13.2%	12.4%	48.7%	45.5%	20.4%	16.8%
美国公民成年子女的配偶（1.51%）	48.1%	42.4%	37.4%	12.9%	11.2%	35.7%	25.5%	8.92%	12.9%
美国公民的兄弟姐妹（3.94%）	51.4%	48.5%	48.2%	11.8%	11.1%	35.1%	22.7%	8.97%	12.9%
兄弟姐妹的配偶（2.49%）	52.8%	50.3%	46.2%	13.0%	10.8%	37.6%	19.6%	3.98%	3.98%
合法永久居民的配偶（2.44%）	83.5%	43.2%	40.2%	8.65%	7.76%	16.3%	10.6%	47.7%	63.9%
合法永久居民的子女（2.81%）	49.2%	34.3%	35.0%	11.0%	11.1%	27.7%	17.2%	23.5%	19.5%
就业主申请人（employment principal）（6.02%）	32.8%	37.3%	36.8%	15.7%	15.2%	78.6%	80.7%	78.9%	55.4%
就业主申请人配偶（employment spouse）（3.63%）	77.1%	40.4%	35.3%	14.7%	15.2%	70.1%	76.4%	56.5%	76.4%
多样性主申请人（diversity principal）（5.53%）	41.1%	32.3%	32.8%	14.5%	14.5%	52.5%	45.4%	8.45%	11.5%
多样性主申请人配偶（diversity spouse）（2.58%）	48.7%	37.7%	34.5%	14.6%	13.1%	39.1%	38.8%	5.17%	3.55%
难民/寻求政治避难者/返美人员主申请人（5.35%）	42.8%	40.7%	38.3%	12.8%	11.8%	39.9%	35.1%	100%	100%
难民/寻求政治避难者/返美人员主申请人配偶（1.22%）	74.8%	45.3%	43.0%	13.3%	10.9%	36.5%	30.1%	100%	100%
合法化移民者（7.98%）	49.8%	38.7%	37.9%	9.03%	8.43%	17.0%	9.06%	100%	100%
其他（0.05%）	–	–	–	–	–	–	–	–	–
全部移民	56.5%	38.7%	39.1%	12.3%	11.6%	44.7%	38.4%	57.9%	57.0%

注释：成年人样本。样本量是8573个。基于加权的数据估计而得。英语流利水平的测量要求访谈完全用英语进行。

资料来源：基于新移民调查数据（New Immigrant Survey 2013）。

近距离观察语言和空间聚集：种族飞地

19.4.3 确定种族飞地的优势和遇到的挑战。

人类使用语言进行交流，移民者被那些能与自己进行交流的人所吸引是一件自然的事情。如果他们懂英语，他们就能与任何人交流并去往任何地方；如果他们只懂自己的母语，他们的交流伙伴就会是有限的一群人，找工作、找住的地方、找购物和吃饭的地方以及看电影都受到限制。因此，英语水平有限的移民者也许会选择生活在离亲属或本国人近的地方。除了能与之交流，这些与当地人的联系能传递有关目的地国家的信息，而且实际上会以彼此保护的社群形式参与目的地国家的社会生活。

能大量吸引任何一种类型的人到来的空间区域被称为种族飞地（Ethnic Enclave）。随着居民数量的增长（以

及标志着来源国典型食品和商品的商店和餐馆数量的增加），这些飞地会形成独特的名字和形象。迈阿密的小哈瓦那（Little Havana）、纽约和巴尔的摩的小意大利（Little Italy）、洛杉矶的韩国城（Koreatown）、遍及全美说西班牙语的社区以及旧金山的唐人街都是全美数不胜数的飞地中的代表。

我们的讨论是根据移民决定去哪里生活和工作来定向的。但飞地这一观念本身根植于人们被迫同与自己相似的人生活在一起的历史时期（在某些方面来说是这样）。这样的例子包括居住在城墙之外（如在12世纪诺曼人入侵爱尔兰之后，被驱逐的维京人和爱尔兰人所居住的爱尔兰小镇）、独特的居住区（如宏大的中世纪犹太人居住地）以及欧洲的犹太人贫民窟和美国的黑人贫民窟。

把地理区域和这些区域的人区分开是重要的。例如，纽约的小意大利是一个有自己的坐标、边界清晰的地理区域。起初，它是一个居住有大量意大利移民的地

在美国的许多大城市，拥有大量中国人的飞地被称为唐人街。

方。但随着时间的流逝，它丧失了自身独特的种族特征。今天，这个地方体现出主题公园的风味——这里遍布着意大利餐馆和向游客售卖意大利主题商品的商店——但除此之外它还是一个具有多样化特征的地方，许多不同类型的人居住在这里。

从同化过程的视角来看，这个讨论提出的问题包括：哪些移民更可能生活或居住在飞地？对于某种特定技能来说，在飞地从事有关工作的工资损失是怎样的？对于特定的语言技能来说，在飞地居住或工作对学习英语的速度会产生怎样的影响？还有，与标准英语不同的一种特殊形式的英语会在飞地发展起来吗？

对这些问题的研究还在进行当中。到现在，可得到的研究成果有如下启示：总的说来，较高的经济回报与英语知识有关，但在说同一种非英语语言的人更为集中的地区，不懂英语的成本较低。国外出生、预期在美国花费时间不多的个体（或是因为不想留在美国，或是因为自己年纪大了）更可能生活在说同一种语言的人高度集中的地区，而且更不可能在学习英语上进行投入，而那些期望永久留下来的人更可能搬离飞地。

在这张图中，移民到美国的人正在学习英语。对来到一个新地方的移民来说，语言习得是同化过程的一个关键部分。

19.5 移民产生了哪些后果？

移民的影响

在美国和世界各个地方移民都是充满争议的问题，因为移民对输出国和接受国的个体和家庭包括当地人、移民者及其后代都有着深远的影响。社会学家和政府官员花了大量的时间试图来估算移民对美国的益处和成本。社会学家特别感兴趣的是移民对家庭和儿童的影响，我们将在这个部分进行探析。

移民家庭的困境

19.5.1 分析移民家庭所面临的困境。

虽然也有例外，但个人获得合法永久居民身份的过程要比家庭获得合法永久居民身份的过程更为直接。而且，一般来说，潜在移民（和担保人）的财力越充足，这个过程就越容易。为了理解家庭获得合法永久居民身份过程的复杂性和财力资源的影响，我们分析一下来自多米尼加共和国的两个家庭：A家庭和B家庭。

在A家庭中，妻子是医生，丈夫是软件工程师，拥有学士学位，丈夫由一家美国公司担保获得了工作签证。两人育有两个孩子，一个5岁，一个是6个月大的婴儿。妻子和两个孩子作为随行家属都被包括在丈夫的签证申请中。在收集了所有必要的文件（包括国民身份证、警方记录、兵役记录等）和对家庭进行了访谈之后，他们获得了签证。对于家庭来说，这个过程是顺利的。他们在2008年到达美国并在新泽西州的一个富裕郊区安顿下来。最后，他们又有了第三个孩子。申请签证过程持续的时间大约是三年。

把这个家庭的经历与B家庭对比一下。B家庭的丈夫是焊工，妻子是银行出纳。他们希望丈夫的职业能使其符合熟练工人子类别里的签证要求。当时，没有任何机会能使这个希望变成现实。然而，当妻子的兄弟、一个归化的美国公民为其提供了担保时，他们就符合要求了。为了准备签证，他们收集了同A家庭一样的所有文件，包括三个孩子的出生证明——17岁（女孩）、13岁（男孩）和6岁（女孩）。可是，除此之外，由于该签证属于家庭担保的类别而不是以工作为基础的签证类别，美国移民局要求担保人签署一份提供经济支持的担保书。（以此来证明担保人在财务上对申请人负责，支持性文件必须表明家庭收入等于或高于美国家庭贫困线的125%。）经过大量的调查和计算并寻找分担的担保人，这个家庭得出的结论是无法满足签证对整个家庭的财务要求。他们痛苦而又不情愿地决定把三个孩子留在多米尼加共和国的祖父母家里。这对夫妇于2008年到达纽约，并搬进了华盛顿高地（Washington Heights）移民占多数的社区。对他们来说，签证的过程持续了12年——比A家庭所用的时间长了9年（因为基于家庭类别的签证排队的时间要比基于工作类别的签证排队时间长得多）。

这对夫妇将子女带到美国的选择也改变了。现在B家庭的子女再也不能作为随行子女来到美国；他们必须得到担保才行。签证还要等待一段时间才能下来。因此，这对夫妇开始尽可能地努力工作来积累财力以支持他们的孩子和达到经济担保证明要求的标准。孩子们的优先日期是2010年2月15日，2012年7月开始发放签证。不幸的是，最大的女儿结婚了，失去了资格。此外，这对夫妇找不到足够的资源来担保这两个年幼的孩子。这个家庭面临着一个棘手的决定：他们要把哪个孩子带到美国——中间的孩子还是最小的孩子？

这对夫妇决定带他们的中间孩子来到美国，这个孩子在学业上表现得很有潜力。这个孩子上了学，并在附近的杂货店打工来补充家庭收入，以满足最小的孩子来美国所需的财务要求。但在这个家庭里弥漫着悲伤的情绪，因为没有任何的签证类别可供那个年纪最大的孩子选择——对于一个已婚的孩子来说，没有任何途径可以成为美国合法永久居民。只有当父母中的一个人归化后，他（她）才可能成为美国公民已婚孩子的担保人。这对夫妇直到2013年才有资格入籍，他们担心自己还没有具备所要求的英语技能。

然而，苦中也有乐。在美国，这对夫妇生了第四个孩子。这是一个金童，一出生就成了美国公民。这个家庭是复杂的——而且分化了。大约就在这段时间，生活在多米尼加共和国的祖父母碰到了一些健康问题，夫妇俩开始认为应该把他们的第三个孩子带到美国来，这个孩子现在已经10岁了。但如何去做呢？他们还无法担保她移民，因为无法满足移民的财务要求。这个家庭仍然希望自己能找到资源，或者移民规则发生改变，或者能找到一个新的联合担保人。

还有一个挥之不去的遗憾。如果这个家庭在第一次申请时就能全家移民，那么所有的孩子都能说一口不带口音的流利英语。但数量有限的家庭签证和满足财务需求的漫长等待过程使这一切变得不可能了。随着日子一天天过去，梦想也渐渐消退了。

要注意到这两个家庭的情况有多么不同，还要注意到金钱在其中所发挥的作用。如果B家庭在家里的成年人获得合法永久居民身份时就确保具有满足财务要求的资源，就能把三个孩子作为随同子女一起带过来，那么这个家庭获得签证的时间会和A家庭一样短——当能直接把孩子带到美国时，这些孩子都还年轻、未婚，不需要等待数量受限的签证。

具有讽刺意味的是，家庭团聚是美国移民法的基石，然而，法律中的许多复杂部分和现行运作部分往往使家庭分崩离析。更具有讽刺意味的是，美国长期以来一直对穷人敞开大门，但现在却变得极具挑战性，而且在许多情况下，穷人更不可能合法地来到美国。

移民的子女

19.5.2　讨论国际移民中儿童的遭遇。

那些迁徙家庭的子女们又会面临怎样一种情况呢？受到国际移民影响的不同儿童群体包括：（1）与生在国外、居住在美国的父母生活在一起的在国外出生的儿童；（2）与生在国外、居住在美国的父母生活在一起的本土出生的儿童；（3）生活在来源国家、国外出生的儿童，包括被在美国的父母留在本国的儿童和那些与外国出生但与美国有一定联系的父母生活在一起的儿童（这类儿童都在申请数量受限制的签证的队列当中）；（4）本土出生但居住在父母来源国家的儿童，包括被在美国的父母送回来源国家并在那里抚养的儿童，以及与外国出生但不想返回美国的父母一起生活的儿童。社会学家和其他社会科学家对每一类儿童都进行了研究和讨论。

生活在美国、父母在美国之外出生的儿童——第二代移民——受到了很多关注。这些都是美国的金童，一出生就是美国公民，在美国长大，有资格成为美国总统，继承了父母移民者的资源和所有新国家存在的机会。大量的研究表明，这些典型的第二代移民儿童表现得比自己的父母更好。

事实上，一般来说，他们的表现优于自己的父母，而且他们的表现也往往超过了第三代和更高一代的同龄人。在美国，许多伟大的科学和艺术进步都是由这些第二代移民儿童创造的。为什么会经常出现这种情况？

要理解第二代效应（Second-Generation Effect），重要的是要理解在什么情况下可以预期第二代效应。一些移民在自己的国家无法开发自己的潜能，因此他们所能获得的学校教育和技能都比在更有利的环境下能获得的内容要少。而他们的子女继承了类似的潜能、又生活在能发挥他们潜能的社会条件下，就会比其父母表现得更好，这完全是自然而然的一件事。此外，移民子女至少继承了一部分父母移民的资源；因此，他们会比具有相似潜能的第三代或更高一代的儿童表现得更加出色。

在20世纪初发生的大移民把由于贫困、宗教或性别的原因而缺乏学校教育的移民带到了美国——如为抵御饥饿而在三年级时就离开学校的出色男性，以及是文盲的出色女性。他们的一些后代成为伟大的科学家、音乐家和作家，包括我们在这本书中读到的一些非常著名的社会学家，这并不让人奇怪。

但在过去的100年里，情况发生了很大变化。今天的美国越来越倾向于高技能人才的移民。那么，今天人们预期会看到什么结果呢？首先，受过高等教育的父母，其孩子不太可能表现得比父母好。为什么会这样？如果父母有博士学位，他们做些什么才能在学校教育方面超越父母呢？而且，他们拥有的移民资源变少；无论他们继承了多少财产，都无法与实际移民者的移民资源相匹敌。其次，他们可能会比具有相同潜能的第三代或更高一代的同龄人表现出色，因为他们确实继承了父母的一些移民资源。

新移民调查中最近一项针对8～12岁的移民子女的研究对比了在美国出生的儿童和4岁之前被带到美国的儿童的英语流利程度（Jasso 2011）。在美国出生的儿童英语流利的概率比那些在年幼时移民到美国的儿童要高得多。

罗伯特·默顿（1910-2003）是20世纪杰出的社会学家之一，他是第二代移民。默顿的父母是说意第绪语的犹太人，于1904年从俄罗斯来到美国，定居在费城。默顿就是在那里出生和长大的。

另一个问题是，儿童在自己或父母没有合法身份的情况下成长会对儿童本身产生怎样的影响。对许多家庭来说，有些或所有家庭成员都没有合法身份的这种情况会无限期地存在下去，有些或所有家庭成员都没有合法身份，也找不到改变的办法。通过对8～12岁的儿童的研究发现，在那些有父母非法身份经历的儿童中，英语流利的概率要高于那些父母从未有过非法身份经历的儿童（Jasso 2011）。为什么没有合法身份的父母会对儿童的英语流利程度产生积极的影响呢？一个可能的原因是，那些目睹过没有合法身份的艰难的儿童正努力学习英语，为了新生活来武装自己。另一个原因是，他们可能通过为父母翻译而提高了英语的流利程度（Valdés 2003）。

社会学家还仔细研究了父母居住在美国但把孩子留在来源国家或者把自己美国出生的孩子送回来源国家的家庭。但是为什么不把孩子留在美国呢？有几个原因。首先，如上所述，一些签证类别不会给新合法永久居民的子女提供签证；这样的例子包括美国公民父母的签证和美国公民21岁以下未婚子女的签证。第二，可以带着自己未成年子女随行来到美国的新合法永久居民可能不具备使所有子女成行所需的财力。第三，当数量受限制的签证下来时，子女们可能已经失去了获得作为随行子女签证的资格，要么是因为留下来的子女已经结婚了，要么是因为这些子女的年龄超过上限了。B家庭的故事清晰说明了把孩子留在来源国家的一些原因。

在国外有孩子的新合法永久居民是如何决定是否成为子女移民的担保人，或者是否为子女出国提供资金支持的呢？最近的研究表明，父母更有可能为那些受教育程度更高、生活在低收入国家的子女提供担保，而他们更有可能把钱寄给那些受教育程度较低、生活在低工资国家的子女（Jasso and Rosenzweig 2012）。因此，看起来父母是要最大限度地提高子女的收入和消除子女之间的不平等。

值得进一步研究的其他问题涉及家庭结构和更宏大的社会环境对儿童移民的影响。这些研究反映出来的观点是，如果一个或多个家庭成员的身份是不合法的，那么儿童可能会因此遭受极大的不利影响——通过怜悯机制，或者因为家庭的应对策略可能会剥夺不具有合法身份的孩子的机会。其他的问题与本土的继兄弟姐妹和同父异母兄弟姐妹可能获得的有益影响有关。最后，较大的社会环境中的歧视倾向可能会对儿童的发展产生负面影响，要么直接产生负面影响，要么通过限制父母对子女投资的能力或者通过限制父母培养子女认知和非认知技能的能力间接产生负面影响。当然，总会有孩子在逆境中成长；事实上，他们可能会把它当作一种谋求幸福的动力。但这类孩子的数量可能并不多。

社会、经济收益和成本

19.5.3 分析移民美国产生的社会、经济效益和风险。

移民不仅可能会对移民者及其当地担保人带来某些收益和成本，而且还会给社会和经济带来一定的收益和成本。对1996年新合法移民同期群体的研究表明，在获得合法永久居民身份之后不久，从在国外最后一份工作到在美国第一份工作之间平均获得的收入（国外收入根据生活成本进行了调整，通过将之转换成基于特定国家货币购买力估算的美元数额）在男性那里是1.0306万美元（增加了68%），在女性那里是6146美元（增加了62%）。然而，与此同时，28%的新男性移民和27%的新女性移民在美国工作的收入低于他们在国外从事的最后一份工作的收入（Jasso，Massey，Rosenzweig and Smith 2000）。

对整个美国来说，关于移民影响的问题无处不在。许多美国人都关注移民对人口规模、人口增长、环境、工作场所的竞争、本地人的工作和收入、公共卫生、公共安全、国家财政以及州和地方预算的影响。这样的担忧并不总是很容易就能解决，因为移民的影响会在一个巨大的经济体和一个巨大的社会中扩散开来，而且在某些地区移民可能会产生更严重的影响。

美国会定期以严格的方式大规模地研究移民对美国的影响。其中包括几个主要的政府部门和委员会，如迪林厄姆委员会（1907—1911），美国移民和难民政策委员会（1979—1981），美国移民改革委员会（1990—1997），以及国家科学研究院——国家研究委员会的人口和经济影响委员会（National Academy of Science-National Research Council's Panel on Demographic and Economic Impacts on Immigration 1995—1997）。这些委员会广泛与各类专家进行商讨，努力提出一些一般性的结论，并为评估移民的影响提供了大量证据。

评估移民对美国影响更为近期的研究是由美国总统乔治·W.布什的经济顾问委员会（Council of Economic Advisers）进行的。这个委员会在2007年6月20日发布了一份白皮书。这份报告像之前国家研究委员会（Smith and Edmonston 1997）的报告一样，指出把移民的影响从其他经济因素的影响中分离出来并预测其未来成本和收益存在诸多困难，但同时也指出了社会学家在解决这个问题上已经取得的进步。

报告提出了三个关键的发现：

1. 平均而言，美国公民从移民中受益。移民往往对当地人形成补充（而不是替代），从而提高了当地人的生产力和收入。

2. 有关移民对政府预算长期影响的严谨研究得出结论，移民可能会产生适度的积极影响（平均来说，移民缴纳的税要比从政府获得的福利多）。

3. 有技能的移民可能对本国人特别有利。除了对创新做出的贡献，移民还会对财政产生显著、积极的影响。

报告得出结论说，移民不仅有助于促进国家的经济增长，还会对本土工人的收入产生积极影响。

在总结导致其关键发现和最终结论的研究时，该报告指出了一些令人震惊的事实。例如，在美国工作的博士科学家中出生在国外的比例是让人惊异的40%。在科学领域的许多研究生项目中，绝大多数的最优秀申请者往往都是在美国顶尖大学攻读学位的非美国人。这些大学仍然是世界顶级大学，部分原因是它们雇用了很多外国出生的学者。更广泛地说，随着高科技经济对技术要求越来越高，美国没有生产出足够的数学家和科学家来填补新经济创造的岗位。然而，美国是幸运的，许多来自其他国家的具有高级知识技能的科学家、数学家、计算机程序员和工程师都想在美国生活和工作。这些人的存在有助于让美国公司在全球市场上保持竞争力，并有助于在这里创造出其他就业机会。

汇款

19.5.4 讨论移民对美国的好处。

当移民离开自己的家乡和原籍国家时，他们将自己的技术和能力带到了另外一个地方。他们也经常与亲戚和朋友天各一方——有时是像配偶和子女这样的亲密家庭成员。无论这次旅行是临时的还是永久的，移民们都会向那些与自己分离的家人和朋友提供货币礼物、遗赠、借款或其他经济援助。的确，常见的移民目的是获取财力资源来支持还在来源国的家人。这些财物转移被称为移民汇款（**Migrant Remittance**），它们构成了世界各地的个人以及家庭的一个极其重要的收入来源，尤其对发展中国家更是如此（Maimbo and Ratha 2005；Rapoport and Docquier 2006；World Bank 2011a）。

世界银行（2011a）估计，2010年全球汇款流量超过了4400亿（美元）。美国是最主要的汇款来源，有483亿美元的汇款记录。大约有3250亿美元流向发展中国家。正如世界银行（2011a）所指出的那样，"移民给发展中国家家庭的汇款是官方发展援助的3倍，代表着穷人的生命线。"

寄回国内的汇款只是资金和物品流动的一个方向。例如，资金和物品也从来源国家流向目的地国家来帮助移民，例如，用来支付大学学费、购房、创业或制作电影。因此，转移（Transfers）这个术语在更广泛的意义上

表19.4 移民汇款：主要发出国和主要接收国（2010年）

国家	美元：以十亿为单位
A. 前15位汇款发出国	
美国	48.3
沙特阿拉伯	26.0
瑞士	19.6
俄罗斯联邦	18.6
德国	15.9
意大利	13.0
西班牙	12.6
卢森堡	10.6
科威特	9.9
荷兰	8.1
马来西亚	6.8
黎巴嫩	5.7
阿曼	5.3
法国	5.2
中国	4.4
B. 前15位汇款接收国	
印度	55.0
中国	51.0
墨西哥	22.6
菲律宾	21.3
法国	15.9
德国	11.6
孟加拉国	11.1
比利时	10.4
西班牙	10.2
尼日利亚	10.0
巴基斯坦	9.4
波兰	9.1
黎巴嫩	8.2
埃及	7.7
英国	7.4

资料来源：世界银行（2011）。

被用来指称资金和物品的双向流动。为了说明这一点，我们来看看美国的移民向其他国家的汇款额——世界银行（2011a）估计在2010年有483亿美元。与此同时，国际学生和其他暂时或永久居住在美国的人常常会收到来自其来源国家家庭的零用钱和其他金融援助。这种帮助的特例包括纽约市有史以来售价最昂贵的公寓（在出售的时候），2012年3月以8800万美元的价格被一名来自俄罗斯的学生购得（Barrionuevo 2012）。

社会学家和其他社会科学家在研究移民时，试图理解三件主要的事情：（1）两个方向的资金转移量；（2）汇款或者接受汇款的决定因素；（3）汇款对个人、家庭和国家的影响。关于汇款流量的大小，研究人员几乎普遍地认为，真实的汇款流量规模——包括通过正式和非正式渠道未记录的流量——要比有记录的汇款流量大（World Bank 2011a）。记录的统计数据虽然不完整，但却为了解汇款流动提供了一个窗口。表19.4列出了排在前15位的汇款发出国和汇款接收国。正如该表所示的那样，除美国外，排名前五位的汇款国家是沙特阿拉伯、瑞士、俄罗斯和德国。排名前五位的汇款接收国家是印度、中国、墨西哥、菲律宾和法国。印度和中国人口众多，所以毫不让人惊讶的是，这两个国家接收的汇款额都超过了500亿美元，是人口少很多的墨西哥和菲律宾的2倍多。

研究人员的第二个关注点与移民的特征、移民与发送的转移物，特别是汇款的联系以及汇款的数量有关。关于利他主义、家庭契约和保险的观念在研究文献中处处可见。两个关键的发现已经建立起来。首先，短期移民者更有可能汇款。其次，汇款似乎不受经济衰退等外部冲击的影响。研究的结果显示汇款行为可以作为家庭契约的一部分而得到有效的解释。

来自新移民调查的数据提供了有关美国一个合法移民同期群体的汇款行为信息。数据显示，在接受采访前的12个月里，在2003年的同期群体中，大约有20.3%的人把钱寄给了亲属和朋友，其中12.4%的人收到了钱（Jasso 2012）。这些平均值掩盖了许多基于签证类别而产生的资金和物品转移行为的差异。汇款率最低的是作为美国公民的父母和未成年子女获得绿卡的人（分别为7.41%和3.79%），而且也是接收汇款率最高的人（分别为16.6%和24%）。在另一端，汇款比例最高的是基于工作和合法获得绿卡的移民（分别为31.3%和40.2%），相应地，其汇款接收率也低（分别是5.15%和1.41%）。

那么汇款会产生什么影响呢？毫无疑问，汇款改善了汇款接收者的日常生活。汇款可以用来支付水电账单、送孩子上学、改善住房、获得医疗服务或购买汽车。对于许多接收汇款的家庭来说，这些资金是具有偿付能力和极度贫困之间的分界线。其他问题与汇款对一个国家发展、经济增长和经济不平等的影响有关。拉波波特和多克尔（Rapoport and Docquier 2006）得出结论，汇款对移民来源国家长期经济表现会有积极影响。特别是对贫困国家来说，接收的汇款成为提高生活水平的宝贵资源。

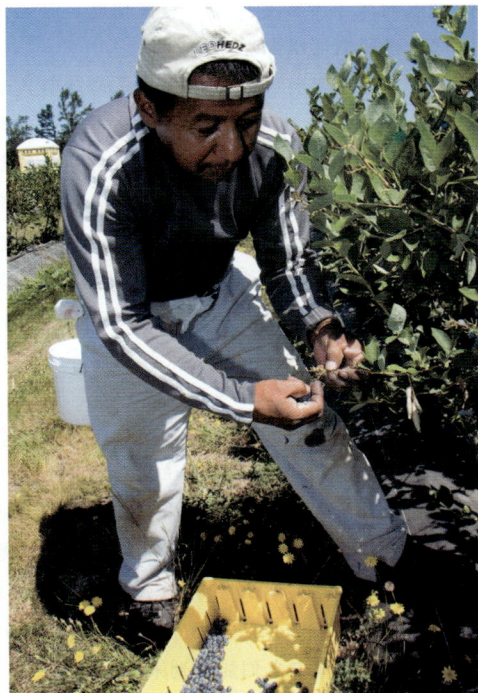

尽管许多移民的工资不高，但都像俄勒冈州的这个移民工人一样，常常会寄钱回家来帮助家人和朋友。

结论：移民及其未来

国际移民为社会学家和政府决策者以及双边的家庭和国家带来了许多有趣的问题。最初有关移民的问题——诸如谁是移民、他们在目的地国家的表现如何以及移民的影响是什么——会迅速产生更进一步的问题。学习和使用目的地国家语言的容易程度是否依赖于两种语言之间的某种相似性？比如它们是存在性别化还是会区分正式的和非正式的"你"（例如法语的tu和vous）？城市是如何发展和演变来吸引移民和移民潮的？在未来，移民问题和社会科学的更大问题将会融合，影响和深化我们对这两方面的认识。

从实际意义上讲，移民是所有社会科学的一个极好的实验室，揭示出人类如何发展、维护和放弃身份认同；社会如何发展、维系和消除等级制；群体如何分配稀缺利益；群体如何决定融合谁和排斥谁；经济不平等和亚群体之间的不平等是如何增加和减少的。随着世界的联系变得越来越紧密和全球化，移民研究正在成为社会学研究的中心。最近的研究认为，移民和社会分层如此交织在一起，以至于不久的将来将无法只对两者中的一个进行研究。同样的道理也适用于社会学的所有领域以及这本书中的许多章节——家庭、宗教、城市和政治行为。

美国移民历史的惊人之处在于它为何一直充饱受争议。对于一个由移民建立起来的国家来说，历史上一向以欢迎新移民为荣，并从移民浪潮的特殊技能、才能和辛勤工作中获益良多。但令人惊讶的是，在这种表面之下常常蔓延着反移民情绪。今天，移民问题再次引起争议，许多政治家呼吁对可能会生活在美国的人进行新的限制。

未来会怎样？最大的挑战是修改移民法，使其更简单、更连贯、更有智慧。但这是令人畏惧的，因为没有人知道如何解决发放和取消签证的问题。在公共生活中，政客和其他人都说他们渴望进行全面的移民改革，这已经成为一种时尚，但首先必须解决非法移民的问题。这可能不是完全合理的。非法移民是合法移民规则产生的直接后果。简单地说，没有资格获得合法签证的人将会生活在不同的环境里，成为非法移民。只要人们会被排除或限制进入美国，就会存在非法移民。值得称赞的是，20世纪20年代的立法者理解了这一点，而且正像我们看到的那样，这也是为什么不久之后会通过1924年《种族来源限额法案》的原因，国会通过了一项为非法移民提供合法化机制的法律（1929年登记法）。当然，在美国非法居住的意愿变化很大；对非法移民的容忍程度可能为零，也可能相当高。在决定如何分配签证时，需要极大的创造力把这种容忍度考虑进去。乍一看，这似乎是不可能的，考虑到最有希望的移民者对非法居民身份的容忍度最低。

更为深层的问题是，美国长期处在一个十字路口上，处在两个有关美国的愿景中动弹不得，一个是欢迎许多外国人到来的开放社会，另一个是仅允许一些人到来的相对封闭的国家。纵观美国历史，一直对新来的人存有不安，特别是如果他们不像当地人时更是如此。然而，这些新来者的子女，当然还有他们的孙辈都会变成当地人；而且一种普遍的说法是最新的移民者与早期移民者的后代不同。正确的做法应该是在每一波新来者之间进行比较，因为这种比较会被同时代的当地居民所感知。现在是第五个移民新时代了吗？或者，未来会是第四个限制移民时代的新版本吗？第二代和第三代移民的境遇会超越第一代移民吗？在现时的荆棘中我们能看到未来的出路吗？

随着更多的数据变得可用以及关于国际移民及其对输出国和接受国影响的知识越来越丰富，这一章的经典问题中将会有越来越多的问题得到解答。而且新的问题也会出现。移民是一个巨大的未开垦领域，对移民的研究是一次伟大的冒险，不仅能阐明移民问题，而且还能明了移民所触及的其他一切问题——语言习得和使用、身份建构、城市发展和不平等。这种双重性与美国历史上的经典观念遥相呼应：移民者认为自己正在建设新的生活，但他们正在建设的是一个新的国家。

▬ 大问题再览19

19.1 什么是移民？政府如何管理移民？ 在研究移民问题时，社会学家会做一些研究，为什么移民研究对理解我们的生活和工作很重要呢？在这一部分，我们检视了移民研究中的基本概念和思想。

从社会学视角理解移民
学习目标19.1.1： 讨论作为社会生活架构一部分的移民以及移民在21世纪如何变得越来越重要。

限制移民
学习目标19.1.2： 分析社会如何寻求限制或规范移入移民和移出移民。

美国移民政策的基本结构
学习目标19.1.3： 辨析美国移民政策的主要组成部分。

美国的永久合法居民签证制度
学习目标19.1.4： 辨析美国公民具有的特权。

成为一个美国公民
学习目标19.1.5： 讨论移民如何才能成为美国公民。

"非法的"或未记录在案的移民
学习目标19.1.6： 讨论非法居留和美国的移民政策。

> **核心术语**
>
> 移民　移出移民　移入移民　输出国　接受国
> 智囊流失　移民社群　签证　移出移民和移入移民政策
> 合法永久居民　外国出生的公民　合法临时居民
> 未经授权的移民　难民身份　寻求政治避难者身份
> 主申请人　绿卡　归化　非法移民　驱逐出境

19.2 美国的移民历史是怎样的？ 美国移民的一些趋势是什么？这个国家的公民、永久居民和未经授权的居民来自哪里？在这一部分中，我们探讨了美国移民研究的

一些基本概念和思想的历史背景。

美国移民的四个时代
学习目标19.2.1： 辨析美国历史上的四个移民时代并解释每一个时代的特征是怎样的。

美国—墨西哥边境
学习目标19.2.2： 分析不断发展的、与移民和美国—墨西哥边界有关的议题。

> **核心术语**
>
> 第一个移民时代　第二个移民时代　第三个移民时代
> 合法临时工计划　第四个移民时代

19.3 人们为什么迁徙？ 人们迁徙会有很多原因，但其中最基本的原因是想要为自己创造更好的生活。在本部分，我们研究了迁徙者和留守者的特征，以及他们来自的国家和定居的国家。区分这些不同类别的人和地域，为了解迁移过程的动态机制提供了重要的见解。

迁徙的意愿和移民的动力
学习目标19.3.1： 分析影响迁徙意愿的因素。

迁徙者和留守者
学习目标19.3.2： 区分迁徙者和留守者。

> **核心术语**
>
> 推力因素　拉力因素　迁徙意愿　自我选择
> 迁徙者　留守者

19.4 移民在新环境里过得怎么样？ 社会学家对移民在迁徙后所发生的事情特别感兴趣，因为这些移民遇到了一个全新的世界及全新的社会、经济和政治制度。在这一部分，我们探讨了由同化过程引发的大量有趣问题——同化是移民适应他们所生活的新社会的过程。

同化的指标

学习目标19.4.1：讨论有助于我们评估一个移民者同化程度有多高的指标。

近来有关移民同化的研究

学习目标19.4.2：辨析社会学家在研究移民同化时会考虑的三个要素。

近距离观察语言和空间聚集：种族飞地

学习目标19.4.3：确定种族飞地的优势和遇到的挑战。

核心术语

同化　社会经济地位　空间聚集　异族通婚
种族飞地

19.5　移民产生了哪些后果？移民在美国和世界各地都是有争议的问题，因为它对移民来源国家、目的地国家、两个国家个人和家庭（包括原住民、移民和移民子

女）都产生了广泛的影响。在这个部分，我们讨论了移民的好处和潜在成本。

移民家庭的困境

学习目标19.5.1：分析移民家庭所面临的困境。

移民的子女

学习目标19.5.2：讨论国际移民中儿童的遭遇。

社会、经济效益和成本

学习目标19.5.3：分析移民美国产生的社会、经济效益和风险。

汇款

学习目标19.5.4：讨论移民对美国的好处。

核心术语

第二代移民　移民汇款　转移

全球化的影响有多么深远？是什么在驱动着全球化？全球化的极限在哪里？我们将在本章讨论这些问题。

第 20 章
全球化

作者：维维克·基伯（Vivek Chibber）

在某一时刻，我们所有人都有过这样的经历：在一家快餐店停下车来，通过扬声器下一个订单，然后开车到窗口去拿我们的食物。橱窗里的人面带微笑地向我们打招呼；她问我们是否要给自己的订单增加东西，然后把食物袋递给我们。通常情况下，我们会仔细检查这个袋子，以确保得到了我们要求的所有东西——"你还记得我要多加些番茄酱吗？"她向我们保证她做到了，我们回报以微笑，然后开车离开。

听起来很简单，对吧？但现在不再是这样的情形了。下面才是你开车路过许多当地快餐店的情况。你把车开过来下订单——但听你讲话并接收你订单的人并不是在你开车到窗口时向你打招呼的人。你的订单会交给一个戴着耳机、坐在几百或几千英里外电脑前的工作人员那里。然后，那个工作人员把你的订单输入电脑，它会出现在收银员的屏幕上，这个人是你在免下车窗口里看到的人。过去，你和几英尺外的服务员之间的一个简单交易已经变成了一种三方交易，参与交易的人彼此间距离很遥远，但交易也在同样的时间内完成了。这看起来好像距离不再那么重要了。

我们都听说，全球化正在打破有关商品和服务生产方式以及地点的预设。过去在一个屋檐下生产的产品现在是在相距数千英里之外的不同地方生产出来的，而且在我们获得这些产品之前，这些产品是由其他地方的工人组装起来的。服务也会出现这样的情形吗？

过去人们想当然地认为，尽管商品可以被分解并分散到遥远的地方进行制造，但提供服务必须在现场进行。我们大多数人都不会想到，在餐馆里点菜这样的私人化服务也可以外包，就像汽车制造一样。如今，这样的情形也开始出现了。

我的社会学想象力
作者：维维克·基伯

我是偶然走进社会学的。当我大学毕业的时候，我知道自己想去研究生院学习资本主义政治经济——它是如何运作的、它来自哪里以及人们为什么要忍受这种制度。但像这样的问题正迅速从大多数学科的研究议程中消失。我对社会学没有特别的兴趣。但碰巧的是，威斯康星大学的社会学系有一群很好地专注于这个课题的人员。所以我决定到那里攻读博士学位，主要是因为我认为在那里会得到自己想要的东西——并在这个过程中成为社会学家。尽管关注的是发展中国家，但我的研究兴趣在很大程度上仍然没有改变。

在这一章，我们将考察有关全球化过程的基本事实——全球化是什么、何时开始的、其驱动力是什么以及它产生了什么影响。当然，我们要考察的全球化过程正在进行中，而且在不断发展演化。

1. **什么是全球化？** 要理解任何涉及全球化思想的经济政策的讨论是困难的。全球化的含义是什么？社会学如何理解全球化？在这个部分，我们将考察全球化及其起源。

2. **全球化的影响有多么深远？** 为了评估全球化过程产生了怎样深远的影响，我们需要分析两个问题。首先，我们需要知道国家参与的国际贸易和投资到了什么程度。第二，各国是平等地与世界的不同部分进行融合的吗？

3. **全球化的驱动力是什么？** 在这一部分中，我们会探索如外包、全球价值链和区域贸易协定这样的新生现象如何成为全球化的重要因素。我们还会审视中国爆炸式的经济增长以及有时与全球化相伴而来的人力成本。

4. **全球化的益处和局限是什么？** 全球化兑现自己的承诺了吗？在这里我们会评估全球化是否一直有利于经济增长。

20.1 什么是全球化？

全球化及其起源

全球化并不是一个得到严谨界定的科学概念。它已经成为社会学研究的一部分，但因其在20世纪80年代的媒体和流行话语中早已普遍存在，所以社会学家还是采用了这一概念。就像任何流行的概念一样，它经常被不同的人以不同的方式使用，这种模糊性甚至会被引入到一些社会科学的讨论中去。但它的大多数用法都有一个共同点，那就是用来指国家经济相互关联的过程。在这一章中，我们将全球化定义为跨国界经济活动的整合。

要想知道这意味着什么，想象一个每个国家都是一个自给自足的经济单位这样的世界。每个国家人口所消耗的一切都是在国内生产的，无论衣服、食物、电子设备、房屋建筑还是其他商品；所有生产的东西都是在国家边界内被消费的。这里没有贸易，也没有移民。这将是一个完美的去全球化的世界。通过去全球化这个概念，我们是指一个每个国家都只消费自己所生产的东西的世界——在这个世界里没有贸易。但现在，假设随着时间的推移，一些国家开始在经济上相互往来。也许这些国家开始交易一些它们的产品，一些国家把农产品卖给邻国，其他一些国家把电子产品卖给邻国。这将开始一个交易的过程，在这个过程中，国家将开始出口（把本国的商品卖给其他国家）和进口（购买其他国家生产的商品）。或者一个国家的企业家可以不断向本国的市场销售自己的产品，但他们也可以决定把自己的生产转移到另一个国家，也许是因为该国劳动力廉价。这将开启一个外国投资的过程，在这个过程中，不是商品而是投资离开了一个国家。也有可能是一些人认为在邻国有更好的工作，并开始移民的过程。移民是人们从自己的国家搬到另一个国家的过程。所有这些决定都将是全球化进程的一部分，这个进程是经济从孤立的状态转变成以各种方式相互联系的状态。

正如上面的例子所示，经济整合可以通过多种方式进行。最常见的方式也许是通过国际贸易——一个国家的人们向另一个国家的消费者销售产品或服务的过程。但是整合也可以通过生产要素——资本和劳动力——的流动来实现（土地也是一个生产要素，但是土地不能跨越国界！）。一个国家的公司可以在另一个国家进行投资，这要么通过将其设施转移到另一个国家来实现，要么通过收购目标国家现有的工厂和设备来实现。最后，人们还可以在不同国家之间流动，这会产生劳动力流动，从而增加一个国家的劳动力数量，同时减少另一个国家的劳动力。所有这些活动都是全球化的维度。

全球化的开端

20.1.1　讨论导致全球化发展的两个关键变化。

全球化是从什么时候开始的？世界是否一直是全球化的，抑或这是一个近来产生的现象——如果是这样，那么有多近？答案取决于全球化的不同维度以及我们所关注的维度。例如，如果我们将全球化与国际贸易的传播等同起来，而不是把它等同于一个国家在另一个国家投资，我们就会得到一个完全不同的答案。

国际贸易已经存在了几个世纪，甚至几千年。追溯到最古老的社会都是可能的。所以那些把全球化等同于国际贸易的社会学家宣称世界开始全球化的时间可以回溯到5000年前那么久远也毫不奇怪。如果我们接受这个定义，那么在过去的几个世纪里没有发生什么特别的事；在过去的5000年里，发生变化的是经济一体化的程度。但是，大多数社会学家都反对这个定义，也反对全球化在几千年里或多或少是均匀发展的观点。很明显，最近发生了一些变化。对大多数研究这一课题的人来说，19世纪70年代是标志着全球经济一体化的一个转折点。这体现在几个指标上——贸易的程度、投资的流动，最重要的是国际价格趋同（Price Convergence）。价格趋同简单来说是在不同地方出售的商品价格水平趋于一致的情况。例如，一辆车在墨西哥城的售价和在亚特兰大的售价是一样的。也许可以肯定地说，在过去的几个世纪里，特别是自19世纪50年代以来，全球化似乎出现了显著加速的变化。

全球化为什么没有早点开始？在全球化真正起飞之前，必须要先发生两个重要的变化：（1）基础设施的变化——尤其是交通和通信；（2）社会经济制度的变革。

全球化没有早些开始最明显的原因是，实现全球化起飞的基础设施仍然处于落后的状态。国家经济一体化需要在通信和交通运输方面取得相当大的进步。在这一点上，现代社会真正革命性的变化发生在19世纪50年代之后。

在交通运输方面，19世纪中期发生了两项真正

在19世纪中期发明的蒸汽机将货物运送到美国各地。美国铁路线为许多消费品创造了一个全国性的市场，并在使货物得以能出口到欧洲的过程中发挥了关键作用。

具有革命性的变化。首先，横跨欧洲、亚洲和拉丁美洲广大土地的铁路使得国内生产的商品能被出口到海外。在铁路出现之前，经济的生产和消费在很大程度上不得不是地方性的，或者局限于一个小的地理区域。从一个地区到另一个地区的长途旅行意味着，易腐烂的商品必须在当地消费，否则就会在运输途中腐烂。从1820年到1914年，仅在美国，就有超过25万英里（约40.23万千米）的铁路线被铺设完毕（Hurd 1975）。但美国并不是特例。在西欧、俄罗斯、印度和澳大利亚，铁路建设蓬勃发展，通过数十万英里的新线路把到目前为止相互隔离的内陆市场连接起来。

第二个巨大的进步是蒸汽轮船的出现。铁路只能在同一块土地上跨越国界运输货物。为了使国际贸易腾飞，还必须发生一场海洋运输革命。在19世纪早期蒸汽轮船就能用于运输了，但因太昂贵了只能偶尔用用。直到19世纪50年代，蒸汽轮船主要被用来运输成本很高的奢侈品，而且主要在内陆河上航行。一系列的技术进步使得蒸汽轮船在19世纪中叶变得更加高效和成本低廉。到19世纪70年代，它们才成为主要的交通工具（O'Rourke and Williamson 2000：33-35）。

虽然铁路和蒸汽轮船是运输成本降低的重要因素，但电报的发明带来了一场通信革命。这在今天是很难想象的，但是电报对经济活动的影响可能要比二十世纪的电话或电脑对经济活动的影响更大。电报发明于19世纪早期，第一次使文本的长途通信得以可能，并随着商业运用而在19世纪不断得到完善；商业运用出现在19世纪中期，到19世纪80年代出现了第一个可运作的无线电报网络。到20世纪初，实现了跨越大西洋发送消息，创造了第一个真正的全球形式的即时通信。

尽管技术和交通的巨大飞跃对全球化的发展至关重要，但如果不是因为出现了另一种变革，它们的效力将是有限的。这个变革是指人们与市场联系方式的变化。事实是这样的，直到19世纪中期，市场在世界上大多数人的生活中一直扮演着相对次要的角色。绝大多数人都是生活在农村的农民，或者是农业生产者，他们生产商品主要是为了自己消费而不是在市场上销售。正是由于农民这一阶层融入了市场，全球化的步伐才会加快。

农民失去土地以及丧失生产自己需要的必需品而不用去购买它们的能力的过程，推动了资本主义经济的崛起，并为全球化的崛起提供了基础。

全球化是一个过程，通过这个过程，商品和服务能够跨越国界、在世界范围内扩张。但要实现这一点就必须要有这些商品和服务的市场扩张过程——人们必须想要购买它们。但即使在19世纪，世界上大多数人主要是消费在自己的农场和当地生产的所需之物。这意味着他们只会周期性地到市场上去购买那些在家里无法生产的东西。而这反过来又意味着人们对市场上商品和服务的需求总是有限的。生活在城市里的人是消费商品最可靠的需求来源，因为他们不像农民那样拥有自己的土地。但是，19世纪的城市人口只占全球人口的一小部分。大多数人仍然居住在乡村，这部分人口自给自足或者以土地为生。大多数地区的经济制度仍然是前资本主义的，因为针对市场生产商品的地区仍然非常有限。

由于这些原因，全球化在19世纪仍然很受限制。只要世界上的大部分地方仍然是前资本主义经济，人口主要由在自己的土地上辛勤劳作、为自己生产大部分消费品的农民组成，那么商品和服务市场的规模就仍然会非常小。对于市场来说，要在人们的生活中变得重要起来，其规模就必须扩张。更具体地说，市场生产商品的需求必须要增加。为了实现这一目标，农民必须被诱导或被迫依赖市场来生存。如何才能迫使农民依赖于市场呢？要么是富有的地主或是其他人能够买得起农民的土地，要么是通过各种各样的方式使之与土地分离——有些时候，他们因为债务而失去了土地，或者他（他）们不得不卖掉一些土地来缴税。不管怎样，农民们会发现自己突然失去了传统的生存方式，以及在自己的土地上劳动的能力。一旦这种情况发生，他们几乎别无选择只能为工资而工作——要么在工厂或小商店里工作，要么从事其他类型的工作。

在这个过程中，农民逐渐失去土地，并失去生产自己所需要的必需品并不用去购买它们的能力。这一过程是现代资本主义经济崛起的核心。资本主义经济制度的显著特征是，无论每个人消费什么东西，人们都必须在市场上购买它们。曾经的农民现在不得不去购买他们曾经在自己的土地上种植的小麦或大米。他们不得不去购买曾经在自己的家里就能纺织成的衣服。换句话说，农民变得依赖市场。许多人不得不转向商品市场这一事实意味着，对商品的需求在19世纪后半叶大幅增长。这种不断增长的需求为全球化的扩张提供了真正的基础。

对商品的需求不断增长是各国政府在扩大交通基础设施方面投入如此多精力的原因之一。随着偏远农村地区的人们转向从市场购买商品，管理部门感受到需要改善交通基础设施的压力，这样在这个国家的一个地区生产的商品才可以被运送到其他需要这些商品的地方。越来越多的交通基础设施不仅被用于国内消费，而且还被用于出口。例如，从19世纪80年代开始，美国成为西欧主要的小麦产地。这种从美国中西部地区横跨大西洋的小麦出口是19世纪全球化的主要组成部分。这是一个关于社会结构的变化如何与交通基础设施和技术的进步相结合而创造出第一次真正全球化的例子。

全球化进程：从19世纪到今天

20.1.2　分析自19世纪以来全球化稳步增长的方式。

在20世纪初，全球化已经成为一股强大的力量。我们可以假定一旦必要的先决条件就绪、全球化就会在20世纪顺利进行吗？对于许多分析家来说，感觉全球化就像一股浪潮，是一种政府或多或少有些无能为力的不可阻挡的进程。我们已经看到了全球化的腾飞需要一些非常深刻的变革——全球化在19世纪50年代之前当然不会自动发生。但是，一旦这些变革已经发生，一旦资本主义遍布欧洲并扩散到世界上的很多地方，经济一体化就会变得不可阻挡了吗？

事实上，情况并非如此。正如图20.1所示，在1913年以及之后的50多年里，世界实际上经历了去全球化——国际经济一体化的程度随着时间的推移而降低的过程。图20.1显示了一种常用的全球经济一体化指标，即贸易占国内生产总值（GDP）的比例，或者在既定的时间内市场上出售的所有商品和服务的价值。这一指标背后的含义是，除非各国之间进行贸易，否则全球化不会发展得太快。因此，一个国家参与贸易的程度是表明该国与其他经济体的联系有多么紧密的一个有效的早期衡量指标。对许多发达经济体而言，贸易占经济活动总量的比例实际上在1914年至1970年期间下降了。这意味着，尽管这些国家的资本主义程度变得更高，而且在交通和通信方面取得了显著进步，但近些年这些国家的经济与世界其他地区的融合程度有所下降。从1850年到1914年，这些经济体变得更加全

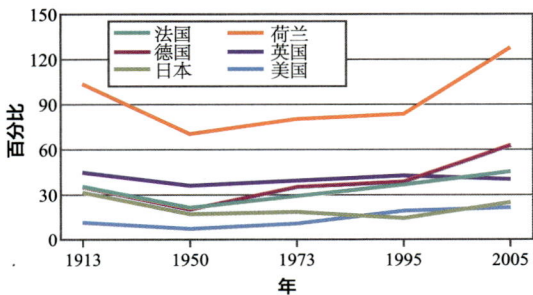

资料来源：基于来自斯特尔斯、汤普森和布罗姆利（Hirst, Thompson and Bromley 2009）的数据。

图20.1　商品贸易占国内生产总值的比率，以当前价格（包括进口和出口）

球化，然后在1914年到1970年间出现了去全球化。

随着第一次世界大战的爆发，全球化进程开始了。多年的军事冲突对常规模式的贸易和投资造成了巨大的破坏，使前几十年开始的经济一体化进程脱离了正常轨道。一旦战争结束，政府就试图推动贸易和投资重回正轨。但接着，仅仅在比1929年晚十几年的时间点上，全球经济就受到"大萧条"的重创。大萧条也对国际贸易和投资造成了巨大破坏，因为世界各地的经济都崩溃了，出口商发现自己商品所面向的市场几乎在一夜之间就消失了。这是另一次对整个全球化进程的巨大冲击。

这场战争和大萧条无疑破坏了1850年以后开始的经济一体化进程。但冲击只是暂时的。经济会复苏，贸易和投资也会重新恢复正常。到20世纪末，全球化没有达到1914年的水平，说明在过去几十年的全球化进程中一定发生了许多别的事件。全球化过程重新开始是否碰到了其他障碍？事实上的确如此——这就是国家的力量。在去全球化这个时期，对国民经济进行更强控制的政府政策发挥了重要作用。

妨碍全球化复苏的最重要因素是，在大萧条之后，世界各地的政府采取措施使本国经济与世界相对隔绝，以避免自身应对全球经济冲击的能力过于脆弱，并对经济活动进行更多的控制。在经历了大萧条和两次世界大战的惨痛教训之后，各国政府决心对国家经济进行更大程度的控制。它们想要对国家进出口的商品以及国家生产中的资本流入和流出施加更大的影响。为了实现这一目标，各国政府采取了一系列措施，旨在遏制商品和服务的自由流动。有两种工具至关重要，即关税和资本控制。

关税是对进口或出口商品征收的一种税。它提高了交易商品的价格，从而使商品更加昂贵。它增加了政府的收入，但降低了商品对客户的吸引力，因为现在价格比竞争对手更高。这就能有效地减少这种商品向市场的流动。其他手段也都相差不多，都是一种降低贸易的手段。资本控制是政府对国家投资进出流动所进行的限制。一个例子是，一家制鞋企业想要卖掉自己的工厂并希望在另一个国家建立一个新的工厂。为了将资金转移到那个国家的银行，这家企业首先必须得到本国政府的许可。通过这种方式，政府能对流出国家边境的资金施加一些控制。这些资本控制旨在让政府能最大限度地控制投资的流动，使其能够增加或减少投资量，以应对不断变化的经济状况。政府可以让投资者更难"把钱拿出来带着离开"本国；如果觉得一些投资者会伤害到本国利益，政府也可以让投资者更难进入自己的国家。总之，关税和资本控制一起对资本和商品的自由流动起到了抑制作用。从1930年到1970年的几十年里，这两种措施以及一系列其他的工具都得到了广泛使用，使国家能够最大限度地控制经济。这就将1929年对全球化产生的临时冲击转变为一个更加持久的去全球化时代。

国家政策引发了一场去全球化过程的这一事实有助于我们理解，为什么在长达几十年的沉寂之后于20世纪70年代又出现了"再全球化"。从20世纪70年代开始，然后在20世纪80年代日益发展，各个国家开始采取行动取消了许多对贸易和资本流动的控制和限制。这是自20世纪70年代以来世界各国政府制定的更加市场化的政策的一部分。随着各国调整了政策方向，开始允许更多的商品和货币流动，经济一体化恢复了正常的进程，就像20世纪初那样。这是我们在过去的25年里经历的全球化的第二阶段，这看起来似乎是我们无法控制的一种力量。

从20世纪的全球化发展历程中，我们可以得出什么结论？最大的教训是，全球化不是自然而然发生或不可避免的事件。即使在过去几千年，不计其数的贸易和移民就已经存在了，但所有的经济体都保持着本地化的特征，而且国际经济一体化的程度也是有限的，直到最近才发生了改变。全球化要跨越存在了数百年的限制，就需要基本条件发生一些非常剧烈的变化。同样重要的是，即使资本主义在世界大部分地区蔓延发展开来之后，全球化仍然没有成为一股不可阻挡的力量。在跨越国界的生产一体化日益普及的第一个50年之后，世界仍经历了50年的去全球化。这是由国家行动造成的。直到各国转向更加以市场为导向的战略，全球化才重新开始。这告诉我们，自1900年以来，全球化的起起伏伏主要是由政治因素决定的，而全球化则依赖于一个合适的政治环境。如果公民要求，国家很可能有能力开启全球化的一个新时代（Gindin and Panitch 2012）。

全球化一直以来都受到政治因素的驱动——控制全球化程度和速度的主要力量是政府及其政策，而不是技术。记住这个重要的观点，因为在媒体和政治辩论中经常听到我们无法阻挡全球化的论调。这使全球化看起来似乎是一股不可阻挡的力量。但我们在这一部分中已经看到，事实并非如此。政府做出的政治决策使全球化得以可能，而且也正是由于政府的决策，全球化也会出现萎缩的情况。

20.2　全球化的影响有多深远？

全球化的影响

我们现在知道全球化的起源有多么久远。下一个问题是，这个过程的影响有多么深远？我们要分析的问题有两个。第一个问题是，正在进行的国际贸易和投资有多少？我们需要知道各国参与国际经济活动达到了何种程度。第二个问题是，各国是否同等地与世界的不同部分进行整合？有时我们会有这样一种印象，即在今天的世界上，全球的每一个角落都或多或少地与其他地方联系在一起。但真是这样吗？或者，各个国家往往会在所谓的区域化过程中与自己的邻国整合在一起，情况是这样吗？

全球化的程度

20.2.1　讨论国际贸易和投资的全球化程度。

到目前为止，我们关注的焦点是，全球化在20世纪70年代恢复进程之前，曾经在20世纪中叶出现衰退这一事实。图20.1还向我们展示了另一个重要的事实，即使在21世纪的第一个十年，全球化程度实际上也并不比20世纪早期的全球化程度高多少。实际上，一些国家——如日本和英国——仍然没有赶上100年前全球化的水平。在1914年，日本31%的国内产品参与了国际贸易，而在2005年这一比例只有24.7%；英国参与国际贸易的国内产品比例则从1914年的略低于45%下滑到2005年的40%。所以即使在过去的30年中国际贸易和出口依赖程度增加了，那这也不是什么全新的事件。怎么会这样呢？对许多国家而言，现在的国际贸易依赖程度怎么会与那时一样大呢？一个原因是，1914年，拥有更先进的经济体的国家也是殖民国家。英国和法国都与它们的殖民帝国紧密地融合在一起。这为两国的商品打开了市场。在本国的殖民地销售商品的公司与其他国家的竞争对手相比拥有真正的优势，因为它们对市场状况有更好的了解，而且往往能获得更好的销售途径和营销网络。这为殖民地的出口商提供了强大的动力，使其能够在自己政府所统治的土地上扩张市场。这种类型的贸易一体化通常对殖民地国家的企业家不是非常有利。即使它对富裕的西方更有好处，但它确实创造了一个非常全球化的世界。

现在，让我们来看看国际投资的趋势是否比简单的国际贸易更能体现出一体化的程度。当一个国家的公司在另一个国家进行投资时，它被称为境外直接投资（Foreign Direct Investment，简称FDI）。因此，随着国际投资在规模和范围上的扩大，它表明在国际统计中境外直接投资流量增加了。因为国际生产变得更加一体化了，境外直接投资的份额应该随着时间的推移而增加。这意味着，世界各地生产的产品更多来自国际投资，而不是当地企业的投资。如果我们看一下数据，结果并不像是我们所期望的那样。2010年，世界经济的固定资本投资总额接近14万亿美元。其中，境外直接投资总额为2.57万亿美元。境外投资总额是计算内向和外向境外投资的和。这意味着境外投资从未占到全球总投资的1/5以上（UNCTAD 2011：24，表1.5）。境外直接投资流量往往相当不稳定，年复一年的起起伏伏。但自20世纪90年代以来，境外投资占全球总投资的比例一直保持在10%到20%之间（Sutcliffe and Glyn 2010：87～88）。换句话说，如今超过80%的全球投资是在国家范围内进行的，通常还会更多。这告诉我们，工厂和公司并不像我们普遍印象中的那样自由自在。几乎所有的投资者都是在自己的国家边界内进行投资的 。

区域的重要性

20.2.2　解释为什么经济一体化会在一定的区域内发生。

现在，让我们来探讨第二个问题：就算全球化正日益推进，但它是否能将世界的各个部分整合成一个严丝合缝的整体？还是经济一体化只是发生在小范围的区域内？

思考一下货物实际行驶的距离。在一个没有全球化的世界里，商品往往停留在很小的地理地带上。商品不会走得太远，因为商品的消费是在生产它们的地区附近进行的。如果全球化是一个国家向世界各个角落传输商品的过程，我们就会发现，随着全球化的发展货物运输的距离也会增加。然而，美国与中国的贸易关系是一个特例，对大多数国家来说，在这段时间内，这些国家进出口的平均距离并没有发生显著的变化。然而，这一趋势在1965年到2000年期间有所不同。这一次，77个国家的进出口距离有所下降，39个国家的贸易距离有所增加（Carrere and Schiff 2004）。

在过去几十年里，区域贸易在贸易总额中所占的份额增加，进一步证实存在区域性的贸易倾向。贸易强度指数（Trade Intensity Index）是区域内贸易份额相对于该区域在全球贸易中所占份额的比率，它被用来衡量区域偏好（Regional bias）。所有地区都表现出这种偏好，拉丁美洲（墨西哥除外）显示出最强烈的区域偏好（UNCTAD 2007）。换句话说，我们可以看到，对于许多区域集团来说，跨区域贸易的份额正在增加——邻国之间经济联系网是最紧密的，而距离遥远国家之间的经济联系则会薄弱很多，比如欧盟。请分析图20.2，以便更深入地了解区域贸易。

另一个有关区域化要比全球化更重要的很好的指标是跨国公司（Transnational Corporation，简称TNC）的角色。跨国公司是指在不止一个国家销售产品的公司。大多数的贸易和境外投资实际上是通过跨国公司而不是小公司进行的。2006年，全球有7.7万家跨国公司，雇用了6200万工人，资产超过4.5万亿美元。审视这些庞大公司的交易活动是了解全球化动态的一个好窗口。关于跨国公司有两个突出的事实需要注意。首先，大多数跨国公司都在其他国家设有自己的分支机构。所以65%的跨国公司分支机构设在国外。这告诉我们，跨国公司实际上是在跨国界组织它们的交易活动，正如人们在全球化进程中所期望的那样。但实际上它们走了多远？

这是第二个有趣的事实：跨国公司的交易和投资活动大多发生在邻国或附近的国家，而不是遥远的地区。

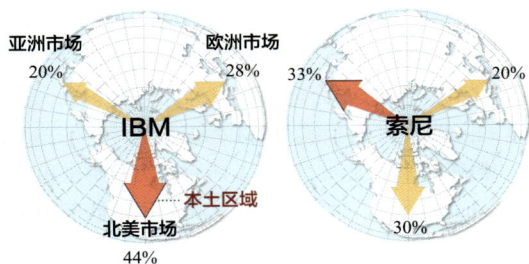

真正意义上的全球跨国公司：截至2001年，全球500强企业中，只有不到2%的企业属于这一类。

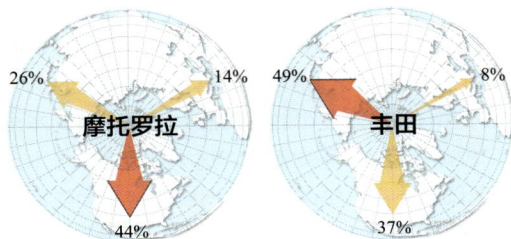

亚洲市场 20%　欧洲市场 28%
IBM
本土区域
北美市场 44%

索尼 33%　20%　30%

双区域跨国公司：在2001年这一类公司占500家最大公司的5%。

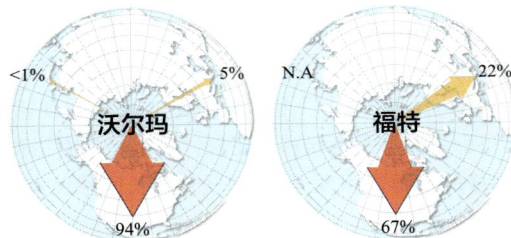

摩托罗拉 26%　14%　44%

丰田 49%　8%　37%

以国内市场为主的跨国公司：美国和日本一些最大的公司仍然主要在本土销售产品。

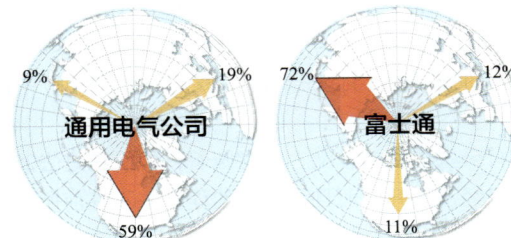

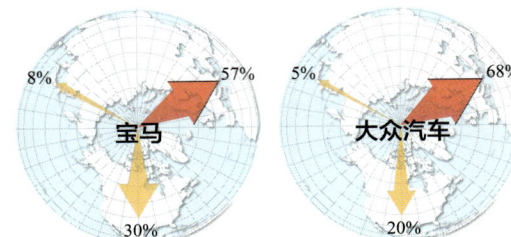

沃尔玛 <1%　5%　94%

福特 N.A　22%　67%

通用电气公司 9%　19%　59%

富士通 72%　12%　11%

以欧洲为主要市场的跨国公司：一些欧洲最彻底的国际化公司仍然把自己的大部分产品卖给其他欧洲国家。

宝马 8%　57%　30%

大众汽车 5%　68%　20%

注释：箭头表示按区域区分的销售百分比。

资料来源：基于来自鲁格曼（Rugman 1995）的数据。

图20.2　全球化？区域化？

最大的公司集中在欧盟、北美和日本三个区域。经济学家艾伦·鲁格曼（Alan Rugman）对《财富》杂志上榜的500强公司中的380家公司进行了非常仔细的分析。结果显示，平均来说，这些公司在它们家乡的销售额占总销售额的71.9%。在这380家公司中，只有2.4%的公司可以被归为全球性公司，也就是说，这些公司的收益来自北美、欧洲和亚太这三个最大的区域，并在这些区域建立了总部。IBM就是这样一个例子。IBM是美国的一家公司，其在本土市场的销售额为43.5%，其余的销售来自亚洲（20%）还有欧洲、中东和非洲（28%）。在这380家公司中，只有6%的公司是双区域性（Biregional）公司，也就是说，这类公司不低于20%的销售额来自至少两个地区，但在本土区域（Home region）的销售额都低于50%。例如，英国石油公司（BP）是一家英国公司，其收入的36.3%来自欧洲市场，48.3%来自美国市场。这380家公司中3%的公司是面向主区域（Host-Region），也就是说，公司超过一半的销售额来自一个不属于自己国家的区域。戴姆勒–克莱斯勒（Daimler Chrysler）是这一类别中规模最大的公司。这家总部位于欧洲的公司在北美的销售额占其总销售额的60%。然而，绝大多数公司是面向国内市场的。也就是说，在这380家公司中有320家公司的销售额大部分来自其本土区域。例如，在《财富》500强中排名第一的沃尔玛，在北美的销售额为94%。平均而言，这类公司在家乡本土区域的销售额达到了总销售额的80%。此外，在上述最大的三个区域之外，比如在拉丁美洲或印度次大陆，很少会见到这种公司的身影。在500家最大的跨国公司中，只有9家是真正的全球性公司；也就是说，它们的业务至少有20%来自以下地区：亚洲、北美和欧洲。对于绝大多数的跨国公司来说，超过80%的销售额是在其所在的地理区域完成的。因此，在这里，区域化在全球化中占据主导地位（Rugman 2005）。

我们在劳动力流动中也看到了同样的模式。国际移民的数量从1965年的6500万增加到2013年的2.15亿，在1990年至2000年间平均每年增长1.3%。然而，仔细观察一下移民统计数据就会发现，最主要的移民通道存在于邻国之间。截至2010年，最大的移民走廊是美国–墨西哥移民走廊，其次是乌克兰和俄罗斯之间的跨境流动。其他突出的移民走廊是印度–孟加拉国移民走廊、印度–阿拉伯联合酋长国移民走廊和土耳其–德国移民走廊。

因此，看起来正在发生的事情似乎并不是整个世界的扁平化。全球化并不是在世界各个角落之间创造出一个严丝合缝的网络；相反，它正在促进区域贸易集团的增长。这三个主要集团分布在北美、欧洲和东亚。这些地区的经济在生产和金融方面正变得更加紧密地结合在一起。（我们将在下一节中讨论这一切是如何发生的。）

综合来看，有关贸易和投资的信息具有一些重要的含义。这意味着，即使在过去25年经济一体化深入推进，但全球生产和交换仍然主要围绕着国民经济展开。而且，整合的程度并不是前所未有的。正如我们在本章前面所看到的那样，全球化是一个非常现代的现象。尽管如此，但过去20年左右的发展趋势并不是史无前例的，世界已经经历了相当程度的全球化，甚至通过国家行动来扭转这一趋势。因此，尽管世界比40年前更加一体化了，但它的一体化程度仍然相当有限，而且肯定不是前所未有的。此外，整合起来的不是整个世界，而是这个世界上较小的区域。有三个这样的区域很突出：一个在北美，另一个在欧洲和北非，第三个在东亚，现在也扩展到了南亚。经济活动倾向于在这些区域内部流动，而区域之间的经济流动则较少。

20.3　全球化的驱动力是什么？

全球化驱动力

我们现在知道了一些关于全球化的基本事实——它是什么含义，它开始的时间以及它已经发展到什么程度。我们看到了一些令人惊讶的发现。世界并没有从全球化不足走向更加全球化的稳定道路。事实上，看起来正在出现的是一个由经济区域组成的世界，而不是一个严丝合缝的经济一体化网络。推动全球化的一些关键驱动力是什么呢？

外包和全球价值链

20.3.1　分析价值链在全球化中所起的作用。

大多数人都知道，近年来出现了一种被称为外包（Outsourcing）的普遍做法，即生产者把其曾经在公司内部进行的活动承包给偏远地区的其他公司。外包是一个更大过程的一部分，这是创造全球价值链（Global Value Chain）的过程，是组织任何具体产品生产的一组相互关联的操作过程。实际上，我们所了解的有关全球化的许多内容都是由全球价值链驱动的。

让我们看看汽车生产的过程。这涉及一长串的活动，先开始制造钢铁和橡胶，然后把钢铁和橡胶运输到一家汽车工厂里，接着制造机械零件，再把零件组装成汽车框架，刷油漆，安装车内装饰，等等。所有这些活动都是在一连串的操作中彼此联系在一起的。在去全球化时代，许多这样的过程都是在企业内部进行的，确保价值链紧密相连并限制在一定地理空间上。但近年来，随着运输和通信成本的下降以及寻找廉价劳动力成为一种降低成本的手段，公司已经开始在运营中将价值链中各种各样的要素进行拆分，并将各种业务转移到偏远地区。曾经在一个屋檐下进行的活动现在在几百英里以外的地方进行着。但它们通常不会在世界范围内迁移。

在墨西哥瓜达拉哈拉（Guadalajara）的一家服装厂工作的工人在为沃尔玛生产服装。企业雇用的工人大部分是女性这是很常见的现象，因为雇主认为女性比男性更容易管理。毫不奇怪，这些工厂工人的性骚扰投诉比例会非常高。

相反，企业倾向于将这些活动搬到邻近的地区进行。

让我们考虑一下生产服装的过程，它主要包括三个步骤：纺线、织物的编织以及最后的服装组合。这三个步骤有重要的区别。纺线，尤其是合成纤维，是资本密集性非常高的生产活动，这意味着它通常涉及运作高科技机械。将纤维编织成布料在某种程度上是低资本密集型活动，而且要求的技术成熟度不高。最后的服装组合非常不同：它涉及大量的体力劳动，相对来说很少会使用自动化机器。另外，这个过程可以被分解到很多小规模工厂里去进行（Dicken 2011：308）。总之，这三个步骤共同构成了服装生产的价值链。

出现的现象是，这三个步骤（尤其是最后的步骤）如今通常会在不同的地方进行。生产服装所需要的大量纺线生产和布料编织活动仍然在美国进行，但自20世纪80年代以来，价值链中更多的劳动力密集型生产部分已经被转移到墨西哥和加勒比海地区。服装生产商在这些低工资国家所在的出口加工区建立了服装加工业务。在这些地区，管理部门给予外国制造商特殊待遇和税收优惠，来换取服装制造商在这里建立业务的机会。跨国公司在这里的运营成本低，而这个东道主国家为本国的劳动力争取了更多的工作岗位。服装生产商在美国建立了业务并把织好的布运到出口加工区进行进一步加工和组装，然后再出口到美国。曾经在同一个工厂里进行的一系列生产操作现在被分散到不同的国家。但它的分散性并没有把这些业务扩散到全球范围。通常来说，这些业务被分散至相邻的国家或附近的国家。

这对那些参与区域一体化的国家意味着什么？我们可以从自下而上或自上而下的角度来看这个问题。从自下而上的角度来看，我们要分析的是这一过程对劳动者——那些在出口加工区或跨国公司从事实际工作的

图中显示的是在中国广东一家电子工厂里工作的女工。

人——意味着什么。从自上而下的角度看，我们要分析的是它对整体经济的发展意味着什么——这是否加速了国家的发展和工业化。它意味着全球南部（世界上较贫穷的发达国家）的经济增长更快了吗？没有什么地方比中国更适合了解全球化对当地的意义了。

这种制造业的预期前景是，通过与全球经济挂钩，这将刺激其他更高级的产业的发展。实际上，中国出口业对本国过去三十年经济上取得的惊人成就发挥了重要作用，也为世界经济做出了重要贡献。

尽管全球价值链的传播确实为东道主国家的劳动力提供了一些好处，但这是有代价的。跨国公司经常选择这些地区不仅因为这里的劳动力廉价，而且对抗雇主所需要的资源也较少，一些雇主总是会对工作提出更多变和更迅速的要求。但另一方面，对于那些公司正在迁出的国家的工作人员来说也存在潜在的成本。在美国贸易赤字审查委员会（Trade Deficit Review Commission）所进行的一项细致研究中，康奈尔大学经济学家凯特·布朗芬布伦纳（Kate Bronfenbrenner）发现，美国的雇主们把迁走工厂作为一种威胁手段来赢得超过雇员方面的优势，特别是那些受到工会组织驱动的雇员。这一策略有两个显著的事实值得注意。首先，这些威胁往往是有效的。研究发现，当雇主警告可能要关闭工厂并迁址他地时，超过2/3的工会组织活动都失败了。第二个有趣的事实是，在工厂的管理者们发布威胁的案例中，实际上只有不到3%的工厂真正按照威胁的那样去做了。换句话说，在大多数情况下，工厂管理者都是在利用工人们对全球化的恐惧。尽管资本外逃的可能性非常低，但工人们认为这种威胁是真实存在的（Bronfenbrenner 2000）。

这些研究有多大的代表性？这个问题并不容易回答，因为梳理出全球化对工资和工作条件的实际影响并不是一个简单的任务。工人的工资、工作条件以及工作时间受到许多因素的影响，全球化只是其中的一个影响因素。将全球化的影响分离出来是很难做到的，因为这些变化都不是发生在实验环境中。我们能说的是，全球资本流动和贸易的增长并没有给劳动力带来明确的好处。全球化的影响是什么？其影响是积极的还是消极的？这取决于全球化与其他因素如何相互作用——比如民主的水平和质量、工会的力量和经济增长。

20.4　全球化的优点和局限是什么？

全球化的影响

全球化过程也会在文化领域内发生。例如，娱乐业是文化全球化最明显的例子之一。美国向每个大陆出口电影和电视节目，一些美国电影已经成为许多其他国家最卖座的电影之一。然而，文化的流动发生在各个方向上。印度的孟买——被称为娱乐产业的宝莱坞——也是主要的电影出口商，主要出口到中东和非洲，但也出口到许多西方国家。美食是另一个受到全球化巨大影响的领域。快餐店在世界各地的传播——最初是在美国被发明出来的——提供了一个展示全球化如何改变人们饮食习惯的示例。在美国，一些最受欢迎的连锁餐厅现在都拥有一个庞大的海外店面网络。外国美食越来越受欢迎，让我们了解到世界各地食物的新口味和饮食观念。如今，几乎所有的美国人都会在提供国外美食的餐馆里吃饭。而且，外国食物和烹饪理念的影响也与日俱增。世界上任何地方的一名敬业的厨师都有可能将其他菜肴的创意整合到一起，创造出全新、独特的美味佳肴。我们很难反驳的一种观点即全球化的主要好处之一是，世界各地的人们越来越多地接触到世界其他地方人们的思想、食物和文化产品。

但全球化支持者们主要期待的是，通过释放贸易和投资机会，全球化能够促进经济增长。从这个意义上说，全球化是转向更多以市场为基础的经济政策的一部分；自20世纪80年代以来，世界各国政府一直在推动这些政策。为了理解全球化理念的力量，我们需要先采取一个简短的回顾，以了解在20世纪80年代之前的发展模式是什么，那时贸易和投资流动才真正再一次开始腾飞。

在这部分，我们将问自己：发展中国家在去全球化时代——从20世纪30年代到80年代——实行了什么样的经济政策？近年来发生了怎样的变化？然后，我们将看一看过去几年的经验记载，并将其与前几十年的记载进行比较，以便对这两者进行了解。有了这些信息，我们可以就经济发展模式全球化的相对优点得出一些结论。

发展中国家的经济政策：20世纪30年代至80年代

20.4.1 讨论全球化对经济增长的益处。

从20世纪30年代到80年代，大多数国家都在发展的世界中见证了一段非常雄心勃勃的快速工业化时期。在这些年里，这些国家——拉丁美洲、亚洲、中东和非洲的国家——试图将其经济从农业转向工业。为了实现这一目的，它们的经济非常依赖国家的参与——监管市场、为企业提供保护、控制价格以及保护当地工业不受全球竞争的影响。这种模式被称为国家主导的发展模式，但其更专业的名称是进口替代型工业化（Import-Substituting Industrialization，简称ISI）。在经济文献中，进口替代型工业化与贫困国家在20世纪中叶使用的发展政策联系在一起。但事实上，自18世纪以来，为了实现工业化每个国家都曾尝试过这种政策。它被英国用来抵挡来自荷兰企业家的竞争，接着19世纪早期的美国为了赶超英国也使用了这样的模式，然后19世纪中期的欧洲国家再到20世纪的发展中国家也都这样去做了（Chang 2002）。

进口替代型工业化的核心是致力于发展国家工业来应对国际竞争。当国家试图工业化时，企业们处于相当大的劣势之中。通常情况下，拥有更多经验的公司已经在它们生产所必须面对的市场里销售商品了。以纺

音乐一直是跨越国界传播思想的一个舞台。今天，美式风格的嘻哈音乐是世界上最流行的音乐之一，在诸如南也门（如图所示）这样不同地区的人们通常会重新再造这种音乐。但是嘻哈音乐本身就有国际渊源，它受到非洲音乐的影响。

织业为例，一家新公司可能会想要打入某个发展中国家的纺织业市场。如果一家新制造商决定成立一家纺织厂就必须面对这样一个事实，即自己生产的衬衫将与其他公司销售的衬衫展开竞争，这些公司通常来自较富裕的国家，而且肯定比这家新制造商拥有更多的经验和财力。这个新制造商如何成功进入市场呢？为了帮助这个新制造商，政府可能会采取措施让事情变得容易些。政府可以对其他国家进口的衬衫征收关税以提高其价格；政府可以为这个制造商提供廉价的信贷以降低其成本；政府还可以帮助这家新制造商获得最新的科学技术。所有这些措施都是战略的一部分，目的是给予这家新制造商一些帮助使之能与其必须竞争的进口商品相抗衡。如果成功了，这家新制造商就能够把进口衬衫挤出市场，成为当地市场的主要卖家——将会用自己的商品取代进口的商品。这就是为什么这个战略会被称为进口替代策略。

就像我们刚才描述的那样，要想让进口替代型工业化发挥作用，政府就需要对市场进行广泛的干预。从大萧条到20世纪80年代的几十年里，这意味着政府使自己的本国企业能够在当地市场上取得成功并将国外生产商排挤出去。例如，随着巴西纺织品生产商经验和权力的发展壮大，他们把美国生产商赶出了本土市场。这就是为什么进口替代型工业化和某些产品的去全球化会一起出现的原因。当全球化在20世纪80年代腾飞的时候，它是向与新自由主义有关、更有利于市场的政策进行更大转变的一部分。在发展中国家，新自由主义以一种被称为"华盛顿共识"（Washington Consensus）的一揽子政策的形式出现。这是经济学家约翰·威廉姆森（John Williamson）创造的一个术语。它描述了在20世纪80年代在发展中国家取代进口替代型工业化的一揽子政策的主要组成部分。

在华盛顿共识之下实施的政策普遍面向国际金融和资本开放的国内经济市场，降低贸易壁垒，解放国内经济。这也是为什么它们与最近的全球化密切联系在一起的原因——因为它们的目标是让新兴经济体向发达国家的商品和资本开放，同时鼓励前者向后者出口更多商品。因此，正如20世纪的中间几十年是国家控制和去全球化共同出现的时期一样，在20世纪末，自由化和全球化走到了一起。当我们试图评估全球化对经济增长的影响时，请记住这重要的一点。要将经济一体化的影响与去全球化、政府对经济以及金融流动干预和控制减少的影响分离开来并不是一件容易的事。经济政策的两个维度是共同发挥作用的，将其中一个维度的影响与另一个维度的影响分开常常是不可能的。让我们把《北美自由贸易协定》（North American Free Trade Agreement，简称NAFTA）当作一个例子来看看经济一体化和去规范化是如何共同运作发挥作用的。

《北美自由贸易协定》：一个个案研究

20.4.2 总结1994年《北美自由贸易协定》的后果。

《北美自由贸易协定》已经成为近些年得到的最广泛研究全球化的实例之一，并且也吸引了学术界对它的关注与争议（Feller 2008）。在《北美自由贸易协定》被批准之前所发生的争议中，包括当时的总统比尔·克林顿在内的支持者认为，这会让每个人的收入增加并会给美国创造数以万计的就业岗位（Clinton 1993；Huffbauer and Schott 1993）。反对者谴责该协定缺乏有效的劳工和环境保护条约，担心它会对工资和生活水平产生下行压力，因为公司能够将业务迁走以便能利用国外工资和生产成本低的优势，又不至于失去国内市场（Franklin 1993）。

在该协定于1994年1月1日生效的20多年后，评估《北美自由贸易协定》的后果是很棘手的，因为很难将这一协定的影响与其他影响社会和经济结果的因素区分开来。这一点在墨西哥体现得特别明显，1994年和1995年《北美自由贸易协定》实施后很快就跟着出现了大规模的金融危机（也被称为"墨西哥比索危机"），该危机可能与《北美自由贸易协定》有关系，也可能没有关系。但每个人都同意的是，《北美自由贸易协定》大幅增加了跨境贸易和金融流动，包括许多商业团体、智库和政治家在内的拥护者都声称这个协定促进了经济增长

（Abramowitz 2008；Office of the United States Trade Representative 2008）。然而，《北美自由贸易协定》的批评者坚持认为，其带来的积极好处在很大程度上局限于已经处于经济优势的群体中；这些批评者还指责它导致收入不平等的程度加剧，使工人和其他非精英群体的工资和生活水平停滞不前（Public Citizen 2008）。例如，经济学家罗伯特·斯科特（Robert Scott）发现，美国与墨西哥的贸易逆差持续激增，导致北部地区的净失业人数超过680万人，其中60%以上的"裁员"发生在制造业中（Scott 2011）。工业就业率下降对非熟练工人的就业前景尤其不利，并削弱了劳动者与雇主谈判的优势；因此，《北美自由贸易协定》导致工资和收入差距不断扩大，还导致工资水平的中位数与生产率增长之间的差距也在不断扩大（Berstein and Mishel 2007）。

与此同时，外商直接投资（Foreign Direct Investment，简称FDI）在墨西哥大幅增加只带来了最低限度的就业增长，同时却加剧了各种形式的不平等（Audley et al.2003）。在某种程度上，这是因为《北美自由贸易协定》新创造的许多工作都属于非正规部门，或者没有提供标准的福利（比如带薪休假或社会保障）。几乎所有制造业就业增长都是由于在低工资和高度剥削的工厂中增加了工作机会，这些工厂大多是外贸出口装配厂，构成了墨西哥工业部门一个重要且快速增长的部分。此外，由于美国农产品进口大幅减少使得墨西哥农业生产者的损失在很大程度上抵消了制造业就业增加带来的收益（Henriques and Patel 2004）。其结果是产生了离开墨西哥农村地区的大规模移民（Bacon 2012）。在《北美自由贸易协定》时代，进入墨西哥市场机会的改善使美国大型农业生

20世纪80年代以来经济全球化的一个后果是金融危机发生的频率增加。在大多数情况下，危机的结果都是社会福利项目削减和失业率上升。在这张图片中我们看到的是，在1994年墨西哥比索危机的风潮中，墨西哥城的抗议者正向政府办公室投掷石块。

产者获得了更多的机会，但并没有阻止数以万计的小型家庭农场消失。这类思考让一些曾经的《北美自由贸易协定》的支持者得出结论说，该协定没能达到支持者的期望、促进人们生活标准提升，反而使一系列广泛的社会经济问题恶化（DeLong 2006）。

全球化是否实现了它的承诺？

20.4.3　讨论全球化对低收入国家经济表现的影响。

评估全球化是否实现了其预期目标的最直接的方法之一是观察增长率。这里的证据似乎很清楚。分析图20.3，它比较了进口替代型工业化时代即1950年到1980年，GDP的增长率与快速全球化几十年中GDP的增长速度。当你看到这些增长速度时，它们有什么特别之处？

图20.3特别指出了两个事实。首先，在进口替代型工业化时代，整个发展中国家的经济增长率更好。我们看到，在东亚、拉丁美洲、非洲和中东地区这四个地区，进口替代型工业化结束后其经济增长率都有所放缓。第二，我们看到，尽管要比前几年的增长幅度低，但一些地区要比其他地区表现得更好，东亚成功地保持了良好的增长势头。但拉丁美洲和中东地区的经济减缓幅度更大。这告诉我们，尽管全球化并没有兑现人们所期待的结果，但其在某些地区的表现要比其他地区更让人失望。事实上，发展中国家的增长放缓是1980年后全球经济增长率下降的一部分。发达国家经历了自身减速的过程。这是一个令人振奋的发现。我们在其他章节中看到，在过去的30年里，国家内部的不平等程度有所上升，并在某些情况下非常显著。当我们将其与增长率同时放缓的发现结合起来时，我们发现穷人和最贫困者的经济状况变得更加糟糕。收入增长在国民经济中一直是非常微不足道的，除此之外，几乎没有怎么增长的收入主要流入了银行里非常富有的人的账户中——在发达国家和不发达国家都是如此。

总而言之，全球化对低收入国家经济绩效的影响充其量是喜忧参半。首先，全球化未能缩小富裕国家和贫困国家之间的差距。事实上，随着北方工业化国家的发展比在市场开放和跨国公司站稳脚跟之前更领先了，全球不平等现象更加突出。除了日益加剧的世界不平等，全球化不仅加剧了富裕国家和欠发达国家之间的两极分化，还在全球南部地区产生了巨大的不平等。然而，少数东亚工业化国家能够维持1980年之前的强劲增长——甚至更少的国家（即中国和印度）能在世界市场开放的时代腾飞——这些国家都是最低收入到中等收入之间的国家，在国家主导发展和市场受管制的几十年中受益良多，但随着全球化进程的到来，这些国家的经济增长、生产力和投资都停滞不前。

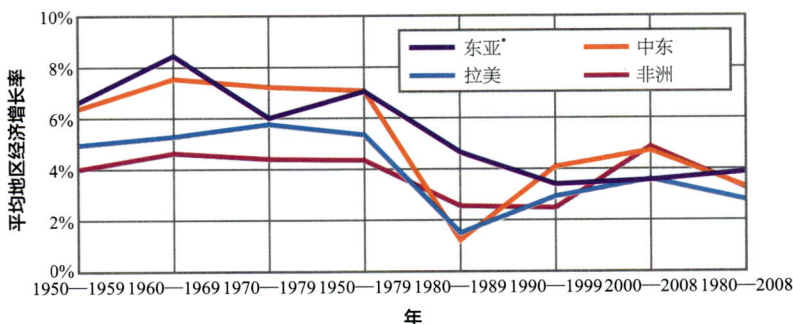

*不包括中国

资料来源：基于麦迪森世界人口统计数据（Maddison Statistics on World Population）、国内生产总值和人均国内生产总值和1-2008年AD数据。

图20.3　地区经济增长率：1950—2008年

结论：全球化回顾与展望

在这一章中，我们讨论了三个要点。首先，全球化是一种经常受到政治驱动的现象。换句话说，它不是无法阻挡的经济力量横扫一切的结果。我们已经看到，全球化需要一些非常具体的政治和社会条件才能发生。其中一个条件是资本主义作为一种特定经济制度的传播。资本主义让经济市场中的每个人都彼此依赖——每个人为了生存都需要充分参与买卖过程。在这种情况出现之前，全球化能推进到什么程度会受到非常严重的制约。为了实现这一转变，各国付出了巨大的努力。向资本主义的转变并不是自动发生的。资本主义是通过政府长期而艰苦的管理政策发展起来的，要么诱使农民放弃自己的土地，要么强迫他们这样去做。即使转向了资本主义以后，全球化的起飞还需要在交通运输和通信技术方面进行大量投资。这些也需要政府的行动，因为基础设施方面的投资不能给私人投资者带来直接的利润。例如，铁路要么是在公共部门内部建造的，要么需要大量的补贴来吸引私人投资者。当全球化在19世纪70年代兴起时，它看起来似乎是由纯粹的经济力量驱动的，但在它背后是沉重有力和始终存在的国家之手。

20世纪，经济一体化的衰落和流动的方式也体现了政府和国家政策力量的重要性。从1870年到现在，全球化并不是以稳定增长的形式开始的。在20世纪早期，经济一体化似乎是一股不可阻挡的力量，所有政府和所有经济体都无力阻止。然而到了1950年，这看起来已经是过去时了。第二次世界大战后的世界仍然是一个存在大量国际贸易和国际投资的世界，但它被限制在了国家边界内的生产和交换之中。自1980年以来发生的再全球化再次受到国家政策的驱动——如降低关税、开放资本市场和放松市场管制。综上所述，所有这些观点都表明，全球化是社会和政治行动的产物。这意味着——至关重要——关于全球化没有什么是自然而然发生的。国家政策会影响，甚至显著改变着全球化进程。

这一章讨论的下一个要点是，即使全球化是现实，我们也不应该夸大全球化的程度。媒体和政治领导人经常告诉我们，我们正处在一个空前经济一体化的时代。《纽约时报》专栏作家托马斯·弗里德曼在其最畅销的书中曾写下这么一句名言，随着全球化的发展，世界已经变得扁平化了——世界的每一个角落都被编织进同一个严丝合缝的结构里（Friedman 2005）。但正如我们所看到的，这一观察有两个需要警惕的地方。第一，从历史的角度来看，今天真正的经济一体化程度可能并不比1912年经济一体化的水平高。因此，说我们身处一个全新的世界是不确切的。相反，我们现在正在追赶一个世纪前的世界。第二，无论存在的是怎样的一体化，它更多是围绕着区域而不是全球范围来进行结构化的。距离、文化、历史——所有社会学家研究的东西——在经济动力机制中仍然很重要。

我们讨论的最后一个要点是，全球化不是一剂万能的良药。事实上，在大多数情况下，经济一体化程度增加的年代都碰到了比前几年更糟糕的经济结果。这并不意味着我们应该推动一个去全球化的新时代，因为经济一体化也带来了好处。正如我们前面所强调的那样，要将全球化本身的影响与新自由主义和对市场的放松管制的具体影响区分开来是不容易的。很有可能的是，全球化同一个更加积极的国家、更多的再分配以及对市场结果的更多监管整合在一起可能会产生出比一个去全球化的新时代更好的结果。但是，尽管也许某种全球化的经济是可取的，但我们可以得出这样的结论，即我们实际上拥有的生活并没有达到预期。但是，如果全球化是一股不可阻挡的力量，我们该如何调整它呢？关键它并不是不可阻挡的。既然我们知道全球化总是由政治力量支配，也知道它依赖国家支持和国家宽容，所以我们也可以有一些信心认为，如果我们对全球化的结果不满意，也存在着某种一个积极的公民可以去改善的空间。

20.1 **什么是全球化?** 讨论与全球化有关的经济政策。全球化的含义是什么?社会学如何理解全球化?在本部分,我们讨论了全球化及其起源。

全球化的开端
学习目标20.1.1: 讨论导致全球化发展的两个关键变化。

全球化的进程:从19世纪到今天
学习目标20.1.2: 分析自19世纪以来全球化稳步增长的方式。

核心术语

全球化 出口 进口 外国投资 移民
生产要素价格趋同 农民 前资本主义 资本主义经济
去全球化 国内生产总值(GDP) 关税 资本管制·

20.2 **全球化的影响有多么深远?** 为了评估全球化进程的影响有多么深远,我们考察了两个问题:(1)各国在多大程度上参与了国际贸易和投资;(2)各国是否平等地与世界的不同部分进行整合。

全球化的程度
学习目标20.2.1: 讨论国际贸易和投资的全球化程度。

区域的重要性
学习目标20.2.2: 解释为什么经济一体化会在一定的区域内发生。

核心术语

外商直接投资(FDI) 跨国公司(TNC)

20.3 **全球化的驱动力是什么?** 在这一部分,我们探讨了最近出现的一些现象(如外包、全球价值链和区域贸易协定)如何成为全球化的重要组成部分。我们还考察了中国经济的高速增长以及伴随全球化而来的人力代价。

外包和全球价值链
学习目标20.3.1: 分析价值链在全球化中所起的作用。

中国出口区:一个个案研究
学习目标20.3.2: 概述中国出口区的收益和成本。

核心术语

外包 全球价值链

20.4 **全球化的益处和局限是什么?** 全球化是否实现了它的承诺?在这一部分,我们评估了全球化是否能有效地促进经济增长。

发展中国家的经济政策:20世纪30年代至80年代
学习目标20.4.1: 讨论全球化对经济增长的益处。

《北美自由贸易协定》:一个个案研究
学习目标20.4.2: 总结1994年《北美自由贸易协定》的后果。

全球化是否实现了它的承诺?
学习目标20.4.3: 讨论全球化对低收入国家经济表现的影响。

核心术语

进口替代型工业化 华盛顿共识

致　谢

　　正如他们所说，编写一本教科书需要一个团队，我们幸运地拥有一支由同事、朋友、研究生和编辑组成的强大而坚定的团队来完成此书。首先也是最重要的，我们要向培生教育（Pearson Education）这支极为出色的团队表示感谢，他们带着信念和决心投入到一项全新、未经检验的项目中来。这次经历彻底改变了我们对合作出版商的认识。特别要感谢的是，产品开发（Product Development）副总裁迪克森·慕斯里怀特（Dixon Musslewhite）、执行编辑布丽塔·诺丁（Brita Nordin）和培生公司的收购编辑比利·格里科（Billy Grieco），他们从一开始就欣然接受了我们的项目，不断推动该项目的进展，朝着完成该项目的目标，并在本次修订并不顺利的过程中始终斗志昂扬。在每个阶段他们都给予了完美的支持和帮助。我们的开发编辑丽莎·麦克莱伦（Lisa McLellan）做了一项出色的工作，她把20个不同作者所写的不同章节整合成一个整体，并在最后阶段得到了维罗妮卡·（Veronica Tomaiuolo）的协助。丽莎经常在相当大的时间压力下工作，在我们前进的过程中跟进和解决了无数的问题。培生团队的其他成员也同样值得我们感谢：莎伦·杰瑞尔（Sharon Jeary）、艾米丽·塔姆布里（Emily Tamburri）、特里西亚·墨菲（Tricia Murphy）、布列塔尼·波格·穆罕默德（Brittany Pogue-Mohammed）、玛丽安·彼得斯-里奥丹（Marianne Peters-Riordan）、丹尼斯·福洛（Denise Forlow）、莫琳·理查森（Maureen Richardson）、布莱尔·布朗（Blair Brown）、玛丽亚·兰格（Maria Lange）、凯瑟琳·富特（Kathie Foot）、本·费里尼（Ben Ferrini）、卡洛琳·克鲁瑟斯（Carolyn Cruthirds）、克劳迪恩·贝尔顿（Claudine Bellanton）、里奇·巴恩斯（Rich Barnes）、黛比·科尼里奥（Debbie Coniglio）、阿米德里亚·瓜达卢佩（Amandria Guadalupe）和维罗妮卡·格鲁皮科（Veronia Grupico）。我们还要感谢梅丽莎·萨科（Melissa Sacco）、詹·罗奇（Jen Roach）、杰米·奥奎因（Jamey O'Quinn）以及来自露明娜数据信息（Lumina Datamatics）团队成员的帮助。

　　在纽约大学，我们要感谢的人有很多。乔·朱利亚诺（Joe Juliano）曾是艺术与科学学院（College of Arts and Sciences）商务事务主任，现在是战略规划副教务长，他通过与蒂姆·博兹琪斯（Tim Bozik）的私人关系帮助我们与培生公司建立了联系，他后来成为美国高等教育培生公司的最高执行官。除了共同创作了第15章的新版本，德克·维特维恩（Dirk Witteveen）还对本书的许多章节提供了非常重要的帮助和建议。马克·霍夫曼（Mark Hoffman）和朱利安·尤尔根迈耶（Julian Jurgenmeyer）也参与了文本的电子版制作，我们对他们的贡献致以诚挚的谢意。在社会学系全体教员的充分参与下，以我们所做的方式写一本书也使我们能利用到一流的本科生和研究生群体的大量智力资源。其中一些人合作参与了本书第一版的章节编写工作，其他人则在幕后做着关键的工作。在这里我们要感谢：约拿·伯奇（Jonah Birch）、马克·科恩（Mark Cohen）、南迪·（Nandi E.Dill）、詹妮弗·赫维希（Jennifer Heerwig）、诺亚·麦克莱恩（Noah McClain）、约书亚·（Joshua Musoulf）、伊赫桑·赛迪（Ihsan Sadi）、大卫·瓦克斯穆特（David Wachsmuth）、克里斯汀·贝克·史密斯（Christine Baker-Smith）、艾比·拉尔森（Abby Larson）、迈克尔·麦卡锡（Michael McCarthy）、马克斯·贝斯布利斯（Max Besbris）、瑞秋·加弗（Rachel Garver）、约翰·（John Halushka）、莱斯利·安·博尔登（Leslie-Ann Bolden）、卡尔斯·拉莫斯（Carse Ramos）、史黛西·托雷斯（Stacy Torres）、阿比盖尔·韦茨曼（Abigail Weitzman）、雪莱·罗南（Shelly Ronen）、亚当·默里夫（Adam Murphree）、朱莉娅·门多萨（Julia Mendoza）、雷内·罗哈斯（Rene Rojas）、凯瑟琳·G·科克伦（Catherine G.Cochran）、艾米丽·劳舍尔（Emily Rauscher）、埃亚尔·普雷斯（Eyal Press）、阿尔伯特·殷（Albert Yin）和玛达薇·谢里安（Madhavi Cherian）。

　　当第一版的草稿开始成型时，我们得到了培生公司组建的编辑委员会的特殊帮助和指导。大多数作者发现，外部评审者的"建议"与其说是有用的反馈，不如说是令人头痛的问题；但在这次的情况里，我们从多名编辑那里得到了慷慨的帮助，使本书得到了真正的、往往是批判性的改进。我们经常在很短的时限内工作，每一章都从他们的反馈中受益良多，在这里我们要感谢下列人士的帮助：曼哈顿社区学院的（Borough of Manhattan Community of College）的安吉·贝曼（Angie Beeman）、中央密苏里大学（University of Central Missouri）的卡伦·布拉德利（Karen Bradley）、南达科他大学（University of South Dakota）的吉姆·卡斯尔伯里（Jim Castleberry）；柯尔霍马社区学院（Coahoma Community College）的凯伦·多恩（Karen Done）、马凯特大学（Marquette University）的理查德·琼斯（Richard Jones）、哈钦森社区学院（Hutchinson Community College）的汉斯·帕森（Hence Parson）、曼斯菲尔德大学（Mansfield University）的珍妮丝·珀克（Janice Purk）、阿克伦大学（University of Akron）的蕾切尔·施奈德（Rachel Schneider），常春藤科技社区学院（Ivy Tech Community College）的大卫·汤森德（David Townsend）和塔拉哈西社区学院的（Tallahassee Community College）托马斯·沃勒（Thomas Waller）。

第二版得益于以下个人的反馈：

珍妮丝·珀克，曼斯菲尔德大学

莱斯利·赫费尔（Leslie Hossfeld），北卡罗来纳大学威尔明顿分校（University of North Carolina-Wilmington）

詹妮弗·马洪（Jennifer Mahon），宾夕法尼亚州印第安纳大学（Indiana University of Pennsylvania）

桑福德"桑迪"谢瓦克（Sanford "Sandy" Shevack），卑尔根社区学院（Bergen Community College）

帕梅拉·麦克马林·梅西尔（Pamela McMullin-Messier），中央华盛顿大学（Central Washington University）

弗兰克·萨莫拉内（Frank Salamone），爱纳学院（Iona College）

基姆·麦克·英尼斯（Kim Mac Innis），布里奇沃特州立大学（Bridgewater State University）

斯科特·马格努森·马丁森（Scott Magnuson-Martinson），诺曼岱尔社区学院（Normandale Community College）

阿夫尔·哈里斯（Avre Harris），山景学院（Mountain View College）

凯伦·卡普斯塔·波法尔（Karen Kapusta-Pofahl），华盛本大学（Washburn University）

罗瑟琳·考夫斯坦（Rosalind Kopfstein），西康涅狄格州立大学（Western Connecticut State University）

A.J.雅各布斯（A. J. Jacobs），东卡罗来纳大学（East Carolina University）

尼娜·约翰逊（Nina Johnson），辛辛那提大学（University of Cincinnati）

大卫·亨特（David Hunt），佐治亚瑞金特大学（Georgia Regents University）

亚历山大·卢（Alexander Lu），印第安纳大学伯明顿分校（Indiana University Bloomington）

迈克尔·伯克（Michael Birk），瓦伦西亚学预先（Valencia College）

斯泰西·卡拉威（Stacey Callaway），罗文大学（Rowan University）

艾米·克努森（Amy Knudsen），德雷克大学（Drake University）

杰米·克里斯汀（Jamee Kristen），波特兰社区学院（Portland Community College）

马拉·菲亚（Mara Fryar），维克技术社区学院（Wake Technical Community College）

克里斯蒂·外斯（Kristie Vise），北肯塔基大学（Northern Kentucky University）

德黛丽·泰勒（Deidre Tyler），盐湖社区学院（Salt Lake Community College）

斯蒂文·达希尔（Steven Dashiell），陶森大学（Towson University）

西娅·阿尔瓦拉多（Thea Alvarado），峡谷学院（College of the Canyons）

希瑟·穆尼（Heather Mooney），东密歇根大学（Eastern Michigan University）

帕特里夏·坎皮恩（Patricia Campion），圣利奥大学（Saint Leo University）

路易斯·萨尼亚图（Luis Zanartu），萨克拉门托城市学院（Sacramento City College）

安娜·沃尔什（Anna Walsh），萨塞克斯郡社区学院（Sussex County Community College）

D.R.威尔逊（D. R. Wilson），休斯敦浸会大学（Houston Baptist University）

杰拉尔德·提切纳（Gerald Titchener），得梅因地区社区学院（Des Moines Area Community College）

露丝·汤普森-米勒（Ruth Thompson-Miller），戴顿大学（University of Dayton）

基姆·厄尔默（Kim Ulmer），波特兰州立大学（Portland State University）

奥雷亚·奥斯古德（Aurea Osgood），威诺纳州立大学（Winona State University）

林赛·迈尔斯（Lindsey Myers），俄亥俄州立大学（The Ohio State University）

宝拉·鲍尔斯（Paula Bowles），中南肯塔基州社区与技术学院（Southcentral Kentucky Community & Technical College）

兰登·克劳夫（Langdon Clough），罗德岛社区学院（Community College of Rhode Island）

埃文·库珀（Evan Cooper），法明代尔州立大学（Farmingdale State College）

玛丽莎·哈普（Marissa Happ），沃巴西社区学院（Waubonsee Community College）

雷切尔·施奈德（Rachel Schneider），俄亥俄州立大学纽瓦克分校（Ohio State University-Newark）

希瑟·伊斯利（Heather Easley），德保罗大学（DePaul University）

托马斯·沃勒（Thomas Waller），塔拉哈西社区学院（Tallahassee Community College）

凯瑟琳·帕克斯（Kathrin Parks），洛拉斯学院（Loras College）

梅根·弗洛伊德（Megan Floyd），夏威夷大学希洛分校（University of Hawaii-Hilo）

英格丽德·桑道尔-斯塔罗斯特（Ingrid Sandole-Staroste），乔治梅森大学（George Mason University）

海蒂·埃德蒙兹（Heidi Edmunds），东怀俄明学院（Eastern Wyoming College）

瑞秋·施瓦兹（Rachel Schwartz），圣约瑟夫学院（St. Joseph's College）

罗伯特·麦金（Robert Mackin），得州农工大学（Texas A&M University）

托米卡·瓦格斯塔夫（Tomicka Wagstaff），罗切斯特理工学院（Rochester Institute of Technology）

凯莉·莱西（Carrie Lacy），爱荷华部社区学院（Iowa Western Community College）

乔希·帕卡德（Josh Packard），北科罗拉多大学（University of Northern Colorado）

大卫·凯尔（David Kyle），加州大学戴维斯分校（University of California，Davis）

柯乔·艾伦（Kojo Allen），大都会社区学院（Metropolitan Community College）

约翰·鲍尔斯（John Powers），内布拉斯加大学奥马哈分校（University of Nebraska Omaha）

张美芳（Meifang Zhang），米德兰技术学院（Midlands Technical College）

艾兰·伯格（Alan Berger），理查德戴利学院（Richard J Daley College）

杰里迈亚·威尔斯（Jeremiah Wills），夏洛特皇后大学（Queens University of Charlotte）

奥瑞特·阿维沙伊（Orit Avishai），福特汉姆大学（Fordham University）

韦斯·阿伯克龙比（Wes Abercrombie），米德兰技术学院（Midlands Technical College）

切尔西·汉森（Chelsea Hansen），米德兰技术学院（Midlands Technical College）

基姆·巴尼特-约翰逊（Kim Barnett-Johnson），常春藤技术社区学院（Ivy Tech Community College）

格蕾丝·欧阳（Grace Auyang），辛辛那提大学（University of Cincinnati）

坦尼尔·艾伦（Tennille Allen），路易斯大学（Lewis University）

丹·莫里森（Dan Morrison），佩珀代因大学（Pepperdine University）

詹妮弗·杰博（Jennifer Jebo），理查德布兰德学院（Richard Bland College）

伊冯娜·维兰纽瓦-罗素（Yvonne Villanueva-Russell），得州农工大学康莫斯分校（Texas A&M University-Commerce）

丽贝卡·斯托特（Rebecca Stout），南方大学（South University）

帕特里夏·阿伦德（Patricia Arend），菲奇堡州立大学（Fitchburg State University）

史蒂夫·马布里（Steve Mabry），雪松谷学院（Cedar Valley College）